中国社会科学院创新工程学术出版资助项目

社科学术文库

LIBRARY OF
ACADEMIC WORKS OF
SOCIAL SCIENCES

战国秦代法制管窥

刘海年 著

中国社会科学出版社

图书在版编目(CIP)数据

战国秦代法制管窥 / 刘海年著 . —北京：中国社会科学出版社，2017.2

ISBN 978-7-5161-7875-1

Ⅰ.①战… Ⅱ.①刘… Ⅲ.①法制史 – 研究 – 中国 – 战国时代 ②法制史 – 研究 – 中国 – 秦代 Ⅳ.①D929.2

中国版本图书馆 CIP 数据核字(2016)第 063268 号

出 版 人	赵剑英
责任编辑	任　明
特约编辑	付　钢
责任校对	郝阳洋
责任印制	何　艳

出　　版	中国社会科学出版社
社　　址	北京鼓楼西大街甲 158 号
邮　　编	100720
网　　址	http://www.csspw.cn
发 行 部	010-84083685
门 市 部	010-84029450
经　　销	新华书店及其他书店

印刷装订	北京市兴怀印刷厂
版　　次	2017 年 2 月第 1 版
印　　次	2017 年 2 月第 1 次印刷
开　　本	710×1000　1/16
印　　张	31.25
插　　页	2
字　　数	528 千字
定　　价	98.00 元

凡购买中国社会科学出版社图书，如有质量问题请与本社营销中心联系调换
电话：010-84083683
版权所有　侵权必究

再版前言

　　这是一本中国古代法律史论集。大部分文章写作和发表于20世纪70年代末和80年代。其中之《唐律的阶级实质》，是1964年撰写的，发表于《历史教学》1966年第3期。另有4篇关于中国古代经济法制、法律文化、城市演进与法制等，是依参加国际学术研讨会和在台湾东吴大学、中央国家机关部级干部历史文化讲座及上海"第六届世博会法治论坛"的报告稿写成，均属中国古代法律文化和制度的专题论述，发表时间较晚。

　　本书主要篇章和内容是关于战国和秦代的法律制度。战国诸国和秦代法律思想、制度联系密切，相互交融。自周平王东迁进入春秋之世，各诸侯国之间发展更不平衡。关东诸国发展较快，变法改革较早。进入战国，为扩大势力范围，拓展疆域，各国间争斗愈加激烈。地处西北的秦国，自孝公任用商鞅广泛吸纳关东诸国法律文化变法取得成功，为秦始皇完成全国统一奠定了基础。此后的一系列重大举措，实际上是向全国推行秦国既有的法律制度。由于始皇帝高居殿堂后忘乎所以，当措施推进遭遇阻力，便一味严刑酷罚相加，以致法制大坏，民不聊生。陈涉、吴广振臂一呼，农民起义遍及全国。几代人金戈铁马建立的庞大王朝，仅延续16年便遭倾覆。新出土的文献进一步证明，除一些重大举措，秦代与统一前之秦国的基本制度很难区分。基于此，本书对战国和秦代的法制许多部分均结合论述。

　　春秋战国是中国古代思想发展、社会变革的伟大时代。它上承夏商西周之经验，下开秦汉唐宋元明清发展之先河，是中华民族融合、国家统一的关键阶段，也是中国古代法律思想和制度发展的重要渊源。不过，由于年代久远，屡经战乱，大量材料被毁，致使此段历史，尤其是法律制度史的研究举步维艰，成为断代史研究的薄弱环节。20世纪六十年代，有关地下文物出土，特别是马王堆帛书、银雀山汉简和云梦秦简等相继被发现，尽管只拉开了此段壮丽史诗的帷幕一角，也引起了国内外学界的关注和研究热情。1976年春，作者有幸参加云梦秦简整理，在持续两年多的整理过程中，除有机会与秦简整理小组的文物考古、历史和古文字专家朝夕相处，还结识了集中在一起整理银雀山汉简、马王堆帛书以及吐鲁番文书的多位专家，大大拓宽了文物考古的视野。本书多篇文章就是在此项工作过程中，以古籍记载结合新出土的资料构思和撰写的。不过囿于历史资料以及作者水平，对相关法制的认识只是管见。

　　法律是国家的重要组成部分，涉及范围之广泛，决定了对其历史研究的艰巨与复杂。我国法律史学界坚持以历史唯物主义为指导，但相当长一段时间，一些著述却过于机械，将丰富的法律历史内容简单化，往往先确定观点，然后从史料中寻找论据，实践中出现了以论代史现象。1961年，我在张晋藩老师指导下开始研修中国古代法律史，看到那么多珍贵法律典籍沉睡于书库，十分惊异。唐律和唐代文献展示的历史画卷，使我产生了进一步探索欲望。虽然毕业后政治运动和持续十年的"文化大革命"，注意力被转移，但对历史研究的兴趣却让我在紧张气氛中偷空读了不少古代典籍。"文革"最后一年，参加云梦秦简整理接触的老一代专家，对历史资料的熟悉和治学态度之严谨，令人印象深刻。撰写本书文稿时，我力争以前辈为楷模，认真收集、研究史料，尽量做到言之有据。不过，现在重新阅读这些文章，发现某些观点与言辞完全摆脱以往不当思维定式的影响尚需努力。

　　本书原由法律出版社于2006年出版，可能由于印数关系，书店很快售罄。应读者需要，中国社会科学出版社决定再版。新版中，作者对个别篇章进行了调整，请张锋博士校对了部分引文，请王雅兰女士通读了全稿，对文字错讹均有厘正，谨此说明并致谢。

刘海年
2016年2月

目 录

文物中的法律史料及其研究 / 1
战国齐国法律史料的重要发现
——读银雀山汉简《守法守令等十三篇》/ 20
战国法律制度研究中的若干问题 / 36
云梦秦简的发现与秦律研究 / 50
云梦秦简中有关农业经济的法规 / 63
秦始皇二十年的一个地方性法规
——云梦秦简《语书》探析 / 75
秦律刑罚考析 / 85
秦律刑罚的适用原则 / 112
秦法官法吏体系考略 / 131
秦的诉讼制度 / 145
秦的现场勘查与法医检验的规定 / 200
秦汉诉讼中的"爰书" / 210
中国古代监狱及有关制度 / 218
中国古代早期的刑徒及其管理 / 234
关于中国岁刑的起源
——兼谈秦刑徒的刑期和隶臣妾的身份 / 249
秦的治安机构及有关治安的法律规定 / 271

秦汉"士伍"的身份与阶级地位 / 283
秦统治者的法律思想 / 291
从秦简《为吏之道》看秦的"治吏"思想 / 329

秦始皇的法律思想 / 341
㺇匜铭文及其所反映的西周刑制 / 357
东汉初年的一宗诉讼案卷 / 369
唐律的阶级实质 / 379
《洗冤集录》
——中国古代第一部法医学专著 / 389

中国古代的法治与社会经济发展 / 400
中国古代经济法制之研究 / 417
中国古代法律文化的若干问题 / 436
中国古代的城市演进与法制 / 460

刘海年著述目录 / 491

文物中的法律史料及其研究[*]

中国是世界义明占国之一,从夏代形成国家开始,迄今已有四千多年的历史。在这四千多年中,我们的前人不仅留下了大量书籍和文献,而且还留下了大批历史文物。所谓文物,就是除史籍之外,流传在社会上或埋藏在地下的历史文化遗存。将史籍的记载和已发现的文物相印证,可以看出中国历史沿革的清晰脉络。这给我们研究中国法律制度史、法律思想史提供了得天独厚的条件和广阔的驰骋天地。然而,在相当长的时期里,许多传世的和地下新发掘的资料尚未得到充分利用。随着我国社会主义经济建设和法学研究的发展,近年来情况有一定好转,但关于文物中的法律史料研究,至今仍然是亟待加强的一个重要方面。

一 文物中丰富的法律史料

我国文物中的法律史料,主要见于甲骨、金文、盟书、简牍、文书和历史档案的记载,内容非常丰富。想以一篇文章将文物中的法律史料一一加以介绍是不可能的,故在此仅举例说明。

(一)甲骨文中的刑法史料

除少数陶文之外,甲骨文是我国迄今发现的最古老的文字。在所发现

---

[*] 本文原载《中国社会科学》1987 年第 5 期。

的甲骨文中,目前能辨识的有一千多字。

在已辨识的甲骨文字中,有关于刑罚的记载。首先看五刑:

第一,黥刑。甲骨文中有"辛"①,"辛"②,"辛"③,此字考古学界释为"辛"④。郭沫若同志认为:"辛辛同字而异音,此亦有说。字乃象形,由其形象以判之,当系古之剞劂。《说文》云:'剞劂,曲刀也。'一作剞厥,王逸注《哀时命》云:'剞劂,刻镂刀也。'""辛辛本为剞劂,其所以转为愆辠之意者,亦有可说。盖古人于异族之俘虏或同族之有罪而不至于死者,每黥其额而奴使之。"这就是说,他认为甲骨文中之"辛"、"辛"、"辛"就是黥刑之会意。郭沫若同志还进一步解释说:"余谓此即黥刑之会意也。有罪之意无法表示,故借黥刑以表示之,黥刑亦无法表现于简单之字形中,故借施黥之刑具以表现之。剞劂即辛辛,是辛辛字可有黥义。"⑤上述论证是充分的,可说明甲骨文中有关于黥刑的记载。

第二,劓刑。甲骨文中有 ⑥, ⑦, ⑧, ⑨等。此字考古学界释刵,刵即劓。"刵从刀从自,象以刀割鼻。"⑩是劓刑之会意。

第三,刖刑。甲骨文中有 ⑪, ⑫, ⑬, ⑭, ⑮, ⑯等。左边的 考古学界认为代表人,右边的 、 、 曾认为是阜,整个形态"象人梯而升高,一足在地,一足循级而登之",被释为陵字。⑰ 后来,一些学者认为左边代表人无误,而右边则是刀锯之形状,整个字表示断人之足,应为刖刑之会意。

---

① 甲二二八二。
② 铁一六四·四。
③ 甲二九〇三。
④ 《甲骨文编》卷一四·一四。
⑤ 郭沫若:《甲骨文字研究·释干支》。
⑥ 乙三二九九。
⑦ 铁二五〇一。
⑧ 前四·二二八。
⑨ 燕一七三。
⑩ 《甲骨文编》卷四·二二。
⑪ 前六·二〇·一。
⑫ 前六·五五·五。
⑬ 前七·九·四。
⑭ 前六·三〇·六。
⑮ 甲三二六四。
⑯ 存一一九四。
⑰ 《甲骨文编》卷一四·四。

刵、刑等字也是由此字转化而来的。① 对施这种刑罚，卜辞中有这样的记载："贞：刖寂八十人不（死）？"②"贞：刖寂不囗（井）？"③意思是：对八十个寂族奴隶施以刖刑，会不会发生死亡？对寂族奴隶处刖刑不会死亡吗？

第四，宫刑。甲骨文中有"⚋"④、"⚌"⑤、"⚍"⑥等。考古学界认为"卜"代表男子的生殖器，"丿"是刀，整个字形表示割去生殖器的形象，是宫刑的会意。施此刑也有完整的卜辞："庚辰卜，王：朕⚋羌不（井）？"⑦意思是：庚辰占卜，王问：朕处羌族奴隶以宫刑，会不会死亡⑧？史籍中记载宫刑有用"椓"字表示的，《尚书·吕刑》："苗民弗用灵，制以刑，惟作五虐之刑曰法。杀戮无辜，爰始淫为劓、刵、椓、黥。"正义曰："椓阴，即宫刑也。"此解在甲骨文中也找到了根据。甲骨文中有"豕"字⑨，闻一多《释豕》篇认为，豕腹下一画与腹连著者为壮豕，则不连者殆即去势之豕，"豕去阴之称，通之于人，故男子宫刑亦谓之豕，诗出作椓用借字"⑩。唐兰认为，椓是剢的借用字，"剢训去阴犹之刵为断鼻"⑪。赵佩馨认为，甲骨文中的"⚋"本是去人势之专字，与义为去猪势之剢字是有区别的。周代将剢（椓）字的意义扩大到人身上，而"⚋"字遂废，也就是说此字的意义已被包括在剢字之内了，所以合并为一字⑫。上述分析是正确的，都证明了甲骨文中已有宫刑的记载。

第五，大辟，亦即死刑。甲骨文中有"𠂒"⑬、"𠂔"⑭、"𠂕"⑮、"𠂖"⑯。此字从人从戈，考古学界释"伐"⑰。《说文》："伐，击也。从人持戈。"段注：

---

① 赵佩馨：《甲骨文中所见的商代五刑》，载《考古》1961 年第 2 期。
② 北京图书馆藏甲，转引自赵佩馨：甲骨文中所见的商代五刑，载《考古》1961 年第 2 期。
③ 前编六·五五·五。
④ 前四·三八·七。
⑤ 后二·一五·七。
⑥ 明藏三三二。
⑦ 前编四·三八·七。
⑧ 赵佩馨：《甲骨文中所见的商代五刑》，载《考古》1961 年第 2 期。
⑨ 《甲骨文编》卷九·九。
⑩ 《闻一多全集》之《古典新义》，第 540 页。
⑪ 《天壤阁甲骨文存》考释，第 46 页。
⑫ 赵佩馨：《甲骨文中所见的商代五刑》，载《考古》1961 年第 2 期。
⑬ 前七·一五·四。
⑭ 后一·一七·三。
⑮ 粹一三六。
⑯ 掇一·四五〇。
⑰ 《甲骨文编》卷八·四。

"伐谓击刺之,按此伐之本义也。"卜辞中有许多关于伐祭的记载。甲骨文中还有"㪿"字,考古学界有人认为其义为"裂",是一种分裂肢体的刑罚①;陈梦家将此字理解为"杀"②。尽管一些学者对于此字表示的处死方式看法略有分歧,但认为它是一种死刑则是一致的。在发掘的商代墓葬中,尤其是在帝王和大贵族的墓周围,发现了许多身首异处或是肢体分开的骨架。它说明杀祭这种死刑在商代对奴隶适用是较多的。

以上是甲骨文中关于五刑的记载。此外,甲骨文中还有关于对奴隶施加刑具和监狱的记载。卜辞中多次出现"☒"③,"☒"④,"☒"⑤,"☒"⑥,考古学界认为,"字形象刑具以梏人两手。"⑦释为"幸"。《说文》:"幸,所以惊人也。从大从屰。"段注:"屰音干……干者,犯也。其人有大干犯而触罪。故其义曰所以惊人。其形从大干会意。"卜辞中还多处出现"☒"⑧,"☒"⑨,"☒"⑩,"☒"⑪等字形。此字像手戴刑具躬腰和下跪的奴隶,考古学界释为"执"⑫。《说文》:"执,捕罪人也。"表示监狱的有这样一些字形:"☒"⑬,"☒"⑭,"☒"⑮,"☒"⑯,"☒"⑰,"☒"⑱。我国著名甲骨文学家胡厚宣先生认为,"☒"像人载拲手刑具连有项枷之状,而"☒"正像在狱中囚禁戴有刑具的奴隶⑲;前面已谈到"☒"释为执,表示拘捕罪人,而"☒"则表示牢狱

---

① 于省吾:《甲骨文字释林》序。
② 《殷墟卜辞综述》,第281页。
③ 甲二八〇九。
④ 甲三四七七。
⑤ 前四·二三·五。
⑥ 林二·一三·二。
⑦ 《甲骨文编》卷一〇·一四。
⑧ 甲一二六八。
⑨ 甲三九一三。
⑩ 粹九四七。
⑪ 前四·一九·七。
⑫ 《甲骨文编》卷一〇·一四。
⑬ 甲二四一五。
⑭ 前六·一·八。
⑮ 前六·五二·五。
⑯ 前六·五三·一。
⑰ 簠杂六。
⑱ 乙七一四二。
⑲ 齐文心:殷代的奴隶监狱和奴隶暴动,载《中国史研究》1979年第1期。

中囚禁被执之罪人。考古学界释"▨"和"▨"为圉①。《说文》:"圉,囹圄,所以拘罪人。"段注:"夲为罪人,囗为拘之,故其字作圉。他书作囹圄者,同音相假也。"囹圄,即监狱。

关于修建监狱和惩办从监狱中逃亡的罪隶的记载,甲骨文中屡见不鲜。如:

"辛卯,王……小臣醶……其作圉……于东对。王占曰:大〔吉〕。"②王,即商王,醶是人名,东对是地名。卜辞的大意是:辛卯日,王询问小臣醶在东对建造监狱的事,王并亲自占卜,然后宣布说:大吉。

"贞壴自圂,不其得?"③壴是逃亡。大意是:犯罪的奴隶从监狱逃亡了,抓不回来吗?

"……王占曰:有祟。八日庚子,戈辈羌囗人,饺有圂二人。"④戈,地名。辈同壴,也是指逃亡。饺,前面已谈到,是死刑的一种。大意是:王视兆后判断说:有祸祟。第八日庚子,从戈地监狱中逃跑了若干人,抓回来的二人以饺刑处死。⑤

现存甲骨文大部分是占卜的记载。商代崇尚鬼神,凡祭祀、征伐、刑杀、田猎、出入、年成、风雨和疾病等,常用占卜,所以卜辞所反映的社会内容很丰富。研究中国奴隶社会,尤其是商代的法律制度和法律思想,不可不注意甲骨文中的法律史料。

(二)金文中记载的若干诉讼案件

金文,旧称"钟鼎文",即铸在青铜器上的铭文。目前为止所发现的金文大部分是商周时铸造的,以两周为多。战国、秦的器物上也有一些,但文字较少。商周的金文多数记载祀典、赐命、征伐、契约和诉讼等内容;战国之后,少数铸造某些法律条义,多数记载器物的监造人和铸造人的姓名等。与甲骨文一样,金文内容也涉及广泛的领域,十分丰富。关于诉讼案件,主要有以下几宗:

第一,"师旅鼎铭文"。内容为师旅的众仆不按照周王的命令跟随其征讨于方,司法官白懋父以此追究师旅的罪责。最后,"白懋父乃罚得冪古三

---

① 《甲骨文编》卷一〇·一五。
② 龟二·二五·十。通五八九。珠三二六。
③ 珠一〇〇七。
④ 簠地三三十,簠杂六〇。
⑤ 以上解释主要参阅齐文心《殷代的奴隶监狱和奴隶暴动》,载《中国史研究》1979年第1期。

百哶",并指示"弘以告中史书"。① 由于师旅也是奴隶主,案件以罚金作为了结。所谓"告中史书",就是让史官将此案及其判决记录下来。

第二,"鬲攸从鼎铭文"。此铭记载周王处理鬲从和攸卫牧两个奴隶主为田租问题发生的诉讼。梗概是:鬲从向周王控告攸卫牧背约不付租谢。周王将此案交虢旅处理。虢旅让攸卫牧立誓:如再不付租谢,则要受放逐的刑罚。攸卫牧按要求立了誓。②

第三,"曶鼎铭文"(曶,原释滔,有的著述中称曶鼎为滔鼎)。铭文记载周王处理一件盗窃案的经过。案情梗概是:一个名叫匡的奴隶主的奴隶,偷盗了一个名叫曶的奴隶主的禾十秭,曶将此事上告东宫。东宫判定匡有罪。匡乃向曶稽首,并以田五田和四个奴隶给曶表示谢罪。曶不答应,再次告匡于东宫,要求赔偿禾。东宫重新判定:匡偿曶禾十秭,再罚十秭,共二十秭。如过一年不偿则加倍罚四十秭。曶又让匡增加了赔偿的田数和奴隶。最后以匡给曶田七田,奴隶五人,禾三十秭结案。③

第四,"𤼈匜铭文"。内容是记述一名叫伯扬父的司法官,在周王的芽上宫,对一件违背誓言与其上司争讼的案件的处理经过。铭文的梗概是:伯扬父在芽上宫当着周王的面向被告人牧牛宣判:你违背自己的誓言,竟敢与你的上司争讼,你必须再立信誓,并使你的上司和其他见证人相信你的誓言,才能重新任职。按照你的罪行,本应鞭打你一千下,施以墨刑。现在宽赦你,打你五百鞭,改为罚金三百锾。伯扬父并警告牧牛,你的长官如再控告你,那就要鞭打一千下,并施加墨刑。他还让名叫𪓑和曶的两个官吏将判决登记在记簿上。牧牛按伯扬父的要求立了誓,缴了三百锾罚金④。

据我国考古学家和金文学家鉴定,上述铭器均为西周后期制品。从内容看,这些铭文反映了当时的刑罚、刑罚适用原则、诉讼制度和西周的社会结构等重要情况。西周后期青铜器载有法律史料的还有传世的"矢人盘铭文"⑤和"卫盉铭文"⑥。其内容反映了当时的契约关系,属于民事行为,也很重要。此外,战国和秦代也有一些铜器载有法律史料,如:"大良造方量铭文"、"秦铜权铭文"、"新郪虎符铭文"和秦戈铭文等。这些器物的铭文一

---

① 郭沫若:《两周金文辞大系图录考释》(六),第26页。
② 郭沫若:《两周金文辞大系图录考释》(七),第127页。
③ 同上书,第97页。
④ 《陕西省岐山县董家村西周铜器窖穴发掘简报》,载《文物》1976年第5期。
⑤ 郭沫若:《两周金文辞大系图录考释》。
⑥ 《陕西省岐山县董家村西周铜器窖穴发掘简报》,载《文物》1976年第5期。

般文字较短,内容是战国和秦代关于度量衡、军队调遣和器物制造等方面的制度,都是难得的重要史料。

(三)东周盟书中的誓辞

盟书,又称载书,是我国古代为某些重要事件制定的公约、盟誓的辞文。东周盟书1930年最早发现于河南沁阳,1935、1942年又有新的发现,但数量很少。1965年11月至1966年5月,考古工作者在山西省侯马市春秋晋国遗址出土了大批盟书。这批盟书连同残断碎片共五千余枚。辞文一般用毛笔书写。字迹部分为朱红,部分为墨黑。篇幅长短不一,最少十余字,最多达二百余字,一般在三五十字到百余字之间。① 1980年3月至1982年6月,考古工作者又在河南温县东周盟誓遗址发掘盟书一万余枚②。侯马盟书已经出版,温县东周盟书现正整理中。考古学界认为,侯马盟书的盟主是赵氏,应是赵鞅,即赵简子③;温县东周盟书的盟主是韩氏宗族,可能是韩不信,即韩简子。④ 已出版的侯马盟书主要分为五类:

第一,宗盟类。这是盟主为加强晋阳赵氏宗族的内部团结,以侍奉宗庙祭祀和守护宗庙为口号,达到一致对敌目的而举行的盟誓。从辞文看,被诛讨的对象多有变更,反映了不同时期斗争形势的发展变化。

第二,委质类。这是从敌对营垒中分化出来的人物,表示与旧营垒决裂,效忠于新君主而立的誓约。其中也分别列有不同的诛讨对象。这类盟书反映了斗争的复杂状况。

第三,纳室类。这主要是赵氏宗族成员向盟主表示自己不"纳室",同时也反对宗族内其他成员"纳室"而立下的誓言。《国语·晋语》注:"纳,取也。"室,是春秋时奴隶主贵族占有财产的单位,包括奴隶、土地、财物、所有私属人员和武装力量等。所谓"纳室",就是将别人的土地、人员、财物夺为己有,以扩充自己实力的行为。宗族成员"纳室",必然削弱宗主的势力,所以严格禁止。誓词规定:"纳室"者要受诛灭的惩罚。

第四,诅咒类。这是诅咒犯罪者,使其受到神明惩处的辞文。此类盟书不是誓约,但当时人很迷信,所以在精神上对他们仍有很大约束力,是宗主

---

① 《侯马盟书及其发掘与整理》,《侯马盟书》,第11页。
② 河南文物研究所:《河南温县东周盟誓遗址一号坎发掘简报》,载《文物》1983年第3期。
③ 《侯马盟书和春秋后期晋国的阶级斗争》,《侯马盟书》,第2页。
④ 河南文物研究所:《河南温县东周盟誓遗址一号坎发掘简报》,载《文物》1983年第3期。

动员本族成员对付犯罪和敌人的一种手段。

第五，卜筮类。这是关于占卜的记录，也可以帮助我们了解当时社会和阶级斗争的状况。

从上述可知，侯马盟书的主要内容是誓词。关于"誓"和"盟誓"，我国古代史籍中有不少记载，《尚书》中有《甘誓》、《汤誓》、《泰誓》、《牧誓》、《费誓》和《秦誓》等；《左传》中关于"盟誓"的记载更多；金文中也有不少关于"誓"的记载。这就是说，夏、商、周三代都存在盟誓制度。史籍和金文中记载的"誓"和"盟誓"，都是有强制约束力的，其中不少就是定罪的根据，所以它是一种法律形式。盟书上的誓词一般都有固定格式，如温县东周盟书就有这样意思的辞文：圭上有命，从今以后某不敢不心悦诚服地服侍主君，如果敢与乱臣一伙，伟大的晋国先公在天之灵，仔细审查你，灭亡你的氏族。① 《国语·晋语》："事君以死，事主以勤，君之明令也"。据此可以推测，盟书中的誓词可能是援引晋国国君的成命，是自上而下颁布的，只是因盟誓的人员和诛讨的对象不同而有某些小的变动。

侯马盟书和河南温县东周盟书的发现，进一步印证了《左传》等史籍中关于春秋时盟誓制度的记载。目前已发现的盟书虽均属晋国范围，但盟誓制度遍及列国。这种制度的普遍实行与当时法度破坏、权力下移有什么关系？有待深入研究。总之，研究春秋法律制度及其变化，不可不注意当时普遍存在的盟誓制度。

（四）简牍中的法律史料

简牍是春秋至魏晋时的主要书写材料，系用竹片或木片削制而成，窄长的称简，宽片称牍。《韩非子·安危》："先王寄理于竹帛。"理是指法律。《韩非子》成书于战国，此处称先王，当然是指战国之前的帝王。《墨子·明鬼篇》也有类似的记载。以简牍作为书写用材，前后盛行了千余年。历次从地下发掘的记载法律史料的简牍，主要有：

第一，《竹书纪年》，亦称《汲冢纪年》。此为晋武帝太康三年（公元282年）发现于河南汲郡魏襄王墓的大批竹简之一种。原分十三篇，是魏国的编年体史书。记事起自黄帝（一说是起自夏、商、周），至周幽王为犬戎所灭，之后以晋国史事接之，三家分晋后，专述魏事，止于魏襄王二十年（公元前299年）。《竹书纪年》的若干记载可纠正《史记》的失误，其中有一些是

---

① 河南文物研究所：《河南温县东周盟誓遗址一号坎发掘简报》，载《文物》1983年第3期。

法律史料。此书大约在两宋时散佚。之后有人杂采各书所引原《竹书纪年》的记载又编撰成书,如:《今本竹书纪年》、《汲冢纪年存真》、《古本竹书纪年辑校》以及今人编的《古本竹书纪年辑校订补》等。这些虽非原貌,但仍保存了许多重要材料。

第二,银雀山汉墓竹简。这是考古工作者1972年4月在山东临沂银雀山一号、二号汉墓发现的大批竹简。竹简总数为4944枚,其内容有《孙子兵法》、《孙膑兵法》、《六韬》、《尉缭子》、《管子》、《墨子》等古佚书和《守法、守令十三篇》等重要法律史料。①《孙子兵法》和《孙膑兵法》同时被发现,解决了史学界关于这两部兵书及其作者研究中的某些疑案。《孙子兵法》与《孙膑兵法》虽系兵书,但其中有许多军事刑法的内容,是法律史的重要组成部分。银雀山汉简中与法律史关系更直接的是《守法、守令十三篇》。其篇目为:《守法》、《要言》、《库法》、《王兵》、《市法》、《守令》、《李法》、《王法》、《委法》、《田法》、《兵令》、《上篇》和《下篇》。② 由于篇目与简文分离,出土时简篇业已散乱,目前发表的释文只按上述篇目分了九个部分,有的简文可能混杂交错,但仍然可以清楚地看出,这是关于城池防守、兵器保管、市场管理、田地授予、赋税征收以及对官吏惩处等方面的法律规定。银雀山汉简整理小组认为,这应是战国时齐国的法律史料。③

第三,云梦秦简。云梦秦简是考古工作者1975年12月在湖北省云梦县城关睡虎地第十一号墓葬中发现的秦代竹简。其总数为1155枚,共分10个部分:《编年纪》、《语书》、《秦律十八种》、《效律》、《秦律杂抄》、《法律答问》、《封诊式》、《为吏之道》和《日书甲种》、《日书乙种》。④ 简文的主要内容是商鞅变法后至秦始皇统一全国期间陆续制定的部分法律和文书的摘抄。其中《秦律十八种》、《效律》和《秦律杂抄》是摘抄的部分秦律的原文,主要是关于农田水利、山林保护、牛马饲养、手工业生产、物资核查、官吏任免、军爵予夺、战勤供应、工程兴造和刑徒管理等方面的规定。《法律答问》是秦官方对秦六篇刑律的解释。其中有关于犯罪、刑罚、刑罚适用原则和诉讼制度的规定和说明。它应是中国古代法律"疏议"的雏形。《封诊式》是秦官方对治狱、讯狱、查封、看守和现场检验的程序。从规定看,秦律一般情

---

① 《山东临沂银雀山西汉墓出土〈孙子兵法〉和〈孙膑兵法〉简报》,载《文物》1974年第2期。
② 《银雀山竹书〈守法〉、〈守令〉第十三篇》,载《文物》1985年第4期。
③ 吴九龙:《银雀山汉简齐国法律考析》,载《史学集刊》1984年第4期。
④ 见《睡虎地秦墓竹简》,文物出版社1978年版。

况下不提倡刑讯逼供,认为审断狱案不笞打是好的;笞打和威吓犯人是失败;只有在被审讯人欺骗、不服罪,依照法律应笞打的,才可以笞打,如果笞打,就要在口供记录中加以说明。《封诊式》的内容大部分是治理狱案的式例,它说明,秦的司法机构在治理狱案时对搜集证据、检验现场和司法鉴定是非常重视的。《语书》是秦始皇二十年南郡守腾发布的一个地方性法规。它反映了统一战争过程中,南郡这个与楚国接壤地区的阶段斗争,反映了秦统治者如何用法律手段进行阶级斗争和维护封建秩序的情况。其中还规定了"良吏"与"恶吏"的标准,对于"恶吏"要予以惩罚。《编年纪》是私人记载的有关统一战争中的大事件和一名叫喜的人的编年史。《为吏之道》是私人的杂记,有"官箴"之类的处世格言,也有摘抄的识字课本的内容。这两种虽是私人记述,但也是重要的法律史料。《日书(甲种)》和《日书(乙种)》是占卜一类的书籍,它反映了秦某些地方的社会状况。上述十个部分,前八部分已经由文物出版社出版单行本[①];后两部分有待出版。

第四,江陵张家山汉简。这是考古工作者1983年12月至1984年1月在湖北江陵张家山汉墓出土的大批竹简。这批竹简总数约一千余枚,共分九个部分:《二年律令》、《奏谳书》、《盖庐》、《脉书》、《引书》、《算数书》、《日书》、《历谱》和《遣册》。其内容以汉代法律史料为主。汉律和《奏谳书》两部分竹简七百余枚[②]。据张家山汉简整理小组介绍:"已清理出的律名,与睡虎地简秦律相同的,有金布律、徭律、置吏律、效律、传食律、行书律等;不相同的,有杂律、□市律、均输律、史律、告律、钱律、赐律等。此外简文内还见有奴婢律、变(蛮)夷律等律名。"[③]另据发掘简报介绍,这次发现的汉律,还包含有《盗》、《贼》律方面的条文。这应是《九章律》的部分内容。从江陵张家山汉墓发现的汉律律名看,汉律与秦律有明显的继承关系,其中有一条律文与四川青川县发现的战国秦国木牍所载之《田律》律文几乎完全相同,再一次证实了古人关于"汉承秦制"的论断。《奏谳书》是汉代司法机构讨论疑难案件的案例汇编。它虽非汉律本文,但对下级司法机构审断狱案却有重要的示范作用。由此可以窥见汉代司法制度的发展,所以也是重要的法律史料。江陵张家山汉简仍在整理中,目前只发表发掘简报和《概述》。

---

① 云梦秦简释文发表于《文物》1976年第6、7、8期。之后,文物出版社1977年出版了《睡虎地秦墓竹简》线装大字本,1978年出版了平装本。两种《日书》已收入精装本。

② 荆州地区博物馆:《江陵张家山三座汉墓出土大批竹简》,载《文物》1985年第1期。

③ 张家山汉墓竹简整理小组:《江陵张家山汉简概述》,载《文物》1985年第1期。

第五，居延汉简。居延汉简是新中国成立前后我国考古工作者从甘肃北部额纳河流域（古代泛称"居延"）出土的汉代简书。新中国成立前出土的居延汉简是前中央研究院西北科学考察团于1930年至1931年发掘的，共有木简一万余枚。其释文和图版见新中国建国前劳幹编《居延汉简》和新中国建国后中国社会科学院考古研究所编《居延汉简》（甲编、乙编）。1972年至1976年甘肃居延考古队又从居延遗址发掘简书19637枚，其中完整和较完整的简册70多个。① 目前，这批汉简的整理工作已经结束，不久即可出版与读者见面。居延汉简的内容非常广泛，包括诏书、奏记、檄、律令、品约、牒书、爰书、符传、简册、历谱和药物记载等，大体上反映了西汉武帝以后至东汉时我国西北边境地区政治、军事、法律、经济等方面的情况。虽然某些简在当时即已作为过时的文件加以处理；正式存档的材料，由于历时太久，大部分也已比较零碎，使用起来不无困难，但其史料价值却很重要，尤其是1972年至1976年出土的完整和比较完整的简册更为珍贵。如：甘露二年（公元前52年）的《丞相御史律令》，是宣帝追查广陵王刘胥等人的篡权活动，通缉逆党逃犯而发布全国的一份法律文件。此通缉令列举了逃犯的姓名、年岁、身份、经历、体态和习性等特征，责令各郡守"严教属县官令以下啬夫、吏正、三老"详加侦讯，"推迹未罢，毋令居部家中不举"等，从中可以看出朝廷缉拿逃犯之坚决。② 又如：建武初年的《塞上烽火品约》是居延都尉甲渠、卅井、殄北三要塞临敌报警、燔举烽火的条例。条文规定，在匈奴入侵扰的不同部位、人数、时间、意图、变动及天气异常等各种情况下，各塞燧燔举烽火的类别、数量，如何传递应和，发生失误如何纠正等。③ 这样完整的品约，在秦汉史籍和简牍中都是前所未见的。再如：建武三年（公元27年）《候粟君所责寇恩事》册，是一份比较完整的诉讼案卷，此件由两份爰书、两份文书和案卷标签五个部分组成。案情的梗概是：甲渠候粟君雇客民寇恩从居延到觻得卖鱼，不给足工钱，无理扣了他的车器，反告发寇恩卖掉借的牛不赔。县廷两次让乡啬夫传讯寇恩，证明粟君对寇恩的控告不实，并认为应按照处理政事"不直"对粟君实行制裁。因为粟君官职为候，究竟如何制裁，有待守府批准，看来粟君的官司在县廷是打输了。《候粟君所责

---

① 甘肃居延考古队：《居延汉代遗址的发掘和新出土的简册文物》，载《文物》1978年第1期。
② 同上。
③ 同上。

寇恩事》册,是迄今所发现的我国历史上最早的一宗司法诉讼案卷。①

(五)敦煌文书和吐鲁番文书中的法律史料

敦煌文书是清末在甘肃敦煌鸣沙山石室发现的唐代人手写的古籍,其中不少是唐代沙州各级地方政府的文书档案材料,总数三万余件。这些材料中,有相当一部分是属于法律史料和与法律有关的史料,如:唐人手写的唐律残卷,僖宗中和五年三月车驾还京师大赦诏,开元二十四年歧州郿县县尉判集,永泰元年至大历元年河西巡抚使判集(所谓判集是政府官员对上级的报告,对下级的指示和同级机关处理政务的公文),天宝年间敦煌郡敦煌县六个乡的差科簿等。这些,有的是当时法律文书的原件,有的是底稿,对于我们了解当时的政治法律制度和西北地区的社会状况具有很重要的意义。敦煌文书的发现曾震惊20世纪初中外学术界。人们一致认为它是研究中国唐代和中古史的宝贵材料。这批文书的原件大部分被帝国主义分子掠夺,流散于世界各地,国内国家图书馆等单位仅存有一部分。尽管如此,通过我国学者和一些外国学者的努力,通过现代化手段,敦煌文书的绝大部分材料还是可以看到和利用的。

吐鲁番文书是考古工作者自1959年以来在新疆吐鲁番地区部分墓葬中发现的文书。这批文书,上限为东晋,下限至唐代中期。因系出土于墓葬,保存不似敦煌文书那样较为完整,但其中材料也非常丰富。涉及法律方面的,主要有官府文书、租佃契约、名籍簿册、籍账、残牒以及控告申诉材料等。由于大部分是地方和基层的资料,内容比史籍记载更为具体,如文书中的《唐西州高昌县上安西督护府牒稿为录上讯问曹禄山、李绍谨两造辩事词事》、《唐贞观十七年西州高昌县赵怀满夏田契》②,就是高昌县关于民事诉讼案的原告材料和被告答辩材料向上级的报告以及田契的原始件。吐鲁番文书的整理工作已经基本结束,现正由文物出版社陆续出版。

(六)明、清档案中的法律史料

我国现存有大量明清档案,主要存北京明清档案馆,总数九百余万件(册)。此外,四川巴县也存有部分清代档案。

北京的明朝档案数少于清代档案,大部分是清康熙以后修《明史》时,为补充文献之不足从各地征集的。主要内容是:洪武到崇祯等朝颁发的敕谕、诰

---

① 甘肃居延考古队简册整理小组:《建武三年候粟君所责寇恩事释文》,载《文物》1978年第1期。

② 释文见《敦煌吐鲁番文书初探》,武汉大学出版社1983年版。

命;官员们上呈的题本、奏本;各机构的题行稿、呈文、手本、咨文;舆图、契约、户口单等。其中不少内容反映了明代法律制度和社会阶级斗争状况,如关于土地租佃契约及大量状纸,成化二十三年(公元1487年)颁发给功臣的免死铁券等。档案中不少材料对于官府、将领敲诈勒索、杀良冒功、草菅人命、官逼民反的情形有生动的记载。①

北京明清档案馆九百余万件档案中,绝大部分为清代档案,比较完整。其中有"盛京原档",即"清王朝入关前吏、户、礼、兵、刑等部院保存的部分满文原始档案以及其他方面杂档"②。在231件"盛京原档"中,有"盛京刑部原档"72件,所占比重最大。"这些档案记载了犯罪事实,审理经过,有关上谕,程序格式,以及登记存档等一系列环节和制度,标志着关外时期的满洲法制已经发展到渐趋成熟的阶段。"③清代档案中大部分又是清统治者入关后到清王朝覆灭前的档案,主要内容是清政府内政、军务、外交、民族事务、财政税收、农田水利、工业交通、商业贸易、文化教育、天文地理和司法刑狱等方面的文献。其中尤以司法刑狱方面的材料数量最大,内容最为详尽具体。据介绍:"这些档案包括了每一案件逐级审讯过程,原被告的口供,证人的证词,官方的判决,皇帝的批红等等。属于死罪案件的还有秋审、朝审的文件。这一类档案中还有法律制订和运用、监狱管理、流配人犯发遣、解送方面的文件。""在顺天府的档案中,保存有宝坻县刑房的档案,每一案从呈状、各堂的口供、呈报、批复、结案等全部材料,都粘连成一卷保存了下来。这样完整地记载了一个县所经历处理的民刑事案件方面的档案,这在国内是少见的。"④应当指出,除司法刑狱方面的材料之外,其他内政、军务、外交、民族事务、财政税收和工商业管理的材料也涉及法律问题,都是研究清代法律史的重要材料。四川巴县清代档案,是清代地方政府保存的档案材料,对于了解当时四川地区的司法情况,提供了可靠的实证,也应当予以重视和研究。

以上所列,只是文物中一些重要法律史料。除此之外,还有商代、西周的墓葬,商周青铜器的图纹,四川青川县发现的战国木牍,甘肃敦煌汉简、汉代刑徒砖,隋唐以来的碑文墓志,太平天国的历史遗物,北洋政府、国民党政府的历史档案,以及中国共产党领导下的革命根据地政权的大量文献等,都记载有许

---

① 刘子扬、朱金甫、李鹏年:《故宫明清档案概论》,载《清史论丛》第1辑。
② 《盛京刑部原档》之前言,群众出版社1985年版。
③ 张晋藩:《盛京刑部原档》之序,群众出版社,1985年版。
④ 刘子扬、朱金甫、李鹏年:《故宫明清档案概论》,载《清史论丛》第1辑。

多重要法律史料,应当认真加以整理、研究。

二 研究文物中法律史料的意义

文物中的法律史料,对于中国法律史研究的意义,大体上可以概括为以下几个方面:

(一)填补某些空白

前面已经谈到,我国现存史籍中关于法律制度的资料总体说来是丰富的,但由于历史过程很长,屡经战乱,不少史料早已散失。两千多年之前孔子就曾感叹:"夏礼,吾能言之,杞不足征也;殷礼,吾能言之,宋不足征也。文献不足故也,足则吾能征之矣。"①孔子去古未远,对于研究夏、商的制度已感到史料不足,后经秦始皇焚书,许多史料又被付之一炬,不少宝贵的原始材料,后世的史籍编纂者已无法看到。二十四史尽管是鸿篇巨制,但每一朝代篇幅毕竟有限,加之时代局限,编著者往往偏重于帝王家世,大量史料不可能不被舍弃,这样,就不可避免地在对某些朝代或某一朝代某个时期法律制度的记载上留下空白。这种状况,成为后代研究者难以逾越的障碍。目前,我国保存最古老、最完整的法典是《唐律疏议》,唐以前各代的法律只留有一些残篇断条。《尚书》、《史记》关于夏、商、周三代法律的记载失于笼统;《周礼》和《礼记》的记载又不能作为信史,许多内容尚需进一步印证。明人董说的《七国考》,清末沈家本的《历代刑法考》以及近人程树德的《九朝律考》,虽采撷群书,对历代,尤其是战国以后各朝的法律史料作了较系统的整理,但对于史料上的空白,他们也难为无米之炊,只能付诸阙如。唐以后各代,尽管主要王朝的法典犹存,不过一朝之内法制发展变化的材料也远非完整。文物中法律史料的发现和使用,则可以弥补这方面的一些缺憾。

以甲骨、金文中的法律史料,之于商周法律史的研究为例。甲骨文中的五刑,对奴隶施加刑具和监禁犯罪奴隶的记载,填补了商代法律史的空白,使我们对商代法律制度有了较具体的了解。金文中的法律史料反映的西周刑罚、诉讼制度、契约关系和盟誓的广泛应用等,也拨开了西周法律史的某些"迷雾"。郭沫若先生在谈到金文的重要性时曾经指出:"传世之两周彝器,其有铭者已在三四千具以上,铭文之长几及有五百字者。说者每谓足抵《尚书》一

---

① 《论语·八佾》。

篇,然其史料价值殆有过之而无不及。《尚书》自当以今文为限,今文中亦有周秦闲人所伪托,其属于周初者,如《金縢》、《洪范》诸篇,皆不足信。今文可信者,仅十五、六篇耳,此十五、六篇复已屡经传写,屡经隶定,简篇每有夺乱,文辞复多篡改,作为史料不无疑难。而彝铭除少数伪器触目可辨者外,则属一字一句均古人之真迹也。是其可贵,似未可同例而论。"他还指出:"在西周我得到了一百六十二器,在东周我得到了一百六十一器,合共三百二十三器,为数看来很像有限,但这些器铭都是四、五十字以上的长文,有的更到四、五百字,毫不夸张地是为《周书》或《国语》增加了三百二十篇真正的逸文。"①

又如,近年从湖北云梦、江陵和山东临沂等地出土的简牍之于战国、秦汉法律史的研究。战国是我国古代社会大变革的时期,秦汉则是我国封建制度初建和发展时期。其法律制度对于以后两千多年的封建社会有很深影响。但是,无论是李悝的《法经》,还是商鞅以《法经》为蓝本制定的秦律,以及萧何"攈摭秦法"制定的《九章律》,均仅留篇名,条文早已失传。由于缺乏史料,许多著述谈及此阶段法律制度往往只列举律典及其篇名,对内容则不得不一带而过,事实上是留下了空白。新发现的秦汉简牍,虽然没有上述律典的完整记载,但却有部分法律的原文和某些条文,这就填补了这段法律史料的一些空白,尤其是其中为数众多的单行法律的再现,大大丰富了人们对这一重要历史时期法律制度的认识,已经和正在改变这段法律史的研究状况。

再如,敦煌、吐鲁番文书和明、清档案之于唐、明、清各朝法律史。唐以后各主要朝代的律典虽有保存,但许多具体法律已经失传。现有律典和史籍反映的多系朝廷的各种制度。关于各级地方和少数民族地区的法律制度仅是一鳞半爪。唐代文书和明清历史档案中却保存有大量这方面的史料,如唐代官员的"判集",吐鲁番的《狩猎伤人赔伤律》、《纵犬伤人赔偿律》、《盗贼追赔律》和买卖契约、民事诉状②,明代官员的呈文、手本和契约、户口单,清入关前的司法档案和入关后各级政权处理民、刑案件的材料等等。这些材料不仅反映了所属朝代地方和少数民族地区的某些立法情况,还反映了法律的实施情况,大大开拓了这些朝代法律史的研究领域,为再现历史的真实面貌提供了可靠的第一手资料。

(二)印证和充实了史籍的有关记载

胡厚宣先生在谈到甲骨金文对校勘先秦史的意义时曾说:"中国古典之

---

① 《两周金文辞大系图录考释·序文》。
② 见《敦煌吐鲁番文献选》,四川民族出版社1983年版。

学,如所谓经史子书,因为古今词句语法的不同,和几千年辗转传抄的错误,有很多地方,我们已经难懂。惟有甲骨金文,尚可据以比勘。"①事实上,简牍、文书和历史档案对于秦汉以后的史籍,具有同样的意义,任何史籍,即使像《史记》、《汉书》和《资治通鉴》这样的鸿篇巨制,都是编者以当时的语言在对大量史料高度概括的基础上撰写的。时过境迁,语言随之变化。过后不久,人们对其中的某些问题就理解不清楚,注释不明白,以致后人多少年争论不休。文物中的法律史料一般都比较具体,有许多是原始件的再现。这就可以印证和充实史籍记载之不足,使人们对问题的认识比较准确。

此外,某些现存史籍,如《尚书》、《周礼》,是当时人的著作还是后人的伪托,其内容多大程度上能反映历史真实?还有古人的某些著述,如《管子》、《商君书》、《墨子》等,是作者个人的政治主张和理想,还是真实地反映了当时的政治法律制度,多大程度上反映当时的制度?对此,自古至今学界都有不同看法。出土文物中的史料多是各历史时期的真迹,这就能印证史籍的真伪及其内容的可靠程度。甲骨金文的材料说明,《尚书》的不少记载是有根据的;《周礼》也绝不是刘歆杜撰的一部伪书,其中不少记述能得到印证。临沂汉简、云梦秦简中的法律史料也可以印证《管子》、《墨子》和《商君书》等诸子著作的许多内容。事实证明,《管子》一书的《权修》、《立政》、《七法》、《重令》、《大匡》、《中匡》、《小匡》诸篇,《墨子》一书的《备城门》、《号令》诸篇,以及《商君书》的大部分篇章,不仅是诸子及其后学的政治主张,而且也确为当时某些统治者所实行的政策,有些则是有关国家当时的法律制度。文物中的法律史料本身极为宝贵自不待言,而由这些史料所印证的史籍中有关法律制度的记载,对于中国法律史研究的意义也绝不应低估。

(三)改变或订正了某些不正确的结论

由于历史的变迁和材料的散佚,后人对史籍中的有关法律和制度的记载理解错误,由此作出片面或不正确的结论是不少的。文物中的法律史料可以从根本上澄清某些问题,订正或改变部分已经作出的不符合历史事实的结论。以下是从秦汉简牍的材料及其研究中选出的几例:

第一,关于中国古代民事和经济管理的法律。长期以来,不少中国法律史著述给人这样一种印象:历代统治者在管理国家过程中,只注重刑法而忽略民法和经济管理方面的法律。从秦汉简牍新发现的史料看,这种观点至少是片

---

① 见《五十年甲骨文发现的总结》,第4—5页。

面的。秦汉法律中,有保护土地所有权方面的规定,也有农业经济管理方面的规定。这方面的法律具体规定了山林砍伐、渠道修整、鸟兽保护、耕牛评比和土地墒情、庄稼生长、风涝虫害报告以及赋税征收等事项。不仅如此,还有大量工商业经济管理方面的法律规定,诸如《工律》、《均工律》、《工人程》、《藏律》、《效律》、《关市律》、《金布律》①、《均输律》、《钱律》②等等。这些单行法律对手工业生产、原材料使用、新工人训练、产品规格、质量检验、度量衡标准、货币使用、商品标价以及外商登记、入境牲畜检疫等都有具体规定。银雀山汉简还有《市法》,具体规定了市的规模,商贾如何划地经营。此法强调了商业之于国家的重要性:"市者,百化(货)之威,用之量也。中国能〔利〕市者强,小国能利市者安。"③从这些规定可以印证,中国封建境治者是注意运用法律手段管理经济的;也说明,尽管他们重视农业,但并非不重视工商业。

第二,关于"开阡陌"。《战国策·秦策》、《史记·秦本纪》、《六国年表》、《商君列传》和《蔡泽列传》,都记载秦孝公十二年"为田、开阡陌"或"决裂阡陌"。自从朱熹写了《井阡陌辨》,说,"所谓阡陌,乃三代井田之旧","所谓开者,乃破坏铲削之意,而非创置建立之名"。④ 之后,不少学者便从朱说,认为"开阡陌"或"决裂阡陌"是破坏了阡陌,并由此改变了延续已久的"井田制"。近年出土的青川木牍所载秦《田律》有关于土地封埒和阡陌的明确规定,封埒有一定规格,阡陌要定期修整⑤;云梦秦简《法律答问》还规定"盗徙封、赎耐"。这明显是维护土地所有制的规定。由此看,所谓"开阡陌"或"决裂阡陌"应是创置建立阡陌之意,并非破坏划削之名。如坚持认为其中含有破坏旧的阡陌的意思,也应理解为铲削旧的,创置新的,而且主要是创置新的。正因为阡陌和封界是土地所有权的标志,所以青川木牍《田律》和云梦秦简《法律答问》规定严格予以维护。

第三,关于"式"的渊源。"式",作为中国古代法律形式的一种,究竟源于何时?陈顾远曾说:"式之首为法典上名称者,始于西魏之《大统式》。"⑥一般

---

① 以上见《睡虎地秦墓竹简》,文物出版社1978年版。
② 见张家山汉墓竹简整理小组《江陵张家山汉简概述》,载《文物》1985年第1期。
③ 银雀山汉墓竹简整理小组:《银雀山竹书〈守法〉、〈守令〉等十三篇》,载《文物》1985年第4期。
④ 《朱子大全·杂著》卷七十二。
⑤ 四川省博物馆、青川县文化馆:《青川县出土更修田律木牍——四川青川县战国墓发掘简报》,载《文物》1982年第1期。
⑥ 《中国法制史》,商务印书馆1959年版,第122页。

著述亦均沿袭此说。云梦秦简发现之前，虽然《商君书·定分》有"主法令之吏有迁徙物故，辄使学法令所谓，为之程式"之说，但此处之"程式"是在泛指一般规程的意义上使用的，并非指某项具体法律形式，不能作为"式"的渊源。云梦秦简有《封诊式》一篇，其名称为原简所标。内容除规定有"治狱"、"讯狱"的一般原则，还规定了"有鞫"、"封守"、"覆"和各种案件现场勘验的式例。它是秦法律形式的一种。由此看，早在战国，至迟在秦代，"式"作为一种法律形式已经存在。西魏的《大统式》和以后其他朝代的"式"是流而不是源。

第四，关于"刑讯"。刑讯逼供是封建法律的重要特征。从史籍记载看，秦在司法中刑讯逼供是比较普遍的。对此，陈顾远曾说："秦汉刑讯不见于法令，或为法官的一种淫威……或为默认之事实。"①也有人认为，秦汉是"刑讯的随意性时期"②。云梦秦简《封诊式》的内容说明，秦律对刑讯是有规定的："治狱，能以书从其言，毋笞掠而得人情为上；笞掠为下；有恐为败。""讯狱"还规定："诘之极而数诎，更言不服，其律当笞掠者，乃笞掠。笞掠之必书曰：爰书：以某数更言，毋解辞，笞讯某。"笞掠，即拷打，刑讯。由此规定看，一般情况下，秦统治者不提倡刑讯，认为刑讯、恐吓会招致失败。只有对那些多次改变口供、拒不服罪，法律规定应当拷打的才可以拷打。如拷打，还要在口供记录中加以注明。此规定中的"其律当笞掠"一语，说明秦对刑讯另外还有规定。按秦律，秦的刑讯是有条件的，并非法官随意。

第五，关于"士伍"的身份，有关"士伍"的记载最早见于《史记·白起列传》："武安君有罪为士伍。"据此，如淳解释说："尝有爵，而以罪夺爵，谓之士伍。"③又据此，明人董说认为"士伍"是刑徒的一种④。清末沈家本也将其视为一种刑罚，在《历代刑法考》中将其与斩首、夷三族并列⑤。云梦秦简关于"士伍"的记载多达数十处，将其与史籍的记载相对照，可以看出，所谓"士伍"就是原本无爵或虽曾有爵而被夺爵的成年男子。卫宏在《汉旧仪》中说"无爵为士伍"是正确的。如淳的解释仅指出了无爵的一种情况，因而有片面性，至于董说等将"士伍"视为一种刑罚，认为是徒刑的一种，则距历史事实更远。

第六，关于"爰书"。"爰书"，史籍中最早的记载见于《史记·张汤传》："传爰书，讯鞫论报。""爰书"究竟是什么？《集解》引苏林曰："爰，易也。以

---

① 《中国法制史》，商务印书馆1959年版，第254页。
② 栗劲：《刑讯考》，载《法律史论丛》第1辑。
③ 《史记·秦本纪》集解。
④ 《七国考·秦刑法考》。
⑤ 沈家本：《历代刑法考·刑制总考二》。

此书易其辞处,"颜师古曰:'爰,换也。以文书代换其口辞也。'"①这两种解释虽然笼统,但基本上是符合原义的。王先谦在《汉书补注》中是将"爰书"与"传"字一起连起来解释的:"传爰书者,传囚辞而著之文书。"这一解释虽然比较具体,但却不够完整。所以,后人就进而解释说:"爰书,录囚辞之文书也。"②意思是说,"爰书"就是犯人口供的记录。云梦秦简和居延汉简多处出现关于"爰书"的记载,并有不少完整和比较完整的"爰书"原件。从大量材料看,战国和秦汉的"爰书",远非仅只犯人的口供记录,还包括案件的诉词、证言、现场勘验记录、法医检验报告,以及司法机关和其他机关关于诉讼案件、吏卒亡故、驿马病死向上级的报告等。③ 显然,仅将"爰书"理解为"记录囚犯供词的文书"是不确切的。

以上只是就目前的研究所作的初步概括,应该说,目前的研究水平和这里作的概括,无论从深度或广度说都是不够的。随着时间的推移和研究的进一步深入,对于文物中法律史料的重要意义将会提供更多、更有说服力的论据。

上述事实充分说明,我国文物中的法律史料是丰富的,它们的价值是珍贵的。沈从文先生不久前曾说:埋在地下的历史文物给我们的知识,实比一部二十四史还要丰富,切不可停留在已有的历史记载上。④ 此言极是。文物中的法律史料的价值也当作如是观。随着我国考古事业的发展,文物中的法律史料还会有新发现,可供我们研究的资料也将更加丰富。只要我们在继续发掘整理史籍中的法律史料的同时,加强对文物中的法律史料的搜集和研究,并在实践中将二者有机结合起来;只要我们谦虚谨慎,与文物考古界的同志密切合作,不要很长时间,中国法律史的研究就会展现出新的面貌。

---

① 《汉书·张汤传》注。
② 见《辞海》之"爰书"条,中华书局1947年版、1979年版。
③ 见刘海年《秦汉诉讼中的"爰书"》,载《法学研究》1980年第1期。
④ 郑笑枫:《坚实地站在中华大地上——访著名老作家沈从文先生》,载《光明日报》1985年12月19日。

战国齐国法律史料的重要发现[*]
——读银雀山汉简《守法守令等十三篇》

银雀山汉简《守法守令等十三篇》(以下简称《十三篇》)[①],是我国文物考古工作者1972年在山东省临沂银雀山一号汉墓发现的战国齐国的重要法律史料。它的发现,对于了解齐国的法律制度具有重要价值,对于了解关东诸国,乃至整个战国的法律制度也具有重要意义。这批珍贵史料的某些内容,在释文发表之前,参加银雀山竹简整理小组的裘锡圭、吴九龙同志曾在著述中有所引征和介绍[②],但只是在1985年4月《文物》月刊将释文全部发表后,才得喜见全貌。在整理小组对这批简书缀联、注释和裘、吴二同志著述的基础上,本文试图再对其作些探索。

一 《十三篇》简文的断代

据山东省博物馆、临沂文物组在《山东临沂西汉墓发现〈孙子兵法〉和〈孙膑兵法〉等竹简的简报》中介绍[③],银雀山汉简发现于临沂城南银雀山一

---

[*] 本文原载于《法学研究》1987年第5期。
① 释文见《文物》1985年第4期,又见《银雀山汉墓竹简》,文物出版社1985年版。
② 见裘锡圭《啬夫初探》,载《云梦秦简研究》,中华书局1981年版;《战国时代社会性质试探》,载《中国史论集》,吉林人民出版社1981年版;吴九龙《银雀山汉简齐国法律考析》,载《史学集刊》1984年第4期。
③ 见《文物》1974年第2期。

号、二号汉墓。从墓葬和棺椁的形式看,从随葬的钱币和铜、陶、漆木器皿的造型看,从出土的竹简和历谱看,这两座均为汉代前期墓葬。一号墓随葬有"三铢钱",《汉书·武帝纪》:建元元年(公元前140年)始铸"三铢钱"。由此可以断定,该墓下葬的年代,上限不会早于建元元年。二号墓有《元光元年历谱》。由此也可断定,该墓下葬的年代,上限不会早于元光元年(公元前134年)。这两座墓很可能都是汉武帝时期的墓葬。

1976—1977年,笔者在参加云梦秦简整理工作时,有幸查看过银雀山汉简的部分图版。从版图看,这批竹简为墨书汉隶,字迹有的工整,有的潦草;字形晚于云梦秦简,早于马王堆帛书。吴九龙同志认为:"其抄写年代应在西汉文、景至武帝时期。"①这个论断是有道理的。

简文抄写于汉代前期,但其成书的年代却要早得多。银雀山汉简整理小组认为,简文主要部分,都是战国时期的作品②。关于《孙子兵法》和《孙膑兵法》其书及其作者史籍早有记载,战国时业已流传。《孙膑兵法》后来虽然散佚,《孙子兵法》却流传至今。长期以来,学术界关于这两部兵书究竟是一部还是两部,作者究竟是一人还是两人,甚至是否真有孙武其人都产生了怀疑。两部兵书的同时发现,证实了司马迁说的:"孙子武者,齐人也。以兵法见于吴王阖庐。""孙武既死,后百余岁有孙膑。……世传其兵法。"③从而解决了学术界的这桩疑案。银雀山简之《孙子兵法》与传世本之《孙子兵法》内容基本相合,证实其成书于战国。银雀山简之《尉缭子》、《晏子》、《六韬》不似《孙子兵法》和《孙膑兵法》完整,残缺较多,内容有些与今本文字、篇章相合,有些则不同。其中《六韬》与今本文字出入较大。银雀山汉简整理小组指出:"以前很多人认为今本《尉缭子》和《六韬》跟《汉书·艺文志》著录的《尉缭子》和《太公》无关,都不是先秦古籍,今本《晏子》也有人怀疑不是先秦的书。银雀山竹书的发现,证明这些看法是不对的……在古代,一种著作从开始出现到广泛流传,需要相当一段时间。这两部书既然在西汉前期已经流传开来,其写成年代大概不会晚于战国。今本《晏子》文字与简本基本相同,其为战国古籍,尤无可疑。"④这一分析无可辩驳地说明,简中之《六韬》、《尉缭子》和《晏子》也都是战国时期的作品。

---

① 吴九龙:《银雀山汉简齐国法律考析》,载《史学集刊》1984年第4期。
② 《银雀山汉墓竹简·编辑说明》。
③ 《史记·孙子列传》。
④ 《银雀山汉墓竹简·编辑说明》,文物出版社1985年版。

《十三篇》成文和流传不见典籍记载,但从内容看,正如整理小组所推断的:"《十三篇》大概都是战国时代的作品。"①

首先,《十三篇》的部分内容与传世古籍中的某些篇章相近或相合。《兵令》与传世本《尉缭子·兵令》篇的文字有些出入,但内容基本相合。《守法》、《守令》与《墨子》论守城之法的《备城门》、《号令》等篇的某些段落相似。《王兵》篇的文字散见于《管子》的《参患》、《七法》和《地图》等篇。整理小组认为,简本上述篇章反映了较古的本子面貌,或者是其成书年代早于今本的有关篇章,"竹书《兵令》、《守令》、《守法》、《王兵》等篇的成书年代,不会迟于战国晚期"。②

其次,《十三篇》某些部分记载的内容反映了战国的制度和形势。如《守法》:"战国应敌……□固守。战国者,外修城郭,内修甲戟矢弩,万乘之国,郭方七里……"《要言》:"大国外示诸侯以道德,内示民明(萌)以仁爱"。"战国"一词是当时对经常征战的大国的称呼;"万乘之国,郭方七里",也是战国关东一些国家通行的制度。又如,《田法》的规定表明,当时在中国土地制度发展史上,仍然处于"换土易居"阶段。中国古代土地制度从"井田制"到"爰田制"(即"换土易居"),再到"爰自在其田",经历了相当长的历史过程。所谓"爰自在其田",即在国家授予自己的土地上实行休耕轮作,不再与其他户换土易居,是从商鞅变法开始的。《田法》规定"换土易居",说明这一法律制定或通行于商鞅之法效力达不到的关东诸国。再如《市法》关于商业作用的评价:"市利则货行,货行则民□,〔民□〕则诸侯财物至,诸侯财物至则小国富……"并说:"中国能利市者强,小国能利市者安。"将商业的发展状况与国家的富强联系起来,对商业评价如此之高,显然不是商鞅变法后奉行封建专制主义、实行抑商政策时所能作出的,而只能是"百家争鸣"、思想活跃的战国时期关东一些国家统治者的思想和政策的产物。

再次,《十三篇》的篇题,除《要言》、《王兵》、《上篇》、《下篇》和《守令》、《兵令》之外,均称"某法"。中国古代法律名称一般是:夏、商、周三代称"刑";春秋之后各国制度不一,"刑"、"法"名称杂用;进入战国,李悝"集

---

① 《银雀山汉墓竹简·编辑说明》,文物出版社1985年版。
② 同上。

诸国刑典,造法经六篇"①,其篇名皆称"法"。后来,"商鞅传授,改法为律"②。由此开始,秦汉以后历代均称律。《十三篇》称"法"不称"律",说明这些法制定和通行于秦统一六国之前,而不是在秦统一之后或西汉初年。

最后,从《十三篇》某些部分使用的历朔看,《王法》:"岁十月,卒岁之具食,无余食人七石九斗者,亲死不得含。"这是关于丧葬的规定。其中谈到"岁十月",表明是以十月为岁终之月,十一月为正月。《史记·历书》:"夏正以正月,殷正以十二月,周正以十一月。"简中之《王法》以十一月为岁首,与周历相合。按秦始皇统一后,"而亦颇推五胜,而自以为获水德之瑞,更名河曰'德水',而正以十月"③。汉初袭秦正,至武帝太初元年(公元前104年)又改用夏正,以正月为岁首。这一事实,排除了《王法》成书于秦汉的可能。

以上确凿无疑地证明了《十三篇》成书于战国,又怎么能证明其产生于齐国呢?对此,裘锡圭同志指出:"临沂古为齐地,银雀山墓所出竹书中,齐人所作或与齐国有关的作品比较多,如吴孙子(孙武为齐人)、齐孙子、太公、晏子等。……《田法》有一段文字讲计算土地面积时各种山林薮泽之地所应取的折算比例,如'山有木,无大材,然而斤斧得入焉,九而当一',等等,与《管子·乘马》讲'地均'的一段非常接近。三篇法所反映的啬夫制度,也与上引《管子·君臣上》的那一段相合。所以我们初步推测这三篇法(指《田法》、《库法》、《市法》——笔者注)也是齐国的作品。"④吴九龙同志指出:"周平王东迁以后,周天子地位衰落了,历法已不统一,列国各自有历法颁行于世。秦、晋用夏正,宋、卫用殷正,鲁用周正。因此,《守法守令十三篇》不可能产生在秦、晋、宋、卫诸国,因为所用历法不合。鲁国虽然也用周正,可是《守法守令十三篇》内容多言齐国之事。……从历法与简文内容分析,《守法守令十三篇》无疑产生于齐国。"⑤他们的论证令人信服。

二 《十三篇》的内容和性质

《十三篇》原简在墓中早已散乱残断,只是凭借发现于同墓的木牍所记

---

① 《唐律疏议·名例》。
② 同上。
③ 《史记·历书》。
④ 《啬夫初探》,载《云梦秦简研究》,中华书局1981年版。
⑤ 《银雀山汉简齐国法律考析》,载《史学集刊》1984年第4期。

"守法、要言、库法、王兵、市法、守令、李法、王法、委法、田法、兵令、上篇、下篇凡十三"的字样，整理小组才能以从散简中，理出相应的简文，并进一步推断木牍"原当是系在卷起的简册上面的，以便于索检，犹如现代书的目录"①。《守法守令等十三篇》这一篇名是整理小组在此组竹简内容和木牍篇题的基础上拟订的。

在《十三篇》中，《上篇》和《下篇》不明所指；《守法》、《守令》不易区分，暂名为一篇。这样，现在发表的释文有十个部分，而只有《守法》、《要言》、《库法》、《王兵》、《市法》、《李法》、《王法》、《田法》、《兵令》九篇有相应的简文。整理小组"疑《委积》即《委法》之别名"②，"这一篇目前只有标题简而缺相应的简文"③。从释文看，《十三篇》原非一个整体，而是抄写人出于某种需要摘抄的法令、文书或论著。我们所看到的很可能是后人的再抄件。按其性质大体上可分为两个部分。

（一）法、令

这一部分包括《守法》（《守令》）、《库法》、《市法》、《李法》、《田法》和《委法》等。这应是当时齐国通行的法、令。

《守法》（《守令》）是关于城池修筑规格、守城策略、防卫设施、人员配置和作战纪律的规定。

《库法》是关于库藏兵器、农具等物资的法律。库当时是重要的机构，不仅负责物资保管，而且还监管制造。所以《库法》的内容包括制造、储藏、保管和出入器具以及官吏的职责等。

《市法》是关于市的设置、肆列划位和商业税收等市场管理的法律。

简中之《李法》残缺较多，仅记载一些有关惩罚官吏的内容。史籍中有关于《黄帝李法》的记载：《汉书·胡建传》："《黄帝李法》曰：'壁垒已定，穿窬不繇（由）路，是谓奸人，奸人者杀。'"注：李法，"苏林曰：狱官名也。《天文志》：左角李、右角将。孟康曰：兵书之法也。师古曰：李者，法官之号也。总主征伐刑戮之事也。故称其书曰李法，苏说近之。"从记载看，各家对《李法》的解释并不一致。简虽然残缺，但关于《李法》毕竟提供了比史籍记载更多的具体材料。

《田法》是关于田地授予、年成计算、赋税征收以及对完不成规定赋税

---

① 《银雀山汉简齐国法律考析》，载《史学集刊》1984年第4期。
② 《银雀山汉墓竹简·守法守令等十三篇·委积》注。
③ 《银雀山汉墓竹简·编辑说明》，文物出版社1985年版。

者实行惩治的法律。秦有《田律》。齐之《田法》与秦之《田律》大体相同。齐之《田法》和秦之《田律》都是迄今所能看到的关于我国古代土地制度的早期的法律规定。

所以认定上述各篇是摘抄的当时齐国的法律，是基于以下理由：第一，简文已标明法的名称；第二，其条文既有规定性，又有惩治违反规范的行为的刑罚手段；第三，许多条文及内容与湖北云梦发现的大部分制定于战国时秦国的法律类似。

（二）文书或论著

这一部分包括《要言》、《王兵》、《王法》和《兵令》等篇。

《要言》，整理小组在篇题之注文中指出："内容为格言之汇集"[1]。从简文看，《要言》篇涉及的内容是广泛的，如："身不治，不能自葆（保）。家不治，不能相最（聚）。官不治，不能相使。国不治，非其主之有也。""大国事明法制，饬仁义；中国以守战为功；小国以事养为安。大国外示诸侯以道悳（德），内示民明（萌）以仁爱。""肥六畜者益其食，肥人民者少其使，肥国家者饬其悳（德）。"统治者要"爱民如赤子，敬法如师，亲贤如父。"[2] 从纵向看，既谈到了治身，又谈到了治家，还谈到了治官和治国；从横向看，既谈到了法制，又谈到了军事，还谈到了道德，也谈到了对内和对外关系。从整个内容看，所谓"要言"，即治国之要言。这篇《要言》杂采儒法等各家思想。它再次说明，战国各国的统治者是政治实践家，他们治国的方略是根据各自面临的实际情况提出的。当时思想家的理论主张，当然会对他们产生这样那样的影响，他们也会表现出一定的倾向。但在战国法律思想的研究中，像一个时期曾出现的那种以儒法画线，认为一些统治者非儒即法，甚至说他们会遵循某一家的固定教条办事，是不符合历史实际的。

《王兵》，是一篇结构严谨、文字简练、语言铿锵、说理充分的军事论著。文章首先谈到了军队的作用："主所以卑尊贵贱，国所以存亡安危者，莫齌于兵。故〔□〕诛暴乱，伐不道，必以兵，□□奸邪，闭塞奇施，必以刑。"军人要选天下英才，治军要严格："取天下精材，论百工利器，收天下豪杰，有天下俊雄"，"出号令，明法制"，"必罚有罪，而赏有功"，做到"动如雷神，起如飞鸟，往如风雨"，令行禁止。征战之前，应审时度势，知己知彼，先定计，后起兵。此外，还应做好后勤物资准备，熟悉地形路线。如此，"乃可行军围

---

[1] 《银雀山竹简·守法守令等十三篇》注。
[2] 以上引文见《银雀山汉墓竹简·守法守令等十三篇·要言》。

邑"。文章最后总括说："王兵者,必三具:主明,相文,将武。"①这篇佚文分别与《管子》一书的《参患》、《七法》、《兵法》、《地图》等篇部分文字相合。对此,整理小组在《十三篇》的释文后边附有《〈王兵〉篇与〈管子〉相关各篇对照表》且作了详细说明。并在《后记》中指出:"参患等篇大概是根据《王兵》或与《王兵》同类的作品改编而成的。《王兵》篇的成书年代应该比《管子》相关各篇为早。"由此,我推测,《王兵》篇也可能是一篇齐国官方谈论治军和战争原则一类的文书。如系私人著述,作者也应有相当高的职位,文中所论对治军征战当有一定的规范作用。

《王法》,不是一篇法律,"所论乃王者之道"②。从内容看,应是齐国某大臣谏齐王的治国方略。此论认为,要想使国家富强,首先要发展农业生产保证农业生产有足够的劳动力:"使三人一岁俱出耒耨之端,是有三岁余食。二岁俱出耒[耨之]端,是有六岁余食也。三岁俱出耒耨之端,是有十岁余食也。"在经营上既要重视农业,也要重视山林鱼牧:"一县半犯(垦)者,足以养民。其半为山林溪浴(谷),蒲苇鱼鳖所出,薪蒸□□……"已有的简文表明,农业经营上规定全面发展,很有点科学思想。在消费上提倡节俭,《王法》提出,从每年十月(岁末)计算,第二年每家的粮食人均达不到七石九斗者,"亲死不得含"(即口中含一种珠、玉、贝等物):"无余布人卅尺,余帛人十尺者,亲死不得帗(幠)";每家无一把手以上粗的树木百株者,"亲死不得为郭(椁)";"无井者,死亲不得浴";"无堂者,亲死不得肂(殔)"③。禁止厚葬,齐国早有规定,据说桓公时曾下令:"棺椁过度者戮其尸。"④《王法》只不过具体规定了贫富的等差而已。在对国家内部和外部关系上,主张少事长,贫事贵,贱事富,乱事治,小事大,弱事强的封建等级制。总的要求是:"明道德,饬仁义……为法制,明度量。"⑤《王法》提出的道德、仁义、等级、法制、富民等,杂糅了先秦法、儒、道等各学派的观点,与《管子》一书的基本思想类似。

《兵令》也不是一篇法令,所论乃治军之道。内容与传世本《尉缭子·兵令》篇大体相合。此文首先谈了军队之作用:"兵者凶器逆悳(德),争者事之[末,王者伐]暴[乱而]定仁义也;战国所以立威侵敌,弱国之所不能发

---

① 以上引文见《银雀山汉墓竹简·守法守令等十三篇·王兵》。
② 《银雀山汉墓竹简·守法守令等十三篇·王法》篇题注。
③ 引文见《银雀山汉墓竹简·守法守令等十三篇·王法》。
④ 《韩非子·内储说上》。
⑤ 引文见《银雀山汉墓竹简·守法守令等十三篇·王法》。

(废)也。"接着谈了军队建设:"兵者,以武为栋,以文为□;以武为表,以文〔为里;以武为外〕,以文为内。"文武的关系应紧密结合;"兵之用文武也,如鄉(响)之应声,而〔影〕之随身也。"①只有明白了这个道理才能克敌制胜。《兵令》还指出:领兵之将要有权威,士卒应令行禁止,出师陈兵要虚、实、秘结合:"将有威则生,失威则死,有威则胜,毋(无)威则败。"最后,《兵令》以较多的文字强调了严明军纪、军法的必要性:对于军人要"伸(陈)斧越(钺),饬章旗,有功必〔偿〕,犯令必死"。"战而失其将吏,及将吏战而死,卒独北而环(还),其法当尽斩之。"②

以上两部分,第一部分属于齐国的法令,对于我们了解当时齐国的法制具有重要意义;第二部分虽系文书和论著,但所论乃治国、治军之道,其中有对法律作用的总看法,也有关于适用法令的某些具体阐述,对于了解齐国统治者的法律思想也是不可多得的重要材料。

三 《十三篇》反映的齐国法律制度

《十三篇》虽然是摘抄件,并且出土时已残缺不全,但对现有释文并结合史籍有关记载进行研究,仍能窥见齐国法律制度的某些重要方面。

(一) 有关土地制度和农业生产的规定

封建土地制度是封建社会的根本制度。农业是封建经济的基础。其产生状况如何,直接关系国家的实力和统治的稳定,在当时也关系战争的胜负。《田法》强调了农业的重要性:"量土地肥墝(硗)而立邑建城,以城禀(称)……三相禀(称),出可以战。"所谓"三相称",整理小组据《尉缭子·兵谈》认为应是"以城称地,以地称人,以人称粟"。《田法》还指出:"……示民明(萌)毋解(懈)怠。如此,则外无诸侯之患,内无〔饥〕□之忧,出可以御倚(敌),入可……"简文残缺较多,但仍可看出统治者对农业的重视。

从《田法》规定看,齐实行授田制:"州乡以地受(授)田于野,百人为区,千人为或(域)。"具体办法是:"……□巧(考)参以为岁均计,二岁而均计定,三岁而一更赋田,十岁而民毕易出,令皆受地美亚(恶)□均之数也。"授

---

① 以上引文均见《银雀山汉墓竹简·守法守令等十三篇·兵令》。引文〔 〕中之字原为缺文,现系按整理小组意见根据《群书治要》卷三七所录《尉缭子》补,□原为缺文,按《群书治要》应为"植"。

② 以上引文均见《银雀山汉墓竹简·守法守令等十三篇·兵令》。

田之制古已有之，《周礼·遂人》和《汉书·食货志》等均有记载。授田与爰田是结合的。所谓爰田，即换田、易田。《公羊传》宣公十五年何休注："司空仅别田之高下，善恶分为三品：上田，一岁一垦。中田，二岁一垦。下田，三岁一垦。肥饶不得独乐，硗确不得独苦，故三年一换土易据，财均为平。"何休所描写的与《田法》规定基本相合，但《田法》只规定"易田"而没规定"易居"，说明齐国农民的居住地方已相对固定。这种制度在商鞅变法后的秦国首先发生了变化，《汉书·地理志》注引孟康曰："三年换土易居，古制也，末世浸废。商鞅相秦，复立爰田，上田不移，中田一移，下田再移。爰自在其田，不复易也。"这就是说，农民受田后，不再定期与其他户换土易居，只在各自的土地上休耕轮作。从上述记载和规定可以看出，中国古代土地制度曾经历了这样的发展过程：授田，三年换土易居；授田，三岁而更赋田，十年而民毕易田，不再移居；授田，不再与他户换土，也不再易居，自爰其处。这一过程反映了封建土地国有制向私有制发展的不同阶段。很清楚，当授予农民的田宅，不再与他家换土易居时，所有权事实上已归农民。《田法》所反映的土地制度，从私有制的发展进程看，较三年一换土易居向前跨进了一步，但比商鞅在秦国实行的"自爰其处"，则较落后。这种状况反映了战国各国社会改革发展的不平衡。

《田法》认为，在农业生产第一线的人口与整个人口的比例，农业劳动生产率高低和粮食储存多少，关系国家的兴亡："什八人作者王，什七人作者朝（霸），什五人作者存，什四人作者亡。一人而田大亩廿〔四者王，一人而〕田十九亩者朝（霸），〔一人而田十〕四亩者存，一人而九田亩者亡。王者一岁作而三岁食之，霸者一岁作而二岁食〔之，存者一岁作□□□食〕之，亡者一岁作十二月食之。"这样国家就要求农民努力生产，只有老幼有所例外。《田法》："□□□以上，年十三岁以下，皆食于上。年六十以上与十六以至十四，皆为半作。"所谓"食于上"，整理小组注"似指不负担赋税徭役而言"[①]；所谓"半作"，当指从事部分劳动，当然赋税徭役也相应减少。

"赋税是政府机器的经济基础。"[②]《田法》强制受田农民向国家缴纳赋税："赋，馀食不入于上，皆匦（藏）于民也。卒岁田少入五十斗者，□之。卒岁少入百斗者，罚为公人一岁。卒岁少入二百斗者，罚为公人二岁。出之之岁〔□□□□〕□者，以为公人终身。卒岁少入三百斗者，黥刑以为公人。"

---

① 《银雀山汉墓竹简·守法守令等十三篇·田法》注。
② 《马克思恩格斯选集》第3卷，人民出版社1965年版，第22页。

所谓"公人",是指"为公家服役之人"①,也就是一种劳役刑。从规定看,少缴田赋者,按数量多少,分别罚为有期刑、无期劳役刑,或罚以劳役刑又施以黥刺。这种制度与商鞅规定之"事末利及怠而贫者,举以为收孥"大体相同。由此可知,战国不止一个国家以刑罚手段强迫农民努力从事农业生产并按规定缴纳赋税。

(二) 关于手工业管理的规定

《十三篇》与云梦秦简不同,没有专门手工业生产的法律,但在《库法》中却有关于手工业生产方面的规定:"长铁銛十六尺大半尺者居四之一,短铁銛十四尺半者居十⋯⋯""长斧、连棁、长椎、枋(柄)七尺。椎首大十四寸,长尺半。连椎长八寸,其丝(系)尺,梃长七尺,大十二寸。"《说文》:"銛,臿属。"《墨子·备城门》:"城上之备⋯⋯连梃、长斧、长椎。"《通典·卷一五二》:"连梃如打禾连枷状,打女墙外城上敌人"(整理小组注:"连梃用以捶击敌人,故亦名连搥")。② 由此可见,铁銛、长斧、连棁、长椎等均为守城之具,属军队的武器。《库法》规定各种武器之尺寸、规格,是手工业生产器物之标准化。秦《工律》也有类似的规定"为器同物者,其大小、短长、广亦必等"③,这都是为使生产的器物有一定的规格、尺寸,以便于生产协作,提高劳动生产率;也便于交付使用后配件和修理。

《库法》还规定:"⋯⋯三□田艾(刈)诸器,非甲戟矢弩及兵櫜韦韏(韇)之事,及它物唯(虽)非守御之具也,然而库之所为也,必⋯⋯"此条规定说明,《库法》除有关兵器保管和生产的规定,也有关于农具和其他器物保管和生产的条文。

齐国《库法》有手工业生产的条文,是由于战国一些国家的库及其主管官员,既负责物资保管,还负责某些器物制造。这已为战国三晋的一些铜器、兵器的铭文所证实:"十一年,库嗇夫肖不孳,貝氏大啥(令)所为,空(容)二斗。"④"十八年,塚(冢)子钎(韩)矰,邦库嗇夫犬汤,冶郤敫(造)戈。"⑤据裘锡圭同志介绍:"在新郑韩故城发现的大批韩国兵器铭文的未发表部分中,也数见'库嗇夫'、'邦库嗇夫'、'大(太)官上库嗇夫'、'大(太)

---

① 《银雀山汉墓竹简·守法守令等十三篇·田法》注。
② 同上。
③ 《睡虎地秦墓竹简·秦律十八种·工律》。
④ 鼎《三代金吉文存》三·四三上。
⑤ 湖南省博物馆藏戈。转引自裘锡圭《嗇夫初探》,载《云梦秦简研究》。

官下库啬夫'等官名"①。库及其主管官员监造某些器物,战国一些国家如此,秦代和汉代前期也如此。近年从江西遂川发现的一把秦戈铭文为:"廿年,临汾守瞫,库係工歌造。"②1977年,在安徽阜阳汉文帝时汝阴侯墓出土的一些漆器铭文有:"女阴侯木笥龠,元年,女阴库己,工延造。""女阴侯杯,容一升半,六年,库己,工年造。""女阴侯盂,容一斗五升,七年,库襄,工延造。"③以上铭文中之"库",均指某库机构或库的负责人。

齐之《库法》对各种器物的标准作如此具体的规定,反映了当时手工业发展的水平,也说明了统治者对手工产品工艺和规格的重视。史学界多数同志认为,《周礼》之《考工记》为战国齐国人撰写的手工制造方面的官书。④ 其中有多种手工产品制造工艺和规格方面的内容。此书是齐国和三晋诸国手工业生产经验的总结,在当时曾广为流传,影响很大。齐《库法》和秦《工律》将其中某些内容制定成法律,以国家强制力保证其推行。齐《库法》和秦《工律》有关手工业生产的规定,是目前所见到的我国古代最早的手工业生产的法律。

(三)关于商业管理的规定

《十三篇》中之《市法》是关于商业方面的法律。秦简中之《金布律》、《关市律》虽然也有商业管理的规定,但《金布律》主要涉及货币、财物;《关市律》则是关、市兼有,且仅存一条。《十三篇》之《市法》,原简也很残缺,不过毕竟提供了比较多的关于商业方面的原始法律资料。

《市法》规定了市在城邑中的位置和规模:"……吏者具,乃为市之主陕(狭)小大之度,令必再(称)邑,便利其入出之门,百化(货)财物利之。市必居邑之中。""国市之法:外方四百步,内宫禹(称)之。"这两条简文要求市之大小应和所在的城邑相当,位置应居城邑之中,规模是"外营方四百步"。商贾在市内要列行划地经营:"……市二分也。为肆邪(叙)分别疏数……""市化(货)□贵者,受(授)肆毋过……毋过七尺,下化(货)贱者,受(授)肆毋过十尺。此肆邪(叙)市列之数也。"《周礼·司市》郑注:"叙,肆行列也。"此规定不仅要求商贾在市内分列经营,而且还规定占地大小与所卖货物的贵贱、多少相联系。

---

① 《啬夫初探》,载《云梦秦简研究》,中华书局1981年版。
② 《考古》1978年第1期,第65页。
③ 《阜阳双古堆西汉汝阴侯墓发掘简报》,载《文物》1978年第8期。
④ 郭沫若:《〈考工记〉的年代与国别》,《沫若文集》第16卷;陈直:《古籍述闻》,载《文史》第3辑;闻人军:《〈考工记〉成书年代新考》,载《文史》第23辑。

市设有啬夫和吏。《市法》："欲利市,吏必力事焉。""市啬夫不能独利市,邑啬夫……"啬夫一职在战国、秦汉史籍及新发掘的简牍中多见,裘锡圭同志在其《啬夫初探》一文中作了详细考证。此外之市啬夫应是指市的主要负责人,吏则是市啬夫的属吏。简文还提到"邑啬夫",应是指市所在地的行政长官。从简文看,邑啬夫对市的管理也负有一定职责。设职管市,《周礼》已有记载:"司市,掌市之治教、政刑、量度、禁令,以次叙分地而经市,以陈肆辨物而平市,以政令禁物靡而均市,以商贾阜货而行布,以量度成贾而征侩,以质剂结信而止颂,以贾民禁伪而除诈,以刑罚禁虣而去盗,以泉府同货而敛赊。"①这就是说,司市的职责是全面的,既管理场地划分,又管理行政教化;既管理物价平抑、货物伪劣,又管理合同债务和市场治安。《周礼》所记至少可以反映战国时的情况。《市法》中市啬夫的职责应与《周礼》之司市类似。市啬夫之设,反映了齐国商业的发展和统治者对商业之重视。

齐国重视商业还表明在《市法》对市的作用的肯定:"市者,百化(货)之威,用之量也。中国能〔利〕市者强,小国能利市者安。市利则化(货)行,化(货)行则民□,〔民□〕则诸侯财物至,诸侯财物至则小国富,小国富则中国……"威,整理小组注:"疑当读为'隈','百货之隈',犹言'百货之渊'。"②简末"中国"以下之缺文应为"强"之类的词。意思是:诸侯财物至则小国富,小国富则中国强。如此将市的繁荣、商业的发展程度与国家的强弱、安危联系起来认识,无论在先秦的法律中或诸子的论著中都是仅见的。春秋战国时,儒家轻商,道家和法家也不重视,但从齐国的《市法》看,在实践中他们的思想影响并不是很大的。所以,战国关东诸国以及秦的某些城市,商业有了快速发展。商业城市兴起,人口大量增加。齐国的临淄(今山东临淄北)、即墨(今山东平度县东南)、安阳(今山东曹县东)和薛(今山东滕县东南)都是有名的商业城市。临淄城达七万户。市内"车毂击,人肩摩,连衽成帷,举袂成幕,挥汗成雨";"其民无不吹竽鼓瑟,击筑弹琴,斗鸡走犬,六博蹋鞠者"③。当时出现了不少有名的大商人,如:范蠡、端木赐、猗顿、郭纵、吕不韦和寡妇清等,其中有些人还参与政治,成为政界叱咤风云的人物。在中国封建社会发展史上,并非一开始就实行抑商政策。抑商、商人

---

① 《周礼·司市》。
② 《银雀山汉墓竹简·守法守令等十三篇·市法》注。
③ 《战国策·齐策一》。

地位低下,是与封建专制主义和皇权统治发展相联系的。

(四)关于军事方面的规定

战国时期,战争频繁,各国无不在发展经济实力的同时,努力发展军事实力。因此,如何以法律手段加强军事建设、保卫战争胜利,就成了各国立法和司法方面的重要任务。《十三篇》不少部分涉及军事法律,《守法》则是最集中的一篇。《守法》简文也较残缺,但内容可与《墨子》之《备城门》、《号令》等篇的一些段落相印证。

《守法》首先指出,如要想以大国的姿态,立于诸国之林,必须注意军事建设:"战国者,外惰(修)城郭,内惰(修)甲戟矢弩。"此处所说之战国,是指当时国力强盛、能征善战的大国。城郭有一定规格:"万乘之国,郭方(十)七里,城方九〔里,城高〕九仞(仞),池□百步。国城郭……〔郭〕方十五里,城方五里,城高七仞(仞),池广八十步。"法律规定城郭大小,城墙高低,护城河之宽窄,既体现了封建等级制度,也表明了按其重要程度设防的规格。城上按规定修筑工事:"五十步而一楼,楼间为□□……□二百步而一出楼,三百步而一进行楼。"整理小组注:"出楼盖因其楼突出于城堞之外而得名";"疑简文之'进行楼'与'行楼'('行楼'见《墨子·备城门》)为同类物"。① 从简文看,出楼和进行楼均为更有效地防守敌人而设:"……□二百步为一隔,必当出楼之下,善为之□而守之,以射適(敌)远卒及后行者";"进行楼以远视城下及城外也"。城上守卫人员按规定配备武器:"剑戟固人备其所。弩二人共一,非適(敌)人傅城及在城下,卒不得服弩,弩恒在将吏之所。"弩,在当时属于先进武器,所以使用要严加控制,通常放在将吏之所,只有在敌人兵临城下时,才允许士卒使用,并且是二人共一。除了武器,城上还要准备大瓦及石头,毁瓦、碕、蒺藜和盛水之器具等,以在敌攻城时居高临下杀伤敌人和防止敌人火攻。

从《守法》规定看,当时守城是实行军民总体战。这样,军事法律效力所及,包括军人,也包括百姓。《守法》规定:"……者万人,老不事者五千人,婴儿五千人,女子负婴……"战时这样将老幼妇女组织起来,与《商君书·兵守》所载之制度类似。《守法》还规定,在守城时,无论官私房屋或器具,均得征用:"诸官府室屋壮(墙)垣及家人家屋器戒(械)可以给守城者尽用之,不听令者斩。"当敌发起进攻,城内实行戒严:"……〔敌〕人在城下,城

---

① 《银雀山汉墓竹简·守法守令等十三篇·守法》注。

中行者皆止",不仅如此,"杀鸡狗毋令有声"。这一规定与《墨子·号令》所记相似:"卒有惊事,中军疾击鼓者三,城上道路,里中街巷,皆无得行,行者斩。"看来,战国时已实行战地戒严了。

对于军事犯罪的惩罚是严厉的。《守法》:"百人以下之吏及与□及伍人下城从……不操其旗章,从人非其故数也,千人之将以下止之毋令得行,行者吏与□□当尽斩之。"此段简文,不易理解,《墨子·备城门》有一段类似的记载:"从一人百人以上,持出不操填章,从人非其故人,乃(及)其填章也,千人之将以上,止之勿令得行,行及吏卒比之,皆斩。"孙诒让谓"持"当为将,"填"当为旗。[1] 将二者相参照,可以看出意思是,在战斗中,吏及伍人出入要有旗章标志,随从的人必须是原来的人,否则禁止通行,如敢于违令通行者,一律处斩。《守法》还规定:"廿步一屏(屏)、离城毋过五十步。下之屏(屏)者必衔枚,二人俱斩。"《广雅·释宫》:"屏,厕也。""之屏",上厕所。整理小组注:此段简文"二人俱斩"前疑脱"不听令者"或"不从令者"四字。[2] 这是说,二十步要修一个厕所,离城不过五十步。上厕所者,需二人同行,并且口衔枚,不得说话,不从令者二人皆斩,守城人员不得擅离岗位,否则本人和家属均要处以重刑:"去其署者斩,父母妻子罪……"

(五)关于刑罚制度

从上述农业、手工业、商业和军事等方面的规定可以看出,银雀山汉简所载齐国法律一如云梦秦简所载秦律,有的条文中注明了刑罚手段,也有的只规定必须做什么和禁止做什么,而没规定刑罚手段。但是,无论是秦国的法律还是齐国的法律,毫无疑问都是以刑罚为后盾强制推行的。综观《十三篇》的内容,所涉及的刑罚主要有以下几种:

1. 死刑

《十三篇》中的死刑只有斩刑一种:

《守法》:"去其署者斩,父母妻子罪……""不操其旗章,从人非其故数也,千人之将以下,止之毋令得行,行者吏与□□当尽斩之"。"诸官府屋室墙垣及家人室屋器械可以给城守者尽用之,不听令者斩。"

《兵令》:"战而失其将吏,及将吏战而死,卒独北而还,其法当尽斩之。将吏将其卒北,斩其将……""大将死,□□五百以上不能死敌者皆当斩,及大将左右近卒在□□者皆当斩。"

---

[1] 《墨子·备城门》注。
[2] 《银雀山汉简·守法守令等十三篇·守法》注。

关于斩刑的记载，见于《周礼·秋官·掌戮》："掌戮掌斩杀贼谍而搏之。"郑玄注："斩以斧钺若今要（腰）斩也。"由此可知，战国秦汉的斩刑多为断腰。齐国的死刑除斩之外，见于史籍的还有烹①、车裂②、斮③和戮尸④等。

2. 肉刑

《十三篇》中肉刑仅出现一次并且是与徒刑结合使用的。

《田法》："卒岁少入三百斗者，黥刑以为公人。"黥刑是肉刑之一种，又称墨刑。最早记载见于《尚书·伊训》："臣下不匡，其刑墨。"金文称为"䁥㬚"⑤。在几种肉刑中，黥刑轻于劓刑。见于史籍的齐国的肉刑还有刖刑。春秋末，晏子曾当齐主之面说齐国"国之诸市，屦贱踊贵"，形容齐国处刖刑之多。《七国考·田齐刑法》引《韩子注》："齐刖罪人使守门也。"由《十三篇》中适用黥刑和史籍中关于处刖刑的记载，可知齐国也适用其他种肉刑。

3. 劳役刑

所谓劳役刑，即因犯罪被罚作劳役的刑罚。《十三篇》中之劳役刑有罚作"公人"和罚作戍役两种。

《李法》："……为公人三日，李主法，罚为公人一……"《田法》："卒岁少入五十斗者，□之，卒岁少入百斗者，罚为公人一岁、卒岁少入二百斗，罚为公人二岁。出之之岁〔□□□□〕□者，以为公人终身。卒岁少入三百斗者，黥刑以为公人。""出之之岁，疑指刑满归家之岁。"由此可知，罚作公人就是一种徒刑。这里规定有期刑，也有无期刑，还有徒刑附加以黥刺。上述《李法》有"……为公人三日"，因缺文太多，难以作出恰当分析，可能是齐法规定之劳役刑的最短期限。

罚作戍役，见于《兵令》："后将吏至大将之所一日，□□□……吏戍一岁。"此段简文残缺，按《尉缭子·兵令》篇，其意为：卒比将吏至大将所在地迟到一天，卒要受惩罚，吏罚作戍役一岁。《尉缭子·兵令》篇还有："前吏弃卒而北，后吏能斩之而夺其卒者赏，无军功者戍三岁。"《十三篇》之《兵令》也多处出现"□□□□三岁"、"□三岁"和"戍三岁"等。可见罚作戍役在齐法中还是比较多的。此种刑罚也见于秦律："不当禀军中而禀者……非吏也，戍三岁。""军人卖禀禀所及过县，赀戍二岁；同车食、屯长、仆射不

---

① 《史记·田敬仲完世家》。
② 《史记·苏秦传》。
③ 《战国策·齐策》。
④ 《韩非子·内储说上》。
⑤ 《陕西省岐山县董家村西周铜器窖穴发掘简报》，载《文物》1976年第5期。

告,戍一岁。"①战国至秦汉,戍役为国家规定之力役的一种,一般成丁均有义务承担,但上述所引齐法和秦律中的戍一岁、戍三岁、赀戍一岁、赀戍二岁,则是作为对犯罪的惩罚手段,因之属于刑罚。

《十三篇》的一些规定表明,齐在适用刑罚时,对重罪也适用连坐。《守法》:"去其署者身斩,父母妻子罪……有法,父母妻子与其身同罪。"这再次说明,中国古代连坐制度早已有之,并非始自商鞅变法。商君所为,只不过扩大了连坐范围而已。

战国是中国历史的巨大变化时期。中国封建社会的许多重要制度都渊源或确立于战国。"然春秋以前之制度,有《经》、《传》可稽,秦汉以下之故事,有《史》、《志》可考。惟七雄云扰,策士纵横,中间一二百年,典章制作,实荡然不可复征。"②明人董说的《七国考》,虽"参考诸书,排比钩贯"③,对战国制度的研究下了一番工夫,不过关于战国的法律制度,无论是从中国通史角度,还是从中国法律史角度,迄今都是有待加强的环节。云梦秦简关于秦律的记载,银雀山汉简关于齐国法律的记载,尽管仅仅是这两个国家法律的局部,甚至是很小的部分,但毕竟为我们提供了一批前所未见的原始法律资料,填补了这段法律史料的空白。可以毫不夸张地说,银雀山汉简和云梦秦简的发现,揭开了笼罩在战国法律史上帷幕的一角,使我们得以窥见战国法律制度的丰富内容,从而必将有力地推动战国法律史的研究。

---

① 《睡虎地秦墓竹简·秦律杂抄》。
② 《四库全书总目提要》卷八一。
③ 同上。

战国法律制度研究中的若干问题*

战国是中国历史上的巨大变化时期。当时"邦无定交,士无定主"①。王夫之称之为"古今一大变革之会"②。近代以来,史学界对于战国社会性质的认识有较大的分歧,不过,无论是西周封建说,战国封建说,还是魏晋封建说,都不否认中国古代社会在战国时的巨大变化。最近,我国考古界有学者根据史籍记载和地下发掘的新史料,提出中华文明发祥地有黄河流域、长江流域、珠江流域和北方地区四大区域,并认为"各区域的古文化互为渗透,彼此影响,从而促进了不同文化的融合,最终形成了秦始皇统一大帝国和中华民族共同文化传统的连绵不断"③。此又为战国史的重要地位提出了新论证。显然,秦始皇能在中华民族史上演出如此威武雄壮的一幕,实与战国二百余年的发展变化密不可分。只因为中国古代社会在战国时期发生了巨大变化,所以中国封建社会的许多重要的法律制度都渊源或确立于战国。研究战国法律制度的发展变化,对于研究中国整个古代法律制度,特别是中国封建法律制度具有很重要的意义。但是,目前对战国法律制度的研究却存在某些问题,因而影响了认识的进一步深化。本文试图就此谈谈看法。

---

* 本文原载《中国法学》1988年第2期。
① 顾炎武:《日知录》卷十三《周末风俗》。
② 王夫之:《读通鉴论·叙论》四。
③ 新华社:《我国考古界根据新发现探索中华文明发祥地有"四大区域"》,载《人民日报》1986年9月23日第1版。

一 目前对战国法制研究之不足

自从西汉末刘向在《战国策》序中将"战国"一词作为中国古史的一个特定历史时代的代称使用以来,便被其后的学者一直沿用。战国时代的下限为秦始皇统一六国(公元前221年)这一点是明确的。但是其上限的认识历来有较大的分歧:第一种意见,起自鲁哀公十四年(公元前481年);第二种意见,起自周元王元年(公元前475年);第三种意见,起自周贞定王元年(公元前468年);第四种意见,起自周威烈王二十三年(公元前403年)。上述四种意见的第一种意见是为上接春秋的年代,第二、三种意见是为叙事方便,第四种意见是以三家分晋作为新时代的开始标志。战国的上限究竟取哪种意见为好,还可继续讨论。但无论取何种意见,这一时代都有二百多年(前三种意见)或近二百年(第四种意见)的历史。先后存在于这一历史时期的国家较多,其中主要是秦、齐、楚、燕、赵、魏、韩七国。这些国家各据一方,边生产,边征战;争生存,争统一;时而联合,时而分裂,在前人的基础上共同创造了灿烂辉煌的文化。对此,中国经济史、中国政治史、中国思想史、中国哲学史都有较多的反映,唯中国法制史对这一时期的法律制度却反映得很不够。

以新中国建国前出版的杨鸿烈先生的《中国法律发达史》为例。[①] 这是一部资料比较丰富、叙述比较系统,出版后在国内外影响较大的著作,至今对于中国法制史的研究和教学仍有很高的参考价值。但是,在这部长达二十七章、近百万言的法律史著作中,战国和秦代的法律制度共为一章,仅一万二千余字,且二分之一篇幅是阐述儒法等学派法律思想的某些内容。关于法律制度,只极为概略地介绍了战国和秦代的法典、刑法和罪名等[②],远远反映不出这一历史时期法律发达的实际。

又以陈顾远先生的《中国法制史》为例[③]。这也是新中国建国前出版的内容比较翔实、论证比较严谨,在国内外颇有影响的著作。其内容分总论、政治制度、狱讼制度和经济制度四篇,按上述四个部分,综合叙述了从先秦到清代中国法律制度发展和演变的史实。比《中国法律发达史》涉及的范

---

① 见商务印书馆1930年版。
② 杨鸿烈:《中国法律发达史》(上册),商务印书馆1933年版,第79—90页。
③ 商务印书馆1934年版。

围广,对某些制度的产生和发展阐述得比较系统详细。但史料不如前者丰富,且因是分题叙事,某些材料割裂得较为零散。其中有关战国的法制,除李悝《法经》、"商鞅变法"和法学兴盛一般法律史著均有介绍的内容外,未能作新的发掘。

再以程树德先生编著的《中国法制史》为例①。这部著作分总论、律令和刑制三编。可能因总篇幅所限,涉及战国法律的《周秦诸子之法律观念》、《上古及四代》和《法经及秦律》诸章,对战国法制的叙述远不及前两部著作翔实。

除上述三部著作之外,新中国建国前出版的还有丁元普的《中国法制史》②、徐朝阳的《中国刑法溯源》等。③ 这些著作各有特点,但总的来看,内容均未超出杨鸿烈、陈顾远、程树德所论述的范围。关于战国法律制度的研究也就谈不上有什么新的成就。

新中国建立后至"文化大革命"前的十七年,我国法律史工作者在中国古代法制史领域的重大成果,是在前人研究的基础上,以马克思主义为指导,初步建立了这门学科的新体系。但是,由于"左"倾错误的影响,这个领域中的许多问题未能深入研究。"文化大革命"之后,这门学科得到了恢复和发展。自1981年以来,北京和一些省的出版社相继出版了几部中国法制史方面的专著。这些著作,多是在高校原有教材的基础上编写的。内容各有特色,质量有显著提高。不过,战国部分仍然是普遍存在的薄弱环节。

以高等学校法学试用教材《中国法制史》为例④。在1981年以来出版的几部中国法制史的著作中,这部著作关于战国法律制度写得比较充分。即使如此,也只写了"新兴地主阶级的立法原则"、"商鞅对法律制度的改革"和"各诸侯国法律制度的变化"三节。这三节所谈主要是李悝之后一些国家的几次改革和变法,并且有的问题谈得极为概略。对于各国二百余年的法律制度究竟如何,没有得到较全面的反映。

最近,我查阅了1960年以来我国台湾地区学者戴炎辉的《中国法制史》,林咏荣的《中国法制史》和张金鉴的《中国法制史概要》。⑤ 这几部著

---

① 《中国法制史》为北平大学出版。
② 文堂新记书局1939年版。
③ 商务印书馆1933年版。
④ 群众出版社1982年版。
⑤ 戴炎辉:《中国法制史》,三民书局1966年初版,1979年再版;林咏荣:《中国法制史》,1960年初版,1976年增订6版;张金鉴:《中国法制史概要》,正中书局1973年版。

作对于中国古代法制的阐述各有侧重,各有特色,但关于战国部分的史实,并没有在新中国建国之前或建国之后我国学者已有著述的基础上增加新的内容。

当然,前文所列,都属于中国法制通史。在这样的著作中,包括战国在内的各个断代的内容不能不受篇幅限制。但是我们也注意到,无论是新中国建国前或建国后,无论是大陆内地或台湾地区,有关这一断代研究的专题论文也寥寥无几。这些都说明,目前关于战国法制史的研究,从深度或广度说,都存在明显不足。概括起来主要有以下几点:

第一,战国是在春秋之后各诸侯国从分裂走向统一的时代。由于民族和历史的渊源,各国有共同之处;又由于各国间政治经济发展不平衡和自己的传统风俗,各国也有不同特点。如何既从整体上把握这一时期法律制度发展的共同规律,又具体反映出各国法律制度的不同特点,尚待进一步努力。

第二,变法与改革是战国法律制度发展的突出特点。李悝在魏的改革和商鞅在秦的变法占有很重要的地位。但如何全面反映李悝改革和商鞅变法,李悝改革和商鞅变法与春秋晚期以来各诸侯国改制的关系,商鞅变法与关东诸国变法改革的关系,以及关东诸侯国变法改革的情况都论述得不够充分。

第三,变法与改革固然应作为重要问题加以反映,各诸侯国在变法改革后确立的法律制度及其对当时政治、经济和军事实力发展的影响也需要作较为系统的阐述。

第四,战国时"百家争鸣",法律思想活跃,法律学说与立法、司法结合之密切,在中国古代法律史上是空前的。许多理论和见解,促进了当时立法与司法的发展,深深地影响了中国古代社会,有些见解甚至今天仍保持其生命力。这些,不仅是中国古代法律思想史研究的重要课题,也构成了当时法律制度的重要特点。指出这一点,如实地分析其形成的前因后果,对于认识战国和后来的封建法制的发展变化都是有益的。

二 进一步发掘战国法律史料

存在上述问题,固然与战国年代久远,史料散佚密切相关,但与许多中国法制史著作使用材料面过窄,现存史料没有得到认真研究和充分利用不无关系。

仍以我们前文列举的杨鸿烈的《中国法律发达史》、陈顾远的《中国法制史》和程树德的《中国法制史》为例。《中国法律发达史》在叙述战国和秦的法律制度部分,仅使用《战国策》、《史记》、《汉书》中的一些材料,此外,还引用《荀子》、《说苑》的材料各一则。法律思想部分引用材料面较宽,有《论语》、《孟子》、《荀子》、《商君书》、《管子》、《韩非子》、《慎子》和《尹文子》等等,但只是从法律思想史角度谈的,并未与战国法律制度的发展有机结合起来,更未注意其中许多涉及战国法律制度的史料。陈顾远的《中国法制史》和程树德的《中国法制史》,对于中国古代法制均为分类叙述。对于战国法律制度,陈氏之书的《总论》第二、三、四章中国法制之变的问题、质的问题、量的问题,以及第二编《政治制度》,第三编《狱讼制度》;程氏之书的《总论》、《律令》和《刑制》的有关章节都有所论述,但使用的材料,主要仍是《国策》、《史》、《汉》,基本上没有超出杨鸿烈使用的范围。新中国建国后出版的几部中国法制史著作,在战国部分除使用《国策》、《史》、《汉》中的材料,又使用了"诸子"中有关当时法律制度的某些记载,因而内容较前充实。尽管如此,正如上面已指出的,对现存的许多材料仍然没有加以有效地利用。

杨宽先生在其《战国史》一书的《绪论》中,列举了三十四种研究战国的主要史料①。除近年出土的简牍、帛书,其中还有《史记》、《汉书》、《战国策》、《华阳国志》、《逸周书》、《资治通鉴》、《古史》(宋苏辙重编之先秦传记体史书,保存有少数宋以后散佚的史料)、《墨子》、《老子》、《孟子》、《庄子》、《荀子》、《韩非子》、《吕氏春秋》、《公孙龙子》、《商君书》、《管子》、《尉缭子》、《周礼》、《禹贡》、《山海经》、《楚辞》、《月令》、《素问》、《说苑》、《新序》、《韩诗外传》和《水经注》等。《战国史》是断代史,内容当然不限于法律,还包括经济、政治、军事、文化和科学技术,取材更广泛是必然的,但上述所列,有不少法律史料而未被研究中国古代法制史的学者注意也是事实。

如《华阳国志》,这是我国现存的一部最早的、比较完整的地方志。它主要记载公元4世纪以前今四川、云南、贵州三省及甘肃、陕西、湖北部分地区"各州的历史,郡县的沿革,治城的所在,著名的山川,重要的道路,一方的产物,各地的风俗,主要的民族,乃至名宦的政绩,各县的大姓"②;同时也

---

① 《战国史》,1980年7月第2版。
② 刘林:《华阳国志校注·前言》,巴蜀书社1984年版,第4—5页。

记有不少法律史料。有关战国的,如张仪、司马错伐蜀,城成都①;秦昭王与夷人刻石为盟②,以及李冰任蜀郡守兴修水利等③。

又如《逸周书》。此书相传为孔子删《尚书》之余,实际上多是战国时人模拟的作品。因此有些记载反映战国的制度。如:《武称》:"大国不失其威,小国不失其卑,敌国不失其权,岠险伐夷,并小夺乱,□强攻弱而袭不正,武之经也。"《大匡》:"官考其职,乡问其利……诘退骄顽,方收不服,慎惟怠堕,什伍相保,动劝游居,事节时茂,农夫任户,户尽夫出。"《文传》:"山林非时,不升斤斧,以成草木之长;川泽非时,不入网罟,以成鱼鳖之长;不麛不卵,以成鸟兽之长。"《大聚》:"泉深而鱼鳖归之,草木茂而鸟兽归之,称贤使能官有材而归之,关市平商贾归之,分地薄敛农民归之。"上述谈到的"大国"、"小国"、"官考其职"、"什伍相保",都是战国的事。而其中关于自然资源保护和农商方面的政策,还可与战国一些国家的法律相印证。

再如《吕氏春秋》。这是战国末由秦相国吕不韦组织门客编撰的一部很重要的著作。在这部著作中保存了不少有关战国的珍贵史料,且是先秦著作中后人较少篡改的一部。史载:"当是时,魏有信陵君,楚有春申君,赵有平原君,齐有孟尝君,皆下士喜宾客以相倾。吕不韦以秦之强,羞不如,亦招致士,厚遇之,至食客三千人。是时诸侯多辩士,如荀卿之徒,著书布天下。吕不韦乃使其客人人著所闻集论,以为《八览》、《六论》、《十二纪》二十余万言,以为备天地万物古今之事,号曰《吕氏春秋》,布咸阳市门,悬千金其上,延诸侯游士宾客有能增损一字者予千金。"④这就是此书编写的过程。且不管吕不韦的意图究竟是附庸风雅为自己装点门面,还是为与秦始皇争权夺利,既然此书是门客人著所闻,就是说史料较为可靠;既然在成书后敢于"延诸侯游士宾客有能增损一字者予千金",就是说不仅史料,而且文字都经得起推敲。可能与吕不韦的名声不佳有关,这部书很长时间没有受到儒者的重视,从而影响了后人对其中法律史料的发掘。今人对吕不韦仍会褒贬不同,但我们却不应以人废言。

这里,还应谈谈《周礼》一书包含的战国法律史料问题。关于此书,《四库全书总目》有如下说明:"《周礼》一书,上自河间献王,于诸经之中,其出

---

① 《华阳国志·蜀志》。
② 《华阳国志·巴志》。
③ 《华阳国志·蜀志》。
④ 《史记·吕不韦列传》。

最晚,其真伪亦纷如聚讼,不可缕举。"①主要有三种说法:第一,宋朱熹认为它"盛水不漏,非周公不能作"②。郑樵《通志·经籍略》引孙处:"周公居摄六年之后,书成归丰,而实未尝实行。盖周公之为《周礼》,亦犹唐之显庆、开元礼,预为之以待他日之用,其实未尝实行也。"这种意见认为它出自周公旦之手。第二,认为是出自西汉末年刘歆的伪托。清末学者康有为在《新学伪经考》中说,《周礼》是刘歆伪造,以佐王莽之业。第三,认为它是战国诸家学者编撰。持这种意见的人指出:此书如为周公所作,春秋时孔子不会不谈及其内容,《左传》也不会不记载;他们还指出,关于《周官》(《周礼》的前身),在刘歆之前的史料中已有记载。《汉书·艺文志》有《周官经》六篇,又有《周官传》四篇,说明班固时实有此书。《艺文志》并记载:"六国之君,魏文侯最好古,孝文时得其乐人窦公,献其书,乃《周官·大宗伯》之《大司乐》章也。武帝时,河间献王好儒,与毛生等共采《周官》及诸子言乐事者,以作《乐记》。"这就是说,《周官》一书当战国时业已存在,前汉文帝和武帝时有人先后读其篇章,并非刘歆之伪作,郭沫若曾指出,如认为刘歆能伪作此书,那么刘歆就是"超人"了。③

现代史学界比较普遍倾向第三种意见,即认为《周礼》为战国时代的作品。刘歆定名之前称《周官》或《周官经》。由于是战国儒者根据他们当时看到的史料编撰的,该书反映了周代和战国时的制度。后经刘歆整理,书中也有不少伪托成分。显然,周代也好,战国也好,其法制都不可能像书中谈的那么完备。至于其中哪些属于西周制度,哪些属于战国制度,哪些又是刘歆伪托,就要根据其他史籍和文物中的史料加以分析和印证。从法律角度看,部分刑制和商业、手工业方面的某些规定应属于战国。尤其是该书的《冬官考工记》,目前学界已大体认定是齐国人撰写的手工业产品制造方面的官书。《考工记》有各种手工业产品的制造工艺和规格的内容,是齐国和三晋诸国手工业生产的经验总结。它在当时曾广为流传。近年来,在山东临沂发现的汉简中记载的齐国的《库法》,在湖北云梦发现的秦简中记载的《工律》、《均工律》和《工人程》等内容说明,一些国家的统治者为加强对手

---

① 《四库全书总目》卷一九。
② 同上。
③ 《两周金文辞大系图录考释》七《扬殷》:"余意《周记》旧简确有其物,物经刘歆篡改编配,故成为今本所有之形制,所言与彝铭多不合,而亦非全不合。故视《周礼》为周公之书者固幻妄,然如康有为辈视《周礼》为全出于刘歆之手者,则又未免视刘歆为超人矣。要之,《周礼》全非无史料价值,唯当经严峻之批判。"

工业生产的管理和监督,已将手工业生产的某些经验制定为法律。

以上是史籍中有关战国法律史料的举例。此外,在战国法制史的研究中,对于简牍、帛书和金文等文物中的法律史料也应充分注意。

战国无纸,书写多以简牍或缣帛。所谓"古者圣王必以鬼神为(有),其务鬼神厚矣,又恐后世子孙不能知也,故书之竹帛,传遗后世子孙"[1];"先王寄理于竹帛,其道顺,故后世服"[2]。其中所谈之竹帛就是指简牍和竹帛。关于简牍,有两种说法:一是以用材的质区分,竹质为简,木质为牍;二是以制造形状区分,窄条为简,宽片为牍。缣帛是丝织物,作为书写材料,大体与简牍同时通行,但由于属于贵重物品,非重要法律或文书一般不用。西汉时出现纸张[3]。东汉蔡伦总结前人经验,改进造纸技术,纸张制造进入新阶段。但技术推广需要过程,魏、晋书写仍大量使用简牍。

简牍中的法律史料古代已有发现,而以新中国建国后发现的数量最多。迄今有关战国的主要有以下几宗:

第一,西晋太康三年(公元前282年),河南汲郡(今河南汲县)战国魏襄王墓中发现一批竹简,记载有大批古书和历史文献。其中一部为《竹书纪年》,亦称《汲冢纪年》。此书原有十三篇,是魏国编年体史书。记事起自黄帝,至周幽王为犬戎所灭,以晋事接之,三家分晋后专述魏事,止于魏襄王二十年(公元前299年)。其中若干事可纠正司马迁《史记》之谬误。《竹书纪年》原本于两宋时亡佚,其后有人杂采各书重新辑成,有《竹书纪年》、《今本竹书纪年》、《汲冢纪年存真》等不同版本。后来王国维加以补充,成《古本竹书纪年辑校订补》。辑本虽非原书,又非法律文献,但其中的史实却能为战国法制的发展提供重要的背景材料,为研究战国法制所必读。

第二,银雀山汉简。1972年4月,我国文物考古工作者在山东临沂银雀山汉墓发掘竹简4900多枚(其中一号汉墓4912枚,二号汉墓32枚)。这批竹简的内容主要是先秦古籍。其中有传世本的《孙子兵法》、《六韬》、《尉缭子》、《晏子》;还有一些古佚书,如:《孙膑兵法》和《守法守令等十三篇》[4]。据鉴定,该墓下葬的年代为公元前140—前118年之间,即汉武帝时

---

[1] 《墨子·明鬼》。

[2] 《韩非子·安危》。

[3] 近代考古在新疆发现了西汉的"罗布淖尔纸"(1933年);在陕西发现了西汉的"灞桥纸"(1957年)。见潘吉星《从出土古纸的模拟实验看汉代造麻纸技术》,载《文物》1977年第1期。

[4] 释文见《文物》1985年第4期;又见《银雀山汉墓竹简》,文物出版社1985年版。

期。简文为墨书汉隶,与近年发现的简牍、帛书的文字比较,其书写在西汉文帝、景帝和武帝时期。但从内容看,其成书应在战国时期,应属齐国的史料。因此这批竹简的全部内容对研究战国法律史都很重要,而《守法守令等十三篇》对于这些法律史的研究更有直接关系。

《十三篇》原简在墓葬中已经散乱。此篇题是据同墓出土之木牍所记"守法、要言、库法、王兵、市法、守令、李法、王法、委法、田法、兵令、上篇、下篇凡十三"的字样,由整理小组隶定。据整理小组介绍,在上述十三篇中,《上篇》、《下篇》不明所指;《委法》的内容很难从《王法》、《田法》、《守法》、《守令》和《库法》等篇中区分出来;《守法》与《守令》的内容更是分不清楚,所以现在发表的释文是十个部分,而其中九篇有相应的简文,《委法》只有篇题。①

《十三篇》的内容按性质大体上可分为两类:第一类是法律(令)。其中:《守法》(《守令》)是关于城池修筑规格、防御设施、人员配备、守城策略和作战纪律的规定;《库法》是关于兵器和农具制造、储藏、保管的规定;《市法》是关于市的设置,肆列划位和赋税征收等市场管理的规定;《李法》内容残缺较多,史籍中的解释又不统一,简文所记是关于惩治官吏的规定;《田法》是关于田地授受、年成计算、赋税征收的规定。第二类是文书和论著。其中:《要言》是治国格言之汇编;《王兵》是治军征战的军事论著;《王法》是某大臣谏齐王的治国方略,"所论乃王者之道"②;《兵令》是论述治军之道。上述两类,无论是法律或文章、论著,都属于极珍贵的战国的原始法律史料,填补了这段法律史料之空白,对于齐国乃至整个战国法律史研究都有重要意义。

第三,云梦秦简。1975年12月,我国文物考古工作者在湖北云梦县城关睡虎地十一号秦墓出土竹简1155支,简文为墨书秦隶。经考证,此墓约葬于秦始皇三十年,墓主人生前为秦始皇时期南郡治下安陆、鄢等地县吏,其职务与司法有关。竹简内容绝大部分为法律、文书,很可能是墓主人生前因工作需要摘抄的当时通行的法律。这部分法律虽然秦始皇统一后仍在实行,但绝大部分却制定于秦始皇统一全国之前。③

云梦秦简共分十个部分。第一,《编年纪》,逐年记述秦昭襄王元年(公

---

① 《银雀山汉墓竹简·编辑说明》,文物出版社1985年版。
② 《银雀山汉墓竹简·守法守令等十三篇·王法》篇题注,文物出版社1985年版。
③ 《湖北云梦睡虎地十一号秦墓发掘简报》,载《文物》1976年第6期。

元前306年)至秦始皇三十年(公元前217年)统一战争过程中一些大事。第二,《语书》,秦始皇二十年南郡守腾向所属县、区发布的文告,属于地方性法规。第三,《秦律十八种》,从秦的十八种单行的法律中摘抄的部分条文。第四,《效律》,是关于账目、物资和度量衡器核查的法律。第五,《秦律杂抄》,也是摘抄的秦单行法律条文,只是比较杂乱,有的注明了所摘抄的律名,有的未注。第六,《法律答问》,是秦官方对秦刑律的解释,其中引有秦律六篇部分原文。第七,《封诊式》,是关于"治狱"、"讯狱"和封守、侦查方面的规定。作为法的一种形式,这是我国目前发现的最早的"式"。第八,《为吏之道》,是墓主人的随笔杂记。其中有些类似后世的官箴,有的是识字课本,还有抄录魏安釐王二十五年(公元前252年)颁行的《魏户律》和《魏奔命律》各一则。第九、第十分别为《日书》甲种和《日书》乙种,内容是祸福占卜,类似后世的农历。它虽然不是法律、文书,但仍能向我们提供当时社会情况的一个侧面。①

第四,青川木牍。1979年春,我国文物考古工作者在四川青川县郝家坪第50号战国墓发现了两片木牍。从木牍记载看,是秦武王二年(公元前309年)命丞相甘茂、内史匽"更修为田律"。其中规定了畛道的标准:"田广一步,袤八则为畛";每顷的面积:"百亩为顷";封界的规格:"封高四尺,大称其高";还规定了"秋八月修封埒,区疆畔","九月大除道及陂险","十月为桥,修陂隄"。② 此木牍文字不长,内容却很重要。从云梦秦简看,秦原有《田律》,但秦简抄录的只有农业生产管理、山林鸟兽保护和赋税征收等方面的规定。木牍所记,应是对《田律》的部分修改或补充,事关土地所有权。将其与秦简《法律答问》"盗徙封,赎耐"的规定结合起来分析,可以清楚地看到封建国家是如何重视维护封建土地所有制。

第五,《战国纵横家书》。这是1973年底我国文物考古工作者在长沙马王堆三号汉墓出土之帛书的一种。全书共二十七章,一万一千多字,"其中十一章的内容见于《战国策》和《史记》,文字大体相同。另外十六章是久已失传的佚书。把它们和《战国策》、《史记》的有关篇章相对照,可以校正后

---

① 关于云梦秦简的内容,见《睡虎墓竹简》,文物出版社1977年出版有线装大字本,1978年出版有平装本。以上两种版本只收了10个部分的前8个部分。两种《日书》、《云梦睡虎地秦墓》(文物出版社1981年版)有载。
② 《青川县出土秦更修田律木牍——四川省青川战国墓发掘简报》,载《文物》1982年第1期。

者的一些错误"①。作为战国后期纵横家的书信和言论汇集,此书虽然主要涉及国与国之间的关系和斗争,但也反映了各国内部的矛盾和变革。其中有些史料"为司马迁、刘向等所未见"②。已故著名史学家马雍同志在其《帛书〈战国纵横家书〉名篇的年代和历史背景》一文中③,对于它的历史背景史料价值作了系统论述,可同此书一起作为研究法律史的重要参考。

金文中有关的战国法律史料,数量不似简牍和帛书中的那样大,但也很重要。如大良造方量铭文:"十八年,齐率卿大夫来聘。冬十二月乙酉,大良造鞅爰积十六尊(寸)王分尊(寸)壹为升。重泉。"④这是秦以法律手段统一量器标准的实证。一些铜权铭文、车器铭文和铜戈铭文虽然较短,但一般都记载了监造人、具体负责制造的官吏、工匠和刑徒的名字。它有利于我们了解官营手工业生产的领导系统,参与手工业产品制造人员的身份和"物勒工名"的产品质量监督制度。一些兵符铭文记载了关于军队调动的法律规定,如新郪虎符铭文:"甲兵之符,右才(在)王,左才(在)新郪。凡兴士被甲,用兵五十人以上,必会王符,乃敢行之;燔燧事,虽母(毋)会符,行殹(也)。"⑤据王国维考证,这件虎符是战国末年秦攻得魏地新郪(今安徽省太和县北)之后铸造的⑥。这些兵符及其铭文,既说明战国使用符玺之普遍,也说明了当时君主对军队控制之严格。

文物中的战国法律史料,不仅能够填补史籍中战国法律史料之不足,而且可以印证诸子著作中对战国某些制度的记述。事实证明,如《商君书》、《孟子》、《管子》、《墨子》、《荀子》、《韩非子》和《吕氏春秋》等的内容,不少是作者的思想主张,也有许多是对他们生活的那个时代变革实践的论述和经验概括,对研究当时的法律制度有重要的参考价值。

上述事实充分说明,战国法律制度研究内容方面的充实,不仅应该,而且可能。当然,在这里提出问题容易,而要真正做到这一点,则必须对大量史料作一番细致的扒梳、筛选和考证。这都需要同仁们共同付出艰苦劳动。

---

① 《战国纵横家书·出版说明》,文物出版社1976年版。
② 唐兰:《司马迁所没有见过的珍贵史料》,载《战国纵横家书》,文物出版社1976年版,第123页。
③ 见《战国纵横家书》,第173—201页。
④ 《国学季刊》五卷四期图一。
⑤ 新郪虎符存西安陕西省博物馆。
⑥ 《观堂集林》卷八《秦新郪虎符跋》:"此符当为秦并天下前二三十年物也。"

三　秦简中法律史料的使用问题

要准确使用秦简中的法律史料,首先要弄清秦简及其律文的年代。秦简的年代,一开始就是学术界非常关注的问题,因为弄清此问题对于我们整个研究工作至关重要。

对此,发掘的同志是从墓主人和墓葬年代的研究入手。他们指出:"《大事记》(此系初期用名,后改为《编年纪》——笔者注)所记'喜'这个人历任的官职,多与法律有关,这座墓中又随葬了大量的法律简书,应不是偶然的巧合,而是因为墓主生前的经历与法律有着密切的关系。《大事记》竹简终于秦始皇三十年,这年'喜'四十六岁,而有关部门对墓中人骨架的鉴定系四十多岁的男性。从这些情况判断,墓主人很可能就是《大事记》中所记的'喜'这个人,他死于秦始皇三十年(公元前217年)。"他们还指出:"如果这座墓的主人是'喜'的论断没有错,那么,喜死于秦始皇三十年就应当是这座墓埋葬的时间了。"①如果说他们的这一看法当时还有不少属于推测,那么后来则已为学术界所认定。既然墓葬年代为秦始皇三十年,随葬竹简年代的下限就只能也是同年。而其中法律、文书成文的年代则当更早。云梦秦简整理小组认为:"这批秦简所反映的时代是战国晚年到秦始皇初期。"②所谓秦始皇时期,是从秦王政元年(公元前246年)开始计算。由于睡虎地十一号秦墓葬在秦始皇统一中国(秦始皇二十六年,公元前221年)后的第五年(秦始皇三十年,公元前217年),应可得出秦简中之法律、文书主要均制定于战国时期的结论。

关于秦简法律的年代,不少学者在研究中曾经述及。笔者也曾提出过自己的看法:"从新发现的秦律和有关法律材料涉及的历史事件看,多是商鞅变法后到秦始皇统一中国之前这段时间内陆续制定的。"③在另一篇文章中还列举了六点根据④。从十年来的研究情况看,对此问题学界没有出现什么分歧。

既然如此,就牵涉到云梦秦简中的材料的使用问题,就是说,在研究和

---

① 《湖北云梦睡虎地十一号墓发掘简报》,载《文物》1976年第6期。
② 《睡虎地秦墓竹简出版说明》(平装本),文物出版社1978年版。
③ 《从云梦出土的竹简看秦代法律制度》,载《学习与探索》1980年第2期。
④ 《云梦秦简的发现与秦律研究》,载《法学研究》1982年第1期。

教学中主要将其作为战国秦国的法律,还是将其作为秦始皇统一中国后秦代的法律。

目前有两种做法:

第一,主要将其视为战国秦国的法律。这是在有关秦简研究的论文中常见的。以中华书局1981年7月出版之《云梦秦简研究》一书为例。本书收集了国内较早研究云梦秦简的大部分专家的论文。论文涉及政治、军事、法律、职官、农业、手工业、民族政策和古文字等各个领域,绝大部分都是从秦国角度进行研究。其中《云梦秦简所反映的秦代社会阶级状况》一文,从标题看似乎主要论述秦统一六国之后,但作者在文章开头便作了解释:"有一点应该说明,从秦简内容来看,它反映的历史时期,大体可以确定为战国晚期至秦始皇时期。本文所说的秦代,断限与秦简反映的历史时期基本上是相应的。笔者认为,战国时期的秦国和秦始皇统一全国后的秦朝,在阶级状况上,虽然前后有所变化,但这种变化不带有质变的性质。既然如此,这里把战国时期的秦国和秦始皇时期的秦朝放在一起加以讨论,该是没有混淆不同历史时期之嫌的。"①尽管此文标题上使用"秦代"不很贴切,但开头有上述说明,文章的思想仍然是清楚的。同时作为一篇专论,这种论证方法也无可非议。

第二,主要将其视为秦代法律,在论述秦代法制中加以引证。这是少数论文和某些中国法制史专著、教材采用的方法。如前述《云梦秦简研究》中之《秦代的封建土地所有制》一文②,就是主要以秦简中的材料来论证秦统一六国后仍然实行秦国已确立的封建土地所有制度。而近年出版的中国法制史专著和教材,几乎全都是将云梦秦简的内容放在"秦代"或"秦朝"的法律制度中介绍。如法学教材编辑部编写的《中国法制史》,在"秦朝的法律制度"一章,除在"立法概况"一节中专题介绍了云梦秦简,第二节"秦律的基本内容和特点"、第三节"秦朝的司法制度",主要是云梦秦简中的法律史料的排比和概括。③

任何国家法律制度的发展和完备,都有其历史渊源,都经历了一定的发展过程。战国秦国的法律是魏国《法经》等关东诸国法律与秦国原有法律结合的产物;而秦代的法律又是对秦国法律的直接继承。这样,只要思想明确,论

---

① 《云梦秦简研究》,中华书局1981年版,第79页。

② 同上书,第67—78页。

③ 见《中国法制史》,群众出版社1982年版,第87—125页。

证得当,以上两种做法都是可以的。尤其是秦代原有材料很少,若研究其法律制度中某一方面的问题,以云梦秦简的内容来说明,在绝大多数情况下无疑是正确的,往往事实上也只能如此。但作者认为中国法制史专著或教材,如将秦简反映的历史时期作为"秦代"或"秦朝"的状况向读者介绍和讲授,就很可能因混淆不同历史时代而使人产生模糊认识和错觉,以为秦律是由秦始皇为首的秦王朝统治者制定的。秦王朝从秦始皇二十六年(公元前221年)建立,到秦二世三年(公元前207年)灭亡,共历15年。在统一后的短短二十多年中,秦始皇在法律方面固然又做了不少事,对此,司马迁在《史记·秦始皇本纪》中有多处记载。不过,他主要的业绩是,随统一战争的胜利将秦国已有的法制推向全国。至于立法方面,主要则是与专制主义集权的有关措施和刑事方面对人民的高压手段。某种意义上说,秦始皇(尤其是他的后期)是破坏了秦原有的法制。这也是秦王朝速亡的重要原因。

基于上述,我主张再编写或修订中国法制史教科书时,将战国和秦代两章的内容作较大的变更。即增加战国部分篇幅,将包括云梦秦简在内的本文第二部分列举的材料充实进去,使之反映出战国这一变革时代法制的丰富内容。至于秦代一章,主要为全国统一后的形势变化;秦统治集团内部在国家体制上的矛盾,秦始皇如何力排众议反对分封制,推行郡县制,建立君主专制主义统治;与君主专制主义统治相联系,官僚制度和监察制度的建立;秦始皇以秦国法律为基础统一全国法制,在全国实行车同轨、书同文和统一度量衡等措施;为加强皇帝在立法上的权力,他宣布命为"制"、令为"诏";为加强专制主义统治,秦始皇颁布《挟书律》,实行文化专制;在胜利形势下,秦统治者穷奢极欲,大兴土木,加重对人民的剥削,加重刑罚,以至于"乐以刑杀为威"[①],焚书坑儒,使法制遭到严重破坏,国内出现了"赭衣塞路,囹圄成市"[②]的局面;秦始皇死后,在激烈的内外矛盾面前,秦二世进一步"更为法律",对人民加重镇压,在统治阶级内部进行残杀;最后,曾显赫一时的秦王朝在陈胜、吴广为首的农民起义的浪潮冲击下,迅速覆灭。对于这段历史,司马迁在《秦始皇本纪》中引贾谊的精辟分析对我们有很高的参考价值。我以为如果《中国法制史》对战国的秦代的内容作出这样安排,秦代一章的篇幅虽会有所减少,但无论是战国或秦代法制的内容,都当会更加符合历史的本来面目。

---

① 见《史记·秦始皇本纪》。
② 《汉书·刑法志》。

云梦秦简的发现与秦律研究[*]

公元前221年,秦始皇在中国历史上第一次完成了对全国的统一,在全国范围建立了专制主义的中央集权的封建国家。秦的政治法律制度对于两千多年以来的中国封建社会产生过深远的影响。但是,由于年代久远,历经战乱,有关秦的史料,除《史记》、《汉书》和《国策》等著作以及战国、秦汉学者的其他著作中保存有一部分之外,大部分均已散佚。加之,历史上的一些学者受儒学影响,在记述封建社会典章制度时耻于同"暴秦"为伍,所以关于秦的法律方面的材料留存的更是寥寥无几。

目前,我国保存最早、最完整的封建法典,是永徽二年(公元651年)长孙无忌等编撰的唐律。唐以前的法律只保留一些残章零条。清末学者沈家本在其《历代刑法考》、民国初年学者程树德在其《九朝律考》等著作中,对唐以前的法律曾大力考证,并取得了很大成绩。不过,由于史料缺乏,沈氏对秦律的考证明显受到局限,程树德先生的考证则干脆越过秦而从汉开始。在他们之后,研究中国法律史的学者(如杨鸿烈、陈顾远先生等),在著述中对秦律虽也有所论及,但均失于笼统。对秦律的研究,直到云梦秦简发现,才算进入了新的阶段。

1975年12月,中国文物考古工作者,在湖北云梦县睡虎地发掘了十二座战国末至秦代的墓葬,从其中的十一号墓中出土了大量秦代竹简。这样

---

[*] 本文原载《法学研究》1982年第1期。

大批秦简出土,在我国还是第一次,当即受到国家文物部门的重视和国内外学者的关注。国家文物局迅速组织有关部门的研究工作者和专门技术人员对这批竹简进行了科学保护和整理研究。

这批秦简保存较好,出土之后整理得比较及时,经认真细致整理拼复,基本上恢复了本来的面貌。共计有竹简一千一百五十五支,另有八十块残片。简文系墨书秦隶,字迹清晰。其内容共分六类十种。

第一类,私人摘抄的秦律,如:《秦律十八种》、《效律》、《秦律杂抄》;

第二类,官方对法律的解释说明,如:《法律答问》;

第三类,国家对治狱、讯狱的一般原则和法律公文程式的规定,其中附有某些典型式例,如:《封诊式》;

第四类,地方长官发布的具有法律效力的文告,如:《语书》;

第五类,私人记的有关国家和个人经历中的大事,抄写的类似后世官箴一类的文章和杂记,如:《编年纪》和《为吏之道》等杂记;

第六类,类似后世的农历、卜筮一类的书籍,如:《日书》甲种和《日书》乙种。

上述六类十种法律、文书的抄件和杂记等,总计四万多字。

从字迹看,这批简文的抄写是出自一人之手笔。在《编年纪》中,记载了一个名叫喜的人的生平经历。此人生于秦昭王四十五年(公元前262年),秦始皇元年傅籍(傅著名籍,即到达法律规定的服军戍、徭役的年龄),三年被任用史,六年为令史,十二年任狱吏。这些经历说明,喜曾长期任县级司法机关的官吏。《编年纪》止于秦始皇三十年,此时喜是四十六岁。据医学部门对墓主人骨骼的鉴定,死者恰好是四十多岁的男性。所以,有关专家认为,墓主人"很可能就是《编年纪》中提到的喜"。① 十一号墓中随葬的法律、文书和杂记等,是墓主人生平经历、爱好的反映,应是他按照工作需要抄写和记载的。据此,我们就可以推断,简文书写的年代是在秦始皇执政和称帝期间。

从简文的内容看,这批竹简的法律、文书制作的时间经历了一个较长的过程,应是商鞅变法后至秦始皇执政时逐步制定和颁行的。其根据如下:

第一,秦改法为律是商鞅相秦之后的事。秦简中出现的律名,除省略掉的之外,全部称律。这说明是在商鞅变法后制定的。

---

① 《睡虎地秦墓竹简》出版说明。

第二，《法律答问》："内公孙毋爵者，当赎刑，得比公士赎耐不得？得比焉。"又，"公祠未阕，盗其具，当赀以下耐为隶臣"。这两则答问提到"公孙"、"公祠"。商鞅变法后，只有秦孝公和惠文君初年称公。它说明秦简中有些法律条文和对法律的解释，是在孝公任用商鞅变法后和惠文君四年之前。

第三，《法律答问》："何谓甸人？甸人，守孝公、献公冢者也。"又，"何谓贽玉？贽玉，诸侯客即来使人秦，当以玉问王之谓也。"又，"何谓盗椴崖？王室祠，蘸其具，是谓崖。"秦献公在位是公元前384—前362年，秦孝公在位是公元前361—前338年，孝公之后，其子惠文君即位，《史记·秦本纪》，惠文君四年称王（公元前334年）。上述三则答问应是秦孝公死，惠文君称王后，秦始皇称帝之前制定的。

第四，《秦律十八种》、《秦律杂抄》中，不少法律条文不避秦始皇讳，特别是《效律》，多处用"正"，这与秦始皇廿年南郡守腾发布的《语书》改"正"为"端"，《封诊式》中有的式例称"里正"为"里典"形成鲜明对照，说明其中不少法律是秦始皇执政之前制定的。

第五，《秦律十八种·置吏律》："县、都官、十二郡免除吏及佐、群官属，以十二月朔日免除，尽三月而止之。"这里提到了十二郡。秦从战国中期效法三晋首先在新占领区设郡，之后，郡县设置逐步增多。从《史记·秦本纪》、《秦始皇本纪》、《匈奴列传》等篇的记载看，秦设十二郡应在始皇初年，《置吏律》的制定也应该在这个时期。

第六，《封诊式》中《夺首》等两个式例均提到"战邢丘城"。邢丘，位于今河南省温县东。历史上记载的邢丘之战有两次，第一次是公元前603年，"赤狄伐晋，围邢丘"①；第二次是公元前266年，秦"攻魏，取邢丘"。②《封诊式》中这两个案例的起因都是为"争首"，"商君之法曰，斩一首者，爵一级，欲为官者，为五十石之官"。③ 正因为法律规定斩首可以加官晋爵，才会引起对"首级"的争夺。从发案的时间和原因看，上述提到的"战邢丘城"，只能是秦昭王四十一年（公元前266年）那一次，而作为式例选编入《封诊式》，则应是昭王末年或始皇初年之事。此外，式例《亡自出》中写道，男子甲曾于"四年三月丁未籍一亡五月十日"。查惠文王之后秦的国君，除惠文

---

① 《左传·宣公六年》。
② 《史记·秦本纪》。
③ 《韩非子·定法》。

王外,在位四年以上的只有秦武王、秦昭王和秦始皇。按汪曰祯《长术辑要》推算,惠文王、武王、昭王四年三月均无丁未日。《亡自出》一案应发生在秦始皇时。

秦简中的法律和文书是陆续颁行的,对法律的解释也是逐步进行的。抄录人把它抄录下来,应是基于自己的工作需要。从法律颁行的时间和抄录人的经历看,这些法律在秦始皇执政,乃至称帝之后仍在实行,当是无疑的。

虽然秦简只是一个在县级司法机关的官吏为工作之需抄录的,只是秦的部分法律中的部分条款,远非当时通行法律的全部,但是,这批竹简毕竟向我们提供了不少研究秦律的第一手材料,使我们对秦律的认识能达到清末以来研究中国法律史的学者所未能达到的水平。

把秦简提供的新材料和史籍中有关的记载结合起来进行研究,可以看出,秦律除具有一般封建法律的共同特征,如:维护君主的专制主义统治,维护封建等级特权,维护地主阶级土地所有权和其他财产权,维护封建家长制度等之外,其本身还有许多特点。主要表现在如下方面。

一 法的形式多样,条目繁杂

秦法律的形式可分为六种:

(一) 律

桓谭《新论》:"魏文侯师李悝著法经。……卫鞅受之,入相于秦。"《唐律疏议·名例》:"魏文侯师于李悝,集诸国刑典,造法经六篇:一盗法,二贼法,三囚法,四捕法,五杂法,六具法。商鞅传授,改法为律。"商鞅改名后的法经六篇,是秦刑律的主要部分。之后,秦统治者又颁行了大量单行法律。

见于史籍的有《挟书律》。《汉书·惠帝纪》:"省法令妨吏民者,除挟书律。"注引张晏曰:"秦律,敢有挟书者族。"

见于秦简的有:《田律》、《厩苑律》、《仓律》、《金布律》、《关市律》、《工律》、《工人程》、《均工律》、《徭律》、《司空律》、《置吏律》、《军爵律》、《传食律》、《行书律》、《内史杂律》、《尉杂律》、《属邦律》、《效律》、《除吏律》、《游士律》、《除弟子律》、《中劳律》、《藏律》、《公车司马猎律》、《牛羊课》、《傅律》、《屯表律》、《捕盗律》、《戍律》共三十种。此外,《秦律杂抄》摘录的某些法律条文,其内容非上述三十种法律所能包括,又未注明摘自何种法律。可见,秦律的单行法律的数量比我们已知的还要多。

(二)令

见于史籍记载的"令"有:《史记·商君列传》:"令行于民期年,秦国初言令之不便者以千数,……令行之十年,秦民大悦。"《商君书》有"垦草令"、"垦令"。《史记·秦始皇本纪》:"今陛下兴义兵,诛残贼,平定天下,海内为郡县,法令由一统,……臣等昧死上尊号,王为泰皇,命为制,令为诏。"又,"令下三十日不烧,黥为城旦,有偶语诗书,弃市,以古非今者族。"《史记·肖相国世家》:"何独先入收秦丞相御史律令图书藏之。"

秦简中关于"令"的记载有:《语书》:"法律未足,民多巧诈,故后有间令下者。"又,"举劾不从令者,致以律,论及令丞。"《法律答问》:"何如为犯令、废令?律所谓者,令曰勿为而为之,是谓犯令;令曰为之,弗为,是谓废令也。"《秦律十八种·行书律》:"行命书及书署急者,辄行之。"所谓"命书",即制书,也就是皇帝发布的诏制命令。

(三)法律答问

秦简中有《法律答问》一篇,是官方通过答问的形式对秦法律主体部分,即刑法进行的解释。其中有对某些罪名所下的定义,各种罪的界限,量刑标准和适用刑罚的原则等。答问共一百八十七条。这部分竹简出土时已经散乱,整理者考虑到秦律系以李悝的《法经》为蓝本,就将其按照《法经》的《盗》、《贼》、《囚》、《捕》、《杂》、《具》六篇的顺序加以排列,看来是顺理成章的。通过答问这种形式向官吏和老百姓解释法律和法令,是商鞅最先提出的。《商君书·定分》:"诸官吏及民有问法令之所谓也于主法令之吏,皆各以其故所欲问之法令明告之。各为尺六寸之符,明书年、月、日、时,所问法令之名,以告吏民。主法令之吏不告,及之罪,而法令之所谓也,皆以吏民之所问法令之罪,各罪主法令之吏。"《法律答问》这种形式为后世的封建立法所承袭,称之为"疏议"。之所以在法律、法令之外还需要这种形式,正如《宋刑统赋解》说的:"文有未备既设于问答,意有未显又详于疏议。"这就是说是为了对封建法律作补充,为了使法律的各项条款得到贯彻执行。秦的法律答问与后世的法律疏议一样,都具有法律效力。

(四)式

秦简有《封诊式》一篇,其中除两则关于"治狱"和"讯狱"的一般原则规定外,还有"封守"、"覆"、"有鞫"等有关法律文书程式的规定和选编的典型式例。所谓封诊,是指查封勘验;式,《说文》:"法也。"《宋史·刑法志》:"有体制楷模者,皆为式。"《商君书》中也有"程式"之说。① 从秦简记载的有关规定和《商君书》有关的内容看,式具有明显的规范作用。在此之前,一些学者认为,式这种名称"源于汉代品式章程,最早见于魏文帝大统十六年(公元606年)宇文泰命苏绰编的《大统式》"。② 事实上早在秦代,式已经作为法律规范的一种形式出现了。

(五)例

在秦简《法律答问》中多次提到适用法律时可以依照判例。"盗封啬夫何论? 廷行事以伪写印。""廷行事,吏为诅伪,赀盾以上,行其论,又废之。""求盗追捕罪人,罪人格杀求盗,问杀人者为贼杀人,且斗杀? 斗杀人,廷行事为贼。""实官户扇不致,禾稼能出,廷行事赀一甲。""仓鼠穴几何而当论及谇? 廷行事鼠穴三以上赀一盾,二以下谇。"

以上多处出现"廷行事"。廷即宫廷,如廷县、郡廷等;行事,《汉书·翟书进传》注引刘敞曰:"汉时人言'行事'、'成事',皆已行已成事也。"所谓"廷行事",就是国家司法机关办案的成例。仅凭上述记载,就可以推断秦在司法实践中是广泛适用例的。秦统治者所以把例作为办案量刑的标准加以应用,是由于他们不愿让已有的法律束缚自己的手脚,要在办案中适用"例",使法律有更大适应性。

(六)地方官发布的文告

秦简《语书》表明,秦除朝廷颁布的法律、法令等之外,郡级政权可以根据朝廷统一制定的法律、法令,在本地区发布某些法令、文告。所谓语书,语,《国语·鲁语》注:"教戒之也。"语书就是教戒性的文告。南郡守腾在《语书》中说:"腾为是修法律令、田令及为间私方而下之。"修,《国语·周语》注:"备也。"在这里有整理的意思;间即奸,为间私就是为奸私;方,《后汉书·桓谭传》注:"犹法也。"这句话的完整意思是,我曾把法令、田令和惩办奸私的法令整理公布。它说明,在这个《语书》发布之前,腾就不止一次将有关法令整理公布了。《语书》还写道:"今法律令已布,闻吏民犯法为间私者不止,私好、乡俗之心不变,自从令、丞以下知而弗举论,是即明避主之明法也,而养匿邪避之民。如此,则为人臣办不忠矣。若弗知,是即不胜任、不智也;知而弗敢论,是即不廉也。此皆大罪也,而令、丞弗明知,甚不便。

---

① 《商君书·定分》:"主法令之吏有迁徙物故,辄使学读法令所谓,为之程式,使日数而知法令之所谓,不中程,为法令以罪之。"

② 见《法学词典》,第214页。

今且令人按行之,举劾不从令者,致以律,论及令、丞。又且课县官,独多犯令而令、丞弗得者,以令、丞闻。"这些话是很严厉的,显然是郡守根据本郡的具体情况作出的规定。它对所属各县、道的官吏具有明显的约束力,属于地方性的法规。

乍看起来,秦允许郡守颁行某些地方性的法规,与秦实行中央集权的封建君主专制相矛盾,其实则不然。当时,全国是农业自然经济,兼并战争连续不断,统治地域不断扩大,允许各郡长官掌握一定的机动权力,按照所在地区的情况发布一些地方性的法规,不仅不会影响专制主义的中央集权统治,而且还有助于巩固战争的胜利,有助于封建统治的巩固和发展。

以上可以看出,秦法是以律、令为主体,辅之以式、例和对法律的解释,郡政权也可以发布某些地方性的法规。其形式多样,条目繁杂,正如汉代桑弘羊说的:"秦法繁于秋荼,而网密于凝脂。"①

二 在经济领域广泛适用法律

秦律的锋芒所向,主要是惩治对封建地主阶级危害最严重的政治性犯罪。这从秦沿用李悝《法经》六篇,《法律答问》反映出的从重惩治盗贼的基本倾向可以得到证明。此外,秦统治者还对农业、手工业、商业以及环境保护等领域,广泛地适用法律,对封建经济采取刑罚手段维护。

在农业方面有《田律》、《厩苑律》、《仓律》。这些法律反映了秦地主阶级的重农政策,对于土地所有制关系、农田水利、风涝虫灾、作物生长和牛马饲养等方面都有具体规定。此外,对种子的保管、使用也作出了很具体的规定,如:"县遗麦,以为种。用者殽禾以藏之。""种:稻、麻亩用二斗大半斗,禾、麦一斗,黍、荅亩大半斗,菽,亩半斗。利田畤,其有不尽此数者,可也。"第一条规定了麦种的收藏办法;第二条规定了各种农作物下种的数量,并提出了下种量要因地制宜。秦简中关于保管种子的规定,与我国现存的最早的农书西汉《氾胜之书》记载的关于种子的保管方法相似,但秦律的规定却早于此书百年以上。秦律关于农业的规定,说明了秦对农业生产的关心。

在手工业方面有《工律》、《均工律》、《工人程》,还有抄录在《秦律杂抄》中的未注明律名的关于采矿、木工用料、工业生产评比等方面的法律条

---

① 《盐铁论·刑德》。

文。这些法律规定对手工业生产管理、劳动力调配、折算、徒工训练、产品检验等都作了规定。其中《工律》甚至规定："为器同物者，其小大、短长、广亦必等。"意思是说制作同一种器物，它的大小、长短和宽度必须相等，也就是说生产的产品要标准化。这显然是为了便于加工、使用、计价和修理配件。这样的法律规定产生在两千多年前，不能不令人惊异。

在商业方面有《金布律》、《关市律》。《效律》中关于量具和衡器的检验，也直接涉及商业。这些法律对于市场上流通的货币和布的规格，使用办法，币与布的比价以及税收，甚至商品标价等等都有所规定。从《法律答问》关于"客未布吏而与贾，赀一甲"的规定看，秦对外邦来从事贸易的商人，实行了"布吏"，也就是到官府登记制度①，在一定程度上反映了当时对于外邦贸易的重视。

特别值得提出的是，在秦律中我们看到了现在所能看到的我国最早的环境保护的法律条文："春二月，毋敢伐材木山林及雍隄水。不夏月，毋敢夜草为灰，取生荔、麛卵鷇，毋□□□□□□毒鱼鳖，置穽网，到七月而纵之。唯不幸死而伐棺椁者，是不用时。"其意思是，春天二月，不准到山林中砍伐木材，不准堵塞水道。不到夏季，不准烧草为肥料，不准采取刚发芽的植物，或捉取幼兽幼鸟，还不准毒杀鱼鳖，不准设陷阱和网罟捕捉鸟兽，到七月解除禁令。只有因死亡而伐木做棺椁的，才不受季节限制。这明显是一条保护林木、水道、幼小植物、动物和水产资源的法律。早在周代，我国劳动人民就从实践中懂得了保护自然环境的重要意义。《逸周书·大聚》："春三月，山林不登斧，以成草木之长；夏三月，川泽不入网罟，以成鱼鳖之长。"但是，把这种认识上升为法律，以法律手段保护自然环境，看来是秦时出现的。

秦律中有关发展经济和保护自然环境方面的法规和条款，主要是基于封建地主阶级对劳动人民的压榨和发展封建经济的需要。但是，这些规定也表明了处于上升时期的封建地主阶级对组织生产、提高劳动生产率和保护自然环境的关心。它生动地表明了当时我国科学文化达到的水平。它的某些方面就是今天也并非完全无可借鉴。

三 刑罚种类多，手段残酷

秦统治者在沿袭前代奴隶主国家刑罚和吸取关东六国刑罚经验的基础

---

① 《法律答问》："何谓布吏？诣符传于吏是谓布吏。"

上,规定了自己的刑罚。秦的刑罚大体上可以分为十一类。在每一类当中,又按处死的方式,对肢体残害的部位、刑期长短、鞭笞数量、迁徙远近和资罚金额等,分为不同的等级。

（一）死刑

死刑是以法律强制手段剥夺犯罪人生命的刑罚。秦的死刑有:族、夷三族、灭宗、坑、车裂、体解、磔、腰斩、弃市、戮、戮尸、剖腹、绞、囊扑、蒺藜、凿颠、抽肋、镬烹、定杀、赐死等。这些刑罚,有的是见之于法律规定,也有的是见于史籍记载的统治者们在法外施加的酷刑。

（二）肉刑

肉刑,又称"体刑",是"斩人肢体,凿其肌肤"的刑罚。秦的肉刑有黥面、劓鼻、刖足、宫四种。

（三）徒刑

徒刑是剥夺犯罪人的自由,实行强制劳役的刑罚。秦的徒刑分为城旦舂、鬼薪白粲、隶臣妾、司寇、候等。秦的上述徒刑不同名称最初表示所服劳役的区分,之后则主要表示服役期限的长短。秦徒刑的刑期一年到六年不等。

（四）笞刑

笞刑是鞭笞犯罪人身体的刑罚。笞刑,按照封建学者对肉刑的定义,事实上也是一种肉刑,但是,秦汉封建阶级的统治者却把二者加以区分。汉文帝废除肉刑,却保留了笞刑。见于秦律的笞刑有:笞十、笞五十、笞百和"熟笞之"等。所谓"熟笞之",就是笞打够了才算罢休。由此规定可以看出,秦的笞刑任意性很大。

（五）髡、耐刑

髡、耐是断发和髡剔两鬓及胡须的刑罚。髡是断发,一般断至三寸;耐是剔两鬓及胡须。耐刑又称"完",所谓"完而不髡曰耐,是以耐即不髡"。①秦的髡、耐刑可以单独使用,在秦律中往往与徒刑结合使用。

（六）迁

迁是将犯罪人及其亲属迁离故土的刑罚。一般是从内地迁至边远偏僻地区,诸如今四川省的边远县。这种刑罚类似后世的流刑,但秦的迁比后来的流刑要轻。被迁者有的夺爵,有的可以不夺爵。

---

① 《史记·赵奢传》注引汉令。

（七）赀

赀是罚缴金钱和服徭戍的刑罚。见于秦律的赀罚分为：赀一盾、赀二盾、赀一甲、赀二甲、赀二甲一盾、赀徭三旬、赀日四月居边、赀戍一岁、赀戍二岁等。上述所说的盾是盾牌，甲是铠甲。甲、盾只是赀罚金钱数量的标准，并非一定要缴纳甲、盾实物。

（八）赎

赎是以金钱换取犯罪人免于应受惩治的刑罚，所谓"以财拔罪"①。见于秦律的赎刑有：赎耐、赎迁、赎黥、赎宫、赎鬼薪鋈足、赎死等。赎刑与赀罚刑有类似之处，都是罚以金钱，但二者是有区分的。赀罚刑在判决时直接规定赀罚的数目和徭戍时间长短；而赎刑则是按所赎的刑罚不同而缴纳金钱免其罪。秦律中的赀罚最重的是赀二甲一盾和赀戍二岁，而赎刑可以达到"赎死"，从刑罚等级上来看，一般说赎刑重于赀罚刑。

（九）废

废是秦律规定的适用于有爵位和担任官职的人的刑罚。废是指废除其爵位和官职。秦律规定，凡被废掉官职的人，均不得再任官吏。《除吏律》："任废官为吏，赀二甲。"

（十）谇

谇，责让、斥骂。这也是适用于官吏和有爵位的人的刑罚。这种刑罚类似现在某些国家的刑法中规定的"训诫"。

（十一）收

收，即收录，又称"籍没"。这种刑罚与连坐有类似之处，但收一般是收录犯罪人的亲属和奴婢，并且是罚作官奴隶。而连坐所施加的刑罚，既可以比没入官奴婢重，也可以比没入官奴婢轻。所以，收录应该是另一种刑罚。

从以上可以看出，秦的刑罚，名目繁多，手段残酷，而且常常是两种，甚至三种刑罚结合使用，如：刑为隶臣、耐为鬼薪、黥为城旦等是耐或肉刑与徒刑结合使用的；耐为鬼薪而鋈足、黥劓为城旦等等是三种刑罚结合使用的。这样不同刑罚的组合，就派生出了许多新的刑罚等级，使本来就很残酷的刑罚更加残酷，使秦律成为我国封建法律中最严峻的法律。

当然，秦律刑罚种类繁多、手段残酷，并不意味着秦统治者在使用刑罚时不分青红皂白一概施加严刑。事实上刑罚种类多这就说明统治者们在法

---

① 许慎：《说文解字》。

律上对不同人、不同行为还是区别对待的。此外,秦律还对刑罚的适用规定了一系列原则。如:规定犯罪人负担刑事罪责的年龄,把犯罪意识作为定罪的重要依据,区分故意和过失,以赃定罪,对教唆犯从重,集团犯罪加重,同谋加重,累犯从重,赦前的犯罪不追,自首减免,消除犯罪后果减免等等。这也是秦统治者适用刑罚时注意区别对待的证明。

四 秦律鼓励奴隶解放,又肯定大量奴隶制残余

秦是刚从奴隶社会脱胎出来的封建社会。同其他初进入封建社会的国家一样,"包含着古代奴隶制的许多成分"。[①] 这种特点反映在法律中,就是一方面通过法律鼓励奴隶解放,同时法律又肯定了大量奴隶残余。

商鞅变法时曾规定:"僇力本业,耕织致粟帛多者,复其身。"[②]对于"复身"一词的含义,学术界理解不同,一说是免除徭赋,一说是免除奴隶的身份。从新发现的秦律看,的确有以军功爵或戍边劳役来改变自己和其亲属的奴隶身份的规定。《军爵律》:"欲归爵二级,以免亲父母为隶臣妾一人,及隶臣斩首为公士,谒归公士而免故妻隶妾一人者,许之,免以为庶人。工隶臣斩首及人为斩首以免者,皆令为工。"这就是说,奴隶不仅可以军功爵免除自己的奴隶身份,还可以免除自己亲属的奴隶身份。《司空律》:"百姓有母及同生为隶妾,非谪罪也,而欲冗边五岁,毋偿兴日,以免一人为庶人,许之。"这是允许以戍边劳役来改变其亲属奴隶地位的法律规定,意思是说,本人如非被判处去戍边的刑罚,自愿戍边五年,又不以此抵偿应服的军戍劳役者,准许赎免其母亲和兄弟姐妹一人的奴隶身份。秦律还不允许任意将庶民降到奴隶的地位。《法律答问》规定:"百姓有债、勿敢擅强质,擅强质及和受质者,皆赀二甲。"质,抵押。以人抵押,被抵押者事实上就会处于奴隶地位。

秦律鼓励奴隶解放,不允许擅自把庶民降为奴隶,是有条件的。奴隶及其亲属们必须按照法律规定的标准,在战争中或边疆的建设中作出贡献。否则,是不可能的。事实上,就在秦律鼓励奴隶以军功换取解放的同时,仍然肯定了大量奴隶残余。表现在:

第一,继续维护奴隶的来源。商鞅曾规定:"事末利及怠而贫者,举以为

[①] 《马克思恩格斯全集》第19卷,人民出版社1965年版,第364页。
[②] 《史记·商君列传》。

收孥。"《索隐》:"以言懈怠不事事之人而贫者,则纠举收录其妻子,没为官奴婢。"①《秦律杂抄》:"寇降,以为隶臣。"又,"战死事不出,论其后。又后察不死,夺后爵,除伍人;不死者归,以为隶臣"。这是两条将战俘和从战场上脱逃者罚作奴隶的规定。法律还不允许任意改变奴隶子女的地位。《法律答问》:"女子为隶臣妻,有子焉,今隶臣死,女子北其子,以为非隶臣子也,问女子论何也?或黥颜頯为隶妾,或曰完,完之当也。"这说明,改变、隐瞒其儿子的奴隶身份,是要受惩罚的。

第二,强迫奴隶进行劳动。《法律答问》:"何谓人貉?谓人貉者,其子入养主之谓也。不入养主,当收。"人貉,是指从北方少数民族中俘虏的奴隶。这种人要供养自己的主人或向主人缴纳粮食,否则就要被收录。《封诊式》的《告臣》一案中,士伍甲以其奴隶"骄悍"、"不田作"、"不听令",就请求官府对这个奴隶处以城旦的刑罚。从士伍甲的控告看,"不听令"、"不田作"就是犯罪,说明秦国家仍是以强制力维持奴隶劳动的。

第三,奴隶仍被视为主人的财产。《法律答问》:"夫有罪,妻先告,小收。妻媵臣妾、衣器当收不当?不当收。"又,"妻有罪以收,妻媵臣妾、衣器当收且畀夫?畀夫。"这两则答问是回答刑事案件中犯罪人的财产处理的问题,值得注意的是媵、臣妾与衣器是作为财产并提的,其处理原则也一样。另一则答问:"有投书,勿发,见辄燔之;能捕者购臣妾二人,系投书者鞫审讞之。"购,奖赏。这也是把奴隶作为财产,只不过是奖赏给人罢了。

第四,奴隶的控告权受到限制。秦律把诉讼中的控告分为"公室告"与"非公室告"。所谓"非公室告",是指"子盗父母,父母擅杀、刑、髡其子及奴妾"。凡属"非公室告",子、臣妾上告者,官府不予受理,如果坚持上告的,控告者(指子和臣妾)有罪。这样,法律事实上就剥夺了子女对父母、奴隶对主人在伤害自己方面的控告权。

事实说明,秦律肯定的奴隶制残余是大量的。尽管如此,我们仍然可以看出,商鞅变法后的秦国,奴隶在法律上的地位已经发生了变化。他们已经不像在奴隶制时代那样可以被主人任意杀害。主人擅杀自己的奴隶虽然被称为"家罪",列为"非公室告",但这种行为毕竟被法律认定为罪,奴隶和女子不得上告,并非其他人不能提出控告。《封诊式》的《告臣》、《黥妾》两个案例说明,对奴隶的处刑一般要交由官府判处,即使有"五大夫"爵位人家

---

① 《史记·商君列传》。

的奴隶也如此。在诉讼过程中,奴隶可以对涉及自己的问题提供证明,他们的某些权利已开始受到法律保护。乍看起来,秦律关于奴隶的规定有许多矛盾的地方,然而这正是当时社会状况的真实反映。封建生产关系,要求生产者"在生产中能表现某种自动性,愿意劳动,对劳动感兴趣"①,也就必然要求"农民在自己的份地上经营的'自己的'经济"②。这样,封建主就抛弃奴隶制。但同时,他们又需要奴隶劳动作为封建经济发展的补充,所以,又维护奴隶制残余。事实上,奴隶劳动在整个封建社会都是存在的,只不过前期使用得更多一些罢了。

上述几个方面的特点说明,秦律形式多样,法网严密,调整范围广泛,刑罚种类繁多。手段残酷,并肯定了大量奴隶制残余。它是在战国时期法家的政治法律思想影响下,秦地主阶级在我国封建社会历史上第一次大规模立法实践的产物,是中国封建国家初建时期法律的集大成,具有重要的典型意义。研究秦律,对于认识中国封建社会早期的法律制度,乃至认识中国整个封建社会的法律制度都是有益的。

---

① 斯大林:《辩证唯物主义与历史唯物主义》。
② 《列宁全集》第3卷,人民出版社1963年版,第158页。

云梦秦简中有关农业经济的法规[*]

云梦睡虎地秦墓竹简的法律中,有相当一部分是与农业经济有关的法规和条款。主要有:《田律》、《厩苑律》、《仓律》、《徭律》和《效律》等。此外,还有散见于其他单行法规的某些条款。秦统治者很重视农业,并为此提出和采取过一系列政策与措施。秦简中的这些法规,虽然只是原法规的局部,但仍是一批非常珍贵的材料。研究这些材料,将使我们对秦的农业经济制度有一概略了解;同时还将有助于加深对秦如何以法律为工具、促进封建经济的发展和封建经济基础的巩固,进而加强其统治的认识。

综合秦简中有关农业经济法规,主要是下列内容。

一 维护封建土地制度

秦的封建土地制度,确立于孝公任用商鞅变法之后。《史记·秦本纪》:"孝公二十年,为田开阡陌。"朱熹解释说:"所谓阡陌,乃三代井田之旧。"[①]就是说,自商鞅变法后,秦国便正式废除了井田制,确立了封建土地所有制。这一变革,对秦国社会发展的影响是深远的。蔡泽曾说:商鞅为孝公明法令,"决裂阡陌,以静生民之业而一其俗,劝民耕农利土,一室无二

---

[*] 本文原载《中国古史编集》,吉林人民出版社1981年版。
① 朱熹:《开阡陌辩》。

事,力田稽积,习战阵之事,是以兵动而地广,兵休而国富。"①这里的"决裂阡陌"与"开阡陌"是一个意思,都是指以废除方块田为形式的奴隶主国家土地所有制,并非是废掉纵横在田间的小路。秦简的内容说明,商鞅变法后奴隶主土地所有制废除了,但"阡陌"仍然保留着。蔡泽的这段话,是他刚到秦国时对范雎说的,时隔商鞅变法之后不很久,想必不会是假话。

秦封建土地所有制的形式主要有两种,即封建土地私人所有制和封建土地国家所有制。从史籍记载看,这两种所有制形式的主从地位,有一个发展变化过程。大体说,商鞅变法初期,尽管明确规定"除井田,民得买卖"②,肯定了封建土地私有制是合法的,但当时封建国家直接控制的土地面积仍然很大,土地的封建国家所有制居于主导地位。后来,随着国家赐田的数量增多,加之土地兼并现象愈来愈严重,封建土地所有制的两种形式的主从地位发生变化。从秦简律文看,这两种形式都有反映。如《徭律》规定,县所葆禁苑,"其近田恐兽及牛马出食稼者,县啬夫材兴有田其傍者,无贵贱,以田多少出人,以垣善之,不得为徭"。这里说的禁苑附近的"贵者"、"贱者"的田地,显然为私人所有。而《仓律》中由国家供应口粮、属于"田者"的隶臣,则是在国家直接控制的田地里从事农业生产的奴隶。到秦始皇三十一年,"使黔首自实田"的法令颁布后③,国家再次肯定了赐田、占田和垦田私有制合法,封建土地私有制就取代封建土地国家所有制居于主导地位了。

不管是封建土地私人所有制,还是封建土地国家所有制,都是封建生产关系的核心组成部分和封建国家赖以存在的基础,因此,都受封建法律的严格保护。秦简《法律答问》:"盗徙封,赎耐。可(何)如为封?封即田千(阡)佰(陌)。顷半(畔)封殹(也),且非是?而盗徙之,赎耐,可(何)重也?是,不重。"这则答问本身对"封"的解释,是"田阡陌顷畔的封"。《周礼·封人》注:"畿上有封,若今时界矣。"封是指田界的标志。从整则答问看,"盗徙封,赎耐",应是引用的秦律的本文,以下是解释。它的完整意思是:私自迁移田界,判处"赎耐"的刑罚。什么叫做封?纵横在田中的小道,凡顷畔立有标志的就叫做封。有的迁移田界不一定是盗徙,判处"赎耐"的刑罚岂不是太重了?是田界,就不重。自从商鞅变法肯定了封建土地私有制以后,便出现了土地兼并现象,以至于最后出现了"民田多者以千亩为畔,

---

① 《史记·范雎蔡泽列传》。
② 《汉书·食货志》引董仲舒语。
③ 《资治通鉴·秦纪》。

无复限制矣"。① 就是说,地主阶级和他们的官吏可以"依法"用各种方式"无复限制"地兼并民田。他们迁移田中故有的封界,当然不会认为是"盗徙"。所以这条惩办"盗徙封"的法律,针对的主要对象是农民。《答问》最后认为对私自迁移田界的人判处"赎耐"的刑罚并不重,正反映了封建地主阶级的政治立场和法律观点。

秦律还维护山林、流水、农田作物和林产、水产的封建所有制。《田律》:"春二月,毋敢伐材木山林及雍(壅)隄水。不夏月,毋敢夜草为灰,取生荔、麛䴢(卵)鷇,毋□□□□□毒鱼鳖,置穽罔(网),到七月而纵之。维不幸死而伐绾(棺)享(椁)者,是不用时。"这段律文的大概意思是:春二月以后,不许砍伐材木和山林,不许堵塞水道。不到夏季,不准烧草做肥料,不准拔取新生的植物,不准捕捉幼兽、幼鸟和取鸟卵,不准……毒杀鱼鳖,不准设置捕捉鸟兽的陷坑和网,到七月解除禁令。只有因有人死亡而伐木做棺椁者,不受此规定的季节限制。这段律文表明,秦的山林、水流是封建国家所有,山林、水流的出产,诸如鸟兽、鱼鳖之类,受国家法律保护,一般情况下,在生长季节不得私自砍伐林木和捕捉鸟兽、鱼鳖。应该说这是对奴隶制国家这方面政策的沿袭。《逸周书·大聚》:"春三月,山林不登斧,以成草木之长;夏三月,川泽不入网罟,以成鱼鳖之长。"秦律规定"到七月而纵之",大体与之相合。从史籍记载和地下出土文物推测,秦时的森林覆盖面积,远比后来为大。由于人口稀少,鸟兽数量也远比后来多。尽管如此,由于这些自然资源属于"生民之本",封建国家还"命水虞渔师收水泉池泽之赋"②,所以法律就设专条加以保护。违反这些条款会遭到何等对待? 律文没有写明,但《法律答问》有一条可资借鉴:"或盗采人桑叶,臧(赃)不盈一钱,可(何)论? 赀繇(徭)三旬。"就是说,盗采人家的桑叶,其价值不到一个钱,也要罚服三十天的徭役。桑叶是养蚕的饲料,当时固然要比其他林木的枝叶宝贵些,但即使盗人桑叶加重处刑,也可以推知秦律对山林、水流及其出产物的侵犯行为,惩治必将是严厉的。

---

① 《通考·田赋考》。
② 《吕氏春秋·孟冬》。

二　肯定重农政策和发展农业生产的措施

秦统治者认为:"国之所兴者,农战也。"①秦简中的农业经济法规,肯定了秦地主阶级统治者的重农思想,以法律形式固定了他们为发展农业生产采取的各项政策和措施。

(一)秦律规定各级政权必须重视农业生产。《田律》:"雨为澍(澍)及诱(秀)粟,辄以书言澍(澍)稼诱(秀)粟及狼(垦)田嗍毋(无)稼者顷数。稼已先后而雨,亦辄言雨少多,所利顷数。早(旱)及暴风雨、水潦、螽(螽)、蚰、群它物伤稼者,亦辄言其顷数。近县令轻足行其书,远县令邮行之。"这是对县级政权的一条规定。意思是说,当下了有利于农作物生长的及时雨和在庄稼秀穗的时候,要向上级报告受雨的土地面积,庄稼秀穗的和已开垦而没耕种的土地数字。当遭受风、旱、涝、虫灾时,也要及时向上级报告。并规定,距离近的县,由走得快的人专程送达,距离远的县,由驿站传送。秦统一战争开始后,便逐步在全国范围内推行郡县制。在新占领地设郡,郡之下设县;京畿地区,县则直属内史。法律规定县要及时向郡或中央报告农业生产方面如此具体的情况,说明了郡和中央政权要关注和干预农业生产,要对所管辖地区发生的自然灾害采取相应的措施。

事实上,在秦简《语书》中,就有管理农业的线索:"南郡守腾谓县、道啬夫……今法令已具矣,而吏民莫用,乡俗淫失(泆)之民不止,是即法(废)主之明法殹(也),而长邪避(僻)淫失(泆)之民甚害于邦,不便于民。故腾为是而脩法律令、田令及为间私方而下之……"《汉书·百官表》:"有蛮夷曰道。"《汉旧仪》:"内部为县,三边为道。"道,就是少数民族集居的县。南郡守在这篇致县、道啬夫的《语书》中,首先谴责了"淫泆之民",之后又说,为了惩治这种人,特把法律令、田令和惩办奸私的法规整理公布。这里特别提出田令,说明了封建地主阶级认为这些"淫泆之民"对社会秩序和农业生产都是有害的,需要由南郡守这样的高级封建官吏督促解决。另外,秦实行上计制度。《秦律十八种·仓律》:"稻后禾孰(熟),计稻后年,已获上数,别粲、穤(糯)秙(黏)稻。……到十月牒书数,上内〔史〕。""县上食者籍及它费太仓,与计偕。"《史记》"集解"引司马彪曰:"岁尽遣吏上计。"《汉书·武

---

① 《商君书·农战》。

帝纪》注："计者，上计薄使也，郡国每岁遣诣京师上之。"上计制度，基本上是对官吏在农业经济管理上的考课制度，是考察官吏政绩的重要方面。秦律规定："县、都官十二郡，免、除吏及佐群官属，以十二月朔日免、除，尽三月而止之。"①安排这样的时间免、除基层官吏，会有多方面考虑，但与每年上计结束、考察官吏政绩优劣和农业生产季节的闲忙不是无关的。

（二）县和县以下官吏要保证农业生产的劳动力。秦简《秦律杂抄》："同居毋并行。县啬夫、尉及士吏行戍不以律，赀二甲。"同居，《法律答问》："户为同居。"这条规定的意思是说，官吏不得在同一时期从一户抽调两个以上的劳动力去服戍役，否则，要受赀二甲的惩罚。商鞅曾规定："民有二男以上不分异者，倍其赋。"②可见，商鞅变法后的一段时间，秦的户不会太大。但从秦简看，后来就不很严格了。《法律答问》中就有"夫、妻、子五人共盗"，"夫、妻、子十人共盗"的例子。一家十口，显然不会只有两个成年男子。"同居毋并行"的规定，是为了保证农业生产有起码的劳动力。

《秦律十八种·司空》律中还有这样一条规定："居赀赎债归田农，种时，治苗时各二旬。"意思是说，以劳役抵偿赀赎罪债务的人，可以在播种、间苗等农忙季节，各回家二十天。从秦律看，赀、赎罪属于较轻的犯罪，不似其他罪对社会危害那么大。这种人，允许他们"归田农"，一方面不至于危害封建统治秩序，同时也不至于过于严重地荒废农业生产。这一规定与"同居毋并行"的内容不一样，对象不一样，但其目的都是为了把农业生产需要的劳动力维持在一定的水平上。

（三）秦律为最大限度地役使农业劳动力规定了劳动纪律和考课制度。《田律》："百姓居田舍者毋敢酤（酤）酉（酒）。田啬夫、部佐禁御之，有不从令者有罪。"田舍，指农村；酤，指买也指卖。这是一条禁止农民买卖酒的法律规定。其精神与商鞅曾宣传的主张是一致的。他说："贵酒肉之价，重其租，令十倍其朴。然则……商贾少，则上不费粟，民不能喜酣奭，则农不慢。"③意思是说，提高酒肉的价格，加重酒肉税，让税额高出成本十倍，这样，卖酒肉的商贾少，农民就不会喜欢喝酒，国家就不会浪费粮食，农民就不会懒于农作。《田律》这条规定，比商鞅的主张带有更大的强制性，干脆禁止农民酤酒。目的，当然是为了限制广大农民对粮食的消费，同时也是为了

---

① 《秦律十八种·置吏律》。
② 《史记·商君列传》。
③ 《商君书·垦令》。

加强田间劳动纪律。

　　法律对耕牛的饲养和繁殖规定了考课制度。《厩苑律》:"以四月、七月、十月、正月肤田牛。卒岁,以正月大课之,最,赐田啬夫壶酉(酒)束脯,为旱(皂)者除一更,赐牛长日三旬;殿者,谇田啬夫,罚冗皂者二月。其以牛田,牛减絜,治(笞)主者,寸十。有(又)里课之,最者,赐田典日旬;殿,治(笞)卅。"《秦律十八种》摘抄的《牛羊课》还规定:"牛大牝十,其六毋(无)子,赀啬夫、佐各一盾。"从以上规定看,秦是每季度检查耕牛一次,每年正月大检查。按照规定的标准,最好的,对管理官员和饲养人员进行奖励;最差的,则予以惩罚。对于母牛繁殖小牛,达不到规定的标准,即:十头母牛"其六无子",也要受惩罚。秦律所以强调耕牛的饲养和繁殖,是由于"秦以牛田"①,耕牛在农业生产中已占据重要地位。《盐铁论》曾指出:秦法"盗马者死,盗牛者加,所以重本而绝轻疾之资也"②。严格保护耕牛,注意对耕牛的饲养和繁殖,正表明了秦封建统治者对农业生产的重视。

　　也是为了最大限度役使农业劳动力,秦律对奴隶制残余采取了一种既限制又保护的态度。早在商鞅变法时就规定:"僇力本业,耕织致粟帛多者复其身。事末利及怠而贫者,举以为收孥。"③所谓"本业",《索隐》:"盖农桑为本,故上云'本业耕织'也。"事实上,在秦简的律文中也体现了这样的精神:既鼓励奴隶们以军功、爵位和去戍边服役来换取本人及其近亲属获得庶民身份④,又强迫奴隶劳动,保护残余奴隶制关系。《封诊式》中有这样一个案例:"某里士五(伍)甲,缚诣男子丙,告曰:甲臣桥(骄)悍不田作,不听甲令。谒买(卖)公,斩以为城旦,受贾(价)钱。"这一案例表明,主人可以用"骄悍"、"不田作"为由,把奴隶交给官府惩治。在秦简律文中,惩治官私奴隶的例子是很多的,这只是同农业生产有关的一例。秦律所以保护奴隶制残余,一则是把它作为封建生产关系的补充,另则是为了加强对劳动人民的镇压;凡是"怠工"、"不田作"者,不仅其身份为奴隶的要受惩罚,就是庶民也还可以降为奴隶。

---

① 《战国策·赵策》。
② 《盐铁论·刑德》。
③ 《史记·商君列传》。
④ 《秦律十八种·军爵律》:"欲归爵二级,以免亲父母为隶臣妾者一人,及隶臣斩首为公士,谒归公士而免故妻隶妾一人者,许之,免以为庶人。工隶臣斩首及人为斩首以免者,皆令为工。"《秦律十八种·司空》:"百姓有母及同生为隶妾,非谪罪也,而欲以冗边五岁,毋偿兴日,以免一人为庶人,许之。"

（四）秦律要求注意农田水利管理和种子的保管使用。战国时地主阶级关于农业发展的重要思想就是"尽地力之教"。为此目的，秦一方面加强对农民的役使，同时还注意兴修水利和改良耕作技术。

有关农田水利的规定，如《田律》："春二月，毋敢……雍（壅）堤水。"壅堤，就是筑堤堵塞水道。二月是枯水季节，又是农田开耕的季节，所以要保障水道通畅，不允许堵塞，以便于灌溉。秦兴修农田水利工程的规模是很大的。国家先后主持兴建了岷江水利工程、"郑国渠"和"灵渠"等，这些都曾对秦的农业经济发展起了重要作用。如"郑国渠"修成之后，"溉泽卤之地四万余顷，收皆亩一钟。于是关中为沃野，无凶年"。① 蜀郡守李冰领导修建的岷江水利工程，既灌溉了大量农田，又改善了蜀郡的航运。史称：李冰"壅江作堋，穿郫江检江，别支流，双过郡下，以行舟船，岷山多梓柏大竹，颓随水流，坐致材木，功省用饶，又灌溉三郡，开稻田，于是蜀沃野千里，号为陆海，旱则引水浸润，雨则杜塞水门。故记曰：水旱从人，不知饥馑，时无荒年，天下谓之天府也"②。秦律把关于农田水利的管理予以肯定，说明了秦农田水利的发展已达相当的水平，同时也表明了统治者对水利灌溉事业的重视。

有关种子选择、保管和使用的规定。《秦律十八种·仓律》："县遗麦以为种者，用者殹禾以臧（藏）之。"殹，《礼记·礼运》云"殹以降命"，《释文》云"殹，法也"。这一规定的意思是：各县留麦作种子的，要像保藏谷子那样保藏。秦简中关于种子选择与保管的规定，又早于《氾胜之书》一百多年。所谓"遗麦为种者"，当然是经过挑选的，因此，律文规定不要把它像普通麦子那么存放，而要效法贮存谷子的方法。谷子究竟如何贮藏？没有直接说明，但从简文中可以看到一些线索。《仓律》："计禾，别黄、白、青……"既然计算要区分黄、白、青不同品种，那么，贮藏也会分门别类。分类存放，保持种子的纯洁，对农业是有利的。又从《法律答问》规定的精神看，当时禾要比麦珍贵。③ 由此可知，麦种的贮藏必定是十分妥善的。

《仓律》还规定了各类农作物的播种数量："种：稻、麻亩用二斗大半斗，禾、麦亩一斗，黍、荅大半斗，叔（菽）亩半斗。利田畴，其有不尽此数者，可殹（也）。"秦制，每尺约合0.23米，"6尺为步"，"240步为亩"。秦的量器

---

① 《史记·河渠书》。
② 《华阳国志·卷三》。
③ 《法律答问》："有禀叔（菽）麦当出未出，即出禾以当叔（菽）麦，叔（菽）贾（价）贱禾贵，其论可（何）殹（也）？当赀一甲。"

较现在也小,现存的"商鞅方升",容积约 200 立方厘米;"始皇诏方升",容积为 199.5 立方厘米。① 秦每升约合现在 2000 毫升。秦每斗约合现在 2 升。把秦每亩地用种量换算为现在的标准,每市亩田用种量:稻,5.4 升;麦,2 升。秦律还规定,只要有利于种好田,多生产粮食,用种量不达到规定的数字也可以;原来田地里已有作物属于间作者,按照实际需要议定下种量。这些规定是我国劳动人民长期生产经验的总结,但地主阶级所以要把它写在自己的法律中,既是为了提高国家直接控制的土地的收获量,也是为了在播种时对农民实行监督。秦律规定的种子数量,基本上为后代所沿用,说明在当时还是较为科学的。

秦律肯定秦地主阶级的重农政策和发展农业生产的措施,有利于促进农业经济和整个封建经济的发展。透过秦律肯定的农业政策和措施,可以看到秦的封建经济的每一步发展,都是在对广大农民残酷的政治压迫和经济剥削的基础上实现的。

三 保障对农民的赋税和徭役剥削

马克思指出:"捐税体现着表现在经济上的国家存在。"②它是"官僚、军队、教士和宫廷生活的源泉,一句话,它是行政权力整个机构的源泉"③。正因为如此,秦律极力维护封建地主阶级对广大农民的赋徭剥削。

(一) 赋税

从史籍和秦简的记载看,秦的赋税分为田赋、户赋和口赋。

田赋。《田律》:"入顷刍稾,以其授田之数,无豤(垦)不豤(垦),顷入刍三石,稾二石。"刍是饲草,稾是秸秆。顷入刍三石、稾二石的规定说明田赋是按土地面积征收的。这里说的"石"是衡制单位。秦制,每石一百二十斤,约合现在六十市斤。规定"无垦不垦"都计算在缴纳田赋的顷数之内。这条法律没有提到谷物,但《田律》另一条有"禾、刍、稾彻(撤)木荐,辄上石数县廷"的规定,禾与刍、稾是并提的。除此,《仓律》和《效律》多处提到"入禾"、"入禾稼"、"入禾仓",所谓"禾",就是指谷子。《汉书》说农民"已奉租谷,又出刍稾",说明谷子是田赋的主要部分。《仓律》还规定:"其出入

---

① "商鞅方升"、"始皇诏方升"均藏上海博物馆。
② 马克思:《道德化的批判和批判化的道德》,《马克思恩格斯选集》第 1 卷,第 181 页。
③ 马克思:《路易·波拿巴雾月十八日》,《马克思恩格斯选集》第 1 卷,第 697 页。

禾增积如律令。"说明每顷田地入禾(谷子)的数量,法律是设专条作了规定的。春秋战国时代,由"谷出不过错"奴役制度向"履亩而税"的实物地租转变,是生产方式变革的重大标志。秦简公七年(公元前408年)"初租禾"①,由此开始了按土地面积征税。孝公十四年(公元前349年)"初为赋",进一步肯定了这一制度。表面上看,按土地顷数征税,田赋是由地主和农民分担的,事实上,在封建社会里,农村的直接生产者是农民,所以这些沉重的负担最终都转嫁到了农民身上。秦简《法律答问》中有关于对"匿田"的解释,说明了抵抗田赋斗争的存在,也说明了封建国家对于逃避田赋的人,是要依法惩治的。

户赋。这是秦国赋税的另一重要内容。《史记·商君列传》:"商君相秦,民有二男以上不分异者,倍其赋。"这一记载证明秦征收户赋是比较早的。如若认为这里的记载还不足以说明秦户赋的存在,那么,还可以《后汉书·南蛮传》的记载作为佐证:"惠王并巴中……其民户出幏布八丈二尺,鸡羽三十镞。"《说文》:"幏,南郡蛮夷布也。"《仪礼》:"矢镞一乘。"郑玄曰:"镞犹候也,候物而射之也。"这些都是在少数民族地区征收的赋。我们所注意的这些赋是按户征收的。从秦简律文的内容看,秦对少数民族的政策,基本上同内地人是一致的。在征收户赋上,内地汉民族绝不会享有什么"优待",就是说这种赋税不是少数民族地区特有的。事实上秦简中也出现了户赋这一概念。《法律答问》:"可(何)谓匿户……匿户弗徭、使,弗令出户赋之谓殹(也)。"意思是说,所谓匿户的重要标志,就是逃避缴纳户赋。匿户,是秦刑律的罪名。这条解释说明,秦对匿户逃避户赋者,是不宽贷的。

口赋。是与户赋有关,但又区别于户赋的人口税。《淮南子·氾论训》:"秦之时……头会箕赋,输于少府。"高诱注:"头会,随民口数,责其税;箕赋,似箕然,敛民财多取意也。"口赋的存在也可在其他史书中找到佐证:《华阳国志·卷一》:"昭襄王时……复夷人顷田不租,十妻不算。"不算,注云:"不输口算之钱。"这是对少数民族上层人士的规定,不仅少数民族普通老百姓享受不到封建法律的这种优待,就是汉民族中的普通人,也不可能免除口赋。秦简律文未见到征收口赋的事例,但却有禁止人口外流的规定。②这当然是为了保证劳动力的稳定,同时也是为了不减少赋税来源。

---

① 《史记·六国年表》。
② 《法律答问》:"臣邦人不安其主长而欲去夏者,勿许。"《秦律杂抄》:"有为故秦人出、削籍,上造以上为鬼薪,公士以下刑为城旦。"

(二) 徭役

广义地说，封建徭役包括全部徭、戍等力役。这是地主阶级强加在广大农民身上的十分沉重的负担。秦简中载有《徭律》一段，看来只是原《徭律》的一小部分，所以它只能反映秦徭役的一些情况。《徭律》规定："御中发征，乏弗行，赀二甲；失期三日到五日，谇；六日到旬，赀一盾；过旬，赀一甲。"从整段意思看，这是对征发、带领役夫的基层官吏规定的法律。对于应征服役的农民，如发生"弗行"和"失期"的行为，无疑将会受到更严厉的惩罚。《法律答问》有这样一条规定："不会，治（笞）。……今士五（伍）甲不会，治（笞）五十；未卒岁而得，治（笞）当驾（加）不当？当。"这里的"会"，是指服徭役报到。不去报到，要笞打五十，一年之内被抓到，还要加笞。秦时笞打的部位是脊背，在脊背上笞五十，一般人很易伤残，是很严厉的惩罚。从《法律答问》看，秦的刑律还专门规定了"逋事"与"乏徭"罪。它解释说：凡应该去服役，官吏和里典已通知而又不去报到的，叫做"逋事"；已报到并到达了服徭役的地方又逃跑，都叫"乏徭"。很显然，在刑律中规定这样的罪名，既是地主阶级统治经验的总结，也是为了进一步对付逃避徭役的农民。《徭律》还规定，农民在服徭役时兴修的工程，不仅要如期完工，而且还有一定的质量保证期。一般情况是："令结（嬶）堵卒岁。"如"未卒岁或坏阤（决），令县复兴徒为之，而勿计为繇（徭）。"[①]就是说，保证期为一年，不满一年而坏的，要重新修缮，但所使用的劳动力不得计算入服徭役的时间之内。

秦每一个成丁服徭役的总时间，《汉书·食货志》："月为更卒，已复为正一岁，屯戍一岁，力役三十倍于古。"《通考》对这一规定的解释是："给郡县一月而更谓'更卒'，复给中都一岁谓'正卒'，复屯边一岁为'戍卒'。"[②]《通考》完全是从军事角度解释的，而《汉书·食货志》则明明说"力役三十倍于古"，是把徭、戍都包括在内的。商鞅这样规定的意图，是把服徭役的时间固定化。尽管董仲舒说"三十倍于古"（事实上不见得如此），但这一规定对稳定民心，巩固封建统治是有利的。问题是后来这一规定并未能坚持下去，以至于每个成丁所担负的徭、戍等力役远远超出了上述规定。在秦简中，可以看到秦统治者为加重对农民的徭役剥削而采取的一些措施。

一是拉长服役年限。秦汉均有"傅籍"制度。傅籍："傅，著也，言著名

[①] 《睡虎地秦墓竹简·秦律十八种·徭律》。
[②] 《通考·兵考一》。

籍,给公家徭役也。"①一般开始傅籍的年龄是二十或二十三岁。而秦的傅籍年龄却要早得多。秦简《编年纪》记载了一个名叫"喜"的人的生平经历:昭王四十五年,"十二月鸡鸣时,喜产"。据后文记载:"今元年,喜傅。"推算,喜傅籍的年龄应是十七(虚)岁。又据《史记·白起列传》,秦昭王时,曾"发年十五以上悉诣长平"。这些材料说明,秦的傅籍年龄较汉早四五年。那么法定的不再服徭役的年龄呢?无爵位的人,"年六十乃免老"②。就是说秦每丁服役的年限在四十五年左右。事实上还不止此数。在《居延汉简》中对戍边的人有这样两条记载:"觻得式安里黄寿,年六十五。"③"奉明善居里公乘丘谊,年六十九。"④汉的徭役轻于秦,但汉统治者仍然抛开法律关于"免老"的规定,延长服役年限,秦的实际情况如何就可想而知了。

二是规定有残疾的人也要担负一定的徭役。《法律答问》:"罢癃(癃)守官府,亡而得,得比公癃(癃)不得?得比焉。"《说文》:"癃,罢病也。"段注,病当作癃罢者,废置之意,凡废置不能事事曰罢癃。从《答问》的解释看,秦统治者对于残废的人,也是要安排一定劳役的,诸如看守官府之类。这些人如若逃亡,捕获后"得比公癃"。就是比照处理逃亡公癃的法律条款对逃亡的罢癃进行处置。秦对残废的人也不放弃役使,是为了腾出更多的人去从事繁重的徭役,这也说明了秦徭役之繁重。

秦的徭役到秦始皇时更加繁重。史称:"至于始皇,逐并天下,内兴功作,外攘夷狄,收泰半之赋,发闾左之戍,男子力耕不足以粮饷,女子纺织不足衣服,竭天下之资财以奉其政,犹未足以澹其欲也。"⑤当时动用的劳动力总数,《文献通考》有一概略的统计:"北筑长城四十余万,南戍五岭五十余万,骊山、阿房之役各七十余万,兵用不足而后发谪矣。"⑥这样大的征发徭役数字,对于一个两千万人口的国家来说,其繁重程度是可想而知的。所以秦律严格禁止逃避徭役,如规定:"匿敖童及占癃(癃)不审,典、老赎耐。百姓不当老,至老时不用请,敢为酢(诈)伪者,赀二甲;典、老弗告,赀各一甲;伍人,户一盾,皆罴(迁)之。"⑦秦末,甚至出现了"失期,法当斩"这样的严

---

① 《汉书·高帝纪》注。
② 《汉旧仪》。
③ 《居延汉简释文·卷三》,第38页。
④ 同上书,第33页。
⑤ 《汉书·食货志》。
⑥ 《文献通考·兵考》。
⑦ 《睡虎地秦墓竹简·秦律杂抄傅律》。

刑酷法。① 尽管统治阶级如此镇压，但广大劳动人民以各种形式反抗封建徭役剥削的斗争，却如火如荼，最后终于在此基础上爆发了轰轰烈烈的农民起义。

恩格斯在谈到暴力同经济利益的关系时曾经指出："暴力仅仅是手段，相反的，经济利益是目的。目的比用来达到目的的手段要'基础性'得多。"②作为暴力一种的法律，是社会经济基础的上层建筑，是一种手段，是维护自己的经济基础，积极帮助自己基础的形成和巩固的手段。透过秦简中有关农业经济的法规和条款，透过这些法规和条款所维护的封建土地制度，肯定的各项农业政策、措施以及所保护的封建赋徭等，我们可以看到秦地主阶级在农业经济的各个领域里，十分注意运用体现自己阶级意志的法律为手段，实现自己的目的。地主阶级是封建生产关系的代表，当时的封建生产关系又是与社会生产力基本相适应。所以，秦的农业经济能在相当长的时间里较为迅速地发展，秦的整个经济实力能在不断的兼并战争过程中持续增长。推动秦地主阶级发展农业经济的动力和决定秦经济法规内容的，是地主阶级的物质利益，是为了最大限度地加深对广大劳动农民的剥削和压榨。秦简中记载的那些"万担一积"、"二万石一积"和"十万石一积"的粮食，到后来楚汉战争时还作为军需物资为刘邦所利用。这说明了秦的农业确曾发展到了较高的水平，同时也是地主阶级赋敛无度、榨取农民膏血的历史见证。

---

① 《史记·陈涉世家》。
② 恩格斯:《反杜林论》,《马克思恩格斯选集》第1卷,第199页。

秦始皇二十年的一个地方性法规*
——云梦秦简《语书》探析

云梦秦简中的《语书》,是秦始皇统一全国过程中南郡守腾颁布的一篇法律文告,属于地方性法规。这个颁行于两千多年前首尾完具的地方性法规,在现存史籍和出土文物中都是仅见的。它的发现,不仅有利于我们了解秦统一战争中南郡地区的阶级斗争和社会状况,而且对于了解秦的法律体系和法律制度也有重要意义。

一

《语书》为原简标题,书写于最后一支竹简的背面,因字迹被积垢覆盖,开始整理时未能看清,后经清水冲刷,1978年初再次校阅原简才被发现。在此之前发表的《云梦秦简释文》和出版的《睡虎地秦墓竹简》线装大字体中,整理小组曾将其定名为《南郡守腾文书》。① 1978 年 11 月出版的《睡虎地秦墓竹简》平装本按原简改为现名。

《语书》由十四支竹简书写,共五百二十六字,全文照录如下:

"廿年四月丙戌朔丁亥,南郡守腾谓县、道啬夫:古者,民各有乡俗,其所利及好恶不同,或不便于民,害于邦。是以圣王作为法度,以矫端民心,去

---

* 本文原载《学习与探索》1984 年第 6 期。
① 《睡虎地秦墓竹简》,文物出版社 1978 年版,第 14 页。

其邪避(僻),除其恶俗。法律未足,民多诈巧,故后有间令下者。凡法律令者,以教道(导)民,去其淫避(僻),除其恶俗,而使之之于为善殹(也)。今法律令已具矣,而吏民莫用,乡俗淫失(泆)之民不止,是即(废)主之明法殹(也),而长邪避(僻)淫失(泆)之民,甚害于邦,不便于民。故腾为是而脩法律令、田令及为间私方而下之,令吏明布,令吏民皆明智(知)之,毋巨(岠)于罪。今法律令已布,闻吏民犯法为间私者不止,私好、乡俗之心不变,自从令、丞以下智(知)而弗举论,是即明避主之明法殹(也),而养匿邪避(僻)之民。如此,则为人臣亦不忠矣。若弗智(知),是即不胜任、不智殹(也);智(知)而弗敢论,是即不廉殹(也)。此皆大罪殹(也),而令、丞弗明智(知),甚不便。今且令人案行之,举劾不从令者,致以律,论及令、丞。有(又)且课县官,独多犯令而令、丞弗得者,以令、丞闻。以次传:别书江陵布,以邮行。

"凡良吏明法律令,事无不能殹(也);有(又)廉絜(洁)敦愨而好佐上;以一曹事不足独治殹(也),故有公心;有(又)能自端殹(也),而恶与人辨治,是以不争书。恶吏不明法律令,不智(知)事,不廉絜(洁),毋(无)以佐上,緰(偷)随(惰)疾事,易口舌,不羞辱,轻恶言而易病人,毋(无)公端之心,而有冒柢(抵)之治,是以善斥(诉)事,喜争书。争书,因恚(佯)瞋目扼掐(腕)以视(示)力,訏询疾言以视(示)治,诬讹丑言麃矻以视(示)险,阮阆强肮(伉)以视(示)强,而上犹智之殹(也)。故如此者不可不为罚。发书,移书曹,曹莫受,以告府,府令曹画之。其画最多者,当居曹奏令、丞,令、丞以为不直,志千里使有籍书之,以为恶吏。语书。"①

秦简释文发表后,一些学者相继撰文对《语书》的年代、内容、意义及颁布者的情况等提出了见解②,1978 年 11 月出版的《睡虎地秦墓竹简》平装本并对其作了详细注释和今译,其中有些看法尽管不相同,但对我们准确理解《语书》的内容和把握它的精神都是有益的。

二

列宁曾经指出:"在分析任何一个社会问题时,马克思主义理论的绝对

---

① 《睡虎地秦墓竹简》(平装本),文物出版社 1978 年版,第 14 页。
② 季勋:云梦睡虎地秦简概述,载《文物》1978 年第 5 期;石言:《南郡守腾文书》与秦的法治路线,载《历史研究》1976 年第 3 期;熊缺基:《释南郡守腾文书》,载《中国史研究》1979 年第 3 期;晁福林:《南郡备警》说质疑,载《江汉论坛》1980 年第 6 期。

要求,就是要把问题提到一定的历史范围之内。"①弄清《语书》颁行的年代及其产生的历史背景,对于我们的研究是非常重要的。

关于《语书》的年代,云梦秦简整理小组在《睡虎地秦墓竹简》平装本的《出版说明》中写道:

《语书》开头说:"廿年四月丙戌朔丁亥,南郡守腾谓县、道啬夫",以历朔推算是秦王政(始皇)二十年。《语书》文中几处避讳"正"字,改写作"端",也证明它是秦始皇时期的文件。

对此,学术界的看法是一致的。那么,在秦始皇二十年前后全国和南郡地区的政治形势和社会状况如何呢?

从全国来看,当时秦对关东各国正处于战争状态。秦始皇十一年(公元前236年),秦乘赵与燕交战之机,派王翦、桓齮、杨端和分别率兵攻赵。秦始皇十二年(公元前235年),秦以四郡兵力援魏攻楚。秦始皇十三年(公元前234年),秦攻韩,韩非入秦。秦始皇十四年(公元前233年),秦派桓齮率兵攻赵,在赵将李牧奋起抵抗之下,秦军惨败。秦始皇十五年(公元前232年),秦军再次攻赵,赵将李牧又一次击退秦军。秦始皇十六年(公元前231年),秦将腾攻韩,十七年(公元前230年),韩灭。秦始皇十八年(公元前229年),秦大兴兵攻赵,十九年(公元前228年),俘赵王迁,赵灭。秦始皇二十年(公元前227年),燕太子丹患秦兵至国,以献地为名派荆轲出使咸阳,对秦始皇行刺,事败,秦体解荆轲。秦始皇二十一年(公元前226年),秦将王翦、辛剧率兵攻燕,占领燕国都蓟城,燕王喜与太子丹逃往辽东。秦始皇二十二年(公元前225年),秦派王贲领兵攻魏,掘黄河堤,水淹魏都大梁,魏王假请降,魏亡。从总的军事形势看,秦对各国战争是顺利的,但并非未遇见过困难,除了战争过程中局部挫折,在某些地区胜利后还遭到顽强反抗,如:赵灭亡之后,"赵公子嘉率其宗数百人之代,自立为代王,东与燕合兵,军上谷"②。韩灭之后,秦始皇二十一年,原韩国都城新郑曾发生反叛。这些对战争的发展不可能不造成牵扯。秦对关东各国原是采取各个击破的策略,在对北方和中原各国大举用兵之时,为避免腹背受敌,对南方的大国——楚国,基本上暂时采取守势,等待进攻时机。

南郡,大约包括今湖北汉江流域的大部分地区,原是楚国的政治中心部分。楚国在战国初期也曾进行过改革,但很不彻底,政治经济均比中原各国

---

① 列宁:《论民族自决权》,《列宁选集》第2卷,人民出版社1960年版,第512页。
② 《史记·秦始皇本纪》。

落后。后来吴起变法又以失败告终,战国末其国内情况如韩非所言,"公家虚而大臣实,正户贫而寄寓富"①,朝廷任人唯亲,贵族们"专淫逸靡",屈、昭、景三家仍有强大的影响。这种腐败状态,导致了"秦师至而鄢、郢举,若振槁然"。② 据史籍记载:秦昭王二十八年(公元前 279 年),"大良造白起攻楚,取鄢、邓";秦昭王二十九年(公元前 278 年),"大良造白起攻楚,取郢为南郡,楚王走"。③ 至此,楚国的中心部分便为秦占领。从秦昭王二十九年秦设置南郡到秦始皇二十年南郡守腾颁布的《语书》,虽然已逾五十余年,但当时南郡地区的形势还是很复杂的。逃到陈(今河南淮阳)和寿春(今安徽寿县)一带的楚王并未甘心失败,企图重整旗鼓,卷土重来。公元前 221 年全国统一后,秦始皇在回顾这段历史时曾说:"荆王献青阳以西,已而畔(叛)约,击我南郡,故发兵诛,得其王。"④这说明:秦始皇二十三年(公元前 224 年)秦派李信、王翦灭楚之前,楚的确曾袭击南郡。从云梦秦简的记载看,南郡内部也是不平静的。《语书》中说的"邪僻淫泆之民"利用"乡俗"破坏国家法度,受到一些官吏的包庇,这种状况至少在客观上对秦在南郡的统治和对楚战争的准备是不利的。秦始皇十九年(公元前 228 年)"南郡备警"⑤,这说明当时在南郡地区发生了非常事件。《语书》颁行于"南郡备警"的第二年,《语书》所谴责的人和事与"备警"所对付的人和事是有关系的,也就是说这都是为应付同一类事件先后采取的措施。

关于南郡守腾,司马迁的《史记》未为此人立传,其具体情况不清楚,但在《史记·秦始皇本纪》和同书《六国年表》中都记有一名叫腾的人,从而向我们提供了了解此人的有关线索。《秦始皇本纪》:始皇十六年,"发卒受地韩南阳假守腾"。始皇十七年,"内史腾攻韩,得韩王安,尽纳其地,以其地为郡,命曰颍川"。《六国年表》:"内史胜〔腾〕击,得韩王。"云梦秦简释文发表后,一些学者认为,南阳假守腾、内史腾和南郡守腾应是一人。这种看法是有道理的,不是说在同一时代重名的官吏不可能出现,而是说,如非一人,当时在内史、郡守这一级高级地方官员中同时存在三个名叫腾的人,完全以巧合来解释,就难以令人置信了。如果一人,腾的经历就可能是这样:他是秦始皇手下的一名干将,曾任内史之职,始皇十六年灭韩之前先领兵接

---

① 《韩非子·亡征》。
② 《荀子·议兵》。
③ 《史记·秦本纪》。
④ 《史记·秦始皇本纪》。
⑤ 《睡虎地秦墓竹简·编年纪》。

受南阳,并兼任南阳郡守。第二年,因其熟悉韩国情况,又奉命率兵攻韩,灭韩,俘韩王安。韩灭之后,秦以其地为颖川郡。腾是否出任颖川郡守,无记载,但不久即奉调任南郡守则是事实。高敏同志在《南郡守腾的经历及其发布〈语书〉的意义》一文中,以秦简《编年纪》关于"(始皇)廿年,韩王居囗山","廿一年,韩王死,昌平君居其处"的记载,指出这里说的韩王即韩王安。他并以此为据论证说:始皇曾把被俘的韩王安囚禁于南郡境内,依靠南郡守腾去看管,这同内史腾亲手俘虏韩王安的事实有密切关系。

这一论证是有力的。南郡当时地处边境,与楚国接壤,如不是因韩王被腾俘获,后由腾带往南郡囚禁于囗山,秦始皇把这样一个要犯置于南郡就不好理解了。至于腾是何时调任南郡守的,高敏同志指出:据云梦出土秦简《编年纪》,始皇十九年发生了"南郡备警"的大事,则始皇之派内史腾出守南郡,很可能就在这一年。换言之,内史腾出守南郡,正是始皇实现"南郡备警"的战略措施的一个重要部分。如果从南郡守腾于始皇二十年四月发布《语书》来看,也说明他出任南郡守应在二十年之前。因此,内史腾于始皇十九年出守南郡,不仅有其可能性,也是有其必要性的。①

上述事实说明,由腾出任南郡守,始皇十九年在南郡实行"备警"和始皇二十年腾发布《语书》,都是统一战争发展到对楚战争前夕在南郡地区加强战略所采取的重大措施。

三

《语书》由两个部分组成。从"廿年四月丙戌朔丁亥,南郡守谓县、道啬夫"到"以次传:别书江陵布,以邮行"为第一部分。这是《语书》的主文,或者叫做主件。从"凡良吏明法律令",到"志千里使有籍书之,以为恶吏"为第二部分。这是关于区分良吏、恶吏的具体规定,也可以说是主文的附件。《语书》主送南郡所属各县、道啬夫。所谓道,即少数民族集居的县。《汉旧仪》:"内郡为县,三边为道。"秦时在今湖北汉水流域的某些地区集居有少数民族,这些地方对秦来说地处边远,所以称"道"。啬夫,古代官名。据史籍秦简记载,秦时对县及县以下地方行政、军事、司法、经济机构和都官的负责人都可称啬夫。《语书》所说的县、道啬夫,是指主持县或道的军政长官,

---

① 高敏:《云梦秦简初探》,河南人民出版社1981年第2版,第36页。

也就是县令、长。由于当时一县的军事、行政、治安、司法等统由县、道啬夫管理,所以《语书》主送他们。

《语书》结构严谨,层次分明,文字简练,其主要矛头指向"恶俗",指向为非作歹、破坏法律的"淫泆之民",指向执法犯法、包庇纵容淫泆之民的恶吏。

"恶俗"指什么?按照腾在《语书》中的解释,是指乡俗的一部分。他说:"古者,民各有乡俗,其所利及好恶不同,或不便于民,害于邦。是以圣王作为法度,以矫端民心,去其邪避(僻),除其恶俗。"这就是说"恶俗"是指被法律禁止的、危害统治阶级利益的那部分风俗。在古书中,乡俗或者叫风俗,常常是指制度而言的。《淮南子·览冥训》:"七国异族,诸侯制法,各殊习俗。"《汉书·地理志》:"凡民函五常之性,而其刚柔缓急音声不同,系水土之风气,故谓之风;好恶取舍,动静亡常,随君上之情欲,故谓之俗。"

这些记载的意思是说,风俗与民族、水土、法度和统治者的好恶都是有关系的。南郡的风俗如何呢?《史记·货殖列传》:"其俗剽轻,易发怒,……通鱼盐之货,其民多贾。"《汉书·地理志》还说其民"信巫鬼,重淫祀"。这种状况对于国家的统一,统治的稳定显然是不利的。正如《汉书·地理志》所言:"圣王在上,统理人伦,必移其本而易其末。此混同天下,一之乎中和,然后王教成也。"秦国自商鞅变法到秦始皇统一全国,一直以"变法易俗"、"匡饬异俗"为己任,提倡重本抑末、奖励耕战。南郡地区的上述风俗显然是与之相矛盾的。在《语书》中我们可以看到秦统治者如何通过法律、法令来改变这种风俗。当然也应该注意到,《语书》是把乡俗和恶俗加以区分的。因为恶俗被法律所禁止,所以它就应是指统治阶级所不容许的、同阶级斗争相关的内容。

"淫泆之民"是些什么人?关于"淫泆"古书中有各种解释:《左传·隐公三年》:"骄奢淫泆,所自邪也。""正义":"淫谓嗜欲过度,泆谓放恣无艺。"《商君书·垦令》:"则辟淫游惰之民无所于食。"高亨《商君书注译》引朱蔚然曰:"辟,邪也。淫,荡也。"《说苑·政理》:"夺淫民之禄,以来四方之士"。《史记·秦始皇本纪》:"防隔内外,禁止淫泆,男女絜诚。"综合上述解释,淫泆,一是指嗜欲过度,游手好闲;二是指曾有爵禄的旧贵族;三是指男女不以义交。《语书》中的"淫泆之民"究竟是指些什么人呢?有以下几点可供考虑:其一,他们与腾指责的旧习俗相联系,是旧习俗的支持者。其二,当法律不完备时,他们钻法律的空子;当法律"已具矣"时,他们无视法律,与官吏勾结,危害国家。其三,正是为了对付这些人,"故腾为是而脩法律令、田令及为间私方而下之"。这句话如何理解？脩,通修,《国语·周语》注:"备也。"在这里有整理公布的意思。法律令是法律、法令的通称。田令,关于农田所有权和农田管理的法令。秦有田律、田令,汉有田令。为间私,秦简《日书》乙种称"盗"为"为间者"。方,《后汉书·桓谭传》注:"犹法也。"这句话概括起来是说,腾为了惩办借乡俗而为非作歹的"淫泆之民",而将有关法律、田令和惩治有奸盗行为者的法令整理公布。从以上特点和有关古书对"淫泆"这一概念的解释看,所谓"淫泆之民"主要是指原楚国统治下的没落贵族和一些游手好闲不事生产的人。这种人与旧传统有千丝万缕的联系,对秦推行的重本抑末、提倡耕战的政策格格不入,平时奸淫盗窃,影响社会治安和生产,如遇战争就很难不同楚国贵族相呼应。从巩固秦在南郡的统治来说,对这些人进行打击是必要的。

腾认为,恶俗之所以不止,淫泆之民之所以无视国家法律,是与一些基层官吏和他们相勾结,并与其事有密切关系。《语书》在谴责违法行为时,多处是吏民并提,如:"今法令已具矣,而吏民莫用,乡俗淫泆之民不止";"今法令已布,闻吏民犯法为间私者不止,私好、乡俗之心不变"。腾还认为,下级官吏的这种行为,又是同上级官员的包庇、支持、怂恿有关系。所以他在《语书》的正文中用相当大的篇幅强调官吏执法、守法。他指出,对于吏民的违法行为,令、丞以下知道而不检举揭发论罪者,就是公然违犯国家法律,包庇邪恶的人,为人臣不忠;如果不知道,则是不称职;如果知道而不敢论罪,就是不直。对于"不直",秦简《法律答问》有专门解释:"论狱〔何谓〕不直？""罪当重而端轻之,当轻而端重之,是谓不直。"又:"甲有罪,吏智(知)而端重若轻之,论可(何)殹(也)？为不直。"端即故意。《答问》的意思是,凡故意入人罪者就是不直。按照这一规定精神,那些知道吏民犯法而不敢论处的,便属于有意包庇、放纵,所以《语书》宣布为"不直"。秦律对于犯"不直"罪的官吏处刑是严厉的。秦始皇三十四年规定:"吏见知不举者与同罪。"同年又"适治狱吏不直者,筑长城及南越池"[①]。从《语书》看,犯这种罪还实行连坐,"有(又)且课县官,独多犯令而令、丞弗得者,以令、丞闻",就是说要追究令、丞的责任。

为了便于对官吏进行考核,《语书》第二部分对如何区分良吏和恶吏的

[①]《史记·秦始皇本纪》。

标准作了具体规定。其大概意思是：凡良吏都通晓法律令，能办理事务，廉洁、忠诚，为君上效力，办事出以公心，能纠正自己，善于同别人合作，不应锋芒毕露。而恶吏则与之相反，不懂得法律令，不通习事务，不廉洁，不为君上效力，并且懒惰，遇事推脱，好拨弄是非，不知羞耻，常恶言伤人，办事无公正之心，而有偏激行为，喜欢与人争辩，出风头，装腔作势，说假话，以耍蛮横来让上级认为自己有才干。对于这种人不能不给予惩罚。《语书》对良吏、恶吏能作出这样明确的区分和形象的描绘，绝不是偶然的。它是秦统治者对官吏不断观察和考核的经验总结，也是秦废除世卿、世禄制，推行官僚制，并在此基础上对官吏不断加强监察制度的产物。

《语书》的正文和附件都对《语书》的贯彻执行作出了规定。腾规定，《语书》要在各县依次传阅；另抄送江陵公布。各县、道在收到《语书》后，应将其内容传达到所属机构。各机构的属吏如不听令，县、道要向郡府报告，由郡命属曹责处。过失最多的吏，所在的曹向所在县的令、丞申报，如令、丞认为该吏"不直"，则定为"恶吏"，还要将其行为写在簿籍上通报全郡。这样就为《语书》的实施提供了法律保障。它说明，早在两千多年前统治者就已对这种保障开始注意了。

四

从上述内容可以看出，这篇《语书》既有一般原则性的论述，又有具体规定，还提出了实施办法，所以它是一篇首尾完具的法规。由于它是南郡守腾发布的，针对的是南郡地区的具体情况，其法律效力也只限于南郡辖区，所以它是一篇地方性的法规。关于它的内容、特征及所反映的情况，除上文已谈到的之外，还有如下几点值得注意：

1. 竭力维护封建君主的权力。《语书》从始至终以维护封建君主的权力和封建法度为宗旨。仅在正文三百余字中，就出现"圣王作为法度"、"主之明法"、"明避主之明法"、"为人臣亦不忠矣"等崇尚君主权力的话四处之多。加强君主权力是加强地主阶级政权的关键。作为阶级统治工具的法律，其重要任务就是维护封建专制制度，维护君上大权。《语书》对此也反映得十分明显。

2. 注意运用法律来调整各种关系。《语书》写道："是以圣王作为法度，以矫端民心，去其邪避（僻），除其恶俗。"接着又写道，由于法律不完备，一些人钻法律的空子。腾调来任郡守的时间并不长,但仅经他整理重新公布的就有法律令、田令和惩办奸私的法令等。这些是有关维护社会秩序,革除旧习俗,惩治奸盗和发展农业生产的法律规定。从秦简的其他内容看,现已知道名称的法律就已达三十余种,涉及的领域也广泛得多。值得注意的是,《语书》在强调法律的惩罚作用的同时,也指出用法律"以教导民","使之于为善","毋陷于罪"这样的教育和防范作用。这说明,历史上任何一个统治阶级,当他们能够使用暴力以外的手段达到自己的目的时,并不是一定要使用暴力,秦也不例外。《语书》的内容对秦统治者推崇法律,注意用法律调整各种关系,提供了新的实证。

3. 贯穿了"明主治吏不治民"①的思想。腾指出,在法律、法令颁布之后,恶俗、淫泆之民的邪僻行为仍然不能禁止,是由于官吏不揭发、不论处,甚至包庇、怂恿所致。这是"不智"、"不廉"、"不忠"、"皆大罪也"。他决定派人去巡视,凡是不依法检举、惩治违法犯罪人的官吏,都要予以惩罚。这表明他们"治吏",是为了让官吏更加严格地按照封建法律去惩治违法犯罪,最终目的是为了治民,以维护地主阶级的统治。

4. 把是否"明法律令"、严格执法作为区分良吏和恶吏的重要标准。《语书》写道:"凡良吏明法律令,事无不能殹(也)";"恶吏不明法律令,不智(知)事,不廉絜(洁)"。秦王朝从建立到覆灭的事实说明,法度往往与统治的稳定程度成正比,一旦法度遭到破坏,统治必然削弱或崩溃。

5.《语书》的颁行及其内容说明,秦的法律体系既包括国君(皇帝)颁行的各种律令,朝廷制定的各种式、例,也包括像《语书》这样由郡守颁布的地方性法规。乍看起来,像秦始皇这样的封建专制帝王允许郡守颁行地方性的法规与所推行的君主专制制度是矛盾的,不好理解。其实则不然。从客观上说,当时的生产力发展水平比之于后来毕竟还是落后的,交通不便,战争连年,而秦的统治地域却不断扩大,如一切都由远在数百里,甚至数千里之外的国君决断,各军政长官不能按照所在地区的具体情况行事,势必会影响国家管理效率。另外,从统治者主观方面说,秦始皇毕竟是一位雄才大略的帝王,他懂得,一旦起用某一官员,就要给予他相应的权力,允许他们在国家法度范围内相机行事。如在《语书》颁行不久的对楚战争中,秦始皇就曾空秦国甲士(六十万人)专委王翦全权指挥。② 对于军队的指挥权尚能如此

---

① 《韩非子·外储说右下》。
② 《史记·王翦列传》。

放手,那么允许各郡长官颁布某些地方性的法规就不难理解了。

　　地方性法规,虽然往往只反映当时某一地区的某一类问题,但对于更具体地了解情况却是不可缺少的。所以在研究中国古代法律史时,对于地方颁行的法律也应予以注意。

秦律刑罚考析[*]

刑罚是国家为维护统治阶级的利益,在法律中规定的对犯罪人实行惩罚的一种强制方法。在我国漫长的历史上,秦的刑罚是以残暴出名的,但是具体情况如何?史籍中只有一些笼统的记载。新出土的云梦秦简中记载的秦律,虽非秦律的全部,但其律文和《法律答问》对秦的刑罚却反映得比较具体。对此进行研究,不仅有助于了解秦刑罚的具体情况,而且对于认识整个封建刑罚制度都是有益的。

从史籍和秦简律文的记载看,秦的刑罚大体可分为十一类:一,死刑;二,肉刑;三,徒刑;四,笞刑;五,髡、耐刑;六,迁刑;七,赀;八,赎刑;九,废;十,谇;十一,收。这十一种刑罚不仅轻重不同,在同一种刑罚内,又按处死的方式、对肢体残害的部位、鞭笞多少、刑期长短、迁徙远近和赀罚金钱数目等,分为不同的等级。秦律还规定,各种刑罚既可以单独使用,也可以两种,甚至三种结合使用。这样,不同刑种的排列组合,就在秦的司法实践中,使本来种类已相当多的刑罚更加名目繁多,使本来已很残酷的刑制更加残酷。

---

[*] 本文成稿于1978年,发表于1981年7月中华书局出版之《云梦秦简研究》一书,1984年《中国法学文集》转载。此前,中国人民大学1981年4月出版之《中国法制史》曾采用本文文稿的观点和资料。

一　死刑

秦简中出现的死刑有四种：

第一，戮。《法律答问》："誉适（敌）以恐众心者，翏（戮）。翏（戮）者可（何）如？生翏（戮），翏（戮）之已乃斩之之谓殹（也）。"这则答问，前一句是引用的秦刑律的原文，后一句是对刑律中"戮"这一具体刑罚的解释说明。这一解释对于我们准确理解戮的含义很有益处。过去关于戮的解释不都是很确切的。《说文》："戮，杀也。又，辱也。"《周礼·秋官·掌戮》郑注："戮，犹辱也，既斩杀又辱之。"应该说，秦简《法律答问》的解释更清楚。戮是什么呢？活着的时候让他受到耻辱，受到耻辱以后再斩。这里所说的处戮刑的方法与《左传·昭公四年》记载的楚王戮齐庆封的过程是一致的：楚王"执齐庆封而尽灭其族。将戮庆封，椒举曰：'臣闻无瑕者可以戮人，庆封惟逆命，是以在此，其肯从于戮乎？播于诸侯焉用之？'王弗听。负之斧钺以徇于诸侯。使言曰：'无或如齐庆封弑其君，弱其孤，以盟其大夫。'庆封曰：'无或如楚共王之庶子围，弑其君兄之子麇而代之，以盟诸侯。'王使速杀之"。抛开这个故事的其他情节，只看楚王戮庆封，就是让庆封背着斧钺到诸侯面前去宣布自己的罪状，然后再斩杀。结果庆封不仅未按楚王的要求宣布自己的要求，反而揭了楚王的老底。楚王不得不把他"速杀之"。由此可见，秦律所记载的戮刑的方法，与《左传》的记载是一致的。秦的戮刑不同于一般说的斩杀。斩杀一般称"斩"，秦时是腰斩。戮刑在斩之前要履行一定的程序，使受戮人先蒙受耻辱，然后再斩。

还应指出，戮与戮尸也是不同的。戮刑是对生者而言，戮尸则是对死者。《国语·晋语九》："杀其生者，而戮其死者。"韦昭注："陈尸为戮。"这里说的就是戮尸。戮尸最早的记载见于《韩非子·内储说上》引述齐国的故事——齐桓公问管仲："'布帛尽则无以为币，林木尽则无以为守备，如民之厚葬不休，奈何？'管仲对曰：'凡民之有为也，非名名，则利利。'于是乃下令曰：'棺椁过度者戮其尸。'"秦的史籍中也有戮尸的案例，《史记·秦始皇本纪》：始皇八年，"王弟长安君成蟜将军击赵，反，死屯留。军吏皆斩死，迁其民于临洮，将军壁死，卒屯留、蒲鹄反，戮其尸"。

以上材料说明，秦的戮与戮尸、斩杀虽均属死刑，但是有区别的。

第二，弃市。秦简《法律答问》两处提到弃市：其一，"士五（伍）甲毋

(无)子,其弟子以为后,与同居,而擅杀之,当弃市"。其二,"同母异父相与奸,可(何)论? 弃市"。

秦有弃市刑还见于史籍。《史记·秦始皇本纪》:"有敢偶语诗书者弃市。"弃市,作为一种死刑,究竟如何处死或缘何得名? 史籍和秦简均无明确记载,历代史家的解释也不完全一致。《周礼·掌戮》郑玄注:"杀以刀刃,若今弃市也。"《汉书·景帝纪》注引颜师古曰:"弃市,杀之于市也。谓之弃市者,取刑人于市,与众弃之也。"《史记·高祖本纪》索隐:"按礼云:刑人于市,与众弃之。故今律谓绞刑为弃市也。"清人沈家本则说:弃市,"此秦法也。秦法弃市为何等刑? 书无明文,以汉法推之,当亦斩刑。"[1]以上几种说法显然是不一致的。郑玄强调行刑的手段,"杀以刀刃";颜师古则侧重于行刑的地点,"杀之于市","与众弃之";司马贞除了同意颜师古说的"刑人于市"的意见外,还以唐代的例子说,绞刑就是弃市;沈家本正确地推证弃市是秦法,但却认为是斩刑,这同郑玄的看法又相近。

从以上几种意见看,弃市这种刑罚,在处刑方法上应当是有一个变化过程。郑玄说:"杀以刀刃,若今弃市。"这说明汉的弃市是"杀以刀刃"。"汉承秦制",郑玄所处的时代又距秦不远,一般说以汉法推断秦的弃市,接近实际情况。但我们绝不可把秦的弃市完全同斩等同起来,正如前引《法律答问》关于戮刑的解释,斩作为一种刑罚在秦时也是存在的。以上谈的是关于秦汉的弃市刑。另据《汉书·景帝纪》:中元二年"改磔曰弃市"。磔与弃市在秦和汉同为死刑的一种,见于史书,也见于秦简。汉景帝改磔曰弃市,应理解为将磔刑统并为弃市刑为妥。由此可见,弃市与磔在行刑方法和行刑地点上相差不远。又从古代学者把此事作为景帝的"德政"加以宣扬看,弃市应较磔为轻。司马贞说:"故今律谓绞刑为弃市也。"这话是非常肯定的。"今律"指唐律。按《唐律疏议》,死刑只有绞、斩,绞刑当时又称弃市不见于律文,也不见于疏议。司马贞此说当另有所本。这说明弃市行刑的方法后来发生了变化。不管是秦汉时的"杀以刀刃",还是唐代的处以绞刑,在地点上与"刑之于市"则无多大异议。

第三,磔。《法律答问》:"甲谋遣乙盗杀人,受分十钱,问乙高未盈六尺,甲可(何)论? 当磔。"

秦的磔刑又见于《史记·李斯列传》:"杀大臣蒙毅等,公子十二人僇死

---

[1] 《历代刑法考·刑分考四》。

咸阳市,十公主砧死于杜。"《索隐》:"砧与磔同。"关于磔的具体内容是什么? 历史上也众说不一。《荀子·正论》:"斩断枯磔。"杨倞注:"磔,车裂也。"《汉书·景帝纪》颜师古注:"磔谓张其尸也。"按《说文》:"磔,辜也。辜之言枯也,为磔之。言磔者,开也,张也,剖其胸腰而张之,令其干枯不收。"以上三种说法不尽相同,但也有一致的地方,即:张裂肢体。由此看来,磔是一种碎裂肢体的刑罚。《说文》所说的"令其干枯不收",从统治者实施刑罚是为了达到杀一儆百的目的看,则是可信的。

关于磔,《汉书·景帝纪》还有这样记载:"中元二年,改磔曰弃市,勿复磔。"事实上并没有"勿复磔",所以《汉书》注引应劭曰:"先此诸死刑皆磔于市,今改曰弃市,自非妖逆不得磔也。"应劭的解释是对的,即中元二年以后,一般死刑不再磔,但妖逆等重罪还是要磔的。如《汉书·王尊传》有这样一段记载:"春正月,美阳女子告假子不孝,曰:'儿常以我为妻,妒(当作诉)笞我。'尊闻之,遣吏收捕验问,辞服。尊曰:'律无妻母之法,圣人所不忍书。此经所谓造狱者也。'尊于是出坐廷上,取不孝子悬磔著树,使骑吏五人张弓射杀之。吏民惊骇。"所谓"造狱",谓非常刑名。这件事发生在汉元帝时。它说明,在景帝中元二年以后,统治者认为对情节恶劣的重大犯罪,还是要采取非常刑罚手段的。这件事还说明,在汉和秦的死刑中,磔刑重于弃市。

第四,定杀。《法律答问》:"疠者有罪,定杀。'定杀可(何)如? 生定杀水中之谓殹(也);或曰生埋,生埋之异事殹(也)。"另一则:"甲有完城旦罪,未断,今甲疠,问甲可(何)以论? 当鬗(迁)疠所处之,或曰当鬗(迁)鬗(迁)所定杀。"

定杀,这种死刑为现存史籍和古代律典所不载,初次见于秦简。从所引第一则答问的文义看,"疠者有罪,定杀"。是引的秦刑律本文。疠,恶疮疾也,就是现代所说的麻风病。秦简《封诊式》中有一爰书详细记载了麻风病患者的各种特征。这种病古代就已被认为是恶性传染病,由于当时科学不发达、迷信,所以患者公开受歧视。从爰书看,仅因患疠,就可以被起诉。而按照秦律规定,这种人如若犯了罪,或被判徒刑的人得了这种病,就要"定杀"。什么叫做定杀呢?《答问》解释说:"生定杀水中之谓殹(也)。"换句话说,就是抛入水中活活淹死。秦律对犯罪人的处理规定,只要其身份相同,一般按罪行大小处以轻重不等的刑罚,而"疠者有罪",则要"定杀"。所谓"有罪",当然也包括应判处死刑以下的各种罪。法律规定对犯了罪的疠者一律处死，显然同对待常人有很大不同。

秦的死刑，除上面谈到的秦简记载的几种之外，见于史籍的还有"族"、"夷三族"、"枭首"、"车裂"、"腰斩"、"体解"、"囊扑"、"剖腹"、"蒺藜"以及"凿颠、抽胁、镬烹"等等。这些有的是法律规定的常刑，如族、枭首、腰斩、车裂、体解等，有些则是超越法律的酷刑。对此，前人已有所辑录和考证，本文不再赘述。

二　肉刑

肉刑是"斩人肢体，凿其肌肤"①，人为地造成受刑人生理残疾的刑罚。从史籍记载看，这种刑罚早在中国奴隶制社会初期就已存在。春秋时期的叔向曾说："夏有乱政而作九刑。"②班固后来写道："禹承尧舜之后，自以德衰，始制肉刑，汤武顺而行之。"③叔向说的"九刑"，是指刑律，其中包括了班固后来说的"肉刑"。肉刑的种类虽各代略有差异，但大体上是一致的，也就是秦简中出现的黥、劓、刖、宫等几种。不过秦的肉刑大部分是与徒刑结合使用的，如："黥为城旦"、"黥劓为城旦"、"斩左趾为城旦"、"刑为鬼薪"和"刑为隶臣"等。关于徒刑问题，由于它也是刑罚的一种，本文将另设专题论述，这里只谈简文中出现的几种肉刑。

第一，黥。《法律答问》："擅杀子，黥为城旦。""殴大父母，黥为城旦舂。"见于史籍的黥刑，如："令下三十日不烧，黥为城旦。"④"商君之法，刑弃灰于道者，"张守节正义："弃灰于道者，黥也。"⑤

无论在秦的史籍中或秦简中，秦有黥刑的记载都曾反复出现。黥，又称墨。《说文》："黥，墨刑，在面也。"施刑的方法，据郑玄说："先刻其面，以墨窒之"。⑥ 言刻颔为疮，以墨窒疮孔，令变色也。韦昭在《国语》注中与郑玄的说法类似："刀墨，谓以刀刻其额，而以墨窒之。"⑦颔与额的部位均指发下眉上，即额部。施以此种刑罚，对受刑人既是一种肉体折磨，又是一种精神

---

① 《初学记》。
② 《左传》昭公六年。
③ 《汉书·刑法志》。
④ 《史记·秦始皇本纪》。
⑤ 《史记·李斯列传》。
⑥ 《周礼·秋官·司刑》注。
⑦ 《国语·周语》注。

侮辱。更因为在人的如此显要部位造成深色伤疤，就便于统治阶级对这些所谓罪犯识别和防范。

黥刑在秦律中被认为是肉刑中较轻的刑罚。它可以作为主刑单独使用，也可以与其他刑罚结合使用。秦简律文中一般是与城旦这种徒刑结合使用的。对某些犯罪律文还规定了黥墨的具体部位。如《法律答问》："人奴妾笞子，子以胠死，黥颜頯，畀主。"颜也是额部，就是发下眉上。这是施黥刑的传统部位。頯是两颧。"黥颜頯"，是说除了黥额部，还要黥双颧。又如："人奴擅杀子，城旦黥之，畀主。"这条规定的意思是说，私人奴隶擅自杀死自己的儿子，要按照黥城旦的方法，对他施加黥刑，然后再把这个奴隶交还给他的主人。这一规定强调了按照黥城旦的方法，言下之意当然还有其他施黥刑的方法。

由此看来，秦时判处犯罪人黥刑，很可能还按犯罪人的身份地位和所犯罪行的轻重，黥墨不同部位。

第二，劓。《法律答问》：盗"不盈五人，盗过六百六十钱，黥劓以为城旦，不盈六百六十钱到二百廿钱，黥为城旦"。"当黥城旦而以完城旦诬人，可（何）论？当黥劓〔为城旦〕。"①

秦简《法律答问》中两处出现劓刑都是同黥刑、徒刑结合使用的。《说文》："劓，刖鼻也。"上引秦简"黥劓为城旦"，就是指在判处犯罪人城旦这种徒刑时，除按照规定的部位刺墨之外，还要割去鼻子。汉文帝十三年的减刑诏中说："当黥者，髡钳为城旦舂；当劓者，笞三百；当斩左趾者，笞五百。"②《左传·襄公十九年》注：刑三等，"墨、劓、刖也。三等之刑，墨轻刖重，故举其轻重而略其劓也"。这些例子说明，秦法律规定的几种肉刑，劓刑重于黥刑而轻于刖刑。

第三，刖。《法律答问》："五人盗，臧（赃）一钱以上，斩左趾有（又）黥以为城旦。"《法律答问》在解释何罪得处隐官条，也提到"斩左趾为城旦"。

刖是一种刑罚。《说文》解释说："断足也。"夏称"膑"，周称"刖"，又称"剕"。有一种说法解释说，名称的变更表明施刑的部位有所不同。《周礼·司刑》注："周改膑作刖。按……夏刑用膑去其膝骨也，用刖断足也。"秦称斩趾也断足。《尔雅·释言》："趾，足也。"秦律中说的斩左趾，就是断左足，应与周的施刑部位是一致的。简文中只有斩左趾，当还有斩右趾。

---

① 方括号中的"为城旦"三字，原简文省略，此为笔者所加。
② 《汉书·刑法志》。

《韩非子·和氏》中有这样一个故事："楚人和氏得玉璞楚山中,奉而献之厉王,厉王使玉人相之。玉人曰:'石也。'王以和为诳,而刖其左足。及厉王薨,武王即位,和又奉其璞而献之武王,武王使玉人相之,又曰:'石也。'王又以和为诳,而刖其右足。"且不谈和氏为献玉璞遭受了多大牺牲,这件事却告诉我们当时的确既存在刖左趾,也存在刖右趾的刑罚。春秋和战国初期,各诸侯国的刖刑使用是较为普遍的。如晏子就曾对齐景公说:"国之诸市,屦贱踊贵。"由此可见当时齐国被刖足的人数量之多。

在秦简的法律条文中,未直接使用"刖"这一词,斩左趾也只是上引《法律答问》中的两例。比之于黥,这种刑罚使用较少。可能因为当时秦国连续进行战争,打仗和生产都需要大量劳动力有关系。

有一种意见认为在秦简中首次出现的"鋈足",也是指刖刑,这种看法值得商榷。我们看看鋈足在简文中是如何出现的。

《法律答问》:"葆子□□□未断而诬告人,其罪当刑城旦,耐以为鬼薪而鋈足。""何谓赎鬼薪鋈足?……臣邦真戎君长,爵当上造以上,有罪当赎者,其为群盗,令赎鬼薪鋈足。"

鋈足究竟是什么呢?鋈音沃。《说文》:"白金也。"孔疏云:金白谓之银,其美者为之镣,然则白金不名鋈,言鋈者谓销白金以灌沃靷环。又说,金银铜锡总名为金。以铁为质,以它金灌沃其外名为鋈。鋈足,应是在小腿和足部施加的一种刑具。鋈的本意既然是以金属灌沃其外,那么鋈足可否引申为以金属器械施加于受刑人的小腿或足部呢?《史记·平准书》:"钛左趾。""集解"韦昭曰:"钛,以铁为之,著左趾以代刖也。"张斐《汉晋律序》云:"状如跟衣,著〔左〕足下,重六斤,以代膑,至魏武改以代刖也。"这是史籍中以钛代刖的记载。秦简《秦律十八种》:"公士以下居赎刑罪、死罪者,居于城旦舂,毋赤其衣,勿枸椟杕。鬼薪白粲、群下吏毋耐者,人奴妾居赎赀责(债)于城旦,皆赤其衣,枸椟杕,将司之。""城旦舂衣赤衣,冒赤氈,枸椟杕。"这是秦律关于哪些刑徒穿囚衣、带刑具,哪些刑徒不穿囚衣、不带刑具的规定。杕即钛。字形书写的变化,表明刑具用料发生了变化。这种刑具可能由最初的以铁为之,改变为后来的以木为之,或者铁木交互使用。近几年在考古发掘中,获得了战国和西汉时的铁钳,从实物上印证了秦鋈足刑罚的存在。秦律中的鋈足,应是钛刑的一种。按照法律规定,在某些情况下,对于某种人,它可以取代刖刑。

如果把鋈足理解为就是刖刑,秦简中有关的一些问题是难以解释的。

上引《法律答问》两例都提到葆子。葆子,是一种受国家保护的人,从秦律看,这种人犯了罪一般不施加肉刑。《法律答问》有一条说:"葆子狱未断而诬〔告人,其罪〕当刑鬼薪①,勿刑,行其耐,有(又)毄(系)城旦六岁。"另一条说:"葆子狱未断而诬告人,其罪当刑为隶臣,勿刑,行其耐,有(又)毄(系)城旦六岁。"这里的"勿刑",均指不要施加肉刑。既然法律规定对葆子一般不允许施加肉刑,那么,认为前面所引《法律答问》规定对葆子诬告人,要"耐以为鬼薪而荎足"是刖刑就自相矛盾了。

秦简律文规定惩治某项犯罪时,如附加髡、耐和肉刑,其行文一般是附加刑在前,然后是徒刑。如"斩左趾,又黥为城旦"、"黥为城旦舂"、"刑为鬼薪"、"耐为隶臣"等。而上文却是"耐为鬼薪而荎足",附加刑既在前,如"耐";又在后,如"荎足",这是不符合一般书写方法的。

再从秦简《封诊式》中"迁子"这一案例看:某里士伍甲,因其儿子不孝,到官府"谒荎亲子同里士伍丙足,迁蜀边县,令终身毋得去迁所。"结果,废丘县主接受了士伍甲的请求,"令荎丙足",并派遣"吏徒将传及恒书一封诣令史……以县次传诣成都"。废丘在今陕西兴平县东南,蜀指现在的四川省。如说荎足是刖刑,犯罪人被斩去双足或某一只足,然后跋山涉水、千里迢迢把他送到四川的边远地区,也是不符合情理的。

从秦简法律规定看,秦国前期不多使用刖刑,但后来由于阶级斗争日趋尖锐,为了加强对劳动人民的镇压,这种状况显然起了变化。据《盐铁论》所载:"秦时劓鼻盈蔂,断足盈车。"可见后来刖刑施用之广泛。以上几种肉刑中,刖刑重于劓刑和黥刑。

第四,宫。《法律答问》:"臣邦真戎君长,爵当上造以上,有罪当赎者,其为群盗,令赎鬼薪荎足;其有府(腐)罪,赎宫。"

这是对少数民族中爵位相当"上造"以上的真戎君长犯罪后如何处刑的解答,意思是说:属于秦国的少数民族的君长、爵位相当"上造"以上的,如是群盗,令赎鬼薪荎足;而犯有腐罪的,令其赎宫。所谓"腐罪",就是指犯了应处宫刑的罪。《周礼·司刑》:"宫罪五百。"注:"宫者,丈夫则割其势,女子闭于宫中。"之所以又称腐罪,《礼记》郑康成注引陈浩说:"受刑者绝生理,故谓之腐刑,如木之腐朽无发生也。"秦简中的这一条虽然是间接谈到腐罪,但当时有这种刑罚则是无疑问的。如:《史记·吕不韦列传》:

---

① 方括号的字是对照《法律答问》的其他答问的行文格式所加。

"吕不韦乃进嫪毐，诈令人以腐罪告之。"又如同书《蒙恬列传》："赵高昆弟数人，皆生隐宫，其母被刑僇，世世卑贱。"索隐："盖其父犯宫刑，妻子没为官奴婢，妻后野合所生子皆承赵姓，并宫之，故云'兄弟生于隐宫'。"

宫刑，开始是惩治"男女不以义交"，所以又称"淫刑"。后来施刑的对象发生了变化：《左传·昭公五年》：楚子"以羊舌肸为司，宫"非坐淫也。《列子·说符篇》记载的秦王处孟氏子的宫刑，也非为淫事。后来，汉武帝处司马迁宫刑，更同淫事无关。宫刑是"次死之刑"，在四种肉刑中是最重的刑罚。

秦的几种肉刑，可以单独使用，也可以两种肉刑并用。除前面已引用过的"黥劓为城旦"的例子之外，《法律答问》中还有"五人盗，赃一钱以上，斩左趾又黥为城旦"的规定。这就是说，仅秦简中已有的例子，黥、劓可以连用，黥、刖也可以连用，并且又都是与城旦这种徒刑结合使用的。允许两种肉刑连用，两种肉刑又可以与徒刑结合使用，就使本来已很残酷的刑罚更加残酷。

在即将结束对秦的肉刑的探讨时，这里就秦简提供的材料谈谈中国古代封建统治者对妇女是否处肉刑的问题。《左传·襄公十九年》有这样一段记事："光杀戎子，尸诸朝，非礼也，妇女无刑，虽有刑不在朝市。"据此，晋杜预说"妇女无刑"，谓"无黥、刖之刑"。唐孔颖达《正义》进一步说："妇女淫则闭之于宫，犯死罪不得不杀。而云妇女无刑，知其于五刑之中无三等刑耳。三等：墨、劓、刖也。"从秦律看，秦的实际情况并非像杜预和孔颖达说的不对妇女施加肉刑。试看《法律答问》中说："擅杀子，黥为城旦舂。""殴大父母，黥为城旦舂。""女子甲去夫亡，男子乙亦阑亡，相夫妻，……当黥为城旦舂。""夫、妻、子五人共盗，皆当刑城旦，……"以上四条，黥为城旦是指男子，黥为舂是指女子。规定适用的范围既包括男，也包括女，是明白无误的。

再看《法律答问》中专门处理妇女肉刑的规定：其一，"女子为隶臣妻，有子焉，今隶臣死，妇子北（背）其子，以为非隶臣子殹（也），问女子论可（何）殹（也）？或黥颜頯为隶妾，或曰完，完之当殹（也）"。其二，"人奴妾治（笞）子，子以肽死，黥颜頯，畀主"。第一例的女子是隶臣妻，其本人身份按文义分析当系庶民。因为她企图改变其儿子的身份，法律规定可以判处黥颜頯为隶妾，也可以耐为隶妾。第二例的犯罪人是私人奴隶，由于笞打自己的孩子致病死亡，应判处黥额部和两颧的刑罚，然后再把他交给原来的主人。这两个例子说明,秦法对应判处肉刑的妇女,并不像后世一些学者所想象的那样,予以特别宽待。此外,《后汉书·西羌传》还有这样一段记载:"羌无弋爰剑者,厉公时,为秦所拘执为奴……后得亡归……与劓女遇于野。"这也是秦统治者对妇女施加肉刑的佐证。

三 徒刑

同史籍的记载相对照,秦简中有关秦对犯罪人适用徒刑的记载是比较全的。其中城旦舂、鬼薪白粲、隶臣妾、司寇、候等。在各种徒刑内部,又按附加肉刑和髡、耐的情况分为不同的等级。

第一,城旦舂。《法律答问》:"五人盗,臧(赃)一钱以上,斩左止(趾),有(又)黥以为城旦;不盈五人盗过六百六十钱,黥劓以为城旦;不盈六百六十到二百廿钱黥为城旦。"又,"求盗盗,当刑为城旦。"又,"甲盗牛,盗牛时高六尺,毄(系)一岁,复丈,高六尺七寸……当完城旦。"此外,《史记·秦始皇本纪》也有"黥为城旦"的记载。

上述所引秦律、令告诉我们,秦的城旦按附加的刑罚不同分为"斩左止(趾)、黥以为城旦","黥劓为城旦","黥为城旦","刑为城旦","完为城旦"五种。舂与城旦同属一类刑罚,只不过因为男女性别不同,称乎各异罢了。《汉旧仪》:"凡有罪,男髡钳为城旦,城旦者,治城也;女为舂,舂者,治米也。"应劭的解释与《汉旧仪》大体相似:"城旦者,旦起行治城;舂者,妇人不豫外繇,但舂作米。"[①]这可能是从此种刑徒名称的来源上说的。秦在统一前后,曾大规模修筑长城,除此,地主阶级的大小城邑、庄园的墙垣、建筑,也需要大量劳动力,尤其是秦始皇时修筑长城、驰道和骊山墓,的确需大量使用刑徒。但从秦简反映的情况和其他出土文物的铭文记载看,城旦从事的劳役绝非仅只是筑城,舂也不只"舂作米"。至于"舂者,妇女不豫外繇"的解释,至少对秦是不适用的。秦简的内容说明,秦封建地主阶级决不因为犯罪人是妇女,就会对她们"仁慈"一些。只要统治者们认为需要,便毫不犹豫地驱使"犯了罪"的妇女去"操土功",从事繁重的筑城劳动。罚为"舂"这种刑徒的妇女如此,罚服其他徒刑的妇女也不例外。

城旦舂是最重的徒刑。

---

① 《汉书·惠帝纪》注。

第二，鬼薪白粲。《秦律十八种》："……白粲操土攻(功)，参食之；不操攻(功)，以律食之。"《法律答问》："可(何)谓当刑为鬼薪？当耐为鬼薪未断，以当刑隶臣及完城旦诬告人，是谓当刑鬼薪。"又："葆子□□未断而诬告人，其罪当刑城旦，耐以为鬼薪鋈足。"另外《史记·秦始皇本纪》还有"……及其舍人，轻者为鬼薪"的记载。

秦徒刑鬼薪也分为不同等级。仅现在看到的就有"耐以为鬼薪"，"耐以为鬼薪而鋈足"，"刑以为鬼薪"和"为鬼薪"等。"刑"是指肉刑。我们已经谈到，肉刑是分为不同种类的，所以"刑以为鬼薪"也会分为不同种类。这样，鬼薪实际上就不只是上面列的几种。关于鬼薪白粲的名称，《汉旧仪》："鬼薪者，男当为祠祀鬼神伐山之蒸薪也；女为白粲者，以为祠祀择米也。"《史记集解》引应劭曰："取薪给宗庙为鬼薪也。"这种解释，也像对"城旦春"的解释一样，只是在徒刑的名称来源上和对早期服劳役的情况说才有某种价值，在秦简中的法律制定时，情况就已发生了变化。这些被判处徒刑的人服什么劳役，一方面考虑对他们判处的是什么刑罚，同时也按照封建国家兴建什么工程，或什么工程需要劳动力而定。从秦简和其他地下发掘材料的记载可以看出，秦的刑徒从事的劳役是多方面的。绝非只限于筑城、春米、取薪、择米几种。如秦简《秦律杂抄》："城旦为工殿者，治(笞)人百。"另外，地下出土的几件"上郡戈"的铭中，有"工鬼薪戠"、"工城旦□"、"工隶臣穑"等。据郭沫若、张政烺和李学勤等同志考释，这些戈标明的年代，均系秦昭王和秦始皇之间①，与秦简中记载的许多律文制定的时间是吻合的。它们确切地证明了秦刑徒从事劳役的广泛性。

鬼薪白粲在徒刑的等级上，轻于城旦春，重于隶臣妾。

第三，隶臣妾。《法律答问》："士五(伍)甲盗，以得时直(值)臧(赃)，臧(赃)直(值)过百一十……甲当耐为隶臣。"又，"有收当耐未断，以当刑隶臣罪诬告人，是为当刑隶臣。"又，"女子为隶臣妻，有子焉，今隶臣死，女子北(背)其子，以为非隶臣子殹(也)，问女子论可(何)殹(也)？或黥颜頯为隶妾，或曰完〔为隶妾〕②，完之当殹(也)。"

秦律中的隶臣妾，要比其他徒刑，如城旦春、鬼薪白粲等的情况复杂。城旦春、鬼薪白粲，都是因其本人触犯封建法律被判处徒刑的。而隶臣妾，

---

① 张政烺：《秦汉刑徒的考古资料》，载《北京大学学报》1958 年第 3 期；李学勤：《战国时代秦国的青铜器》，载《文物参考资料》1957 年第 8 期。

② 方括号中"为隶妾"三字，为笔者据上下文意所加。

可以是被籍没的犯罪人的家属；也可以是战争中投降的敌人；还可以是封建国家掌握的官奴婢隶臣妾的后代。这里我们仅只谈谈因本人犯罪被判处徒刑的隶臣妾。

隶臣和隶妾，也是同一种徒刑对男女的不同称呼。《汉书·刑法志》注："男子为隶臣，女子为隶妾。"秦律中被判处隶臣妾的，也按所附加的刑罚不同分为不同的等级。在简文中见到的有"刑为隶臣"、"耐为隶臣"，《法律答问》一处还提到"黥颜頯为隶妾"。"黥颜頯"是黥刑的内容之一，属于肉刑。既然法律规定有刑为隶臣妾，那么因为肉刑的种类比较多，隶臣妾也就不可能只有上面提到的几种。

隶臣妾轻于鬼薪白粲。

第四，司寇。《法律答问》："司寇盗百一十钱。先自告，可（何）论？为耐为隶臣，或曰赀二甲。"又，"当耐为侯（候）罪诬人，可（何）论？当耐为司寇。"《秦律十八种》："司寇勿以为仆养、守官府及除有为殴（也），有上令除之，必复请之。"

"司寇，刑名也。"①关于其所服劳役，卫宏说："司寇，男备守，女作如司寇。"②沈家本说："司犹察也（《周礼·师氏》注），古别无伺字，司即伺察之字。司寇，伺察寇盗也，男以备守，其义盖如此。作如司寇，不知所役者何事。"③从秦简中有关规定看，卫宏和沈家本对司寇的解释都是正确的。试看秦简《秦律十八种·司空律》中的一条规定："毋令居赀赎责（债）将城旦舂。城旦司寇不足以将，令隶臣妾将。居赀赎责（债）当与城旦舂作者，及城旦傅坚、城旦舂当将司者，廿人，城旦司寇一人将。司寇不踐④，免城旦劳三岁以上者，以为城旦司寇。"这段规定的意思是：不要让因欠赀罚和赎刑债务而居作服劳役的人监率城旦舂，当城旦司寇人数不足以监率的时候，可以让隶臣、隶妾监率。以劳役抵偿赀、赎债务的人应作城旦劳役的，或城旦傅坚（应是城旦刑徒的一种）和城旦舂应加监管的，每20人由城旦司寇一人监率。如若司寇人数不够，可以把已服3年以上劳役的城旦减刑为城旦司寇。

由此可见，司寇守备的不是一般人，而是刑徒和敌人。秦律具体规定

---

① 《后汉书·鲁恭传》注。
② 《汉旧仪》。
③ 《历代刑法考·刑法分考十一》。
④ 踐，读音不详，从上下文看，意为足。

每一个城旦司寇监率城旦一类的刑徒20人。只有在城旦司寇不够的时候，才允许使用隶臣妾。这种规定告诉我们，秦统治阶级对于刑徒的看管，除使用吏卒外，在刑徒内部，根据具体情况采用分而治之，即以刑徒看管刑徒的办法。当然他们对司寇之类刑徒的利用毕竟是有限度的，如秦律明确规定，司寇不得担任仆役、炊事人员和守卫官府的职务，更不准许担任禁苑宪盗。①

秦简律文中未见"作如司寇"这种徒刑，但却有"城旦司寇不足以将，令隶臣妾将"的规定。"隶妾"当然是指女性。此外，《秦律十八种·仓律》提到"舂司寇"，《司空律》提到"城旦之司寇"，由此可以推知，秦的"舂司寇"就是与"城旦司寇"相应的女刑徒，类似汉代的"作如司寇"。

就刑罚的等级说，司寇轻于隶臣妾。

第五，候。《秦律杂抄》："当除弟子籍不得，置任不审，皆耐为侯（候）。"《法律答问》："以当耐为侯（候）罪诬人，可（何）论？当耐为司寇。"

从秦简看，候也是秦徒刑的一种。被耐为候的人也是一种刑徒。但这种徒刑为汉和汉以后的史籍所不见。《说文》："候，伺望也。"这还是备守的意思。为什么要在刑罚中把它与司寇加以区分呢？显然是在备守中与司寇的分工有所不同，因之劳役的轻重也有所分别。秦律对诬告罪的惩办原则，一般是以诬告人之罪罪之。② 从秦法律规定以当耐为候罪诬告人耐为司寇来看，"候"这种徒刑应当略轻于司寇。《秦律十八种·内史杂》："侯（候）、司寇及群下吏毋敢为官府佐、史及禁苑宪盗。"这说明候与司寇在政治上同样都不被统治阶级信任。

候是秦律中最轻的徒刑。

关于以上几种刑徒的刑期问题，这是需要加以研究的。从有关史籍记载看，在中国古代，的确曾经有一个时期把大量罪人罚为终身"罪隶"，《周礼·秋官·司厉》："其奴，男子入于罪隶，女子入于舂槁。"郑司农注："谓坐为盗贼而为奴者，输于罪隶、舂人、槁人之官也。"按照这种解释，这里所谓"奴"，就是指犯罪被罚为罪隶的人。

但是，就是在当时，在奴隶制社会里，也不是把所有的罪犯都罚为奴隶的。《周礼·秋官·司圜》："司圜掌收教罢民。凡害人者，弗使冠饰，而加

---

① 《睡虎地秦墓竹简·秦律十八种》："司寇勿以为仆、养、守官府及除有为也。"《法律答问》："侯（候）、司寇及群下吏毋敢为官府佐、吏及禁苑宪盗。"
② 《法律答问》："伍人相告，且以辟罪，不审，以所辟罪罪之。"

明刑焉。任之以事而教之，能改者，上罪三年而舍，中罪二年而舍，下罪一年而舍。其不能改而出圜土者杀。"这是周奴隶主国家对一部分罪人加以监禁罚作苦役的记载。罢民，郑司农云："为恶人不从化，为百姓所苦。"任之以事，"若今时罚作"。圜土，《释名·释宫室》："狱，谓之圜土，筑其表墙，其形圜也。"司圜，掌圜土之官。这段话的意思是，司圜这种狱官，分管收教侵害百姓的犯罪人。对于这种犯罪人，要按照他们的情况罚作苦役。能改过的，按他们的罪行，居作一年、二年、三年之后释放；不能改过又逃亡的，杀掉。《周礼·秋官·司寇》还有"以嘉石平罢民"的记载。其具体内容是："凡万民而有罪过而未丽于法，而害于州里者，桎梏而坐诸嘉石，役诸司空。重罪旬有三日坐，朞役；其次九日坐，九月役；其次七日坐，七月役；其次五日坐，五月役；其下罪三日坐，三月役。使州里任之，则宥而舍之。"嘉石，注"文石也"。贾疏云："以言嘉，嘉善也，有文乃称嘉。"这种解释有很大的美饰成分。从"桎梏而坐诸嘉石"这一记载看，嘉石实际上是羁押罪犯的地方。这种人应受的惩罚是，要在管理工程的官员司空的监管之下，按其罪行轻重服三个月到一年的劳役。期满后，"州里任之"。《管子·大匡》："吾权任子以死亡。"房玄龄注："任，保也。"孙诒让在《周礼正义》中解释说："以其本为害于州里，故役月讫，必使州里之人保任其不复为恶乃赦之，使得相督察，禁其怙恶也。"

《周礼》中关于对我国奴隶制下刑徒的记载，某些地方可能有后人理想化的成分，但基本上是可信的，体现了周奴隶制国家在其统治尚未崩溃时，在惩治犯罪中的区别对待政策。它说明，即便是在奴隶制度下，奴隶主阶级对犯罪人也不是采取不杀掉即罚为奴隶的简单的方法。就是说，当时已经出现了最早的徒刑。

战国以后，各国更加广泛地使用徒刑，徒刑种类相应增加，出现上述所列举的城旦舂、鬼薪白粲、隶臣妾、司寇、候等。这种情况反映了社会制度、社会阶级关系和统治阶级政策的深刻变化。

在封建社会初期，甚至以后很久，一直保留奴隶劳动作为封建生产关系的补充。这就是我们在云梦秦简中和汉以后的史料中看到存在的大量奴隶劳动的原因。不过，同奴隶制相比，社会性质毕竟发生了重大变化，把大量劳动力罚为终身"罪隶"，既不利于封建生产力的发展，也就无助于封建统治的巩固。所以，战国时期的一些地主阶级思想家曾呼吁要"罚当其罪"。荀卿就曾说："赏不当功，罚不当罪，不祥莫大焉。"又说："刑称罪则治，不称罪则乱。"①当然，封建法制也是特权法，在封建阶级统治下，要想实现"罪罚相称"是办不到的。但当时地主阶级基于自己阶级利益需要，对于把大批劳力罚为终身奴隶表示了一定的关注，则是事实。战国时名目繁多的徒刑，正是在这种背景下出现的。

关于秦徒刑的刑期，秦简中对于候、司寇、隶臣妾、鬼薪白粲均无明确记载。《法律答问》中只有两处对于应判刑后又犯罪的人加刑时，提到"又系城旦六岁"。其一，"葆子狱未断而诬〔告人，其罪〕当刑鬼薪，勿刑，行其耐，又毄（系）城旦六岁。"其二，"当耐为隶臣，以司寇诬人，可（何）论？当耐为隶臣，又毄（系）城旦六岁。"

这里两处均规定"系城旦六岁"，不能认为是偶然的。晋张斐《汉晋律序注》："徒加不过六，囚加不过五，累作不过十一。"照张斐的说法，"又系城旦六岁"，显然是对徒刑可以加的最长的刑期。那么，这个期限是否就是秦刑徒城旦春的服刑年限呢？

这个问题可以同卫宏在《汉旧仪》中关于秦刑徒的说法结合进行研究。"秦制，有罪各尽其刑。……凡有罪，男髡钳为城旦，城旦者，治城也；女为春，春者，治米也，皆作五岁，完四岁。鬼薪三岁。鬼薪者，男当为祠祀鬼神伐山之蒸薪也；女为白粲者，以为祠祀择米也，皆坐三岁。罪为司寇，男备守，女作如司寇，皆作二岁。男为戍罚作，女为复作，皆作一岁到三月。"卫宏在这里特别标明是"秦制"。他生活在东汉初，去秦不远，其说法应当是有一定根据的。这些说法的某些内容还可与秦简的有关内容印证。《秦律十八种·司空》："司寇不蹩，免城旦劳三岁以上者，为城旦司寇。"蹩，读音不详，从这个字在简文中几次出现的上下文看，其意应为足。这条规定的意思是，当司寇不足的时候，把服刑三年以上的城旦减免为城旦司寇。按《汉旧仪》的说法，秦的司寇为二岁刑，"免城旦劳三岁以上为城旦司寇"，已服的三岁以上刑与司寇的二岁刑二者相加，大体合城旦的总刑期五至六岁。《汉旧仪》关于秦城旦和司寇刑期的说法，是可信的。

秦简中的徒刑在司寇之下有"候"，《汉旧仪》无"候"有"罚作"。从秦律对隶臣妾惩罚的轻重看，其刑罚等级轻于鬼薪白粲，重于司寇。对于隶臣妾这种徒刑，《汉旧仪》则根本没有提到。《汉书·刑法志》："罪人狱已决，

---

① 《荀子·正论》。

完为城旦舂,满三岁为鬼薪白粲。鬼薪白粲一岁①,为隶臣妾。隶臣妾一岁,免为庶人。隶臣妾满二岁,为司寇。司寇一岁,及作如司寇二岁,皆免为庶人。"这说的是汉的刑制。"汉承秦制",从秦简的记载、卫宏对秦刑制的叙述和《汉书·刑法志》等几个方面的材料综合分析,秦的各类徒刑的具体刑期可能是这样的:

城旦舂:五至六岁;

鬼薪白粲:四岁;

隶臣妾:三岁;

司寇:二岁;

候:一岁。

从秦简看,这几种徒刑除服劳役的时间长短不同之外,在服刑时受的约束和管制也有很大区别。

汉文帝十三年曾"诏制御史……其除肉刑,有以易之;及令罪人各以轻重,不亡逃,有年而免"。这里的"有年而免"作何解释?孟康曰:"其不亡逃者,满其年数,得免为庶人。"我们认为这一解释是正确的,就是说被判各种徒刑的人,只要是服刑时不逃亡,不重新触犯封建法律,服满规定的刑期就可以释放为庶民。

乍看起来,秦各种徒刑的刑期并不算长,但由于当时刑徒的生活极其艰苦,劳役十分繁重,鞭挞、重罚、疾病和饥馑,往往使许多人刑期未尽而身先亡。所以秦被判徒刑的人们的下场是非常悲惨的。

四 笞刑

笞刑,实际上是一种肉刑。因为封建统治者关于肉刑的定义是:"斩人肢体,凿其肌肤。"笞刑不仅可以达到同样的效果,甚至常常夺去受刑人的生命。但是封建统治者为了对人民实行欺骗和镇压,一直把笞刑与肉刑加以区分。

秦简律文中关于笞刑的规定是比较多的:其一,《秦律十八种》:"城旦舂毁折瓦器、铁器、木器,为大车折辇(䡝),辄治(笞)之。直(值)一钱,治(笞)十;直(值)廿钱以上,孰(熟)治(笞)之。"其二,《秦律杂抄》:"城旦为

---

① 颜师古曰:"男子为隶臣,女子为隶妾。鬼薪白粲满(三)〔一〕岁为隶臣,隶臣一岁免为庶人,隶妾亦然也。"

工者殿,治(笞)人百。大车殿;赀司空啬夫一盾,徒治(笞)五十。"其三,《法律答问》:"隶臣妾毄(系)城旦舂,去亡已奔,未论而自出,当治(笞)五十,备毄(系)日。""不会,治(笞);未盈卒岁得,以将阳有(又)行治(笞)。今士五(伍)甲不会,治(笞)五十;未卒岁而得,治(笞)当驾(加)不当?当。"

《唐律疏议》对有笞刑的具体解释:"笞者击也,又训为耻。言人有小愆,法须惩戒,故加捶挞以耻之。"清人王明德认为,笞原不是一种刑罚,"延至文帝,更除肉刑易之笞,自笞杖省入五刑所自始"①。事实上,笞作为一种刑罚,史籍中早有记载。《周礼·春官·小胥》:"掌学士之征令而比之觵其不敬者,巡舞列而挞其怠慢者。"注:"觵罚爵也;挞犹挟也,挟以荆扑。"所谓荆扑,就是笞。这告诉我们,在中国奴隶社会就已存在这种刑罚了。《战国策·燕策》:"缚其妾而笞之。"《荀子·政论》:"捶笞膑脚。"秦的法律中大量出现笞刑,说明中国封建社会一开始就继承了奴隶社会的这种刑罚,而不是由汉文帝时才开始的。

从以上所引的律文看,秦的笞刑以笞打的数量不同也分为不同的等级。其中有"笞十","笞五十"、"笞百",甚至"熟笞之",即俗语说的打够了算。这种不着边际的规定,实际上就在法律上允许官吏任意残害人民。秦的笞刑可以作为对犯罪人的惩罚手段,也可以作为在办案过程中拷讯被告的手段。秦律规定:"毋治(笞)谅(掠)而得人请(情)为上。"一般说不提倡刑讯拷打。但又规定:"其律当治(笞)谅(掠)者,乃治(笞)谅(掠)。"②这说明笞讯作为一种手段,毕竟是为法律所允许的。

汉文帝"废除肉刑"后,除宫刑之外,其他黥、劓、刖等刑罚基本上都用笞刑代替了。诏制规定:"当劓者,笞三百;当斩左趾者,笞五百;当斩右止,及杀人先自告,及吏坐受赇枉法,守县官财物而即盗之,已论命复有笞罪者,皆弃市。"③这种以笞刑代肉刑的办法,名义上是减刑,其实则不然。连景帝元年的一个诏书中也承认:"加笞与重罪无异,幸而不死,不可为人。"十多年之后又说:"加笞者,或至死而笞未毕。"④因此,景帝时曾两次减刑:元年,将笞五百减为笞三百,笞三百减为笞二百;中元六年,又把笞三百减为笞二

---

① 《读律佩觿》卷四。
② 《睡虎地秦墓竹简·封诊式》。
③ 《汉书·刑法志》。
④ 《汉书·刑法志》。

百,笞二百减为笞一百。并规定了刑具的标准和施刑部位:"笞者,箠长五尺,其本大一寸,其竹也,末薄半寸,皆平其节。当笞者,笞臀。毋得更人,皆一罪乃更人。"①尽管有此规定,仍然是"笞挞者往往致死,虽有轻刑之名,其实杀也,当此之时,民皆思复肉刑"②。"民皆思复肉刑",短短的一句话把笞刑的残酷性表现得淋漓尽致。所以,魏人陈群曾评论说:"汉除肉刑而增加笞,本兴仁恻,而死者更众,所谓名轻而实重者。"他认为,实际上是以"笞死之法,易不杀之刑,是重人肢体而轻人躯命也"。③

五 髡、耐、完刑

髡、耐、完刑是轻于肉刑的髡剃头发、两鬓及胡须的耻辱刑。《说文》段玉裁注:"髡者,剃发也。不剃发,仅去其鬓曰耐,亦曰完。谓之完者,言完其发也。"按段玉裁的意见,髡是一个等级,耐与完又是一个等级。髡、耐、完可以单独用来惩罚犯罪,也可以作为附加刑和徒刑结合使用。在秦简中这两种情况都是存在的。

第一,髡。《法律答问》:"擅杀、刑、髡其后子,谳(谳)之。""主擅杀、刑、髡其子、臣妾,是谓非公室告。"这是秦简中提到髡刑的两个例子。尽管它不是直接对犯某种罪的人髡刑,而是在谈到犯罪人的非法行为时提到的,但既然在法律中出现了这种刑名,并且是同刑、杀并列提到的,说明秦存在髡刑是无疑问的。战国时的髡刑不仅存在于秦,而且楚国也有,《楚辞·涉江》有"接舆髡首"的记载。为什么要髡首?《太平御览》有这样一段记载:"秦始皇遣蒙恬筑长城,徒士犯罪亡依鲜卑山,后遂繁息,今皆髡头衣赭,亡徒之明效也。"④它虽然不是直接回答"接舆髡首"的问题,但为什么髡首的目的却说得很清楚,就是为了施以侮辱,给犯罪人施以明显的标记,与常人加以区分,以便对他们实行监管。至于髡剃成什么样子,孔融《肉刑论》云"髡头至耳发诣膝……"⑤他的意思是说,犯了罪,髡头本应髡发至耳,但由于某些官吏徇私,一些犯了罪的有权势者,头发却拖得长长的。这一记载说明,髡头应是断发在耳朵以上。王隐《晋书》也说:"诸重犯亡者,发过三寸,

---

① 《汉书·刑法志》。
② 《后汉书·崔寔传》。
③ 《三国志·魏书·陈群传》。
④ 《太平御览》卷六四九,引《风俗通》。
⑤ 《太平御览》卷六四二。

辄重髡之。"①这两种说法基本上是一致的。另外,居延汉简有这样一段记载:"监年苑(?)既钳铱左右止,大奴冯宣,年廿七八岁,中壮,发五六寸,青黑色毋头衣,皂袍白布绔,履白革舄,持剑亡。"②这里记录了两个刑徒的姓名、衣着、外貌。值得注意的是"发五六寸"这一特征,说明他们是髡钳的刑徒。上述材料都告诉我们,古代髡刑是断长发为短发,其长度一般是三寸左右。

第二,耐、完。《说文》:"耐者须也,须谓厮下之毛……古者犯罪以髡其须,谓之耐罪。"《史记·赵奢传》注引汉令:"完而不髡曰耐,是以耐即不髡。"这就是说,耐刑仅剃去鬓毛和胡须,完其发,所以又称完刑。耐与完是一种刑罚的两种称呼。耐轻于髡。

秦律中有耐刑作为主刑使用的,如《秦律杂抄》:"分甲以为二甲蒐者,耐。"《法律答问》:"或斗,啮断人鼻若耳若指若唇,论可(何)殹(也)? 议皆当耐。"也有把耐刑作为附加刑使用的,如《法律答问》:"公祠未阕,盗其具,当赀以下耐为隶臣。""捕赀罪,即端以剑及兵刃刺杀之,可(何)论? 杀之,完为城旦,伤之,耐为隶臣。"

上述只是从简文中抽出的几个例子。它说明,耐既可以作为主刑单独使用,也可以作为附加刑同其他刑罚结合使用。在不是作为附加刑使用的情况下,并不引起受刑人身份地位的变化。但是,一旦耐刑作为附加刑和徒刑结合使用,如:耐为隶臣,耐为候,完为城旦等,被刑人就成为刑徒,只有在被强制服一定期限的劳役之后,才能恢复其原来的身份。

过去,一部分学者认为,耐刑与完刑是一种刑罚的两种名称,所谓"完而不髡口耐"。但在秦简中,"耐"有时作为主刑单独使用,有时作为附加刑同徒刑结合使用,而从未见"完"作为主刑单独使用的。"完"作为附加刑,也只同"城旦"这种徒刑结合使用,如:"完城旦"、"完为城旦"等,但从未出现过"耐"为城旦。在前面我们曾据秦简中规定的"城旦黥之"的提法,推测秦的黥刑可能依不同罪行黥不同的部位。这里我们可否推测"完"与"耐"在髡剃部位上也有所区分呢? 总之,这个问题需要进一步探讨。

---

① 《太平御览》卷六四八。
② 《居延汉简》卷一,第85页。

六　迁

迁刑,见于秦简,又见于史籍。从记载看这是秦统治者广泛使用的一种刑罚。

《秦律杂抄》:"故大夫斩首者,罷(迁)。""吏自佐史以上负从马,守书私卒令市取钱焉,皆罷(迁)"。"百姓不当老,至老时不用请,敢为酢(诈)伪者……伍人户一盾,皆罷(迁)之。"《法律答问》:"五人盗……不盈二百廿以下到一钱,罷(迁)之。"史籍中记载的有:始皇八年,长安君反,"死屯留。军吏皆斩死,迁其民于临洮。"①"始皇九年,嫪毐舍人夺爵,迁蜀者四千余家,家房陵。"②

以上只是从秦简和史籍中抽出的例子。迁,放逐、贬谪。秦从商鞅时开始便实行了这种刑罚。商鞅曾把他认为的"乱化之民""尽迁之于边地"③,昭王和始皇时也都曾广泛运用。秦的迁刑近于后世的流刑,但又和后世的流刑有所区别。上引迁嫪毐舍人的史实说明,秦的迁刑,有的是迁全家,还有些被迁者甚至保留了爵位。如始皇"十二年,文信候不韦死,窃葬。其舍人临者,晋人也逐出之;秦人六百石以上,夺爵,迁;五百石以下不临,迁,勿夺爵"④。秦简的法律条文中,规定判处迁刑的,不一定是很重的罪。如《法律答问》:盗不盈五人,其数目"不盈六百六十到二百廿钱,黥为城旦",而"二百廿以下到一钱,迁之"。这说明秦的迁刑在刑罚等级上较徒刑城旦轻。后来各封建王朝的流刑,则是仅次于绞、斩的重刑。

七　赀

在秦律中,赀这种刑罚也是用得比较多的。《说文》:"赀,小罚以财自赎也。"秦简中的法律条文说明,赀作为刑种,不仅是"赀财",而且包括"赀徭"和"赀戍"。这种刑罚见于西周青铜器铭文。"师旅鼎"铭文:"唯三月丁卯,师旅众仆不从王征于方,雷使厥友弘告于白懋父,在莽,白懋父乃罚得

---

① 《史记·秦始皇本纪》。
② 同上。
③ 《史记·商君列传》。
④ 《史记·秦始皇本纪》。

聝古三百孚，今弗克厥罚。"①最近在陕西出土的𧧛匜铭文，记载了一个名叫牧牛的小奴隶主，因控告他的上司失败而受到惩治。名叫伯扬父的奴隶头子宣判："牧牛，敵乃苛勘，汝敢以乃师讼……我宜鞭汝千，幭𪏮汝。今我赦汝，宜鞭汝千，黜𪏮汝，今大赦汝，鞭汝五百，罚汝三百锊。"②意思是说：牧牛，你被谴责为诬告。你敢和你的上司打官司……我本应该鞭打你一千下，处你墨刑，并用墨巾蒙在你的头上。现在我赦你，还要鞭打你一千下，处你墨刑，把你免职。现在更大赦你，鞭打你五百下，罚铜三百锊。以上两则青铜器铭文，记载的都是西周时的情况。"罚得聝三百孚"、"罚汝三百锊"，是一个意思。这就是后来法律中的赀罚刑。赀罚刑在史籍中也有记载。如：《管子·中匡》："过，罚以金。"《国语·齐语》："小罚谪以金分。"韦昭注："今之罚金也。"韩非曾谈到，秦昭王有病，"百姓里买牛而家为王祷"。昭王认为这是"非今而擅祷"，是法不立，就下令"赀之人二甲"。③ 这些例子说明，战国时各诸侯国使用赀罚刑是普遍的，只不过各国的名称不同罢了。

秦律中，赀罚刑既有赀甲、赀盾，又有赀戍、赀徭。

第一，赀甲、赀盾。《效律》："衡不正，十六两以上，赀官啬夫一甲；不盈十六两到八两，赀一盾。"《秦律杂抄》："伤乘舆马，夬（决）革一寸，赀一盾；二寸，赀二盾；过二寸，赀一甲。"《法律答问》："诬人盗直（值）廿，未断，有（又）有它盗，直（值）百，乃后觉，当并臧（赃）以论，且行真罪、有（又）以诬人论？当赀二甲一盾。""甲"是指铠甲，"盾"是指盾牌，都是军事装备。赀财最小的数目是"络组二十给"（络组是甲上的带子），然后是络组五十给、一盾、二盾、甲、二甲，在秦简中见到的最高的数目是二甲一盾，总计共分七等。法律规定，赀甲、赀盾并非一定要犯罪人缴纳铠甲和盾牌。从考古发掘的实物看，秦时的铠甲和盾牌，或是用铜，或是用皮革，制作相当精致，非专门手工工匠和工人是很难制作的。法律规定的赀"甲"和"盾"等，是作为不同等级赀罚的标准，可能是要求犯罪人按规定的甲、盾缴纳一定数量的钱。

第二，赀徭、赀戍。《秦律十八种》："以四月、七月、十月、正月肤田牛。卒岁，以正月大课之……殿者，谇田啬夫，罚冗皂者二月。"《法律答问》："或

---

① 郭沫若：《两周金文辞大系图考释》（六）。
② "陕西省岐山县董家村西周铜器窖穴发掘简报"，载《文物》1976年第5期。
③ 《韩非子·外储说右下》。

盗采用桑叶,臧(赃)不盈一钱,可(何)论?赀繇三旬。"《秦律杂抄》:"冗募归,辞曰日已备,致未来,不如辞,赀日四月居边。""军人买(卖)禀,禀所及过县,赀戍二岁。同车食,敦(屯)长、仆射弗告,戍一岁。"

繇戍是封建统治阶级通过封建国家剥削农民的重要手段。秦封建地主阶级除以土地为剥削手段,对广大农民征田租、赋税和兴发大规模繇役之外,还罗织种种罪名,运用惩办"罪犯"的刑罚手段,强迫大批农民为他们服务各种繇戍。所谓"赀繇"、"赀戍",只不过把封建制固有的超经济强制的本质表现得更加露骨罢了。钱财是物化劳动,法律规定的一定期限的繇戍则是有待实现的劳动,这种以暴力为后盾的强制劳动一旦成为现实,就可以创造出新的财富而为封建地主阶级所占有。秦律中赀刑的运用,既是为了加强对劳动人民的镇压,也是为了对广大劳动人民进行最大限度地榨取。

过去,一些人根据《说文》关于"赀"是"小罚以财自赎"的解释,把赀罚与"赎刑"混为一谈。在秦律中赀罚与赎却是两种不同的刑罚。总的看赀罚较赎刑为轻。此外,赀罚直接规定罚金的数目多少和繇戍时间的长短;而赎刑则不然,不管所赎的是那一种刑,都与本刑(如死刑、肉刑、耐刑等)相联系,然后"以财易之"。所以,二者是有区别的。

八 赎刑

秦律的赎刑种类繁多。《法律答问》:"甲谋遣乙盗,一日,乙且往盗,未到,得,皆赎黥。""内公孙毋爵当赎刑,得比公士赎耐不得?得比焉。""可(何)谓赎宫?臣邦真戎君长,爵当上造以上,其有罪当赎者,其为群盗,令赎鬼薪鋈足;其有府(腐)罪,赎宫。"

以上只是从《法律答问》中挑选出的几个例子。其中有"赎耐"、"赎刑"、"赎黥"、"赎宫"和"赎鬼薪鋈足"等。此外,《秦律十八种》的"司空律"还有这样的记载:"公士以下居赎刑罪、死罪者,居于城旦舂,毋赤其衣,勿枸椟欙杸。""葆子以上居赎刑以上到赎死……"这说明,秦的赎刑,从赎耐起,有赎迁、赎黥、赎宫……一直到赎死,又分成不同的等级。不过,从秦律看,不是所有的犯罪都可以用金钱赎免的,只有依法宣判为赎刑的,或具有一定身份的人犯了罪才可以用金钱赎(如少数民族的上层人物,有一定爵位的人和王室宗族等)。后代的封建法典如《唐律疏议》、《大明律》、《大清律》等,基本上都沿袭了这一原则。只不过随着封建阶级统治经验的积累,关于哪些罪可以赎,哪些人犯了罪可以赎,法律条文规定得更加具体罢了。

对于赎刑究竟如何解释呢?《说文》:"赎,贸也。"又:"质也,以财拔罪也。"朱熹说:"赎刑,使之入金而免其罪。"[①]这几种解释基本精神是一致的,也是正确的。

赎刑早在中国奴隶社会就已存在,《尚书·吕刑》:"墨辟疑赦,其罚百锾,阅实其罪;劓辟疑赦,其罚惟倍,阅实其罪;剕辟疑赦,其罚倍差,阅实其罪;宫辟疑赦,其罚六百锾,阅实其罪;大辟疑赦,其罚千锾,阅实其罪。"这里记的是西周穆王时期的制度。按照这一规定,那时赎刑的范围包括墨、劓、剕、宫、大辟等。各类刑赎金的数字是:百、二百、五百、六百、千。五刑各有等差,赎的条件是"疑赦"。所谓"疑赦",按照字面解释就是,其罪有可疑的情节,可能应予赦免的。当然,究竟那些可以赎,归根到底是由奴隶主贵族的利益决定的。

进入封建社会后,一些封建侯国家继承了奴隶制时代的赎刑,如《国语·齐语》记载,桓公问管仲:齐国甲兵少怎么办?管仲答复说:"轻过而移诸甲兵。"他提出的具体办法是:"制重罪赎以犀甲一戟,轻罪赎以鞼盾一戟,小罪谪以金分,宥闲罪。"秦国的赎刑已为秦简律文的记载所证实了。

秦以前的赎刑,一般用铜赎,《尚书·舜典》正义:"古之赎罪皆用铜,汉始用黄金。"前面引《吕刑》所说的"其罚百锾"等,所谓锾是古衡制单位,一说百锾为三斤。它的古义,唐兰先生说:"是上下两手授受一块铜饼的形状"[②]。唐先生的意见同《尚书》正义关于"古之赎罪皆用铜"的说法是吻合的。秦的赎刑用什么赎?律无明文规定。但从秦简和史料的记载看,当时金、钱、布都是可以作为货币流通的。如《法律答问》:"捕亡完城旦,购几可(何)?当购二两。""夫、妻、子五人共盗,皆当刑城旦,今中〈甲〉尽捕告之,问甲当购几可(何)?人购二两。"从衡制单位和秦一贯对告奸者实行厚赏看,这里所奖赏的应是指黄金。《法律答问》又云:"夫盗千钱,妻所匿三百,可(何)以论妻?妻智(知)夫盗而匿之,当以三百论为盗,不智(知),为收。"秦简律文中关于对财产的侵犯罪,也都以一百一十钱、二百二十钱、六百六十钱等作为划分罪行大小的界限。此外,当时还通行"布帛"。《秦律

---

① 《朱子大全》卷六七《舜典象刑说》。
② 唐兰:《陕西省岐山县董家村新出土西周重要铜器铭辞的释文和注释》,载《文物》1976年第5期。

十八种》:"钱十一当一布。"这显然是法律为布作为货币流通所定的官价。法律还对布规定了规格:"布袤八尺,幅广二尺五寸。布恶,其广袤不如式者,不行。"既然法律规定金、钱、布都可以作为货币通用,当然也都可以用来赎刑。对于受到惩罚而无力缴纳金、钱、布帛的广大劳动人民,法律则规定用劳役赎。如《秦律十八种·司空律》规定:"有罪以赀赎及有债于公,以其令日问之,其弗能入及尝(偿),以令日居之。"令日,判决规定的日期;居,就是居作、服劳役。这段话的意思是,有罪被判处赀罚和赎刑因而欠公家债务的人,按判决规定的日子去逼要,凡是无力缴纳的,要在规定的日子去服劳役。这说明,秦的赎刑一般是赎以金、钱、布,对于无力缴纳的,则强令以劳役相抵。

秦简律文中对于各种赎刑的赎金多寡,无明文规定。古人多认为秦的刑罚重于汉,以有关汉的赎刑结合秦简反映的某些情况分析,秦的赎刑无疑也会是非常苛刻的。

《汉书·惠帝纪》:"民有罪,得买爵三十级以免死罪。"应劭曰:"一级值钱二千,凡为六万。"《汉书·武帝纪》:"太始二年,募死罪入赎钱五十万减死一等。"且不管武帝时与惠帝时的形势如何不同,武帝如何提高赎死的金额,就以汉的最低赎金标准计算,秦的赎刑也是很重的。秦律规定:以劳役抵债者,"日居八钱,公食者,日居六钱"。就是说,以劳役抵偿赀赎债务的,自备伙食者,每天抵八钱;由公家供给伙食的,每天六钱。以每日劳役抵六钱计算,每年三百六十五天(实际上不可能劳动这么多天数),需要连续服二十七年以上的劳役,才以达到汉减死的最低标准——六万钱。而这二十七年的苦役换得的仅仅是"减死"而已。所以,赎刑,尽管在法律中有规定,但对于广大劳动人民却永远是一纸具文。连西汉的宰相萧望之也说,赎刑实行的结果是:"富者得生,贫者独死,是贫富异刑而法不一。"①在秦律中封建地主阶级本来就享有种种优待,处于特权地位,实行赎刑制度,使他们的封建特权又多了一道新的护符。地主阶级和他们的达官显贵就是犯了罪,但只要有钱,在许多情况下仍然可以置身于法律约束之外。先秦法家作为当时新兴地主阶级的代言人,曾提出"法不阿贵"的口号,②在反对奴隶主贵族的斗争中,作为思想武器,它的确曾起过历史进步作用。不过,正如恩格斯在谈到封建制特权时说的:"在中世纪的封建国家中……政治的权力地

---

① 《汉书·肖望之传》。
② 《韩非子·有度》。

位是按照地产来排列的。"①一旦地主阶级牢固地掌握了政权,"法不阿贵"这个口号就变得非常虚伪了。萧望之说的"贫富异刑而法不一",这是封建社会,乃至一切剥削阶级社会无可更改的现象,任何华丽的辞藻都无法加以掩饰。

九 废

《秦律杂抄》:"为(伪)听命书……不僻(避)席立,赀二甲,法(废)。""不当禀军中而禀者,皆赀二甲,法(废)。""禀卒兵,不完善(缮),丞、库啬夫、吏赀二甲,法(废)。"《法律答问》:"廷行事吏为诈伪,赀盾以上,行其论,有(又)法(废)之。"

废作为刑罚之一,它只适用于封建官吏、担任一定公职的人和王族成员等有官爵的人。它的意思就是废除、取消其职务或身份。现存的有关秦的史籍中,未见到此种刑罚,从简文和汉代史料看,此种刑罚一般都同其他刑罚结合使用。如前引秦律的规定,多是在赀罚的同时,又废掉担任的公职。《汉书·文帝纪》:"淮南王长谋反,废,迁蜀严道,死雍。"又,武帝元鼎元年,"济南王彭离有罪,废,徙上庸"。这里的"废"又同迁结合使用。按秦律,凡是被废掉的官吏,不许再起用,《秦律杂抄》云:"任废官为吏,赀二甲。"这就是说,凡被废掉的官吏,永不得叙用,任用"废官"的人,是要受惩治的。

废刑重于赀罚,轻于徒刑。

十 谇

《秦律十八种》:"御史发征,乏弗行,赀二甲;失朝三日到五日,谇。"《效律》:"数而赢不备,直(值)百一十钱到二百廿钱,谇官啬夫。"《法律答问》:"甲贼伤人,吏论以为斗伤人,吏当论不当?当谇。""廷行事鼠穴三以上,赀一盾,二以下谇。"

谇,《说文》:"责让也。"也就是申斥责骂。这是秦统治阶级对犯赀罪以下的官吏的一种惩治。它相当于现代某些国家刑法中规定的"训诫"。这种刑罚,乍看起来不见得比某些行政处分重,但因为它是一种刑罚,一旦被

---

① 《家庭、私有制和国家的起源》,《马克思恩格斯选集》第4卷,人民出版社1975年版,第169页。

谇,便是受了刑事处分,便算有了"前科",如再犯罪就必然会受到加重惩罚。秦律《封诊式》的许多"爰书"中,都标明了"无它坐罪",就是回答被告人过去是否犯过罪,是否有"前科"。由此看来,秦对犯罪人有无"前科"是很注意的。

十一 收

收,即收录,又称籍没。秦简法律和有关秦的史料中都记载了这种刑罚。

《法律答问》:"夫盗千钱,妻所匿三百,可(何)以论妻?妻智(知)夫盗而匿之,当以三百论为盗;不智(知)为收。""隶臣将城旦,亡之,完为城旦,收其外妻、子。"《史记·商君列传》:"事末利及怠而贫者,举以为收孥。"

收,本来还有另外一种意思,即"捕也","捕取罪人也"。[①] 在秦律中却是指收录,也不是司马贞说的:"收录其妻子,没有官奴婢。"[②]收与连坐有相同的地方,许多情况下都是缘他人犯罪受牵连而入罪。所以在这种情况下也属于连坐。不过连坐,正如我们在前面已谈到的,无论从适用的对象,还是可以使用的刑罚手段说,都是很广泛的。而收的含义则较窄。它适用的对象,一般是对犯罪人的妻、子等亲属和奴婢,而且被收录者则是被罚为官奴婢。而连坐施加的刑罚,既可以较没入为官奴婢重,如死刑;也可以较没为官奴婢轻,如赀罚。秦律的收,不仅用来惩罚犯罪,而且还施加于所谓"事末利及怠而贫者",充分反映了它的残酷性。

从以上我们可以看出,秦的刑罚,既有对奴隶制刑罚的继承,也有对关东各国封建刑罚手段的吸取,当然也有的是秦封建地主阶级的独创。它名目繁多,手段残酷。不过从对犯罪的惩罚注意区别对待、在许多情况下用徒刑代替把罪人大规模罚作奴隶看,它明显地反映了封建生产关系的要求。恩格斯在谈到奴隶制的形成的时候曾经说:奴隶制度"甚至对奴隶来说,这也是一种进步,因为成为大批奴隶来源的战俘以前都被杀掉,而在更早的时候甚至被吃掉,现在至少能保全生命了"。[③] 以这种历史唯物主义的观点来

---

① 见《说文解字》。
② 《史记·商君列传》索隐。
③ 《反杜林论》,《马克思恩格斯选集》第3卷,人民出版社1972年版,第221页。

分析秦的刑罚,我们就可以看出,一方面它具有对劳动人民剥削和压迫的阶级本质,另一方面它有存在的历史必然性。这就是它之所以对中国整个封建刑罚制度产生深刻影响的重要原因。为了维护自己的统治,秦地主阶级不仅规定了种种刑罚,而且还为刑罚的实施规定了各种适用原则,如:犯罪人的责任年龄,故意和过失,以赃定罪,累犯加重,二罪从重,自首减免,诬告反坐等等。这些对后来的封建刑制也有很大影响。

秦律刑罚的适用原则[*]

在中国历史上,商鞅变法后的秦国是以法网繁密、刑罚严苛著称的。据初步考证,秦律规定的刑罚多达数十种。仅死刑一项,以执行的不同方法来区别就近二十种。[①] 秦统治者按照什么原则适用这些刑罚？过去,由于材料局限,人们知之甚少。新发现的云梦秦简中的《法律答问》是秦官方对秦律的解释[②],是后世封建法典疏议的雏形。它的内容说明,秦国统治阶级为确保其刑法的实施,在法律中明确规定了适用刑罚的各种原则。对于不同地位和身份的人,各人在犯罪活动中不同作用,不同犯罪行为的不同社会后果,以及行为人对自己行为所采取的不同态度等,是加以区别对待的。这些原则不仅对秦代法律制度有重要影响,并且为历代封建王朝所承袭。

综合秦简《法律答问》和秦简其他部分提供的材料,以及史籍的有关记载,试将秦律刑罚的适用原则分述如下：

第一,区分犯罪人的身份和地位。

犯罪人身份的尊卑贵贱和社会地位高低是适用刑罚的重要因素。一般情况下,同样的犯罪行为,身份尊贵、地位高的人处刑较轻；身份卑贱、地位低下的人处刑较重。

首先看对有爵位的人。《法律答问》："将上不仁邑里者而纵之,可(何)

---

[*] 本文原载《法学研究》1983年第1、2期。
[①] 见拙作《秦律刑罚考析》,载《云梦秦简研究》,中华书局1981年版,第171页。
[②] 《睡虎地秦墓竹简·法律答问》说明。

论？当毄(系)作如其所纵，以须得；有爵，作官府。"这一规定的意思是说，押送危害乡里而构成犯罪的人，中途将其放走，押送者要按照被放走的人应当受的刑罚去服劳役，直到犯罪人被重新捕获；但押送者如是有爵位的人，则可以到官府去服劳役。秦律还规定："葆子以上居赎刑到赎死，居于官府，皆无将司。所弗问而久毄(系)之，大啬夫、丞及官啬夫有罪。"①葆子，据张政烺先生考证，是一种受国家保护的人，这种人多是在前方作战之将士的亲属。为了使这些将士效忠于封建国家，安心作战，秦律规定葆子犯了罪得适当从轻处罚，判处赎刑服劳役者也可以受到某些优待。②所谓"葆子以上"，当然包括有爵位和有官职的人；"皆无将司"，就是指在服劳役时一律不要监管。在官府服劳役不加监管，显然较自由，优异于一般服劳役的犯人。《法律答问》还有一条规定："内公孙毋(无)爵者当赎刑，得比公士赎耐不得？得比焉。"这条规定一方面说明，作为秦贵族的"内公孙"犯罪之后可以凭借其身份减刑；同时也说明，有公士爵位的人犯了赎刑罪可以减为赎耐。《汉旧仪》载：秦"男子赐爵一级以上，有罪以减，年五十六，免。无爵为士伍，年六十乃免老，有罪各尽其刑"。由于这里说的"有罪以减"失于笼统，过去对秦有爵位的人如何减刑一直弄不清楚。从《法律答问》的解释看，公士犯赎刑罪的可以减一等。减刑之后，"爵自一级以下，有刑罪则已"③，就是说爵位要被取消。公士为秦爵最低一级，从最低一级公士到最高一级彻侯共分二十级。秦的减刑是否爵一级减一等？哪些罪可以减，哪些罪不能减？说明这些问题尚需更多的材料。不过从现有材料看，是按爵位高低分等减刑，爵位低减得少，爵位高减得多。《商君书·境内》："爵自二级以上，有刑罪则贬。"所谓贬，就是降级。这就是说二级以上爵位，如非犯重罪，在依爵位减轻刑罚后，是降低而不是取消爵位。

其次看对有官职的人。《法律答问》："当䙴(迁)，其妻先自告，当包。"这一规定的意思是说，犯了罪处迁刑的人，即使妻子先告发，也要随其丈夫迁至边远地区。对一般人如此，对啬夫则不同："啬夫不以官为事，以奸为事，论可(何)殹(也)？当䙴(迁)。䙴(迁)者妻当包不当？不当包。"这就是说，啬夫犯罪被判处迁刑的，尽管他的妻子事先未告发，也可以不同其丈夫一起去迁移地区。告发的仍然被迁，不告发的则可以不迁，关键就在于后

---

① 《睡虎地秦墓竹简·秦律十八种·司空律》。
② 张政烺：《秦律"葆子"释文》，载《文史》第九辑。
③ 《商君书·境内》。

者的丈夫是啬夫。《法律答问》还有一条规定："吏从事于官府,当坐伍人不当？不当。"这是说,从事于官府的吏（当然包括吏以上的官员）就可以不因同伍的人犯罪而连坐。中国古代法律实行连坐早已有之,开始只连坐犯罪人的家室和宗族成员,至秦才将范围从家室、宗族扩及邻伍,从而大大加重了刑罚。关于秦的连坐,作为刑罚的适用原则之一,下面还要谈到。这里要着重指出的是,秦律规定从事于官府的吏以上的官员,伍人犯罪不连坐,是一般人所不能享有的法律特权。

再看对于少数民族上层人物。《法律答问》："真臣邦君公有罪,致耐罪以上,令赎。"又："可（何）谓赎鬼薪鋈足？可（何）谓赎宫？臣邦真戎君长,爵当上造以上,有罪当赎者,其为群盗,令赎鬼薪鋈足；其有府（腐）罪,[赎]宫。其他罪比群盗亦如此。"这两条答问中提到的"真",《法律答问》有如下解释："臣邦父母产子及产它邦是谓'真'。"意思就是说,只要父母双方都是臣属于秦的少数民族,不管其子女生在本国或生在其他国家,都是"真",也就是指那些纯系少数民族血统的人。"真臣邦君公"和"臣邦真戎君长",都是指少数民族中的上层人士。这些人犯了罪,可以用金钱赎,即使犯了群盗罪,也允许赎,只不过赎金多一些罢了。在史籍中也有类似的记载,《后汉书·南蛮传》："秦惠王并巴中,以巴氏为蛮夷君长,世尚秦女,其民爵比不更,有罪得以爵除。"《华阳国志·巴志》：秦昭王"复夷人顷田不租,十妻不算,伤人者论,杀人雇死倓钱。"对于前一记载的"其民爵比不更"中的"民"字是否衍文,前人曾有争论。按"不更"为秦爵第四级,如"民"字非衍文,巴氏全都"爵比不更",从理从法都难以讲得通。所以我认为这条法律适用的对象还应是巴民中有一定身份的人,如前文引秦律中提到的"真臣邦君公"、"臣邦真戎君长"等。后一记载中的"雇死倓钱",类似法律规定的赎刑的赎金,或者类似现代的赔偿费。秦律规定的一般原则是,犯罪后可以金钱赎的,只是那些对社会危害不严重的罪和具有一定身份地位者犯罪。这里规定少数民族中的上层人物即使犯杀人罪或群盗罪,也允许以金钱赎,显然是秦统治者赋予他们的一种法律特权。

与上述享有法律特权的人相对照,法律对卑幼和奴隶则是苛刻的。《法律答问》："子告父母,臣妾告主,非公室告,勿听。"并规定："勿听,而行告,告者罪。告[者]罪已行它人又袭其告之,亦不当听。"那么,什么是"非公室告"呢？《答问》解释说："主擅杀、刑、髡其子、臣妾,是谓非公室告。"这就是说,秦律把主人擅自杀、刑、髡自己的儿子和臣妾称之为"非公室告",凡属

"非公室告",子女和臣妾不仅不得上告,而且明确规定"告者罪"。这样,秦律就在很大程度上赋予父母对子女、主人对奴隶以任意惩罚、直至借口杀死的权力。《法律答问》中另一条规定,可以进一步作为子女无权地位的佐证:"免老告人以为不孝,谒杀,当三环之不?不当环,亟执勿失。"按秦律规定,有爵位的人,五十六岁免老;无爵位的人,六十岁免老。凡免老不再承担国家赋役。从这条规定看,他们中的某些人对维护封建秩序还有一定权力,只要他们以不孝的罪名告发某人,甚至请求将其杀死,就无须履行对一般人所履行的原宥手续,而立即加以逮捕。秦简《封诊式》中还有一个父亲到官府告儿子不孝,请求将其杀掉的例子。① 关于奴隶的无权地位,除前面已谈到的外,秦简中还可以找到许多例子。如,按照秦律,一般庶民押送的犯人逃跑后,要服被押送的罪犯应服的劳役,在逃跑的罪犯被重新捕获之后即可恢复自由。而同样的罪对奴隶处理却不同:"隶臣将城旦,亡之,完为城旦,收其外妻、子。"②就是说,奴隶不仅要受完为城旦的刑罚,而且其妻、子都要收录为奴。对他们,显然是大大加重了惩罚。

此外,秦律对患麻风病的犯人也特别加重刑罚。《法律答问》:"疠者有罪,定杀。""甲有完城旦罪,未断,今甲疠,问可(何)以论?当迁疠所处之;或曰当迁迁所定杀。"疠就是麻风病。定杀,《法律答问》:"生定杀水中之谓殹(也)。"就是投入水中活活淹死。前面已谈到,秦刑罚的适用原则,一般是按犯罪人的身份、地位和罪行轻重及对待罪行的态度作为量刑的依据。而患麻风病的人犯了罪,或者犯罪后得了麻风病,则要投入水中淹死。所谓犯罪,正如《法律答问》所列举的,包括应处"完城旦"等不应该判处死刑的罪。麻风病固然属于恶疮疾,是一种传染病,但据现代科学测定,麻风病的传染性远远不及肺结核和肝炎。但基于迷信、愚昧,麻风病患者在古代却一直受到歧视。从目前所看到的材料,在中国古代的法律中,对于麻风病患者或犯罪后患麻风病者处死刑的,仅见于秦律。这显然在法律上对他们是一种极大歧视。

以上材料说明,将犯罪人的身份和地位作为刑罚的适用原则,是秦律的一个重要特征。充分表明了封建法律的等级特权性质。

第二,实行连坐。

连坐是指因他人犯罪而亲属、伍人和其他有关系的人被牵连入罪。这

---

① 见《睡虎地秦墓竹简·封诊式·告子》。
② 《睡虎地秦墓竹简·法律答问》。

也是秦适用刑罚的一项重要原则。秦律规定的连坐大体上可分为同居连坐，什伍连坐，文武官吏、士兵上下级和相互之间连坐等。

（1）同居连坐。《法律答问》："盗及诸它罪同居所当坐。"什么是"同居"呢？它答复说："户为同居"。意思是说，偷盗和某些犯罪同户之人要连坐。所谓同户，即户籍登记为同一户者。秦简中有不少同户连坐的例子。《法律答问》："削（宵）盗，臧（赃）直（值）百一十，其妻、子智（知），与食肉，当同罪。"《封诊式·封守》："以某县丞某书，封有鞫者某里士五（伍）甲家室，妻、子、臣妾、衣器、畜产。"后一例虽然没提到对士伍甲的妻、子等定罪判刑，但将其封守这一事实本身，就是连坐的步骤之一。当然，不是说秦律规定的所有犯罪均连坐同居，如："甲诬乙通一钱黥城旦罪，问甲同居、典、老当论不当？不当。"①为什么诬人罪即使应处黥城旦这种重刑也不连坐同居和典、老？可能是法律规定连坐的只是其同居亲属或有关人员能予以监督的犯罪，而类似诬人这种其他人无法监督的犯罪则不连坐。

（2）什伍连坐。《法律答问》："律曰'与盗同法'，有（又）曰'与同罪'，此二物其同居、典、伍当坐之。"这条答问说明，盗窃罪或与之类似的犯罪，同居之人和里典、伍老以及同伍之人都要连坐。秦律《傅律》还有这样规定："百姓不当老，至老时不用请，敢为酢（诈）伪者，赀二甲；典、老弗告，赀各一甲；伍人，户一盾，皆罨（迁）之。"②这条规定则说明，对逃避徭役者，里典、伍老和同伍之人如不向官府告发，也要负连坐之责。此外，属于治安方面的案件，邻伍要连坐。《法律答问》："贼入甲室，贼伤甲，甲号寇，其四邻、典、老皆出不存，不闻号寇，问当论不当？审不存，不当论；典、老虽不存，当论。"按照这一规定，邻伍不在家，不论罪，里典、伍老则要论罪。法律所以对里典和伍老更加严厉，是由于他们对所辖区的治安负有直接责任。

（3）官吏上下级和同级之间连坐。有关职务犯罪，官吏上下级之间连坐的规定，在秦律中比比皆是。如：《效律》："尉计及尉官吏节（即）有劾，其令、丞坐之，如它官然。"又："司马令史掾苑计，计有劾，司马令史坐之，如令使坐官计劾然。"尉计是指县尉属下的会计，司马令史掾苑计是司马令史掾管理苑囿的会计，这两种人在经济或账目上出了差错，构成犯罪，作为其上司的令、丞和司马令史要连坐。《秦律杂抄》："篡园殿，赀啬夫一甲，令、丞及佐各一盾，徒络组各廿给，篡园三岁比殿，赀啬夫二甲而废，令、丞各一甲。"又："采山重

---

① 《睡虎地秦墓竹简·法律答问》。
② 《睡虎地秦墓竹简·秦律杂抄》。

殿，赀啬夫一甲，佐一盾；三岁比殿，赀啬夫二甲而废。"漆园是生产漆和漆器的地方，采山就是采矿，当时都是官营手工业。殿，是指在评比中落后。秦统治者为增加手工业生产，在管理上广泛采取评比的方法。法律规定，凡落后的，除生产者外，与之有关的官吏也要受惩罚。为了便于掌握官吏职务犯罪连坐时适用刑罚的界限，秦律在一些条文中作了具体规定。此外，《效律》还对某些官吏连坐时如何适用刑罚作了一般性的规定："官啬夫赀二甲，令、丞赀一甲；官啬夫赀一甲，令、丞赀一盾。其吏主者坐以赀、谇如官啬夫。其他冗吏、令史椽计者，及都仓、库、田、亭啬夫坐其离官属于乡者，如令、丞。"这一规定的意思是：某项犯罪，如果官府的啬夫罚二甲，则县令、丞应罚一甲；如果官府的啬夫罚一甲，则县令、丞罚一盾。主管该项工作的吏与官府啬夫处同样罚金和斥责，其他众吏参与会计者以及仓、库、田、亭等下属机构的负责人，所受的惩罚与令、丞相同。上述规定告诉我们，秦律关于官吏职务犯罪的连坐，责任愈直接惩罚愈重；反之，则较轻。

秦律刑罚适用连坐的记载，见之于秦简，也见之于史籍，《史记·秦本纪》："秦文公二十年，法初有三族之罪。"秦文公廿年即公元前七四六年，当时的秦国还处在奴隶社会，这说明秦在很早就已实行三族连坐了。商鞅变法后扩大了连坐范围。《韩非子》："公孙鞅之治秦也，设告相坐而责其实，连什伍而同其罪。"①《史记·商君列传》："商君之法，令民为什伍，而相收司连坐，不告奸者腰斩，告奸者与斩敌首同赏，匿奸者与降敌同罚。"司马贞《索隐》："收司谓相纠发也。一家有罪而九家连举发，若不纠举，则十家连坐。"马端临曰："秦人所行什伍之法，与成周一也。然周之法，则欲其出入相友，守望相助，疾病相扶持。是教其相率而为仁厚辑睦之君子也。秦之法，一人有奸，邻里告之；一人犯罪，邻里坐之，是教其相率而为暴戾刻核之小人也。"②从史籍记载看，秦的连坐始于文公；商鞅将其发展和扩大；之后一直沿用。秦始皇和秦二世统治时，连坐的范围达到了登峰造极的地步。史载：秦始皇处理嫪毐案，除将嫪毐等重要案犯灭宗之外，"及其舍人，轻者为鬼薪，乃夺爵迁蜀四千余家，家房陵"。③ 秦始皇处理吕不韦案，受牵连被处迁刑的竟达万家。④ 秦始皇死后，二世恐沙丘之谋败露，采纳赵高提出的

---

① 《韩非子·定法》。
② 《通考·职役考一》。
③ 《史记·秦始皇本纪》。
④ 《华阳国志二》。

"严法而刻刑,令有罪者相坐诛,至收族,灭大臣而远骨肉"的计谋,"杀大臣蒙毅等,公子十二人僇死咸阳市,十公主矺(磔)死于杜,财物入于县官,相连坐者不可胜数"。①

秦律规定的连坐,扩大了刑罚的适用范围,加强了对人民的镇压和对官吏的控制。其结果必然是株连无辜,人人自危,法度大坏。

第三,区分共同犯罪与非共同犯罪。

(1)共同犯罪是指二人以上的共同预谋犯罪。一般情况下,它对社会和统治的危害更大,因此为统治阶级所重视。秦律对共同犯罪与单个人犯罪严格加以区分,对各人在共同犯罪中的地位和作用也加以区分。

区分共同犯罪与单个人犯罪。《法律答问》:"甲乙雅不相智(知),甲往盗丙,毚(才)到,乙亦往盗丙,与甲言,即各盗,其臧(赃)直(值)各四百,已去而偕得。其前谋,当并臧(赃)以论;不谋,各坐臧(赃)。"其意思是说,甲乙二人素不相识,都去偷盗丙,赃值每人四百。如果二人事先谋划,应当并赃按累计数值判罪;否则;按各人盗窃的赃值判罪。《法律答问》另一条规定:"夫盗三百钱,告妻,妻与共饮食之,可(何)以论妻? 非前谋殹(也),当为收;其前谋,同罪。"从以上两条规定可以看出,秦律将作案人事前是否共同谋划作为区分共同犯罪与单个人犯罪的重要界限。这种认识,这种理论,从现代犯罪学的观点看也是很比较科学的。第一条规定说明,凡事前经过谋划,即属于共同犯罪,就是要将参加作案的人员各自偷盗的赃物数值加以累计。秦律对侵犯财产罪按数值大小划分为不同等级,"人户、马牛及者(诸)货材(财)直(值)过六百六十钱为'大误'"。甲乙偷盗数值各四百,如分别计赃,数值在六百六十以下;如合并计赃,数值则超过六百六十,属于"大误",判刑就要重得多。

(2)共同犯罪的集团犯罪从重惩罚。《法律答问》:"可(何)谓驾(加)罪? 五人盗,臧(赃)一钱以上,斩左止,有(又)黥以为城旦。不盈五人,盗过六百六十钱,黥劓(劓)以为城旦;不盈六百六十到二百二十钱,黥为城旦;不盈二百二十以下到一钱,罨(迁)之。"这一规定告诉我们,秦律对于共同犯罪又加以区分。五人以上的集团犯罪比五人以下处刑重得多。如规定五人以上的集团盗窃罪赃在一钱以上,处砍去左足又黥为城旦的刑罚;而不满五人,偷盗赃数超过六百六十钱(即前文谈到的"大误"),才处以黥劓为城

---

① 《史记·李斯列传》。

旦的刑罚。参加偷盗的五个人即使一家也不宽贷,《法律答问》:"夫、妻、子五人共盗,皆当刑城旦";"夫、妻、子十人共盗,当刑城旦"。"刑城旦"是一种刑罚的一般称谓,指附加各种肉刑的城旦刑,当然也包括上述列举的"斩左止,又黥以为城旦"和"黥劓以为城旦"。秦律中未使用"集团"这一概念,但罪名中却有"群盗"。这应是共同犯罪中"集团"犯罪的一种。何谓"群盗"?《晋书·刑法志》引张斐《律表》曰:"三人谓之群,取非其物谓之盗。"就是说,晋律称三人以上的共同犯罪为之"群"。秦律关于"群盗"的界限如何划分?秦简律文无明确解释,但从前引《法律答问》有关共同盗窃罪加重惩罚的规定,都提到五人或五人以上,绝不是偶然的。此外,在秦简《封诊式》中也有"群盗"一例,其中谈到士伍丁、戊、己、庚、辛结伙抢劫某公士家,盗钱万。参加抢劫的也是五个人。由此看,秦定"群盗"罪的界限很可能就是指五人以上。秦律所以加重对共同犯罪中集团犯罪的惩罚,显然是由于集团犯罪比一般共同犯罪在政治上和经济上对统治阶级威胁更大之故。

(3)区分犯罪人在共同犯罪中的地位和作用。《法律答问》:"甲谋遣乙盗,一日,乙且往盗,未到,得,皆赎黥。"又:"人臣甲谋遣人妾乙盗主牛,买(卖),把钱偕邦亡,出徼,得,论各何(何)殹(也)?当城旦黥之,各畀主。"前一条答问是讲庶民甲主使庶民乙偷盗未遂,中途被捕获,判处赎黥刑罚;第二条答问是讲一家私人男奴隶甲主使女奴隶乙偷盗其主人牛已遂,将牛卖后,携钱偷越国境时被捕,按照黥城旦的办法处以黥刑,然后交还给他们的主人。上述两条所说的庶民甲和人臣甲,尽管没有亲自去偷盗,但由于分别是庶民乙和人妾乙进行盗窃的主使者,也与偷盗者判处同样刑罚。这说明秦律对于惩治共同犯罪中主谋者的重视。秦律对于主使和教唆青少年犯罪的,惩治犹重。《法律答问》:"甲谋遣乙盗杀人,受分十钱,问乙高未盈六尺,甲可(何)论?当磔。"秦尺约合今0.23米,六尺约合今1.38米。未盈六尺,大约是一个十二三岁的少年。磔,秦律死刑的一种。《荀子·正论》注:"磔,车裂也。"《汉书·景帝纪》注:"磔谓张其尸也。"从史籍记载的磔刑处死的方式和秦简中出现的四种死刑所惩罚的犯罪看,这种刑罚在死刑之中也是较残酷的一种。对主使高未盈六尺的少年去盗杀人的教唆犯,虽然只分得十钱,法律规定仍处以磔刑,应属从重处断。

第四,区分故意和过失,对某些行为还考虑有无犯罪意识。

故意犯罪是犯罪人知道其行为会产生危害社会的后果,而有意实施或者放任这种结果发生的行为。秦简《法律答问》解释的许多犯罪,如"誉敌以恐众心"、"矫丞令"、"以奸为事"、"盗钱"、"盗牛"、"通钱"、"臣妾杀主"、"盗杀人"、"臣强与主奸"、"诬告"、"论狱不直"、"殴大父母"等刑事方面的犯罪行为,都是指故意犯罪。对于某些仅从罪名上无法区分故意或过失的,《法律答问》还特别加以解释,称"端"、"端为"。如关于"不直"与"纵囚"的解释:"论狱〔何谓〕不直?可〔何谓〕纵囚?罪当重而端轻之,当轻而端重之是谓不直。当论而端弗论,及伤其狱,端令不致,论出之,是谓纵囚。"此条答问中出现的"端"字如何解释?《墨子·号令》:"其端失火以为乱事者,车裂。"毕沅注:"言因事端以害人,若今律故犯。"由此可见,"端"、"端为"都是指故意。按秦律,凡故意犯罪,其刑罚重于过失。

过失犯罪是指应当预见自己的行为可能发生危害社会的后果,因为疏忽大意而没有预见;或虽已预见,但轻信能够避免,以致发生了危害结果的行为。《法律答问》区分过失犯罪的规定还是较多的,如:"甲告乙盗牛,今乙盗羊,不盗牛,问可(何)论?为告不审。"告不审这种罪又有什么特征呢?"甲告乙盗牛若贼伤人,今乙不盗牛、不伤人,问甲可(何)论?端为,为诬人;不端,为告不审。"这就是说,告不审的特征为非故意。又如:"士五(伍)甲盗,以得时直(值)臧(赃),臧(赃)直(值)过六百六十,吏弗直(值),其狱鞠乃直(值)臧(赃),臧(赃)直(值)百一十,以论耐,问甲及吏可(何)论?甲当黥为城旦;吏为失刑罪,或端为,为不直。"以上几条规定中,"告不审"和"失刑"均是指过失罪。从这些规定看,区分过失罪的标准,一是"不端",即非故意;二是虽然未说明属于非故意,但从其行为看,并非无中生有,而是言过其实,也就是轻罪重告。不过秦律也规定,有些控告尽管言过其实,但犯罪人所偷盗的钱数如超过了法律规定的"大误"(六百六十钱),也不作为"过失罪"追究。如:"告人盗千钱,问盗六百七十,告者可(何)论?毋论。"在某种情况下,即使有意诬人也不论处:"诬人盗千钱,问盗六百七十,诬者可(何)论?毋论。"所以如此,可能是由于无论是否故意,其结果都揭露出了较重大犯罪之故。按秦律,过失罪较故意犯罪处刑轻。

除区分故意与过失之外,秦律对某些行为是否认定为犯罪还考虑有无犯罪意识。所谓犯罪意识,就是行为人主观的犯罪动机。在某种情况下无犯罪动机的,尽管与他人的犯罪活动有所牵连,也不加追究。《法律答问》:"甲盗不盈一钱,行乙室,乙弗觉,问乙论可(何)殹(也)?毋论。其见智(知)之而弗捕,当赀一盾。"这里,对乙是否追究,就是看乙是否知道甲的偷盗行为。又如:"甲盗钱以买丝,寄乙,乙受,弗智(知)盗,乙论可(何)殹

(也)？毋论。"这条规定所以不惩罚乙，也是因乙在为甲存放丝时，并不知甲是用偷盗的钱买的。再如："甲、乙交与女子丙奸，甲、乙以其故相刺伤，丙弗智(知)，丙论可(何)殴(也)？毋论。"很显然，甲、乙相刺伤虽然与同女子丙的奸情有关系，但他们相刺并非女子丙有意挑起的，所以尽管通奸亦为秦律禁止[①]，但法律并不因甲、乙相刺伤一事而惩罚女子丙。

当然，上述只是在秦律规定的连坐范围之外的行为，而在连坐范围之内的，虽然许多人并无犯罪意识，甚至根本谈不上有什么犯罪意识，只要是同居、同族、邻伍或是与之有工作关系的同事，就要受到惩罚。所以，秦律刑罚适用时对行为人有无犯罪意识的考虑是附加了许多条件的。

第五，区分犯罪行为的危害程度。

把犯罪行为对统治阶级和社会的危害程度作为刑罚的适用原则之一，是历史上不同类型刑法的一个共同特征。秦律，作为封建国家初建时期的法律，在这方面的规定应该说是相当具体的。

（1）对直接危害封建统治的犯罪从重。秦简摘抄的法律条文远非秦律的全部，死刑只出现戮、弃市、磔、定杀四种，与史籍中记载的秦的死刑种类相对照，相差很远。秦简中的四种死刑除定杀外，其余都是用以惩罚危害封建统治犯罪的。如："誉适(敌)以恐众心者翏(戮)。"意思是说，颂扬敌人，恐吓和扰乱人心者处戮刑。按现代刑法分类，这条应划入国事罪。又如："同父异母相与奸，可(何)论？弃市。""士(伍)甲毋(无)子，其弟子以为后，与同居，而擅杀之，当弃市。"[②]这是关于惩治危害伦理道德的规定。此外，前文中已引证，秦简记载的法律中出现的一次磔刑是惩治教唆犯的。应当指出，过去有一种说法，中国古代只有在儒家思想占统治地位时，才重视维护君君臣臣父父子子的伦理道德关系。其实则不然，中国封建社会实行宗法等级特权制度，决定了维护封建伦理道德成为各朝代的普遍要求。秦奉行法家思想，而却以重刑惩治危害伦理道德的犯罪就是例子。秦简《为吏之道》中，大力宣扬"君鬼臣忠，父兹(慈)子孝"[③]；在秦律中"非上"与"不孝"被认为是严重的犯罪。

除秦简的记载中，史籍中也有不少说明秦统治者对危害其统治和统治

---

① 《史记·秦始皇本纪》：秦始皇三十七年刻石："饰省宣义，有子而嫁，倍死不贞。防隔内外，禁止淫泆，男女絜诚。夫为寄豭，杀之无罪，男秉义程。妻为逃嫁，子不得母，咸化廉清。"
② 以上引文均见《睡虎地秦墓竹简·法律答问》。
③ 《睡虎地秦墓竹简·为吏之道》注：鬼，读为怀，和柔。怀字汉代多写作褱。

阶级代表人物从重处断的例子。以秦始皇时处理的重大案件为例,除前文已谈到的对嫪毐、吕不韦两案的成员大肆诛杀外,还有:始皇八年,"王弟长安君成蟜将军击赵,反,死屯留,军吏皆斩死,迁其民于临洮。"十九年,"秦王之邯郸,诸尝与王生赵时母家有仇怨,皆阬之。"二十年,"燕太子丹患秦兵至国,恐,使荆轲刺秦王,秦王觉之,体解荆轲以徇。"三十一年,"始皇微行咸阳,与武士四人俱,夜出逢盗兰池,见窘,武士杀盗,关中大索二十日。"三十三年,颁行《挟书律》:"有敢偶语诗书者弃市。以古非今者族。吏见知不举者与同罪。令下三十日不烧黥为城旦。"三十五年,侯生、卢生诽谤秦始皇,其他儒生受牵连者,"四百六十余人,皆阬之咸阳"。①

(2)对各类犯罪行为区分未遂和既遂,未遂从轻,既遂从重。《法律答问》:"甲谋遣乙盗,一日,乙且往盗,未到,得,皆赎黥。"这是共同盗窃罪中未遂罪,按照法律处以赎黥的刑罚。下面是共同盗窃罪中的既遂罪:"不盈五人,盗过六百六十钱,黥剠(劓)以为城旦;不盈六百六十钱到二百廿钱,黥为城旦;不盈二百廿以下到一钱,罨(迁)之。"将这两条规定加以对照,就可以看出秦律的既遂罪处刑重于未遂罪。《法律答问》对"抉籥"的解释也体现了这一精神:"抉籥(钥),赎黥。可(何)谓抉籥(钥)?抉籥(钥)者已抉启之乃为抉,且未启亦为抉?抉之弗能启即去,一日而得,论皆可(何)殹(也)?抉之且欲有盗,弗能启即去,若未启而得,当赎黥。抉之非欲盗殹(也),已启乃为抉,未启当赀二甲。"这是一条对惩治撬门的法律和解释。意思是说:撬门的目的如是盗窃,不管是否已把门撬开,都应认为犯了撬门罪处以赎黥刑罚;如撬门的目的不是盗窃,只有当门已被撬开才处赎黥,未撬开属于未遂,对社会危害较小,所以处赀二甲的刑罚。

(3)对侵犯财产罪按数目大小划分不同等级,数目大者从重。从法律规定的量刑幅度看,秦律对侵犯财产罪处刑是很重的。《法律答问》:"或盗采人桑叶、臧(赃)不盈一钱,可(何)论?赀繇(徭)三旬。"更有甚者:"甲盗,臧(赃)直(值)千钱,乙智(知)其盗,受分臧(赃)不盈一钱,问乙可(何)论?同论。"还有一条规定:"甲盗不盈一钱,行乙室……其见智(知)之而弗捕,当赀一盾。"乙见知不捕赀一盾,对偷盗者甲惩罚之重就可想而知了。以上规定说明,盗窃不盈一钱(包括共同犯罪受分赃不盈一钱)就可以定罪而加以惩治。一钱以上便按数目大小划分为不同的等级。出现在

---

① 以上引文均见《史记·秦始皇本纪》。

《法律答问》中的数目有一百一十钱、二百二十钱、六百六十钱。六百六十钱被认为是"大误"。《效律》则直接规定："人户、马牛一以上为大误。"

（4）对伤害罪则区分所伤的部位、轻重和是否使用器械。《法律答问》："律曰：斗夬（决）人耳，耐。""或斗，啮断人鼻若耳若指若唇，论各可（何）殹（也）？议皆当耐。""妻悍，夫殴治之，夬（决）其耳，若折支（肢）指、肤膿（体），问夫可（何）论？当耐。"以上规定说明，斗伤对方的唇、鼻、耳等面部器官，或由于妻凶悍，丈夫殴折其肢、体皆处以耐刑。《法律答问》还有这样的规定："可（何）如为'大痍'？'大痍'者，支（肢）或未断，及将长令二人扶出之，为'大痍'。"又："或斗，啮人颓若颜，其大方一寸，深半寸，可（何）论？比疻痏。"这两条规定虽然没有说明定什么刑，但"大痍"、疻痏这些概念存在及进行的解释说明，是为了区分伤害的轻重，便于准确量刑。对于伤害罪，如使用器械或属于贼伤，处刑就要从重。《法律答问》："士五（伍）甲斗，拔剑伐，斩人发结，可（何）论？当完为城旦。"又："斗以篯（针）、铁、锥，若篯（针）、铁、锥伤人，各可（何）论？斗，当赀二甲；贼，当黥为城旦。"

第六，考虑行为人对待罪行的态度。

考虑犯罪人对待其所犯罪行的态度，也是秦刑罚的适用原则之一。

战国著名的政治思想家荀况曾经说过："凡爵列、官职、赏庆、刑罚，皆报也，以类相从者也。"意思是说同官爵和赏庆是对功劳的犒赏一样，刑罚是对犯罪行为的报复。他认为这一方面可以惩罚犯罪者本人，同时对其他人也是一种警告，即所谓"凡刑人之本，禁暴恶恶，且征（惩）其未也"[1]。这种说法是有道理的，在一定程度上反映了实际情况。但秦律说明，即使在当时，对犯罪的惩治也不仅仅是进行报复，同时也是为了让犯罪人服法，以达维护地主阶级统治的目的。因此，在适用刑罚时就必然要对行为人对待罪行的态度加以区分，这种区分，秦律中表现在对犯罪后逃跑或连续作案者从重，自首减轻，消除犯罪后果减免。

（1）逃跑或连续作案从重。《法律答问》："把其段（假）以亡，得及自出，当为盗不当？自出，以亡论。其得，坐臧（赃）为盗。"意思就是说，携带借用的官有物品逃亡，被捕获及自首，应否作为盗窃罪？自首，以逃亡论罪。如系捕获，按赃数定为盗窃罪。这是逃亡拒捕判刑从重的例子。以下是连续作案从重的例子："当耐为隶臣，以司寇诬人，可（何）论？当耐为隶臣，有

---

[1]《荀子·正论》。

（又）毄（系）城旦六岁。"又："当黥城旦而又完城旦诬人，可（何）论，当黥劓（劓）。"以上两例中"当耐为隶臣"、"当黥城旦"是指第一次犯罪后按照法律应处的刑罚。他们在未判决时又分别以"司寇"罪和"黥城旦"罪诬告人，就构成了新的罪行。法律规定，对这种人要加重刑罚。前者，除仍判处耐为隶臣刑罚，又系城旦六岁；后者，除维持原黥为城旦刑罚外，再加处劓刑。城旦为秦律徒刑中期限最长的刑罚，处如此之重的刑罚还加以肉刑，显然是因为连续作案之故。

（2）自首减轻。《法律答问》："司寇盗百一十钱，先自告，可（何）论？当耐为隶臣，或曰赀二甲。"又："隶臣妾毄（系）城旦舂，去亡，已奔，未论而自出，当治（笞）五十，备毄（系）日。"以上两条规定中，前一条的"司寇"是一种刑徒；后一条中的"隶臣妾"，一种意见认为是男女刑徒，一种意见认为是男女奴隶。不管是刑徒或奴隶，按秦律规定，这些人犯了罪均要加重刑罚，但是由于他们"先自告"或"未论而自出"，前者受到的惩罚仅相当于犯同样的罪的庶民受到的刑罚①；而后者仅仅被笞打五十下，然后按原规定服满城旦舂的刑期。这种处刑显然是由于自首而减轻了。

（3）消除犯罪后果减免。《法律答问》"将司人而亡，能自捕及亲所智（知）为捕，除毋（无）罪；已刑者处隐官。"这条规定的意思是说，监领人犯而人犯逃亡，自己能捕获或亲友代为捕获，可以免罪；如已受肉刑的处隐官。所谓处隐官，应指平反后分配在不常被人看见的处所担任某种职务。当然，消除犯罪后果免罪这一规定是受许多限制的，一般说适用于后果能够消除的犯罪，那些行为后果无法挽回或可能造成损失的，则不适用。如《法律答问》另一条规定："亡久书、符券、公玺、衡嬴（累）已坐以论，后自得所亡，论当除不当？不当。"久书、符券、公玺等都是官府的一种凭证，丢失这种东西，可能会对统治阶级造成损害，所以一经判决，即使当事人自己把原丢失物又找到，原判决也不予撤销。按照这一原则推论，秦律对于伤害罪和政治性犯罪，更不会划在能够消除犯罪后果的范围，也就不适用减免。

第七，规定刑事犯罪的责任年龄。

规定犯罪人的责任年龄是秦律刑罚适用的又一个原则。不过，在律文

---

① 《睡虎地秦墓竹简·法律答问》："士五（伍）甲盗，以得时直臧（赃），臧（赃）直（值）百一十……甲当耐为吏臣。"又："告人盗百一千，问盗百，告者可（何）论？当赀二甲。"这两人都是指庶民犯盗窃百一十和诬人盗百一十的例子。规定应处刑：一是"耐为隶臣"，一是"赀二甲"与司寇盗百一十先自告相同。

中对行为人的年龄不是按出生后成长的年限划定的,而是以行为人的身高作标准。

《法律答问》:"甲小未盈六尺,有马一匹自牧之,今马为人败,食人稼一石,问当论不当? 不当论及赏(偿)稼。"未盈六尺是指身高不到六尺;败是指吓惊。这条答问答复说不应当论处,不赔偿禾稼,可能基于两个因素:第一,甲是一个未成年的小孩;第二,马食人稼是由于别人吓惊。我们认为前一个因素应是主要的,因为如后一个因素是主要的,则应追究吓惊者的责任。此外,《法律答问》另外两条规定也可以作为佐证。其一:"甲盗牛,盗牛时高六尺,毄(系)一岁,复丈,高六尺七寸,问甲可(何)论? 当完成旦。"其二:"甲谋遣乙盗杀人,受分十钱,问乙高未盈六尺,甲可(何)论? 当磔。"第一个例子告诉我们,行为人盗牛时高六尺。盗牛这种案件并不复杂,为什么要拖一年之后才判处呢? 只能解释为等待行为人达到法定的责任年龄。这是封建统治者对付被统治者惯常使用的手法。第二个例子特别提到了被教唆者的身高"未盈六尺",应是强调唆使少年儿童犯罪的教唆犯从重。在一篇答问中反复提到六尺这一身体高度,绝不是偶然的。六尺很可能就是秦律规定的刑事犯罪责任年龄的界限。

身高六尺是多大年纪的孩子呢? 前已指出,秦尺约合今 0.23 米,六尺约合今 1.38 米。唐贾公彦曰:"七尺谓年二十,六尺谓年十五。"[1]此种说法不一定是以秦尺为标准,并且按中国古代习惯是指虚岁。从考古发掘看,秦人的身高与今人大体相同,即使把当时一般人民群众营养条件差这一因素考虑在内,身高 1.38 米最多的也只是十二三岁的孩子,秦律把犯罪的责任年龄规定的如此之小,表明了秦刑法的残酷性。

在秦律犯罪责任年龄的问题上,还有一点值得注意,即《仓律》中反复出现的"小隶臣妾","小城旦舂"这样的刑徒名称。何谓"小"呢? 律文明确规定:"隶臣、城旦高不盈六尺五寸、隶妾、舂高不盈六尺二寸,皆为小。"这一规定是好理解的,因为既然身高六尺犯罪就要承担刑事责任,当然就会有身高六尺二寸和六尺五寸的刑徒。但是,《仓律》紧接着又宣布:"高五尺二寸,皆作之。"这就比较费解。它说明在实践中存在身高六尺以下的"隶臣妾"和"城旦舂"。这些身高不满六尺,甚至只有五尺二寸左右的刑徒是怎么来的呢? 如是以其犯罪行为判决而定,显然与前面谈到的犯罪责任年

---

[1] 《周礼·地官·乡大夫》疏。

龄有矛盾；要说是因家长犯罪受株连而定，史料中也缺乏论据。他们究竟怎么来的，尚需进一步研究。

第八，数罪并罚。

数罪并罚，是指行为人所犯的不是一种罪，而是两种以上的罪；违反法律不是一次，而是两次以上；触犯刑律不是一条，而是数条，因而采取数罪合并判刑。

秦律对犯数罪者是采取合并惩罚的原则。《法律答问》："上造甲盗一羊，狱未断，诬人曰盗一猪，论可（何）殹（也）？当完城旦。"上造是秦爵二十级的第二级，仅高于公士。按秦律有爵位的人犯罪以后在量刑时是适当减轻的，但他却因盗一羊和诬告人盗一猪被处以完城旦的刑罚。这种刑罚在秦律中相当于对达到责任年龄的行为人盗牛罪所适用的刑罚。① 对一个有爵位的人处如此之重的刑罚，是因为他连犯二罪，应适用数罪并罚的原则。《法律答问》中另一个例子："诬人盗直（值）廿，未断，有（又）有它盗，直（值）百，乃后觉，当并臧（赃）以论，且行真罪、有（又）以诬人论？当赀二甲一盾。""真罪"，是指实际偷盗的钱物；"并赃以论"，是指将诬告人盗二十钱与自己偷盗的一百钱合并计赃论处。《法律答问》虽然没直接回答是否合并计赃，但从处刑看，赀二甲一盾是较重的，显然也是适用数罪并罚的原则。过去我在一篇文章中曾认为秦刑罚适用的是"二罪从重"，即吸收原则②，现在看来根据是不足，应予纠正。

第九，不追究赦前罪。

所谓赦，中国古代是根据最高统治者的诏敕和命令免除或减轻某个、某些或大部分犯罪人应受的刑罚。沈家本认为，"或以情之可矜，或以其事之可疑，或以在三赦三宥八议之列，然后赦之，盖临时随事而为之。"③他列举的是类似现代的特赦。春秋战国时各国开始实行范围较广泛的大赦。据史籍记载，秦最早实行赦始于缪公，"缪公亡善马，岐下野人共得而食之者三百余人，吏逐得，欲法之。缪公……乃皆赐酒而赦之。"后来，秦昭王曾数次"赦罪人"，孝文王与庄襄王也曾"实行大赦"。④ 秦始皇即位则"久不赦"⑤。

---

① 《睡虎地秦墓竹简·法律答问》："甲盗牛，盗牛时高六尺，殹（系）一岁，复丈，高六尺七寸，问甲可（何）论？当完城旦。"
② 见《从云梦出土的竹简看秦代法律制度》，载《学习与探索》1980年第2期。
③ 《历代刑法考·赦考》。
④ 均见《史记·秦本纪》。
⑤ 《史记·秦始皇本纪》。

赦与不赦,当然是决定于各时期阶级斗争形势和统治阶级的政策。不过,从秦简的记载看,秦对特赦和大赦令的执行还是认真的。《法律答问》:"或以赦前盗千钱,赦后尽用之而得,论可(何)殴(也),毋论。"盗千钱,其数已大大超过了秦律规定的"大误"的界限,并且其赃款又是赦令下达之后才用掉的,罪不谓不重,但即使如此重罪法律规定也不追究。另据《史记》载:"(赵)高有大罪,秦王令蒙毅法治之。毅不敢阿法,当高罪死,除其官籍。帝以高之敦于事也,赦之,复其官爵。"①对于秦始皇这只是个别例子,但从赦后仍对赵高予以重用看,也反映了秦统治者执行赦令之认真。秦律强调执行赦令,不追究赦前罪,当然主要不是出于对犯罪者的怜悯,而是考虑统治阶级内部的稳定,基于其统治的根本利益。

第十,适用比、例。

秦律的种类、条文虽然繁多,但也无法包罗社会上各种具体而又复杂的犯罪行为。这样,在适用刑罚时援引与行为人的罪行相近的法律条文和情节类似的判例就成为必然。

(1)援引与行为人的罪行相近的法律条文加以处置称"比"。《法律答问》:"臣强与主奸,可(何)论?比殴主。斗折脊项骨可(何)论?比折支(肢)。"奴隶强奸主人当然是危害封建等级秩序的严重犯罪,但刑法却没规定如何具体处置,那么只有比照奴隶殴打主人的规定来量刑。斗折脊项骨比照斗折肢量刑,是由于脊骨与四肢都是要害部位,都属于重伤。又:"殴大父母,黥为城旦舂,今殴高大父母,可(何)论?比大父母。"大父母是祖父母,高大父母是曾祖父母,都是直系尊长,所以殴高大父母应比照殴大父母罪处以"黥为城旦舂"的重刑。再:"铍、戟、矛有室者,拔以斗,未有伤(殴)也,论比剑。"有室者就是带鞘者,所以用这些武器相斗同比剑论罪,是由于剑也带鞘,与之有共同的特征。《法律答问》中类似上述条文还可以列举一些。不过,仅从上述就可看出,允许援引与行为人所犯罪行相近的法律条文,可以弥补法律之不足。

(2)援引司法机关的判例对行为人判罪量刑称"例"。例与比义相近,但在中国法制史上,比多是指与相近的律文比附;例主要是比附已成之判例。《法律答问》:"廷行事,吏为诅伪,赀盾以上行其论,又废之。"又:"求盗追捕罪人,罪人格杀求盗,问杀人者为贼杀人,且斗杀?斗杀人,廷行事为

---

① 《史记·蒙恬列传》。

贼。"再："实官户扇不致,禾稼能出,廷行事赀一甲。"在《法律答问》中出现"廷行事"字样的例子还有一些。"廷行事",廷即官廷,如县廷、郡廷等;行事,《汉书·翟方进传》注引刘敞云："汉时人言'行事'、'成事',皆已行、已成事也。"又见王念孙《读书杂志》四之十二《行事》："行事者言已行之事,旧例成法也。汉时人作文言'行事'、'成事'者,意皆同。"据此,睡虎地秦墓竹简整理小组在《睡虎地秦墓竹简》平装本的注释中认为,"廷行事"就是"法律廷成例",也就是现代所说的判例。有同志在文章中说;"廷行事""疑是法庭执法官吏,相等今(刘按:应是解放前)之推事"。① 我认为如以执法官吏来解释"廷行事",不仅史籍中缺少根据,秦简《法律答问》的有关规定也很难解释得通。此说值得商榷。

过去有的法制史著作曾认为,在适用刑罚时运用比附和判例最早出现于汉代。② 从秦简记载看,秦代已广泛运用了。事实上有关秦以前的著作中就有记载。③ 秦刑法规定允许运用比附和判例,使封建法网更加严密。正因为如此,西汉中期之后采用比附和判例便急剧发展。史称武帝时"奸猾巧法,转相比况,禁网寖密……死罪决事比万三千四百七十二事,文书盈于几阁,典者不能遍睹。"最后竟出现了"罪同而论异,奸吏因缘为市,所欲活,则傅生议,所欲陷,则予死比"④的状况。这不能不说是允许运用比附的必然结果。

秦律刑罚的适用原则,既有对历史上统治阶级适用刑罚经验的继承,也有对自己统治经验的总结。许多重要原则在历史上早已存在。

如,依犯罪人身份定罪的等级特权制度。自从人类社会进入文明时代,产生阶级和国家时起,就开始出现特权并逐渐形成制度。在中国,经夏、商,至迟到西周,以血缘关系为纽带的宗法等级特权制度就日趋完备。周王自称天子,为天下大宗,是同姓贵族最高的家长,也是全国的共主。其嫡长子为太子,是王位的继承人。其余嫡出与庶出诸子封为诸侯。诸侯对天子为小宗,在本国为大宗,死后职位由嫡长子继承,其余诸子封为卿大夫。这些卿大夫对诸侯为小宗,在本家为大宗。从卿大夫到士,关系亦同。这样,整个国家就分为不同的等级。所谓"天有十日,人有十等。下所以事上,上所

---

① 见《对云梦秦简中诉讼制度的探索》,载《法学研究》1981年第5期。
② 陈顾远:《中国法制史》,商务印书馆1959年再版,第130页。
③ 《尚书·吕刑》:"上下比罪"疏引"正义"曰:"罪条虽有多数,犯者未必当条,当取故事并之。上下比方其罪之轻重,上比重罪,下比轻罪,观其所犯当与谁同。"《礼记·王制》:"必察大小之比以成之。"郑注:"大小犹轻重,已行故事曰比。"
④ 《汉书·刑法志》。

以共神也。故王臣公，公臣大夫，大夫臣士，士臣皂，皂臣舆，舆臣隶，隶臣僚，僚臣仆，仆臣台"，①就是对西周宗法等级特权制度的写照。范文澜同志认为，上述十等之中，士以上为各级领主，自皂至台是各种奴隶。② 至于他们的法律地位，《礼记·曲礼》写道："礼不下庶人，刑不上大夫。"尽管我们不能把这一说法理解绝对化，认为庶人和奴隶可以不受礼的约束，奴隶主犯了罪可以完全不受刑罚的制裁。不过，它却仍然反映了当时阶级关系的一般状况，即在法律上奴隶阶级的无权地位和奴隶主阶级的特权地位。此外，《周礼》关于"以八辟丽邦法，附刑罚"的记载，也可以作为周奴隶主在法律上等级特权地位的佐证。辟，《说文》："法也。"八辟，即："一曰议亲之辟，二曰议故之辟，三曰议贤之辟，四曰议能之辟，五曰议功之辟，六曰议贵之辟，七曰议勤之辟，八曰议宾之辟。"③《周礼》的这一记载很可能有后人附会的成分，事实上八议是秦汉以后逐步形成的。西周时不会如此完善。但贵族犯了罪，国家最高统治者以各种借口加以宽免却是存在的事实。封建地主阶级在革命初期虽然极力反对奴隶主贵族的特权，但是，其剥削阶级本质决定了他们不会，也不可能一般反对等级特权，而所要求和实行的只不过是以封建等级特权取而代之罢了。秦律以犯罪人的身份、地位定罪和适用刑罚，正是封建等级特权在法律中的反映。

又如，区分故意和过失，惯犯和偶犯，主犯和从犯。据《尚书》记载，周公旦在同康叔谈治国安民之道时曾说："呜呼！封，敬明乃罚。人有小罪，非眚，乃惟终，自作不典，式尔，有厥罪小，乃不可不杀。乃有大罪，非终，乃惟眚灾，适尔，既道极厥辜，时乃不可杀。"④他这一席话的意思是告诫康叔要慎刑，指出有些人即使有小罪，但却是故意，并且一贯如此，这种有意犯法，其罪虽小，则不能不杀。有些人即使有大罪，但不是一贯如此，并且是过失，属于偶然犯罪，则不可杀。在同一篇谈话中，周公还说："凡民自得罪，寇攘奸宄，杀越人于货，暋不畏死，罔弗憝。"意思是说，凡是因自己本身的原因而不是由于别人教唆，指使犯罪，抢夺内外，杀人越货，不怕死者，杀之勿论。这篇谈话中出现的"元首大憝"，应是指那些首恶为人痛恨的罪犯。既然当时已区分"自得罪"和"元恶"，那么就存在受旁人教唆和胁迫犯罪，存在从犯。这些记载都说明，

---

① 《左传·昭公七年》。
② 《中国通史简编》第三章。
③ 《周礼·秋官·司寇》。
④ 《尚书·康诰》。

早在西周初就已将故意和过失,惯犯和偶犯,主犯和从犯加以区分。经过一千多年的演变,到秦时有关这方面的规定更加具体了。

再如,关于连坐的规定,也是中国奴隶社会早已存在的。据《尚书》记载,夏启在讨伐有扈氏时曾宣布:"今予惟恭行天之罚,左不攻于左,汝不恭命;右不攻于右,汝不恭命;御非其马之正,汝不恭命。用命赏于祖,弗用命戮于社,予则孥戮汝。"①之后,成汤在讨伐夏桀时,也对其大臣和将士们宣布:"夏德若兹,今朕必往。尔尚辅予一人,致天之罚,予其大赉汝,朕不食言。尔不从誓言,予则孥戮汝,罔有攸赦"。② 这两处分别记载了夏启和成汤在讨伐有扈氏和夏桀时发布的命令,虽然发布的时代和针对的对象不同,但两条命令的基本内容却差不多。都先历数了被讨伐者的罪行,接着便告诫将士们听从命令。听从命令者给予奖赏,不听命令者予以惩罚,并且要"孥戮汝"。所谓"孥戮汝",郑康成曰:"大罪不止其身,又孥戮其子孙。"事实上就是连坐。周武王伐殷在历数纣王的罪行时,曾批责纣"罪人以族",可见商代也有族株连坐。至于西周,《周礼·秋官·司寇》有"罪隶",贾疏云:"古者身有大罪、身既从戮,男女缘坐,男子入于罪隶,女子入于舂藁。"这一系列材料说明,秦的连坐也是对奴隶社会同一刑罚原则的沿袭。只是由于实行什伍连坐,上下级连坐,进一步扩大了连坐的范围而已。

正因为秦刑罚的适用原则既有对历代经验的继承,又有对自己统治经验的总结,所以它就较以前各代更加具体、系统和完整。如我们前面已经谈到的,秦律刑罚的适用原则,一方面反映了封建法律的等级特权性质,同时也体现了要求按犯罪情节、后果和对待所犯罪行的态度区别对待的政策。它对秦封建刑法的实施,封建秩序的巩固和封建经济的发展都是有利的。秦的刑罚虽然很残酷,但自商鞅之后至秦始皇统一中国,却能做到"繁法严刑而天下振","禁暴诛乱而天下服"③;使秦国封建政治制度日益巩固,封建经济日益发展。这不能不说与适用刑罚时注意贯彻了这些原则没有关系。而历史事实说明,当秦统治者被胜利冲昏头脑,忘乎所以到"乐以刑杀为威",任意废弃已定的原则,就导致法度大坏,秩序混乱。结果,虽有"关中之固,金城千里"④,也无法避免天下愁怨,一朝覆灭的命运。

---

① 《尚书·甘誓》。
② 《尚书·汤誓》。
③ 《史记·秦始皇本纪》。
④ 《史记·秦始皇本纪》。

秦法官法吏体系考略*

一

早在商鞅变法时，秦国封建统治者为了保证法律实施，就提出："为法令置官吏，朴足以知法令之谓者，以为天下正。"①意思就是说，国家要为贯彻法令设置官吏，请那些通晓法令的人担任各级司法官吏，主持司法工作。他们设想的具体方案是，在朝廷中设置三名法官：天子殿里设一名法官，御史衙门设一名法官，丞相府设一名法官。各诸侯和郡、县都由天子给他们设置一名法官和法吏，统属于国家的司法官吏体系，听命于朝廷。② 从史籍记载看，这些主张基本上得到了贯彻。自商鞅开始，秦统治者从中央到地方逐步建立了一套较完整的司法官吏体系。

秦的司法官吏体系具体状况如何？清末学者沈家本在其《历代刑官考》，孙楷、徐复在《秦会要订补·职官》以及金少英在《秦官考》等著述中，对史籍中已有的材料都尽自己的力量作了整理和分析。但是，由于秦年代久远，其间历经战乱，材料散失，他们对问题的阐述不能不受很大的局限。1975年出土的云梦秦简，大部分是商鞅变法后到秦始皇统治时期的法律和文书。其中有不少关于当时司法官吏活动的规定和记载，为研究秦的司法

---

* 本文原载《学习与探索》1982年第2期。
① 《商君书·定分》。
② 见《商君书·定分》。

官吏体系提供了珍贵的资料。

二

从现有材料看,秦的司法官吏体系从中央到地方共分中央(朝廷)、郡(包括京师)、县(道)三级。朝廷和郡设有监察官职。

(一) 朝廷的司法官吏

1. 廷尉

廷尉,是秦朝廷的最高法官。《汉书·百官公卿表》:"廷尉,秦官,掌刑辟,有正、左右监,秩皆千石。"《史记·秦始皇本纪》:"廷尉李斯。"

秦统一全国之前,各诸侯国均有法官,但称呼却不一样。晋称"理",齐称"大理",楚称"廷理"。秦国所以称廷尉,应劭说:"听讼必质诸朝廷,与众共之,兵狱同制,故称廷尉。"颜师古说:"廷,平也,治狱贵平,故以为号。"①韦昭说:"廷尉、县尉皆古尉也,以尉尉人也。凡掌贼及司察之官皆曰尉。尉,罚也,言以罪罚奸非也。"②以上几种解释从官职称谓的渊源上都有一定道理。在一个时期内官方的确是这样宣传的,如张释之就曾对汉文帝说:"廷尉,天下之平也,一倾而天下用法皆为轻重,民安所措其手足。"③如非官方对廷尉作过这样解释,张释之决不敢在文帝面前如此强谏。当然,我们不能从此得出结论说,封建地主阶级治狱是"与众共之"、"尉人"、"贵平"等等。在封建社会里,像张释之那样敢于坚持依法断案的法官毕竟是个别的。封建法律是以公开不平等为特征。所谓"平",只能是在封建等级特权前提下的"平"。

在秦的司法官吏体系中,廷尉治理哪些狱案? 史籍中无明确记载。不过,沈家本在考证汉廷尉治理刑狱的范围时曾说:"张释之所谓天下之平也,是其权固有统一之象。然其时天下之狱不皆之廷尉,匪独在外之郡国也,即京师之内,三辅分治之,其讼自论决之,不之廷尉也。"④他是说刑狱的管辖范围,不仅是在外的郡国,就在京师之内也不是所有的案件都由廷尉治理。这当然是对的。那么廷尉治理哪些案件呢? 沈家本认为有两种:其一,

---

① 《汉书·百官公卿表》注引。
② 《太平御览》卷二三一引。
③ 《史记·张释之列传》。
④ 《沈寄簃遗书·历代刑官考》。

"之廷尉者皆诏狱,廷尉乃得治之";其二,"凡郡国谳疑狱,皆处当以报"。①这就是说廷尉治理的是皇帝交办的案件和下级司法机关遇到的疑难案件。汉承秦制,秦廷尉也应是治理这些案件。

云梦秦简中未见有关廷尉活动的记载,但在《秦律十八种》内有《尉杂》一种,《尉杂》应是《尉杂律》的简称。此律现存史籍中无记载。汉有《尉律》,见于《汉书·昭帝纪》注和《说文解字序》。汉的《尉律》包括哪些内容?《说文》段玉裁注:"谓汉廷尉所守律令也。"王应麟也认为:"尉律者,廷尉治狱之律也。"②对于这种解释,后人异议颇多,认为汉代以尉命官者,从太尉、卫尉、中尉到郡尉、县尉有多种,很难说《尉律》就是专指廷尉治狱之律。③《汉书·艺文志》:"尉律四十九类。"其内容究竟是什么,已无从考证,所以前人对汉《尉律》的争论一直是一桩悬案。秦《尉杂律》的内容秦简只摘录了两条:

一、"岁雠辟律于御史。"

二、"□其官之吏□□□□□□□□□法律程籍,勿敢行,行者有罪。"

前一条的意思是每年要到御史那核对刑律。第二条脱字过多,无法准确译出,大概是说基于某种原因,禁止某些法律程籍实行。从这两条法律反映的内容看,秦的《尉杂律》应是有关廷尉及其下属官吏职务的各种法律规定。这说明秦对司法官吏的活动是作了专门规定的。

秦始皇执政时,李斯曾长期任廷尉之职。就李斯说,当时远不只是"掌刑辟",同时还参与制定国家的大政方针。他对于秦始皇许多重大政策的制定和贯彻执行,起过举足轻重的作用,后来李斯由廷尉升任丞相。这是秦重视刑官的一个实例。

2. 廷尉正、廷尉监

廷尉正、廷尉监是廷尉的属官。《汉书·百官公卿表》:"廷尉,秦官,掌刑辟,有正、左右监,秩皆千石。"《通典·职官》在谈到"廷尉"一职时说:"正,秦置,廷尉正";"监,秦置,廷尉监"。

从史籍记载看,廷尉正、廷尉监均为秦置。汉代曾置左、右监,之后又增

---

① 《沈寄簃遗书·历代刑官考》。
② 《汉制考》卷一引。
③ 《沈寄簃遗书·历代刑法考·汉律摭遗》。

置左、右评。"汉宣帝置左、右评,光武省右,犹云左评。"①卫宏指出:"廷尉正、监、平,物故以御史高第补之。"②意思就是说,当廷尉正、廷尉监、廷尉平无能力继续担任现职时,应从御史中选拔水平高的补任之。由此看来。廷尉正、监、平高于御史,"为廷尉三官"③。以汉制看秦,可知秦的廷尉正、廷尉监均是廷尉的属官,其职责是协助廷尉治理刑律。

3. 御史大夫

御史大夫是秦朝廷中最高监察官。《汉书·百官公卿表》:"御史大夫,秦官,位上卿,银印青绶,掌副丞相。"《史记·秦始皇本纪》:"御史大夫劫。"又:"秦初并天下,令丞相御史曰……"④

在现有的史料中,未发现秦之前有御史大夫的记载,此职应始于秦。秦御史大夫的地位较显赫。秦始皇时,御史大夫冯劫与丞相王绾、廷尉李斯等参与了国家的重大决策。所以称为御史大夫,应劭说:"侍御史之率,故称大夫。"⑤为弄清秦御史大夫的职责,需要弄清秦以后(主要是汉代)同类官职的情况。《汉官仪》:"高皇帝置御史大夫,位次丞相。"《通典·职官》:"御史大夫,秦官,汉因之。"《汉书·百官公卿表》在谈到这一官职时写道:"有两丞,秩千石。一曰中丞,在殿中兰台,掌图籍秘书,外督部刺史,内领侍御史员十五人,受公卿奏事,举劾按章。……侍御史有绣衣直指,出讨奸猾,治大狱。"对此,《汉官仪》说得更具体些:"御史中丞二人,本御史大夫之丞。其一别在殿中,兼典兰台秘书,外督部刺史,内领侍御史,受公卿奏章,纠察百僚。"从上述可看出,汉自高祖起就沿袭秦置御史大夫。成帝之后名称虽曾改变,但其职责却无大变化。"受公卿奏事,举劾按章","出讨奸猾,治大狱","纠察百官",这是御史大夫不同属官分管的职责,当然也就是御史大夫的职责。由于御史大夫是"侍御史之率",当我们对御史作一番考察之后,有关御史大夫的情况就会更清楚。

4. 御史

御史是御史大夫的属官。秦的史料中多处提到御史。《汉官旧仪》:"始皇灭楚,以其君冠赐御史。"《史记·李斯列传》:"赵高使其客十余辈诈

---

① 《沈寄簃遗书·历代刑官考》。
② 《汉宫旧仪》卷上。
③ 《通典·职官》。
④ 陈直:《汉书新证》:"御史大夫与丞相连称者。简称为丞相御史,高祖纪所谓制诏丞相御史是也。"此处御史也应是指御史大夫。
⑤ 《汉书·百官公卿表》注。

为御史、谒者、侍中更往覆讯斯。"

御史原为周官,后为秦汉所沿袭。《周礼·春官》:"御史,中士八人,下士十六人。"注:"御犹侍也,进也。"疏:"此官亦掌藏书,所谓柱下史也。"①"柱下史,老聃为之。秦改为御史,一名柱后史,谓冠以铁为柱,言其审不桡也。"②对于"柱下",司马贞认为是"所掌及侍立恒在殿柱之下"。③ 周时,不管称御史还是柱下史,其职务均较低,战国时无大变化。《史记·滑稽列传》:"赐酒大王之前,执法在前,御史在后。"《战国策·赵策》:"敝邑秦王,使臣敢献书于大王御史。"《史记·廉颇蔺相如列传》:"赵王鼓瑟,秦御史前书曰……"此事《通典》也有记载:御史"皆记事之职也"。④ 以上材料说明,战国时赵、齐、秦等国均设有御史,《汉官仪》说秦改柱下史为御史,恐不确。

秦统一全国后,御史的地位有了提高。《史记·秦始皇本纪》:"使御史案问诸生。"《太平御览》卷二二七:"御史,秦官也,案问有御史。"《资治通鉴·秦鉴》注:"秦御史,讨奸猾,治大狱。"秦简中的"岁雠辟律于御史",意思是说司法官吏每年要到御史那里核对刑律。以上材料说明,秦御史掌纠察,治大狱,还保管和监督法律实施。

御史的权力逐步加大,从国家制度和法律制度的演变上可以看出。秦始皇统一全国之后,皇帝的权力至高无上,言出法随,生杀予夺;其诏令成为国家法律的最基本的渊源,具有最高的法律效力。这样,其近侍官员的权力必然日益加重。御史这种御用秘书官,最能体察皇帝的意图,了解律令变更情况,由他们纠察百官,治理大狱,负责法律监督就不足为怪了。而作为众御史之长的御史大夫,掌副丞相,参与朝廷的重大决策,也就成为顺理成章之事。

(二)京师、郡的司法官吏

1. 内史

秦内史是掌治京师军政司法的长官。《汉书·百官公卿表》:"内史,周官,秦因之,掌治京师。"《史记·秦本纪》:"于是缪公退而问内史廖曰……而后令内史廖以女乐二八遗戎王。"又:"十七年,内史腾攻韩。"《史记》中多处均有关于内史的记载。云梦秦简中有《内史杂律》。此外,在《厩苑律》、

---

① 《周礼·春官·宗伯》。
② 《汉旧仪》引《北堂书钞设官部》。
③ 《史记·张丞相列传》"集解"。
④ 《通典·职官六》。

《金布律》和《法律答问》中,也都提到内史。

班固说内史是周官,金文和有关西周的史籍中的确有不少关于内史的记载。如"井侯殷";"佳三月,王令荣眔内史曰"[1];"夔鼎":"内史令友事,易(锡)金一钧,非余。"[2]据考,"井侯殷"、"夔鼎"是成、康时期之器,它说明,"在成、康之时或者还要早些,内史已经是很重要的职务了。"[3]至于其职责,《周礼·春官·内史》:

"凡命诸侯及孤卿大夫,则策命之。凡四方之事书,内史读之。王制禄,则赞为之,以方出之;赏赐亦如之。内史掌书王命,遂贰之。"又:"内史掌王之八柄之法以诏王治:一曰爵,二曰禄,三曰废,四曰置,五曰杀,六曰生,七曰予,八曰夺。执国法及国令之贰,以考政事,以逆会计。掌叙事之法,受纳访,以诏王听治。"

这就是说西周的御史对爵禄置废、生杀予夺,政治、法律、经济等重大事项无所不问。春秋时期内史在朝廷中的地位仍很显赫:

《国语·周语上》:"襄王使大宰文公及内史兴赐晋文公命……大宰以王命命冕服,内史赞之,三命而后即冕服。"《左传·僖公二十八年》:"己酉,王享醴,命晋侯宥、王命尹氏及王子虎、内史叔兴父策命晋侯为伯。"

以上两例内史均作为王的重要使臣之一向诸侯传达王命。至于内史何时开始掌管京畿,《周礼·外史》:"外史掌书外令。"郑注:"王令下畿外。"如若内史、外史是朝廷并列二官,职责是以王畿内外来分,那么,内史所谓"执国法、国令",一开始就是行于王畿之内的法、令。这可能就是秦汉内史"掌治京师"的由来。当然,此说与前面所引史料不尽相符,因为最少在春秋时内史执王令已达诸侯国了。所以还可以作另一种有根据的推论:京畿历来对于统治者十分重要,国王需要派心腹加以控制,内史由周时的朝廷重臣兼领京畿,演变为秦汉"掌治京师"。

可能与所处的战争环境有关,秦的内史都曾参与重大军事活动。缪公时,内史廖曾参与灭戎之决策;秦始皇曾命内史腾灭韩;内史蒙恬和后来的内史保也是领兵之将。不过从秦律的规定看,秦的内史过问的事仍是很多的。云梦秦简的《内史杂律》,应是"关于掌治京师的内史职务的各种法律

---

[1] 《三代古金文存》六、四五。
[2] 《三代古金文存》四、七。
[3] 于豪亮:《云梦秦简所见职官述略》,载《文史》第8辑。

规定"①,其内容涉及行政、经济、治安和法律等各个方面,与《周礼》关于内史"执国法及国令之贰,以考政事,以逆会计"是吻合的。

内史之职至汉代有了较大变化。景帝二年分置左右内史。武帝太初元年,右内史更名京兆尹,左内史更名左冯翊,后又将主爵都尉更名右扶风。至此,京兆尹、左冯翊、右扶风是为京师三辅,分治京师。关于他们的司法权,沈家本说:"即京师之内,三辅分治之,其狱讼自决论之。"②就是说按各自所辖地区管理狱讼。据载,"刘德为京兆尹,每行县,多所平反是也。"③这都说明掌治京师之长官是行使司法权的。

2. 郡守(太守)

郡守是掌治郡军政司法的长官。《汉书·百官公卿表》:"郡守,秦官,掌治其郡,秩二千石。有丞,边郡又有长史,掌兵马,秩皆六百石。"史籍中记有郡守的有:《华阳国志》:"周赧王元年,秦惠王(公)封子通国为蜀侯,以陈壮为相,置巴郡,以张君为蜀国(郡)守。"又:"周灭后,秦孝文王以李冰为蜀守。"《史记·李斯列传》:"李斯长男由为三川守"。《史记·高祖本纪》:"泗川守壮败于薛,走至戚,沛公左司马得泗川守壮,杀之。"又:"沛公洛南阳郡,南阳守齮走,保城守宛。"秦简中出现郡守和太守的记载共三处:《语书》:"廿年丙戌朔丁亥,南郡守腾谓县道啬夫";《法律答问》:"辞者辞廷,今郡守为廷不为,为也";《封诊式》:"以县次传诣成都,成都上恒书太守处。"

班固曾认为:"郡守……景帝中二年更名太守。"④从史籍和秦简的记载看,此说不确切。据《战国策》载,战国时郡守就又称太守。⑤ 上引《华阳国志》"李冰为蜀守",即李冰为蜀郡太守。秦简中郡守与太守亦并称。汉初大抵也如此。景帝中二年应是将郡守、太守统命为太守,非"更名太守"。郡守,作为一郡之长,其职责也是很广泛的。《后汉书·百官志》:"太守,掌治其民,决讼检奸,秋冬遣无害吏案讯诸囚,平其罪法,论课殿最,岁尽遣吏上计。"由此可看出,郡守的职责同掌治京师的内史类似,在郡内他是政治、军事、经济和司法大权的掌管者。值得注意的是,秦的郡守在本郡之内还有

---

① 《睡虎地秦墓竹简·内史杂律》注。
② 《沈寄簃遗书·历代刑官考》。
③ 《史记·平准书》索隐。
④ 《汉书·百官公卿表》。
⑤ 《战国策·赵策》:"令韩阳告上党之守靳黈曰:秦起二军以临韩,韩不能有(友)。今王令韩兴兵以上党人和于秦,使阳言之太守,太守其效之。"这是战国时韩有太守的记载。

权修治律令,颁布某些法律文告。云梦秦简中的《语书》就是南郡守腾于秦始皇廿年四月发布的一篇地方性的法规。《语书》写道:"腾为是而修法律令、田令及为间私方而下之",修,备也。在这里有整理的意思。为间私,即为奸私。方,《后汉书·桓谭传》注:"犹法也"。这句话的完整意思是,我曾把法令、田令和惩办间私的法令整理公布。它说明,在此《语书》发布之前,腾就不止一次将有关法令整理了。

在有关秦的史料中,还有"假守","南阳假守腾"①,"会稽假守通"等②。"正义";"言假者,兼摄也"。假守即兼任或代理郡守,其职权应与郡守相同。

3. 断狱都尉

断狱都尉是郡守的属官,在郡守之下分管治狱。《汉旧仪》:"汉承秦〔制〕郡置太守治民,断狱都尉治狱,都尉治盗贼甲卒兵马。"《通典·职官》的记载略异:"秦灭诸侯,以其地为郡,置守、丞、尉各一人。守治民,丞佐之,尉典兵。"以上两处对于秦郡守之下究竟是一尉还是二尉记载不一致。但徐复却在《秦会要订补》中说:"故《通典》又云:'始皇并天下,郡置一守、一丞、两尉以典之。'若然,典兵、断狱固有分职矣。"③《汉旧仪》关于秦在守之下置断狱都尉其他史籍所不载,不过根据以下几个方面材料分析,在郡级政权中设专职管断狱是必然的:其一,秦自中央到地方各级官僚机构部分职设事,朝廷和县均有专职刑官治理狱案;其二,秦律明确规定,郡守为郡廷,可以直接受理诉讼案件;其三,秦朝廷的廷尉受理"诏狱",还受理各郡的疑难案件,同样郡也受理县的疑难案件。正如沈家本在考证汉代司法制度时指出的:"县之狱不必皆上于郡,而亦有上于郡者。"承担如此繁重的治狱任务,不设专职而只靠郡守一人是难以想象的。所以我认为,《汉旧仪》关于郡在郡守之下"置断狱都尉治狱"的记载是可信的。

4. 监御史

监御史为郡的监察官。《汉书·百官公卿表》:"监御史,秦置,掌监郡。"司马迁在《史记》中几次提到此一职务。《肖相国世家》:"秦御史监郡者与从事,常辨之。何乃给泗水卒史事第一。秦御史欲入言征何,何固请,得毋行。"《曹相国世家》:"攻秦监公军,大破之。"《高祖本纪》:"秦泗川监

---

① 《史记·秦始皇本纪》。
② 《史记·项羽本纪》"集解"引《楚汉春秋》。
③ 见《秦会要订补·职官》。

平将兵围丰,二日出与战破之。"对于后两处提到的监,"集解"分别引文颖与《汉书音义》认为均是"御史监郡者"。

秦的监御史主要职责是掌纠察,当然可能与当时的战争形势有关,两次都提到他们领兵打仗。据《汉旧仪》,侍御史之秩为六百石,只等于一县之长。秦的监御史不会高于侍御史。前引《肖相国世家》说,肖何作为卒史就与监御史"常辨之",说明秦监御史官职是不高的。秦简《秦律十八种·传食律》有关于"御史卒人使者"出差时伙食供给标准规定,秦简整理小组注:"此处疑为监郡的御史。"如是,说明其官秩的确不高。

监御史的地位至汉代则发生了较大变化。《通典·职官》:"秦置监察御史,汉兴,省之。至惠帝三年,又遣御史监三辅、郡,察词讼。所察之事凡九条,监者二岁更之,常以十月奏事,十二月还监。其诸州复置监察御史。文帝十三年,以御史不奉法,下失其职,乃遣丞相史出刺并督察御史。武帝元封元年御史止不复监,至五年乃置部刺史,掌奉诏六条察州,凡十二州焉。"《通典》的这段记载将秦以后监御史的沿革讲得较清楚。从领导关系看,对监御史实行的可能是以朝廷领导为主,郡守领导为辅的双重领导。武帝五年则为刺史所取代。关于汉刺史的职责,颜师古引《汉官典职仪》曰:"周行郡国,省察治状,黜陟能否,断治冤狱,以六条问事,非条所问,即不省。"[1]不过,沈家本说汉刺史"监郡而不治狱"[2],究竟是否治狱,从历史沿革看,应说不单独治狱,而是参与郡守或断狱都尉治狱。成帝绥和元年,州刺史更名为州牧,其地位进一步提高。

(三)县的司法官吏

1. 县令、长

县令、长是掌治其县军政司法的长官。《汉书·百官公卿表》:"县令、长,皆秦官,掌治其县。万户以上为令,秩千石至六百石;减万户为长,秩五百石至三百石。"秦的县令、长史籍记载较多,本文不一一列举。秦简中也有多处记载,不过称呼不一致;有的地方称县令,有的地方称县(道)啬夫,有的地方称大啬夫,也有称县主的。

县令、长称啬夫的例子:《语书》:"南郡守腾谓县、道啬夫。"《秦律杂抄》:"成律曰:同居毋并行,县啬夫、尉及士吏行戍不以律,赀二甲。"

《语书》中提到的"道",《后汉书·百官志》:"凡县,主蛮夷曰道。"秦的

---

[1] 《汉书·百官公卿表》。
[2] 《沈寄簃遗书·历代刑官考》。

道是指少数民族聚居地区相当于县级的行政区划。南郡守的《语书》主送县、道啬夫,说明他们是掌治其县、道的主管官员,也就是史籍和简文其他地方所称的县令、长。

县令、长称大啬夫的例子:《秦律十八种·司空》:"葆子以上居赎刑以上到赎死,居于官府,皆勿将司。所弗问而久縶(系)之,大啬夫、丞及官啬夫有罪。"《内史杂律》:"有不从令而亡、有败、失火,吏有重罪,大啬夫、丞任之。"《效律》:"官啬夫免,县令令人效其官,官啬夫坐效以赀,大啬夫及丞除。"

以上三例,第一条是关于狱政,第二条是下级官吏失职的连带责任,第三条也是下级官吏失职的连带责任,只不过规定可以免予惩罚。这几处出现的"大啬夫",秦简整理小组在注译中认为均是指县令、长,从律文上下反映出的具体情况看,从"大啬夫"均与县丞并提看,这种意见是可信的。

县令、长称县主的例子:《封诊式》:"有鞫□□敢告某县主";又:"覆□□敢告某县主。"

简文中两处出现"县主"的称呼,都是在法律文书中,这可能是当时在公文中下对上的尊称。

关于县令、长的职责,《后汉书·百官志》讲得较具体:"本注曰:皆掌治民,显善劝义,禁奸罚恶,理讼平贼,恤民时务,秋冬集课,上计于所属郡国。"就是说,本县之内的政治、经济、法律他都管,其中治理刑狱是其重要任务之一。秦县令、长治理刑狱,还见于秦末蒯通对范阳令的一席话"秦法重,足下为范阳令十年矣,杀人之父,孤子之子,断人之足,黥人之首,不可胜数"[①]。蒯通的话尽管是说辞,但却是当范阳令的面讲他在范阳的情况,想必不会离事实太远。此外,云梦秦简中也有不少关于县令、丞治理刑狱的记载。南郡守腾的《语书》在列举了南郡的犯罪现象后,便以严厉的口吻说道:"自从令、丞以下智(知)而弗举论,是即明避主之明法殹(也),而养匿邪避之民。"并说:"此皆大罪殹(也),而令、丞弗明智(知),甚不便。今且令人案行之,举劾不从令者,致以律,论及令、丞。有(又)且课县官,独多犯令,而令、丞弗得者,以令、丞闻。"很明显,南郡守腾把各县违法犯罪多少,是否依律举发论罪,以及发案率是否下降,都作为县令、丞的职责予以考核、追究。在秦简的其他部分,如《秦律十八种》、《封诊式》中,还有不少反映县

---

① 《史记·张耳陈余列传》。

令处理狱案的例子,这些材料都一再说明秦的县令是直接管理司法的。

2. 县丞

县丞为县令、长之副。《汉书·百官公卿表》:"县令、长,皆秦官,掌治其县……皆有丞、尉,秩四百石至二百石,是为长史。"《后汉书·百官志》:"丞署文书,典知仓狱。"秦简的记载说明,县丞在县令、长之下握有广泛的权力,除"署文书,典知仓狱"外,还负责官吏任免、生产管理和军马训练等。如:

《内史杂律》有令、丞管理官吏任免的法律规定。

《效律》有令、丞管理会计和仓库的法律规定。

《秦律杂抄》有令、丞管理手工业和漆园生产的法律规定。

《秦律杂抄》有令、丞管理军马训练和战勤的法律规定。

尽管法律规定了县丞有多方面职责,但从秦简的整个内容看,治理刑狱仍然是其主要职责之一。除在举劾犯罪、管理狱政方面多处提到县令、丞之外,还可以从《封诊式》编选的式例中看出县丞在处理狱案中的关键作用。

其一,封守:"乡某爰书:以某县丞某书,封有鞫者某里士五(伍)甲家室、妻、子、臣妾、衣器、畜产……"

这是秦基层政权乡的负责人查封士伍甲家室的报告书。报告书一开始就说,对士伍甲家室的查封是奉县丞某的书面指示进行的。由此可以看出,查封一个人的家室,即使在当时也是对刑事或民事被告人采取的一种法律措施。爰书中的所谓"有鞫者",就是指被告人。这次不仅封存了士伍甲的财产,还统计了其家庭人口,最后还将士伍甲交同里人加以监管,爰书的内容说明,此案是县丞主办的。

其二,告臣:"爰书……丞某告某乡主:男子丙有鞫,辞曰:'某里士五(伍)、甲臣'其定名事里,所坐论云可(何),可(何)罪赦,或覆问毋有,甲赏(尝)身免丙复臣之不殹(也)?以律封守之,到以书言。"

这篇爰书说明,县丞某在讯问了案情之后,为了弄清事实,向某乡负责人发出了索要士伍甲家臣(奴隶)有关情况的信件,要求查明其姓名、身份、籍贯,曾犯过什么罪,士伍甲曾否解除过他的奴隶身份然后又奴役他,并指示乡主在收到函件后就要求的内容写出书面报告。在此案中县丞某也是案件的主办人。

其三,告子:"爰书:某里士五(伍)甲告曰:甲亲子同里士五(伍)丙不孝,谒杀,敢告。……丞某讯丙,辞曰:甲亲子,诚不孝甲所,毋它坐罪。"

这篇爰书记载士伍甲到县丞处告自己的儿子不孝,请求将他杀掉。县丞某讯问了士伍丙,士伍丙承认自己不孝。在此案中县丞是案件的直接承办人。

县丞处理诉讼案件,还可以举出一些,不过仅此已可以看出,在秦的县级政权里,县丞是主审狱案的重要官员,县丞的地位在县令、长之下,有属吏和令史协助其工作。

3. 狱掾

狱掾又称狱吏,是在县令、丞之下治理刑狱的属吏。《史记·项羽本纪》:"乃请蕲狱掾曹咎书抵栎阳狱掾司马欣。"《汉书·曹相国世家》:"秦时为狱掾。"金少英在《秦官考》中认为,狱掾与狱吏"实同官异称"。《汉书·萧相国世家》,萧何任"沛主吏掾"。《汉书·任敖传》:"少为狱吏。"《说文》段注:"下杜人程邈爲衙狱吏。"

狱掾或狱吏在秦简中也有记载。《编年纪》:始皇"十二年,四月癸丑,喜治狱鄢。"治狱是工作性质,鄢是地名。《汉书·地理治》:"宜城",注:"故鄢,惠帝三年更名。"鄢在今宜城南十里楚皇城,秦时为县政权所在地。"喜治狱鄢"究竟是担任什么职务呢?需要考察一下喜的经历。《编年纪》:始皇"元年,喜傅";三年,"喜揄史";四年,"喜为安陆□史";"六年四月为安陆令史";"七年,正月甲寅,鄢令史";"十二年,四月癸,喜治狱鄢"。傅,傅籍,法定的"给公家徭役"的年龄。[①]"揄,本意为引、出,这里'揄史'为进用为史之意"[②]。喜的这段经历告诉我们,他傅籍二年之后被任为史,任史三年后又任鄢令史,任令史职务六年担任治狱之职。从任令史到治狱应是一次职务提升,令史之上便是狱掾,所以"治狱鄢"应是在鄢任狱掾(吏)。狱掾(吏)在治狱中的地位,秦简也有所记载:

《法律答问》:"甲有罪,吏智(知)而端重若轻之,论可(何)殹(也)?为不直。"又:"廷行事吏为诅伪,赀盾以上,行其论,有(又)废之。"又:"士五(伍)甲盗,以得时直(值)臧(赃),臧(赃)直(值)过六百六十,吏弗直(值),其狱鞫乃直(值)臧(赃),臧(赃)直(值)百一十,以论耐,问甲及吏可(何)论?甲当黥为城旦,吏为失刑罪;或端为,为不直。"

从上述规定看,狱掾(吏)可以单独承办诉讼案件,但必须依法办事。秦律对侵犯财产罪处刑是较重的,盗不盈一钱也要论罪,一百一十是一个界

---

① 《汉书·高帝纪》注。
② 《睡虎地秦墓竹简·编年纪》注。

限,六百六十为"大误",如计错赃值为"失刑罪",如故意则为"不直"。秦始皇"适治狱吏不直者,筑长城及南越地"①,就是惩办故意出入人罪的官吏。秦的治狱掾(吏)低于县令、丞,高于令吏。

4. 令史

秦县司法机构中的令史是治理刑狱的办事人员。《汉书·百官公卿表》在谈到县政权机构时指出:"百石以下,有斗食佐史之秩,是为少吏。"令史应包括在内。此职见于史籍的有:《史记·项羽本纪》:"陈婴,故东阳令史。"秦简中关于令史的记载较多,除前引《编年纪》中喜曾任令史外,在《封诊式》的《盗自告》、《争牛》、《经死》和《穴盗》等式例中,也多次提到了令史及其在诉讼中的活动。

《盗自告》:"即令〔令〕史某往执丙。"令史在此案中担任拘捕被告的任务。《争牛》:"即令令史某齿牛。"令史在此案中的任务是检查牛的口齿,确定牛的年岁。在《经死》和《穴盗》两案中,令史都是对案发现场进行勘验,然后向上级写出报告。在其他案件中,令史承担的也是这类事务性的工作。从以上记载可以看出,令史具有一定的侦查和法医检验专门知识,其工作是在县令、丞或狱掾的领导下进行的。令史在执行职务时必须和其直接上司密切配合,否则出现差错要受惩罚。《法律答问》:"赎罪不直,史不与啬夫和,问史可(何)论?当赀一盾。"这里说的史就是指县司法机构的令史,而啬夫则是指有权处理案件的县令、丞。

史早在周代已经存在了,不过从史籍记载看,秦设置此职较晚。《史记·六国年表》:孝公十三年,"初为县有秩史"。所谓"有秩史",就是领取国家俸禄的史。《汉旧仪》:"令史皆斗食",可见其职位之低。秦的令史当设置在孝公十三年之后。卫宏在《汉旧仪》中说的"更令吏曰令史,丞吏曰丞史,尉吏曰尉史",其事应发生在秦时,因为无论在秦的史籍中或秦简中,都已有不少关于令史的记载了。此外,徐复在《秦会要订补》中引《史记》"集解",认为"令史即令吏也",说"县有令史,亦名令吏"②;金少英在《秦官考》中也认为狱史即狱吏,均恐欠当。从秦简内容看,秦县司法机构的令史与狱吏固然都承担办理狱讼案件,但令史的职位明显低于狱吏,二者在诉讼中的地位是有很大差别的。

---

① 《史记·秦始皇本纪》。
② 《秦会要订补·职官》。

三

有关秦的史籍和云梦秦简的记载告诉我们,秦的司法官吏体系,在其整个官僚机构中占有很突出的地位。秦司法官吏体系的一个特点是,行政与司法不分。不管是从史籍记载看或从秦简提供的材料看,县和县以上政权的主管官员如县令、郡守等,都兼管司法。云梦秦简是一个基层司法官吏为其工作需要摘抄的,对县级司法机构的活动反映得较充分,对郡以上司法机构的活动反映的不多。仅从县级政权的县令、丞兼管司法,还设有狱掾、令史专事司法的情况看,其司法机构是相当完备的。还应指出,县级司法机构之外,在基层还设有亭长、校长管理治安,有乡啬夫、里典、伍老等管理行政,他们虽不属于司法官吏体系,其职责却与司法官吏体系有密切联系。他们经常按照县令、丞的委派从事案件调查、现场勘验和监管被告等与诉讼案件有关的任务。这一支庞大队伍的存在大大加强了秦的基层司法工作。

秦的司法官吏体系的建立,不仅表现在组织上配备了一套官吏,同时还表现在建立了一套侦查破案、审讯判决的诉讼制度。秦简《封诊式》中的"治狱"、"讯狱"指明了一般原则和其他式例。一般情况下,秦统治者是主张对案件进行调查研究,强调依法办事,不主张放纵犯罪或重罪轻判,也不主张入人于罪或轻罪重判。我们在考察秦的司法官吏体系时,不应被秦律要求司法官吏严格依法办事的规定所迷惑,必须记住,秦从令史到县令、长,从断狱都尉到廷尉,都是封建地主阶级的大大小小代理人。秦代的法吏同我国历史上任何一个朝代的司法官吏一样,都是统治阶级的鹰犬,奉皇旨为金科玉律,以诏令为最高法律形式,尊皇帝为最大审判官,各级法吏莫不是"法自君出"的封建统治阶级的恢恢法网的忠实维护者而已。

秦的诉讼制度[*]

诉讼制度是法律制度的重要组成部分,具体是指关于法律案件告诉、侦查、预审和审判程序各个方面的法律规定。马克思在谈到审判程序对于实体法的重要性时曾经指出:"审判程序和法二者之间的联系如此密切,就像植物的外形和植物的联系,动物的外形和血肉的联系一样。审判程序和法律应该具有同样的精神,因为审判程序只是法律的生命形式,因而也是法律的内部生命的表现。"[①]正因为审判程序对于实体法具有如此重要的意义,所以,历代统治阶级为了有效地运用法律维护自己的统治,无不在颁行各种实体法的同时,规定一系列审判程序。这样,在历史上就形成了各种不同特点的诉讼制度。

有关中国古代的诉讼制度,在《尚书》、《周礼》、《礼记》和《左传》等典籍中都有所记载,但作为专门性的法律规定,应首推李悝《法经》中的《囚法》和《捕法》。《法经》仅存篇名,具体内容已不可详考。1975年在湖北云梦发现的秦简,有关于秦诉讼方面的记述。这是迄今我们所能见到的有关中国古代诉讼制度最早的法律规定。通过这些记载,结合史籍中的有关资料,可以使我们对秦代诉讼制度有所了解。

---

[*] 本文连载于《中国法学》1985年第1、3、4期,1986年第2、3、6期,1987年第1期。

[①] 马克思:《关于林木盗窃法的辩论》,载《马克思恩格斯全集》第1卷,人民出版社1995年版,第178—179页。

一 司法机构

要研究秦的诉讼制度,就要首先了解秦的司法机构的设置。

早在商鞅变法时,秦的统治者就提出:"为法令置官吏,朴足以知法令之谓者,以为天下正。"①这意思是说,国家要为法令的贯彻执行设置官吏,请那些懂法律的人到各级司法机构中主持工作。其具体办法是:"天子置三法官,殿中置一法官,御史置一法官及吏,丞相置一法官。诸侯郡县皆各为置一法官及吏。"②从商鞅变法开始,秦统治者逐步在全国建立了一套较完整的司法机构。

从现有材料看,秦的司法机构分为朝廷、郡(包括京师)和县(包括少数民族聚居的道)三级。

(一)朝廷司法机构

1. 廷尉

廷尉是秦朝廷主管刑狱的最高司法官。《汉书·百官表》:"廷尉,秦官,掌刑辟,有正、左右监,秩皆千石。"所以称廷尉,颜师古曰:"廷,平也,治狱贵平,故以为号。"③韦昭则曰"以尉尉人也",又说"尉,罚也,言以罪罚奸非也"。④ 廷尉正、廷尉监是廷尉的属官。《通典·职官》在谈到这两个职务时指出:"正,秦置,廷尉正";"监,秦置,廷尉监"。其职责应是协助廷尉治理刑狱。据《史记》中的《秦始皇本纪》和《李斯列传》,李斯曾任秦廷尉。云梦秦简《秦律十八种》有《尉杂》一篇,从内容看,应是关于廷尉职务的法律规定。这说明,秦对廷尉及其所属系统的司法官吏的活动是作了专门法律规定的。

2. 御史大夫

秦朝廷除设廷尉专管审判案件之外,还设置了监察机关。御史大夫是朝廷的最高监察官。《汉书·百官表》:"御史大夫,秦官,位上卿,银印青绶,掌副丞相。"其地位在廷尉之上,是很显赫的。《百官表》没具体谈秦御史大夫的职责,但对汉代御史大夫及其属官的职责却有较明确记载:"有两

---

① 《商君书·定分》。
② 同上。
③ 《汉书·百官表》注。
④ 《太平御览》卷二三一引。

丞,秩千石,一曰中丞,在殿中兰台,掌图籍秘书,外督部刺史,内领侍御史员十五人,受公卿奏事,举劾按章。……侍御史有绣衣直指,出讨奸猾,治大狱。"秦御史大夫的属员可能没有汉代多,分工也可能不如汉代细,但其职责应相去不远。这一点从其他史籍的记载中能够得到印证。《汉官仪》:"柱下史,老聃为之,秦改为御史,一名柱后史,谓冠以铁为柱,言其审,不桡也。"《史记·秦始皇本纪》:"使御史悉案问诸生。"《太平御览》卷二二七:"御史,秦官也,案问有御史。"《资治通鉴·秦鉴》始皇三十五年注:"秦御史,讨奸猾,治大狱。"此外,云梦秦简《尉杂律》有"岁雠辟律于御史"的规定,意思就是要廷尉系统所属的司法官吏,每年到御史那里核对刑律。既然御史的职责如此广泛,那么,作为众御史之长的御史大夫的职权之大就可想而知了。

中国古代,御史最初是朝廷的记事官,之后,权力逐渐加重。秦首先创设御史大夫之职。其位次丞相,掌管律令,纠察百官,参与治理重大狱案。这一职务的设置,既加强了对官吏的监督,又对廷尉治理刑狱的权力有所制约,反映了中国封建专制主义国家制度和法律制度的变化和发展。

(二)郡和京师的司法机构

秦的郡和京师的司法机构在其所属地区内行使司法权,对所属各县的司法机构实行领导和监督。主管官员,郡是郡守(有的郡亦称太守),京师是内史。《汉书·百官表》:"郡守,秦置,掌治其郡,秩二千石。有丞,边郡又有长史,掌兵马,秩皆六百石。""内史,周官,秦因之,掌治京师",其下也分设属官协助其执行职务。云梦秦简中记载郡守和太守活动的地方有三处:其一,南郡守腾发布《语书》,责令各县、道啬夫(即县令、长)要依法惩办"淫佚之民",否则,要追究官吏的法律责任。其二,《法律答问》:"辞者辞廷,今郡守为廷不为?为也。"这里明确答复,郡守的郡廷就是处理诉讼案件的地方。其三,《封诊式·迁子》中有关于派人押送犯人到成都,然后到蜀郡太守处办理押解公文手续的记载。这三处记载都是关于司法活动,说明秦郡守确实兼管刑狱。

在郡守之下,设断狱都尉协助治理刑狱。《汉旧仪》:"汉承秦〔制〕,郡置太守治民,断狱都尉治狱,都尉治盗贼甲卒兵马。"秦在郡守之下设断狱都尉一事,其他史籍未载,但从秦自中央到地方各级官僚机构均分职设事,郡之上的朝廷和郡之下的县都有专职管理狱案来看,《汉旧仪》关于郡设断狱都尉一职的记载是可信的。

秦在各郡还设监御史。《汉书·百官表》："监御史,秦官,掌监郡。"这是由朝廷派到各郡的监察官。其主要职责应与朝廷中的御史类似,对所在郡的官吏实行纠察,并参与治理刑狱。

(三) 县的司法机构

秦县的司法机构是在郡和京师之下,在一县范围内行使司法权的基层司法机构。其主管官员是县令、长。《汉书·百官表》："县令、长,皆秦官,掌治其县。万户以上为令,秩千石至六百石;减万户为长,秩五百石至三百石。"关于县令、长的职责,《后汉书·百官志》讲得较具体:"皆掌治民,显善劝义,禁奸罚恶,理讼平贼,恤民时务,秋冬集课,上计于所属郡国。"这就是说,一县之内的政治、经济、司法他都管。秦县令、长治理刑狱还见于《史记》记载的谋士蒯通过范阳令的一席话:"秦法重,足下为范阳令十年矣,杀人之父,孤人之子,断人之足,黥人之首,不可胜数。"① 云梦秦简《语书》和一些法律条文中,也多处规定县令、长要依律举劾罪人,否则,就要"致以律"。这些材料都充分说明,治理刑狱是县令、长的重要职责。

辅佐县令、长治理刑狱的是县丞。《后汉书·百官志》："丞署文书,典知仓狱。"云梦秦简的记载说明,在县令、长之下,县丞握有广泛的权力,其中主要职责之一是处理诉讼案件。《封诊式》中的不少式例都反映出县丞在处理诉讼案件中的作用。在《封守》、《告臣》和《告子》等案件中,县丞还是案件的主办人,审判中起关键性作用。

在县丞之下,承办诉讼案件的还有狱掾(吏)和令史。史载,汉开国勋臣萧何、曹参秦末都曾任此职。《史记·萧相国世家》："萧相国何者,沛丰人也。以文无害,为沛主吏掾。"《曹相国世家》："平阳侯曹参者,沛人也。秦时为沛狱掾。"《秦始皇本纪》："狱吏得亲幸。"金少英认为,狱掾即狱吏,"实同官异称"②。秦简《法律答问》："甲有罪,吏知而端重若轻之,论何也?即为不直。"秦始皇曾"适治狱吏不直者,筑长城及南越地"。③ 从治狱吏处理案件故意减轻或加重人罪要负的法律责任看,吏在县令、丞领导之下有权单独承办案件。

此外,还有令史。秦县级司法机构中的令史,是在县令、丞以及治狱吏之下的办事人员,他们具有一定的司法检验专门知识,参与案件的侦讯和审

---

① 《史记·张耳陈余列传》。
② 金少英:《秦官考》。
③ 《史记·秦始皇本纪》。

判活动,但不能独立承办诉讼案件。

秦县的司法机构之外,在基层还设有治安机构亭,亭有亭长、游徼等管理治安的人员;还设有乡,乡有啬夫、有秩、三老等行政人员。这些人员虽不属于司法机构的组成部分,但其职务与司法有密切关系。他们常常受县令、丞的委派,从事案件的局部调查、现场勘验和监管被告人等事务。这批人员的设置,大大加强了秦的基层司法机构。

上述情况说明,秦的司法机构从中央到地方基层已经形成了较完整的体系。封建帝王是这个体系的主宰。正如毛泽东同志曾指出的,在封建国家中,皇帝有至高无上的权力,在各地方分设官职以掌兵、刑、钱、谷等事。秦的各级司法机构,就是封建帝王分设在各地管理刑狱的办事处。

二 案件管辖

案件的管辖是指司法机构处理诉讼案件的职权范围。也就是说,当发生诉讼案件之后,按照法律规定应由哪一级或什么样的司法机构审断。从史籍和云梦秦简的记载看,秦司法机构对秦国人、臣属于秦国的少数民族邦和发生在秦国的涉及外国人的诉讼案件,均行使管辖权。具体可分为:按地区分级管辖;专门管辖;特别管辖三种形式。

(一)按地区分级管辖

商鞅变法,秦国在所辖地区普遍设县,之后,又效法三晋在新占领地区设郡。至秦始皇统一,在全国范围普遍推行郡县制。这样,按照行政区划,全国分设朝廷、郡、县三级司法机构,形成了一个比较完整的司法体系。一般案件的管辖,就是按郡、县的区域划分,由当事人的居住地或发案地的司法机构管辖。其中担任较高官职或具有较高爵位的人则由上级司法机构管辖。

云梦秦简《封诊式》记载的二十三个办案式例中,绝大部分的内容都可说明案件是由被告或原告人所在县司法机构承办的。如《封守》:"乡某爰书:以某县丞某书,封有鞫者某里士伍甲家室、妻、子、臣妾、衣器、畜产。"这是说一个乡负责人奉县丞某的书面指示,查封被审讯人某里士伍甲的房屋、人口和其他财产。从这段文字可以清楚地看出,乡负责人隶属于县丞某,某里士伍甲又是在该乡负责人的管辖之内。否则,他们之间不可能有如此肯定的法律与义务关系。又如《盗自告》:"□□□爰书:某里公士甲自告曰:

'以五月晦与同里士伍丙盗某里士伍丁千钱，无它坐，来自告，告丙。'即令〔令〕史某往执丙。"①因原简残缺，此爰书系何人所写不清楚，但从下文看，应为县之下的行政（如乡）或治安（如亭）机构的负责人，如乡啬夫或亭长之类。县收到爰书后，即令令史某拘捕丙。什么人向令史发布的命令，原文也不明确，从《封诊式》的其他式例看，应为县丞或县令，很可能是县丞。这篇爰书中，某里士伍丙是居住在该县范围内的臣民也是清楚的。再如，《黥妾》："丞某告某乡主：某里五大夫乙家吏甲缚诣大女子丙……丙乙妾也……曰：'乙令甲谒黥劓丙。'其问如言不然？定名事里，所坐论云何，或覆问有无，以书言。"这是县丞指示某乡负责人，要他调查某里有五大夫爵位的乙是否曾指示其家吏，请求县司法机构处其女奴隶丙以黥劓的刑罚，并就此写出书面回报。这篇爰书中，原、被告人同属一县一乡，诉讼是提请所在县司法机构处理就更清楚。其他式例，如：《盗马》、《群盗》、《告臣》、《迁子》、《贼死》、《经死》、《穴盗》、《出子》等，都有明显按地区审理的特征。

　　此外，云梦秦简《语书》还有这样一段记载："今法律令已布，闻吏民犯法为间私者不止，私好、乡俗之心不变，自从令、丞以下知而弗举论，是即明避主之明法也，而养匿邪僻之民。如此，则为人臣亦不忠矣。"《语书》是秦始皇二十年南郡守腾颁行的一个地方性法规，其本意是督促南郡所辖各县、道主管官吏严厉查处所辖县、道内的违法犯罪行为。上面这段话的意思是说，现在法令已经公布了，但是吏民中违法犯罪却不停止。对此，县令、丞以下的官员知道而不举发处罪的，就是违背君上的大法，包庇邪恶的人。这样，作为人臣就是不忠。《语书》说明，各县令、丞对于所属县的违法犯罪案件有义务举发论处，否则要承担法律责任。这也说明当时在各地方吏民中发生的案件确实是按地区管辖的。

　　在按地区管辖的制度下，对于担任一定职务的官吏的犯罪行为，则由上级司法机构管辖。云梦秦简《语书》："今且令人按行之，举劾不从令者，致以律，论及令、丞，又且独课县官，独多犯令而令、丞弗得者，以令、丞闻。"所谓按行，就是巡行视察。这篇文告是郡守告诫各县官吏的。视察，是指派员到各县巡视检查。以令、丞闻，就是要将令、丞上报处理。这说明，对于违法犯罪的县令和县丞的处置权属于郡司法机构。而郡守如违法犯罪，则由朝廷或朝廷派人处置。秦末，丞相李斯之长子李由为三川郡守，赵高"欲案丞

---

① □□□为原简残缺，不可释。

相,恐其不审,乃使人案验三川守与盗通状"就是实例。①

有一些材料说明,被告人并非官吏,其案件也由上级司法机构审理。云梦秦简《封诊式·有鞫》:"敢告某县主:男子某有鞫,辞曰:'士伍,居某里。'可定名事里,所坐论云何,何罪赦,或覆问无有,遣识者以律封守,当腾,腾皆为报,敢告主。"鞫是审讯问罪。事,《说文》:"职也。"名事里,姓名、身份、籍贯。这篇式例的意思是谨告某县负责人:男子某被审讯,供词说,他是士伍,住在某里。请你们确定其姓名、身份、籍贯,曾犯有何罪,被判过什么刑罚或经赦免,再查问他还有没有别的问题,要派了解情况的人查问,并依法将其家室查封看守,然后将情况准确写录下来,如实回报。从内容可以看出,这是县的上级司法机构致县负责人的一份公函,要县派人调查一个被审讯人的情况,然后写出书面材料回报。公函口气之大,绝非出自同级司法机构,应是出自上一级司法机构。一个士伍犯罪,为什么不由基层司法机构审理,而由上一级司法机构审理?云梦秦简中没有可借以说明的材料。不过,据清末著名法学家沈家本先生考察,汉代一些疑难案件是交由上级司法机构审议的。他在考察汉代廷尉职权范围时写道:"张释之所谓天下之平也,其权固有统一之象。然其时天下之狱不皆之廷尉,匪独在外之郡国也,即京师之内三辅分治之,其讼自论决之,不之廷尉也。……《续志》言,凡郡国谳疑狱皆处当以报。是常(原文如此,应为当)时劾付廷尉之狱皆事之有疑者。"②沈家本先生认为,汉代疑难案件是交由上级司法机构审理的。汉承秦制。这一看法对我们认识秦的某些案件为什么由上级司法机构审理提供了有益的线索。

(二) 专门管辖

秦的诉讼案件大量的是按地区分级管辖,也有一部分是由当事人所在系统的军政长官管辖。我们把它称之为专门管辖。秦诉讼制度的这一情况,是行政司法不分的表现形式之一,是与秦统治者在行政、军事、经济等非常广泛的领域里适用法律、适用刑罚手段来调整多种关系密切相关的。从史籍和云梦秦简的记载看,秦法形式多样,条目繁杂,规定十分具体,可以说大自国家征战、王宰祭祀,小至官吏出差的待遇、刑徒衣食的标准,无所不包。汉代学者曾说"秦法繁于秋荼,而网密于凝脂"③,是有其根据的。在此

---

① 《史记·李斯列传》。
② 《沈寄簃遗书·历代刑官考》。
③ 《盐铁论·刑德》。

种情况下,一切违法犯罪活动均提交国家按行政区划设置的司法机构审理,事实上不可能。一部分违法甚至是犯罪案件,只能由各系统的主管官员处理。这样,从一定意义上说,一部分官员既是所在部门、单位的主管领导,又是所在部门或单位的法官,在军队系统,这种情况尤为明显。

云梦秦简《秦律杂抄》:"除士吏、发弩啬夫不如律,及发弩射不中,尉赀二甲。发弩啬夫射不中,赀二甲,免,啬夫任之。驾驺除四岁,不能驾御,赀教者一盾,免,偿四岁徭戍。"又:"故大夫斩首者,迁。分甲以为二甲蒐者,耐。"又:"军新论攻城,城陷,尚有楼未到战所,告曰战围以折亡,假者,耐;敦(屯)长、士伍弗告,赀一甲,伍二甲。"以上所录都是军事刑法,适用的对象是军队的官兵。涉及的范围,从士吏任免,军事训练,到攻城陷阵和战场指挥等,几乎无所不包。很显然,对官兵在这些方面的惩罚,只能由所在系统的军事领导人执行,不可能交由地方司法机构去处理。在《商君书·境内篇》也有这样一段记载:"其攻城围邑也……不能死之,千人环规,谏黥劓于城下。"意思是说,在攻打敌国城邑的时候,如有人退避而贪生怕死,要在千人围观之下就地对他们处以黥额和割鼻的刑罚。显然,这也只有军事长官才能决定实施。

(三)特别管辖

这里说的特别管辖,是指秦最高统治者直接处理的案件,或临时交由司法机构以外的机构处理的重大案件,以及对居住在边远地区的少数民族在司法上的特殊规定。

请看如下实事:

其一,嫪毐、吕不韦案。《史记·秦始皇本纪》:"长信侯毐作乱而觉,矫王玉玺及太后玺以发县卒及卫卒、官骑、戎翟君公、舍人,将欲攻蕲年宫为乱。王知之,令相国昌平君、昌文君发卒攻毐。战咸阳,斩首数百……毐等败走。即令国中:有生得毐,赐钱百万;杀之,五十万。尽得毐等。"于是,"夷毐三族"①,"卫尉竭、内史肆、佐弋竭、中大夫令齐等二十人皆枭首。车裂以徇,灭其宗。及其舍人,轻者为鬼薪。及夺爵迁蜀四千余家,家房陵"。第二年,"相国吕不韦坐嫪毐免"。②又过了二年,吕不韦被迫自杀,窃葬。"其舍人临者,晋人也逐出之;秦人六百石以上夺爵,迁;五百石以下不临,

---

① 《史记·吕不韦列传》。
② 《史记·秦始皇本纪》。

迁,勿夺爵。"并宣布:"自今以来,操国事不道如嫪毐、不韦者,籍其门,视此。"①吕不韦是秦国重臣,嫪毐是由他推荐并依靠与太后的特殊关系被封侯弄权的显要人物。秦始皇初年,他们靠太后的支持,广泛网罗僚羽,形成了足以与秦始皇抗衡的势力,大有觊觎王位之势。清除这股势力,是秦始皇亲自下的决心,对他们的处断也应是秦始皇作为特殊案件直接处理的。

其二,赵高案。《史记·蒙恬列传》:"赵高者,诸赵疏远属也。……秦王闻高强力,通于狱法,举以为中车府令。……高有大罪,秦王令蒙毅法治之。毅不敢阿法,当高罪死,除其官籍,帝以高之敦于事也,赦之,复其官爵。"蒙毅为蒙骜之孙,蒙武之子,蒙恬之弟。蒙氏家族世为秦臣,为秦始皇所尊宠。蒙毅本人虽"位至上卿,出则参乘,人则御前"。②是秦始皇的近臣,但其既非廷尉,又非御史,由他案治赵高狱,显然是秦始皇作为特别案件交办的。

其三,李斯案。《史记·李斯列传》:"赵高按治李斯。李斯拘执束缚,居囹圄中。""于是二世乃使高案丞相狱,治罪,责斯与子由谋反状,皆收捕宗族宾客。赵高治斯,榜掠千余,不胜痛,自诬服。""赵高使其客十余辈诈为御史、谒者、侍中,更往复讯斯。斯更以实对,辄使人复榜之。后二世使人验斯,斯以为如前,终不敢更言,辞服。""二世二年七月,具斯五刑,论腰斩咸阳市。"李斯被处死之前,赵高任"中车府令",此职虽为宫廷内部皇帝近前的中官,但与司法无关系。二世将李斯父子交由赵高处断,也是作为特殊情况对待的。

秦关于少数民族诉讼案件的管辖,分为两种办法:聚居于内地各郡的少数民族的诉讼案件,由各郡的县、道司法机构管辖,并适用同秦民一样的法律。这从南郡守腾向所属县、道发布的《语书》中可以得到证明。在《语书》中,对各县、道的违法犯罪的处置是并提的。《汉旧仪》:"内郡为县,三边为道。"所谓道,就是少数民族聚居的相当于县的行政区划。在边远地区臣属于秦的少数民族案件,由各邦的少数民族审理,适用法律也与内地有所不同。《华阳国志·巴志》记载,秦昭王与巴人:"乃刻石为盟要:复夷人顷田不租,十妻不算。伤人者论,杀人雇死倓钱。盟曰:秦犯夷,输黄龙一双;夷犯秦,输清酒一钟。夷人安之。"从上述规定看,秦对少数民族在赋税征收和刑事案件处理的政策方面,首先是要管,但在具体解决时却照顾少数民族

---

① 《史记·秦始皇本纪》。
② 同上。

的风俗传统。当地少数民族的首领对案件的处置也比内地各郡县有较大的独立性。也许有人说，上述规定是巴正式划归蜀郡之前的事，不足以说明问题。事实上，秦对少数民族诉讼案件的处理，在《法律答问》中也是有所规定的。如："真臣邦君公有罪，致耐罪以上，令赎。"又："臣邦真戎君长，爵当上造以上，有罪当赎者，其为群盗，令赎鬼薪鋈足；其有腐罪，〔赎〕宫。"前一规定中的"致耐罪以上"，其范围包括死罪在内的广泛的犯罪；后一规定中的"群盗"罪，也是很严重的犯罪行为，这些犯罪均令赎，当然是对少数民族的上层人物很大的优待。

按秦律规定，秦对外国人在秦国的犯罪行使管辖权。《法律答问》："'邦客与主人斗，以兵刃、殳梃、拳指伤人，挚以布。'何谓挚？挚布入公，如赀布，入挚钱如律。"邦客是指秦国以外的人；主人是秦国人。这条规定说明，外国人在秦国不能为所欲为，犯了罪必须受惩罚。如何惩罚呢？伤人是"挚以布"。所谓挚以布就是类似罚缴纳布匹。按秦律，一般以器械伤人者，处耐刑、完城旦刑或赀二甲。外国人犯这种罪只规定"挚以布"，而不施加耐刑或徒刑，这显然是在处理上更慎重。另据记载，对外国人犯罪还实行驱逐。《史记·秦始皇本纪》："文信侯不韦死，窃葬。其舍人临者，晋人也逐出之。"以上主要是实体法方面的规定，至于在诉讼程序上，涉及外国人的案件是按地区管辖，还是特别管辖，尚无更多的材料说明。不过，从对居住在边远地区的少数民族的特别规定看，对于涉及外国人的案件在程序上也不会同于一般案件。

三 诉讼的提出

这里说的诉讼的提出，是说秦的诉讼案件一般是采取什么方式向司法机构告诉的。高敏同志在其《云梦秦简初探》（增订本）一书中将秦诉讼的告诉分为四种。他认为，见于秦律的"告"或"辞"约有四种表现形式：一曰"赏告"；二曰"自告"或"自出"；三曰"告"或"辞"；四曰"缚诣告"。[1] 这种分类大体上是可以的，基本上能说明问题。不过，为了易懂和更准确些，我将它分为自诉、自首、举发和官诉。

（一）自诉

所谓自诉就是指告诉人因为自己或自己的亲属被伤害，或者是为了得

---

[1] 高敏：《云梦秦简初探》（增订本），河南人民出版社1981年版，第305页。

到和维护自己的利益而向司法机构提出的诉讼。云梦秦简《封诊式》中的《争牛》、《夺首》、《告臣》、《迁子》、《告子》、《黥妾》、《穴盗》等均属于这类案件。如：

《争牛》："爰书：某里公士甲、士伍乙诣牛一，黑牝曼縻有角，告曰：'此甲、乙牛也，而亡，各识，共诣来争之。'即令令史某齿牛，牛六岁矣。"这篇爰书的意思是，某里公士甲和士伍乙一起牵来黑色系长套的母牛一头，各自诉说是自己的牛，前来争讼。当即命令史某检查牛的牙齿，牛已六岁。这是为争一头牛的所有权而向司法机构提出的诉讼案件。告诉的双方既是原告，又都是被告。

《出子》："爰书：某里士伍妻甲告曰：甲怀子六月矣，自昼与同里大女子丙斗，甲与丙相挚，丙偾庎甲。里人公士丁救，别丙、甲。甲到室即病腹痛，自宵子变出。今甲裹把子来诣自告，告丙。"这篇爰书的内容是说，某里士伍妻甲，与同里的一个成年妇女相殴打，甲当时已怀孕六个月。同里公士丁将丙和甲拉开后，甲回到家就感到腹痛，丁当天晚上小产。甲现在带着小产儿来控告丙。这是一个典型的自诉案件。告诉人就是在殴斗中被殴致小产的某里士伍妻甲。

《黥妾》："爰书：某里公士甲缚诣大女子丙，告曰：某里五大夫乙家吏。丙，乙妾也。乙使甲曰：丙悍，谒黥劓丙。"这段爰书的意思是，某里公士甲将一个成年女子绑缚送到县廷。公士甲说自己是某里五大夫乙的家吏，被绑缚的是乙的女奴隶。五大夫乙对其家吏甲说，这个女奴骄悍，将她送到官府处以黥劓刑罚。按：五大夫，秦二十等爵第九级，其社会地位较高，在法律上享有较大的特权。正因如此，他才能指示其家吏将女奴送官府惩治。从爰书的记载看，县司法机构不仅迅速受理了这一案件，对案情的调查也仅仅由县丞函告所在乡负责人要五大夫乙自己证实一下了事。此案最后是如何处理的，爰书未进一步写明。不过可以推知，一经乡负责人从五大夫那里得到证实，丙将被处以黥劓刑罚是无疑的。在这一案件中，五大夫乙是原告人，他虽然没亲自到县司法机构，但其意见是指使其家吏表达的。从诉讼程序上看，公士甲是其主人五人夫乙的诉讼代理人。"黥妾"一案仍属于五大夫乙的自诉案件。

（二）自首

自首，严格意义上说是指犯罪被发觉之前主动向司法机构或官府投案的行为。这里所说的自首范围要广泛一些，包括犯罪已发觉自动投案的行为。在秦律中，自首称"自告"或"自出"。

首先看秦简《法律答问》的规定。其一："司寇盗百一十钱，先自告，何论？当耐为隶臣，或曰赀二甲。"其二："把其假以亡，得及自出，当为盗不当？自出，以亡论。其得，坐赃为盗；盗罪轻于亡，以亡论。"前一则规定，是回答一个被判处司寇刑罚的人又盗百一十钱，之后向官府"自告"，应判处的刑罚——耐为隶臣，或者赀二甲；后一则规定，是回答一个携带借用的官有物品逃亡的人，后来被捕获或者自首应判的刑罚：如系捕获按赃数作为盗窃；如以盗窃处刑轻于逃亡罪，则仍以逃亡罪处罚。

再看《封诊式》的两个式例。其一，《盗自告》：□□□爰书[①]：某里公士甲自告曰："'以五月晦与同里士伍丙盗某里士伍丁千钱，无它坐，来自告，告丙。'即令令史某往执丙。"从爰书的内容看，此案属于共同犯罪。题名为《盗自告》事实上既是"自告"，同时又检举了同案犯。其二，《亡自出》："乡某爰书：男子甲自诣，辞曰：'士伍，居某里，以乃二月不识日去亡，无它坐，今来自出。'问之□名事定，以二月丙子将阳亡，三月中逋筑宫廿日，四年三月丁未籍一亡五月十日，无它坐，莫覆问，以甲献典乙相诊，今令乙将之诣论，敢言之。"这应是一个乡负责人呈送给县司法机构的爰书，大意是，男子甲自己来投案，自称某里士伍，于本年二月的某一天逃亡，过去没有犯过罪，现在前来自首。经审讯查实，他是二月丙子日逃亡的，三月曾逃避修筑宫室劳役二十天，（秦始皇）四年三月丁末日的簿记记载，此人曾逃亡五个月零十天，其他没有犯过什么罪，不需要再查问。最后又报告说，将甲交里典乙验，并命乙将甲押送（县廷）论处。

按秦律《法律答问》的规定，犯罪后即使自首仍要受一定惩治，不过，在量刑上要比官府捕获有所减轻。《法律答问》的规定和《封诊式》式例的内容都说明，"自告"或"自出"，即自首，也是诉讼的提起方式，是司法机构立案的根据。与前述"自诉"不同的是，它不是由被害人提出的，而是由犯罪者向司法机构或基层治安机构投案的。

(三) 举发

举发，亦即"告奸"，是官吏个人或百姓向司法机构检举犯罪分子和他们的犯罪事实的行为。

秦自商鞅变法就实行连坐制度，以刑罚威逼和以官爵、金钱利诱人民告

---

① 此处之□为原简残缺，简文不可释。下同。

奸。史称："商君之法，令民为什伍，而相收司连坐。不告奸者腰斩，告奸者与斩敌首同赏，匿奸者与降敌同罚。"①"秦之法，一人有奸，邻里告之，一人犯罪，邻里坐之。"②在云梦秦简的《法律答问》中，惩治匿奸和奖励告奸都有具体规定，如："甲盗不盈一钱，行乙室……其见知之而弗捕，当赀一盾。"盗不满一钱见知者不捕就给如此之重的惩罚，知道或看见更重的犯罪不捕、不告，惩罚之重就可想而知了。关于对告奸者奖赏的规定："捕亡完城旦，购几何？当购二两。"又："夫、妻、子五人共盗，皆当刑城旦，今中（甲）尽捕告之，问甲当购几何？人购二两。"再："夫、妻、子十人共盗，当刑城旦，亡，今甲捕得其八人，问甲当购几何？当购人二两。"购，奖赏。二两，指金。这里规定的奖赏数字是很高的。正是在对匿奸施以重刑和告奸予以厚赏的情况之下，密切监视和举发犯罪便成为秦社会生活中一种特有的突出现象。正如贾谊所说："秦之俗非贵辞让也，所尚者告讦也。"③

云梦秦简《封诊式》中也有不少告奸的式例。其一，《□捕》："爰书：男子甲缚诣男子丙，辞曰：'甲故士伍，居某里，诣四月中盗牛，去亡以命。内坐贼人□命。自昼甲见丙阴市庸中，而捕以来自出。甲无它坐。'"此式例的大意是，某里士伍甲因盗牛犯罪逃亡，后在市场中的一群雇工里发现了犯有杀伤人罪的丙，于是将丙捕获，自己也同时自首。很显然，甲捕获丙是为了赎罪，从而使自己得到从轻处理。他将丙捕获并送交官府属于举发，自己则属于自首。其二，《奸》："爰书：某里士伍甲诣男子乙、女子丙，告曰：'乙、丙相与奸，自昼见某所，捕校上来诣之。'"校，木械，此指将乙、丙施加木械。爰书的大意是：士伍甲发现男子乙与女子丙通奸，将二人捕获并施加械具送到官府。这个案件也属于举发。其三，是一件捕获盗铸钱的案件："〔爰〕书：某里士伍甲、乙缚诣男子丙、丁及新钱百一十钱，镕二合，告曰：'丙盗铸此钱，丁佐铸。甲、乙捕索其室得此钱、镕，来诣之。'"秦时钱为官铸，私人盗铸钱是犯罪的。士伍甲和士伍乙将私自铸钱的男子丙、丁捕获送到官府，还是属于举发。

无论从史籍记载的法律规定看，还是从秦简《封诊式》的式例看，都说明举发是秦诉讼案件提起的一种形式。

---

① 《史记·商君列传》。
② 《文献通考·职役考》。
③ 《新书·保傅篇》。

(四) 官诉

官诉是指秦基层官吏非因个人被侵害，按其职责要求对犯罪人向司法机构提出的诉讼。

秦实行连坐制度，老百姓知奸不举要受惩罚，官吏负有察奸的责任，知奸不举惩罚就更加严厉。南郡守腾于秦始皇二十年四月发布的《语书》明确宣布，各县、道官吏对所辖地区吏民的违法犯罪行为必须严格举发论处，"若弗知，是即不胜任，不智也；知而弗敢论，是即不廉也。此皆大罪也"。不仅如此，秦律《法律答问》还具体规定："贼人甲室，贼伤甲，甲号寇，其四邻、典、老皆出不存，不闻号寇，问当论不当？审不存，不当论；典、老虽不存，当论。"典是指里典，老是指伍老，均系秦社会基层组织的负责人。按规定，遇有贼偷盗、伤人，一般邻伍确实不在家不予论处，而里典、伍老即使不在家也要论处。这是由于里典、伍老对所辖地的治安负有责任。这种对官吏如不能及时发觉、制止和破获犯罪逐级追究责任的规定，势必加强官吏举发犯罪的责任心。

秦简《封诊式》的式例说明，不少案件都是由基层官吏向司法机构提出的，如《盗马》："市南街亭求盗在某里曰甲，缚诣男子丙，及马一匹，骓牝右剽；缇复衣、帛里莽缘领袖，及履，簟曰：'丙盗此马、衣；今日见亭旁，而捕来诣'。"求盗，《汉书·高帝纪》注引应劭云："求盗者，亭卒。"所谓"亭"，是秦汉基层的治安机构，求盗是亭中专司捕"盗"的人员。此案中的盗马人，是求盗在执行职务时捕获的，属于官诉。又如《群盗》："爰书：某亭校长甲、求盗在某里曰乙、丙，缚诣男子丁，斩首一、具弩二、矢廿，告曰：'丁与此首人强攻群盗人，自昼甲将乙等缴循到某山，见丁与此首人而捕之。此弩矢，丁及首人弩矢也。首人以此弩矢□□□□□乙，而以剑伐收其首……'"校长，《续汉书·百官志》注："主兵戎盗贼事。"此职属于军职，类似现代的警察，他们在业务上归治安机构——亭指导。此案的被告人是官方追捕的在逃犯，当然也属于官诉。

以上所举的例子都是秦基层官吏向司法机构提出的。此外，秦在中央和郡两级分设监察官吏执行纠察之职，在各系统广泛实行考课制度，一些单位和部门的主管官员也有义务对于下级官吏的犯罪行为提起诉讼，还有一些案件是司法机构直接提出的，这些当然都属于官诉。

四 告诉的限制

为了维护封建等级特权制度，秦律一方面以官爵利禄奖赏、以刑罚手段强迫人们告奸，即对危害统治阶级利益和社会秩序的行为提出诉讼，同时又对告诉实行种种限制。如：限制子告父母、奴告主；实行诬告反坐；不许轻罪重告和不追究死亡被告的责任等。

(一) 限制子告父母奴隶告主人

秦律将告诉分为"公室告"与"非公室告"。秦简《法律答问》："公室告何也？非公室告何也？贼杀伤、盗它人为公室告；子盗父母，父母擅杀、刑、髡子及奴妾，不为公室告。"这一规定告诉我们，所谓"公室告"是指侵犯自己子女、奴隶以外的人的生命、人身和财产的犯罪行为。至于"非公室告"，除上述引文中的说法之外，《法律答问》另一条的解释略有不同："何谓非公室告？主擅杀、刑、髡其子、臣妾，是谓非公室告。"二者的不同点是，前一条主擅杀、刑、髡其子要有"子盗父母"的前提条件；后一条则没有这一规定。对于这样矛盾应如何解释？我以为有两种可能：第一，两条解答的时间不同，统治者对于主擅杀、刑、髡其子的态度前后有所变化，答问如实地反映了这个变化的过程。第二，当时立法的措辞不严谨或者在抄录时有重要脱漏，因之后一条未能确切反映法律的原意。这种现象在秦简的其他律文中也是存在的。

按秦律规定，凡"非公室告"，不仅不允许儿子告父母和奴隶告主人，如果坚持上告，还被认为有罪。《法律答问》："子告父母，臣妾告主，非公室告，勿听。……勿听，而行告，告者罪。"在罪行被认定之后，如果其他人就同一事件继续上告，司法机构也不得受理："告〔者〕罪已行，它人又袭其告之，亦不当听。"这样，秦律事实上就宣布，凡属"公室告"，不但任何人都可以提出诉讼，而且必须向官府告发，否则就要论罪处刑；而对于"非公室告"，对于儿子、奴隶控告父母和主人的权利，则实行严格限制。秦律这样规定的意义在于：一方面使刑法的锋芒集中指向那些危害封建统治最严重的犯罪，同时，也是为了维护家长对子女、奴隶的封建等级特权。

应当指出，秦律赋予家长对子女和主人对奴隶的惩戒权并非无限的，就是说要有一定的条件。一般情况下，子女要有一定的过错。否则，家长擅杀、刑、髡其子女，法律也不容许，尤其是擅杀子女是要受惩治的。《法律答问》："擅杀子，黥为城旦舂。……今生子，子身全也，无怪物，直以多子故，不欲其生，即弗举而杀之，何论？为杀子。"又："擅杀、刑、髡其后子，谳之。"再："士伍甲无子，其弟子以为后，与同居，而擅杀之，当弃市。"由此看出，擅杀、刑、髡子，都是罪名，是犯罪行为，应提交司法机构议处。其情节严重者，还要判处死刑。秦律所以不允许擅杀、刑、髡子，尤其不许擅杀以传宗接代的"后子"，应与其人口政策有一定关系。秦位于西北，地广人稀，生产发展和战争都需要大批劳动力。正因如此，秦统治者才以良田美宅和免除三代徭役为诱饵，招徕三晋人民到秦国。这样，禁止家长擅杀子女，主人擅杀奴隶，以保护本国劳动力的生产和再生产，就是必然的了。

从秦简《封诊式》中也能找到家长对子女和主人对奴隶的惩戒权受到限制的事例。其中的《迁子》是记述某里士伍甲请求官府将其亲生儿子迁到四川边远县，终身不得离开那里；《告子》是记述另一个士伍，以其亲子不孝，请求官府判处其死刑。《封诊式》中的《告臣》记述某里士伍甲，以其男奴隶丙骄悍、不作田，将丙绑缚送到官府，请求官府判处其城旦刑罚；《黥妾》记述某里一位有五大夫爵位的人，以其女奴隶丙骄悍、不作田为由，将丙绑缚到官府，请求将其施以黥刺和劓鼻的刑罚。在上述案件中，家长和主人的要求很可能都得到了满足，他们的子女和奴隶分别被处以轻重不同的刑罚。但是，这些式例本身，就说明家长对子女和主人对奴隶的惩戒权是受限制的；否则，他们就无须将子女和奴隶送到官府处理了。值得注意的是，不仅子女而且即使奴隶，在法庭上都可以当事人的身份说明情况，提供证言。这表明秦的奴隶地位已发生了某些变化。

上述规定之所以存在某些矛盾，是因为地主阶级出于自身利益的需要，既要对奴隶社会那种任意杀害子女和奴隶的制度实行改革，同时又要竭力保留有利于封建统治的某些奴隶制残余。这是历史上封建改革过程中必然会存在的现象。

秦诉讼制度中关于对子女和奴隶告诉权利的限制，为以后历代封建法律所继承。从汉代开始，随着儒家思想对封建法律的影响日益加深，孔丘提出的"亲亲相隐"的原则等被进一步肯定，子女对家长、奴隶对主人和其他人的诉讼权利更加受到限制。《唐律》规定：非谋反、谋大逆和谋叛以上大罪，"诸告祖父母、父母者，绞"。"诸部曲、奴婢告主，非谋反逆叛者，皆绞。"

卑幼即使告外祖父母，"虽得实"，也要"徒二年"。① 宋、明、清法典中有关这方面的规定，基本与《唐律》相同。

(二) 禁止诬告与轻罪重告

诬告，是指故意捏造事实，向司法机构作虚假告发，陷他人于罪的行为。秦统治者严禁诬告。秦简《法律答问》有不少关于惩治诬告的规定，如："上造甲盗一羊，狱未断，诬人曰盗一猪，论何也？当完城旦。"又："当耐司寇，而以耐隶臣诬人，何论？当耐为隶臣。"再："完城旦，以黥城旦诬人，何论？当黥（城旦）。"②"当黥城旦，而以完城旦诬人，何论？当黥劓（城旦）。"此处所举的几个例子，都是先犯有罪，然后又诬告他人，量刑一般是采取"反坐"的原则，即以告发他人的罪反坐诬告者自身。从秦律的规定看，这一原则既适用于诬告，也适用于"告不审"。《法律答问》："伍人相告，且以辟罪，不审，以所辟罪罪之。"意思就是说，同伍之人相告发，并且加以罪名，如控告不实，应以所加之罪名论处控告者。

按秦律，诬告与告不审是有界限的："甲告乙盗牛若贼伤人，今乙不盗牛，不伤人，问甲何论？端为，为诬人；不端，为告不审。"端、端为，指故意。这说明，秦律在认定某人的行为是否构成诬告罪时，主要考虑行为人的告发动机。如系故意陷人于罪，则是诬告；如不是故意，则是告不审。秦律除禁止诬告与告不审，还禁止告盗加赃。《法律答问》："甲盗羊，乙知，即端告曰甲盗牛，问乙为诬人，且为告不审？当为告盗加赃。"又："甲告乙盗牛，今乙盗羊，不盗牛，问何论？为告不审。"从以上两条规定看，告盗加赃罪重于告不审。它与告不审的主要区别，是在告发时故意加重人罪。只不过告盗加赃的被告人犯有一定的偷盗罪，不完全是无辜的。

上面谈的是一般规定，秦律还规定，不管告发人的主观动机是否有意诬告人，如果被告人偷盗的钱数超过了"大误"③，或者所犯的罪行属于法律规定的重罪，即使未告准确，对告发者也不予追究。《法律答问》："告人盗千钱，问盗六百七十，告者何论？毋论。"又："诬人盗千钱，问盗六百七十，诬者何论？毋论。"再："甲告乙盗牛，今乙盗伤人，非盗牛也。问甲当论不当？不当论亦不当购。"这就是说，即使控告得不准确，甚至是诬告，只要被告人

---

① 《唐律疏议·斗讼》。
② 此处括号中的"城旦"二字，原文省略，为笔者所加。下同。
③ 《睡虎地秦墓竹简·法律答问》："何谓'大误'？人户、马牛及诸货财值过六百六十钱为'大误'，其他为小。"

的罪行属于"大误",就不再追究告发者诬告或告不审的责任。所以作如此规定,显然是由于这些告发揭露了重大犯罪,对于维护统治阶级的利益具有重大作用。

(三) 不追究已死亡被告的责任

秦律规定,对于被告人已死亡的案件,司法机构不再受理。秦简《法律答问》:"甲杀人,不觉,今甲病死已葬,人乃后告甲,甲杀人审,问甲当论及收不当?告不听。"《法律答问》还规定:"家人之论,父时家罪也,父死而甫告之,勿听。何谓家罪?家罪者,父杀伤人及奴妾,父死而告之,勿治。""葆子以上,未狱而死若已葬,而甫告之,亦不当治,勿收,皆如家罪。"秦实行族株连坐制,史称:"秦法,一人犯罪,举家及邻伍坐之。"①"一人有罪并坐其家室"②按照这样的原则,被告人死亡,并不影响定罪连坐其家属。但上述规定的精神说明,被告人,即使犯了杀人罪,所杀的不管是奴隶或其他平民,均不再追究,也不连坐其家属。当然,从史籍的记载看,也有例外,《史记·秦始皇本纪》:始皇八年:"王弟长安君成娇将军击赵,反,死屯留,军吏皆斩死,迁其民于临洮。将军壁死,卒屯留、蒲鹬反,戮其尸。"这里的戮尸,是指对已死的人。这就是说,并非所有的人犯罪死后均不再追究。不过,这一次是秦统治者对反叛者施加的特殊刑罚,还是秦律中本来就有这种特殊规定,尚需更多的材料说明,也有待我们进一步研究。

五 强制措施

强制措施是国家机构为防止被告人逃避审判,使诉讼得以进行,对被告人和被告人的财物所采取的强制手段。由于秦实行连坐制度,这种强制处分还往往连及被告人的亲属。见于秦律的强制措施有:封守、缚诣、执、追捕等。

(一) 封守

封守即查封被告人的家财产业,看守犯罪人的家属和奴隶。秦简《封诊式》有一篇关于封守的式例。原文如下:《封守》:"乡某爰书:以某县丞某书,封有鞫者某里士伍甲家室、妻、子、臣妾、衣器、畜产。甲室、人:一宇二内,各有户,内室皆瓦盖,木大具,门桑十木。妻曰某,亡,不会封。子大女子

---

① 《史记·高祖本纪》"集解"引。
② 《史记·孝文本纪》"集解"引。

某,未有夫。子小男子某,高六尺五寸。臣某,妾小女子某。牡犬一。几讯典某某、甲伍公士某某:'甲倘有它当封守而某等脱弗占书,且有罪。'某等皆言:'甲封具此,无它当封者。'即以甲封付某等,与里人更守之,待令。"此外,在另一名曰《有鞫》的式例中,上级机构通知某县负责人,男子某被审讯,要县派人进行调查,并指示县"遣识者以律封守,当腾,腾皆为报。"从以上式例可以看出,封守是在诉讼提出后至判决前,官府对被告人及其家属、财产采取的一种临时性强制措施。封守的指令由县和县以上司法机构作出。封守的执行者是基层政权的负责人,但要找了解被查封者家庭情况的人(里典和邻伍)参加。这些人作为查封的见证人,要对财物和人口是否存在遗漏作出保证。负责查封者要对封守的财物和人口逐项开列清单,写出报告上报。查封之后,要将被告人的财产和家属交同里人轮流看守,以待官府对案件作出最后判决。

(二) 缚诣

缚诣,《说文》:"缚,束也。"诣,送至。缚诣就是将犯罪人捆绑送到官府,类似现代的扭送。《史记·商君列传》:"令民为什伍,而相收司连坐。不告奸者腰斩,告奸者与斩敌首同赏,匿奸者与降敌同罚。"秦律规定,即使路遇杀伤人事件,也必须前去制止和救援。《法律答问》:"有杀伤冲术,偕傍人不援,百步中比野,当赀二甲。"所谓百步中比野,即在距离一百步之内[1],比照在郊外遇见杀伤人不去救援论处。秦统治者对告奸者的奖赏是很优厚的:"告奸者与斩敌首同赏。"按秦律的具体规定,告奸既可以得到金钱,又可以得到官爵,还可以抵罪。奖励黄金的例子前面已经谈到。此外,秦《捕盗律》:"捕人相移以受爵者,耐。"[2]这说明捕获罪人是可以得到爵位的。至于用以抵罪的例子,在秦律中更是屡见不鲜。事实说明,在告奸过程中,对于那些当场抓获的现行犯,多采取"缚诣"方式。试看秦律《封诊式》中的一些式例:

其一,缚诣盗铸钱犯罪人的案件:"〔爰〕书:某里士伍甲、乙缚诣男子丙、丁及新钱百一十钱、镕二合,告曰:丙盗铸此钱、镕,来诣之。"其二,缚诣通奸者的案件:"爰书:某里士伍甲缚诣男乙、女子丙,告曰:乙、丙相与奸,自昼见某所,捕校上来诣之。"其三,缚诣盗马人的案件:"爰书:市南街亭求盗在某里曰甲,缚诣男子丙,及马一匹……告曰:'丙盗此马、衣,今日见亭

---

[1] 秦一步为秦尺六尺,百步约合今138米。
[2] 《睡虎地秦墓竹简·秦律十八种》。

旁,而捕来诣。'"秦钱为官铸,盗铸钱类似现代的伪造货币,危及封建国家的财政金融,所以视为严重犯罪。秦严厉惩治通奸是有原因的。商鞅变法前前秦的习俗落后,父子无别,同室而居,妇姑不相悦,则反唇而相稽。为改变这种落后习俗,繁衍人口,增加税收,稳定社会秩序,商鞅"令民父子兄弟同室而息者为禁"①,并制定了关于惩治通奸的法律。秦始皇时则进而宣布:"有子而嫁,倍死不贞";"夫为寄豭,杀之无罪"。② 至于偷盗牛马,历来被视为大罪。秦律规定盗牛马为"大误",还规定:"盗马者死,盗牛者加。"③正因为这些行为属于严重犯罪,所以对那些现行犯,任何人都可以捕获,将他们绑缚送官府治罪。此外,主人请求官府惩治奴隶,也多采取缚诣的方式。前面所举《封诊式》中的《告臣》和《黥妾》,都是由主人或主人指派人将奴隶缚诣官府的。它标志主人对奴隶的封建特权。

(三) 执

执,《说文》:"握持也。"秦律中的"执"是司法机构以强制手段拘传被告人,类似现代的拘拿、拘留。秦简《封诊式》中不少式例的被告人是由官吏"执"到宫廷审讯的。其一,《盗自告》:"□□□爰书;某公士甲……来自告,告丙。即令〔令〕史某往执丙。"其二,《告子》:"爰书:某里士伍甲告曰:'甲亲子同里士伍丙不孝,谒杀。敢告。'即令令史已往执。令史已爰书:与牢隶臣某执丙,得某室。"其三,《出子》:"爰书:某里士伍妻甲……今褰把子来诣自告,告丙。即令令史某往执丙。"上述三个例子有如下共同特点:第一,被执者均为案件的被告人;第二,执的决定是由县司法机构作出的;第三,具体承办人是县司法机构的令史,而不是地方基层组织的负责人;第四,执被告人到庭的目的,是为了使诉讼得以进行,以便更有效地惩罚犯罪。

尽管执与缚诣都是对被告人采取的强制措施,但二者是有区别的。缚诣是百姓或地方基层负责人将他们认定的犯罪人绑缚由下向上送达;执则是官府根据告诉人提供的案情和证据,派人前去拘拿。从案情看,无论被缚诣或被执的人,一般都会定罪和处以刑罚。

(四) 捕

捕,即擒捉、逮捕。按秦律规定,捕是国家司法和治安机构为使现行犯

---

① 《史记·商君列传》。
② 《史记·秦始皇本纪》。
③ 《盐铁论·刑德》。

和在逃犯归案而采取的法律强制措施。执行逮捕任务的,多是国家官吏和治安人员,在严刑威逼和重赏引诱之下,也有普通百姓参加捕获的。

秦简《封诊式·群盗》:"爰书:某亭校长甲,求盗在某里曰乙、丙,缚诣男子丁,斩首一,具弩二,矢廿,告曰:'丁与此首人强攻群盗人,自昼甲将乙等缴循到某山,见丁与此首人而捕之……'〔讯〕丁,辞曰:'士伍,居某里。此首某里士伍戊也,与丁以某时与某里士伍己、庚、辛,强攻群盗某里公士某室,盗钱万,去亡。己等已前得。丁与戊去亡,流行无所主舍。自昼居某山,甲等而捕丁戊,戊射乙,而伐杀收首……"爰书的内容是,丁、戊、己、庚、辛五人合谋抢劫了某里公士某的家,盗钱万,然后逃亡流窜在外。己、庚、辛三人已被捕在押,丁、戊仍在逃。校长甲和求盗乙、丙到山上巡查,发现了丁、戊,拟将他们捕获,戊因拒捕而被杀死。按秦律,五人以上盗为群盗。凡群盗,赃一钱以上,斩左趾,并黥为城旦。由此可知,强攻群盗万钱是多么严重的犯罪。此案中的校长、求盗以及他们的上司,是当地治安的负责人。他们如不能及时破案并将犯罪人捕获,很难不受惩罚。校长和求盗到山上巡查,应是奉官府之命缉捕在逃的犯罪人丁、戊的行动。

此外,前已谈到,秦简《法律答问》还有这样的规定:"夫、妻、子五人共盗,皆当刑城旦,今中〔甲〕尽捕告之,问当购几何?人购二两。"又:"夫、妻、子十人共盗,当刑城旦,亡,今甲捕得其八人,问甲当购几何?当购人二两。"按秦律,有秩吏享有国家俸禄,捕获逃犯一般不再予以金钱奖励①,而这两则答问规定捕到逃犯"人购二两",可见答问中说的甲,应是指平民百姓。

以上说明,秦律所称之捕分为两种:一是官方擒拿;二是群众捕获。

按秦律规定,在捉拿罪犯时,如遇抵抗,可以使用武力制服。类似上述严重危害封建统治的"强攻群盗"抵抗时,甚至可以将其杀死。但一般情况下,官吏和治安人员对犯罪人所能使用的武力,以该犯的罪行应得的惩罚为限,即:不能超过这个罪犯所应受到的最高刑罚。秦简《法律答问》:"捕赀罪,即端以剑及兵刃杀之,何论杀之,完为城旦;伤之,耐为隶臣。"这就是说,犯罪人的罪行轻,(如赀罪),捕获时如故意将其杀死或杀伤,缉捕的官吏和治安人员要按情节轻重受一定的惩罚。这项规定虽然强调捕人者杀、伤被捕的人是故意所为才加以惩罚,没有说明非故意或犯罪人拒捕而发生

---

① 《睡虎地秦墓竹简·法律答问》:"有秩吏捕阑亡者,以畀乙,令诣,约分购,问吏及乙论何也?当赀各二甲,勿购。"

的杀、伤行为应如何论处，从而为封建司法机构替自己的官吏开脱罪责留下了空子。但是，它毕竟对封建官吏捕人所能采取的暴力措施作了一定的限制，使他们不能为所欲为。两千多年之前封建法律能作出这样的规定，不能不说是一件很了不起的历史进步，应该说是中国法制史上值得一书的事情。

六　证据的种类

证据是证明案件真实情况的有关事实。它是查明案件情节的唯一手段，对正确判断案件具有重要意义。从现有材料看，秦统治者在审断案件过程中已注意搜集和使用证据来证明犯罪。可以说，现代国家诉讼中的证据，如：物证、书证、证人证言、被害人陈述、被告人供述、鉴定人意见和现场勘验报告等，秦时都已经出现并注意使用了。

（一）物证

物证是指犯罪人在犯罪时使用的工具，保留有犯罪痕迹的物品，被犯罪行为所侵犯的客体物，以及其他可供查证犯罪事实及各种危害后果的物品。秦在举发和审判罪犯时是注意搜集物证的。秦简《封诊式》中涉及物证的式例很多，涉及的物证也不仅一种，如：《盗铸钱》中，士伍甲、乙在缚诣盗铸钱的男子丙、丁的同时，送到的"新钱百一十钱、镕二合"。新钱即刚铸不久的钱；镕，钱范，即铸钱的模子。《群盗》中，校长甲、求盗乙、丙在缚诣男子丁的同时，送到的"具弩二、矢廿"。他们并报告说，这些武器是从丁手中缴获的。在以上式例中，新钱、钱镕、具弩、矢等均是犯罪使用的工具。又如：《盗马》中，某亭求盗甲在缚诣男子丙的同时，还送到苍白色杂毛的母马一匹，有领、袖和缘宽边的帛里夹衣一件；《出子》中，某里士伍妻甲在告发同里大女子丙将其殴致小产的同时，送到的呈血块状的小产儿。在这两个式例中，马、衣和小产儿胎是犯罪行为所侵害的客体物。再如：《贼死》中，死者头部、背部的伤痕，身上、地下留的血迹；《穴盗》中，犯罪人在墙上凿开的洞穴，洞穴旁的新土，洞穴上留下的凿痕，新土上留下的手、鞋、膝等印痕。这些是犯罪留下的痕迹。秦司法机构在破案时注意搜集物证，并且这种意识已为普通百姓所接受，说明秦统治者在司法实践中对使用物证证明犯罪的重视，也说明了法律教育的广泛和深入。

（二）书证

书证是以文字记载的内容证明案件情况的证据。秦简《封诊式》的式例中未见使用书证,但史籍中和秦简《法律答问》中有关于书证记载。

《史记·秦始皇本纪》对于秦始皇焚书是这样记载的:"臣请史官非秦记皆烧之。非博士官所职,天下敢有藏《诗》、《书》、百家语者,悉诣守、尉杂烧之。有偶语《诗》、《书》者弃市。以古非今者族。吏见知不举者与同罪。令下三十日不烧,黥为城旦。所不去者,医药卜筮种树之书……制曰:'可'。"此段记载可以看出,秦始皇并非要焚毁所有的书,而是焚毁自认为有碍其统治的儒学经典《诗》、《书》和百家语。所以,一般的书不烧并不构成罪证,是否构成罪证并处以黥城旦刑罚的,要视书的具体内容。这样,在令下三十日后不烧的《诗》、《书》和百家语等,就是犯罪的书证。《秦始皇本纪》还记载:(始皇)三十六年,"有坠星下东郡,至地为石,黔首或刻其石曰:'始皇帝死而地分。'始皇闻之,遣御史逐问,莫服,尽取石旁居人诛之,因燔销其石。"这段记载中说的攻击秦始皇的刻石,类似现代的反动标语,也属于书证。

秦有书证的记载还见于秦简《法律答问》:"有投书,勿发,见辄燔之;能捕者购臣妾二人,系投书者鞫审谳之。'所谓者,见书而投者不得,燔书,勿发;投者〔得〕,书不燔,鞫审谳之之谓也。"所谓"投书",即投匿名书信。这段关于处理投匿名书信的规定分为两个部分:第一句是引用秦刑律的原文;第二句是对前一句的解释说明。规定的意思是,有投匿名信的,如不能拿获投信人,不得拆看,应立即将信烧毁;如捉拿到了投书的人,不要将信烧毁,将投书者审讯定罪。拿获者奖给男女奴隶二人。上述规定说明,秦司法机构在处理案件时是使用书证的。不过,对匿名信之类的书证,法律做了特殊规定。在抓获投书人的情况下,书证可以保留并上缴官府,否则,应烧毁。这不是说秦统治者不懂得利用投书提供的线索追查犯罪人,而是他们认为,保留投书,扩散它的影响,对统治阶级更加不利。《唐律》中也有类似的规定:"诸投匿名书告人罪者,流二千里。得书者,皆即焚之,若将送官司者,徒一年。官司受而为理者,加二等,处徒二年。"对此,《疏议》曰:"匿名之书,不合检校,得者即须焚之,以绝欺诡之路。得书不焚,以送官府者,合徒一年。官司既不合理,受而为理者,加二等,处徒二年。"①很显然,《唐律》的规定比秦律更加严厉,不仅得匿名书不焚而送官司者处徒一年,受理这种案件的官吏也要受更严厉的惩治。乍看起来,这样规定颇为极端,其实统治者

---

① 《唐律疏议·斗讼》。

是"用塞诬告之源,以杜奸欺之路",总之,是为了他们的长治久安。

(三)证人证言

证人证言,是指证明人就自己所知道的与案件有关的事实、情节所作的口头或书面的陈述。出现在秦简《封诊式》中的证人证言可分为如下几种:

其一,检举人的揭发。一般情况下,检举人就自己知道的有关案件的事实和情节向官府所作的陈述,在法律上都可作为证人证言,如:《封诊式》的"盗铸钱"案,士伍甲和士伍乙就发现男子丙、丁铸钱的经过向官府作的陈述;"奸"一案中,士伍甲就男子乙、女子丙相奸向官府作的陈述,都是证人证言。在司法机构关于上述案件的报告中,这些证言均被作为定案的根据加以引用。

其二,查封或勘验现场时在场人对某些情况的陈述。在《封守》中,乡负责人某奉命清点了被告人士伍甲的家室、财产和人口之后,向在场的里典和同伍的公士交代说,士伍甲家的财产和人口如有当查封而脱漏不报未加登记的,作为里典和在场的人是有罪的。里典和同伍的公士当场作出保证说:"甲封具此,无它当封者。"意思是说,甲家应当查封的都已在这里,无其他应查封的了。在这一案件中,里典甲和同里公士是查封过程的见证人,他们作出的保证,属于证言。在《贼死》中,当令史等对现场勘验完毕,曾讯问死者同亭的人和士伍丙。他们对有关问题作出的回答,也属于证人证言。

其三,有关人对案件的事实情节所作的陈述。在《穴盗》中,当县司法机构接到士伍乙报告丢失一件绵裾衣,令史对现场勘验后,便讯问失主的同里一位士伍。这位士伍说:"见乙有结复衣,缪缘及纯,新也。不知其里□何物及亡状。"意思是说,曾见过乙有一件绵裾衣,用缪缯镶边,是新的,但不知里是什么做的,也不知何时丢失。他的证言证明了士伍乙确实有过一件绵裾衣,对于案件提供了间接证据。在《经死》中,当县令史对现场和尸体检验后,在爰书中写道:"自杀者必先有故,问其同居,以答其故。"所谓"同居",就是同户之人。他们对上述问题提供的证言,将进一步证明死者是否自尽而死,对查清案情也是很重要的。

其四,基层组织的负责人就被告人的一般情况和案件的某些情节提供的文字证明。在秦简《封诊式》的式例中,索要这种文字证明材料的有:《有鞫》、《覆》、《告臣》和《黥妾》等。其中《有鞫》和《覆》是县的上级机构要县负责人派员对提出的问题进行了解,然后写出文字证明材料上报。《告臣》和《黥妾》则是县丞要乡负责人对被告人的情况进行了解。《告臣》的梗概是:某里士伍甲向县官控告其家臣"骄悍",将其"谒卖公,斩以为城旦"。当县丞对原告和被告初步讯问后,便致函所在乡的负责人:"丞某告某乡主;男子丙有鞫,辞曰:某里士伍甲臣,其定名事里,所坐论云何,何罪赦,或覆问无有,甲尝身免丙复臣之不也?以律封守之,到以书言。"这份函件的内容是,县丞要乡负责人对士伍甲控告其家臣的有关事实,姓名、身份、籍贯,曾犯过什么罪,被判过什么刑或经赦免,是否还有其他什么问题,以及甲是否曾解除过丙的奴隶身份然后又奴役他等事项进行调查。最后要求将调查情况写成文字材料上报。《黥妾》的梗概前面已谈到,其中也有一段是要乡的负责人写出一份证明材料。这两个函件,类似现代的调查信,所列举的调查项目,甚至比现代的某些调查信还具体。函件要索取的文字证明材料,也是证人证言的一种形式。

(四) 鉴定结论

鉴定结论是指司法机构就案件中的某些专门问题,请有某一方面专门知识或经验的人鉴定后得出的结论。秦的现存的司法鉴定结论,都记载于官方对案件的综合报告中,比较典型的例子有两个:

其一,对麻风病患者的鉴定。《封诊式·疠》记载:某里典甲怀疑该里士伍丙患疠(麻风病),控告丙并将其送到官府。官吏讯问丙,丙回答说:三岁时患有疮疡,眉毛脱落,不知道是什么病。讯问后,便命医生丁对患者进行检查。医生丁报告说:"丙无眉,艮本绝;鼻腔坏,刺其鼻不嚏;肘膝□□□到□两足下踦,溃一所;其手毋胈。令号,其音气败。疠也。"这篇鉴定的意思是说,丙无眉毛,鼻梁断绝,鼻腔已坏,刺其鼻孔,不打喷嚏。臂肘和膝部……两脚不能正常行走,一处溃烂,手上没有汗毛,要他呼喊,他的声音嘶哑。根据以上特征,医生丁得出结论:是麻风病。

其二,对妇女小产及小产婴儿的鉴定。《封诊式·出子》记载:某里士伍甲已怀孕六个月,因与同里大女子丙殴斗而小产。甲带小产胎儿到官府对丙提出控告。官府听取甲的控告后,一面命令史某捉拿丙,同时又派人对士伍妻甲的阴部出血情况和胎儿进行检查。对此,县丞乙作了详细报告:"令令史某、隶臣某诊甲所诣子,已前以布巾裹,如衃血状,大如手,不可知子。即置益水中摇之,衃血子也。其头、身、臂、手指、股以下到足、足指类人,而不可知目、耳、鼻、男女。出水中又衃血状。其一式曰:令隶妾数子者某某诊甲,皆言甲前旁有干血,今尚血出而少,非朔事也。某尝怀子而变,其前及血出如甲□。"应该说,这种检验方法是很别致和周到的。甲带来的小产儿像一团血,怎么分辨它是不是小产儿呢?有经验的令史和隶臣把它放在一盆水中摇荡,血块便出现胎儿的形状,其头、身、臂、手指、大腿以下到脚、脚趾都已像人,但分不清眼睛、耳朵、鼻子和性别。从水中取出又凝成一团血块。此外,又命曾多次生过孩子的隶妾某某对甲进行检验,都说甲阴部旁边有干血,现在仍小量出血,并非月经。他们并说,某人曾怀孕流产,其阴部及出血情况与甲相同。从丞乙的报告看,鉴定人的结论是很明确的,即甲曾小产,带来的是小产儿胎。

以上式例说明,秦的司法鉴定人是由司法机构指定的,有的是专门人员,有的是具备某一方面实际经验的人。检验是细致的,作出的鉴定结论有一定的科学价值,无疑将受到司法机构的重视。

(五)现场勘验报告

现场勘验报告是侦查和司法人员对发案现场、物品、尸体等检验后写出的报告材料。秦简《封诊式》中较为典型的现场勘验报告有三个,即《贼死》、《经死》和《穴盗》。这三个报告中记载的是三个不同案件的现场勘验情况,但从内容看,却有共同的特点。

其一,勘验是由县司法机构指派令史带领牢隶臣进行的。秦县司法机构的令史是基层司法机构的最低官职。在办理具体案件时,他协助县丞或治狱吏做事务性的工作。其工作性质类似后世封建司法机构的书吏和仵作。牢隶臣是在司法机构中服役的官奴隶。

其二,在对现场勘验时,一般有当事人的家属、邻伍的成员和基层组织的负责人在场。他们作为现场勘验的见证人,有义务向司法机构的官吏提供与案件有关的真实情况,否则,要承担法律责任。

其三,对现场的方位、死者的形状、衣着以及各种痕迹记载详细。如,《贼死》:"男子尸在某室南首,正偃","尸所到某亭百步,到某里士伍丙田舍二百步"。从尸体看,其人"丁壮,皙色,长七尺一寸,发长二尺;其腹部有久故瘢二所"。又如,《经死》:"丙尸县其室东内中,北癖权,南向,以枲索大如大指,旋通系颈,旋终在项……头上去权二尺,足不傅地二寸,头背傅癖。"同时还记载:"权大一围,袤三尺,西去堪二尺,堪上可道终索。"这些记载既说明了发案现场大致的方位,又说明了死者周围的情况和死者的外形、衣着,有利于查明死亡的原因。

其四,注意痕迹检查和记录。在《贼死》中,报告详细记载了死者被伤的部位,伤口大小,出血情况及似何物所致等。爰书写道:"某头左角刃痏一所,背二所,皆纵头背,袤各四寸,相耍,广各一寸,皆昚中类斧,脑角顿皆血出,被污头背及地,皆不可为广袤;它完。衣布禅帬、襦各一。其襦背直痏者,以刃决二所,应痏。襦背及中衽□污血。"《经死》在记载了尸体位置之后,特别记载了死者的舌及致死的索沟情况:"头背傅辟,舌出齐唇吻,下遗矢溺,污两脚。解索,其口鼻气出渭然。索迹椒郁,不周项二寸。它度无兵刃木索迹。"《穴盗》对洞穴的位置、大小形状、土壤堆放情况以及犯罪留下的其他痕迹记载更为详尽:"内后有小堂,内中央有新穴,穴彻内中。穴下齐小堂,上高二尺三寸,下广二尺五寸,上如猪窦状。其所埱者类旁凿,迹广□寸大半寸。其穴壤在小堂上,直穴播壤,破入内中。内中及穴中外壤上有膝、手迹,膝、手各六所。外壤秦綦履迹四所,袤尺二寸。其前稠綦袤四寸,其中央稀者五寸,其踵稠者三寸。其履迹类故履。内北有垣,垣高七尺,垣北即巷也。垣北去小堂北唇丈,垣东去内五步,其上有新小坏,坏直中外,类足距之之迹,皆不可为广袤。小堂及垣外地坚,不可迹。"上述关于各种痕迹的记载,不仅详细、具体,而且由此还推知作案者所穿的鞋的样式、新旧程度和作案工具的种类等。这表明,秦人关于犯罪痕迹方面的知识已达到了相当高的水平。

其五,《经死》一案的勘验报告还记载了检验"经死"尸体时应注意的事项。报告写道:"诊必先谨审视其迹,当独抵尸所,即视索终,终所党有通迹,乃视舌出不出,头足去终所及地各几何,遗矢溺不也?乃解索,视口鼻渭然不也?及视索迹郁之状。道索终所试脱头;能脱,乃□其衣,尽视其身、头发中及篡。舌不出,口鼻不渭然,索迹不郁,索终急不能脱,□死难审也。即死久,口鼻或不能渭然者。自杀者必先有故,同其同居,以笞其故。"这段关于检验"经死"注意事项的意思是,检验时必首先查看现场的痕迹,应独自到尸体所在的地点,观察系绳的地方,系绳处如有绳套的痕迹,然后看舌是否吐出,头脚离系绳处和地面各有多远,有无屎尿流出,然后解下绳索,看口鼻有无叹气的样子,并看绳索痕迹淤血的情况。再试验死者的头能否从系在颈上的绳套中脱出;如能脱出,便剥下衣服,彻底检查尸体各部分、头发内及会阴部。如果舌不吐出,口鼻没有叹气的样子,绳子的痕迹不淤血,绳索紧紧系颈上不能将头脱出,就不能确定是自缢。如果死去已久,口鼻也有不出现像叹气样子的。一般自杀的人必有前因,要讯问他的同居,听他们回答是什么缘故。这里总结出的注意事项是相当科学的,即使在现代检验中判断是否死亡,也有很重要的参考价值。这样的经验出自两千多年前的秦国,不能不令人惊异。

秦诉讼中使用的证据,还有被害人的陈述和被告人的供述。值得注意的是,即使被告人是卑幼(如子女和奴隶),司法机构也听取他们的供述,一般情况下还要进行调查。这样的事实和前述各种证据的搜集与使用,是当时地主阶级思想家提出的刑罪相称、罚当其罪的要求在立法和司法中的体现,一定程度上反映了封建地主阶级上升时期的某些唯物主义精神。

七　案件审讯

案件审讯是司法机构对案件的诉讼双方当事人进行的讯问,是诉讼过程中的重要环节。通过审讯,通过查对证据,才能对案件作出判断。秦司法机构在受理案件后和作出判决前,一般都要经过审讯。秦对案件审讯有一系列规定。

(一)原被告双方到场

云梦秦简《封诊式》共收录治狱式例23个,除《贼死》、《穴盗》两案的作案人在逃,有待捕获,《经死》一案的自缢尚待查清之外,其余二十个式例均提到了原告人和被告人(有些原告是官吏和治安人员)。其中《告臣》、《黥妾》、《告子》、《疠》和《毒言》等还记载了对被告人的讯问情况。在上述五个式例中,《疠》和《毒言》被认为是恶性传染病或基于迷信认为语言可致人死伤,因而要由司法机构加以处理;《告臣》、《黥妾》、《告子》是主告奴和父告子。在迷信落后的封建等级特权制度下,这些案件的原告人享有一定特权,即使如此,司法官吏仍然要就控告的事实讯问被告人,并且还要对供词的可靠程度加以查证。如《告臣》一案,被告臣丙已经向司法机构承认其主人对自己的指控属实,县丞仍发函给他的所在乡负责人对有关事实进行核查,并要求写出书面证明材料。《黥妾》一案也如此。被告人是奴隶的尚且如此,对于平民和有官爵、官职的人就会更慎重一些。

在案件审讯中,原、被告双方都要到场这种制度,早在中国奴隶社会就已经存在了。《尚书·吕刑》:"两造具备,师听五辞。"孔颖达注:"两谓囚证,造至也。两至具备则众。官共听其人五刑之辞。"这话的意思是,当诉讼时,原、被告双方都要到场,法官从他们各自的陈述中判断是否违法犯罪。传世和出土的西周铜器上记载的诉讼案件尽管多较简略,但仍然可以看出,在审讯和判决时也是传讯原、被告到场的,秦诉讼过程中原、被告双方都到场的规定,是对西周以来有关制度的继承,而秦的这一制度,又被以后历代封建王朝所沿袭。

(二) 实行有条件刑讯

刑讯是在审讯过程中用摧残肉体或精神折磨的方法逼取当事人的口供。它是中国古代审讯过程中普遍采用的一种逼供方法。秦也实行刑讯,不过法律规定是有条件的。按秦简《封诊式》,在一般情况下不提倡刑讯,但当司法官吏认为被告人回答问题不实、狡辩,则允许刑讯,就是说实行的是有条件刑讯。

试看《封诊式》对此问题的规定:

其一,《治狱》:"治狱,能以书从迹其言,毋笞掠而得人情为上;笞掠为下;有恐为败。"

其二,《讯狱》:"凡讯狱,必先尽听其言而书之,各展其辞,虽知其訑,勿庸辄诘。其辞已尽书而无解,乃以诘者诘之。诘之又尽听书其解辞,又视其他无解者以复诘之。诘之极而数訑,更言不服,其律当笞掠者,乃笞掠。笞掠之必书曰:'爰书:以某数更言,无解辞,笞讯某。'"

这是两则关于审讯案件的一般规定。规定的意思是说,审讯案件,能依照法律规定进行追查,不用拷打而察得真实情况为上策;施行拷打为下策;恐吓则是失败。审讯的具体方法,是先让受审者各自充分陈述,即使知道他是在欺骗,也不要马上追问,必须听完口供并加以记录。供词记录完毕而问题仍未交代清楚,就对不清楚的问题再进行追问。追问时又把其辩解的话记录下来,如还有不清楚的问题,继续进行追问,问到犯人词穷,多次欺骗,拒不服罪,法律规定应该拷打的,就要拷打。凡是经过拷打的,审讯记录上必须注明:某人因多次改变口供,审讯时进行了拷打。

《封诊式》的这两则规定,是目前我们能见到的中国古代关于刑讯问题最早的法律条文。它的基本精神是提倡在刑讯时,尽可能不施加刑讯就能让受审人说实话,查清案情以使案件在不加剧对立和反抗的情况下,依照封建法律的规定得到"公平"处理。最终的目的是稳定统治秩序。但是,封建统治阶级剥削和压迫人民的本性决定了他们不仅不会废止刑讯,而且把刑讯当作从受审人口中取得所谓真实情况的"法宝"。所以,在不提倡刑讯的规定之后,又立即规定:"诘之极而数訑,更言不服,其律当笞掠者,乃笞掠。"这告诉我们,对那些被认为多次欺骗,不服罪的,可以拷打。这里谈到"其律当笞掠者",说明对哪些人、在何种情况下应拷打,除《封诊式》的上述规定,法律还应有专门规定。法律是如何具体规定的?史籍和秦简均无更多记载,无法详考。《封诊式》规定的条件是"诘之极而数诎",那么,由谁判断受审者"数诎"呢?当然是官吏。这样法律就给予他们以很大的自由裁量权。法律允许刑讯和给予司法官吏的这种自由裁量权,就必然使刑讯在司法实践中恶性泛滥。《史记·夏侯婴传》:"婴坐高祖系岁余,掠笞数百。"《史记·李斯传》:"于是二世乃使赵高案丞相狱,治罪,责斯与子由谋反状,皆收捕宗族宾客。赵高治斯,榜掠千余,不胜痛,自诬服。"这两个例子,一个发生在基层司法机构,一个发生在朝廷,说明秦末刑讯的普遍性;被拷打者,一个是秦国家机构的下级官吏,一个曾位居丞相之职。这样的人下狱后尚且如此,那么,对一般农民刑讯的情况就可想而知了。这种法律规定与司法实践之间的矛盾,在少数剥削者占统治地位的封建制度下是永远无法克服的。

尽管存在这样的矛盾,尤其是秦末法度大坏,刑罚残酷,刑讯泛滥,但不能就因此说秦是"刑讯的随意性时期"①。正如上面已谈到的,秦律对刑讯是有规定的,刑讯是有条件的。一般情况下,司法官吏必须遵守这些规定。至于法律规定与司法实践之间存在的距离,司法实践中刑讯逼供恶性发展,这在中国整个封建社会乃至国民党统治时期都是存在的,如《唐律》规定:"诸拷囚不得过三度,总数不得过二百,杖罪以下不得过所犯之数。"②但在武后统治时,周兴、来俊臣之流,从不受法律的约束,创造出了名目繁多的酷刑对受审人实行拷讯。类似的事例在唐以后宋、元、明、清各王朝都屡见不鲜,在这方面与秦汉并无根本区别。所以,把秦汉说成是"刑讯的随意性时期",把魏晋南北朝说成是"刑讯规范化时期",把隋唐以后说成是"限制非法刑讯和刑讯恶性发展时期"③,是缺少立论根据的。

(三)审讯记录

在审讯时,将审讯经过,在场人员,被告人的口供和使用的证据记录下来,称之为审讯记录。案件审讯时要作记录在秦律中有明确规定。秦简《封诊式·讯狱》:"凡讯狱,必先尽听其言而书之……其辞已尽书而无解,……诘之又尽听书其解辞。""笞掠之必书曰:'爰书:以某数更言,无解辞,笞讯某。'"这里说的"而书之","尽书","书其解辞"。"必书曰"以及

---

① 见栗劲《刑讯考》,《法律史论丛》第1集,第52页。
② 《唐律疏议·断狱》。
③ 见栗劲《刑讯考》,《法律史论丛》第1集,第55、58页。

"爰书"等等，都是指审讯记录。从以上规定可以看出，秦要求审讯记录具体、详尽；陈述时要记录，辩解时也要记录，即使进行刑讯也要记录下来。从《封诊式》关于作审讯记录的规定和记载的事例看，秦司法机构的审讯记录大体上应包括以下内容：

第一，被审讯者的姓名、身份、籍贯、现居住地点，以什么理由控告人（原告）或由于什么原因被控告（被告）。

第二，原告的诉词或被告的供述，司法官吏对他们追问时，他们的辩解词。

第三，被告人过去是否曾犯过罪、判过刑或经赦免。

第四，在讯问过程中证人提供的证词。

第五，有哪些证据。

第六，审讯过程中是否曾实行拷打。

秦司法机构的审讯记录和在此基础上整理出的案情报告，在《封诊式》中均称"爰书"。

秦简发现之前，"爰书"一词早见于《史记》和《汉书》[1]。为什么称作"爰书"，苏林曰："爰，换也，以文书代换其口辞也。"[2]颜师古的看法与苏林的解释是一致的。他也认为，之所以称"爰书"是因为以文书代换其口辞之故[3]，所谓"以文书代换其口辞"，就是审讯记录。关于它的作用，汉代学者也有解释；张晏曰："爰书，自证不如此言，反受其罪，讯考三日复问之，知与前辞不同也。"[4]他的意思是说：在审讯时，用文字将口供记录下来，经过反复审问就可以从中找出矛盾，属于欺骗就要依法治罪。韦昭的说法略有不同。他说："爰，换也，古者重刑，嫌有爱恶，故易换爰书，使他官考实之故曰'传爰书'也。"[5]他的意思是说，把口供记录下来，以便于让其他官吏核实，避免定罪量刑不准。以上两种解释都有一定道理。事实上，无论是秦还是秦以后各封建王朝的司法中，作审讯记录的目的，都是要将诉词、供词、证词以及审讯中的其他具体情况如实记录下来，这样，既可以从前后的供词中发现问题进一步追查，也便于未直接参加讯问当事人和查对证据的官员了解案情，对案件作出决断。

---

[1] 《史记·酷吏列传》、《汉书·张汤传》均有："传爰书，讯鞫论报。"
[2] 《汉书·张汤传》注。
[3] 见《汉书·张汤传》注。
[4] 《史记·酷吏列传》"集解"引。
[5] 《史记·酷吏列传》"索隐"引。

八　判决与上诉

判决,是司法机构对诉讼双方当事人审讯和查验证据之后,对案件的实体问题,即:是非曲直、有罪无罪、如何处置等作出的裁判。全部诉讼程序的最终目的,就是为了作出正确的判决。所以,它是诉讼程序的最重要的一个环节。上诉,是当事人不服下级司法机构的裁判,依法律规定提请上级司法机构对案件重新审理的诉讼行为。关于秦诉讼案件的判决和上诉方面的史料,如:宣判形式、判决书的制作等,史籍和秦简均无具体记载,在现有材料中与判决和上诉有关的,仅有如下几点:

(一) 依律和例定罪量刑

经过审讯和查验证据之后,秦律要求对案件依法律或判例处断。秦法律条文的一个重要特点是对功过是非和犯罪行为的界限规定得比较明确,对奖励和惩罚的规定比较具体。如《厩苑律》:"以四月、七月、十月、正月肤田牛。卒岁,以正月大课之,最,赐田啬夫壶酒束脯,为皂者除一更,赐牛长日三旬;殿者,谇田啬夫,罚冗皂者二月。其以牛田,牛减絜,笞主者寸十。又里课之,最者,赐田典日旬;殿,笞三十。"又如《效律》:"衡石不正,十六两以上,赀官啬夫一甲;不盈十六两到八两,赀一盾。桶不正,二升以上,赀一甲;不盈二升到一升,赀一盾。""斗不正,半升以上,赀一甲,不盈半升到少半升,赀一盾。"前一条是关于检查耕牛饲养情况的规定,后一条是关于检查衡器和容器准确程度的规定。依照规定,耕牛在定期评比中被评为上等的,给予饲养人员以奖励,评为下等的,予以惩罚;衡器和容器不准确的,以所差数目予以惩罚。这种规定乍看起来似乎过于死板,没给司法官吏决断留下多少回旋余地。但是,规定贯穿的基本精神却是要求他们严格依法办事。

云梦秦简没有专门抄录秦刑律的条文,不过,作为对秦刑律解释的《法律答问》的存在和它引用的一些刑律条文说明,秦确实有一部以《法经》六篇为蓝本的刑律。《法律答问》就是对这部刑律进一步解释说明,将这部刑律的部分条文具体化。如《法律答问》中有这样一条:"害盗别徼而盗,加罪之。"害盗是一种职务,是专事缉捕盗贼的人员。这一规定的意思是,害盗背着游徼去盗窃,要加重惩罚。如何加罪?加至何种程度?原刑律律文的规定显然不具体。于是,《答问》就进一步作出了解释:"五人盗,赃一钱以上,斩左止又黥以为城旦;不盈五人,盗过六百六十钱,黥劓以为城旦;不盈六百六十钱,到二百二十钱,黥为城旦,不盈二日二十以下到一钱,迁之。"这就是说,由于害盗是治安人员,他们盗窃属于知法犯法,执法犯法,所以就要按偷盗的数量、是否共同犯罪分别予以加重惩处。官方对刑律中的某些原则规定作出如此具体解释,显然是便于司法人员在实践中掌握执行。

此外,《法律答问》还对刑律中涉及的某些罪名、罪与非罪的界限以及专门用语等做了解释。如:"前谋"是共同犯罪的标志;"牧杀"是欲劫杀主人未杀而被拿获;"同居"谓同户籍者;"大误"谓侵犯财物、牛马、人户等值过六百六十钱者;"匿户"是隐匿人口不按国家规定服徭役;"不直"是故意出入人罪;"失刑"是量刑失轻失重,等等。秦官方所以对刑律中的种种概念作出解释,划分某些罪之间的界限,也是为了便于司法官吏掌握执行。

对于某些危害统治阶级利益和社会治安的行为,法律如无明文规定,秦律则允许比照近似的条文定罪量刑。如:

"求盗盗,当刑为城旦,问罪当加如害盗不当?当。"

"臣强与主奸,何论?比殴主。"

"殴大父母,黥为城旦舂。'今殴高大父母,何论?比大父母。"

"铍、戟、矛有室者,拔以斗,未有伤也,论比剑。"

"或与人斗,决人唇,论何也?比疻痏。"

"群盗赦为庶人,将盗械囚刑罪以上,亡,以故罪论,斩左止为城旦,后自捕所亡,是谓'处隐官'。它罪比群盗者皆如此。"

"内公孙无爵者当赎刑,得比公士赎耐不得?得比焉。"①

以上允许在判决中适用比附的,有的是犯罪人的职务类似;有的是被侵犯的对象社会地位类似;有的是犯罪时使用的凶器类似;有的是致伤的轻重程度类似。总之,都是以某一行为与法律规定的类似的犯罪相比附,以此来确定应适用的刑罚。上面引证的一系列规定,大部分没有提到具体刑罚,想必是由于原刑律条文已有明确规定,在解释中无须赘述。最后一例是关于有贵族身份的"内公孙"犯罪量刑,可以同有公士爵位的人相比附,以享受法律规定的减刑特权。这一规定说明,秦早期的法律中,既在一定程度上肯定了封建特权,同时又对这种特权做了一定限制。

据史籍记载,对于某些危害统治阶级利益的行为,在法律无明文规定如

---

① 以上引文均见《睡虎地秦墓竹简·法律答问》。

何定罪、量刑的情况下,比附相近的法律条文,西周时已经出现了。《尚书·吕刑》:"上下比罪。"正义曰:"断狱之法,将断狱讼,当上下比方,其罪之轻重,乃与狱官众议断之。"《礼记·王制》:"必察大小之比以成之。"郑玄注:"大小犹轻重,已行故事曰比。"孔颖达疏:"比,例也。已行故事曰比。"尽管郑玄和孔颖达将《吕刑》和《王制》中所说的"比"释为"故事",也就是通常说的"例",但他们也都肯定是将犯罪人的行为与相近的法律条文来比,并指出:"此人所犯之罪,在轻重之间,可轻可重,当求可轻之刑而附之。"①这话一方面阐明了比的含义,同时也反映了儒家轻刑的主张,《尚书》和《礼记》只是对比附制度的记述,说明西周确实存在这种制度。但作为正式法律,迄今所见,秦律关于比附的规定是最早的。

秦司法机构在判决时除适用法律和比附,还适用判例。判例在秦律中称廷行事。

《法律答问》:

"盗百,即端盗加十钱,问告者何论?当赀一盾。赀一盾应律,虽然,廷行事以不审论,赀二甲。"

"甲告乙盗值□□,问乙盗卅,甲诬加乙五十,其卅不审,问甲当论不当?廷行事赀二甲。"

"盗封啬夫何论?廷行事以伪写印。"

"求盗追捕罪人,罪人格杀求盗,问杀人者为贼杀人,且斗杀?斗杀人,廷行事为贼。"

"'百姓有债,勿敢擅强质,擅强质及和受质者,皆赀二甲。'廷行事强质人者论,予者不论;和受质者,予者□论。"②

以上只是从《法律答问》中摘抄的适用"廷行事"的一些例子。这里说的"廷"即官廷,也就是司法机构;"行事"即已行已成之事,也就是法庭断案的成例。从上述例子可以看出:一种是在法律对某些犯罪行为如何定罪量刑无明确规定的情况下,司法机构比附近似的法律规定作出的判决一旦发生法律效力,对以后的案件就有一定的示范作用,就是例。从这个意义上说,例产生于比附,例与比是紧密相连的。另一种是在法律对于某种罪行虽有明确规定,但统治者认为这些规定已不适应需要,因此,就在司法实践中通过判例来改变法律。如第一例,对于告人盗窃故意增加别人盗窃的数值,

---

① 《礼记·王制》疏。
② 睡虎地秦墓竹简整理小组注:"据文义,此句意为把抵押给予债主的也要处罪"。

本来法律规定赀一盾，由于情节恶劣，判例却加重赀二甲。第四例，求盗追捕罪人，罪人在格斗过程中将求盗杀死，法律本来规定属于斗杀，但由于罪人拒捕，妨碍执行公务，判例则以贼杀论处。其结果也是加重了刑罚。秦在断案中适用判例的事实说明，尽管秦统治者强调依法断案，但为加强对广大农民的镇压，在司法实践中，他们绝不让法律束缚自己的手脚。对于危害统治阶级利益的行为，法律条文虽没有规定或有规定但已不适应需要的，他们就随时通过判例加以补充和替代，从而达到自己的目的。

（二）部分案件要呈报批准

本文前面已经谈到，秦对诉讼案件在全国是实行按地区分级管辖与专门管辖、特别管辖相结合的制度。在这制度下，涉及一些官贵的诉讼案件和某些关系重大的案件由上级司法机构直接审理，或由朝廷作为特殊案件指派专人审理；对于某些案件，下级司法机构裁判后，还要呈报上级批准才能交付执行。试看史籍和秦简中有关此问题的记载：

其一，秦简《封诊式》的《有鞫》和《覆》，是司法机构规定的关于案件报告与回覆的式例。这两个式例都是上级司法机构就所受理的案件的某些基本情况，要县派人进行调查和采取一定措施。然后就此写出专门报告。报告的内容应包括：被告人的姓名、住址、身份、籍贯，是否曾犯过罪、判过刑，以及何时被赦免等。这两个式例虽非下级司法机构对案件裁定后请上级批准执行，但这种报告的存在，却说明了秦司法机构的上下级之间在案件的处理过程中确实存在报告制度。

其二，秦简《语书》："又且课县官，独多犯令而令、丞弗得者，以令、丞闻。"《说文》："闻，知声也。"段注："往日听，来日闻。"《语书》是由南郡守发布的，此处的上闻是指上报郡守。这段话的意思是说，要考核县官，对于那些违法犯罪案件多，而又不能及时破案查处的，要追究县令、丞的责任，并上报至郡处理。《语书》的附件还有这样的规定："发书，移书曹，曹莫受，以告府，府令曹画之。其画最多者，当居曹奏令、丞；令丞以为不直，志千里使有籍书之，以为恶吏。"这里说的曹，是郡、县之下分科办事的吏；当居曹，是指吏所在的官廨。这一规定的意思是，各县、道收到《语书》后，应发文到所属各曹，属曹如不受命，县、道要向郡报告，由郡官命郡的属者进行查处。对于过失最多的吏，所在的官廨要向令、丞申报，令、丞认为该吏是犯了"不直"罪的，由郡官登记在簿籍上，通报全郡，定为恶吏。正如《语书》和秦律的其他一些条款规定的，官吏不认真执法，吏民违法犯罪行为不止，是"养匿邪僻之民","为人臣不忠","不廉","此皆大罪也"。这就是说,对官吏来说,上述行为的性质不仅是行政过错,而是罪行;追究的不仅是行政责任,而是刑事责任。追查县令、丞的责任由郡来进行,而追究县属各曹的责任,由县认定后,也要报郡定为恶吏并由郡通报所属各县、道。这说明,秦至少对官吏犯罪的处刑是有一定批准手续的。

其三,《史记·秦始皇本纪》在谈到秦始皇的专权作风时写道:"天下之事无大小皆决于上,上至以衡石量书,日夜有呈,不中呈不得休息。"这里说的大小事包括什么?《汉书·刑法志》有这样一段话:"至于秦始皇,兼吞战国,遂毁先王之法,灭礼谊之官,专任刑罚,躬操文墨,昼断狱,夜理书,自程决事,日县石之一。"这就是说,秦始皇至少有一部分时间是在处理狱案。作为儒家学者,班固对秦始皇的评价难免苛刻;但作为史学家,班固的学风是严谨的。所以,他的话应有充分根据。从史籍看,在全国统一后,秦始皇很重视以法律手段对人民进行镇压,以法律解决面临的种种问题。因此,他很重视司法官吏的作用,其本人也花了不少时间处理狱案。当然,作为一个地域辽阔,人口众多的大国君主,全国发生的绝大部分案件不会,也不可能都由他亲自审断,而且一些重大案件由地方或朝廷的司法机构审理后都由他批准执行。所谓"上至以衡石量书","躬操文墨","昼断狱,夜理书",主要是对他审批重大狱案和决定其他重大事项而言的。

以上事实说明,秦对于一定职位以上的官吏的犯罪和一些重大案件的处理,当下级司法机构作出裁决之后,是要报经上级批准才能执行的。

关于案件的报批制度,在汉的史籍中有更明确的记载,《史记·王温舒列传》:王温舒"素居广平时,皆知河内豪奸之家,及往,以九月至。令郡具私马五十匹,为驿自河内至长安,部吏如居广平时方略,捕郡中豪猾相连坐千余家。上书请,大者至族,小者乃死,家尽没入偿赃。奏行不过二三日,得可事。论报,至流血十余里。河内皆怪其奏,以为神速。"这些记载说明,汉武帝时至少死刑是要报经朝廷批准的。"汉承秦制"。它可以作为秦处理狱案存在报批制度的佐证。

(三)当事人不服判决允许申请复审

秦简《法律答问》:"以乞鞫及为人乞鞫者,狱已断乃听,且未断犹听也?狱断乃听之。"《尔雅·释言》:"鞫,究,穷也。"《尚书·吕刑》正义:"汉时问罪谓之鞫。"乞鞫,这里指要求对案件复审。这则答问的意思是,本人要求对案件复审或代替其他人要求对案件复审的,是在案件判决之后受理,还是在判决之前受理？回答是：在判决之后受理。按照这一规定，第一，当事人对判决不服，允许要求复审；第二，这种要求可以由当事人提出，也可以由其他人提出；第三，司法机构对于复审的要求，在判决之后才受理。《法律答问》的这一规定说明，秦的诉讼中存在允许诉讼当事人或其他人要求复审的制度。

此外，前面已说到，《史记·夏侯婴列传》记述刘邦在秦末曾经历的这样一段官司："高祖戏而伤婴，人有告高祖，高祖时为亭长，重坐伤人。告故不伤婴，婴证之。后狱覆，婴坐高祖系岁余，掠笞数百，终以是脱高祖。"这段记载中的"重坐伤人"，"集解"引如淳曰："为吏伤人，其罪重也。"其中的"告故不伤婴""集解"引邓展曰："律有故乞鞫，高祖自告不伤人。"上述记载和如淳、邓展的解释意思是，汉高祖刘邦在开玩笑的过程中将夏侯婴致伤，因刘邦是亭长而被处以重罚。后来刘邦以不曾伤婴请求复审，夏侯婴本人并为其作证，最后使案件得到平反。尽管夏侯婴为此事关押了一年多，并被"掠笞数百"，饱受皮肉之苦，但他出于义气，最终仍坚持为刘邦开脱。这一案件的经过与《法律答问》的上述规定是相符的。秦时确实存在允许诉讼当事人请求复审的制度。

在中国古代诉讼制度史上，允许当事人请求复审始于何时？史籍中无明确记载。秦简《法律答问》的这一规定，是目前我们所能看到的最早的允许请求复审的法律。从有关汉代的史料看，允许当事人请求复审的制度，也为汉统治者所承袭。《周礼·秩官·朝士》郑玄注："谓在期内者听，期外者不听，若今时徒论满三月不得乞鞫。"由此可见，汉代徒刑判决后三个月之内是可以要求复审的。《晋书·刑法志》在追述魏对汉律所作的更改时写道："二岁刑以上，除家人乞鞫之制，省所烦狱也。"魏革去的只是二岁以上重刑不允许家人要求复审，并未包括二岁徒刑以下的刑罚；"除家人乞鞫之制"，也不意味着禁止被告人本身要求复审。这说明，不仅秦汉时允许诉讼当事人要求复审，魏之后虽然有所变化，允许诉讼当事人请求复审的制度也是存在的。

秦允许诉讼当事人请求复审，但是，这种请求是向原审判机构提出，还是向上级司法机构提出？代别人请求复审，是仅限于当事人的亲属，还是说非亲属也可以？秦请求复审是否也像汉代那样有一定限期？目前回答这些问题尚缺少足够的材料，有待以后进一步研究。

九　判决的执行

判决的执行是将司法机构对案件的判决按其要求加以实现,是诉讼程序的最终阶段。在法制史上这是一个较复杂的问题。它既包括刑事案件,也包括民事案件和其他种类的案件。虽然判决的执行共同点是强制,但一般说,案件的性质不同,执行的方法也不一样。这里仅谈秦的几个主要刑种——死刑、肉刑和徒刑的执行。

(一)几种死刑的执行

秦的死刑种类很多,见于史籍和云梦秦简记载的有斩、绞、弃市、戮、磔、枭首、族、车裂、体解、剖腹、坑、定杀、蒺藜、凿颠、抽胁、镬烹和赐死等。上述死刑,除对某些官贵的犯罪采取"自裁"于内部之外,大部分是当众处死的。如:

1. 弃市。《史记》和云梦秦简均记载秦有弃市刑。所以称弃市,颜师古曰:"弃市,杀之于市也。谓之弃市者,取刑人于市,与众弃之也。"①司马贞的看法与颜说基本一致。他说,弃市,"刑人于市,与众弃之。"②他们的意思是说,将罪人杀之于街市,表明为众人所不齿。

2. 戮。秦简《法律答问》:"戮者何如?生戮,戮之已乃斩之之谓也。"郑玄曰:"戮,犹辱也,既斩杀又辱之。"③这两种解释的意思是一致的,都是说戮刑是先施加侮辱,然后再斩杀。《史记·李斯列传》:"公子十二人戮死咸阳市。"这是赵高诛杀秦宗室实现其篡权采取的重大步骤。戮死于咸阳市,当然也会是先当众侮辱然后斩杀。

3. 斩。秦的斩刑是断腰,所以又称"腰斩"。《史记·商君列传》:"不告奸者腰斩。"《史记·李斯列传》:"二世二年七月,具斯五刑,论腰斩咸阳市。"斩,也是杀之于市。

4. 枭首。《史记·秦始皇本纪》:"尽得毐等。卫尉竭、内史肆、宫弋竭、中大夫令齐等二十人皆枭首。"《集解》:"悬首于木上曰枭。"枭首比斩刑进一步加重,就是说对被刑者不仅要处死而且死后要悬首示众,以表明罪恶之大。

---

① 《汉书·景帝纪》注。
② 《史记·高祖本纪》索隐。
③ 《周礼·秋官·司寇》注。

5. 磔。秦有磔刑见于史籍,也见于云梦秦简。磔刑究竟如何处死? 说法不一:《荀子·正论》杨倞注:"磔,车裂也。"《汉书·景帝纪》注:"磔谓张其尸也。"《说文》:"磔,辜也。"段玉裁注:"辜之言枯也,为磔之。……言磔者,开也,张也,刳其胸腹而张之,令其干枯不收。"以上几种说法尽管不全一致,但在认为是张裂肢体这一点上是相同的。段玉裁还认为张裂肢体后并"令其干枯不收"。这显然也有示众之义。

6. 车裂。车裂又称体解、肢解,也是分裂肢体的酷刑。《说苑·反质》:侯生逃,后得,始皇召见之,"升东阿之台,临四通之街,将数而车裂之"。四通之街,应是城市内的十字路口,也可能是指众人来往的市内的要道。车裂于"四通之街",还是为了示众。

有些死刑,如定杀,是将受刑人抛入水中活活淹死;坑是指活埋,由于条件限制,行刑地点不可能在街市上。但从总的看,秦的死刑大部分都是刑之于市。正因为如此,《史记·李斯列传》在谈及秦末情景时,有"刑者相半于道,而死人日成积于市"之说。

秦处死刑的地点何以挑选人口众多的街市? 颜师古与司马贞都解释说是表明"与众弃之"。他们的说法当然有其道理,但都不能认为是唯一的、完全的答案,对于封建地主阶级来说,行刑的目的除了要达到惩罚罪犯和进行报复,还要发挥刑罚的威慑力量。就是说,要收到杀一儆百的效果。这样,选择人们来往的街市作为刑场就是必然的。杀人地点选择人口众多的街市,在中国历史上并非秦之首创,从现有材料看,在西周时已经实行了。《周礼·秋官·掌戮》:"凡杀人者,踣诸市,肆之三日。刑盗于市,凡罪之丽于法者亦如之……凡军旅、田役斩杀刑戮亦如之。"郑玄注:"踣,僵尸也;肆,犹申也、陈也。凡言刑盗罪恶莫大焉。"这段记载的意思是,凡处死刑,要刑杀于市,并陈尸三日。因盗窃、军旅、田役等方面的犯罪应斩杀的均如此。当然,按《周礼》的记载,也有例外:"唯王之同族与有爵者,杀之于甸师氏。"①这些人由于是官贵,享有等级特权,所以犯死罪处死刑不得陈尸,而是刑于郊外隐蔽之处。秦对某些官贵赐死而不刑之于市应与《周礼》所述属于同一性质②。

---

① 《周礼·秋官·掌戮》。
② 据史籍记载秦先后被赐死的官贵有:蜀侯恽(《华阳国志》);武安君白起(《史记·白起列传》);大臣蒙毅、蒙恬(《史记·蒙恬列传》);公子扶苏(《史记·李斯列传》)等。

（二）肉刑的执行

肉刑是以残酷手段造成受刑人生理残疾的刑罚。这种刑罚早在中国奴隶制社会初期就已经出现了。秦沿袭夏、商、周三代以来旧制，肉刑有黥、劓、斩趾、宫四种，其行刑各有特点。

1. 黥。《说文》："黥，墨刑，在面也。"施刑的方法是："先刻其面，以墨窒之。言刻额为疮，以墨窒疮孔，令变色也。"①施刑的部位在额部，即发下眉上。但也有例外：秦简《法律答问》："人奴妾笞子，子以肫死，黥颜頯，畀主。"颜也是指额部，是黥刺的传统部位；頯是两颧，黥刺两颧则比较特殊。这一规定说明对于有些犯罪，或对某种人的犯罪，除了黥刺传统部位——额部之外，还要黥刺两颧。面积要比黥刺额部大得多，显然是黥刑中较重的一种。

2. 劓。《说文》："劓，刖鼻也。"凡被判处劓刑者，要割去鼻子。秦有劓刑，《史记》和秦简均有记载：《史记·商君列传》："公子虔复犯约，劓之。"秦简《法律答问》："不盈五人，盗过六百六十钱，黥劓为城旦。"前者是劓刑单独使用，后者是与黥刑、城旦刑结合使用。《盐铁论·诸圣篇》说秦时"劓鼻盈蘽，断足盈车，举河以西，不足以受天下之徒"。这种说法虽然有文学夸张成分，但也说明秦时受劓刑人之众。

3. 斩趾。斩趾，又称刖。《尔雅·释言》："止，足趾。"斩趾就是断足。刖，《说文》："刖，断足也。"由此可见二者是一种刑罚。见于秦简的有斩左趾。应还有斩右趾。战国时有人被斩去双足②，是刖刑中最重的。

4. 宫。宫刑，又称阴刑、腐刑和蚕室刑。受此种刑罚者，男子割势，女子幽闭。《尚书·吕刑》正义："男女不以义交者，其刑宫，是宫刑为阴刑也。男子阴名为势，割去势去椓其阴事亦也。妇人幽闭于宫，使不得出也。"施加宫刑是为"翦其类"即绝后嗣。《礼记·文王世子》："公族无宫刑，不翦其类也。"这就是说，在奴隶社会，奴隶主即使犯了罪，也享有免受宫刑的特权。宫刑开始是惩罚"男女不以义交"，后则发生了变化。《列子·说符篇》载：孟氏子曾劝秦王以仁义治国，秦王认为，"若用仁义治吾国，是灭亡之道"，便处孟氏子以宫刑。它说明宫刑的适用范围逐渐广泛。宫刑又称腐刑，是因为丈夫割势不能复生子，如腐木不生实。③宫刑之所以还称"下蚕

---

① 《周礼·秋官·司刑》郑注。
② 见《韩非子·和氏》。
③ 《汉书·景帝纪》注。

室",是因为"凡养蚕者,欲其温而早成,故为密室蓄火以置之。而新腐刑亦有中风之患,须入密室乃得以全,因呼为蚕室耳"①。这就是说,是怕受刑后感染患破伤风,须置于密室中待疮口愈合,以保全被刑者的性命,故称其刑为下蚕室。

秦的死刑和肉刑由哪一级司法机构执行呢?据《汉书·蒯通传》:秦末,蒯通曾说范阳令:"足下为令十余年矣,杀人之父,孤人之子,断人之足,黥人之首,甚众。"这里,"杀人之父,孤人之子"指死刑;"断人之足,黥人之首"指肉刑。秦的基层司法机构设于县,但对县级司法机构而言,至少一般死刑是要报请上级批准的。范阳令能处死许多人,处许多人以肉刑,说明案件在判决经上级批准后,是由原审判机关执行的。此外,《汉书》中关于判决执行的材料,除前面已谈到的王温舒任河内太守经报奏后大批杀死当地豪猾,还有《王尊传》记载的:"初元中……兼行美阳令事。春正月,美阳女子告假子不孝,曰:'儿常以我为妻,妒笞我。'尊闻之,遣吏收捕验问,辞服。尊曰:'律无妻母之法,圣人所不忍书,此经所谓造狱者也。'尊于是出坐廷上,取不孝子县磔著树,使骑吏五人张弓射杀之,吏民惊骇。"上面有关于郡司法机构判处和执行死刑的记载,这里又有县司法机构判处和执行死刑的案例,说明秦汉的死刑案件多是由原审判机构执行的。据此推测,肉刑的执行也会如此。

(三)徒刑的执行

徒刑,即劳役刑,就是剥夺犯罪人自由,对其实行强制劳动的刑罚。秦的徒刑种类很多,主要有:城旦、舂、鬼薪、白粲、隶臣、隶妾、司寇、候等。其他还有居赀、赀徭、赀戍以及用劳役抵偿赀、赎刑罚的人。关于刑期,《汉旧仪》有一段记载:"秦制,二十爵,男子赐爵一级以上,有罪以减,年五十六免,无爵为士伍,年六十乃免者(老),有罪各尽其刑。凡有罪,男髡钳为城旦,城旦者治城也;女为舂,舂者,治米也,皆作五岁,完四岁。鬼薪三岁。鬼薪者,男当为祠祀鬼神伐山之蒸薪也;女为白粲者,以为祠祀择米也,皆坐三岁。罪为司寇,男备守,女作如司寇,皆作二岁。男为戍罚作,女为复作,皆作一岁到三月。"《汉旧仪》没谈隶臣妾和候的刑期。《汉书·刑法志》:"隶臣妾满二岁为司寇,司寇一岁及作如司寇二岁,皆免为庶人。"由此可知,隶臣妾的刑期约为二至三岁。至于候,《说文》:"伺望也",有守备的意思。秦

---

① 《汉书·张汤传》注。

的候应相当汉代的为戍罚作,刑期约为一岁。这些刑徒以及居作、赀徭、赀戍和用劳役抵偿赀赎刑罚的人,在判决后,一部分是就地监管,大部分则输送到国家兴修的大型工程、矿山和边远地区从事开发。为了达到强制劳役的目的,秦律规定了一整套严格的监管制度。

(四)输送

秦律规定,各司法机构对于已判处徒刑的罪犯,要派专人押送到服刑地点,并履行严格的移交手续和遵守有关规定。

《属邦律》:"道官相输隶臣妾、收人,必署其已禀年月日,受衣未受,有妻无有。受者以律续食之。"所谓道,是指少数民族聚居的县。这条规定的意思是,各道的机构相互输送隶臣妾和收捕的其他罪人,输送单位必须向接收单位写明已领口粮的年月日,是否领过衣服,有无妻室。如系应领受者,要按法律规定供给衣食。属邦,汉代因避高祖刘邦讳而更名属国。《汉书·百官表》:"典属国,秦官,掌蛮夷降者。"正因《属邦律》是有关少数民族事务的法律规定,所以律文中只提"道"而未提县,事实上县与道之间、县与县之间也应如此。秦简记载的《属邦律》律文只有这一条,但从关于刑徒衣食供应的交接手续如此具体,不难想象其他方面交接手续会是多么严格。试看秦简《封诊式》中的《迁子》一例:"爰书:某里士伍甲告曰:'谒鋈亲子同里士伍丙足,迁蜀边县,令终身毋得去迁所,敢告。'告废丘主:士伍咸阳在某里曰丙,坐父甲谒鋈其足,迁蜀边县,令终身毋得去迁所论之,迁丙如甲告,以律包。今鋈丙足,令吏徒将传及恒书一封诣令史,可受代吏徒,以县次传诣成都,成都上恒书太守处,以律食。废丘已传,为报,敢告主。"这篇爰书的大意是,废丘(今陕西兴平县东南)县令按某里士伍甲的请求,将其儿子判处迁刑并附加"鋈足"。判决后,废丘县司法机构便指示吏徒携带通行证和押解公文将士伍甲之子逐县押送到成都,并规定中途可以更换押解的吏和徒隶。解到成都后要将押解公文上送太守,依法律规定供给衣食。最后还要将押解情况书面报原递解单位。应当指出,秦的迁刑类似后代的流放,但与后代的流放又不尽相同,"迁"在刑罚等级上轻于徒刑"城旦"。对于判处迁刑的人押解手续就如此严格,对于判处徒刑的人押解手续就可想而知了。

据《史记·高祖本纪》:汉高祖刘邦曾以"亭长为县送徒郦山"。修郦山始皇陵的刑徒前后达七十余万人。这些刑徒来自全国,当然要分期轮换,为了保证工程有秩序地进行,不建立严格的制度是不可能的。秦末曾规定,

"失期,法皆斩"①,说明在输送过程中既使小的延误,也会受到严厉惩罚。

(五)看管

秦的刑徒数量很多,看管人员的数量和机构也会相应庞大。秦对刑徒是如何看管的?史料不全。目前我们只能了解如下几点:

其一,各县令、丞对刑徒管理负有责任。秦简《司空律》:刑徒管理不善,"大啬夫、丞及官啬夫有罪。"这里说的大啬夫,即县令、长;丞,即作为县令、长之副的县丞;官啬夫,即县之属曹,也就是县部门机构的负责人。从材料看,秦的刑徒应是分散管理集中使用,即平时分散在各县从事劳役,如兴建大型工程则由各县输送集中。县令(长)、丞如不负责管理刑徒,刑徒管理不善,就追究他们的法律责任。

其二,秦在全国各地遍设监狱,监狱有专门管理人员。《汉书·刑法志》说秦"囹圄成市"。所谓囹圄即监狱。这种说法可能有些夸张,但却说明了当时全国监狱之普遍。秦监狱的直接管理人员,见于秦简的有"署人"和"更人"。《法律答问》:"何谓'署人'、'更人'?籍牢有六署,囚道一署旞,所道旞者命曰'署人',其他皆为'更人'也;或守囚即'更人'也,原者'署人'也。"这则答问关于"署人"、"更人"的解释是:假设牢狱中有看守岗位,看守出入通道者为"署人",其他为"更人";另一种说法是,看守囚犯的就是"更人",进行督察的是"署人"。由此可知,所谓"署人"和"更人"就是监狱的看守人员。从他们的分工看,当时的监狱是有一定规模的,内部的设施与组织也具有相当水平。此外,秦简《封诊式》有"牢隶臣",这是一种在司法机构服役的罪犯或官奴隶。他们在令史的指挥下,进行现场勘查和尸体检验等事务工作,也可能兼管看守监狱的某些事务。

其三,从事国家大型工程兴建的刑徒由司空或朝廷专门任命的官吏管理。"司空"为职官名,周以来在国家机构中主管工程兴建。秦县也设司空。秦还专门制定了《司空律》,主要内容是关于刑徒管理方面的规定,可见当时的工程兴建已大量使用刑徒。《汉书·百官表》注引如淳云:"律,司空主水及罪人。贾谊曰:'输之司空,编之徒官。'"由此可见秦汉的司空,既管工程,也管刑徒。当然,还有一些大型工程,如骊山墓和长城等,是任命专门官员主管的,从事这些工程的刑徒应由主管这些工程的官员管理。

其四,在国家官吏的管辖之下,刑徒内部则使用罪行较轻的管理较重

---

① 《史记·陈涉世家》。

的。前后提到的"牢隶臣"或"更人",应是正在服刑或刑满释放的罪犯。①此外,秦《司空律》规定:"毋令居赀赎债将城旦舂。城旦司寇不足以将,令隶臣妾将。居赀赎债当与城旦舂作者,及城旦傅坚、城旦舂当将司者,廿人,城旦司寇一人将。司寇不足,免城旦劳三岁以上者,以为城旦司寇。"②这条规定的意思是,不要派以居作抵偿赀赎债务的人监管城旦舂。城旦司寇人数不够时,可以令隶臣妾监管。每一名城旦司寇可以监管二十名较重的刑徒。秦律还在几处提到"舂司寇"应是负责监管女刑徒舂的。在上述较轻的刑徒实在不够时,可以将已服刑三年以上的城旦减刑为"城旦司寇",从事监管任务。这种以刑徒监管刑徒,罪轻的刑徒监管罪重的刑徒,刑期短的刑徒监管刑期长的刑徒,是秦统治者对刑徒采取的分而治之的办法。

(六)纪律

为切实加强对刑徒的监管,秦律对在服刑的刑徒规定了各种纪律和管理制度。

其一,在服刑期间,部分刑徒必须穿囚服带刑具。《司空律》:"城旦舂衣赤衣,冒赤毡,枸椟欙杕之。"又:"鬼薪白粲,群下吏毋耐者,人奴妾居赀赎债于城旦,皆赤其衣,枸椟欙杕,将司之。"③按这些规定,秦刑徒穿囚衣,带刑具的是两种人:一是罪行较重的,如城旦舂、鬼薪白粲;二是以居作抵偿赎刑,赀罚债务的奴婢和下吏未加耐刑的人。当然,有些人罪行虽重,但由于身份特殊,在服刑期间不仅可以不穿囚服,不带刑具,甚至不必监管:"公士以下居赎刑罪、死罪者,居于城旦舂,毋赤其衣,勿枸椟欙杕";"葆子以上居赎刑以上到赎死,居于官府,皆勿将司"。④ 公士是秦二十等爵的最低一级;葆子应是在前方作战的将士的子女。法律对他们在服刑时有一定优待。对他们的这种特殊照顾,表明了秦律的特权性。

其二,城旦舂外出服劳役,不得经过市场或在市场的门外停留。《司空律》:"城旦舂出徭者:毋敢之市及留舍阓外,当行市中者,回,勿行。"⑤阓,市的外门。法律规定不允许城旦舂经过市场或在市场的外门旁停留,应当从市场中经过者,要绕道行走。这显然是对外出服劳役的刑徒采取的防御

---

① 《睡虎地秦墓竹简·法律答问》:"何谓'宫更人'?宫隶有刑,是谓'宫更人'。"由此可知监狱中的'更人'也应是被判刑的人。
② 《睡虎地秦墓竹简·秦律十八种》。
③ 同上。
④ 同上。
⑤ 同上。

措施。

其三,对刑徒劳动实行质量和数量监督。秦简《工人程》:"隶臣、下隶、城旦与工从事者冬作,为矢程,赋之三日而当夏二日。"①矢,《尔雅·释诂》:"弛也。"矢程,即放宽生产规定的标准。意思是说,刑徒与工匠一起生产的,冬季三天收取相当夏季两天的产品。由此可知,秦刑徒的劳动每天是有定额的。不仅有定额,还要经常评比检验:"城旦为工殿者,笞人百。"②所谓殿,就是落后。秦对刑徒的劳动产品实行检验,除秦简记载的法律有明确规定外,解放后发现的"秦上郡戈"上均刻有监造者、制造者的姓名,在制造者中,除有丞和工师的姓名,还有"工鬼薪戠"、"工城旦囗"、"工隶臣稽"、"工隶臣而庚"等。③ 之所以刻上这些工师和刑徒的姓名,不是要他们名扬天下,流芳百世,而是为了对产品进行检查。所谓"物勒工名,以考其诚"④便是这个意思。

(七)对刑徒使用的控制

秦刑徒数量大,所服劳役的种类和分布的地方、部门也广泛。从王宫、官府到民间,从都城到边疆,从农业到手工业,从案件侦查到值更守卫,以及大型工程兴建等等。不少行业都使用刑徒。但是,对他们的使用并非不受限制。秦简《司空律》:"司寇勿以为仆、养、守官府及除有为也,有上令除之,必复请之。"⑤这条规定的意思是,不得任用司寇去做赶车的仆役、炊事人员,看守官府或其他的事。如上级任命他们干这类事,一定要重新请示。《内史杂律》:"下吏能书者,毋敢从史之事。"又:"候、司寇及群下吏,毋敢为官府佐、史及禁苑宪盗。"⑥候、司寇和下吏是刑徒和交付治罪的人中罪行较轻的。候、司寇的任务本来就是备守。即使如此,也不准许他们担任赶车、做饭、守卫官府、任禁苑宪盗和任官府的佐、史等职务。这类规定显然是出自安全考虑。较轻的刑徒已受到如此限制,较重的刑徒受到的限制就可想而知了。

秦律还规定,有手工技术的刑徒,释放之后要继续从事手工劳动,其中

---

① 《睡虎地秦墓竹简·秦律十八种》。
② 《睡虎地秦墓竹简·秦律杂抄》。
③ 见张政烺《秦汉刑徒考古资料》,载《北京大学学报》1958年第3期;李学勤《战国时代秦国的青铜器》,载《文物参考资料》1957年第8期。
④ 《礼记·月令》。
⑤ 《睡虎地秦墓竹简·秦律十八种》。
⑥ 同上。

受过肉刑惩治的,释放之后应在隐蔽、不易被人看到的处所劳动。《军爵律》:"工隶臣斩首及人为斩首以免者,皆令为工。其不完者,以为隐官工。"所谓"不完者",即因受肉刑致形体残缺者。

当然,上面谈到的限制并不是一成不变的,在非常情况下,刑徒也被起用担当比较重要的任务。秦末,当农民起义军直捣咸阳,秦王朝的统治摇摇欲坠之时,秦二世就接受了章邯的建议,赦免并武装在骊山服刑的刑徒充实军队。这支军队在章邯的率领下,居然形成了一支重要的战斗力量,使濒临灭顶之灾的秦王朝获得了暂时的喘息之机。

十 法官的责任

法官法吏是秦整个封建国家官僚机器的组成部分。作为官吏,他们要承担国家法律对一般官吏规定的义务和职责;作为司法官吏,他们还必须承担国家法律对司法官吏规定的特殊义务和职责。秦统治者奉行法家的政治主张,实行"权制独断于君"①的封建君主专制统治,所以他们强调"忠君"。秦统治者还推崇法家的"法治"主张,要求人人守法,"自卿相将军以至大夫庶人,有不从王令、犯国禁、乱上制者,罪死不赦。"②这样,对君主绝对忠诚,唯命是听,严格执法、守法,就成了各级官吏、尤其是各级司法官吏的行为准则,稍有违犯就要受到严厉惩治。

(一)一般责任

秦律规定,官吏要守法,对君主绝对忠诚。正如韩非提倡的:"尽力守法,专心事主者为忠臣"③;秦统治者在臣民中大力宣扬"忠信敬上",反对"受令不倦";严厉惩罚"非上"、"犯上"的忤逆行为。④

对皇帝的命令,各级官吏必须迅速传递,坚决执行。《行书律》:"行命书及书署急者,辄行之,不急者,日毕,勿敢留。留者以律论之。"⑤所谓命书,即制书,《史记·秦始皇本纪》"集解"引蔡邕曰:"制书,帝者制度之命也。"这条律文的意思是,传送命书及标明"急"字的文书,应立即传送。不急的,当天送完,不得搁压。搁压的依法论处。秦律还规定:"伪听命书废

---

① 《商君书·修权》。
② 《商君书·赏刑》。
③ 《韩非子·忠孝》。
④ 《睡虎地秦墓竹简·为吏之道》。
⑤ 《睡虎地秦墓竹简·秦律十八种》。

弗行,耐为候;不避席立,赀二甲,废。"①这是说,接受命令要恭敬,废而不行者绳之以法。对于皇帝的安全和尊严,更是严格维护。秦律有"诽谤罪"和"妄言罪";《史记·秦始皇本纪》:"以古非今者族"。"今",战国和秦汉对国君和皇帝的习惯称谓,"非今",即诽谤最高统治者。对此,秦始皇自己曾有一段解释:"卢生等吾尊赐之甚厚,今乃诽谤我,以重我不德也。"由此可见,"非今"当时就是指诽谤秦始皇。《史记·项羽本纪》:"秦始皇游会稽,渡浙江,梁与籍俱观。籍曰:'彼可取而代也。'梁掩其口,曰:'毋妄言,族矣!'"这段记载说明,妄言,也是指对皇帝反叛性的言论。秦律严格维护皇帝的尊严和权威,是由于皇帝是封建地主阶级的代表,是封建国家权力的象征,皇帝的尊严和权威,直接关系地主阶级统治的稳固,关系地主阶级的利益。

官吏的保举者对被保举者的行为要承担法律责任。秦自商鞅变法废除世卿世禄制度之后,在全国对大部分官吏实行保举制,即首先经人保举推荐,然后由上级批准任命。秦律规定,保举人对所保举人的行为要承担法律责任。《史记·范雎列传》:"秦之法,任人而所任不善者,各以其罪罪之。"《说文》:"任,保也。"段注:"如今言保举也。"此处说的任人,即保举人。《史记》的这一段记载说明,秦法律规定:保举人,而被保举者犯了罪,就要按被保举者所犯的罪惩罚保举人。昭王时,秦相范雎保举郑安平领兵击赵,保举王稽为河东郡守。后,郑安平为赵军围,以军降;王稽与诸侯通,叛秦。依法,范雎罪应灭三族,虽然昭王予以宽赦,但范雎却由此一蹶不振,最后不得不引咎"谢病请归相印"。② 秦简《法律答问》中有这样一则规定:"任人为丞,丞已免,后为令,今初任者有罪,令当免不当? 不当免。"意思是说,保举他人为丞,丞已免职,事后本人为令,如原来保举过的人有罪,令是否应免去职务? 不应免职。由此看,保举者对被保举者只有在被保举担任的职务免除之后,才能解除责任关系。

官吏缺员要及时增补,被保举的官吏经上级批准才能派其赴任视事。《置吏律》:"县都官、十二郡免除吏及佐、群官属,以十二月朔日免除,尽三月而止之。其有死亡及故有缺者,为补之,毋须时。"③为什么规定一般在十二月到三月任命官吏? 简文无解释。据推测,应与农业生产有一定关系。

---

① 《睡虎地秦墓竹简·秦律杂抄》。
② 《史记·范雎列传》。
③ 《睡虎地秦墓竹简·秦律十八种》。

不过,如有缺员,则要及时增补,不受时间限制。《内史杂律》:"官啬夫免,□□□□□□□其官亟置啬夫。过二月弗置啬夫,令、丞为不从令。"①这就是说,缺额官员如不及时增补,过两个月者,还要追查上级官员的责任。而官吏的增补,只有经上级正式批准任命后,才能派遣到职视事,《置吏律》:"除吏、尉,已除之,乃令视事及遣之;所不当除而敢先见事,及相听以遣之,以律论之。"②这一规定还说明,不仅要经正式批准任命才能派其到职视事,对于那些任用不当和私相谋划派往赴任的,要依法论处。《置吏律》还规定:"啬夫之送见他官者,不得除其故宫佐、吏以至新官。"③意思是说,官员在调任到新的机构时,不准带原来的属吏。这显然是为了防止官吏朋比结党,以官营私,危害封建专制主义的中央集权统治。

秦统治者要求官吏在执行职务时严格依法办事。《商君书·君臣》:"处君位而令不行则危。五官分而无常,则乱。"这里说的"令"是指法的一种形式;所说的"常"是指依据法令建立的制度。正因为秦统治者认为不建立和遵守法度就无法维持统治,所以便提出:"守法守职之吏有不行王法者,罪死不赦,刑及三族。"④为使法令切实贯彻执行,他们在朝廷设置存放法令的禁室,并规定:"有擅发禁室印及入禁室视禁令及禁剟一字以上,罪皆死不赦。"还特别规定:"一岁受法令以禁令。"⑤这就是说,法令是不得擅自更改的,国家要按禁室所藏的法令,每年向执法官颁行一次。在地方,也有相应的规定。《内史杂律》:"县各告都官在其县者,写其官之用律。"⑥都官,是指设在各县直属朝廷的机构法律规定由县通知都官"写其官之用律",说明秦的法律一般是按行政系统颁行到郡县,其他机构要到郡县去抄写。但是,《尉杂律》又有"岁雠辟律于御史"的规定⑦。《尉杂律》是关于廷尉职务的各种法律规定。辟律,即刑律。意思是说法官每年要到御史那里核对刑律。这就说明,朝廷对刑律的补充和修改,似乎归御史系统掌握。《史记·萧相国世家》:"沛公至咸阳,诸将皆争走金帛财物之府分之,何独先入收秦丞相御史律令图书藏之。"这也是秦御史掌管律令的证明。为促

---

① 《睡虎地秦墓竹简·秦律十八种》。
② 同上。
③ 同上。
④ 《商君书·赏刑》。
⑤ 《商君书·定分》。
⑥ 《睡虎地秦墓竹简·秦律十八种》。
⑦ 同上。

使各级官吏严格执行法令,秦统治者还把是否执行作为区分"良吏"和"恶吏"的重要标准。《语书》:"凡良吏明法律令,事无不能也";"凡恶吏不明法律令,不知事,不廉洁"。① 按照法律规定,良吏应受到奖赏,恶吏则要受到惩罚。

(二) 审判责任

审判责任,主要是指司法官吏不依据法律举发和论处犯罪所应承担的责任。此外,秦还要求司法官吏认真进行法律宣传和教育,否则,也要承担法律责任。

早在商鞅变法时就提出:"吏民(欲)知法令者,皆问法官。故天下之吏民无不知法者。"这样做的意义在于:"吏明知民知法令也,故吏不敢以非法遇民,民不敢犯法以干法官也。"其具体办法是:"诸官吏及民有问法令之所谓也,于主法令之吏,皆各以其故所欲问之法令明告之。各为尺六寸之符,明书年、月、日、时,所问法令之名,以告吏民。主法令之吏不告,及之罪,各罪主法令之吏。"②由此看,法官对法律的宣传解释出了差错因而导致了严重后果,也是要承担责任的。秦始皇时更是明确规定:"若欲有学法令,以吏为师。"③这样,法官法吏在法律宣传教育方面的责任当然会随之进一步加重,1975年12月发现的云梦秦简,是存放于秦始皇时一个下级司法官吏的墓葬中,其中有一篇官方对秦刑律的解释——《法律答问》,这篇关于刑律的解释,当然是司法工作的需要,但与墓主人生前兼负有法律宣传教育的任务也是有密切关系的。

对于违法犯罪案件,秦律首先要求司法官吏敢于揭发论处,不得包庇隐匿。秦简《语书》:"今法律令已布,闻吏民犯法为间私者不止,私好、俗之心不变,自从令丞以下知而弗举论,是即明避主之明法也,而养匿邪僻之民,如此,则为人臣亦不忠矣。"所谓"举"是检举揭发,弗举,即不检举揭发;论是判罪。凡对违法犯罪行为不揭发判罪,官吏就是违背法律,姑息养奸,就是"不忠"。《语书》将不举发论处犯罪行为的官吏分为两种:如果是对犯罪行为"不知",也就是不觉察,属于不称职、无能;如果对犯罪行为知道而不敢揭发论处,就是"不廉"。二者都是大罪,都要追究所在县令、丞的责任。

对于已交付审判的案件,司法官吏要依据法律定罪量刑,否则,要分别

---

① 《语书》是秦始皇廿年南郡守腾发布的一个地方法规,载于《睡虎地秦墓竹简》。
② 《商君书·定分》。
③ 《史记·秦始皇本纪》。

情节轻重,以"失刑"、"不直"、"纵囚"等罪惩罚审判者。试看如下规定:

"士伍甲盗,以得时值赃,赃值过六百六十,吏弗值,其狱鞫乃值赃,赃值百一十,以论耐,问甲及吏何论? 甲当黥为城旦;吏为失刑罪,或端为,为不直。"①

"士伍甲盗,以值时值赃,赃值百一十,吏弗直,狱鞫乃值赃,赃值过六百六十,黥甲为城旦,问甲及吏何论? 甲当耐为隶臣,吏为失刑罪。甲有罪,吏知而端重若轻之,论何也? 为不直。"②

"论狱〔何谓〕'不直'? 何谓'纵囚'? 罪当重而端轻之,当轻而端重之,是谓'不直'当论而端弗论,及傷其狱,端令不致,论出之,是谓'纵囚'。"③

从以上规定可以看出,所谓"失刑",是指司法官吏由于过失而定罪量刑不当;所谓"不直",即故意减轻或加重被告人的罪行;所谓"纵囚",则是指对被告人应当论处而不论处,或故意减轻犯罪情节,使犯罪人够不上判罪标准,将其无罪释放。以上三种罪,"失刑"属于过失,轻于"不直";"不直"是故意,重于"失刑"而轻于"纵囚"。至于三种罪分别如何量刑? 现有材料反映得不甚清楚。《法律答问》有这样一则规定:"赀盾不直何论? 赀盾。"从这一规定看,其原则似乎是以错判的罪来惩罚"不直"的司法官吏。还有一条规定:"赎罪不直,史不与啬夫和,问史何论? 当赀一盾。"赎罪,应是指赎耐、赎黥、赎刑等一些可以缴纳钱财赎免的罪。这则答问对于主要责任者——啬夫应判什么刑未说明,只说对未参与合谋的史"当赀一盾"。啬夫显然会更重一些。如果秦的"不直"罪是以错判的罪来判处审判者,那么"失刑"罪的刑罚应轻于"不直","纵囚"罪的刑罚应重于"不直"。

秦律对司法官吏在审判的责任除规定上述几种罪名之外,还规定有"阿法"。《史记·蒙恬列传》:"高有大罪,秦王令蒙毅法治之。毅不敢阿法。"《说文》:"阿,曲阜也。"段玉裁注:"凡曲处皆得称阿。"阿法,即曲法、枉法。阿法者一般是有意所为。其行为包括"不直"和"纵囚"。

(三) 监督制度

为保证法官法吏在审判中依据法律办事,秦对司法建立了较严格的监督制度。

---

① 《睡虎地秦墓竹简·法律答问》。
② 同上。
③ 同上。

在朝廷,扩大了主要从事监察的御史机构,并设置御史大夫为侍御史之率,直接参与军国大事和重大狱案的治理。各郡设监郡史。《史记·肖相国世家》:"秦御史监郡者与从事,常辨之。何乃给泗水卒史事第一。秦御史欲入言征何,何固请,得毋行。""集解"引徐广曰:"秦以沛为泗水郡"。泗水郡邑在沛县,所辖今江苏北部及安徽东北部。卒史,"索隐"引如淳曰:"律:郡卒史书佐各十人也。"应是郡的属吏。从这段记载看,监御史有监察和考课各所官吏的职责。从哪些方面考核?《后汉书·百官志》:"秦有监御史,监诸郡,汉兴省之,但遣丞相史分刺诸州……诸州常以八月巡行所部郡国,录囚徒,考殿最。"汉代改秦监御史为丞相史,但其担负的"录囚徒,考殿最"的任务,应系沿袭秦制。所谓"录囚徒",注引胡广曰:"县邑囚徒,皆阅录视,参考辞状,实其真伪。有侵冤者,即时平理也。"所谓"考殿最",注引胡广曰:"课第长吏不称职者为殿,举免之。其有治能者为最。"由此看,秦监御史的重要任务是检查狱案,考核和监督司法官吏。

各郡对所属县的治狱情况,也定期和不定期地派官吏进行检查。《后汉书·百官志》:"凡郡国皆掌治民,进贤劝功,决讼检奸。常以春行所主县,劝民农桑,振救乏绝。秋冬遣无害吏案讯诸囚,平其罪法,论课殿最。"这里说的是郡每年秋冬遣无害吏案讯诸囚,平其罪法,也就是对狱案和司法官吏进行定期检查。此外,郡还派员对所属县不定期检查。秦简《语书》:"今法律令已布,闻吏民犯法为间私者不止,私好、乡俗之心不变,自从令、丞以下知而弗举论……今且令人案行之,举劾不从令者,致以律,论及令、丞。"案行,即巡行视察。从规定看,这不是指秋冬定期检查,而是在某一项重要法令颁行后,对于各县的贯彻情况实行的特别检查。《语书》还规定:"又且课县官,独多犯令而令、丞弗得者,以令、丞闻。"这是说,还要对各县机构进行考核,对那些违法犯罪案件发生多而令、丞又不能破案的,要追究令、丞的责任。

秦关于追究违法犯罪的司法官吏责任的规定,确实执行了。《史记·秦始皇本纪》:"三十四年,适治狱吏不直者,筑长城及南越地。"秦始皇时,大批治狱吏以"不直"罪受到了惩治。上面已经谈到,秦律"不直"的概念可以作出两种解释:故意出人罪和故意入人于罪。但到秦末,统治者为镇压农民的反抗斗争,以"税民深者为明吏","杀人众者为忠臣"[①]的法律思想为指

---

① 《史记·李斯列传》。

导,"不直"罪的含义当然是很清楚的。

十一　历史地位和影响

秦是中国历史上第一个统一的专制的封建王朝。其诉讼制度像其他重要制度一样,在历史上具有重要的地位和影响。

秦统一之前,中国历史已经历了夏、商、周奴隶制漫长的发展过程,经历了战国以来二百多年深刻的社会变革和兼并战争。其间,各代统治者为维护自己的统治地位,都不断总结以政治法律手段实现其统治的经验。仅以诉讼制度而言,正如在开始已提到的,秦和秦以前的史籍中就有不少记载。如：

《周礼》关于西周司法机构的记载：周天子掌握全国最高司法权,下设大司寇"帅其属而掌邦禁,以佐王刑邦国"①。司寇下设士师、士等职,分别处理具体案件。

《周礼》还记载,西周诉讼时要缴纳一定的诉讼费："两造禁民讼,入束矢于朝,然后听之。"②不按规定缴纳诉讼费,诉讼就有可能不受理。

《尚书》记载,审案时,一般原、被告均要到场,所谓"两造具备"③；并且还要宣誓："有狱者则使之盟诅。"④当然,贵族奴隶主则享有一定特权："凡命夫命妇不躬坐狱讼。"⑤

《尚书》还记载,在审讯过程中,"简孚有众",即要核验于大众。同时还要通过察言观色分析被审讯者的心理活动："以五声听狱讼,求民情。一曰辞听；二曰色听；三曰气听；四曰耳听；五曰目听。"⑥

《礼记》和《周礼》记载,西周时重口供,允许刑讯,但也注意使用证据。《礼记·月令》："仲春之月……毋肆掠,止狱讼。"肆掠、即刑讯。言下之意秋冬还是可以肆掠的。肆掠的目的就是逼取口供。当然,西周的断狱不单凭口供,也使用证据,《周礼·地官·小司徒》："凡民讼,以地比证之；地讼,以图证之。"意思是说,民间一般争讼,以邻里作证；为土地争讼,则以官府

---

① 《周礼·秋官·司寇》。
② 同上。
③ 《尚书·吕刑》。
④ 《周礼·秋官·司盟》。
⑤ 《周礼·秋官·司寇》。
⑥ 《尚书·吕刑》、《周礼·秋官·司寇》。

所藏的地图为证。前者属于人证,后者属于书证。

西周还实行三刺、三宥、三赦制度。刺、讯决也:"以三刺断庶民狱讼之中。一曰讯群臣,二曰讯群吏,三曰讯万民。"①宥,宽宥也:"一曰宥不识,再曰宥过失,三曰宥遗忘。"赦,免释也:"一赦曰幼弱,再赦曰老耄,三赦曰蠢愚。"②对于疑难案件,由法官共同决定。《礼记·王制》"疑狱氾与众共之,众疑赦之"。

死刑案件要报告周王核准。《周礼·秋官·掌囚》:"及刑杀,告刑于王。"《礼记·王制》:"大司寇以狱之成告于王,王命三公参听之,三公以狱之成告于王,王三宥然后制刑。"史籍中关于刑杀和重大狱案的处理报告国王的记载,在传世和新发现的金文中得到了证实。

关于刑罚的执行,一般死刑是当众执行。正如前面所引,《周礼·秋官·掌戮》:"凡杀人者,踣诸市,肆之三日;刑盗于市,凡罪之丽于法者亦如之。"有爵位的人和贵族例外:"唯有爵者王之同族东之於甸师氏。"③甸师,职官名。《周礼·天官·甸师》:"甸师掌帅其而面耕耨于藉……王之同姓有罪,则死刑焉。"郑玄曰:"郊外曰甸,师犹长也。"④正因为他主管耕耨王藉,主共野物,地处郊外,较为隐蔽,所以王之同族死罪适甸师氏执行。对于判处肉刑者,则强制服一定劳役:"墨者使守门,劓者使守关,宫者使守内,刖者使守囿,髡者使守积。"⑤

法官不得徇私枉法。《尚书·吕刑》:"五罚不服,正于五过。五过之疵:惟官,惟反,惟内,惟货,惟来。其罪维钧。"这段话的意思是,如判罪不当,要追究法官的责任,赦免当事人。所以会发生判刑不当:或由于同官徇私;或由于诈反囚辞;或由于内亲用事;或由于贪赃枉法;或由于故旧说情。凡是这样的行为均应以其罪罪之。

诚然,《尚书》、《周礼》、《礼记》和《左传》,多为春秋战国时儒家学者所编撰。有的有伪托之处,不能全视为信史。但其中所记载的制度,大部分都有一定的根据,不能都认为是无稽之谈。尤其是相当一部分内容已经地下出土文物印证。大量材料说明,中国古代的诉讼制度西周时已发展到了一定水平。

---

① 《周礼·秋官·司寇》。
② 《周礼·秋官·司刺》。
③ 《周礼·秋官·掌戮》。
④ 《周礼·天官·序官》注。
⑤ 《周礼·秋官·掌戮》。

春秋之后,王权削弱,权力下移,诸侯争霸,政由方伯。各诸侯国获得了很大的独立性。在此种情况下,诉讼制度也随之发生了变化,如死刑的决定权下移,盟誓制度在某些诸侯国得到了发展。誓的作用提高,从而使诉讼制度显出了不同的特点。但是,由于周王仍是形式上的共主和传统力量的影响,春秋时的许多具体制度仍然沿袭周制。

进入战国,社会发生激烈变化,各国相继实行变法改制。法制随之由简而繁,分工更细,出现了有关治狱程序的法律规定。战国初期,李悝《法经》中的《囚法》、《捕法》以及《具法》中的某些内容,即应为关于诉讼程序的规定。此外,齐国还有《李法》①。所谓《李法》,《汉书·胡建传》注引苏林曰:"狱官名也。"颜师古曰:"李者,法官之号也,总主征伐刑戮之事也,故称其书曰李法,苏说近之。"从新发现的银雀山竹简记载的各国的法律看,《李法》应是关于司法官吏职务的法律,内容有诉讼程序方面的规定。

战国以来,学术上的"百家争鸣",是思想上相互影响的过程;制度上的改革是政治上相互渗透的过程;军事上的兼并,是国家由分裂走向统一的过程。正是在这个过程中,秦国自商鞅变法后便以一个雄心勃勃的新兴国家迅速在西部崛起。秦国的法律体系是以"撰次诸国法"的《法经》为蓝本,又加上总结本国统治经验而形成。后来,随着战争的胜利和版图日益扩大,秦国在全国范围取得了统治地位。这样,它就有条件汲取关东诸国更多的统治经验。正如我们上面已谈到的,秦国的诉讼制度就比夏、商、周以来各代和战国关东诸国的诉讼制度更加发展,并在中国封建诉讼制度史上起着承上启下的作用。

秦亡之后,中国封建诉讼制度不断发生变化:西汉初高祖废除秦法繁苛,文帝对法制进行的重大改革,武帝"罢黜百家,独尊儒术",以《春秋》决疑狱,在诉讼上产生了重大影响;魏晋南北朝时"八议"入律,封建等级特权进一步加强,豪门地主专横残暴,实行重枷讯囚,立测逼供;隋唐以后统治者奉行慎刑政策,对刑讯进一步实行某种限制,强调断案引用法律条文,对死刑实行"三覆奏"、"五覆奏"制度;宋代刑讯有所加强,而比较注意对案件现场进行检验;元代蒙汉不平等;明代皇帝对司法直接控制和宦官特务参与治狱;清代"八议"制度有所削弱,民族压迫突出,等等。尽管有许多变化,但正如孙楷先生所说:"即或更张,而其大者,卒无以相易。"②就诉讼制度的基

---

① 银雀山汉墓竹简《守法守令十三篇》。
② 孙楷:《秦会要原序》。

本方面,如:皇帝对司法权的控制、行政与司法不分、对子女和奴隶诉讼权的限制、审判过程中有条件的刑讯逼供、证据的使用、现场检验、乞鞫上诉、死刑复核,以及司法官吏的责任等,直到清大体上均渊源于秦制。

纵观秦的整个诉讼制度的历史发展,可以看出,它上承三代和春秋战国,对其以后两千余年的封建诉讼制度影响是深远的。正因为如此,对秦诉讼制度的研究,不仅可以使我们了解秦一代的诉讼状况,而且有助于我们了解中国整个封建诉讼制度的发展变化。对于中国法制史的研究来说,这是非常重要的。

秦的现场勘查与法医检验的规定[*]

中国是世界文明古国，也是最早注意运用科学技术进行案件现场勘查与法医检验的国家之一。在史籍中，古代最早的司法检验记载，见于《礼礼·月令》和《吕氏春秋·孟秋纪》。两书关于这一记载的文字是一致的："是月也……命理瞻伤、察创、视折，审断决狱讼，必端平。"孟秋是指初秋；理是指治理狱案的官员。这句话的意思是，进入秋季后，命令治理狱案的官员去检验轻伤重创和肢体断折的情况，审理和判决案件要公正。《吕氏春秋》是吕不韦编撰的，据说《月令》也出自其门人之手。此书的内容，既是历史经验的总结，也表明他们自己的政治主张。这说明，至少在战国时期，各诸侯国统治者在侦查案件、决断狱讼时，已经注意进行司法检验了。

1975年12月，在湖北省云梦县城关睡虎地发现了一千一百余支秦代竹简，其中记载了秦的大量法律史料。这些史料，不仅证实了史籍中关于司法检验的记载，而且还进一步证明，早在秦国已颁行了关于司法检验的法律规定，并形成了比较完整的制度。

秦简有一篇名叫《封诊式》，是官方颁行的处理狱案的规范性文件。封是指查封，诊是指侦查，式即程式。所谓《封诊式》就是关于查封、侦查、治理狱案的程式，是法的一种。《封诊式》全文共分二十五节，除前两节是关于治狱、讯狱的一般规定外，其余二十三节均是承办各类案件的具体式例。

---

[*] 本文原载《中国警察制度简论》，群众出版社1985年版。

它对下级治安和司法机构以及具体案件的承办人，显然具有法律约束力。《封诊式》中不少式例都涉及案件的现场勘查与法医检验，但比较集中地记述这方面内容的式例有五个：一、《贼死》，即他杀而死；二、《经死》，即自经而死；三、《穴盗》，即挖墙洞盗窃；四、《疠》，即麻风病；五、《出子》，即小产。这是迄今所发现的我国古代最早的现场勘查与法医检验的法律规定。

一 《贼死》

"爰书：某亭求盗甲告曰：'署中某所有贼死、结发、不知何男子一人，来告。'即令令史某往诊。令史某爰书：与牢隶臣某即甲诊，男子尸在某室南首，正偃。某头左角刃痏一所，背二所，皆纵头背，袤各四寸，相耍，广各一寸，皆臽中类斧，脑角颏皆血出，被污头背及地，皆不可为广袤；它完。衣布禅裙、襦各一。其襦背直痏者，以刃决二所，应痏。襦背及中衽□污血①。男子西有纂秦綦履两，大男子其奇六步，十步；以履履男了，利焉。地坚不可知贼迹。男子丁壮，晳色，长七尺一寸，发长二尺；其腹有久故瘢二所。男子尸所到某亭百步。令甲以布裙划埋男子某所，待令。以襦、履诣廷。讯甲亭人及丙，知男子何日死，闻号寇者不也。"②

这篇爰书中的"结发"即髻；"偃"即仰身；"耍"（ruǎn 软）读为濡，义为渍；"臽"（xuàn 陷）即坑；"广袤"（máo 矛）即宽和长；"直"即相当；"衽"，即衣襟；"綦履"，一种有纹的麻鞋；"划"（yǎn 掩）即掩。

爰书的大意是：某亭的求盗甲报告说："在所管辖地区内某处发现被杀死的梳髻无名男子一人，前来报告。"当即命令令史某前往检验。令史某爰书：本人和牢隶臣某跟随求盗甲前往检验。男子尸体在某家以南，仰身。死者头上左额角有刃伤一处，背部有刃伤两处，都是纵向的，长各四寸，互相沾渍，宽各一寸，伤口都中间陷下，好像斧子砍的痕迹。脑部、额角和眼眶下部都出血，血污染了头部、背部和地面，都不能量出长宽；其他部位完好无伤。死者身穿单布短衣和裙各一件。其短衣背部与伤口相对处，有两处被刃砍破，与伤口的位置相对应。短衣背部和衣襟都染有污血。死者尸体的西边有涂漆的秦式綦履一双，一只距尸体六步有余，一只离尸体十步；把綦履给死者穿上，正合适。现场地面坚硬，不能查知杀人者的遗迹。死者系壮年，

---

① 文中□系原简文残缺不可释。下同。
② 《睡虎地秦墓竹简·封诊式》。

皮肤色白,身长七尺一寸,头发长二尺;腹部有灸疗的瘢痕两处。死者尸体的位置距某亭一百步,距某里士伍丙的住宿二百步。检验完毕后,令史指示求盗甲用布裙将男子掩埋到某处,等候命令;同时将短衣和綦履送交县廷。令史还讯问求盗同亭的人员和居住在附近的士伍丙,是否知道这个男子是哪一天死的,有没有听到呼喊有贼求救的声音。

二 《经死》

"爰书:某里典甲曰:'里人士伍丙经死其室,不知故,来告。'即令令史某往诊。令史某爰书:与牢隶臣某即甲、丙妻、女诊丙。丙尸县其室东内中北廦杈,南向,以枲索大如大指,旋通系颈,旋终在项。索上终杈,再周结索,余末袤二尺。头上去杈二尺,足不傅地二寸,头背傅廦,舌出齐唇吻,下遗矢溺,污两脚。解索,其口鼻出气喟然。索迹椒郁,不周项二寸。它度无兵刃木索迹。杈大一周,袤三尺,西去堪二尺,堪上可道终索。地坚,不可知人迹。索袤丈。衣络禅襦、裙各一,践□。即令甲、女载丙尸诣廷。诊必先谨审视其迹,当独抵尸所,即视索终,终所党有通迹,乃视舌出不出,头足去终所及地各几何,遗矢溺不也?乃解索,视口鼻喟然不也?及视索迹郁之状。道索终所试脱头;能脱,乃□其衣,尽视其身、头发中及篡。舌不出,口鼻不喟然,索迹不郁,索终急不能脱,□死难审也。即死久,口鼻或不能喟然者。自杀者必先有故,问其同居,以答其故。"①

这篇爰书中的"廦"即墙;"杈"疑为椽;"旋"即缳,"旋通"即上吊的绳套;"项"指颈的后部;"喟然",叹气的样子;"椒"(cù 促)指绳套勒束处的淤血;"堪"即地上的土台;"践"即赤足;"党",通倘;"篡",会阴部;"急"即紧。

爰书的大意是:某里的里典甲说:"本里人士伍丙在家中吊死,不知什么原因,前来报告。"当即命令令史某前往检验。令史某爰书报告:本人和牢隶臣某随同丙的妻和女儿对丙进行检验。丙的尸体悬挂在其家东侧卧室北墙的房椽上,面向南,用拇指粗的麻绳结成绳套,束在颈上,绳套的结在颈后部。绳索向上系在房椽上,绕椽两周后打结,留下的绳头长二尺。死者的头上距房椽二尺,脚离地面二寸,头和背贴墙,舌吐出与嘴唇齐,流出屎溺,

---

① 《睡虎地秦墓竹简·封诊式》。

沾污了两脚。解开绳索,尸体的口鼻有气排出,像叹息的样子。绳索在尸体上留下淤血的痕迹,只差颈后两寸不到一圈。其他部位经检查没有兵刃、木棒、绳索的痕迹。房椽粗一圈,长三尺,西距地上土台二尺,在土台上面可以系挂绳索。地面坚硬,不能查知人的遗迹。绳长一丈。身穿络制的短衣和裙各一件。赤足。当即命令里典甲和丙的女儿将丙的尸体送往县廷。

此一爰书的后半部分,谈了现场检验经死案件时应遵循的原则和某些注意事项。爰书写道:检验时必须首先仔细观察痕迹,检验者应独自到达尸体所在地点,观察系绳的地方。系绳处如有绳套的痕迹,然后是舌是否吐出,头脚离系绳处及地面各有多远,有没有流出屎尿,然后解下绳索,看口鼻有无叹气的样子,并看绳索痕迹淤血的情况。还要注意试验死者的头能否从系在颈上的绳中脱出;如能脱出,便剥下衣服,彻底验看死者的全身、头发内以及会阴部。舌不吐出,口鼻没有叹气的样子,绳的痕迹不淤血,绳索紧系项上不能把头脱下,就不能确定是自缢。如果死去已久,口鼻也有不排出气的。此外,凡自杀的人必先有原因,要询问死者的同居,以便从他们的回答中找到原因。

三 《穴盗》

"爰书:某里士伍乙告曰:'自宵臧乙复结衣一乙房内中,闭其户,乙独与妻丙晦卧堂上。今旦起启户取衣,人已穴房内,彻内中,结衣不得,不知穴盗者何人、人数,无它亡也,来告。'即令令史某往诊,求其盗。令史某爰书:与乡□□隶臣某即乙、典丁诊乙房内。房内在其大内东,比大内,南向有户。内后有小堂,内中央有新穴,穴彻内中。穴下齐小堂,上高二尺三寸,下广二尺五寸,上如猪窦状。其所以椒者类旁凿,迹广□寸大半寸。其穴壤在小堂上,直穴播壤,破入内中。内中及穴中外壤上有膝、手迹,膝、手各六所。外壤秦綦履迹四所,衺尺二寸。其前稠綦衺四寸,其中央稀者五寸,其踵稠者三寸。其履迹类故履。内北有垣,垣高七尺,垣北即巷也。垣北去北小堂北唇丈,垣东去内五步,其上有新小坏,坏直中外,类足距之之迹,皆不可为广衺。小堂及垣外地坚,不可迹。不知盗人数及之所。内中有竹笤,笤在内东北,东、北去辟各四尺,高一尺。乙曰:'□结衣笤中央。'讯乙、丙,皆言曰:'乙以洒二月为此衣,五十尺,帛里,丝絮五斤装,缪缯五尺缘及纯。不知盗者何人及早暮,无意也。'讯丁、乙伍人士伍□,曰:'见乙有结复衣,缪缘及纯,新也。不知其里□何物及亡状。'以此值衣价。"①

这篇爰书中的"自宵"即昨夜;"结",疑读为裾,裾衣,有长襟的衣服;"晦"即夜;"彻"即通;"典"即里典的省称,里典是秦基层政权的负责人;"猪窦",猪洞;"埱"(触)挖掘的意思;"旁",广也,旁凿,宽刃的凿子;"播",弃也;"綦",履上的花纹;"唇",缘,小堂北唇,小堂的北部边缘;"歫",即距,跨越;"柖",一种竹床;"缪缯",一种衣料,"纯",衣边缘饰。

爰书的大意是:某里士伍乙报告说:"昨晚乙将本人绵裾衣一件收在自己的居室侧房中,关好门,乙自己和妻丙夜间睡在正房。今早起来开门取衣,有人已在侧房挖洞,直通房中,裾衣失去,不知挖洞盗窃的是谁,有几个人,没有丢失其他东西,前来报告。"当即命令史某前往查看,搜捕窃犯。令史某爰书:本人和乡某、牢隶臣随乙及里典丁查看乙的侧房。侧房在其正房东面,与正房相连,朝南有门。房后有小堂,墙的中央有新挖的洞,洞通房中。洞下面与小堂地面齐,上高二尺三寸,下宽二尺五寸,上面像猪洞的形状。用来挖洞的工具像是宽刃的凿,凿的痕迹宽二又三分之二寸。挖下的土在小堂上,散出的土都对着洞,盗窃者是由这里钻进房中的。房中和洞里外土上有膝部和手的痕迹,膝、手的痕迹各六处。外面土上有秦綦履的痕迹四处,长一尺二寸。履印前部花纹密,长四寸;中部花纹稀,长五寸;跟部花纹密,长三寸。从履印看,像是旧履。房的北面有墙,墙高七尺,墙的北面就是街巷。北墙距小堂的北部边缘一丈,东墙距房五步的地方,墙上有不大的新缺口,缺口顺着内外的方向,好像有人脚越墙的痕迹,都不能量定长宽。小堂和墙外的地面坚硬,不能查知人的遗迹。不知道窃犯的人数和到什么地方去了。房中有竹床,床在房的东北部,床东面、北面各距墙四尺,床高一尺。乙说:"把裾衣放在床中心了。"讯问乙、丙,都声称:"乙在本年二月做的这件衣服,用料五十尺,用帛做里,装了绵絮五斤,用缪缯五尺做镶边。不知道窃犯是谁和盗窃的时间,没有怀疑的对象。"讯问丁和乙的邻居士伍某,他们说:"曾见过乙有一件绵裾衣,用缪缯镶边,是新的。不知道衣里是什么做的,也不知道丢失的情形。"据此估计衣服的价值。

四 《疠》

"爰书:某里典甲诣里人士伍丙,告曰:'疑疠,来诣。'讯丙,辞曰:'以三

---

① 《睡虎地秦墓竹简·封诊式》。

岁时丙疕,眉突,不可知其何病,无它坐。'令医丁诊之。丁言曰:'丙无眉,艮本绝,鼻腔坏。刺其鼻不嚏。肘膝□□□到□两足下踦,溃一所。其手毋胈。令号,其音气败。疠也。'"①

这篇爰书中的"疠",是指麻风病;"疕"(bǐ,匕),疮疡;"眉突",眉毛脱落;"艮"读为根,"根本",医书中称两眼间鼻梁的名称;"踦"行走不正常;"胈"(bǎ,拔),即汗毛。

爰书的大意是:某里的里典送来该里士伍丙,报告说:"怀疑是麻风病,将他送到。"讯问丙,丙供词说:"在三岁时患有疮疡,眉毛脱落,不知道是什么病,没有其他过犯。"命医生丁进行检验,丁报告说:"丙没有眉毛,鼻梁断绝,鼻腔已坏。刺探他的鼻孔,不打喷嚏。臂肘和膝部……两脚不能正常行走,有溃烂一处。手上没有汗毛。叫他呼喊,其声音嘶哑。是麻风病。"

五 《出子》

"爰书:某里士伍妻甲告曰:'甲怀子六月矣,自昼与同里大女子丙斗,甲与丙相捽,丙偾庰甲。里人公士丁救,别丙、甲。甲到室即腹痛,自宵子变出。今甲裹把子来诣自告,告丙。'即令令史某往执丙。即诊婴儿男女、生发及保之状。又令隶妾数字者,诊甲前血出及痏状。又讯甲室人甲到室居处及复痛子出状。丞乙爰书:令令史某、隶臣某诊甲所诣子,已前以布巾裹,如衃血状,大如手,不可知子。即置盎水中摇之,衃血子也。其头、身、臂、手指、股以下到足、足指类人,而不可知目、耳、鼻、男女。出水中又衃血状。其一式曰:令隶妾数字者某某诊甲,皆言甲前傍有干血,今尚血出而少,非朔事也。某尝怀子而变,其前及血出如甲□。"②

这篇爰书中的"出子"即流产;"捽",揪头发;"偾"(fèn,奋),摔倒;庰(bǐng,饼)义不详;"别",分开;"变",伤孕而小产;"保",读为胞,胞衣;"字",生育;"前",指妇女的阴部;"痏",本义为脓疮,此处指创伤;"居处",指生活情况;"衃"(pēi,胚),凝血块;"大如手",像从手指到肘节那样长短;"盎"(àng,柳),盆;"式",指文书程式;"朔事",月经。

爰书的大意是:某里士伍之妻甲控告说:"甲已怀孕六个月,昨日白昼和同里的大女子丙斗殴,甲和丙互相揪着头发,丙把甲摔倒。同里的公士丁

---

① 《睡虎地秦墓竹简·封诊式》。
② 同上。

来救,把丙、甲分开。甲到家就患腹痛,昨夜胎儿流产。现甲将胎儿包起,拿来自诉,并控告丙。"当即命令令史某前往捉拿丙。随即检验婴儿的性别、头发的生长和胞衣的情况。又命曾经多次生育的隶妾,检验甲阴部出血和创伤情况。再讯问甲的家属,甲到家后生活和腹痛流产的情况。丞乙爱书;命令史某、隶臣某检验甲送来的胎儿。胎儿已先用布巾包裹,形如凝血块,有从指到肘节长短,不能辨出是胎儿。当即放在一盆水里摇荡,看出凝血块确系胎儿。胎儿的头、身、臂、手指、大腿以下到脚以及脚趾都已像人,但看不清眼睛、耳朵、鼻子和性别。从水中取出,又成为一团凝血块的形状。另一程式是:命曾多次生育的隶妾某某检验甲,都说甲阴部旁边有干血,现仍少量出血,并非月经。某人曾怀孕流产,其阴部及出血情况与甲相同。

上述式例说明,秦国的治安、司法机构对现场勘查与法医检验已总结了一套办法,并形成了一定制度。归结起来主要有以下几点:

第一,司法检验有专人负责。

从爱书的内容看,这几个式例都是从县的治安、司法机构处理的案件中选出的。秦的县级政权是行政、治安、司法不分。《汉书·百官公卿表》:"县令、长,皆秦制,掌治其县。万户以上为令,秩千石至六百石;减万户为长,秩五百石至三百石;皆有丞、尉,秩四百石至二百石,是为长吏。"县令、长掌治其县,就是说,在一县范围内,行政、司法、治安都由他主管。万户以上的大县称县令,不足万户的县称县长,其俸禄多少有所区别。县令、长之下设有县丞和县尉。《后汉书·百官志》:"丞署文书,典知仓狱,尉主盗贼。"县丞往往和县令、长一起或代替县令、长主办案件。在县、令长和县丞之下,设有狱吏协助治理狱案。狱吏之下又有令史,兼管基层司法机构中书吏和仵作的工作。《贼死》、《经死》和《穴盗》等案件的现场都是由令史带领牢隶臣检验的。牢隶臣是在县治安、司法机构中服役的官奴隶。他在现场勘查时承办令史分派的具体事务。每一案件的现场勘查完毕后,令史要把检验参加人员,检验经过和现场的具体情况,向上级写出正式报告。一般令史和牢隶臣都有一定的现场检验知识,但遇更专门的问题解决不了时,司法机构则指定有专门知识和经验的人参加检验。如《疠》一案,对麻风病患者是请医生丁检验的;《出子》一案,对士伍妻甲是否小产是找曾生过几个孩子的隶妾(官女奴隶)检验的。

第二,对专门问题由专门知识的人作出鉴定。

上述式例中至少有两起使用了法医鉴定。其一,在《疠》一案中,对麻风病的检查和鉴定。麻风病在古代称为"疠",被认为是"恶疮疾",一种恶性传染病。秦律规定,麻风病患者如犯罪要送到指定的地方抛入水中活活淹死;即使不犯罪,也要被迁到一定的地方隔离起来,均由司法机构处理。《疠》一案中的麻风病,是官吏命医生丁检验的。医生丁检验后报告说:丙无眉毛,鼻梁塌陷,鼻腔已溃烂,以物刺探患者的鼻子,不打喷嚏。臂肘和膝部一处溃烂,两脚不能正常行走,手上无汗毛,呼喊声嘶哑。最后的结论是麻风病。这里既有病情,又有结论,鉴定意见是非常明确的。其二,在《出子》一案中对妇女小产的检查和鉴定。当县司法机构接到士伍妻甲关于自己被大女子丙殴打而小产的控告后,除派人拘捕丙和对其二人殴打以及原告小产的经过进行调查外,同时对原告人带来的小产胎儿及这个妇女的阴部进行了检查。对小产胎儿检查的方法颇有意思。胎儿刚从包裹打开呈凝血块状,无法看清究竟是何物。之后把它放在一盆水中摇荡,便显出胎儿的形状,可以看出头、身、臂、手指、大腿以下至脚、脚趾都已像人,肯定是胎儿。对士伍妻甲是由多次生过孩子的隶妾某和某检查的。她们二人检查之后报告说,士伍妻甲阴部旁边有干血,现仍少量出血,不是月经。她们当中有一人曾怀孕流产,其阴部出血情况与甲相同。两个隶妾的结论意见虽然不似医生丁对麻风病患者那么直接,但也是明确的,是小产。很显然,医生丁和隶妾某某,在案件中都处于鉴定人的地位。他们是有专门知识和特定经验的人。他们的鉴定意见是很重要的证据,对于司法机构决断案件有重要的意义。

第三,注意痕迹检验。

痕迹是指作案人在现场或某种物体上所造成的物质形象或形体的变化。通过研究痕迹,可以推断犯罪人活动的情况,查明犯罪人使用的工具。上述式例中多处反映出检验人对现场留下的痕迹是很注意的。如,《贼死》一案中对伤口的描绘,指出头、背的伤痕类似以斧子作凶器。《经死》一案的报告中指出索沟有青紫的淤血,颈后差两寸不到一圈,等等。比较集中地记载现场留下痕迹的是《穴盗》一案的报告:失主家房后小堂有新挖的洞,洞上高二尺三寸,下宽二尺五寸,形状像猪洞。挖洞的工具像是宽刃的凿,凿的痕迹宽二又三分之二寸。挖下的土散在小堂上,对着洞。洞外土上有膝和手的痕迹,共六处。外面土上还有秦式鞋印四处,长一尺二寸(秦尺较小,约合23公分)鞋前部花纹密,长四寸;中部花纹稀,长五寸;跟部花纹密,长三寸。从鞋印看,像是旧鞋。房外东墙距房五步,墙上有不大的新缺口,缺口顺着内外方向,好像有人脚蹬的痕迹,无法量定长宽。应该说检验人对痕迹的检验记录是很详细的,有些地方并作出了一定的推断。这就为侦查破案提供了一定线索,也为将来断案定罪提供了证据。

第四,现场勘查认真细致。

现场勘查是对作案现场及周围的痕迹、尸体和与之有关的事物进行的勘验和检查。从上述检查报告的内容看,检验是遵循由一般到具体的方法进行的。

以《贼死》为例。令史在接到命令后,带领牢隶臣和求盗当即赶到现场。他报告说:尸体在某室的南边,距某亭(秦基层治安机构)百步,距某里(秦基层政权机构)士伍丙的住舍二百步。秦每步为秦尺六尺,说明尸体的方位是在室外,距住家和亭所在地均有一定距离,死者是一个壮年男子,身穿单布短衣和裙各一件,皮肤色白,身长七尺一寸,头发长二尺,腹部有灸疗旧瘢痕二处。这是死者的特征。死者头上左额角有刃伤一处,背部有刃伤二处,都呈纵向,长各四寸,宽各一寸,伤口中间下陷,脑部和眼眶下部出血。短衣背后与伤口相对的地方有两处被砍破,背后和衣襟都有血污。这是伤痕和致死的情况。血污染了头部和地面,尸体西边有涂漆的秦式鞋一双,一只离尸体六步多,一只离尸体十步,将鞋子给死者穿上,证明是他的鞋子。这是现场的具体情况。

再以《经死》为例。令史接到指示,即带领牢隶臣和里典甲以及死者士伍丙的妻、女到现场进行了检验。令史报告首先谈了死者的位置。丙的尸体悬挂在其家东侧卧室北墙的房椽上。接着谈了自缢所用绳索的情况。上吊用的是拇指粗的麻绳结成套,束在颈上,绳系束处在颈后部。绳索上边系在房椽上,绕椽两周后打结,留下二尺长绳头一节。然后谈了死者的情况。死者身穿络制的短衣和裙各一件,赤脚,面向南,头部上距房椽二尺,脚离地面二寸,头和背贴墙,舌吐出与嘴唇齐,下部流出屎尿沾污了两脚。解开绳索时,死者的口鼻有气排出,像叹息的样子。并指出麻绳在颈上留下了有青紫淤血的索沟,颈后差两寸不到一圈,其他部位没有兵刃、木棒和绳索的痕迹。最后报告还谈了死者周围的情况。房椽粗一围,长三尺,西距地上土台二尺,站在台上可以向房椽上系绳索。地面坚硬,看不出什么痕迹。

这两个案件的现场勘查与记录说明,秦司法机构对案件的现场勘查是认真细致的。

第五，检验时由家属或基层负责人到场。

从上述式例我们还注意到，令史在报告中除列举了治安、司法机构派出的人员之外，还一一列举了其他到场的人员。如《贼死》一案中的求盗甲《经死》一案中的里典甲，死者士伍丙的妻、女等。这显然是作为见证人到场的。此外，在检验过程中还对有关人员进行必要的讯问，如《贼死》一案中，讯问求盗甲同亭的人员和在附近居住的士伍丙是否知道某男子何日死，听没听到呼喊有贼求救的声音。《经死》一案问同居家属，死者为什么自缢。《穴盗》一案除讯问失主士伍乙及其妻丙有关失盗的情况外，还讯问了丁和乙的邻居士伍某，是否曾见过乙确有其物。这种讯问有利于进一步了解案情。

从以上可以看出，秦的现场勘查与检验制度是相当完整的。某些环节就是以现代眼光看，也不能不说它具有一定的科学性。这些制度反映了秦封建统治者是如何注意统治经验的积累；同时，也反映了当时文化和科学的发展水平。秦的司法检验制度对后代的影响是很深远的。虽然许多朝代有关这方面的材料已经散失，无法具体加以对照，但从现存的唐、宋、明、清各代法律的规定看，这些朝代也都建立了较完备的司法检验制度。如唐律规定："诸诈病及死、伤受使检验不实者，各依所欺减一等；若实病、死及伤不以实检者，以故入人罪论。"[1]这条规定的意思是说，有人诈称有病及死、伤，受上司指派去检验的人，如不认真检验和如实报告，以被检验者因欺诈应判处的刑罚减一等判处检验人；若实生病和死、伤，而不如实上报者，以故意陷人于罪判处检验人。《明律》和《清律》更进了一步，规定：凡检验尸伤，若接到公文而托故不立即去检验，致令尸体变化，或主管官员不亲临尸所监视，只让吏卒检验，无论初检或复检，官吏检验不认真，以轻报重或以重报轻，增加或减少尸伤，确定致命伤不实，致死根本原因不明，主管官员杖六十，机构负责官员杖七十，吏、典杖八十。仵作和具体参加检验的人，检验不实，杖八十。唐、明、清律的这些规定，虽然未具体说明当时检验制度的具体情况，但却是为实施检验制度作出的法律保障，说明当时检验制度也是被重视的。

---

[1] 《唐律疏议·诈伪》。

秦汉诉讼中的"爱书"[*]

史籍中关于"爱书"的记载,最早见于司马迁《史记·酷吏列传》:"张汤者,杜人也。其父为长安丞,出,汤为儿守舍。还而鼠盗肉,其父怒,笞汤。汤掘窟得鼠及余肉,劾鼠掠治,传爱书,讯鞫论报,并取鼠与肉,具狱磔堂下。"班固《汉书·张汤传》的记载与《史记》基本相同。

这段记载中所谈的"爱书"究竟指什么?三国以后的学者们已众说纷纭了。"集解"引苏林曰:"爱,易也。以此书易其辞处。"颜师古注:"爱,换也。以文书代换其口辞也。"易、换的意思基本相同,但易、换谁的口辞,苏、颜均说得比较笼统。王先谦在《汉书补注》中则把问题具体化了。他是把"爱书"一词与"传"字一起解释的:"传爱书者,传囚辞而著之文书。"据此,后人进而解释为:"爱书,录囚辞之文书也。"[①]在学术界至今仍有不少同志和朋友持此种看法[②]。

三国时的学者们认为有必要对"爱书"作出解释,说明这一词不仅是专门化的,而且在当时已成为古典的了,以致像苏林这样的学者都解释得不确切,后人则愈引申愈不准确。

解放前出土的居延汉简和近年相继出土的居延汉简、云梦秦简,有许多关于"爱书"的记载,其中还有一些是战国、秦汉的"爱书"原本。这对我们

---

[*] 本文原载《法学研究》1980年第1期。
[①] 《辞海》"爱书"条,中华书局1947年版。
[②] 见《辞海》"爱书"条,中华书局1965年版。

弄清"爰书"及与之有关的问题，提供了可靠的第一手材料。

从史籍和先后出土的简书有关记载综合分析，战国、秦汉时的"爰书"，包括司法诉讼案件和与之有关的这样一些材料：

1. 官方记录或摘抄的诉词。如秦简《封诊式·黥妾》："爰书：某里公士甲缚诣大女子丙，告曰：某里五大夫乙家吏。丙，乙妾也。乙使甲曰：丙悍，谒黥劓丙。"这是一份起诉记录。内容是：某有五大夫爵位的人，指使其家吏公士甲，将其女奴丙绑赴官府，以"骄悍"为由，请求官府处丙以脸上刺墨、割鼻的刑罚。又如《封诊式·告子》："爰书：某里士伍甲告曰：甲亲子同里士伍丙不孝，谒杀，敢告。"这是一个父亲以"不孝"为由，请求官府杀死其儿子的起诉记录。类似这样的起诉记录材料，在《封诊式》的《告臣》、《迁子》、《奸》等案例中还有记载。

2. 官府记录或摘抄的自首材料。秦简《封诊式·盗自告》："□□□爰书：某里公士甲自告曰：以五月晦与同里士伍丙盗某里士伍丁千钱，无它坐，来自告，告丙。"这是一个投案自首的公士的口供记录。他说于五月末和同里士伍丙偷盗了某里士伍丁千钱，在此之前没有犯过其他罪，现在来自首，同时揭发共同作案的士伍丙。《封诊式·亡自出》也有类似的记载。

3. 被告人的口供记录。这种意见已见以上所引《史记》、《汉书》"[①]张汤传及其注释："传爰书，传因辞而著之文书。"此外，秦简《封诊式·讯狱》中规定：审讯案件不进行笞打能得到真实情况是上策，但经反复讯问，被告人仍极力辩解，"其律当笞掠者，乃笞掠。"同时又规定："笞掠之必书曰爰书：以某数更言，毋解辞，笞讯某。"这说明，秦时作审讯记录，已不只记录口供了，同时还记载审讯过程中采取的措施。这里的"爰书"就是指记录。秦简中的这一用法，可与《张汤传》的记载相印证。在居延汉简《建武三年候粟君所责寇恩事》简册中，官吏讯问被告的供词又称"爰书自证"。[①] 当然，从记载看，被告人的情况是不同的。秦简《封诊式·讯狱》中所指的，是已被作为犯罪人拘捕到官府的；而汉简中的"爰书自证"，被告人寇恩是县廷委托基层官吏就地传讯的，并且最后被判定无罪。

4. 现场勘查或法医检验的记录以及报告书。秦简《封诊式》中的《贼死》、《经死》、《穴盗》等案例中所引的"令史某爰书"，《出子》案例中所引的"丞乙爰书"，均属这类材料。不过，从简文看，这类现场勘查、检验的记录

[①] 《〈建武三年候粟君所责寇恩事〉释文》，载《文物》1978年第1期。

和报告,一般不称"爰书",而在"爰书"前附加负责现场勘查和检验的官吏的职务,如"令史某爰书"、"丞某爰书"等。①

5. 司法官吏对案件判决或关于案件某一项决定执行情况的报告书。前者,如秦简《封诊式·迁子》一例,"爰书"中就记载了官府按照士伍甲的诉状,论处"鋈丙足,迁蜀边县"的判决执行情况:"论之,迁丙如甲告,以律包。今鋈丙足,令吏徒将传及恒书一封诣令史,可受代吏徒,以县次传诣成都,成都上恒书太守处,以律食。"后者,如《封守》一例,乡某在"爰书"中报告了他执行某县丞关于查封、看守被审讯人士伍甲的家产、人口的指令的情况。其中说到了:"甲家室、人:一宇二内,各有户,内室皆瓦盖,木大具,门桑十木。妻曰某,亡,不会封。大女子某,未有夫。子,小男子某,高六尺五寸。臣某,妾小女子某,牡犬一。"这完全是查封、看守的指令执行情况的报告清单。"爰书"还说到在查封、看守土伍甲的家室和人口之后,又讯问了甲的里典和伍人,并让他们对是否有漏封作出了保证。最后又报告说将甲的家人和财产交给甲的里典和伍人轮流看守。

6. 案情综合报告书。秦简《封诊式》中,编选的大部分属于这类材料。在这种"爰书"中,往往既包括有原告的诉词,还有被告的口供以及官吏对案情的调查情况。它为了说明问题,常常引用一些单项"爰书"的内容。如秦简《封诊式·出子》,"爰书"开始记载了士伍妻甲的诉词;接着,又说了令史某执被告人大女子丙和讯问甲室人的情况;之后,便引证"丞乙爰书",详细报告了派人检查小产婴儿的经过;最后还介绍了让生过孩子的隶妾对甲阴部的血迹进行检查的情况,得出结论说甲的确是小产。

以上是近年出土的云梦秦简和居延汉简中比较完整的"爰书"记载。此外,在解放前发掘的居延汉简中,也有许多简文记有"爰书",但旧居延汉简与云梦秦简和新近出土的居延汉简不同,大多是残简断片,有关"爰书"的记载很不完整,就从名称看,多数也属于刑讼。② 少数"爰书",如"吏卒病死爰书"③、"秋射爰书"④、"驿马病死爰书"⑤和"举籢"、"杀略"等"爰书"⑥,虽然不像上面所列举的属于严格意义上的刑诉案件材料,但其内容

---

① 参阅《睡虎地秦墓竹简·封诊式》。
② 劳榦:《居延汉简释文·卷一》。
③ 《居延汉简甲编》一一二一简。
④ 《居延汉简甲编》九八七简。
⑤ 《居延汉简》96.1 简。
⑥ 《居延汉简》27.21A、35.22A,306.12、326.5 等。

涉及的问题关系重大。死人、死马自不待言,秋射、举燹、杀略等都是军事行动,动辄都负有法律责任。这类"爰书",显然也是与刑讼有关系的。

从以上所举秦汉简册关于"爰书"的记载,可以看出,中国古代的"爰书",远非仅指"录囚辞的文书",其内容要广泛得多。概括起来,有下列特征:其一,它是官府或官吏使用的司法文书的一种形式。秦简中有"诉词",汉简中有"自证爰书",但均非私人手笔,而是官方记录。所以我们看到的"爰书"中使用的都是第三人称。其二,它是下级对上级或官吏对官府之间使用的一种文书形式。秦简和汉简中,有乡负责人对县丞,丞对县廷和县令,令史对令、丞,乡负责人对县廷等呈报的"爰书",而在同类案件中,甚至同一案件中,凡上级对下级的行文,均称"书"、"文书"、"邮书",从未见到称"爰书"的例子。其三,"爰书"有一定的内容要求与格式。一般要写明当事人姓名、身份、籍贯、问题、时间、地点、人证、物证等。新出土的居延汉简《候粟君所责寇恩事》简册的"自证爰书",一开始都有这样一段文字:"证财物故不以实,赃五百以上,辞已定,满三日而不更言请者,以辞所出入罪反罪之律辨告。"①所谓"出入罪"就是出人罪和入人罪(对犯罪,不依法治惩或从轻处置为出罪;罪轻或无罪,被认定为重罪和犯罪,故意加重惩罚为入罪)。这段话的意思是:证言中涉及的财物,故意不如实报告,赃在五百钱以上,证词已定,三天之内又不提出真实情况更正的,以诉讼出入人罪反罪本人的法律追究责任。《周礼·司盟》:"有狱讼者,则使之盟诅。"很显然,汉简中"自证爰书"的这段文字,是对周秦以来诉讼过程中盟誓制度的沿袭,又是这种制度的具体化,后代称"具结",现代资本主义国家的司法程序中则称作"宣誓"。其目的是通过这种形式,对诉讼案件的当事人在提供证言之前,施加一定的压力。

综合以上几个方面的情况,我们认为:"爰书"是战国的秦国和秦汉时司法机关通行的一种文书形式。其内容是关于诉讼案件的诉词、口供、证词、现场勘查、法医检验的记录以及其他有关诉讼的情况报告。

"爰书"是一种司法文书形式,"传爰书"则是诉讼过程中的具体制度。关于它的作用,张晏说."传,考证验也。爰书自证,不如此言,反受其罪。考讯三日覆问之,知与前辞不同也。"韦昭说:"古者重刑,嫌有爱恶,故移换狱书,使他官考实之,故曰:'传爰书'也"。② 张宴的意思是说"爰书"把供

---

① 《〈建武三年候粟君所责寇恩事〉释文》,载《文物》1978年第1期。
② 《史记·酷吏列传》。

词记录下来,过几天再问,从前后的供词中找到矛盾、抓问题,进行追查。韦昭则认为传换"爰书",让其他官吏对审判实行一定监督,以避免某一官吏单凭自己的爱恶决断狱案。这两种说法是不同的,不过,从某种意义上说,他们的解释都有一定道理。如张晏说:"考讯三日覆问之,知与前辞不同也。"在新出土的汉简《候粟君所责寇恩事》简册中,记载了被告寇恩两份"自证爰书",一为建武三年十二月癸丑朔乙卯,一为同年同月癸丑朔戊辰,十二月乙卯是初三,戊辰为十六,二者相隔十三天。这两份"爰书",内容记的是同一件事,但戊辰爰书对乙卯爰书在具体情节上是有更动和补充的。这些更动和补充,使案情从字面上看更清楚,以便上级作出正确判断。韦昭的解释也是与秦汉地主阶级强调依照封建法律决断狱案是相符合的。秦律规定,官吏在断案时,"罪当重而端轻之,当轻而端重之,是谓不直;当论而端弗论,及伤其狱,端令不致,论出之,是谓纵囚。"①端,故意。秦律对有意破坏封建法律的官吏惩治是严厉的。如规定:纵囚,"当系作如其所纵"②;而秦始皇则曾"适治狱吏不直者,筑长城及南越地"③。所以我们认为,说"传爰书"是为了避免某一官吏按自己好恶决断狱案而建立的一种防范措施,是有其道理的。尽管这两种解释都有一定道理,但现在看来,这些解释却是远远不够的。对于"爰书"这一种司法文书形式的出现,和"传爰书"这种制度的实行,必须把它同一定的历史条件联系起来研究,才能有比较清楚的认识。

我们知道,在中国奴隶社会,奴隶主贵族不是把所有的法律都公诸世的。"昔先王议事以制,不为刑辟。惧民之有争心也。"④所谓"议事以制",杜预解释说:"临事以制,不预设法也。"奴隶主贵族实行的是"刑不可知,威不可测"的恐怖统治。在这种统治下,不仅广大奴隶被视为可以任意屠杀的牛马,就是在平民中,贯彻的也是"刑不上大夫,礼不下庶人"的原则。还应指出,在奴隶社会的审判实践中,奴隶主阶级内部,大奴隶主对小奴隶主,也实行等级特权制度。1975年2月,陕西省岐山县董家村出土的青铜器中的𰻞匜铭文,是西周奴隶制国家的一篇判决词。这篇判决词中,记载了伯杨父因小奴隶主牧牛违背自己的誓言,"敢以乃师讼"(即竟敢同自己的上司

---

① 《睡虎地秦墓竹简·法律答问》。
② 同上。
③ 《史记·秦始皇本纪》。
④ 《左传·昭公六年》。

打官司），就定牧牛的罪。从判决书反映的过程看，案件是由伯扬父直接审理、当场作出判决的。虽然伯扬父一再宣布减刑，最后仍被判处鞭打五百、罚铜三百锾（合汉时二千两）的重刑。① 在这样武断、专横的断狱制度下，当然不需要什么"爰书"，也不会出现"传爰书"这种制度。

随着社会经济的发展，奴隶们的阶级斗争日趋激烈，这种"刑不可知，威不可测"的统治方法已不足以对付奴隶的反抗。春秋末期，地主阶级的代表人物极力主张公布法律，并为此同奴隶主阶级的代表们展开了激烈的斗争。"爰书"和"传爰书"就是在封建法制逐步建立和不断完善的过程中出现的。"爰书"的出现和"传爰书"这种制度的实行，表明了封建诉讼制度日益发展和趋于完备。

在秦简和汉简的"爰书"中，保留了许多战国、秦汉时诉讼制度的材料，对我们了解这一时期的封建诉讼的具体情况是非常珍贵的。从现有的较为完整的"爰书"看，秦汉时的诉讼在判决前一般要经过这样一些程序：

1. 原告人向官府提出对被告人的诉词。这些诉词要说明原告人的姓名、住址、身份，被告人的姓名、住址、身份，何时、何地犯了什么罪，有些还提出对被告人判处何种刑罚。诉讼的提起有的是自诉，如秦简《封诊式》中的《告臣》、《迁子》、《告子》等；也有的是代诉的，如《封诊式》中的《黥妾》；还有些像是在"连坐"制度的威逼和奖励告奸的引诱下而采取的行动。《封诊式》中的《盗铸钱》和《奸》就是例子。上面所列举的案例和新出土的居延汉简《候粟君所责寇恩事》册中的"辛未文书"，都有原告人的诉词记录。

2. 传讯被告。这是听取诉词之后，主管诉讼案件的官吏就原告在诉词中列举的罪状，向被告檄验查证。除以上案件外，秦简《封诊式》中的《疠》、《毒言》和新出土的居延汉简《候粟君所责寇恩事》册中的"乙卯爰书"、"戊辰爰书"都记录了这样的内容。不同的是，有些是县廷直接传讯的，有些是县廷委托基层官吏传讯的。从秦简《封诊式》的《告臣》、《黥妾》看，封建社会初期，虽然保留大量奴隶制残余，但奴隶的地位已发生了某些变化。这些人作为被告，并允许他们对某些事实作出说明本身，就说明了奴隶已不能被任意杀害，他们的某些权利已受到封建国家保护。

3. 搜集旁证。在秦简《封诊式·告臣》一例中，丞某在听取了原告的诉状和传讯被告之后，又致函某乡主对案件涉及的事实进行查证。信函写道：

---

① 《陕西省岐山县董家村西周铜器窖穴发掘简报》，载《文物》1976年第5期。

"丞某告某乡主:男子丙有鞫辞,曰:某里士伍甲臣,其定名事里,所坐论云何,何罪赦,或覆问无有,甲尝身免丙复臣之不也? 以律封守之,到以书言。"《黥妾》的情况与此差不多,甚至连文书的格式都无大变化:"丞某告某乡主:某里五大夫乙家吏甲诣乙妾丙,曰:乙令甲谒黥劓丙,其问如言不然。定名事里,所坐论云何,或覆问无有,以书言。"这两封都是县丞某致诉讼双方所在的乡负责人的函件。内容也都是要求乡负责人查证与案件有关的情况。不同的是,第一个函件没有指定找谁查证;而第二个函件则要求乡主向五大夫询问"如言不然"。这当然是由于五大夫的地位所致。其中的"定名事里",是指姓名、职业、籍贯;"所坐论云何,何罪赦",是讯问被告过去犯过什么罪,什么时候释放;"或覆问无有",是要查问一下还有什么问题;"以书言",就是要乡负责人把调查的情况写一书面材料上报县廷。

某些"爰书"的内容说明,有些案件的旁证是由县廷直接派官吏到现场经过勘查,检验取得的。秦简《封诊式》的《疠》、《贼死》、《经死》、《穴盗》、《出子》等案例中,都保留有对现场勘查、法医检验的"爰书"。这些"爰书"记载的材料,早于闻名世界的宋代的《洗冤录》一千多年,而其中某些内容较之《洗冤录》的记载还详尽。

如《贼死》一例。令吏某在"爰书"中报告了死者的方位:尸在某室南,距亭一百步(秦制,每步合秦尺六尺,约合今 1.38 米),距士伍丙的农舍二百步。然后查看、记录了死者身上致命的伤痕:头上左额角有刃伤一处,背部有刃伤两处,都是纵向,长四寸,互相沾渍,宽各一寸,伤口中间下陷。从伤口推测出,凶器类似斧头。最后还报告了死者的服饰、长相特征等。

又如《经死》一例。令史某在"爰书"中报告了死者吊死于室内何处,绳索粗细、索结形状、索沟深浅。还检验了死者身体其他部位,特别提到头发内和会阴部等不易被人们注意的地方有无伤痕和异物。很明显,掌握这些特征和查明身体各部位的异常情况,都便于对死者是"自缢"或"他杀"作出准确判断。"爰书"还特别指出,如舌不出,在摘下尸体时口鼻无叹气的样子,索沟的痕迹不淤血,绳索系颈不能把头脱出,就不能确定是自缢。

尤其应注意的是对"穴盗"现场的勘查记载。令史某在"爰书"中,除记录了现场的一般情况外,特别详细报告了犯罪人作案时在现场留下的各种痕迹。"爰书"的这一部分是这样记录的:"内后有小堂,内中央有新穴,穴彻内中。穴下齐小堂,上高二尺三寸,下广二尺五寸,上如猪窦状。其所以埱者类旁凿,迹广□寸大半寸。其穴壤在小堂上,直穴播壤,破入内中。内中及穴中外壤上有膝、手迹、膝、手各六所。外壤秦綦履迹四所，袤尺二寸。其前稠綦袤四寸，其中央稀者五寸，其踵稠者三寸。其履迹类故履。内北有垣，垣高七尺，垣北即巷也。垣北去小堂北唇丈，垣东去内五步，其上有新小坏，坏直中外，类足距之之迹，皆不可为广袤，小堂下及垣外地坚，不可迹。"之所以不惜篇幅把这段话加以抄录，是由于这段记载对我们了解秦时司法痕迹学发展状况太重要了！它首先记录了盗穴的位置，大小形状；然后记载了土壤的堆放情况及凿迹；最后具体记载了膝、手迹数目和大小形状，从足迹判断出犯罪人穿的是"秦綦履"，并"类故履"。这些记载说明，早在公元前3—前2世纪的秦国，利用痕迹学对案件进行侦破已经相当发展了。在世界史上这是仅有的。

4. 按规定的审判权对案件作出判决。上面已经谈到，秦简《封诊式》的许多"爰书"是案情综合报告。新出汉简《建武三年候粟君所责寇恩事》册的三四、三五简的判决文书中，居延县廷认为，对于候粟君"须以为政不直者决诹报"。《汉书·张汤传》："讯鞫论报"。颜师古注："论报，谓上论之而获报也。"这些记载都说明，当时各级的审判权是有规定的。因为粟君是"候"（官名），县廷无权对所犯罪行作出最后判决。所以虽然对案件进行了审理，并认为应以"为政不直"判罪，但仍需报请上级决断。

以上是从"爰书"内容看大部分案件处理时要经过的程序，但"爰书"也说明，有些简单案件则无须如此，秦简《封诊式》的"迁子"一例，只听了原告诉辞和讯问被告之后，便作出了"迁丙如甲告"：鋈丙足、迁蜀边县的判决。

综合以上情况，可以看出，"爰书"如同它的内容非常广泛一样，其作用也是多方面的。最重要的就是借助它可以提高封建国家司法机关的效率。正因为如此，秦统治者才编选了各类"爰书"作为"式"，要各级官吏遵照执行，汉代沿袭了这种制度。"爰书"是战国到秦汉封建国家机器和司法制度日臻完备的产物和表现。

中国古代监狱及有关制度[*]

监狱,是统治阶级执行刑罚,囚禁犯人的场所,是国家机器的重要组成部分。恩格斯在谈到国家权力时曾指出:"构成这种权力的,不仅有武装的人,而且还有物质的附属物,如监狱和各种强制机关。"[①]正因为监狱是国家权力的物质附属物,是国家机器的重要组成部分,随着阶级的形成和国家的出现,它便为历代统治阶级所重视。本文仅就史籍和甲骨、简牍中有关监狱的记载,对中国古代监狱及有关制度的沿革进行初步研究。

一 中国古代监狱的沿革

作为阶级压迫的工具,监狱是随着阶级和国家的形成而出现的。但是它的渊源可以追溯到更远的时代。

原始社会,人们为把野兽驯化成家畜并加以繁殖,设置了阱槛或岩穴。进入氏族社会之后,当人们认识到对战争中的俘虏不杀死或吃掉而加以奴役更为有利的时候,就将驯服野兽的阱槛用以对付人类。先是用来关押驯服俘虏以供驱使,这就是奴隶的前身。据《汉书·王莽传》记载:秦"又置奴婢之市,与牛马同栏"。颜师古注:"栏谓遮栏之,若牛马栏圈也。"《汉书·王莽传》的这一记载是氏族社会之后又过了很久的事,但它却能说明氏族

---

[*] 本文原载《中国警察制度简论》,群众出版社1985年版。
[①] 《马克思恩格斯选集》第4卷,人民出版社1976年版,第167页。

社会以对付牲畜的槛圈来对付俘虏的确实性。氏族社会末期，人们不仅用槛圈来对付俘虏，而且还用以关押本族内部侵犯公共利益的成员以示惩戒。这样，本来用以驯化野兽的设施，对于人的同类也具有管束、羁绊和惩罚的作用。随着生产的发展，随着私有制、阶级和国家的出现，这种设施便成了国家权力的物质附属物，成了统治阶级压迫被统治阶级和本阶级内部某些成员的工具，于是，作为国家机器组成部分的监狱便出现了。

从史籍记载看，中国最早的监狱出现于夏国家形成的时候。《急就章》："皋陶造狱，法律存。"《广韵》也有皋陶造狱的记载："狱，皋陶所造。"传说皋陶是与夏禹同时代的人物。其时，正是氏族社会向奴隶制过渡之时期，开始出现最初的监狱是可信的。另据《竹书纪年》记载："夏帝芬三十六年作圜土。"所谓圜土，就是指监狱。《史记·夏本纪》："帝桀之时，自孔甲以来诸侯多畔夏，桀不务德而武伤百姓，百姓弗堪。迺召汤而囚之夏台，已而释之。"关于夏台，司马贞《索隐》："狱名。夏曰钧台，皇甫谧云'地在阳翟'足也。"从以上记载看，中国古代最早的监狱出现在夏王朝建立过程中。夏代末年，在阶级矛盾尖锐，广大奴隶和一些部族领袖对于夏桀的残暴统治纷纷反叛的情况下，桀曾囚禁殷第一代君主成汤于夏台狱。

从史籍和甲骨的有关记载看，殷代的监狱数量和规模都大大超过了夏代。甲骨文中囚禁奴隶的监狱作 ▨、▨、▨、▨、▨、▨ 等字形。这些字形，据有关专家解释都像手带刑具被囚禁的奴隶。▨ 学术界隶定为圉，释作圄。▨ 学术界隶定为圂，是圉字的或体，亦释作圄。▨ 和 ▨ 都像手带拲被囚禁的奴隶。而 ▨ 字更是在手带拲的被囚禁的奴隶背后加一支字，像手持棍棒打击状。《说文》："圉，囹圄所以拘罪人"，就是作监狱解释。▨ 字学术界隶定为 圉，我国著名的甲骨文专家胡厚宣先生释"▨"，认为像"拲手刑具连有项枷之形"。而 ▨ 字正像在牢狱中囚禁带有拲和项枷的奴隶的形状，也作监狱解。

试看卜辞中关于监狱的具体记载：

（一）"辛卯，王……小臣醜……其作圉……于东对。王占曰：大〔吉〕。"（龟2·25·10、通589、珠326）

卜辞的大意是：辛卯日，王亲自卜问，在东对建造监狱的事情。王并亲自查看兆情，然后宣布说："大吉"。

（二）"……五日丁未，在𠦪圉羌。"（前7·19.2）

𠦪（淳）是地名，在今河南沁水以西，羌是指打仗时从羌族中抓来的俘房。卜辞的大意是:五日丁未,将抓获的羌族俘虏囚禁在监狱中。

(三)"贞垈自圂,不其得?"(珠1007)

垈(亡),义为逃亡。卜辞的大意是:奴隶从监狱逃亡了,抓不回来吗?

(四)"甲戌〔卜〕,辈自冰圍,得?不其得?"(库267+库276)

辈,义亦为逃亡,与垈字相同;冰是地名;圍字是指监狱。卜辞的大意是:甲戌日占卜,问有奴隶从冰地监狱里逃跑,抓得到吗?

(五)"癸亥卜,争,贞旬亡祸?王占曰:㞢祟。"(反)

"〔六〕〔日〕戊〔辰〕,痖,㐁㠯辈自爻圍六人,八月。"(正)(契124正、反)

卜辞的内容是:癸亥日占卜,贞人争问,今后十天之内有无灾祸?王视兆判断说:有祸祟。果然,在第六日戊辰,六个痖奴和㐁族的畜牧奴隶从爻(尧)地监狱里逃跑了。占卜的时间是八月。

(六)"癸卯卜,殻,贞旬亡祸?王占曰:有祟。其有来艰。五日丁未,允有来艰。……辈自弖圍六人。"(菁2)

来艰为艰难之义,这里表示有敌人来侵犯。弖,地名。卜辞的大意是:癸卯日占卜,贞人殻(确)问,今后十天之内有没有灾祸?王视兆判断说:有祸祟,有敌人来侵犯。果然第五日丁未来了敌人。……弖地监狱里有六个奴隶逃跑了。

(七)"……王占曰:有祟。八日庚子,戈辈羌□人,辈有圂二人。"(簠地33+簠杂60)

戈,地名。㪯,用牲之法,用于人是一种刑罚,表示裂、剔和刳肠之意,类似磔刑。卜辞的大意是:王视兆判断说,有祸祟。第八日庚子。从戈地监狱里逃跑了若干人,被抓回的二人以㪯刑处死。

(八)"〔王〕〔占〕〔曰〕:〔有〕〔祟〕。庚申……有鸣雉,狩圍羌戎。"(《殷墟文字缀合》36反)

戎、寇相通,《说文》:"寇,暴也。"这里戎作暴动解。卜辞的大意是:王视兆判断说,有祸祟。……庚申日……有鸣鸟,狩地监狱里奴隶发生暴乱。①

上述仅只是卜辞中有关监狱的部分记载。仅此也可以看出殷奴隶主统治者对监狱的设置和管理是很重视的。殷王亲自过问监狱的建造,关心监

---

① 以上关于甲骨卜辞中关于殷代监狱的资料均转引自《中国史研究》1979年第1期,齐文心《殷代奴隶监狱和奴隶暴动》。

狱中关押的奴隶逃亡情况,对逃亡奴隶实行残酷镇压。上述卜辞中的东对、辇、冰、爻、臼、戈、疒等均为地名。其中有些是边地,有些是内地,表明监狱的设置相当普遍。从被囚禁者的情况看,既有战争俘虏,也有本族的奴隶,充分说明了监狱是阶级压迫的工具。

殷代的监狱还见于史籍记载。《墨子·尚贤下》:"昔者傅说,居北海之州,圜土之上,衣褐戴索,庸筑于傅险之城。"《吕氏春秋·求人篇》:"傅说,殷之胥靡也。"《史记·殷本纪》:"说为胥靡,筑于傅险。"前已谈到,圜土即牢狱。胥靡是一种罪隶。所以称胥靡,《汉书·楚元王传》颜师古注:"联系使相随而服役之,故谓之胥靡",就是说,是一种用绳索串联着服劳役的奴隶。这段记载说明,武丁时的宰相傅说,在被起用之前曾经是一个被囚禁在监狱,身穿囚衣,披戴绳索,被罚在傅险之地做苦工的罪奴。另据《史记·殷本纪》:"纣囚西伯羑里。"《集解》引《地理志》解:"河内汤阴有羑里城,西伯所拘处。"纣是殷末代国君纣王,西伯是周文王,羑里,一说为地名,一说为狱名,很可能是狱因其地而得名。《史记》这一记载足说,殷纣王曾因禁周文王(即西伯)于羑里之狱。本来囚禁西伯是为镇压广大奴隶和各部族对殷奴隶主贵族统治的反抗,但由于以纣为首的殷奴隶主贵族淫乱不止,肆意诛杀无辜,结果事与愿违,加速了其统治的崩溃。

关于周代的监狱,史籍中记载得较为详细。《礼记·月令》:"仲春之月……命有司省囹圄。"郑玄注:"省,减也;囹圄所以禁守系者,若今别狱矣。"这就是说《礼记》说的囹圄就是指监狱。究竟哪个朝代的监狱始称囹圄?一说始之于秦;但《论堂书抄》、《广韵》、《华严经音义》均认为是"周之狱名"。我国近代著名法学家沈家本认为:"其以囹圄为秦狱名者,《月令》乃吕不韦所作也。不韦纂此书召集当世儒生,三代之制并归甄录,不皆秦制。以囹圄为秦狱名,他无据也。诸书均以为周狱名,当是。"①他的意思是说,尽管《月令》是由吕不韦编纂的,但其中记载的是夏、商、周三代的事,不全是秦的制度。认为囹圄这一狱名始之于秦,其他没有根据。正如多数书籍所记载的,周代已称囹圄了。沈家本这种看法的理由是充分的。

史籍中关于周代监狱另一记载,见于《周礼·秋官·司圜》:"司圜掌收教罢民。"所谓"司圜",即掌管圜土的官吏。圜土,《释名》:"狱又谓之圜土,筑土表墙,其形圆也。"罢民,不遵守奴隶主国家法度并被视为犯罪者。

---

① 沈家本:《历代刑法考·狱考》。

圜土的具体制度如何呢?"凡害人者弗使冠饰,而加明刑焉,任之以事而收教之。能改者,上罪三年而舍,中罪二年而舍,下罪一年而舍,其不能改而出圜土者杀。"①这段记载的意思是说,凡是犯了罪的,就不得像正常人那样穿戴而要穿上标示犯罪的囚衣,并且公开宣布他们的罪状,囚禁于圜土之中罚作劳役。能改悔的,重罪三年后释放,中等罪二年后释放,轻罪一年后释放。对于那些坚持不改悔以至从圜土中逃亡者,就将其杀掉。西周是我国奴隶社会发展的鼎盛时期,上述制度体现了周奴隶主贵族对犯罪的处理注意区别对待。这也是我国古代监狱制度发展的重要阶段。

周代之前崇尚肉刑,主要以处死或残害肢体作为惩罚奴隶或其他犯罪的手段,较之后来监狱的设置数目相对较少、规模相对较小。春秋战国之后,社会进入大动荡、大变革时期,奴隶主阶级统治日趋没落,封建制度逐步确立。为了加强对局势的控制和加强对广大奴隶、庶民的镇压,监狱也随之大规模发展起来。据《晏子春秋·内篇》记载:"齐景公籍重而狱多,拘者满囹,怨者满朝。"这一记载既说明了剥削压迫与刑狱之间的关系,也说明了当时监狱人满为患、阶级矛盾尖锐的程度。又据《尉缭子·将理》:"今夫系者,小圄不下十数,中圄不下百数,大圄不下千数",这是说战国时监狱有大、中、小,系狱者以十数、百数、千数,可知监狱数量之大。另据《越绝书》记载,楚国春申君在吴地所造狱"周三里",这又说明了监狱规模之大。

秦始皇统一中国之后,在全国范围推行郡县制,国家机构在原有的基础上有了新的发展。各郡县除郡守和县令、长兼管司法外,郡守下设断狱都尉,县令、长下设治狱橡(吏)专管治理狱案。其下又设令史,令史之下又有若干牢隶臣。从史料记载看,牢隶臣是一种官奴隶,他们受狱吏和令史的指挥,处理狱案的某些具体事务,同时也兼管牢狱管理。由此可知,至少从秦推行郡县制开始,除中央设有监狱外,各郡县都已普遍设立监狱。此外,《能书录》记载:"秦狱吏程邈善大篆,得罪始皇囚于云阳狱。"云阳,县名。在新发现的秦简中还有如下记载:"甲盗牛,盗牛时高六尺,系一岁,复丈,高六尺七寸⋯⋯当完城旦。"又:"葆子狱未断而诬告人,其罪当刑为隶臣,勿刑,行其耐,又系城旦六岁。"再:"当耐为隶臣,以司寇诬人⋯⋯当耐为隶臣,又系城旦六岁。"②以上三条中的"系",即拘囚,也就是囚禁罪人。第一条囚禁的是未决犯,第二、三条是说按其罪行应拘系的时间。秦的基层司法

---

① 《周礼·秋官·司圜》。
② 《睡虎地秦墓竹简·法律答问》。

机构是县，这些记载也说明各县设有监狱。

以上所谈的是一般监狱。除此，还设有专门关押麻风病人的监狱。《睡虎地秦墓竹简·法律答问》："甲有完城旦罪，今甲疠，问何以论？当迁迁所处之。或曰当迁迁所定杀。"又："城旦、鬼薪疠，何论？当迁迁所。"所谓疠是指麻风病。迁所，在这里是指囚禁麻风病人的地方。这两条规定的意思是说，犯罪者患了麻风病，要送到指定的地方拘禁或杀死。这样专门囚禁和处死麻风病人的地方，事实上是一种专门监狱。

秦王朝末年，阶级斗争日趋尖锐，被判处徒刑的人也愈来愈多，秦统治者在许多大的工程中使用囚徒。据史籍记载："始皇初即位，穿治骊山，及并天下，天下徒送诣七十余万人。"①之后，秦始皇"恶其势王，令囚徒十余万人，汗其土表，以污恶名，故曰囚卷"②。"蒙恬筑长城，徒士犯罪，止依鲜卑山，后遂繁息。今皆髡头衣赭，亡徒之明效也。"③从以上工程看，使用囚徒的数量是很大的。汉高祖刘邦曾为县送徒郦山，秦末著名的农民起义领袖黥布也曾轮输郦山。这些事实说明，上述工程使用的囚徒是由各县分期分批输送的。即使如此，在郦山附近和其他工程所在地，集中的囚徒也绝非一般监狱所能容纳，最近在西安附近发掘的刑徒村的遗址说明，类似集中营的形式已经出现了。班固说当时的情况是"赭衣塞路，囹圄成市，天下愁怨，溃而叛之"④，应不全是文学夸张之词，而是刑徒众多，监狱、集中营林立，秦王朝面临崩溃形势的真实写照。

汉统治者总结了秦王朝暴政激化阶级矛盾招致灭亡的教训，夺取政权后，采取了缓和阶级矛盾、减轻赋徭和刑罚等一系列措施，建立了较长时间的稳定统治。地方监狱的设置，基本沿袭秦制，全国各郡县约两千多所。⑤中央的监狱设置却较为复杂。据《汉书·张汤传》苏林注引《汉旧仪》和《后汉书·百官志》本注记载，汉代朝廷除廷尉所属的监狱之外，自武帝以后置中都官狱二十六所。这二十六所监狱分属内廷及各官署，囚禁不同身份和职业的人员。如属内廷的"掖庭狱"（亦即"永巷狱"）主治夫人、女官；"暴室狱"主治宫人，有时皇后、贵人有罪也入此狱；属大鸿胪（掌管诸侯、民族事务和郡国上计）的有"郡邸狱"；属宗正（掌管皇族事务）的有"都司空

---

① 《史记·秦始皇本纪》。
② 《水经·沔水注》及《宋书·符瑞志》。
③ 《太平御览》卷六四九引《风俗通》。
④ 《汉书·刑法志》。
⑤ 同上。

狱"；属少府（掌管山海池泽收入和皇室手工业品制造）的有"若卢狱"；属执金吾（掌宫外治安警卫）的有"都监狱"。此外，还有"上林狱"、"未央厩狱"、"共工狱"、"导官狱"、"都船狱"、"寺互狱"、"内官狱"、"别火狱"、"东市狱"、"西市狱"、"北军狱"等。汉代大臣获罪，如萧何、周勃、周亚夫、赵广汉、王章等，多下廷尉狱。

中央各官署设立监狱，反映了司法权的某些分散状态。这种情况一直持续到西汉末。东汉初年，朝廷各官署的二十六所监狱为光武帝刘秀撤销，中央仅存廷尉及洛阳（时已迁都洛阳）诏狱。和帝永元九年虽曾复置若胪狱，但其他官署所属监狱未再设立。

魏晋之后，历代封建王朝的监狱均大体沿用秦汉确立的制度。地方按行政区划和司法审级在各州县（有的朝代是省、州、县）分设监狱，但中央所属监狱已不似西汉时那么繁杂，一般设立二所，个别朝代多至四所。晋置廷尉狱和洛阳狱，太康初年又增置"黄沙狱"隶属御史。此狱设置虽为时不长，于太康中即撤销，但却开创了监察机构之下置狱的先例。南北朝时，南齐有廷尉狱、尚方狱。梁、陈则置廷尉狱和建康狱。廷尉狱称北狱，建康狱称南狱。元魏置廷尉狱、籍坊狱。唐代置大理寺狱、京兆河南府狱、长安万年狱和洛阳狱四所监狱。此外，武则天时，信用酷吏周兴、来俊臣，在长安丽景门内曾置一特种监狱。凡入此狱者，非死不出，反映了武氏用法之残酷。宋初废大理寺狱，朝廷置御史台狱、开封府狱，后因狱囚拥挤、疾疫传染，无法管理，神宗元丰初年又置大理寺狱。元代朝廷不设大理寺，监狱分置刑部和御史台之下，同时又在大都路兵马都指挥使司狱司下设三处监狱。明代大理寺主管复审、平反，故不设狱。刑部、都察院各下设监狱。明初洪武年间曾在锦衣卫设狱，后朱元璋又将其废止。成祖之后，为加强对国家的控制，起用宦官干预司法，不仅恢复了锦衣卫狱，又建立东西厂等特务组织，附设监狱。鉴于明代宦官专权的教训，清统治者入关后严禁宦官干政，并铸铁碑于交泰殿，碑文道："以后有犯法干政，窃权纳贿，属托内外衙门，交结满汉官员，越分擅奏外事，上言官吏贤否者，凌迟处死。"[①]朝廷司法大权由都察院、大理寺和刑部行使。刑部下设提牢厅，分管南北二所监狱。

---

① 见《宫中则例》卷四。

二　关于监狱管理的几项制度

对于阶级统治来说,监狱所囚禁的都是直接反抗其统治或扰乱其统治秩序的人,所以历代对监狱的管理都十分重视。一般朝代的法律中均有专条规定,并建立了相应的管理制度。

(一)监狱管理有专职负责

据《周礼》记载,西周管理监狱的官员是司圜与掌囚。"司圜掌收教罢民","掌囚掌守盗贼"。所谓罢民是触犯法律为害乡里但又未入五刑者;掌囚掌守的囚者需戴以刑具,其罪行较罢民为重。由此可以看出周代对轻重罪犯是分别监管的。

秦管理监狱的一般称狱吏。秦狱吏之下还有令史,汉亦称狱吏,如《汉书·周勃传》:"勃以千金与狱吏";又称狱司空,如《汉宫仪》:"以县道官狱司空"。汉代朝廷各官署管理所属监狱的官员的名称则各异,如掖庭狱有掖庭狱令、丞;上林狱有左右都司空、水司空;暴室狱有暴室啬夫、暴室丞;导官狱有导官令、丞;若卢狱有若卢令、丞等。

魏晋之后,朝廷和地方的监狱设置逐渐趋于定型,监狱一般由中央和地方司法机构的主管官员任命低级官吏管理。所谓位卑而任重事繁,便是历史真实情况的写照。

(二)监狱必须牢固

对监狱要注意修缮,保持其牢固这是古代统治阶级历来所注意的。《急就章》:"皋陶造狱"。颜师古注:"狱之言埆也,取其坚牢也。"《释名·释宫室》:"狱……又为之牢,言所在坚牢。"这就是说狱的名称就有坚牢之意。以后统治阶级又明确规定对其要注意维修。《礼记·月令》:"孟秋之月……命有司,修法制,缮囹圄。"所谓缮囹圄,即修理监狱。西晋颁布的《狱官令》也规定:"狱屋皆当完固。"宋代规定:"郡县则所职之官,躬行检视,狱敝则修之。"①为使监狱坚固,有的朝代还建立了地牢,《金史·刑法志》:"其狱,则掘地深广数丈为之。"清代明文规定:"州县官到任之初,即将监狱查勘,如系坚固完好,造具文册申送上司存案。倘有废坏,立即修理。该官府州道员于盘查时顺便往验,若废坏不修,至新旧交代之时,扶同捏饰

---

① 《宋史·刑法志》。

具报,将旧任官降一级调用,新任官降一级留任。州府不行揭参,罚俸一年,道员罚俸六个月。"①

(三)监狱看守必须严格

我国古代学者认为,狱字从二犬即有守备之意。《说文》:狱,"二犬所以守也"。《急就章》颜师古注:狱"字从二犬,所以守备也"。由此可知,监狱从出现之日起,统治阶级就认为应严加守备,上面谈到不少朝代规定监狱要及时修缮,其主要也是加强守备,防止犯人逃亡。此外,对于守备还做了许多具体规定,南宋绍兴十年,"诏诸狱并一更三点下锁,五更五点开锁"②,金世宗大定十年规定:"司狱廨舍须近狱安置,囚禁之事常亲提控,其狱卒必选年深而信实者轮值。"③清代法律规定:"各处监狱,俱分建内外两处。强盗并斩绞重犯,俱禁内监,军流以下俱禁外监。另置一室以禁女犯。"法律并规定,对于新解到的案犯和解审发回之案犯,州县官要当堂细加检查,不许将金刃等物夹带进监,不许将砖石树木、铜铁器皿等物带进监狱。④ 清代法律还规定,管理监狱的官吏,对监狱要经常巡察看视,如不行亲察以致墙壁倾坏,吏卒懈怠,虽无越狱的事情,亦将管狱官降一级调用,有狱官罚俸一年。刑部监狱,每日令满汉提牢司员轮流一人在外厅值宿,司狱二员在南北二监内厅值宿,如有应行议处之案,以司狱为管狱官,提牢司员为有狱官,照督抚例予以惩治。⑤

(四)对犯人要按规定施加刑具

为了进行惩罚,也是为了防范,对部分犯人在关押和服劳役过程中要施加刑具。《周礼·秋官·掌囚》:"上罪梏拲而桎,中罪桎梏,下罪桎,王之同族拲,有爵者桎。"以上是《周礼》关于西周对囚犯施加刑具的记载。梏、拲、桎均是刑具,梏、拲施加两手,桎施加足部。这段记载的意思是说,囚犯罪行严重的,梏、拲、桎三种刑具均戴,中等罪行的施加桎梏,轻罪戴梏。王族即使重罪,仅戴拲;有爵者桎。这说明,奴隶社会囚犯戴何种刑具,既视其罪行轻重,也视其身份地位。

进入封建社会后,法律关于对犯人施加刑具规定得更加具体。秦律规定:"城旦舂衣赤衣,冒赤毡,枸椟欙杕之。""鬼薪白粲,群下吏毋耐者,人奴

---

① 《六部处分则例·刑部》。
② 《文献通考》。
③ 《金史·刑法志》。
④ 《大清律例·断狱》。
⑤ 《六部处分则例·刑部》。

妾居资赎债于城旦,皆赤其衣,枸椟欙杕,将司之。"城旦舂、鬼薪白粲均是刑徒;群下吏是指有一定身份和职位的人因犯罪而交官府议处的。枸椟欙杕均为刑具,枸椟为木械,似上面谈到的桎梏之类;欙是系在颈上的黑索;杕即釱,是套在足胫上的脚钳。按照秦律的这一规定,凡是被判处城旦舂、鬼薪白粲徒刑的,下吏治罪不加耐刑的,以及用私人奴隶劳役抵偿赀罚和赎而服城旦刑劳役的,都要穿赤色囚衣,施加木械、脚钳和戴黑索。汉晋南北朝大体沿袭秦制,较重的囚徒一般要戴刑具,但名称和种类不尽一致,有釱、钳,还有杖、枷、锁等。唐代,所《唐律疏议》引《狱官令》:"禁囚,死罪枷杻,妇人及流以下去杻,其杖罪散禁。""应议请减者,犯流以上,若除免官当,并鏁禁。"所谓散禁就是不施加刑具;鏁即锁,略轻于枷杖。《唐律》规定:"诸囚应禁而不禁,应枷、鏁、杻而不枷、鏁、杻及脱去者,杖罪笞三十,徒罪以上递加一等。"①由此看,唐代对犯罪人是否施加刑具,施加何种刑具,也是以罪行轻重和犯罪人的身份地位来确定的。就是说,同样的罪行,高官达贵则受宽待。唐之后,宋、明、清各代法律与《唐律》的规定大体相同。《大明律》:"凡狱囚,应禁而不禁,应枷锁杻而不枷锁杻,及脱去者,若囚该杖罪笞三十,徒罪笞四十,流罪笞五十,死罪杖六十;若应枷而锁,应锁而枷者,各减一等。若囚自脱去,及司狱官、典狱卒私与囚脱去枷锁杻者,罪亦如之。提牢官知而不举者与同罪。……若受财者,并计赃以枉法从重论。"《大清律》此条规定与明律完全相同,唯通过《条例》有所补充。如康熙年间规定:"除强盗、十恶、谋故杀重犯用铁锁、杻、镣各三道,其余斗杀人命等案罪犯,以及军流徒罪等犯止用铁锁、杻、镣各一道,笞杖等犯止用铁锁一道。如狱官、禁卒将轻罪滥用重锁,重罪私用轻锁,及应三道而用九道,应九道而用三道,将狱官题参,禁卒革役,受贿者照枉法从重论。"②又如《大清律》所附《条例》规定:"凡枷号人犯,除例有正条及催征税粮用小枷号,朝枷夜放外,敢有将轻罪犯人用大枷枷号,及用连根带须竹板伤人者,交部议处,因而致死者问发为民。"这些条例类似一种实施细则,因使法律的有关条文进一步具体化而便于执行。

(五)对逃亡囚犯加重惩罚

囚犯逃亡意味对统治阶级制裁的不满和对统治秩序的进一步反抗。因之,历代法律均规定对逃亡囚犯加重惩罚。

---

① 《唐律疏议·断狱》。
② 赵舒翘:《提牢备考》卷三。

据《周礼》记载,周代"以圜土教聚罢民",所谓"罢民"是罪行较轻的人。这种人一般是"上罪三年而舍,中罪二年而舍,下罪一年而舍"①,凡能改过者,释放回家,但三年之内仍不得享有一般人所能享有的政治权利;"其不能改而出圜土者,杀"。所谓出圜土,郑玄注:"出谓亡逃。"由此可以看出,罢民本来是罪行较轻的犯人,一般分别服一、二、三年刑即可释放,而亡逃者,却要加重至处以死刑。

秦律鼓励人们捕捉在逃的囚犯,凡能捕捉到逃犯的,有罪者可以将功抵罪,无罪者可以得到奖赏;反之,窝藏和资助逃犯者则要受到严厉惩罚。涉及惩办逃亡者本人的法律,秦律有如下两条规定:其一,"隶臣妾系城旦舂,去亡,已奔,未论而自出,当笞五十,备系曰"②。这条规定的意思是,隶臣妾被拘禁服城旦舂劳役,逃亡,并已经走出,尚未论处时而又自首,应笞打五十,仍拘系至期满。其二,"士伍甲不会,笞五十;未卒岁而得,笞当加不当?当"③。士伍是秦对已达服徭役年龄而没有爵位的男性成丁的称呼,不会是指不去报到。这条规定的意思是,士伍甲在规定的报到时间而不去报到;应笞打五十下;未满一年被捕获,应否加笞,应当。前一条被拘系的是奴隶,逃亡后还没处理时又自首,即使如此,也要笞打五十。后一条是逃避徭役的士伍,本来法律规定不按时报到应笞打五十,而一年之内被抓获,则要加笞。由此可知,秦对逃亡罪犯是加重惩罚的。汉承秦制,汉文帝十三年诏:"令罪人各以轻重,不亡逃,有年而免。"④所谓"有年而免",孟康曰:"其不亡逃者,满其年数,得免为庶人。"那么,到年数释放为庶人的条件是什么呢?不亡逃。言下之意,如若亡逃,也是要加重惩罚的。

《唐律》规定:"诸流徒囚役限内而亡者,一日笞四十,三日加一等,过杖一百,五日加一等。"⑤所谓流徒囚,即被判处流刑和徒刑者。还规定:"诸被囚禁,拒捍官司而走者,流二千里,伤人者加役流,杀人者斩,从者绞。若私窃逃亡,从徒亡论。"前一条是指已决犯,后一条是指被囚禁而尚未判刑者。所以前者是在流、徒刑之外加笞杖,而后者是加重处刑。

《大明律》规定:"凡犯罪被囚禁而脱监及解脱自带枷锁越狱在逃者,各于本罪上加二等;因而窃放他囚罪重者,与囚同罪,并罪止杖一百,流三千

---

① 《周礼·秋官·司圜》。
② 《睡虎地秦墓竹简·法律答问》。
③ 同上。
④ 《汉书·刑法志》。
⑤ 《唐律疏议·捕亡》。

里。"又："凡徒流迁徙囚人，役限内而逃者，一日笞五十，每三日加一等，罪止杖一百，仍发配所。其徒囚照依原犯徒年，从新拘役，役过月日并不准理。"①《大清律》有关囚徒逃亡的条文与《大明律》基本同。

（六）囚犯逃亡追究监狱官吏的责任

为加强对囚犯的看管，提高监狱官吏和监管囚犯者的责任心，历代法律均规定，囚犯逃亡追究监狱官吏的法律责任。

秦律规定："将盗械囚刑罪以上，亡……斩左趾为城旦。"②将，带领；盗械，即施加刑具。这条规定的意思是，带领判处肉刑以上罪的戴着刑具的徒囚逃亡，处带领者砍去左足处城旦徒刑的刑罚。秦律还有这样一则答问："大夫甲坚鬼薪，鬼薪亡，问甲何论？当从事官府，须亡者得。"③坚鬼薪意为鞭打鬼薪，鬼薪是刑徒，能鞭打鬼薪的大夫当然与监管刑徒有关系。即使大夫这样的人让鬼薪逃亡，也要到官府去服劳役，直到鬼薪被抓回。

《唐律》规定："主守不觉失囚者，减囚罪二等；若囚拒捍而走者，又减二等。皆听　百日追捕。限内能自捕得，及他人捕得，若囚已死及自首，除其罪。即限外捕得，及囚已死，若自首者，各又追减一等。"所谓"主守"即主管监狱的官员。这一规定的意思是，主管监狱的官员未能觉察而致囚徒逃亡者，按逃亡的囚徒受的刑罚减二等论处。若囚徒是以武力越狱，力不能制，再减二等论处。以上逃亡的囚徒，都限百日之内追捕，若在百日之内能够自己捕获、他人代为捕获或囚犯已死、自首的，免除官吏失囚之罪。即使在百日限期外捕获，又减一等处理。

《大明律》关于囚徒逃亡追究官吏的罪责的规定，基本沿袭《唐律》但明律对某些地方又作了具体区别。《大明律·刑律》："凡狱卒不觉失囚者，减囚罪二等，若囚自内反狱在逃，又减二等。听给限一百日追捕，限内能自捕得及他人捕得，若囚已死及自首，皆免罪。司狱官典减狱卒罪三等。其提牢官曾经躬亲逐一点视罪囚，枷锁具以如法，取责狱官，狱卒文状者不坐，若不曾点视以致失囚者，与狱官同罪。故纵者不给捕限，各与囚同罪。未断之间能自捕得及他人捕得，若囚已死及自首，各减一等。受财者计赃以枉法从重论。"将这一规定与《唐律》的相应条文加以对照，可以看出，直接管理囚犯的狱卒的罪责与《唐律》规定是相同的，监狱官员的罪责则大大减轻。提牢

---

① 《大明律·刑律》。
② 《睡虎地秦墓竹简·法律答问》。
③ 同上。

官——司狱官的上一级官吏,只要是尽到了督促检查职责的,囚犯逃亡就可以不予追究。

《大清律》关于囚犯逃亡的律文与《大明律》完全相同。为了加强对案情重大罪犯的监管,嘉庆年间又作了一些补充规定。嘉庆十六年上谕的基本内容为:凡叛逆重案、山海巨盗、应凌迟斩绞和犯免死发配新疆的罪犯越狱,不论数目多寡,立即将管狱官革职并追究刑事责任,有狱官革职留任。如管狱官、有狱官能于五日限内亲督丁役捕获越狱逃犯,管狱官革去顶带,改为革职留任。如系五日限外,四个月限内捕获者,管狱官免除其刑事责任,仍予革职。有狱官自捕获之日起一年内无过,可以恢复原职。这里所谓有狱官,是指直接主管监狱的官吏;管狱官,则是上一级官吏,不少是州县主管官吏兼任。此外该上谕还规定:凌迟斩绞重犯越狱如系狱卒等故纵、贿纵逃脱者,将该管之府州主管官员革职,道员降一级调用,臬司降一级留任,督抚罚俸一年。若督抚不严格检查处理,降一级留任。对于重犯越狱逃亡,如此广泛地追究官吏、甚至高级官员的责任,表明清王朝对此类问题的重视。

(七)囚犯的衣食供应

关于囚犯的衣食如何供给,自秦以来封建法律就有规定。从现有材料看,囚犯的衣食一般是轻犯、就地监禁的罪犯,其家庭有能力负担者,衣食自备;其家庭贫困、流放边远的重犯由官府发放,但要向家属收取费用或由囚犯以劳役抵偿。

秦律对囚徒衣食供应的办法较为具体,供应多少,既考虑家境,又考虑性别;既考虑年龄,又考虑工种的劳动强度。

1. 伙食的供应。秦《仓律》:"隶臣妾从事公,隶臣月禾二石,隶妾一石半;其不从事,勿禀。小城旦、隶臣作者,月禾一石半;未能作者,月禾一石。小妾、舂作者,用禾一石二斗半斗;未能作者,月禾一石……隶臣田者,以二月月禀二石半石,到九月尽而止其半石。舂,月一石牛石。"这段规定的意思是,隶臣妾如为官府服役,隶臣每月发粮二石,隶妾一石半;如不服役,不得发给。小城旦或隶臣劳作的,每月发粮一石半;不能劳作的,每月发粮一石……隶臣种田的,从二月起每月发粮二石半,到九月底停发其中加发的半石。舂,每月发一石半。

"城旦之垣及它事而劳与垣等者,旦半夕参;其守署及为它事者,参食之。其病者,称议食之,令吏主。城旦舂、舂司寇、白粲操土功,参食之;不操土功,以律食之。"这段规定的意思是,城旦筑墙和其他强度与筑墙相等的劳作的,早饭半斗,晚饭三分之一斗;站岗和作其他事的,早晚饭各三分之一斗。有病的,酌情予以口粮,由吏主管。城旦舂、舂司寇、白粲作土工,早晚饭各三分之一斗;不作土工,按法律规定给予口粮。

以上所说的石、斗、升均为秦制,秦一斗约合今二升。

2. 衣服的供应。秦《金布律》规定,囚犯发放衣服,夏衣每年四月到六月发给,冬衣每年九月到十一月发给,过期不领的不再发给。领取衣服的,隶臣、府隶中没有妻的以及城旦,冬季每人缴一百一十钱,夏季五十钱。隶臣妾老、小,不能自备衣服的,按舂的标准给衣。秦《司空律》规定,隶臣妾,城旦舂之司寇,或以劳役抵偿赀赎债务而被拘系城旦舂劳役的人,不收取衣食;凡参加城旦舂劳作的,按城旦舂标准给予衣食。隶臣有妻,妻是更隶妾及自由人的,应收取衣服。私家男女奴隶被拘系城旦舂劳役的,由官府借给衣食,其劳作日数未满而死,注销其衣食不必偿还。秦《司空律》:"凡不能自衣者,公衣之,令居其衣如律然。其日未备而披入钱者,许之。以日当刑而不能自衣食者,亦衣食而令居之。"这一规定的意思是,凡不能自备衣服的,由官府给予衣服,但要按法律规定以劳役抵偿衣价。劳役日数未满而能用一部分现金抵偿的,可以现金抵偿。以劳役日数抵偿刑罚而不能衣食者,也发给衣食,而让其以劳役抵偿。这就是说,除老、小囚徒之外,对于大多数囚徒来说,领取衣服即使不交钱,也是要以劳役抵偿的,事实上他们的衣服是自理的。

唐《狱官令》规定:"囚去家县远绝饷者,官给衣粮,家人至日依数征纳。"[1]从这一规定可以看出,唐代官府供给囚徒的衣食也是有代价的,是采取先记账,待家人去时收钱。基本上也是由自己负担的。主管监狱的官吏对衣食要按时按标准供应,不得克扣。《唐律》规定:"诸囚应请给衣食、医药而不请给……即窃减囚食笞五十,以故致死者绞。"[2]从唐律的量刑看,这一惩罚是严厉的。

《明律》对此一犯罪的惩罚作了一些更改。《大明律·刑律》:"凡狱囚应请给衣粮、医药而不请给……司狱官典狱卒笞五十。因而致死者,若囚该死罪杖六十,流罪杖八十,徒罪杖一百,杖罪以下杖六十、徒一年,提牢官知而不举者与同罪。"这样就对未及时发放囚粮医药,招致囚徒死亡的官吏的责任,按囚徒的罪行作了某些区别。死亡囚徒罪重者,官吏处刑轻,死亡囚

---

[1] 《唐律疏议》引。

[2] 《唐律疏议·断狱》。

徒罪轻者,官吏处刑重。

《大清律例》规定,凡解往刑部及递解外省的囚犯,按规定标准发给口粮,如遇隆冬停遣,照重囚每名给予衣帽,如有官吏侵吞,照《冒钱粮律》治罪。《大清律》有关狱囚衣粮的条文与《大明律》的规定完全相同。其冒销囚粮的规定为:"各省监狱应给囚粮衣裤医药等项,州县官按数支给,核实报销。如有克扣冒销者,革职提问;系失察刑书克扣者降一级调用;因而冻馁致毙者革职。如系管狱官克扣冒销及失察者,照此分别议处。"①

(八) 其他"恤囚"的规定

所谓"恤囚"是我国古代统治者对囚徒,主要是其中的老幼病残在生活和劳役方面的悯恤、宽宥制度。其中有些见于法律规定,也有些是君主根据各时期的情况采取的具体措施。以下只是一些例子:

汉景帝三年诏:"年八十以上,八岁以下,及孕者未乳,师,朱儒,当鞠系者,颂系之。"②未乳,未产;师,乐师,一般是盲人;朱儒,身异常矮小不便行走;颂,读容,宽容不施加刑具。这条规定的意思是,八十岁以上的老人,八岁以下的儿童,怀孕未分娩者,盲人和侏儒,当囚禁者,可以不施加刑具。

汉宣帝元康四年诏:"自今以来,诸年八十,非诬告杀伤人,它皆勿坐。"③对老人犯罪又进一步作了减免。

晋《狱官令》:"狱屋皆当完固,厚其草蓐,切勿令漏温,家人饷馈,狱卒为温暖传致。去家远,无饷馈者,悉给廪,狱卒作食,寒者与衣,疾者给衣药。"这是说,官吏对囚徒的衣、食、住和医药都应给予关注。

《唐律疏议·断狱》:"诸囚应请给衣食、医药而不请给,及应听家人入视而不听,应脱去枷镣杻而不脱去者,杖六十,以故致死者徒一年。"唐律不仅规定了悯恤制度,而且还规定了官吏的责任,这就为法律的实施提供了某些保障。

据《元史·刑法志》载,元律规定:"诸狱囚有病,主司验实给医药,病重者去枷、锁、杻,听家人入侍。""若以重为轻,以急为缓,误伤人命者究之。"

明代,朱元璋即位之初,便令被监禁的囚徒,"年七十以上,十五以下及废疾,必散收,轻重不许混杂"。④ 以后制定的《大明律》又沿袭《唐律》规

---

① 《六部处分则例·刑部》。
② 《汉书·刑法志》。
③ 同上。
④ 《明会典》。

定:"凡应八议之人,及年七十以上十五以下,若废疾者,并不合拷讯,皆据证定罪,违者以故失入人罪论。"清律的有关规定一准于明律,其"恤囚"制度,明清大体相同。

上述材料说明,"恤囚"制度历代都有规定。这些规定无非是对于老幼妇孺等社会危险不大的人,犯罪后予以某种宽宥,对于病伤者予以某种治疗,以保证其维持生命最低限度的需要。

以上只是中国古代监狱极为概略的情况。仅此也不难看出,作为阶级压迫工具的实质,历代统治阶级对监狱的管理都作出了法律规定。应该说,这些规定中,对囚徒的镇压部分是真实的;对监狱官吏的限制部分在实践中却要打许多折扣;所谓对囚徒的悯恤很大程度上都是虚伪和欺骗。事实上,不仅一般黎民百姓,就是某些达官勋臣、皇族国戚,一旦身陷囹圄,也难免皮肉之苦,生命草菅。曾被秦始皇大加称道的韩非,到秦国不久,便被其同学李斯害死狱中;而为秦帝国统一立下汗马功劳的李斯,又在狱中遭赵高百般折磨,最后受夷族之诛;汉王朝开国功臣周勃,被人诬告下狱,备受欺凌,后"以千金与狱吏",获得出狱谋略,出狱后感慨道:"吾尝将百万军,安知狱吏之贵也!"宋代抗金名将,著名的民族英雄岳飞及其长子岳云也是被奸臣秦桧秘密害死狱中。此外,还有的地方官吏,为了向朝廷谎报"空狱",表明其"德政",甚至对监狱囚犯不分青红皂白实行集体屠杀。大量事实说明,为了维护自己的剥削和压迫,统治者从不受其法律的约束,而常常是为所欲为,滥施淫威。

中国古代早期的刑徒及其管理*

刑徒是因犯罪而被判处徒刑的人。从史籍记载看，中国早在奴隶社会已出现刑徒，进入封建社会之后，刑徒则大量出现。本文试对中国古代早期徒刑的产生、种类、劳役以及有关管理制度等方面的情况作一概略论述。

一　奴隶社会的刑徒与管理

刑徒是随国家的产生和法律的实施而出现的。随着社会生产力的发展，当奴隶主国家认识到对有些犯罪者不杀掉对自己更为有利的时候，便是囚禁和奴役以示惩戒。这样就出现了徒刑，出现了刑徒。

古代中国"兵""刑"不分，所谓"大刑用甲兵，其次用斧钺，中刑用刀锯，其次用钻凿，薄刑用鞭扑"[①]。刑罚和征讨都是惩罚的手段，俘虏和罪犯的命运也基本相同，多被剥夺自由，成为官奴。起初是无条件无期限的，虽然也可以被赦免，但毕竟是个别事例。当然这不是说俘虏和罪犯完全没有区别，俘虏有种族之分，罪犯有轻重大小之别；俘虏的奴隶地位是永久的，罪犯则依其罪行大小分为无期限和有期限，期限长和期限短。所以，尽管同是奴隶，被奴役，其地位则不完全相同。

从史籍记载看，中国奴隶社会对罪犯有罚作无期徒刑的，也有罚作有期

---

* 本文原载《中国警察制度简论》，群众出版社1985年版。
① 《国语·鲁语》。

徒刑的。

较早的一个例子是殷代武丁时期宰相傅说,《墨子·尚贤》:"昔者傅说,居北海之州,圜土之上,衣褐戴索,庸筑于傅险之城。"《史记·殷本纪》:"说为胥靡,筑于傅险。"这就是说,傅说在被起用之前曾经是一个被囚于监狱,身穿囚衣、被戴绳索,在傅险之地做苦工的罪隶,也就是刑徒。

再看《周礼》的有关记载:

《司厉》:"掌盗贼之任器、货贿……其奴男子入于罪隶,女子入于舂槁。"郑司农注:"谓坐盗贼而为奴者,输于罪隶、舂人、槁人之官也。"意思是说,因犯罪被罚作奴隶的,分别把他们送到罪隶、舂人、槁人的机构做苦役。

《掌戮》:"墨者使守门,劓者使守关,宫者使守内,刖者使守囿,髡者使守积。"这里说的墨者、劓者、宫者、刖者、髡者,也是指因犯罪被罚作劳役的刑徒,只不过他们还分别被附加以肉刑和髡刑。

不只是犯罪者本人被罚作罪隶,犯罪人的家属也常常被籍没为奴隶。《尚书·甘誓》和《汤誓》都有"孥僇汝"之语,郑玄解释说,此指"大罪不止其身,又奴戮其子孙"。此外《吕氏春秋·精通篇》记载有这样一则故事:"钟子期夜闻击磬者而悲,使人召而问之曰:'子何击磬之悲也?'答曰:'臣之父不幸而杀人,不得生;臣之母得生,而为公家为酒;臣之身得生,而为公家击磬,臣不睹臣之母三年矣。'"这则故事说明,一个人犯了罪,不仅本人被处死,而且其妻、子被籍没为奴隶,也完全失去了自由。它完全可以印证《尚书》和《周礼》关于将罪人家属罚为奴隶的记载。

将这样多的人罚为奴隶是奴隶制生产关系的要求。斯大林曾经指出:"在奴隶制度下,生产关系的基础是奴隶主占有生产资料和占有生产工作者,这些生产工作者就是奴隶主可以把他们当作牲畜来买卖屠杀的奴隶。"[①]把相当一部分罪犯罚作罪隶,迫使他们终身从事奴隶劳动,就可以保证充足的奴隶来源。

当然,即使在奴隶社会里,也不是把不杀掉的罪犯全部一概变为终身奴隶,有相当一部分是罚作一定期限的劳役。

《周礼·秋官·大司寇》:"以圜土聚教罢民。凡害人者,置之圜土而施职事焉,以明刑耻之。其能改者,反于中国,不齿三年,其不能改而出圜土者,杀。"《司圜》的记载大体与之相同:"司圜掌收教罢民,凡害人者弗使冠

[①] 斯大林:《论辩证唯物主义和历史唯物主义》,《列宁主义问题》,第650页。

饰，而加明刑焉，任之以事而收教之，能改者，上罪三年而舍，中罪二年而舍，下罪一年而舍，其不能改而出圜土者杀。虽出三年不齿。"司圜，即管理圜土的官吏。圜土，即监狱。罢民，为害乡里的某种犯罪人。施职事，即根据其情况分派一定的劳役。反于中国，即释放回乡。出圜土，即刑期未满而从圜土逃亡。这是对某些罪犯处以有期徒刑的记载，意思是说：国家设立名为"圜土"的监狱管教罪犯，凡是犯法害人者，要将他们囚禁在圜土里按其能力分派服一定劳役。他们当中能改过自新的，分别罪行大小，一年、二年、三年释放回家，但回家后三年之内还要被剥夺本应享有的某些权利；不能改过并且从圜土逃亡的，杀掉。

收入圜土的"罢民"，其罪行一般轻于被处肉刑和罚为终身罪隶者。还有一种比囚于圜土的人罪更轻一些，也称为"罢民"，其服刑期限更短。《周礼·周官·大司寇》："以嘉石平罢民，凡万民之有罪过而未丽于法而害于州里者，桎梏而坐诸嘉石，役诸司空。重罪旬有三日坐，朞役；其次九日坐，九月役；其次七日坐，七月役；其次五日坐，五月役；下罪三日坐，三月役。使州里任之，则宥而舍之。"嘉石，郑玄注："文石也。"贾公彦疏："以言嘉，嘉善也，有文乃称嘉，故知文石也，欲使罢民思其文理，以改悔自修。"由此可知，嘉石是刻有某种教诫文告的刻石。从"桎梏而坐诸嘉石"的记载看，嘉石实际上是羁押罪犯的地方。在这里被羁押的罢民，要在管理工程的官员司空的监管之下，按其罪行轻重分别服三、五、七、九个月到一年的劳役。期满，由其家乡的官吏具保不再为恶，然后释放。

《周礼》关于我国西周奴隶制国家对不同的犯罪处以有期徒刑和无期徒刑的记载，可能有战国时儒家学者理想化的成分，但基本上是可信的，它体现了西周统治者，对不同罪犯区别对待的政策。

二　战国秦汉名目繁多的刑徒

进入战国之后，中国社会发生了激烈变化。随着旧的奴隶制度日益腐朽崩溃，一些诸侯国的统治者相继实行改革，建立了封建制度。"在封建制度下，生产关系的基础是封建主占有生产资料和不完全地占有生产工作者——农奴。""新的生产力要求生产者在生产中能表现出某种主动性，愿意劳动，对劳动感兴趣。于是封建主就抛弃奴隶，抛弃这种对劳动不感兴趣、完全没有主动性的工作者，宁愿利用农奴，因为农奴有自己的经济、自己的生产工具、具有为耕种土地并从自己收成中拿出部分实物缴给封建主所必需的某种劳动兴趣。"①在社会性质上已经发生了重大变化的情况下,继续把大量罪犯罚为终身罪隶,既不利于封建生产力的发展,也就无助于封建地主阶级统治的巩固。所以,战国时期一些地主阶级政治家曾呼吁用刑要罚当其罪。荀卿说:"凡爵列官职赏庆刑罚皆报也,以类相从者也,一物失称,乱之端也。夫德不称位,能不称官,赏不当功,罚不当罪,不祥莫大焉。……刑称罪则治,不称罪则乱。"②他的意思是说,授予爵位、官职和赏罚都是一种报答,所以一定要得当,一失当,就是开下恶劣先例,引起混乱。德才与爵位官职不相称,赏罚与功罪不相当,这是很大的坏事。刑罚与罪行相称,就会有好的统治秩序;刑罚与罪行不相称,就会引起混乱。当然,在封建阶级统治下,实现"罚当其罪"、"刑罚相称"是办不到的,但当时地主阶级基于自己的阶级利益,对于把大批劳动力罚为终身"罪隶"表示一定的关注,则不能不说是一个历史进步。正是在这种历史背景下,战国时各诸侯国便出现了名目繁多的刑徒,包括有期的刑徒。

（一）战国时关东一些国家称刑徒为"胥靡"

《吕氏春秋·求人》:"傅说,殷之胥靡也。"高注:"胥靡,刑罪之名也。"意思就是刑徒。殷时是否称刑徒为"胥靡"不清楚,但《吕氏春秋》这么记载,至少是战国人对殷代刑徒用战国时语言的表述,说明当时有些国家称刑徒为胥靡。

《韩非子·内储说上》:"卫嗣君之时,有胥靡逃之魏,因为襄王之后治病,卫嗣君闻之,使人请以五十金买之,五反而魏王不予,乃以左氏易之。"从这段记载看,关东卫、魏、韩等国均称刑徒为胥靡。

《韩非子·六反》:"刑盗,非治所刑也;治所刑也者,是治胥靡也。"意思是说,治盗之刑太轻,不足以治盗,仅只可以治胥靡。这告诉我们,一般胥靡的罪要轻于盗。

《韩非子·解老》:"胥靡有免,死罪时活,今不知足者之忧,终身不解,故曰:'祸莫大于不知足。'"刘文典曰:"按此谓胥靡刑徒,有可赦免,死罪之囚,时而得活,唯不知足者之忧终身不解耳。"这说明,胥靡中至少一部分是有一定期限的。

为什么称"胥靡",古人曾作过各种解释,《汉书·楚元王传》注引晋灼

---

① 斯大林:《论辩证唯物主义和历史唯物主义》,《列宁主义问题》,第650—651页。
② 《荀子·正论》。

曰："胥，相也，靡，随也。古者相随坐，轻刑之名。"颜师古曰："联系使相随而服役之，故谓之胥靡，犹今之囚徒以锁联缀耳，晋说近之。"宋刘敞在《汉书刊误》中指出："胥靡，《说文》作胥䩉，谓拘缚之也。"这些解释都有一定道理，所以称胥靡，就是被限制自由，佩戴绳索、刑具，罚作苦役。

（二）齐国称刑徒为"公人"

1972 年，在山东省银雀山汉墓发现的汉简，有一组篇名叫《守法守令十三篇》，据整理的同志说是战国齐国的法律。其中《田法》有这样的规定："……赋，余食不入于上，皆藏于民也。卒岁田人少人五十斗者□之。①卒岁少人百斗者，罚为公人一岁。卒岁少入二百斗者，罚为公人二岁。出之之岁〔□□□□□〕者，以为公人终身。卒岁少入三百斗者，黥刑以为公人。"原简文不能尽释，有的意思无法全理解，但从已释的文字看，这是一条惩罚少缴田赋农民的法律规定。对少缴赋的农民的惩罚是明确的。所谓"公人"就是被罚到官府服役的人，也就是刑徒。其等级为"罚为公人一岁"，"罚为公人二岁"，"以为公人终身"，"黥刑以为公人"等。据信，徒刑还有其他一些等级，大部分是以附加的刑罚轻重而不同。

（三）秦汉的刑徒主要有城旦、舂、鬼薪、白粲、隶臣、隶妾，司寇、候等

关于秦的刑徒，史籍早有记载，如《史记·秦始皇本纪》："令下三十日不烧，黥为城旦"；"尽得毐等二十人，皆枭首，轻者为鬼薪"等。1975 年 12 月发现的云梦秦简在这方面又提供了丰富资料。秦简中的法律虽是秦律的部分内容，但所记述的刑徒种类不仅有城旦、鬼薪，还有舂、白粲、隶臣、隶妾、司寇、候等。总之，凡是汉律中有的几种刑徒，秦简几乎都有记载。事实再次证明了"汉承秦制"这一论断。为了简便，这里我们将秦汉刑徒制度一并论述。

1. 城旦、舂

城旦、舂是秦律和汉律规定的最重的徒刑，秦简《法律答问》："五人盗，赃一钱以上，斩左趾，又黥以为城旦；不盈五人盗过六百六十钱，黥劓以为城旦；不盈六百六十到二百二十钱，黥为城旦。"这是一条惩罚共同盗窃罪的法律。战国地主阶级的一个重要法律思想是："王者之政，莫急于盗贼"，所以对共同盗窃罪量刑较重。城旦刑的具体内容如何呢？《汉旧仪》："凡有罪，男髡钳为城旦，城旦者，治城也；女为舂，舂者，治米也。皆作五岁，完四

---

① 此处之□为原简脱文，不能释。下同。

岁。"《汉书·惠帝纪》注引应劭曰："城旦者,旦起行治城,舂者,妇人不豫外徭,但舂作米。"这两种解释大体上是一致的,即从刑罚等级来说,城旦与舂同属一个等级。城旦是指男性刑徒,舂是指女性刑徒。所以称为"城旦",古人认为,是由于他们每天早晨起来就去从事筑城劳役;所以称"舂",是由于这些被判刑的妇女主要劳役是舂米。至于刑期,秦律《法律答问》还有"系城旦六岁"的规定："当耐为隶臣,以司寇诬人,何论？当耐为隶臣,又系城旦六岁。"这说明,对于某些加重处刑的罪犯,可将刑期增至六年。

按秦汉法律规定,城旦、舂按附加的刑罚不同分为:

(1)斩左趾黥为城旦。即判处城旦刑的同时,又砍左足和在面部刺墨。

(2)黥劓为城旦。即判处城旦刑的同时,又在面部刺墨和割去鼻子。

(3)斩左趾为城旦。即判处城旦刑的同时,砍去左足。

(4)黥城旦、舂。即判处城旦和舂刑的同时,又对男女犯人在面部刺墨。

(5)刑城旦。即判处城旦的同时,对犯罪人施以不同的肉刑。肉刑分宫、刖、劓、黥等不同种类,这种说法较笼统。

(6)髡钳城旦。即判处城旦刑,又被髡剃头发,并在足趾部戴上铁钳。

(7)完城旦。即在判处城旦刑的同时,又被剃去鬓毛和胡须。

2. 鬼薪、白粲

鬼薪、白粲在秦汉法律中是仅次于城旦、舂的较重的徒刑。《汉旧仪》："鬼薪三岁。鬼薪者,男当为祠祀鬼神伐山之薪蒸也；女为白粲者,以为祠祀择米也。皆作三岁。"《汉书·惠帝纪》注引应劭曰："取薪给宗庙为鬼薪,坐择米使正白为白粲。"这两种解释的意思是说,鬼薪是男子犯罪后,罚服为宗庙砍柴的劳役。白粲是指妇女犯罪后,罚服为宗庙择米的劳役。鬼薪和白粲也是同一刑罚等级,只是由于性别不同,从事的劳役不同,名称不同罢了。

按照法律规定,鬼薪、白粲按附加的刑罚的不同可分为:

(1)刑为鬼薪。这是指判处鬼薪徒刑的同时,对犯罪人又施加以肉刑。前面已谈到,肉刑是分等级的,所以鬼薪又按附加的不同肉刑不同分成不同等级。

(2)耐以为鬼薪而鋈足,这是指判处鬼薪徒刑的同时,又处以髡剃两鬓、胡须的耐刑,再施加以鋈足。所谓鋈足,就是在犯罪人的足部戴上类似脚钳的刑具。

(3)耐以为鬼薪。是指判处鬼薪的同时,又处以耐刑。

(4)鬼薪。只判处鬼薪徒刑而不附加其他刑罚。

3. 隶臣、隶妾

隶臣、隶妾在秦汉时一部分是官奴隶,一部分是刑徒,汉时则主要是刑徒。作为刑徒的一种,隶臣、隶妾轻于鬼薪、白粲。秦律《法律答问》:"士伍甲盗,以得时值赃,赃值过百一十吏弗值,挟鞫乃值臧,臧值过六百六十,甲当耐为隶臣。"又:"女子为隶臣妻,有子焉,今隶臣死,女子背其子,以为非隶臣子也,问女子论何也?或黥颜頯(音逵)为隶妾,或曰完〔为隶妾〕,完之当也。"这是秦律有关判处隶臣、隶妾规定的例子。《汉书·刑法志》"以为隶臣妾"。师古注:"男子为隶臣,女子为隶臣。"又:"隶臣妾满二岁为司寇,司寇一岁,及作如司寇二岁,皆免为庶人。"从法律规定看,隶臣、隶妾也是同一刑罚等级。男称隶臣,女称隶妾,刑期是二至三年。

隶臣、隶妾按附加的刑罚不同也分为:

(1)刑为隶臣。这是指处以隶臣的徒刑,又施以不同的肉刑。由于施加的肉刑种类不同,当然也可分为不同等级。

(2)黥颜頯为隶妾。这是对犯罪的妇女判处隶妾徒刑的同时,又处以黥刑。所谓颜是指面额中央,頯是指两颧,这种黥刑较一般黥刑只黥发下眉上更重。

(3)耐为隶臣。这是指判处隶臣徒刑的同时,又处以耐刑。

4. 司寇

司寇也是秦汉刑徒的名称。秦律《法律答问》:"当耐为候罪诬人,何论?当耐为司寇。"《后汉书·鲁丕传》注:"司寇,刑名也。"《汉官旧仪》:"罪为司寇,司寇,男备守,女作如司寇,皆作二岁。"为什么称"司寇",沈家本说:"司犹察也……司察寇盗也,男以备守,其义盖如此。"在秦简的律文中,有"城旦司寇"和"舂司寇"。"城旦司寇"是指男性,"舂司寇"是指女性,他们的任务是分别监管城旦和舂从事劳役。由此看"司寇"备守和监管的不是一般人,而是比他们更重的刑徒或敌人。

司寇可以附加耐刑,如秦律中的"耐为司寇"。但秦律和汉律中未见处司寇徒刑的同时附加肉刑的。这可能是处司寇刑的,一般犯罪较轻,不宜施加肉刑之故。

司寇的刑罚等级轻于隶臣妾。

5. 候

作为徒刑的一种，候轻于司寇。《秦律杂抄》："当除弟子籍不得，置任不审，皆耐为候。"《说文》："候，伺望也。"这也是守备的意思。看来这种刑徒承担的劳役与司寇类似。其刑期大约为一年。秦律的规定说明，在判处"候"这种徒刑时，也可以附加耐刑。

除上述几种徒刑之外，秦律中还有因犯各种罪被罚服戍役、罚服徭役和罚居边的；还有以劳役抵偿被罚赀甲、赀盾和抵偿"赎死"、"赎宫"、"赎鬼薪"等各类赎刑的。这些事实上也是一种徒刑。按秦律，对某些罪和某些人可以处以赀刑和赎刑。所谓赀刑，类似现代的罚金，不过一般数量较大。所谓赎刑，是指犯罪后可缴纳金钱以免除其罪。汉代也有赎刑。秦汉的赎刑由赎耐到赎死分成不同等级。赎刑愈重，缴纳的金钱愈多。赀刑和赎刑对于地主阶级和有钱人当然不成什么问题，但对广大劳动人民却是一种灾难。他们往往倾家荡产、卖儿鬻女仍不足以缴纳规定的罚金和赎金。在这种情况下，封建统治者便强迫他们以为官府服役来抵偿。秦律规定，这类人服役，"日居八钱，公食者，日居六钱"，意思是说，每服一天劳役算八个钱，由公家供给伙食的，算六个钱。由于罚金较多和赎刑较重，以劳役抵偿赀罚和抵偿赎刑的人，服劳役的年限往往超过前面谈到的几种刑徒。

三 秦汉刑徒的劳役

前面谈到的几种刑徒，古人认为城旦是从事筑城；舂是从事舂米；鬼薪是为宗庙砍柴；白粲是为祠祀择米。从史籍记载和新出土秦简、汉简以及其他铭文的记载看，这种说法是在说明刑徒名称来源和他们早期服役的情况才具有某种价值，至少到战国之后，情况便发生了变化。以秦而论，刑徒绝非只是从事筑城、砍柴、舂米、择米等几种简单工作。他们服何种劳役，一方面考虑他们被判处何种刑罚，另一方面主要看国家正兴建什么工程，什么地方最需要劳动力而定。秦代大规模修筑长城，后来又筑骊山秦始皇墓，都曾大量使用刑徒。据《太平御览》卷六四九引《风俗通》："秦始皇遣蒙恬筑长城，徒士犯罪，依止鲜卑山，后遂繁息，今皆髡头衣赭，亡徒之明效也。"又据《史记·秦始皇本纪》："始皇初即位，穿治骊山，及并天下，徒送诣七十余万人。"这些记载说明，秦修筑长城的相当一部分劳动力，修筑骊山墓的大部分劳力是刑徒。关于秦以大量刑徒修筑骊山墓的记载，已为1979—1980年在陕西省临潼县秦始皇陵西侧发现的秦刑徒墓葬所证实。值得注意的是，在已发掘的三十二座秦代刑徒墓葬的一百余具骨骼中，除男性之外，还有三具女性（25—30岁）；除青壮年外，还有二名儿童（6—12岁）。同时出土的陶文有：

"东武居赀上造庆忌"；

"东武东间居赀不更昫"；

"博昌居赀用里不更余"；

"杨民居赀大（教）"；

"杨民居赀武德公士契必"；

"平阴居赀北游公士滕"；

"阑陵居赀便里不更牙"。①

这些陶文属于墓志性质。一般均有原籍县名、刑名、爵名和人名。从原籍县名看，东武，即今山东武城县；博昌，在今山东省博兴县南；杨民，应是汉之杨氏，在今河北宁晋附近；平阴，故城在今河南孟津东；兰陵，在今山东省苍山县西南兰陵镇。这说明刑徒来自全国各地。从刑名看，这些死者是罪行较轻的刑徒。按秦律，"赀"，是一种刑罚。赀刑又分为"赀戍"、"赀徭"、"赀甲"、"赀盾"。"赀戍"、"赀徭"当然必须到指定地方服劳役。正如前文已谈到的，被罚"赀甲"、"赀盾"者，如无力缴纳，也可以劳役抵偿。所有这些人都可简称"居赀"。从陶文看，居赀者中不少是有"公士"、"上造"、"不更"爵位的人，这既说明秦朝后期爵位滥赐和有爵位者之广泛，又说明当时刑罚严峻，法度大坏，不少有爵位的人和下级官吏也不能幸免。这正是统治面临崩溃的征兆。

除从事大型工程兴建之外，秦汉刑徒还从事农业、手工业等劳役。

秦律《仓律》有"隶臣田者"之说，就是指从事农业生产的刑徒。此外，秦统治者将不少犯罪被判刑的人遣送蜀边县和南越地。这种人大部分也是从事农业生产。汉代以刑徒实边从事农业生产的人更多。《魏书·刑罚志》："汉武时，始启河右四郡，议诸疑罪而谪徙之。"《后汉书·明帝纪》：永平八年，"诏三公募郡国中都官死罪系囚，减罪一等，勿笞；诣度辽将军营，屯朔方、五原之边县；妻子自随，便占著边县；父母同产欲相代者，恣听之。"又：永平九年，"诏郡国死罪囚减罪，与妻子诣五原、朔方，占著所在，死者皆

---

① 始皇陵秦俑坑考古发掘队：《秦始皇陵西侧赵背户村秦刑徒墓》，载《文物》1982年第3期。

赐妻父若男同产一人复终身；其妻无父兄独有母者,赐其母钱六万,又复其口算。"文中的所谓"占著",李贤注："谓附名籍",就是要在当地上户口承担国家徭役。解放前后发掘的汉简中,也有不少反映徙移西北边地的刑徒生活和劳役的资料。从文献和简牍资料看,这些刑徒大部分从事农业生产,当形势需要时,有的也充作军卒进行战争。

秦律有一些条文是针对从事手工劳役刑徒的规定。《工人程》："隶臣、下吏、城旦与工从事者冬作,为矢程,赋之三日而当夏二日。"这里说的隶臣和城旦是指已定罪量刑的刑徒；"下吏"是指将原有一定地位的人交给官吏审处而尚未判决的人犯。这条规定的意思是,隶臣、下吏、城旦和工匠一起生产的,冬季得放宽劳动定额,三天收取相当夏天两天的产品。另一条规定："隶妾及女子用针为缗绣它物,女子一人当男子一人。"这条意思是说,隶妾和一般女子用针刺绣产品的,女子一人相当男子一人计算。按秦律规定,妇女做杂活一般二人折算男工一人,刺绣产品所以妇女顶男子一人,显然是由于一般妇女具有专门刺绣的特长,生产效率高之故。刑徒从事手工业劳动,完不成定额或在评比中落后,是要受惩罚的。《秦律杂抄》："城旦为工殿者,笞人百。大车殿,货司空啬夫一盾,徒笞五十。"殿是指评比中落后,未完成规定的劳动定额。从这条规定看,凡完不成定额在评比中落后者,不仅直接生产者城旦和徒要被笞打,其监管者司空啬夫也要受惩治。

秦刑徒从事手工业生产,也由地下出土的手工产品的实物所证实。在北京故宫博物院和平壤等地收藏有几件刻有铭文的古铜戈,据我国著名考古学家、历史学家郭沫若、张政烺先生考证,这些铜戈是秦昭王至秦始皇时由上郡守监造的,所以称"秦上郡戈"。① 几个戈的铭文如下：

(1) 二十五年上郡戈:

　　廿五年上郡守庙
　　造。高奴工师竈。
　　丞申。工鬼薪戠。②

(2) 三年上郡戈:

　　三年上郡守□
　　造。漆工师□

---

① 此处资料均转引自张政烺《秦汉刑徒的考古资料》,载《北京大学学报》1958年第3期。
② 《周汉遗宝图版》第五五上。

丞□。工城旦□。①
(3) 二十七年上郡戈：
廿七年上守趞造。
漆工师迣。丞
恢。工隶臣稷。②
(4) 四十年上郡戈：
卌年上郡守起圄。
图工帀耤。丞秦。囯
隶臣庚。③

这些戈制造的时间和制造者均不同，但戈上刻写的铭文格式却基本一致：首先是时间，其次是负责人郡守名，再次是监管者工师和丞的名，最后是直接生产者的名。这些戈的直接生产者如"工鬼薪戠"、"工城旦□"、"工隶臣稷"、"囯隶臣庚"等，均是在官府手工业系统服役的刑徒。所以在产品上刻监管人和生产者的名，是"物勒工名，以考其诚"，便于对产品质量进行检查，对有关人员进行考核。城旦、鬼薪、隶臣等不同种类的刑徒从事同一种劳役再次说明，至少在战国中期以后，城旦治城鬼薪取薪之说，已不再反映实际情况，正如前面谈到的，它已主要表明不同的刑期。

汉代大型工程、官营手工业生产仍有不少使用刑徒。有的罪犯被判处"输作左校"，也有的被判处"输作右校"，所谓左校、右校都是属"将作大将"，系掌管工徒之官。清末河南洛阳附近出土了一部分汉刑徒砖，有的上刻墓志，如：

①右部无任□□岁完城旦□□□,元兴□年□月□□物故,死在此□。
②右无任汝南山桑髡钳宣晓,熹平元年十二月十九日物故。
③左部无任东郡濮阳完城旦夏侯当,延光四年九月一日物故,在此下。
④左无任任城鬼薪纡便,建宁元年七月十六日物故。④

这里的"左"、"右"和"左部"、"右部"就是指左校、右校分别掌管的"左工徒"、"右工徒"。汉刑砖是汉代刑徒从事手工业生产的实证，进一步印证了史籍关于汉以刑徒从事手工业生产的记载。

---

① 于省吾：《商周金文录遗》五八三号。
② 原戈藏北京故宫博物院。
③ 同上。
④ 此处资料引自张政烺《秦汉刑徒的考古资料》，载《北京大学学报》1958年第3期。

四　秦汉刑徒管理的其他规定

（一）刑徒输送

对已判决的罪犯，要派专人押送到服刑地点，并有严格的移交手续。秦律《属邦律》规定："道官相输隶臣妾、收人，必署其已禀年月日，受衣未受，有妻无有。受者以律续衣食之。"这条律文的意思是，各道（少数民族聚居的县）机构输送隶臣妾或收捕的罪人，必须向接收单位写清楚已领口粮的年月日，是否领过衣服，有没有妻室。如系应领受者，要按照法律规定供给衣食。秦律《封诊式》还有这样一例：废丘（在今陕西兴平县东南）县令将一人判处迁刑之后，便命令将其押送今四川边远地区。规定负责押解的吏和徒隶要携带通行凭证和押解公文，逐县押送，并更换吏和徒隶。到成都后，将押解公文上交太守，依法给予饭食。最后还要将押解情况告知原解送单位。此外，据《史记·高祖本纪》："高祖以亭长为县送徒郦山"；《史记·陈涉世家》："失期，法当斩。"这些材料说明，秦将已判决的罪犯送往执行地点时，手续和防范都是严格的。秦末，"失期，法当斩"的规定，说明押解中如出现差错，惩罚是极为严厉的。

（二）刑徒的监管

中国封建社会实行君主专制制度，行政、司法、治安总的来说都由各级政权的长官兼管，所以，刑徒管理也由他们负责。秦《司空律》规定，刑徒如管理不善，"大啬夫、丞及官啬夫有罪"。这里说的大啬夫是指县令或县长，丞是指作为县令、长之副的县丞。县级政权如此，从秦律《封诊式》关于押解犯人要将公文报太守处的规定看，郡级政权也如此。

各级政权长官之下又分职设事。秦汉中央、郡、县都有专管司法的官吏，并附设有监狱和管理刑徒的官吏。汉武帝时仅中央各直属机构的监狱就达二十六所之多，有的监狱本身就是劳役场所。如"暴室狱"，据颜师古说："主织作染练之署，故谓之暴室，取暴晒为名耳。"又如"上林诏狱"，就是关押主治上林苑中禽兽、宫馆事宜的刑徒的监狱。监狱关押的只是一部分，大部分要输往边地和管理工程的机构。秦的《司空律》，是关于司空职务的法律。其内容大部分是管理刑徒的规定。《汉书·百官公卿表》注引如淳云："律：司空主水及罪人。贾谊曰：'输之司空，编之徒官。'"秦汉之司空就是发管刑徒的官职之一。

秦汉刑徒主要由国家官吏负责监管，在刑徒内部则实行由罪行较轻的刑徒监管罪行较重的刑徒。秦律《司空律》规定："毋令居赀赎债将城旦舂。城旦司寇不足以将，令隶臣妾将。居赀赎债当与城旦舂作者，及城旦傅坚、城旦舂当将司者，二十人城旦司寇一人将。司寇不蹊（读音不详，从上下文看意为足），免城旦三岁以上者，以为城旦司寇。"这条规定的意思是说，不要派以居作来抵偿赀罚和赎刑的人去监管城旦舂。城旦司寇人数不够时，可以令隶臣妾监管。还规定，每一名城旦司寇可以监管二十名较重的刑徒。如果监管的人数还不够，可以把已服役三年以上的城旦减刑为城旦司寇。这说明，城旦司寇、隶臣妾都可以监管较重的刑徒。秦律还几处提到"舂司寇"，应是负责监管女刑徒的。以刑徒监管刑徒，以刑期短的监管刑期长的，这是一种分而治之的办法，对于防止刑徒怠工和逃亡，当然会有一定收效。

（三）施加刑具的规定

为了防范，也是为了惩罚，秦律对较重的刑徒规定必须施加刑戒。秦律《司空律》："城旦舂衣赤衣，冒赤毡，枸椟欙杕之。""鬼薪白粲，群卜吏毋耐者，人奴妾居赎赀债于城旦，皆赤其衣，枸椟欙杕，将司之；其或亡之，有罪。"枸椟欙杕均为刑具，枸椟是木械，应是桎梏之类；欙是系在颈上的黑索；杕即钛，套在囚徒足胫的铁钳。按照秦律这一规定，凡是被判处城旦舂、鬼薪白粲，下吏治罪尚未施加耐刑的，以及用私人奴隶的劳役抵偿赀罚和赎的债务而服城旦劳役的，都要穿赤色囚衣，施加木械、脚钳和戴黑索。汉律有"髡钳城旦"，就是在判刑后将头发髡剃，并施加铁钳，刑期为五年。

在施加刑具上，有地位的人历来是受优待的。据《周礼·秋官·掌囚》："凡囚者，上罪桎拲而梏；中罪桎梏；下罪梏。"意思是说，凡因犯罪而被囚禁的人，重罪要施加梏、拲和桎，中等罪施加桎梏，轻罪仅施梏。但王族和有爵位的人，不管罪行轻重，王族仅施加拳，有爵位的仅施加桎。按秦律规定："葆子以上居赎刑以上到赎死，居于官府，皆勿将司。"葆子应是在前方打仗的将领的家属，这里所说的以上，当包括有较高官爵的人，这些人即使以劳役赎死罪，也不施加刑具，而且不要派人监管。《汉书·惠帝纪》："爵五大夫，吏六百石以上及宦皇帝而知名者有罪当盗械者，皆颂系。"所谓盗械，即有罪施加刑具；颂系，即给予宽容，包括不施加刑具。

（四）刑徒外出不得经过市场

秦律《司空律》还规定："春城旦出繇者，毋敢之市及留舍阓外，当行市中者，回，勿行。"阓，市的外门。这条规定的意思是说，被判处城旦和春的男女刑徒外出服劳役的，不准前往市场和在市场门外停留休息；道路经过市场中间的，应当绕道而行，也不要从市场通过。这显然是为防止刑徒逃亡。

（五）刑徒损坏器具要受惩罚

秦律《司空律》："城旦春毁折瓦器、铁器、木器，为大车折辕，辄笞之。值一钱，笞十；值廿钱以上，熟笞之，出其器。弗辄笞，吏主者负其半。"辕，车轮的外周。熟笞，加重笞打。这条规定的意思是，城旦和春损坏了陶器、铁器、木器，制造大车时折断了车轮的轮圈，应立即笞打。损坏的器物值一钱，笞打十下；值二十钱以上，加重笞打，注销其所折毁的器物。如不立即笞打的，主管刑徒的吏应赔偿器物价值的一半。这条规定的惩罚是很严厉的。按秦律，一钱，相当于一般刑徒一天劳役价值的八分之一。任何一件器具的价值都会远远超过这个数目。这样，损坏器具的刑徒都会遭到毒打。

（六）刑徒使用的控制

秦刑徒数量大，从事的劳役很广泛，不过并非不受控制。不少劳役和工作一般不允许使用刑徒，即使轻刑徒使用也受控制。秦律《司空律》："司寇勿以为仆、养、守官府及除有为也。有上令除之，必复请之。"这条规定意思是说，不得任用寇作赶车的仆役、炊事人员、看守官府或其他的事。上级如任用他们，一定要重新请示。秦律《内史杂律》规定："下吏能书者，毋敢从史之事。"又："候、司寇及群下吏毋敢为官府佐、史及禁苑宪盗。"这是说，候、司寇和即使能书写的下吏，也不允许担任官府的佐、史和禁苑中捕捉盗贼的宪盗。秦律还规定：有手工技术的刑徒，释放后还应从事手工劳动；其中受过肉刑的，释放后应在隐蔽、不易被人看见的处所工作。秦律《军爵律》："工隶臣斩首及人为斩首以免者，皆令为工。其不完者，以为隐官工。"所谓"不完者"即因受肉刑致使形体残缺者。

以上对中国古代早期刑徒及其管理的介绍，只是概略的。但仅此也可以看出，奴隶主阶级和封建地主阶级对刑徒是非常残酷的。进入封建社会后，一般说刑徒的刑期并不太长，但由于在服刑过程中，动辄被指控为又犯新罪，连续加刑，同时衣物费用也要以劳役抵偿，再加上生活条件异常艰苦，劳役十分繁重，所以，往往是刑期一再延长，刑期未满而人已死亡。万里长城下的累累白骨，始皇陵侧刑徒墓中发现的"居赀"刑徒的墓志，都是秦代刑徒遭到残酷压榨的实证。不过,尽管封建统治者对刑徒严加防范,实行高压,但刑徒的反抗并未因之而停止。农民、奴隶和刑徒暴动终于埋葬显赫一时的秦王朝。汉以后,刑徒的反抗斗争,仍然是农民阶级反抗地主阶级统治的一支重要力量,也是推动中国历史向前发展的动力。

关于中国岁刑的起源[*]
——兼谈秦刑徒的刑期和隶臣妾的身份

岁刑,即年刑,亦即通常说的有期徒刑。中国历史上岁刑始于何时?史书中仅有某些零星记载和盖然说法。云梦秦简发现之后,从秦刑徒的刑期问题提起,一些学者相继著文对中国的岁刑起源问题展开了讨论。但是,无论对秦刑徒的刑期还是对中国岁刑的起源,均是各抒己见。从几年来发表的文章看,主要有以下几种意见:第一,中国的"有期徒刑始自汉文帝改制"。持这种意见的同志认为,"秦的徒刑是无期刑","真正实行有期徒刑,还是从汉文帝十三年的刑法改革开始的","东汉初年的卫宏把有期刑追溯到秦始皇以前,从而歪曲了历史的本来面目"。[①]第二,汉文帝减刑诏中的"有年而免",改革的只是废除在此之前的隶臣妾、鬼薪白粲、城旦舂等刑满之后的奴隶身份,而不是指服苦役的期限。持这种观点的同志认为:"秦朝的各级徒刑,就一定等级的苦役来说是有一定期限的。但就罪隶身份来说,隶臣妾以上都具有无限的罪奴身份。"[②]第三,汉文帝减刑诏中的"有年而免",是针对当时司法实践中存在的有年不免说的,强调对劳役期满的刑徒要按时释放。中国的有期徒刑发端于西周,战国时则大量使用。从法律规定看,秦的刑徒是有期的,有期徒刑不是始自汉文帝改革。这是一种传统的

---

[*] 本文原连载于《法学研究》1985年第5、6期。
[①] 栗劲:《试论秦的徒刑是无期刑》,载《中国政法大学学报》1984年第3期。
[②] 《谈"隶臣妾"与秦代的刑罚制度》,载《法学研究》1983年第5期。

观点。笔者同意这种看法,并曾著文阐述理由①。在讨论过程中,有的学者在文章中对后一种看法提出了异议。这些不同意见虽然有助于对问题的深入思考,读后很受教益,但就基本观点来说,却不敢苟同。

一 秦刑徒的刑期问题

认为中国历史上有期徒刑始自汉文帝改制的学者,将秦徒刑视为无期刑为立论的重要根据。因此,弄清秦和汉文帝改制之前是否存在有期刑就成了解决中国岁刑起源问题的一个关键。

(一)史籍中关于秦刑徒及刑期的记载

史籍中关于秦刑徒及其刑期的记载主要见于《史记》、《汉书》和《汉旧仪》。

《史记·秦始皇本纪》:"及其舍人,轻者为鬼薪。"《集解》引应劭曰:"取薪给宗庙为鬼薪也。"引如淳曰:"《律说》:鬼薪作三岁。"又:"令下三十日不烧,黥为城旦。"城旦,《集解》引如淳曰:"《律说》:'论决为髡钳,输边筑长城,昼日伺寇虏,夜暮筑长城。'城旦,四岁刑。"

《汉书·惠帝纪》:"上造以上及内外公孙耳孙有罪当刑及当为城旦舂者,皆耐为鬼薪白粲。"应劭曰:"城旦者,旦起行治城;舂者,妇人不豫外徭,但舂作米;皆四岁刑也。今皆就鬼薪白粲,取薪给宗庙为鬼薪,坐择米使正白为白粲,皆三岁刑也。"

《汉官旧仪》:"秦制,二十爵,男子赐爵一级以上有罪以减,年五十六免。无爵为士伍,年六十乃免者(老)。有罪各尽其刑。凡有罪,男髡钳为城旦。城旦者,治城也;女为舂,舂者,治米也,皆作五岁,完四岁。鬼薪三岁。鬼薪者,男当为祠祀鬼神伐山之薪蒸也;女为白粲者,以为祠祀择米也,皆作三岁。罪为司寇,男备守,女作如司寇,皆作二岁。男为戍罚作,女为复作,皆一岁到三月。"

从所引证的《史记》和《汉书》的上述材料可以看出,司马迁在《秦始皇本纪》、班固在《惠帝纪》中只提到了通行于秦和汉初的一些刑名。这些刑名所表示的刑期是由应劭和如淳说明的。应劭是东汉人,如淳是曹魏人,都是当时著名的学者。值得注意的是,如淳在注释中还两处引用《律说》。

---

① 刘海年:《秦律刑罚考析》,《云梦秦简研究》,中华书局1981年版。

《律说》已散失，内容不详。云梦秦简中有《法律答问》一篇，《律说》的形式和性质应类似秦简的《法律答问》，是官方对法律的解释说明。这就是说，如淳的解释不是凭空想象或借助推理，而是有确实根据。

至于前面所引卫宏《汉官旧仪》的记载，问题更明确。卫宏生活在两汉之交，也是一位著名的学者。其《汉官旧仪》一书虽说是"载西京杂事"①，但却是关于秦和西汉典章制度的一部重要著述。在这部著作中，哪些是"秦制"，哪些是"汉承秦制"，哪些是"汉旧制"多有说明。其具体内容与《史记》、《汉书》的记载一般均相符合。在谈及秦刑徒及其刑期一段，明确标明是"秦制"。这一记载是对《史记·秦本纪》和《秦始皇本纪》的重要补充。当然，像当代的许多著作存在错误和缺点一样，《汉官旧仪》也存在某些不准确的地方，这是我们不能苛求于古人的。但是，这部著作的主要部分，类似关于秦刑制这样的大问题，基本上可以相信。

还应指出，卫宏、应劭、如淳不是生活在同一时期。尽管如此，在秦刑徒刑期问题上的观点却出现了惊人的一致，这就更增加了这些记载和解释的可信程度。

（二）秦国青铜器铭文中有关刑徒的记载

关于秦刑徒的材料，除了史籍，出土和传世的青铜器铭文也有记载。

廿五年上郡戈：

"廿五年上郡守庙
造。高奴工师竃。
丞申。工鬼薪戠。"

三年上郡戈：

"三年上郡守□
造。漆工师□。
丞□。工城旦□。"

廿七年上郡戈：

"廿七年上守趞造。
漆工师逜。丞
悇。工隶臣稷。"

四十年上郡戈：

---

① 《后汉书·儒林传》。

"卅、年上郡守趞圖。

　　图工师耤。丞秦。囗

　　隶臣庚。"①

　　上述第一件上郡戈，郭沫若同志考证，"盖秦始皇廿五年"之器物。其他几件上郡戈，据张政烺同志考证，均为秦昭王时期之器物。这几件上郡戈的铭文有一个共同程式，首先记明制造年月，然后是监造人名，再是工师和丞的名，最后是直接生产者的身份和名。与我们讨论的问题有关的，是铭文中出现的城旦、鬼薪、隶臣等刑名。

　　关于始皇二十五年上郡戈之"工鬼薪"，郭沫若同志在《金文丛考》里有专门考释。他指出："'鬼薪'见始皇本纪，九年处置缪毐余党，'及其舍人，轻者为鬼薪'。'集解'引应劭曰：'取薪给宗庙为鬼薪也'，又如淳曰：'律说鬼薪作三岁'。此言'工鬼薪戠'，盖戠乃罪人，受三岁之徒刑，流徙于上郡而为工者。"

　　关于其余几件上郡戈铭文之工城旦、工隶臣，张政烺同志指出："城旦、隶臣也是刑徒，城旦见始皇本纪，三十五年焚书，'令下三十日不烧黥为城旦'，'集解'引如淳曰：'律说：论决为髡钳，输边筑长城，昼日伺寇虏，夜暮筑长城。城旦，四岁也'。据此，知秦的城旦是四岁刑。隶臣见《汉书·高惠高后文功臣表》，凡五见《刑法志》记汉文帝时减刑的决议，关于男子的罪名是'完为城旦，满三岁为鬼薪，鬼薪一岁为隶臣，隶臣一岁为庶人'。这是从城旦降罪为隶臣，这种隶臣是已经服刑四年还要服一年刑的人。'隶臣满二岁为司寇，司寇一岁免为庶人'，这是正罪为隶臣，这样的隶臣服刑至少是三年。汉法沿袭秦制，上郡戈铭的隶臣大体说来就是这种刑徒。"

　　郭沫若、张政烺同志均是我国著名的考古、金文和历史学家，在上述领域他们的建树是巨大的。尽管他们对上郡戈铭中几种刑名的解释，没有超出《史记》、《汉书》的记载和应劭、如淳的注文，但对我们准确理解古人解释的原意，具有重要的参考价值。

（三）云梦秦简中有关秦刑徒的资料

　　据概略统计，云梦秦简中出现的城旦舂、鬼薪白粲、隶臣妾、司寇、候等刑徒名称多达百余处。其中不少记载如史籍和铭文的记载一样未说明刑期，但也有几处直接标明刑期。

---

①　以上铭文均转自张政烺《秦汉刑徒的考古资料》，载《北京大学学报》1985年第3期。

《法律答问》：

"葆子狱未断而诬告人，其罪当刑为隶臣，勿刑，行其耐，又系城旦六岁。"

"葆子狱未断而诬[告人，其罪]当刑鬼薪，勿刑，行其耐，又系城旦六岁。"

"当耐为隶臣，以司寇诬人，何论？当耐为隶臣，又系城旦六岁。"

以上几条有专适用于葆子的规定，也有适用于一般人的规定。规定的特点是指明先犯有某种罪，尚未论处，又连续犯诬人罪。对这样的人，按规定是"又系城旦六岁"。葆子，是具有特殊身份的人。这种人犯罪后在量刑时和执行时享有某些法律优待。除上面谈到的，《司空律》还规定："葆子以上居赎刑以上到赎死，居于官府，皆无将司。"不仅如此，"所弗问而久系之，大啬夫、丞及官啬夫有罪。"① 前面所引《法律答问》的规定说明，葆子一般不受肉刑，犯罪后应处肉刑的代之以耐刑。上面所引第三条规定，适用于一般人。与对葆子的规定相比，在量刑上除肉刑之外，其他则大抵相同。规定中的"又系城旦六岁"，无论是对葆子或其他犯此种罪的人都是加重刑罚，非"只是对特殊身份人的变通执行方法和对一般人的加刑规定"。② 在一篇答问中连续三次出现"又系城旦六岁"，绝不是偶然的。张斐《汉晋律表注》："徒加不过六，囚加不过五，累作不过十一岁。"按照秦律的规定和张斐的解释，前面几条规定中的"又系城旦六岁"，应是在本刑之外所加的最长的刑期。即：耐为隶臣（三岁刑），"又系城旦六岁"，累作九岁；耐为鬼薪（四岁刑），"又系城旦六岁，累作十岁"。由于一般城旦刑的本刑是五岁，如"又系城旦六岁"，累作最高可达十一岁。有同志否认这里出现的数的概念是秦存在有期徒刑的证据，说："在秦律中，这种'又系城旦六岁'是仅仅作为无期刑的加重处罚而使用的……这种有期加刑的出现，正是因为两个无期刑无法重叠造成的。"③ 这种说法在逻辑上是混乱的。"两个无期刑无法重叠"，言下之意就是说无期刑可以与有期徒刑相加。这很令人费解。我认为，秦的徒刑如是无期的，法律规定中就不会出现有期加刑，法律规定的"又系城旦六岁"，恰恰证明秦的徒刑是有期的。

秦简除直接标明秦存在有期刑外，还有些简文的记载表明秦存在有期

---

① 《睡虎地秦墓竹简·秦律十八种》。
② 栗劲：《试论秦的徒刑是无期刑》，载《中国政法大学学报》1984年第3期。
③ 同上。

徒刑。

《司空律》:"人奴妾系城旦舂,贷衣食公,日未备而死者,出其衣食。"《法律答问》:"隶臣妾系城旦舂,去亡、已奔,未论而自出,当笞五十,备系日。"《司空律》:"毋令居赀赎债将城旦舂。城旦司寇不足以将,令隶臣妾将。居赀赎债当与城旦舂作者,及城旦傅坚、城旦舂当将司者,廿人,城旦司寇一人将。司寇不赎,免城旦劳三岁以上者,以为城旦司寇。"

第一例中的"日未备",是指服城旦刑劳役日数未满;第二例中的"备系日",是说要拘系至城旦刑期满。试想城旦刑如不是有期刑,而是无期刑,何以提出刑期问题呢?就现有材料看,城旦刑是秦徒刑中最重的。既然最重的徒刑是有期刑,那么,轻于城旦的徒刑当然也是有期刑,而且其刑期会较短。至于第三例中规定的"司寇不赎,免城旦劳三岁以上者,为城旦司寇",我曾作过这样的分析:"这条规定的意思是,当司寇不足的时候,把服刑三年以上的城旦减免为城旦司寇。按《汉官旧仪》的说法,秦的司寇为二岁刑,'免城旦三岁以上为城旦司寇',已服三岁以上刑的城旦与司寇的二岁刑相加,大体上合城旦的总刑期——五至六岁。"[①]有同志不同意这一分析,认为不能将这一规定视为秦存在有期刑的根据。他们说:"城旦三年转为城旦司寇,仅仅意味着这样的城旦有资格监领其他刑徒(按:不是'其他刑徒',而是'城旦'),既不意味城旦司寇是有期刑,也不意味着城旦本刑是有期刑。"[②]这种意见完全忽略服三年以上刑的城旦与《汉官旧仪》关于司寇为二岁刑,二者相加与史籍关于城旦刑为五岁这一总刑期相符的事实,不能认为是正确的。

在论证秦的徒刑是无期刑的同志说:"偌大一部秦律,刑徒刑名出现上百处,竟不见有对多类徒刑刑期的任何正面规定。""喜是按照《秦律》的本来内容抄录的。秦简不著刑期,证明了秦的徒刑是无期刑。"[③]这种意见也是不正确的。首先,秦简中抄录的徒刑刑名并非完全没有刑期,本文前面指出的"系城旦六岁"便是;其次,绝大多数刑名确实没著刑期,但这并不能证明"秦的徒刑是无期刑"。只要翻阅一下《史记》、《汉书》或者有关两汉的其他资料就会发现,在法律行文中只写明徒刑刑名,而不注明具体刑期,秦如此,汉也如此;汉文帝改制前如此,汉文帝改制后也如此。试看以下资料:

---

① 刘海年:《秦律刑罚考析》,《云梦秦简研究》,中华书局1981年版。
② 栗劲:《试论秦的徒刑是无期刑》,载《中国政法大学学报》1984年第3期。
③ 同上。

先看汉文帝改制前的例子：

《汉书·惠帝纪》：惠帝元年诏："上造以上及内外公孙耳孙有罪当刑及当为城旦舂者，皆耐为鬼薪白粲。"《汉书·高惠高后文功臣表》：[严]侯张胜，"孝文四年，有罪，为隶臣"。平棘侯林辟疆，"孝文五年……有罪，为鬼薪"。

再看文帝十三年改制后的例子：

《汉书·高惠帝高后文功臣表》：杜衍严侯王舍，"孝文二十四年，有罪为鬼薪"。终陵齐侯华禄，"孝景四年，坐出界，耐为司寇"。南宫侯张生，"孝武初，有罪，为隶臣"。

《汉书·景武昭宣元成功臣表》：将梁侯杨仆，武帝"元封四年，坐为将军击朝鲜畏懦，入竹二万个，赎完为城旦"。

《汉书·外戚恩泽侯表》：牧丘恬侯石德，"天汉元年，坐为太常失法罔上，祠不如令，完为城旦"。

如果说上面多属司法方面的例子，班固在编撰《汉书》时有减略，那么，我们再看看《后汉书》中记载的汉代皇帝诏书有关徒刑的行文：

《后汉书·明帝纪》：中元二年十二月，诏："天下亡命殊死以下，听得赎论：死罪人缣二十匹，右趾至髡钳城旦舂十匹，完城旦舂至司寇作三匹。"《后汉书·章帝纪》建初七年九月，诏："系囚鬼薪、白粲已上，皆减本罪各一等，输司寇作。亡命赎：死罪人缣二十匹，右趾至髡钳城旦舂十匹，完城旦至司寇三匹。"

清末，河南洛阳出土大批刑徒砖志，其中也有许多关于刑徒刑名的例子，如："右部无任□□岁完城旦□□，元兴□年□月□□物故，死在此□。""右无任汝南山桑髡钳宣晓，熹平元年十二月十九日物故。""左部无任东郡濮阳完城旦夏侯当，延光四年九月一日物故，在此下。""左部无任任城鬼薪纡便，建宁元年七月十六日物故。"

两汉立法和司法的材料都说明，文帝改制前和文帝改制后，刑徒的称谓基本上都是沿袭秦制。看来当时各种不同徒刑刑名标志的刑期已是约定成俗，对于司法官吏和一般百姓并不像我们现在那么难于理解。所以，在秦简法律条文中徒刑的名称未注明刑期并不是什么奇怪的事情。

（四）秦律中的居作、居边和居赀、赎债事实上是有期刑

1. 居作、居边

《金布律》："隶臣妾有亡公器、畜牲者，以其日月减其食，毋过三分取一。其所亡众,计之,终岁衣食不足以稍偿,令居之。""官啬夫免,复为啬夫,而坐其故官以赀偿及有它债,贫窭无以偿者,稍减其秩、月食以偿之,弗得居;其免也,令以律居之……未偿及居之未备而死,皆出之,毋责妻、同居。"①《屯表律》:"冗募归,辞曰日已备,致未来,不如辞,赀日四月居边。"②

以上三条秦律,既有针对奴隶的,也有针对官员的,还有针对应募军人的。其案情:一是丢失官府器物、牲畜;二是原任官员有罪应缴财物赔偿及欠官府债务不能偿还;三是逃避兵役,期未满先归。法律规定的惩罚均为"居"。所谓居,即居作,也就是罚服劳役。按法律规定,秦的居作有居边,居于官府和居城旦舂等。在什么地方居作和居作什么,要由犯罪人的身份和所犯罪的情节而定。秦律规定,以居作抵偿债务者,"日居八钱,公食者,日居六钱"。③ 前面律文中所说的"居之未备",即尚未居作满规定的期限。这都说明居作是有期的。"赀日四月居边",更是直接标明了刑期。应该说,汉代的罚作和复作就是在这种居作的基础上发展起来的。

2. 赀戍、居赀

秦律规定:

"不当稟军中而稟者,皆赀二甲,废;非吏也,戍二岁;徒食、屯长、仆射弗告,赀戍一岁……军人卖稟稟所及过县,赀戍一岁;同车食,屯长、仆射弗告,戍一岁。"④

戍,即戍边;赀戍,罚戍边。《史记·秦始皇本纪》:"三十四年,适治狱吏不直者,筑长城及南越地。""正义":"谓戍五岭,是南方越地。"这种刑罚比迁刑更接近后代的流放。赀戍一岁、二岁当然也是一种有期刑。

秦简中多处提到"居赀赎债",意思是以劳役抵偿赀、赎债务。为了便于分析,这里我们先谈其中的"居赀"。《说文》:"赀,小罚,以财自赎也。"赀之本义为罚。秦简中除赀戍、赀徭之外,还有赀布、赀盾、赀甲。其中又有赀一盾、赀二盾、赀一甲、赀二甲、赀二甲一盾。盾是指盾牌;甲是指铠甲。赀,最初可能是一种小罚,后来当赀二甲、甚至更多的时候,已经不是小罚了,尤其是对于广大农民,他们一下子很难拿出如此之多的钱。由此便产生了以劳役抵偿赀罪而欠下的债务的制度。秦律规定:"有罪以赀赎及有债

---

① 《睡虎地秦墓竹简·秦律十八种》。
② 《睡虎地秦墓竹简·秦律杂抄》。
③ 《睡虎地秦墓竹简·秦律十八种·司空律》。
④ 《睡虎地秦墓竹简·秦律杂抄》。

于公,以令日问之,其弗能人及偿,以令日居之。"令日,即判决规定的日期。这就是说,犯赀罪者,在判决规定的日期如不能偿付罚金,就要被强制去服劳役。这种人在服役期间的待遇,可能与某些刑徒略有区别,但这只属于各类刑徒之间的差别,而不能改变其有期刑徒的性质。

有同志写文章,论证秦律中的居赀不是刑名,理由是:"秦律有关赀的条文很多,所涉及的范围很广,就其内容看,都没有触犯刑法。"[①]这种观点很难令人同意。所谓刑名,当然是指刑罚名称。赀、居赀在秦律中是否一种刑罚,不是靠我们现在如何理解,而是要看当时的法律如何规定。正如该文作者在文章中大量列举的,赀所调整的范围很广泛,这里只举秦简中的一些例子并试加分类:

(1)渎职:"仓漏朽禾粟,及积禾粟而败之,其不可食者……百石以上到千石,赀官啬夫一甲;过千石以上赀官啬夫二甲。"[②](2)诈骗:"敢深益其劳岁数者,赀一甲,弃劳。"[③](3)乏军兴:"御中发征,乏弗行,赀二甲。失朝三日到五日,谇;六日到旬,赀一盾;过旬,赀一甲。"[④](4)见知不举:"甲盗不盈一钱,行乙室……其见知之而弗捕,当赀一盾。"[⑤](5)诬告:"诬人盗值廿,未断,又有它盗,值百,乃后觉,当并赃以论,且行真罪、又以诬人论?当赀二甲一盾。"[⑥](6)不敬:"伪听命书……不避席立,赀二甲。"[⑦]

上面我们所列举的这些行为,无论如何也不能说不是犯罪,不能说没有触犯刑律。事实上秦律中就已经写得很明确了。

《法律答问》:"捕赀罪,即端以剑及兵刃刺杀之,何论?杀之,完为城旦;伤之,耐为隶臣。""甲徙居,徙数谒吏,吏环,弗为更籍,今甲有耐、赀罪,问吏何论?耐以上当赀二甲。"

这两条规定中两次提到赀罪。很清楚,赀罪一如耐罪,都是罪的一种,怎么硬说惩罚这种犯罪的手段不是刑名呢?

至于"居赀",正如我们上面所谈到的,是以劳役抵偿赀罪的债务。这种居赀者,多是犯赀罪而又无力缴纳金钱的劳动人民。既然赀是刑名,对居

---

① 《"居赀"非刑名辨》,载《许昌师专学报》1982年第2期。
② 《睡虎地秦墓竹简·秦律十八种》。
③ 《睡虎地秦墓竹简·秦律杂抄》。
④ 《睡虎地秦墓竹简·秦律十八种》。
⑤ 《睡虎地秦墓竹简·法律答问》。
⑥ 《睡虎地秦墓竹简·秦律杂抄》。
⑦ 《睡虎地秦墓竹简·法律答问》。

赀也不应作出其他解释。那么,以居作抵偿赀罪,当然事实上也是有期刑的一种。应当指出,以现代法学观点看,赀所调整的某些关系,有属于经济、治安或行政法规调整的范围。这是中国古代法典诸法合体,对违犯经济、民事、治安和行政法律规定的行为也适用刑罚手段惩治造成的。了解这一特点,我们在分科研究的时候,就可以从不同角度向上追溯。就是说,有些规定,现在可以分为一科、二科,甚至更多,但追溯到古代,则可以在同一规定中寻找它们的共同渊源。正如我们在秦律规定的"谇"中,既可以找到现代国家刑罚的"训诫",也可以找到行政法的"警告"处分的渊源一样。

否认"居赀"是刑名这篇文章,还以陕西秦始皇西侧赵背户村出土的陶文墓志"居赀"与爵位并称作为论据。这个墓出土的不少陶文墓志确实将居赀与爵位并列,如:

"杨民居赀大(教)"

"东武居赀上造庆忌"

"[杨]居民赀公士富"

"东武东间居赀不更䳒"

"博昌居赀用里不更余"

"杨民居赀武德公士契必"

"平阴居赀北游公士滕"

"阑居赀便里不更牙"

"……(居)赀□□不更□必"①

按秦制,有爵位的可以军功爵抵罪。而这些墓志中为什么对同一人刑名与爵位并称呢?我们知道,秦斩敌首有军功可以得爵,告奸也可以得爵,还允许用钱买爵,秦始皇二十七年、二十八年、三十六年对全国较普遍赐爵有三次,至秦始皇末年,爵位已滥赐。随阶级斗争日益尖锐,如继续允许以爵位抵罪,无疑就给老百姓增加了一道护身符,统治阶级剥削和镇压人民的手脚将会被束缚。这样,以爵位抵罪制度必然遭到破坏。秦始皇陵西侧刑徒墓陶文墓志中出现的居赀与爵位并称,反映了秦末"法度大坏",以爵位抵罪的规定在司法实践中已不再得到遵守,并不说明"居赀"不是刑名,各类居赀者不是事实上的有期刑徒。

---

① 始皇陵秦俑坑考古发掘队:《秦始皇陵西侧赵背户村刑徒墓》,载《文物》1982年第3期。

3. 赎、居赎

秦的赎刑种类很多,适用广泛,仅秦简中出现的就有赎耐、赎迁、赎刑、赎黥、赎鬼薪鋈足、赎宫和赎死等。所谓赎刑,《说文》:"赎,贸也。""'贸',易财也。"朱熹说:"赎刑,使之入金而免其罪。"①赎刑是入金而免其罪,赀刑是以财自赎,乍看起来二者相同,但事实上是有区别的。赀刑直接规定罚金的数或者居戍、居边的期限长短,而赎刑金额的多寡却与本刑相联系,按本刑的轻重决定缴纳的钱数或居作期限长短(指以劳役抵偿赎刑债务的)。法律规定,凡居作者,日居八钱或六钱(公食)。这样,赎刑轻重不同,居作期限必然有别,以劳役抵偿赎刑债务者如同居赀者一样,事实上也是一种有期刑徒。

在上述赎刑中,值得注意的是关于"赎鬼薪鋈足"的规定。前面已经谈到,鬼薪是徒刑,鋈足是在犯人足部施械具,应是一种钦刑。这一规定说明秦的徒刑可以赎,至少从一个侧面证明了鬼薪刑是有期的。有同志却说,这一规定"不是赎作为主刑的鬼薪,而是赎附加刑鋈足",并断言,秦"徒刑不适用赎"。② 这种解释与论断首先与秦律规定的原意不符。试看《法律答问》:"何谓'赎鬼薪鋈足'?何谓'赎宫'?臣邦真戎君长,爵当上造以上,有罪当赎者,其为群盗,令赎鬼薪鋈足;其有腐罪,[赎]宫。"

对于这则规定,云梦秦简整理小组是这样翻译的:"怎样是'赎鬼薪鋈足'?怎样是'赎宫'?臣邦真戎君长,相当于上造以上的爵位,有罪应准赎免,如为群盗,判为赎鬼薪鋈足;如有应处宫刑的罪,判为赎宫。"③这是一则关于少数民族上层人物可以享受某些特权的法律规定。其意思是清楚的,目的也是明显的,即:相当上造以上爵位的少数民族上层人物,犯应处徒刑罪或应处肉刑罪的,准予赎。从规定腐罪应赎宫看,规定中的犯群盗罪赎鬼薪鋈足,既是赎徒刑鬼薪(主刑),也包括赎鋈足(附加刑),而不是只赎附加刑不赎主刑。在秦汉以至后来封建王朝的法律史料中,还找不到只赎附加刑而不赎主刑的先例。这条法律规定的目的,是笼络少数民族的上层人物,使其中一些人犯罪后以缴纳金钱来免于受肉刑或劳役刑之苦。如果规定指的不是赎鬼薪,而鬼薪又像有的同志说的是无期刑,那么,规定的目的就无法达到。

应当指出,汉文帝改制之前秦汉的徒刑可以赎不仅见于秦简,还见于

---

① 《朱子大全·舜典象刑说》。
② 栗劲:《试论秦的徒刑是无期刑》,载《中国政法大学学报》1984年第3期。
③ 《睡虎地秦墓竹简·法律答问》。

《汉书·高惠高后文功臣表》的记载：留侯张良的儿子张不疑，"孝文五年，坐与门大夫杀故楚内史，赎为城旦"。这一记载再次证明了当时的徒刑不是不适用赎，而是在一定范围内适用赎。徒刑适用赎的事实，是汉文帝改制前已存在有期刑的有力论据。

二 秦隶臣妾的身份问题

认为秦徒刑是无期刑者所持的主要论据之一是：秦的隶臣妾是无期的，并由此推断重于隶臣妾的城旦舂、鬼薪白粲以及比之稍轻的司寇、候等均是无期刑。这样，弄清有关秦的隶臣妾的问题，就成为进一步论证秦徒刑刑期和解决中国有期刑始于何时的另一个关键问题。

秦的隶臣妾问题是一个很复杂的问题。云梦秦简发现后，这种人的身份在学术界起了很大争论。主要的两种意见是：第一，隶臣妾是官奴隶，"官府奴隶（隶臣妾）及其孪生兄弟私家奴隶（人奴妾），都是没有期限的终身服役"[1]。第二，"'隶臣妾'是带有奴隶残余属性的刑徒"，也就是说，"隶臣妾基本上是刑徒，但保留有些官奴婢的残余属性"。[2] 由于这两种观点都能在史籍和秦简的记载中找到立论的根据，所以这两种意见都有合理的成分；但是这两种意见也都有一定的片面性。我认为，秦的隶臣妾是由两部分人组成的，即：一部分是官奴隶；另一部分是刑徒。几年前，我在《秦律刑罚考析》一文中谈及隶臣妾时是这样写的："秦律中的隶臣妾，要比其他刑徒，如城旦舂、鬼薪白粲等的情况复杂。城旦舂、鬼薪白粲，都是因本人触犯封建法律被判处徒刑的。而隶臣妾，可以是籍没的犯罪人的家属；也可以是战争中投降的敌人；还可以是封建国家掌握的官奴婢隶臣妾的后代。这里我们只谈谈因本人犯罪被判处徒刑的隶臣妾。"[3]这段文章的意思已经很明确，秦的隶臣妾既包括官奴隶，也包括一部分刑徒。现在看来，这种看法是站得住脚的。

秦律中隶臣妾的这两部分，由于来源不同，所受到的对待也不相同。

（一）作为官奴婢的隶臣妾

作为官奴隶的隶臣妾在来源上见于史籍与云梦秦简的有以下几种：

---

[1] 《云梦秦律简论》，载《考古学报》1980年第1期。
[2] 《"隶臣妾"是带有奴隶残余属性的刑徒》，载《法学研究》1984年第3期。
[3] 见《云梦秦简研究》，中华书局1981年版，第184页。

1. 投降的俘虏

《秦律杂抄》：

"寇降，以为隶臣。"

2. 犯罪人的家属、邻伍被籍没者

《法律答问》：

"隶臣将城旦，亡之、完为城旦，收其外妻子，子小未可别，令从母为收。何谓从母为收？人固卖，子小未可别，弗卖子母谓也。"

《史记·秦始皇本纪》：

"自今以来，操国事不道如嫪毐、不韦者籍其门，视此。""索隐"："谓籍没其一门皆为徒隶，后并视此为常故也。"

《史记·孝文本记》：

"请奉诏书，除收帑相坐律令。""解集"引应劭曰："帑，子也。秦法一人有罪，并坐其家室。今除此律。"

从秦律规定看，被籍没的不是所有犯罪人的家属，而是城旦刑以上重罪者的家属。

3. 隶臣妾的子女

《法律答问》：

"女子为隶臣妾，有子焉，今隶臣死，女子背其子，以为非隶臣子也，问女子论何也？或黥颜頯为隶妾，或曰完，完之当也。"

4. 通过市场购买

《封诊式·告臣》：

"某里士伍甲缚诣男子丙，告曰：'丙，甲臣，骄悍，不田作，不听甲令，谒卖公，斩以为城旦，受价钱。'……令令史某诊丙，不病。令少内某、佐某以市正价贾丙丞某前，丙中人，价若干钱。"

这是一件诉讼中官府购买私人奴隶的经过，其中提到了奴隶的市场价格。它印证了《汉书·王莽传》关于"秦为无道……置奴婢之市，与牛马同阑"的记载。

以上是作为官奴隶隶臣妾来源的主要渠道。这些人虽然也受压迫被奴役，甚至不少人有时与刑徒一起服劳役，但从性质看，他们是奴隶而不是刑徒。奴隶，一般说来比因犯罪被判徒刑的人社会危险性小。正因如此，对他们管理上秦律就作出了一系列与刑徒不同的规定。

其一，作为官奴隶，一部分更隶妾每年只以部分时间为官府服役。《仓律》:"更隶妾即有急事,总冗,以律禀食,不急勿总。"所谓更,即以轮番更代;总冗,将分散的集合起来。

其二,作为官奴隶,一部分未成年的隶妾可以借给私人使用,其条件是使用者要供给衣食。《仓律》:"妾未使而衣食公,百姓有欲假者,假之,令就衣食焉。"

其三,作为官奴隶,一部分隶臣妾可以在官府、甚至在宫内承担巡查或其他事务性工作。秦简《封诊式》中的《贼死》:"与牢隶臣即甲诊",《出子》:"令令史某、隶臣某诊甲所诣子……令隶妾数字者某某诊甲",是隶臣妾参与刑事案件侦查的事例。《行书律》中的"行传书、受书,……隶臣妾老弱及不可诚仁者勿令"的规定,说明非老弱及经官吏认为可靠的隶臣妾是可以传送、收理文件的。《法律答问》说:"宫隶有刑,是谓'宫更人'。"这是宫内有从事具体事务的奴隶的例子。

其四,作为官奴隶,隶臣妾可以奖励给有功的人员。《法律答问》:"有投书,勿发,见辄燔之;能捕者购臣妾二人。"

其五,作为官奴隶的隶臣妾,其奴隶地位是终身的,只有经赎免才能成为庶民。赎免的具体办法有以下几种:第一,以战功赎免。《军爵律》:"工隶臣斩首及为人斩首以免者,皆令为工。"第二,以爵位赎免。《军爵律》:"欲归爵二级以免亲父母为隶臣妾一人者,及隶臣斩首为公士,谒归公士而免故妻隶妾一人者,许之,免以为庶人。"第三,亲属以戍边赎免。《司空律》:"百姓有母及同生为隶妾,非谪罪也而欲冗边五岁,毋偿兴日,以免一人为庶人,许之。"第四,以人顶替赎免。《仓律》:"隶臣欲以人丁粼者二人赎,许。其老当免老、小高五尺以下及隶妾欲以丁粼者一人赎,许之。赎者皆以男子,以其赎为隶臣。"

从上述规定看,秦对奴隶的役使和压迫是严酷的,允许赎的条件也是苛刻的。但是,这些待遇在当时却非一般刑徒所能得到的。

(二)作为刑徒的隶臣妾

与其他刑徒一样,作为刑徒的隶臣妾的本质特征,就是因社会犯罪而被判处徒刑隶臣妾的人。试看秦简《法律答问》的有关规定:

士伍甲盗,赃值百一十,当耐为隶臣。

"司寇盗百一十钱,先自告,当耐为隶臣,或曰赀二甲。"

"公祠未阕,盗其具,当赀以下耐为隶臣。"

"有收当耐未断,以当刑隶臣罪诬告人,是谓当刑隶臣。"

"当耐司寇而以耐隶臣诬人,何论？当耐为隶臣。"

"捕赀罪,即端以剑及兵刃刺杀之,何论？杀之,完为城旦;伤之,耐为隶臣。"此外,《秦律杂抄》还有这样一条规定：

"战死事不出,论其后,又后察不死,夺后爵,除伍人;不死者归,以为隶臣。"

以上判为隶臣刑的规定,从罪行的性质上看,涉及偷盗的三例;涉及诬告的二例;涉及故意刺伤赀罪人犯的一例;涉及战场脱逃后又自归的一例。从适用的对象看,适用于一般百姓的五例;适用于刑徒司寇的一例;适用于下层治安官吏的一例。这些人员的行为,危害封建统治阶级的利益,触犯了封建法律,因此被判处隶臣。他们被判刑后被强制服各种劳役,但其身份只是刑徒而不是奴隶。通常,这些人的社会危险性要大于奴隶。正因为如此,秦律对他们作出了一系列区别于一般官奴隶的特殊的规定。这就是：

1. 作为刑徒的隶臣妾,在被判刑时除主刑隶臣妾之外,常常有附加刑。上述七例,其中有五例是"耐为隶臣",一例是"刑为隶臣",一例是"以为隶臣"。耐,秦刑罚的一种,可以单独使用,也可以作为附加刑使用。刑,指肉刑。这里也是作为隶臣的附加刑使用的。这就是说,上述七例,只有一例未处附加刑。

2. 作为刑徒的隶臣妾,在判刑后绝大部分要在严格监管下同城旦舂、鬼薪白粲等一起从事筑城、手工制造和农田耕种等劳役,生活待遇类似。如《工人程》规定："隶臣、下吏、城旦与工从事者冬作,为矢程,赋之三日而当夏二日。"隶臣妾在各类刑徒中的地位高于鬼薪,低于司寇。秦简中还反映出有专长的刑徒隶臣妾分散服役的,如《法律答问》："卜、史当耐者皆耐以为卜、史隶。"秦以后的封建法律中,对犯罪后的工、乐户及天文生也有类似的规定。①

3. 作为刑徒的隶臣妾,有一定的刑期。从秦律的规定看,他们的罪行比城旦舂,鬼薪白粲轻,比司寇和候重。其刑期介于鬼薪白粲和司寇之间。《汉书·刑法志》："罪人已决,完为城旦舂,满三岁为鬼薪白粲。鬼薪白粲一岁,为隶臣妾。隶臣妾一岁,免为庶人。隶臣妾满二岁为司寇,司寇一岁,

---

① 《唐律疏议·名例》："诸工、乐、杂户及太常乐声人,犯流者,二千里决杖一百;一等加三十,留住,俱役三年（犯加役流者,役四年）。若习业已成,能专其事,及习天文,并给使、散使,各加杖二百。犯徒者,准无兼丁例加杖,还依本色。"《宋刑统》的规定与唐律基本同。《明律·名例》："凡工匠、乐户犯流罪者,三流并决杖一百,留住,拘役四年。若钦天监天文生习业已成,能专其事,犯流及徒者,各决杖一百,余罪收赎。"

及作如司寇二岁,皆免为庶人。"这里所记的刑期显然是因袭秦制。这就是说,作为刑徒,秦的隶臣妾是有刑期的。

事实很清楚,不能把秦的官奴隶隶臣妾与刑徒隶臣妾相等同,否则,就会扩大秦刑徒的范围;同样,也不能把刑徒隶臣妾与官奴隶隶臣妾视为一码事,那样就会混淆罪犯与非罪犯的界限。那种认为秦刑徒隶臣妾为无期徒刑的同志,就是以官奴隶隶臣妾的一些特征为依据,由此而作出了一系列错误的推断。

(三)隶臣妾以上的刑徒释放后的身份问题

正如本文开始所介绍的,在谈及中国岁刑起源和秦刑徒期时的另一种意见是,秦刑徒服劳役是有期的,但隶臣妾却是有终身罪隶身份的刑徒。由此推断重于隶臣妾的"城旦徒刑的苦役是有期限的,但罪隶的身份是终身的"。[①] 应该说,这种意见比认为秦的徒刑均是无期刑要符合历史实际,但认为秦隶臣妾及重于隶臣妾的刑徒在刑满后仍具有终身罪隶身份却值得商榷。

秦刑徒释放后的身份也是一复杂的问题。以现代标准看,秦刑徒的刑期并不算长,但考虑到当时刑徒的劳役条件之艰苦,生活待遇之低下,社会人口平均年龄之暂短,刑徒服刑期间稍有过犯动辄加刑,这种情况下,能熬到刑满释放出狱的只是其中的一部分。当时刑满释放很可能也称为"赦"。秦简《封诊式》在调查某些犯罪人的基本情况是否有"前科"时,常提到"可定名事里,所坐论云何,何罪赦",[②] 意思是确定犯人的姓名身份、籍贯和曾犯过什么罪、判过什么刑罚或经赦免。《说文》:赦,段玉裁注:"赦与舍音义同。"《说文》:"舍,释也。"段注:"释者,解也。按,经传多假舍为之。"此处之"赦"本有释放之义。由此可知,当时社会上有刑满释放的人,这些人是庶民而不是罪隶。

是否所有的刑徒在刑满释放之后都可以成为庶人?则要视具体情况由犯罪人被判刑前的身份决定。就是说,如果该人判刑前是奴隶,刑满释放之后还应是奴隶;如果判刑之前是庶民,则刑满释放之后还应是庶民。前述《封诊式·告臣》是说一个身份为士伍的人向官府控告自己的奴隶丙骄悍、不作田,要求将丙卖给官府,并判以城旦刑。官府检查了丙的身体,并让少内等估了价钱,看来是答应了原告人的要求。很显然,这个奴隶在服完城旦

---

① 《谈"隶臣妾"与秦代的刑罚制度》,载《法学研究》1984 年第 3 期。
② 见《睡虎地秦墓竹简·封诊式》,《有鞫》、《覆》、《告臣》等。

刑之后，其身份仍然是奴隶而不会成为庶民。同样，庶民犯罪被判处徒刑的，刑满释放后一般也不会是奴隶。秦简《法律答问》："群盗赦为庶人，将盗械囚刑罪以上，亡，以故罪论，斩左趾为城旦。"按秦律，群盗是很严重的犯罪，而这样严重的犯罪仍有被赦免为庶人的，许多比群盗轻的罪被判处徒刑释放后有相当一部分不会不是庶民。

当然，这种人名义上是庶民，实际上却没有完全的权利。秦昭王时，曾多次赦免罪人迁徙之。史载：昭王三十四年，"秦与魏、韩上庸地为一郡南阳免臣迁居之"①。秦始皇"三十三年，发诸尝逋亡人、赘婿、贾人略取陆梁地"②。又据《史记·货殖列传》："秦末，迁不轨之民于南阳。"上述之"尝逋亡人"、"不轨之民"，其中相当一部分就应是曾犯罪判刑后被释放的刑徒。这些人释放后仍被视为"不轨之民"受到迫害，说明其地位之低下。

隶臣妾在中国古代存在已久，先秦史籍中多有记载。《尚书·费誓》："马牛其风，臣妾逋逃。"《左传·襄公十年》："臣妾多逃，器用多丧。"《左传·襄公二十三年》："斐豹，隶也，著于丹书。"《左传·襄公三十一年》："隶人牧圉，各瞻其事。"可见当时的隶臣妾是同牛马、器物并列的奴隶、罪隶。其来源，可能是奴产子、俘虏，也可能是囚犯，但其命运和地位往往是相同的。这种情况在秦的隶臣妾身上表现得很明显，也存在于关东诸国的"胥靡"身上。吴荣曾同志曾指出："最初官奴和刑徒在名称上相同，到战国早期这种痕迹还保留着，……俘虏和罪人都是受刑罚的对象，故输为官奴，成为这两种人的共同命运。后来随着刑罚制度的发展变化，一部分罪犯在官府服役是有期限的，于是刑徒从官奴中分离出来，由于这样，最初两者在名称上是混淆不清的，胥靡、隶臣既或指官奴，又可指刑徒。"③从秦律看，秦正是处于这样的时期。但是，一旦地主阶级在全国牢固地掌握了政权，他们就着手改变法律中的混乱现象。从现有资料看，到汉代"隶臣妾"已专指刑徒了。

三　关东诸国刑徒的刑期问题

清末著名学者沈家本先生在谈到秦法渊源时指出："自商鞅变法相秦孝

---

① 《史记·秦本纪》。
② 《史记·秦始皇本纪》。
③ 《胥靡试探》，载《中国史研究》1980年第3期。

公而秦以强,秦人世守其法,是秦先世所用者,商鞅之法也……商鞅之法受之李悝。悝之法撰次诸国,岂遂无三代先王之法存于其中者乎!"①由于秦法与关东诸国法有紧密的关系,所以战国关东一些国家刑徒及其刑期方面的资料,不仅可以印证秦刑徒刑期方面的问题,而且对考察中国有期徒刑的起源具有直接证明意义。

保留至今的关于战国关东诸国的刑徒及其刑期的资料很少,不过,从现有资料可以断定,史籍中记载的"胥靡"和新发现的银雀山竹简中记载的"公人"是当时一些国家的刑徒。

(一) 关于胥靡

胥靡,散见于先秦史籍。

《庄子·庚桑楚》:

"胥靡登高而不惧,遗死生也。"

《荀子·儒效》:

"乡也胥靡之人,俄而治天下之大器举在此,岂不贫而富矣哉。"

《庄子·则阳》:

"城者既十(七)刎矣,则又坏之,此胥靡之所苦也。"

《韩非子·六反》:

"刑盗,非治所刑也,治所刑也者,是治胥靡也。"

《韩非子·解老》:

"胥靡有免,死罪时活。"

《吕氏春秋·求人篇》:

"傅说,殷之胥靡也。"

《尉缭子·将理》(银雀山竹简本):

"故今世千金不死,百金不胥靡。"

《史记·殷本纪》:

"于是遒使百工营求之野,得说于傅险中。是时说为胥靡,筑于傅险。"

胥靡的身份如何?高诱曰:"胥靡,刑罪之名也。"②应劭曰:"胥靡,刑名也。"晋灼曰:"胥,相也。靡,随也。古者相随坐轻刑之名。"颜师古曰:"联系使相随而服役之,故谓之胥靡,犹今之役囚徒以锁联缀耳,晋说近之。而

---

① 沈家本:《历代刑法考·汉律摭遗自序》。
② 《吕氏春秋·求人篇》注。

云随坐轻刑,非也。"①古代学者对于胥靡的解释尽管不完全一致,但基本精神大抵是相同的,即:胥靡是一种刑名,被判处此种刑的人要被强制服劳役。这种解释与史籍中的原始记载也吻合。从《韩非子》的记载看,胥靡轻于死罪,也轻于盗罪;从《庄子》和《吕氏春秋》记载看,胥靡要被罚处苦役;又从《尉缭子》记载看,胥靡可以赎免。这些特征都说明胥靡是刑徒。傅说在被殷王武丁起用之前曾筑于傅险,起用后成为一代名相。当然,傅说是殷人,其生活年代大大早于战国,殷时未必称刑徒为胥靡。但是,这种记载见于战国史籍,说明战国对刑徒的确是这样称呼的。

以上记载说明,三晋和宋、鲁、卫、楚等国均有胥靡存在,刑徒在关东诸国存在是广泛的。既然存在胥靡这种刑徒,那么其刑期呢?绝大多数材料都没有记载,只有《韩非子·解老》提到"胥靡有免"。对此,刘文典注曰:"此谓胥靡刑徒,有可赦免。"他的意思是有刑期的。吴荣曾同志关于胥靡的刑期也作过分析。他说:"胥靡的服刑期限如何?目前所见的文献中尚缺乏有关这方面的记述。而《周礼》中所记的罚作制,则规定有明确的期限,从这里可以看到关东国家的刑徒服役时间的长短情况。"他并说:"《周礼》规定三年为刑徒服役的最长期限,这在关东各国似乎具有相当的普遍性。"②吴荣曾同志作出的这种推断在新发现的银雀山竹简中得到了证实(详见下节"关于公人")。

此外,当时关东一些国家还存在"免罪之人"。《六韬·练士》:"有赘婿、人虏,欲掩迹扬名者,聚为一卒,名曰励钝之士。有贫穷愤怒,欲快其心者,聚为一卒,名曰必死之士。有胥靡、免罪之人,欲逃其耻者,聚为一卒,名曰幸用之士。"第一种显然是指贱民和奴隶;第二种显然是指家贫无出路的人;第三种显然是指刑徒和刑满释放的人。这段记载说明,当时的贱民、贫民、奴隶和刑满释放的人,只有参加军队、建立战功,才能提高自己的身份地位。

(二)关于公人

"公人",见于1972年4月出土的山东临沂银雀山汉墓竹简《守法守令十三篇》中的《田法》。其文曰:

"卒岁田入少人五十斗者,□之。卒岁少入百斗者,罚为公人一岁。卒岁少入二百斗者,罚为公人二岁。出之之岁,〔少入□百斗〕者,以为公人终

---

① 《汉书·楚元王传》注。
② 《胥靡试探》,载《中国古史研究》1980年第3期。

身。卒岁少入三百斗者,黥刑以为公人。"①

《田法》是关于土地制度和赋税征收等方面的法律规定,秦称《田律》,其基本内容与《田法》相似。公人,"是一种徒刑"②。出之之岁,即原服刑的期限已满。这是一条惩罚少缴租税的农民的法律规定,意思是,满一年少缴五十斗者,要受惩罚。满一年少缴百斗者,罚为公人一岁,满一年少缴二百斗者,罚为公人二岁。原服刑期已满,又少缴□百斗者,以为公人终身。满一年少缴三百斗者,罚为公人并附加以黥刺。这条法律规定的刑期有:一年、二年、终身以及罚为公人又附加以黥刺。前两种为有期徒刑,后两种应为无期刑。

银雀山汉简整理小组的同志们认定,银雀山一号汉墓下葬的年代为公元前140—前118年之间,简书亦系同时入葬。简中所载各种古籍成书年代不尽相同。但就《守法守令十三篇》而言,"其成书应在战国时代商鞅变法之前,至少也在商鞅变法不远"③。从简中记载的法令名称、历朔、职官及行文习惯用语等来看,他们的论断是正确的、可信的。银雀山地处山东省临沂县,为战国齐地;同墓出土其他书籍,如《孙子兵法》、《孙膑兵法》和《六韬》等,多为齐国人的作品,因此,《守法守令十三篇》也应是齐国的法令。这就是说,《田法》所反映的大体上是战国时商鞅变法前后齐国的法制。当时,战争频仍,诸侯争霸,为了完成兼并事业,各国统治者都相继变法,以严刑镇压作为他们发展经济实力和军事实力的手段。《新论》:"魏三月上祀,农官谈法,法曰……上上之田收下下,女则有罚。"《管子·大匡》:"耕者用力不农,有罪无赦。"《吕氏春秋·仲秋纪》:"无或失时,行罪无疑。"齐国将不能按规定缴纳租税的农民罚为刑徒的法律,正是在这种情况下制定和实施的。

如果说史籍关于关东诸国胥靡刑期的记载还属笼统和模糊,后人关于其刑期的看法还属推断,那么,银雀山汉简提供的材料则告诉我们,齐国存在有期刑则是非常确实的。它不仅可以作为关东诸国胥靡存在有期刑的佐证,也是秦存在有期刑的佐证,而且它更是直接否定中国有期刑始于汉文帝改制的论点强有力的证据。

---

① 转引自裘锡圭《战国时代社会性质试探》,载《中国古史论集》,第34—35页。文中之□为原简缺文。
② 吴九龙:《银雀山汉简齐国法律考析》,载《史学集刊》1984年第4期。
③ 同上。

四　余论

前面,我们考察了秦的刑徒及其刑期,考察了秦隶臣妾的身份和关东诸国刑徒的刑期。全部材料都说明,中国的有期刑不是始自汉文帝改制,在此之前战国时代业已大量适用了。

认为有期刑始自汉文帝改制者所持的另一个论据是,文帝十三年减刑诏中提到的"有年而免"这句话。众所周知,汉文帝发布减刑诏,名义上是被少女缇萦上书愿没为官奴婢以赎父罪的行为所感动,其实有更深刻的社会历史根源。它是汉初统治者为缓和阶级矛盾、改革刑罚制度的重要部分。诏文说:"其除肉刑有以易之;及令罪人各以轻重,不亡逃,有年而免。具为令。"魏人孟康对此解释为:"其不亡逃者,满其年数,得免为庶人。"[①]而孟康的解释与我们前面谈到战国和秦汉的刑制结合起来考察,就可以看出,这种解释是正确的。

应当指出,中国古代刑制前后虽然有很大变化,但总的看发展是缓慢的。类似徒刑这样重要的刑种,从无期到有期、多种有期刑的定型化,必然经历了很长的发展过程,绝非汉文帝一道诏书就能实现的。果真是由他的一道诏书而改变,就会像其废肉刑一样,事前不会不造舆论,事后不会不被人大加颂扬。在减刑诏发布十年后景帝即位时,曾发布诏书称颂其父的功德,如:"通关梁,不异远方;除诽谤,去肉刑,赏赐长老,收恤孤独、收遂群生;减耆欲,不受献,罪人不孥,不诛亡罪,不私其利也;除宫刑,出美人,重绝人之世也。"[②]在这篇诏书中,文帝的主要德政都提到了,而唯独不提改徒刑的终身为有期刑。这绝不是偶然的,也不是"因为他的注意力为'除肉刑'的遗留问题吸引去了"[③],而说明中国的有期刑不是始自汉文帝改制。至于有学者以文帝十五年晁错在颂扬文帝时谈到的"罪人有期,后宫出嫁"来证明有期刑始于文帝,也是站不住的。对此,古人也早有解释,晋灼曰:"《刑法志》云:'罪人各以轻重不亡逃,有年而免。'满其年,免为庶人也。"[④]很显然,这里说的也是对徒刑犯人不能肆意加刑,如不亡逃,就要按期释放。

---

① 《汉书·刑法志》。
② 《汉书·景帝纪》。
③ 栗劲:《试论秦的徒刑是无期刑》,载《中国政法大学学报》1984年第3期。
④ 《汉书·晁错传》注引。

正因为中国古代刑制发展缓慢,有很大的稳定性,所以,尽管我们列举了大量事实说明战国时已普遍出现有期刑,但仍不能认为中国的有期刑就源于战国。其发端应更早些。《周礼》有这样一些记载:

"以圜土教聚罢民。凡害人者,置之圜土而施职事焉,以明刑耻之。其能改者,反于中国,不齿三年。其不能改而出圜土者杀。"①

"司圜掌收教罢民。凡害人者弗使冠饰,而加明刑焉,任之以事而收教之。能改者,上罪三年而舍,中罪二年而舍,下罪一年而舍,其不能改而出圜土者杀。虽出三年不齿。"②

郑玄注:"圜土,狱城也,聚罢民其中困苦以教之为善也。""罢民,为恶人不从化,为百姓所苦。""害人,为邪恶已有过失丽于法者。""施职事,以所能役使之。""明刑,书其罪于大方板著其背。""反于中国,谓舍之还于故乡里也。"③《周礼》的这两条意思相近,后一条具体些。它明确规定,对于某些违法犯罪的,要将其置之监狱并罚以劳役。凡是能改过的按其罪行轻重,分别居作一年、二年、三年,然后释放回家。而不能改过又逃亡者,要杀掉。即使释放回家的,也要"不齿三年",就是说三年以内不能取得常人应有的地位。

对于《周礼》这部书,学界过去和现在都有不同看法。我们不能将其视为信史,并据以勾画西周的社会面貌。但是,我们也不能同意将《周礼》视为刘歆之伪托,其内容完全是无稽之谈。《周礼》在汉之前的史籍中称《周官》,应是战国时儒家学者根据当时他们所看到的材料编撰的。其中有不少记载可与其他史籍记载相印证,尤其是有些内容已为近几十年发现的文物所证实,这就具有更高的史料价值。《周礼》是我们研究先秦史的重要参考书,其中关于徒刑的记载,对我们有很大的参考价值。《唐律疏议》在谈到中国徒刑的渊源时也曾引证《周礼》的记载:

"疏议曰:徒者,奴也,盖奴辱之。《周礼》云:'其奴男子人于罪隶',又'任之以事,置以圜土而收教之。上罪三年而舍,中罪二年而舍,下罪一年而舍',此并徒刑也。盖始于周。"④

我认为,就有期刑来说,《唐律疏议》的这个看法是有道理的。近年出土的战国及秦汉的简牍进一步证实了而不是否定了史籍的有关记载。

---

① 《周礼·秋官·大司寇》。
② 《周礼·秋官·司圜》。
③ 《周礼·秋官·大司寇》注。
④ 《唐律疏议·名例》。

秦的治安机构及有关治安的法律规定[*]

秦在历史上处于封建国家的初期，国家机构有了较大的变化和发展，其中治安机构从朝廷到基层开始形成体系，并相应地在治安管理上作了一系列法律规定。

一　秦的治安机构

（一）朝廷的警卫机构

封建皇帝是地主阶级的总代表，是封建国家的核心，维护封建皇帝、皇室家族的人身以及其住所的安全，历来为国家所重视。秦为了确保皇帝及其家族的安全，建立了庞大的警卫机构。

1. 郎中令

郎中令负责宫殿警卫及从官管理。《急就篇》颜师古注："郎中令掌宫殿掖门户及从官。秦所置。"《汉书·百官公卿表》："郎中令，秦官，掌宫殿门户宿卫属官。"为什么称"郎中令"？《汉书·百官表》臣瓒注："主郎内诸官，故曰郎中令。"据《史记》记载，秦二世元年，赵高曾任郎中令。郎中令下属三署：五官署、左署、右署。各署设中郎将。《宋书·百官志》："秦曰郎中

---

[*] 本文原载《国际政法学院学报》1984年第3期，《中国警察制度简论》1985年转载。

令,汉因之。汉武太初元年更名光禄勋,掌三署郎。""三署者,五官署,左署,右署也。各署中郎将以司之。"

五官中郎将,负责宫殿宿卫。《太平御览》卷二四一引《汉宫仪》:"五官中郎将,秦官也,秩比二千石,三署郎属焉。"在秦汉,秩比二千石,仅次于郡守,是相当高的。五宫中郎将的属官有五宫中郎(秩比六百石),五官侍郎(秩比四百石),五官郎中(秩比三百石)。

左中郎将,掌管左署郎。其属官有:中郎,侍郎,郎中。

右中郎将,掌管右署郎。其属官有:中郎,侍郎,郎中。

上述诸郎平时警卫各宫门、殿门,皇帝出巡、出游则负责沿途和临时住所的警卫。《汉官仪》:"凡郎官皆主更值执戟、宿卫。"《后汉书·百官志》:"凡郎官皆主更值执戟、宿卫,出充车骑。唯议郎不在值中。"诸郎所属无定员,有时"多至万人"(《宋书·百官志》)。

2. 卫尉

卫尉掌管宫门卫屯兵。《宋书·百官志》:"卫尉一人,丞二人,掌宫门屯兵,秦官也。"《史记·秦始皇本纪》记载,始皇初年有卫尉竭(竭是名)。汉代设有卫尉卿,《后汉书,百官志》:"卫尉卿一人,中二千石。本注曰:掌宫门卫士,宫中徼循事。"中二千石,其秩禄也是相当高的。卫尉的属官有:

公车司马令,掌殿司马门,夜徼宫中,天下上事及四方贡献阙下,凡所征召,皆总领之。

卫令,掌宫门屯卫兵,据《史记·秦始皇本纪》记载,秦朝末年,赵高派阎乐诛杀秦二世,阎乐首先在望夷宫殿门杀死卫令。卫令,汉代称卫士令。

宫均人,秦宫中主管巡查的人。此职见于《睡虎地秦墓竹简·法律答问》:"何谓'宫均人'?宫中主循者也。"主循,即主管巡查。《后汉书·百官志》:卫尉卿掌宫门卫士,宫中徼循事。由此可知宫均人应隶属卫尉。

3. 皇后太卫尉

皇后太卫尉为警卫皇后和皇太后的官员。《宋书·百官志》引"应氏《汉宫》曰:卫尉,少府,秦官……皆随太后宫为号,在正卿上,无太后乃阙。"《汉书·百官表》师古注:"长乐、建章、甘泉(以上均为汉代宫名)卫尉皆掌治其宫,职略同,不常置。"从以上记载可知,秦除正卿有卫尉,太后、皇后又各有卫尉。

4. 卫率

卫率是主管太子警卫的官员。《宋书·百官志》:"秦时直云卫率,汉因之,主门卫。"又见《后汉书·百官志》:"太子卫率……主门卫士。"

(二) 京师的治安管理

京师是皇帝和朝廷高级官贵的住所和办理公务的地方,秦统治者对京师的治安也分外重视。从记载看,秦对京师的治安实行朝廷和京师的军政长官——内史双重负责制。

1. 中尉

中尉是秦朝廷设置的管理京师治安的官员。《汉书·百官表》:"中尉、秦官,掌缴循京师,有两丞、侯、司马、千人。"所谓缴循,即巡查禁备盗贼。丞、侯、司马、千人等均为协助中尉进行工作的属官。中尉汉武帝时更名执金吾。所以称"执金吾",古代学者有两种解释:应劭说:"吾者御也,掌执金革以御非常。"就是说执掌武器用以应付非常事件。颜师古说:"金吾,鸟名也,主辟不祥。天子出行,职主先导,以御非常,故执此鸟之象,因以官名。"这两种解释只是对官职名称的含义和所拿兵器的式样的看法有分歧,对于担负任务的看法是一致的,都认为是"以御非常"。关于执金吾警戒的地区和属官,《后汉书·百官志》"执金吾,掌宫外戒司非常水火之事……及主兵器",就是说他警戒宫门之外,比之于诸郎官和卫尉,属于外层警卫。执金吾"属官有中垒、寺互、武库、都船四令丞。都船、武库有三丞,中垒两尉。又式道左右中候,候丞及左右京辅都尉、尉丞兵卒皆属焉"(《汉书·百官表》)。上述属官中的"都船",据如淳说:"都船狱令,治水官也。""武库",《后汉书·百官志》:"武库令一人,六百石。本注曰:主兵器。丞一人。"丞的数字与《汉书·百官表》的记载略有出入,可能前后有所变化。式道左右中候,应劭注:"式道凡三候,车驾出还,式道候持麾至宫门,门乃开。"事实上他们是皇帝出归负责前导开道的官员,到宫门乃止。

2. 内史

秦内史是掌治京师军政、司法和治安的长官。《汉书·百官表》:"内史,周官,秦因之,掌治京师。"汉景帝二年为加强对京师的直接控制,将内史职掌一分为二,称左、右内史,分管京师。汉武帝时将右内史更名京兆尹。其属官有长安市、厨两令丞,又有都水、铁官两长丞。左内史更名左冯翊,取辅佐之意。其属官有廪牺令丞尉。颜师古注:"廪主藏谷,牺主养牲,皆所以供祭祀也。"左内史的属官还有左都水、铁官、云垒、长安四市四长丞。不能把秦的内史只看作治安官员,但作为京师的军政长官,他主管京师的治安却是无疑的。云梦秦简有《内史杂律》一篇,是关于内史职务的各种法律规定。这篇法律除了行政、经济方面的内容之外,还有关于治安管理的内容。如规定凡是因犯罪而被判处"候"、"司寇"徒刑和其他交付官府治罪的人,都不准任命为官府的佐、史(下级办事人员)和皇帝禁苑中的"宪盗"(负责巡查捕盗的人员)。还有两条是关于贮藏谷物和器物的府库如何防火、防盗的规定。这些规定充分说明,内史是兼管京师治安的。他与中尉对于京师地区的治安管理只不过是有所分工罢了。

(三) 郡、县的治安机构

秦实行封建郡主专制制度,国家一切大权由皇帝独揽,在各郡县,郡守和县令、长则是集所在地的军事、行政、司法和治安大权于一身。他们既是当地的最高军政长官,又是管理当地治安的负责人。云梦秦简记载的《语书》的内容说明了这一问题。《语书》是秦始皇二十年(公元前227年)南郡(所辖今湖北长江以北汉水流域各县)守腾颁行的一篇法律文告。在这篇文告中,南郡守腾对于该郡当时存在的"恶俗"、"淫泆之民"和与之相勾结,扰乱治安,破坏法度的"恶吏"大加申斥,并明确宣布要对其绳之以法。这篇文告开宗明义便说主送所属各县、道(少数民族集居的县)啬夫(即县令、长)。它说明郡守和县令、长都是主管所在郡和所在县治安的。据史籍记载,在郡守和县令、长之下,还分别设有专门官吏管理治安。

1. 郡尉

郡尉是郡守的副职,是协助郡守管理一郡军事和治安的官员。《汉书·百官表》:"郡尉,秦官,掌佐守典武职甲卒,秩比二千石。有丞,秩比六百石。景帝中二年更名都尉。"《后汉书·桓帝纪》注引《汉官仪》:"秦郡有尉一人,典兵,禁捕盗贼。"

2. 县尉

县尉是协助县令、长管理县的军事和治安的官吏。《汉书·百官表》:"县令长,皆秦官,掌治其县。……皆有丞尉,秩四百石至二百石,是为长吏。"这里说的丞、尉就是指县丞和县尉。《后汉书·百官志》:"尉,大县二人,小县一人。本注:主盗贼。"云梦秦简也有几处提到县尉。其一是县尉对基层军事组织士吏任免和训练不合格承担法律责任,《除吏律》:"任用士吏或发弩啬夫不合法律规定,以及发弩射不中目标,县尉应罚两副铠甲。"其二是县尉与县令一起对下级军队组织发生的冒领军粮案件不能及时破案承担法律责任,"不应自军中领粮而领取的,罚两副铠甲,撤职永不叙用;如不是官吏,罚戍边二年。一起吃军粮的人,屯长和仆射不报告,罚戍边一年;

县令、县尉、士吏不能及时觉察的,罚一副铠甲。"这两条规定印证了《汉书》关于县尉管理县的军事和治安的记载。

3. 吏

郡尉、县尉之下均有属吏,他们分别在郡尉与县尉的领导下管理治安。《史记·高祖本纪》和《萧相国世家》称,萧何秦末曾任泗水郡主吏。司马贞"索隐"解释:"主吏,功曹也。"也就是部门的负责人。云梦秦简《语书》这篇关于地方治安的法规,指明要发到所属各曹,并规定,对于过失最多的吏,所在曹要向令、丞报告。可见这些曹也是分管治安工作的。

(四)基层的治安机构

所谓基层治安机构是指县以下的治安机构和人员。秦基层治安机构和人员有:

1. 亭

亭(城市称街亭)在秦代是设于县之下的治安机构。《汉书·百官表》认为亭是乡以下的行政机构。它写道:"大率十里一亭,亭有亭长,十亭一乡。"意思是说县以下的行政单位是乡——亭——里。对此后代学者是有不同看法的。《后汉书·百官志》:"亭有亭长。"本注曰:"承望都尉。"意思是亭长直接由都尉管辖,不属于乡。《风俗通义》:"国家制度,大率十里一乡。"这是说,秦汉地方行政系统中乡、里之间不存在亭一级机构。顾炎武《日知录》卷二十二也说,汉制是"以县统乡,以乡统里。"现代多数学者认为后一种看法是正确的,即:秦汉的亭不是乡之下的行政机构,而是直接隶属于县的治安机构。亭的设置和某些职能类似现代的公安派出所。亭的成员是:

亭长(又称亭啬夫)。亭长是亭的负责人。其职责较广泛,但主要任务是维护所辖地的治安。《后汉书·百官志》:"亭有亭长,以禁盗贼。本注曰:亭长,主求捕盗贼。"《汉官仪》:"亭长课缴巡。尉、游徼、亭长皆习设备五兵。……亭长持二尺板以劾贼,索绳以收执贼。"这些记载说明,亭长的主要任务是求捕盗贼,维持治安。为了能胜任其职务,还要求亭长学习军事技术和有一定文化水平。所谓习设五兵,是指学会使用五种兵器。所谓持二尺板以劾贼,当时无纸,以竹、木简记事,二尺板是泛指书写法律条文的简牍;劾贼,依照法律的有关规定向有关部门举发控告盗贼。据《史记·高祖本纪》:汉高祖刘邦秦末曾任亭长,"以亭长为县送徒骊山","常繇咸阳"。这与《汉书》关于亭长"主求捕盗贼"的记载是一致的。

亭长之下设有亭父和求盗(二者又称亭卒)。

亭父,为亭卒之一,在亭长之下管理治安预防、过往官员迎送和清洁卫生方面的事务。《史记》"集解"引应劭曰:"旧时亭有两卒,其一为亭父,掌开闭扫除。"

求盗,也为亭卒之一,专事追捕盗贼。《史记》"集解"引应邵曰:"求盗,掌逐捕盗贼。"云梦秦简有几处关于求盗活动的记载:其一,"求盗追捕罪人";其二,求盗捆送男子丙到官府,控告丙盗马;其三,某亭求盗甲因所辖地一男子被杀,向县廷报案。秦《捕盗律》规定:"求盗勿令送逆为它,令送逆为它事者,赀二甲。"意思是说求盗是专职追捕盗贼的人员,不能让其搞迎来送往的事,否则对指派人罚两副铠甲。

除亭父和求盗之外,有的亭还有"校长"。秦简《封诊式·群盗》记述"某亭校长甲",带领求盗和另外两个人,在某山巡逻时发现了两个在逃犯,经过一场战斗,将其中一人杀死,一人逮捕。之后,某亭校长、求盗和另外两个人,捆着被捕的一名逃犯,携带被杀死的罪犯的首级和作为证物的具弩两具、箭二十支到官府报案。校长本系军职,《后汉书·百官志》注:"主兵戎盗贼事。"秦简却称"某亭校长",可见当时又隶属于亭,可能类似一种治安部队,属军队建制,治安业务上归所在地方治安机构领导。

2. 乡

乡是秦代基层的行政机构,但其主要任务也是维持地方治安。《汉书·百官表》:"乡有三老、有秩、啬夫、游徼。"他们的分工是:"三老掌教化,啬夫职听讼、收赋税,游徼徼循贼盗。"《后汉书·百官志》注引《汉官》曰:"乡户五千,则置有秩。"从上述分工看,掌教化,职听讼,徼循盗贼,都与治安有紧密关系。

3. 除亭、乡之外,秦的基层还有里正和伍老

里正是里的负责人,秦始皇执政后为避秦始皇(嬴政)名讳改称"里典"。汉代又称"里魁"。伍老为邻伍的负责人。他们的职责,如《后汉代·百官志》所言:"里有里魁,民有什伍,善恶以告。本注曰:里魁掌一里百家,什主十家,伍主五家,以相检察。民有善事恶事,以告监官。"秦实行连坐制度,对于恶事如不报告,则要受惩罚。里典、伍老虽是秦基层组织的负责人,但其主要任务是管理治安,所以他们也是治安机构的组成部分。

二 秦有关治安的法律规定

为了维护社会治安和统治秩序,秦统治阶级颁行了一系列有关治安管理的法律规定。由于史料不全,许多规定现已无法详考,我们所了解的只是其中的部分内容。

(一)群臣上殿不得佩带武器

《史记·荆轲传》:"秦法,群臣侍殿上者不得持尺寸之兵;诸郎中执兵皆陈殿下,非有诏召不得上。"按照这一规定,不仅群臣侍殿上者不得带任何武器,就是专门护卫皇帝安全的诸郎中也只能站在殿下,并且没有皇帝的命令不允许上殿。这本来是为确保皇帝安全、防止大臣和侍卫人员图谋不轨,却几乎酿成大祸。秦始皇二十年,燕太子丹以献地为名,派荆轲刺杀秦始皇。当荆轲上殿献地图,图穷匕首见时,左右侍臣竟无以抵挡。秦始皇由于慌张又未向侍卫人员下达命令,以致出现了荆轲当廷追逐秦始皇那样非常危险的局面。最后还是在侍医协助、左右大臣提醒之下,始皇拔佩剑自卫,才击杀荆轲,免于一难。

(二)实行户籍制度

户籍制度是国家对全国人口和成丁实行的造册登记制度。这一制度早在秦献公时就已开始实行了。《史记·秦始皇本纪》:献公十年(公元前375年),"为户籍相伍"。具体实行情况,如《商君书·境内》所载:"四境之内,丈夫女子皆有名于上,生者著,死者削。"这里说的就是户籍登记。实行这种制度的重要目的,是为了加重对人民的赋役剥削。秦制,除按田地亩数征收赋税外,还征收人口税。《汉书·食货志》:"秦时,田租、口赋,盐铁之利,二十倍于古。"颜师古注:"既收田租,又出口赋。"秦法还规定,凡达到一定年龄的成丁要承担国家徭役。《文献通考》:秦制,"凡民二十三附之畴官"。意思是说,男子到了二十三岁就要给公家服徭役。从云梦秦简新发现的材料看,秦成人服徭役的年龄还要向前提,是十七岁,而不是二十三岁。十七岁开始服徭役,到六十岁才"免老"不再征发。正因为要按人头纳税和一定年龄的成丁要服徭役,所以对封建国家来说,户口登记制度不仅是必要的,而且也是非常重要的。

秦法律禁止隐匿户口和假报残疾,否则予以严惩。如《傅律》规定:"隐匿成童,及申报废疾不确实,里典、伍老处以赎耐的刑罚。百姓不应免老,或已经免老不加申报，敢弄虚作假的，罚两副铠甲；里典、伍老不告发，各罚一副铠甲；同伍的人，每家罚一盾，都迁至边远地区。"又如，《法律答问》还对隐匿户口和成童不傅籍作了专门解释："什么叫匿户及敖童弗傅？就是隐匿人户，不令其服徭役，也不命其缴纳户赋。"事情很清楚，户籍登记的目的就是在于加强对农民的压榨和剥削。由此我们就可以理解秦统治者为什么对隐匿户口和假报废疾等施加那么严厉的惩治了。

秦法律还规定了户口迁移制度，对于不及时给户口迁移者办理迁移手续的官吏，视造成的后果予以惩罚。《法律答问》："甲迁居，请求吏办理迁移户籍，吏拖延不予迁移。以后甲犯了应处耐刑和罚款以上的罪，问吏应如何论处？甲罪在耐刑（剃去胡须和鬓发）以上，应罚吏两副铠甲。"从秦律的量刑看，因受牵连而罚两副铠甲还是较重的。

（三）实行什伍联防、连坐制度

什伍，在秦时既是一种社会基层组织，又是一种军事组织。所谓什伍，即十家为什，五家为伍。从史籍记载看，这种组织最早出现于献公十年（公元前375年），所谓"为户籍相伍"。商鞅变法后，对这一组织增加了新的职能，即在治安方面实行邻伍联防和连坐。

1. 联防

联防是指一家被盗，邻里相救；一人遇难，众人相帮。秦律规定如遇盗或遭到被伤害的危险。邻伍之间，甚至素不相识的路人都应救助，否则要受惩罚。《睡虎地秦墓竹简·法律答问》："有贼人甲家，将甲杀伤，甲呼喊有贼，其四邻、里典、伍老都外出不在家，没有听到呼救，问应否论处？四邻确实不在家，不应论处；里典、伍老虽不在家，仍应论罪。"所谓"四邻"，就是同伍之人。这一规定说同伍之人的确不在家，不论处。言下之意，如果在家不救助是要论处的。而里典、伍老由于对所辖地的治安负有责任，所以即使不在家，仍然要受惩罚。秦法律还有这样一条规定：有人在大路上杀人，在旁边的人不去援救，其距离如果在百步以内（秦制，每步秦尺六尺，约合今1.38米，百步约合今138米），应与在郊外看见杀伤人不去援救同样论处，罚两副铠甲。从这条法律看，秦律关于援救遭到杀伤危险的人还有其他规定。

2. 连坐

所谓连坐，是法律规定邻里之间相互监督，并对发生奸盗负有连带责任的制度。《史记·商君列传》："令民为什伍，而相牧司连坐。不告奸者腰斩,告奸者与斩敌首同赏,匿奸者与降敌同罚。"《通考·职役考一》:"秦之法,一人有奸,邻里告之,一人犯罪邻里坐之。"连坐制度,秦之前早已存在,但一般是父子、宗族连坐,什伍连坐则是商鞅变法后才实行的。这种制度适用范围的进一步扩大,大大加强了统治者对人民的控制和镇压。秦简《法律答问》:"律文说'与盗同法',又说'与同罪',这两类犯罪者的同居、里典和同伍的人都应当连坐。"正因为法律如此规定,出现了不少邻伍相纠举的例子。在秦简《封诊式》中就有一个士伍控告和扭送两个盗铸钱者的式例:某里士伍甲、乙将男子丙、丁捆送到官府,并带着新铸的钱百一十个和铸钱的钱范两扇。士伍甲、乙控告说,丙铸造这些钱,丁帮助铸造。甲、乙就将他们捕获并搜查其室,得到了这些钱和钱范。按照法律,捕获罪犯的人将受到奖赏。

秦律对于如何奖赏也有具体规定,即按照被逮捕的犯罪人所犯的罪行和应受的刑罚奖以爵位或金钱。《法律答问》:捕捉逃亡者,逃亡的人携带有钱,如所捕的人罪行应处耐刑以上,捕拿者可以取为己有。另一条规定:捕获逃亡的完城旦(徒刑),奖赏黄金二两。

这种威逼和利诱对于防奸和防盗是起了作用的,但同时也产生了另外一方面的问题,即无根据控告。秦律中有不少关于惩治"告不实"和惩治"诬告"的规定,这显然是为保持社会安定而采取的制约措施。

(四)实行通行凭证制度

秦实行通行凭证制度,见于史籍记载,也见于新出土的云梦秦简。《史记·商君列传》有这样一则故事:商鞅变法时,太子犯法,因太子是君嗣,不能施刑,商鞅就将其老师公子虔和公孙贾处以肉刑。秦孝公去世,太子即位,公子虔等控告商君欲反。商鞅被迫逃亡,当他到旅店住宿时,店主人对他说:"商君之法,舍人无验者坐之。"结果商鞅也没办法。所谓"验",《说文》解释说:"证也"。就是一种通行凭证。秦简《法律答问》有惩治"阑亡"者的规定。何谓"阑亡"?《汉书·汲黯传》注引臣瓒曰:"无符传出入为阑。"符传也是一种通行证。可见阑亡就是无证件逃亡。此外,秦《游士律》还规定:"游士居留而无凭证,所在的县罚一副铠甲,居留满一年者,要加重惩罚。"从以上记载看,秦法律不仅规定了通行凭证制度,而且执行也是认真的。

(五)严格防火和追究肇事者责任的制度

《史记·李斯列传》:"故商君之法,刑弃灰于道者。"据韩非说,这条规定是沿袭殷代法律,并且孔子还作为解释,《正义》引《韩非子》:"殷之法,弃灰于衢者刑。子贡以为重,问之。仲尼曰:'弃灰于衢必燔,人必怒,怒则斗,斗则三族,虽刑之可也。"孔夫子的意思是,弃灰于道就会引起燃烧,引起燃烧人们就要相斗,相斗则夷灭三族,所以对弃灰于道者处以肉刑还是应该的。从孔子的解释看,他对于这样的规定也是支持的。既然殷法刑弃灰于道者是为避免发生火灾并因此而引起的连锁反应,那么商鞅沿袭殷法作的这一规定,当然与防火是有关系的。

在秦法律中对于贮藏谷物和其他器物的府库如何防火,及由于失火而延烧里门等,还作了具体规定。《内史杂律》:贮藏谷物和其他器物的府库要加高墙垣,不许人们靠近居住,不得靠近新建吏的居舍;不是本机构的人员,不准在其中住宿;经检查没有火,才可以关门闭户,闭门时对附近的火也要灭掉;夜间要加强警卫,谨慎警戒,派人进行巡查,如有遗失、损坏其中物品或失火的,对主管人要治罪,上级官吏也须承担罪责。《法律答问》规定,某家失火而蔓延烧毁里门,应罚一个盾牌;如蔓延烧毁城门,应罚一副铠甲。乍看起来罚一个盾牌、一副铠甲并不算重,但考虑到肇事人由于自家失火已经造成的损失,就是很沉重的负担了。

(六)对入境的外邦人实行验证,对入境的牲畜实行检疫制度

秦简《法律答问》:"客未布吏而与贾,赀一甲。何谓布吏?诣符传于吏是谓布吏。"客是指秦国以外的人,布吏是指将通行凭证送交官吏检验。《法律答问》的意思是,外邦人来秦国未将通行凭证交给官吏检验就与其做生意,罚一副铠甲。这说明秦国当时对入境进行贸易的外商有一定的管理制度,不依秦国法律履行验证手续,不得进行贸易。《法律答问》还有一条规定:"诸侯来客者,以火炎其衡轭,炎之何?当诸侯不治骚马,骚马虫皆而衡轭鞅靽(音显)辕靷(音引),是以炎之。"这是一条对入境的马匹实行检疫的规定。意思是,诸侯国有来客,要用火熏其车上的衡轭(车辕前端驾马的横木)。这是因为,倘如诸侯国不治骚马,骚马虫(马身上的一种寄生虫)都附在车的衡轭和驾马的皮带上,所以要用火熏。这一规定的内容虽然比较简单,但却很重要,它说明,我国在两千年之前的对外交往中,就已注意对入境马匹身上的寄生虫实行检查和防治了。这是目前我们所看到的我国古代最早的对入境牲畜检疫的法律规定,是一则非常宝贵的材料。

(七)治安官吏执行任务时必须遵守有关规定,有偷盗者加重惩罚

《捕盗律》规定:"捕人相移以爵者,耐。"意思是把捕获的犯罪人移交给

他人用以去骗取爵位的,处以耐刑。从《法律答问》的一条规定精神看,这条规定是针对有关官吏的。《法律答问》:"有秩吏捕获逃亡出关的人,把犯人交给乙,并叫乙送交官府,约定同分奖金,问吏和乙应何论处？应各罚两副铠甲,不予奖赏。"秦法律规定,对于捕获犯罪人者本来是予以奖励的,为什么这些官吏要将所捕获的罪犯交给另外的人去换取爵位或领取奖金呢？可能是由于领取国家秩禄的官吏捕获盗贼是职责范围的事,一般奖励较少,而对平民奖励则较高。规定的基本精神是制止官吏与外人勾结骗取奖励。《法律答问》另一条规定:"捕赀罪,即端以剑及兵刃刺杀之,何论？杀之,完为城旦;伤之,耐为隶臣。"意思是说,逮捕应判处罚金或罚服徭役罪的犯人,而却故意用剑或其他兵器把他刺杀了,如何论处？杀死犯人的应判处完为城旦的徒刑,杀伤犯人的应判处耐为隶臣的徒刑。这就是说,治安官吏和人员在拘捕罪犯时,所采取的措施,不允许超过犯罪人按其犯的罪应受的惩罚。否则,拘捕人者要承担法律责任。对于治安人员盗窃他人的,加重惩罚。《法律答问》:"害盗别徼而盗,加罪之。""求盗比此。""求盗盗,当刑为城旦,问罪当加如害盗不当？当。"这里说的"害盗"即"宪盗"。"宪盗"与"求盗"都是一种捕盗职务的名称。从史籍和秦简的记载看,"宪盗"设于朝廷禁苑;求盗则设于各亭、街亭或都亭等治安机构。因为他们职任是捕获盗贼,所以如果进行盗窃就是执法犯法,要加重惩罚。对这些人如何加重惩罚呢？《法律答问》解释说:"五人共同盗窃,赃物在一千钱以上,斩去左足,并黥为城旦;不到五人,所盗窃超过六百六十钱,黥劓(音义)为城旦;不满六百六十钱而在二百二十钱以上,黥为城旦;一钱以上不到二百二十钱,处以迁刑。"按照秦律,用这样的量刑标准对犯偷盗罪的"宪盗"和"求盗"处刑,应该说是很严厉的。

(八)按照发案和破案情况对官吏进行考核

秦法律规定,某一地区如发案率高,破案率低,治安状况不好的,主管官员要受惩罚。秦南郡守腾于秦始皇二十年发布的《语书》,严厉谴责了一些县官对于违法犯罪案件不敢论处,无能力破案的行为,指出这是对皇上不忠,是大罪。最后他宣布:"今且令人案行之,举劾不从令者,致以律,论及令、丞。又且课县官,独多犯令而令、丞弗得者,以令、丞闻。"所谓案行就是派人巡行视察;举劾就是检举论罪;课就是考核。这段话的意思是说,现在我要派人去巡视,举劾不服从法令的人,依法论处,对县令、县丞也不例外。同时还要考核各县的官吏,哪一县违法犯罪案件多,而又不能将犯罪人捉拿归案的,要将情况上报,并追究令、丞的责任。

　　以上就是秦治安机构和有关治安管理方面法律规定的一些情况。秦的材料大部分已经散失,这里所谈的不可能全面。仅此已可以看出,在沿袭前代制度和总结本国经验的基础上,秦建立的治安机构和制度是比较完备的。毋庸置疑,这些对秦国的发展曾起过一定作用。随着阶级矛盾日趋尖锐和专制制度日益强化,秦末便出现了繁刑严诛,法度大坏,"自君卿以下至于众庶,人怀自危之心"的局面。结果,陈胜、吴广揭竿而起,天下响应。秦的治安机构和制度也就随着秦王朝大厦的倾倒而土崩瓦解了。

秦汉"士伍"的身份与阶级地位[*]

"士伍"是秦和前汉社会生产、阶级斗争中的一支重要力量。弄清"士伍"的身份、地位,对于了解秦汉社会的阶级结构和阶级斗争是有益的。

一

关于"士伍"的记载,最早见于《史记·秦本纪》:昭襄王五十年,"武安君白起有罪为士伍"。之后,《汉书》也曾几处提到,如《景帝纪》:景帝元年,廷尉和丞相按照景帝的"诏书"议定:"吏及诸有秩……若买故贱,卖故贵,皆坐赃为盗,没入赃县官。吏迁徙免罢,受其故官属所将监治送财物,夺爵为士伍,免之。无爵,罚金二斤,令没入所受。"《淮南王传》,丞相张苍等在历数淮南王长谋反的罪行时,指斥他纵使"大夫旦、士伍开章等七十人与棘蒲侯太子奇谋反,欲以危宗庙社稷"。由此看来,"士伍"从秦到前汉都是存在的。"士伍"究竟是什么样一种人?其身份和社会地位到底如何?历代学者和注释家们的理解是不一致的。

东汉卫宏的《汉旧仪》写道:"秦制二十爵,男子赐爵一级以上,有罪以减,年五十六免;无爵为士伍,年六十乃免老。"卫宏所处的时代距秦和前汉较近,但"无爵为士伍"的解释未免笼统,未引起后世的重视。另一种意见

[*] 本文原载《文物》1978年第2期。

以魏的如淳为代表。他说："尝有爵，而以罪夺爵者，谓之士伍。"①唐颜师古的意见基本上与如淳的相似，他说"夺其爵，令为士伍"，并进而说"谓之士伍者，言使从士卒之伍也"。② 他们的意见影响较大。

还有一种意见，就是明人董说提出的。他在《七国考·秦刑法考》中，根据《史记·秦本纪》关于"武安君有罪为士伍"的说法，干脆把"士伍"认定为一种"刑徒"。清末沈家本的看法，基本上也应归入这一类。他在《沈寄簃遗书·历代刑法考·刑制总考二》中，把"士伍"与"夷三族"、"斩首"同列为刑罚的一种。

以上几种意见，分歧是很大的：一是无爵为士伍；二是曾有爵而因罪被夺爵者（并认为削爵后为"从士卒之伍"，即去当兵）；三是曾有爵而因罪夺爵为刑徒者。上述几种意见究竟哪一种说法对，由于年代久远，史料匮乏，难于判明。云梦睡虎地秦简释文的发表（见《文物》月刊1976年第6、7、8期），为我们探讨这个问题提供了新材料。

二

"士伍"这一称呼，在云梦秦简的《法律答问》、《秦律十八种》和《治狱程式》等都曾反复出现。尤其是《治狱程式》中所列举的案例，绝大部分都同"士伍"有关系。

《法律答问》，是作为对秦律主体的刑法的解释，是以后唐、宋、明、清等朝代法律疏议的雏形。在答问中，对犯罪的主体即犯罪人及案件的其他当事人，凡有职务和爵位的，称职务和爵位，如啬夫、里典、害盗、求盗、大夫、上造、公士等；没有爵位和职务的，一般标明身份，如百姓、士伍、罢癃等；刑徒和奴隶也都标明刑种和官私奴隶，如城旦舂、鬼薪白粲、隶臣妾、人奴妾等。也有一些只表明与案件的关系和完全以抽象的代词来表示，如伍人、曹人、甲、乙、丙等。据秦简律文和案例分析，秦简中的甲、乙、丙，除标明身份的人（诸如"某里五大夫乙"）之外，一般多是指士伍或类似士伍这种身份的人，属于一般庶民。

从《法律问答》中规定的量刑轻重来看，有爵的人、士伍、刑徒和奴隶这几个不同等级之间显然是不平等的。史载：商君相秦，令"有军功者，各以

---

① 《史记·秦本纪》"集解"。
② 《汉书·景帝纪》"注"。

率受上爵","明尊卑爵秩等级,各以差次;名田宅臣妾衣服,各以家次"。①并规定"男子赐爵一级以上,有罪以减"②。就是说,有爵位的,在法律上就可以按爵位的高低处于特权地位。《法律答问》中就有这样的规定:有公士(秦爵最低的一级)爵位的人,犯了"赎刑"的罪,可以减为"赎耐"③。至于刑徒再犯罪,或奴隶犯了罪那就要加重惩罚,如:"司寇盗百一十钱,先自告,何论?当耐为隶臣,或曰赀二甲。"④而在《法律答问》的另一条中,"士伍甲"同样盗一百一十钱,并未"先自告",情节比那个刑徒"司寇"严重,最后的处置也是"耐为隶臣"。相比之下,刑徒"司寇"比"士伍甲"的惩罚要重。由此可以看出,秦律对"士伍"们犯罪后的处置,既没有像对有爵位的人那样有所宽恕,也没有像对已犯过罪的刑徒那样特别苛刻。那种认为"士伍"就是"刑徒"的看法是缺少根据的。

再说那种认为"士伍"是"从士卒之伍"的意见。秦自献公开始实行"户籍相伍"⑤,孝公、商鞅时发展的"令民为什伍,相收司连坐"的"什伍"制度⑥。这种制度反映到军队是:"五人为伍,伍长一人;十人为什,什长一人;百人为卒,卒史一人……"⑦秦汉"士伍"这一称呼的渊源,很可能就是由此开始的。但从秦简看,至少后来它已不限于军队了。《法律答问》有一条:"不会,赀;未盈卒岁得,以将阳又行赀。今士伍甲不会,赀五十;未卒岁而得,赀当加不当?当。"这里说的"会",是指服徭役时报到。对于正在军队中服兵役的卒,不会再发生由政府征集他们去服徭役的问题。可见,那个"士伍甲"显然并不是"从卒之伍"。

我们再看看《秦律十八种·内史杂》中的一条:

"除佐必当壮以上,毋除士伍新傅。"

这是一条关于任命佐吏的法律规定。它的意思是说,任命佐吏,要任命丁壮以上的人,不要任命那些刚刚傅籍的"士伍"。这里说的"佐",是指辅助官吏。"傅","傅籍"。《汉书·高帝纪》:"傅,著也。言著名籍,给公家徭役也。"《文献通考》:"凡民年二十三附(傅)之畴官。"过去不少人按照汉

---

① 《史记·商君列传》。
② 《汉旧仪》。
③ 《云梦秦简·法律答问》。
④ 同上。
⑤ 《史记·秦始皇本纪》。
⑥ 《史记·商君列传》。
⑦ 《汉旧仪》。

初的傅籍年龄推测秦，认为秦的傅籍年龄也是二十三岁。其实，秦汉的傅籍年龄是不同的。就是在同一个朝代，秦或汉前后期傅籍年龄也不一样。秦昭王时，为了适应长平之战的需要，曾"发年十五以上，悉诣长平"。[①] 按秦简《编年纪》对墓主人"喜"的傅籍年龄的记载计算，秦始皇时的傅籍年龄则应为十七岁。秦的傅籍年龄所以小于汉，说明秦的战事频繁，赋税、徭役重于汉。应当说明的是，曾经有人把傅籍解释成与服兵役同一概念，也是不对的。云梦睡虎地十一号墓主人喜的傅籍年龄是十七岁，而从军却在傅籍十二年之后，也就是二十九岁。如果把长平之役征召十五岁的人入伍作为适应军事紧急需要的一种例外，那么，秦的傅籍年龄应在十七岁。从《秦律十八种·内史杂》的这条规定看，如果这里讲到的那种"新傅"的"士伍"是曾有爵而又因罪被夺爵的人，是很难想象的。因为很难设想一个刚刚傅籍的青年会立即得爵，并且得爵又马上犯罪被夺爵。这尤其不可能成为普遍现象。即使有个别例外，也不会任用他们去充当佐吏，并需要规定一条法律来加以制止。这也说明，那种以为只有曾获得某种爵位，因犯了罪被夺爵的人才称为"士伍"的看法是不符合实际的。

我们再用《治狱程式》提供的材料分析，问题就更加清楚。

《治狱程式》除两则"治狱"、"讯狱"的治理狱事的原则规定外，其余二十三则是法律文书程式和编选的案例。这二十三则中，又有二十一则有"士伍"作为案件的原告、被告或受害人。试举一例：

　　有鞫　敢告某县主：男子某有鞫辞，曰：士伍，居某里。可定名事里，所坐论云何，何罪赦，或覆问无有，遣识者以律封守，当腾，腾皆为报，敢告主。

这是一篇官方规定的法律文书程式。它规定，在报告案情时，要填写的项目：这个士伍哪里居住，他确实的姓名、职业、籍贯，曾犯过什么罪，何时被赦免释放，复问过没有。要按照法律规定派遣了解情况的人将他的家产和人口查封看守，然后写明情况上报。在这一例中，"士伍"作为一般概念，代表犯罪嫌疑人。其用法类似现代资产阶级国家法律中的"男公民"一词。

再从《治狱程式》其他各则提到的"士伍"来看，从他们所处的地位及与

---

① 《史记·白起列传》。

外界发生的关系也可以进一步看出，"士伍"一词绝不单单适用于曾有爵而因罪被夺爵的人。这一概念的使用范围在当时要广泛得多。可见，这种"士伍"在秦的人口中占有相当大的比重。必须指出，有爵的人，在秦只占少数，多数人是无爵的。当时，秦实行军功爵制度，有爵位既可以升官，又可以获田、复除，还可以抵押、减刑，从而享有巨大的特权，以致在出征时出现"父遗其子，兄遗其弟，妻遗其夫，皆曰'不得，无返'！"①而获得爵位在当时又是很不容易的。史称："秦人贵爵，除吏复家，故不轻赐爵。"②获一爵位也不是一件简单的事。这都使有爵位的人在人口中不会是多数，更不会有这么多人获得爵位后又犯罪被夺爵。

"士伍"是不是只是指无爵的"从士卒之伍"？从《治狱程式》来看，也并不全是。从《治狱程式》中二十多件提到"士伍"的案例中，看不出这些"士伍"都是现役"卒伍"。秦律《戍律》规定："同居毋并行，县啬夫、尉及士吏行戍不以律，赀二甲。"③就是说不能抽一家两个以上壮丁去戍边，否则，县和县以下的地方官吏是要受赀二甲惩处的。而《治狱程式》中有"告子"案例，恰恰是父子二人同处一家：

> 告子　爰书：某里士伍甲告曰："甲亲子同里士伍丙不孝，谒杀，敢告。"即令令史已往执。令史已爰书：与牢隶臣某执丙，得某室。丞某讯丙，辞曰：甲亲子，诚不孝甲所，毋它坐罪。

此例的"原告"与"被告"均为"士伍"，并系父子关系。甲因丙对自己不孝顺，请求官府杀丙。他们之间的争执当然不是在军队中发生的。因为在军队中战士的义务首先是听从命令，奋勇杀敌，而不会是首先对他的父亲讲究什么"孝道"。

至于"士伍"是否是夺爵后的一种"刑徒"或者是一种"刑罚"呢？秦的刑徒不仅劳动条件恶劣，而且生活条件十分艰苦。他们干活有人带领、监督，外出不得经过城镇闹市，穿戴、甚至生理上都要留下一定标记。而《治狱程式》各个案例中的"士伍"有家有业，行动也不受非常严格的限制，远非一般"刑徒"所能比拟。这些也说明，不能把"士伍"说成是一种刑徒或者是

---

① 《商君书·画策》。
② 《史记全注考证》引徐孚远语。
③ 《云梦秦简·秦律杂抄》。

一种刑罚。

那么,"士伍"到底是一种什么身份?从历史文献和云梦秦简提供的材料综合起来分析,有以下基本特征:第一,傅籍之后至六十岁免老前的男性丁;第二,无爵或曾有爵而被夺爵者;第三,非刑徒和奴隶。这种身份概括说就是:无爵或被夺爵后的成丁。按照封建法律,他们对地主阶级国家担负有服兵役和徭役的任务。所以东汉卫宏的意见还是对的:"无爵为士伍"。他们属于庶民。《史记》中"武安君白起有罪为士伍",用现代的话说就是:"武安君犯了罪削爵为民"。削爵是一种处分,但不等于削爵后就都成为"刑徒"。

秦始皇二十六年结束统一战争,在全国范围内建立了封建专制主义中央集权王朝之后,曾"更民曰'黔首'"。① "黔首"是民,亦即庶民。它包括庶民中间的男女老幼;而"士伍"只指其中的男性成丁。"汉承秦制"。② 由于秦统一不久,秦王朝就在轰轰烈烈的农民战争打击下覆亡了,"黔首"这一称呼未能推广开来,流传下去。而"士伍"这一称呼,则由于历史久远,影响深固,却在前汉相当长的一段时间在社会上和官方的正式文件中被沿用。汉代"士伍"的身份,与秦应当是一致的。

三

秦汉"士伍"的阶级地位如何呢?

列宁指出:"在奴隶社会和封建社会中,阶级的差别也是用居民的等级划分而固定下来的,同时还为每个阶级确定了在国家中的特殊法律地位。"③秦的封建等级主要是以爵位体现的。从最低一级"公士",到最高一级"彻侯",共分二十级。"彻侯"之上是秦的最高统治者,从"公"、"王"一直到"皇帝"。在这个金字塔式的封建等级中,它的底层就是包括"士伍"在内的庶民(以后改称"黔首")以及依然不被当人看待的奴隶。

但"士伍"也好,"庶民"也好,并不构成一个阶级。史载:"庶人之富者累巨万,而贫者食糟糠。"④从云梦秦简提供的材料也可以看出,"士伍"中的

---

① 《史记·秦始皇本纪》。
② 《晋书·刑法志》。
③ 列宁:《俄国社会民主党的土地纲领》,《列宁全集》第6卷,人民出版社1959年版,第93页。
④ 《汉书·食货志》。

少数在经济上处于相当优裕的地位,属于剥削者阶级。试举《治狱程式》中两例:

> 封守　乡某爰书:以某县丞某书,封有鞫者某里士伍甲家室,妻、子、臣妾、衣器、畜产。甲室、人:一宇二内,各有户,内室皆瓦盖,木大具,门桑十木。妻曰某,亡,不会封。子大女子某,未有夫。子小男子某,高六尺五寸。臣某,妾小女子某,牡犬一。

这是查封和看守一个犯了罪的"士伍"的房产、器物和人员的报告书。尽管它抽去了涉及这一案件的全部人员的姓名,代之以抽象的"某"字,但这是以真实案例为根据则是无疑问的。从这一例中的"士伍"家庭情况和劳动力来看,他不仅生活优裕,而且还蓄奴养婢,存在相当数量的剥削。

> 告臣　爰书:某里士伍甲,缚诣男子丙,告曰:丙,甲臣,骄悍不田作,不听甲令,谒卖公,斩以为城旦,受价钱……

这又是一个畜奴的"士伍"。"爰书"没提供这个"士伍"及其家庭更多的情况,但它却说明,秦时的奴隶并不只从事家庭劳动,还从事农业生产。"田作"就是作田、种田。在云梦秦简中,提到奴隶从事农业生产的,绝非仅此一例。"斩以为城旦","斩"字意不详,疑为"刑",即"刑以为城旦"。这说明,不好好按照主人的命令种田,主人是可以把奴隶交由国家惩处的。这一方面说明当时主人对奴隶的惩治已受到了某些限制,有别于奴隶社会;同时也说明秦封建国家,对包括少数"士伍"在内的剥削者们对奴隶的剥削,仍然是受保护的。

"士伍"中的少数处于比较优裕的地位,甚至家藏"千钱",畜奴、养婢,存在相当数量的剥削,但"士伍"的绝大多数,正如我们从许多例子中看到的,被紧紧束缚在土地上。他们是佃农或有少量土地的劳动农民。也有一些从事其他职业。云梦睡虎地十一号秦墓出土的七件漆耳杯的外底,均有"士五军"的针刻文字。"士五"就是"士伍","军"是名字。其他地方出土的秦的器物,也有类似的标记。这些器物标明的身份和名字,是指器物的生产者,而不是器物的所有者。这说明,"士伍"不仅包括从事农业生产的劳动者,而且还包括一部分手工业工人。不管是从事农业劳动的"士伍",或者是从事手工业劳动的"士伍",他们在政治上,都处于封建等级压迫的底层(除奴隶外);经济上,他们是封建赋税徭役的主要承担者。正因为他们在政治上受压迫,经济上受剥削,对封建地主阶级统治的反抗也就很坚决。秦简中记录那么多"士伍""犯罪"是很说明问题的。

秦地主阶级政权为了维护自己的统治,把法律的主要锋芒对准包括绝大多数"士伍"在内的广大劳动人民,用砍头、断足、割鼻等种种残酷刑罚对他们进行镇压。但残酷的镇压必然引起更强烈的反抗。形势发展的需要,迫使许多"士伍"从孤立的个人反抗走上联合斗争。《治狱程式》的"群盗"一案例,即是这种斗争的一个突出例子:

群盗　爰书:某亭校长甲,求盗在某里曰乙、丙,缚诣男子丁,斩首一,具弩二,矢廿。告曰:丁与此首人强攻群盗人,自昼甲将乙等缴循到某山,见丁与此首人而捕之。此弩矢,丁及首人弩矢也,首人以此弩矢□□乙,而以敛伐收其首,山险不能出身山中。〔讯〕丁,辞曰:士伍居某里。此首某里士伍戊也,与丁以某时与某里士伍己、庚、辛,强攻群盗某里公士某室,盗钱万,去亡。己等已前得。丁与戊去亡,流行毋所主舍,自昼居某山。甲等而捕丁、戊,戊射乙,而伐杀收首。

从这一案情报告书中,我们不难看出阶级斗争的激烈程度。家中藏有万钱的"某里公士",无疑是一个相当大的地主。"士伍"丁、戊、己、庚、辛等,携带当时相当先进的武器,有组织、有计划地袭击了这个公士的家,然后逃到山上去。秦封建国家政权对于这些敢于公然拿起武器反抗的"士伍"是严惩不贷的。不仅很快将士伍己等缉捕归案,而且又组织人对士伍丁、戊进行围剿。士伍戊在寡不敌众的情况下,仍然临危不惧,坚持战斗。秦统一后不长时间,陈胜、吴广领导的农民起义军揭竿而起,全国各地革命农民纷纷响应。正是这次轰轰烈烈的农民大起义,埋葬了秦王朝的统治。

秦统治者的法律思想[*]

一 历史的回顾

公元前221年,秦始皇灭亡六国,完成全国统一、建立了中国历史上第一个统一的专制主义的中央集权的封建国家。由此,开始了中华民族历史发展的新阶段。

秦完成中国统一不是偶然的,它是春秋战国以来经济、政治发展和民族融合的结果,是秦统治者在总结历史经验的基础上制定的符合秦国实际的政策和法律实施的结果。这里所说的秦统治者,不只是指完成全国统一的秦始皇和李斯等人,也包括商鞅变法后统治秦国的一些重要代表人物。因此,本文需要从秦王朝的建立向前作某些追溯。

历史发展到战国中期,各诸侯国通过改革基本确立了封建生产关系和新兴地主阶级的统治地位。但是,连续不断的战争和分裂局面,不但影响社会生产进一步发展,而且也危及国家和人民生命财产安全。如何增强国家实力,保卫疆土,进而取得战争胜利统一全国,已成为摆在各国统治者面前的重要问题。公元前361年,秦孝公即位,任用商鞅在国内大刀阔斧地进行了一系列变法改革。商鞅是战国中期的著名政治家,法家代表人物,关于他的法律思想与变法实践,本文不拟赘述。需要指出的是,商鞅的政治主张和

---

[*] 本文原载《中外法律思想史新探》1994年第2辑。

变法措施所以能在秦国变为现实,是与秦国的客观形势发展需要和以秦孝公为首的统治者强有力的支持分不开的。

让我们看看秦孝公即位当年发布的那篇求贤令吧:

> 昔我缪公自岐雍之间,修德行武,东平晋乱,以河为界,西霸戎翟,广地千里,天子致伯,诸侯毕贺,为后世开业,甚光美。会往者厉、躁、简公、出子之不宁,国家内忧,未遑外事,三晋攻夺我先君河西地,诸侯卑秦,丑莫大焉。献公即位,镇抚边境,徙治栎阳,且欲东伐,复缪公之故地,修缪公之政令。寡人思念先君之意,常痛于心。宾客群臣能有出奇计强秦者,吾且尊官,与之分土。①

这篇求贤令首先颂扬了秦祖先修德行武,建国立业,开疆拓土,为天子和诸侯所重视的光荣业绩;也未回避缪公以后因统治者发生问题,招致内部混乱,三晋入侵,为诸侯国轻视的严酷事实。接着,它指出了献公即位,修缪公之政令,徙治栎阳,拟挥兵东伐,决心收复秦故地的愿望。求贤令最后表示,为完成先君之遗愿,以高官封地为奖赏,征求"有能出奇计强秦者"。这篇求贤令内容明确,文字简洁,鲜明地表现了以秦孝公为首的统治者对变法改革重要性和迫切性之认识,表明了他们求贤若渴,招才纳士,实行变法改革的决心。正是在这种情况下,商鞅才被赏识和重用,其抱负和主张才找到施展的机会。

我们再看看在实施变法的关键时刻,秦孝公对商鞅的坚定支持。《商君书·更法篇》、《史记·商君列传》和《新序·善谋篇》都生动地记述了由秦孝公主持,商鞅、甘龙、杜挚参加的"讨正法之本,求使民之道"②的那次会议的情况。其中《商君书·更法篇》较为详细:

> 君曰:"代立不忘社稷,君之道也。错法务民主张,臣之行也。今吾欲变法以治更礼以教百姓,恐天下之议我也。"
>
> 公孙鞅曰:"臣闻之,疑行无名,疑事无功。君亟定变法之虑,殆无顾天下议之也。……法者所以爱民也,礼者所以便事也。是以圣人苟可以强国,不法其故;苟可以利民,不循其礼。"

---

① 《史记·秦本纪》。
② 《商君书·更法篇》。

孝公曰："善"！

甘龙曰："不然。臣闻之,圣人不易民而教,知者不变法而治。因民而教者,不劳而成功。据法而治者,吏习而民安。今若变法,不循秦国之故,更礼以教民,臣恐天下之议君,愿孰察之。"

公孙鞅曰："子之所言,世俗之言也。夫常人安于故习,学者溺于所闻,此两者所以居官而守法,非所与论于法之外也。三代不同礼而王;五霸不同法而霸。故知者作法,而愚者制焉。贤者更礼,而不肖者拘焉。拘礼之人不足与言事,制法之人不足与论变。君无疑矣。"

杜挚曰："臣闻之,利不百,不变法。功不十,不易器。臣闻法古无过,循礼无邪。君其图之。"

公孙鞅曰："前世不同教,何古之法?帝王不相复,何礼之循?……礼法以时而定。制令各顺其宜。兵甲器备,各便其用。臣故曰:治世不一道。便国不必法古。汤武之王也,不修古而兴。殷、夏之灭也,不易礼而亡。然则反古者未必可非,循礼者未足多是也。君无疑矣。"

孝公曰："善！吾闻穷巷多吝。曲学多辨。愚者笑之,智者哀焉。狂夫乐之,贤者器焉。拘世以议,寡人不之疑矣。"

这是一篇别具一格的文章。从治学严谨、甄别史料认真闻名于史的司马迁在本传中对其使用的情况来看,它可能是当时会议的真实记录,至少也是根据可靠材料编写而成。其中商鞅与甘龙、杜挚的唇枪舌剑、激烈论争固引人注意;秦孝公胸有成竹、坚持变法改革的态度也跃然纸上。作为一国之君和会议的主持人,秦孝公在开场白中讲得很明确:作国君不能忘国家,作人臣要努力辅佐君上建立法度。现在就是要变更法度来治理国家、改革礼制来教导百姓。他虽然表现出某些顾虑,但变法改革的意向是不容怀疑的。当商鞅首先发言说,行动迟疑不决,就不会有名;作事犹豫不定,就不会成功。法度是爱护人民的。礼制是利于国事的。圣人治国,只要能使国家强盛,就不必沿用旧法度;只要有利于人民,就不必遵守旧礼制。他敦促孝公不要顾忌一些人议论,尽快下决心变法。秦孝公的表示虽然简短,但却是明确、肯定的。这既是讨论会的导向,也是对商鞅的支持和鼓励。甘龙、杜挚怀疑、反对改革、当场同商鞅进行了激烈辩论。孝公最后严厉批判了甘龙、杜挚的思想观点,再次肯定了商鞅的意见,并任命商鞅为左庶长,主持变法。

商鞅变法是一次深刻的社会改革,触及面宽,措施严厉,如废除井田制,鼓励开荒和农业生产,按人口征收军赋;统一度量衡;改革戎狄风俗;迁都咸阳,推行郡县制;奖励军功,禁止私斗;奖励告奸,实行连坐,等等。其中有些直接触及宗室贵族的利益,如规定"宗室非有军功论,不得为属籍……有功者显荣,无功者虽富无所芬华"。① 尤其是他惩罚太子,刑劓公子虔等,如若不是得到秦孝公的强有力的支持,根本不可能实施。

这一变法是成功的。它不只对当时的秦国有重要意义,大大影响了国家的政治格局,也对以后历史发展产生了重要影响。从史料记载可以看得很清楚,商鞅对变法起了关键作用,但秦孝公的作用绝不可低估。是孝公认识到了在秦国进行改革的必要性,首先提出了变法、更礼的主张;是孝公在关键时刻肯定了商鞅关于强国利民不法其故、不循其礼的历史进化思想,批驳了甘龙、杜挚法古、循礼的守旧观点;是孝公下决心在农业生产、军事战勤、国家行政、社会组织和惩罚犯罪等广泛领域普遍推行法治;也是孝公,在刚刚从奴隶制脱胎而出的封建社会主张壹刑,主张对宗族,甚至太子犯罪也施加刑罚。这些事实都说明,孝公是秦国变法的主导者和决策人。后人在记述这段历史时,往往只称之为"商鞅变法",虽然有一定道理,但却不能全面反映历史真实。如称"秦孝公、商鞅变法",或"秦孝公任用商鞅变法",则比较符合历史实际,才不至于埋没秦国历史上这位有作为的君主所创下的辉煌业绩。也只有如此,我们才能据实对其法律思想给予恰当评价。

公元前338年,秦孝公去世,惠文君即位。秦国内对变法不满和怨恨商鞅的势力纠合起来,攻击、诋毁商鞅;公子虔还告发商鞅"欲反",商鞅被车裂。不过,由于变法改革已经获得成功,人们从中得到了益处,所以历史并未因商鞅被害而走回头路。韩非曾评论说:"及孝公、商君死,惠文王即位,秦法未败也。"②事实上,不仅惠文王时秦法未败,其后武王、昭王、庄襄王,直到秦始皇,均继承了孝公、商鞅的法律思想和变法传统。这不仅见于历史记载,而且也为十几年前发现的云梦秦简等地下发掘之简牍所证实。

1975年年底,我国文物考古工作者在湖北省云梦县城关睡虎地发掘了一批秦代竹简。其中主要内容是秦的法律,如:朝廷颁行的《秦律十八种》、《效律》、《秦律杂抄》、《封诊式》、《法律答问》,以及地方颁行的《语书》等。

---

① 《史记·商君列传》。
② 《韩非子·定法》。

其余还有《编年纪》和《为吏之道》等，也是重要的法律史料。据简文内容可以推断，这批法律和文书，上限起自秦孝公、商鞅变法，下限止于秦始皇执政。其中的法律虽然只是摘抄的秦律的部分内容，文书数量较少，但是毕竟给我们提供了关于秦的极为珍贵的史料。这部分法律和文书颁布和实行的时间，与本章所要研究的问题的时间大体是吻合的，我们不难从中窥见秦的几个主要统治者的法律思想。

从云梦秦简法律和文书的内容看，孝公、商鞅以后的秦统治者，大体继承了商鞅等法家的法律思想。如：以法治理国家的思想；法律应随时代变化不断发展的思想；立法要统一、执法要严格的思想和严格治吏的思想等。此外，秦简的法律和文书也表现了儒法思想在某些方面的融合倾向。它说明为适应统治实践的需要，秦统治者对儒家学说并非一味排斥，而是有条件地加以吸收。由于上述思想符合秦国实际，所以在它的指导下制定的法律和政策获得了成功。经过几代努力，秦国的经济、政治和军事实力大大增强，在成功地抗击了关东诸国的联合进攻之后，到秦昭王时已成为耀武中原、有潜力统一全中国的大国。

法家法律思想在秦国产生影响并制定成政策，以及法律实施，一开始就存在斗争；大夫甘龙、杜挚对孝公、商鞅变法改革的公开反对，前面已经谈过。后来，武王、昭王时，魏冉又一反秦招贤纳士、任用客卿的政策，妒贤嫉能，扶持亲信，"御下蔽上，以成其私"，致"秦王之国危于累卵"①，也属于这种性质。秦始皇执政后，随兼并战争的胜利和疆域日益扩大，围绕统一后建立什么样的国家和执行什么样的政策，以吕不韦为首的集团又提出了一套政治主张，试图对秦国行之已久的法治路线作大幅度修正。由此，他与秦始皇之间在法律思想和政治主张上展开了一场尖锐斗争。

吕不韦是战国末年一位政治家。他原是在赵国经商的一位商人，后因助秦公子异人取得王位有功，庄襄王即位后，任其为相国，封"文信侯"，成为秦国举足轻重的人物。公元前247年，在位三年的庄襄王去世，其子秦王政继位，年仅十三岁，他就是后来的秦始皇。当时，"王年少，初即位，委国事大臣"②，吕不韦以"仲父"身份辅政，掌握军政大权，成了秦国的实际统治者。在此期间，秦国的内政外交均取得了重大成就。吕不韦认为，为了适应国家统一后的新形势，对秦自孝公、商鞅以来实行的"燔诗书而明法令"、无

---

① 《史记·范雎蔡泽列传》。
② 《史记·秦始皇本纪》。

视"儒术"、独任"法治"的传统政策,应当加以修正。他辅政不久,就从三晋诸国招揽各派学者、文人,"厚遇之,至食客三千人"。① 在其主持下,宾客们"上观尚古,删拾《春秋》,集六国时事"②,著书立说,成就了一部著作——《吕氏春秋》。后人曾评论说:"吕不韦相秦十余年,此时已有必得天下之势,故大集群儒,损益先王之礼而作此书,名曰《春秋》,将欲为一代兴亡之典礼也。"③吕不韦正是以此种方式,既从思想上制造了舆论,也系统提出了政治主张,还从组织上聚集了力量。

《吕氏春秋》是一部兼容法、儒、道等学派观点的著作。它也主张实行君主专制,但相对较法家提出的模式开明。《汉书·艺文志》将其列为杂家。从思想源流说是如此,也由于它是一部按一定计划和体系集体编写的著作,汇集了全国各流派知识分子的思想和愿望,因此,其中不乏真知灼见。对于即将完成全国统一的秦国统治者,如果冷静地加以思考,择其善者而从之,是会有益的。事实上从秦王政执政前直到秦始皇统一,由于共同文化传统的影响和统治实践的需要,儒家和道家法律思想不少已被秦的法律和政策所吸收。但是,由于秦始皇决心独掌权力,也由于吕不韦在成功之后失去谨慎,当《吕氏春秋》书成时,竟将其"布咸阳门,悬千金其上,延诸侯游士宾客,有能增损一字者予千金"④。这对当时已成年的秦始皇,无疑是咄咄逼人的示威和不敬。这些,加上其他与秦始皇间积攒已久的政治分歧,终于爆发了一场公开的权力斗争。而结果,以吕不韦的完全失败而告终。

对吕不韦斗争的胜利,为秦始皇收回从他父亲庄襄王时旁落的大权扫清了最后一个障碍。由此,在李斯等的辅佐下,他不仅成了秦国名副其实的国君,而且他和李斯的法律思想也在同吕不韦及其门徒的不断斗争中逐渐形成和发展。同秦孝公、商鞅变法后秦国的几个主要统治者一样,秦始皇、李斯的法律思想主要是受商鞅和后来的韩非等战国法家思想的影响,并在新的条件下有所发展。他们都主张人主独尊,提高君主的地位,实行君主专制;都主张废除分封制,实行郡县制,加强国家的集中统一;也都主张以法律手段治理国家,推行封建吏治,建立有利于封建专制主义统治的法律秩序;还主张以吏为师,以法为教,废弃儒学,实行重刑主义,厉行思想文化专制。

---

① 《史记·吕不韦列传》。
② 《史记·十二诸侯年表》。
③ 陈皓:《礼记集说》。
④ 《史记·吕不韦列传》。

秦始皇和李斯的法律思想是逐步形成和发展的,全国统一前后,秦王朝建立初期和后期有一个重大变化,尤其是在统治阶级内部矛盾加剧和面临农民激烈反抗的情况下,他们都主张以严刑酷罚实行镇压,妄图以高压手段来恢复秩序,维持摇摇欲坠的统治,从而将法家的法律思想发展到了极端地步。

秦始皇、李斯的法律思想固然严厉,并且在后来确实对一些反抗秦王朝的儒家学者采取了镇压措施,直至"焚书坑儒"。但是儒家思想、尤其是儒家的伦理思想,是与中国传统的宗法制度密切联系的。它不可能被禁止,更不可能被废除。秦始皇、李斯镇压的是政治上反对他们的那一部分儒生,而不是全体。事实上,有些儒生一直在秦始皇政权中任职。这种乍看起来矛盾的现象,实际上是合乎逻辑的。秦始皇和李斯也有不少自己的著述,从传世部分看还颇有文采,但他们毕竟不是学者而是政治家。面对复杂的现实,为了达到目的,政治家们往往不得不迂回前进,在法律和政策上作出许多让步。这反映了他们思想上的折中调和,也反映了一定程度上的朴素辩证法。秦始皇、李斯的法律思想如此,秦其他统治者的法律思想也如此。对于所有政治家的法律思想,这种特点可能有一定普遍意义。此外,即使秦统治者通过制定政策和法律赋予他们的法律思想以国家强制力,但它仍有很大局限性。云梦秦简中有一篇《为吏之道》,其中抄录了一些字书,也有一些类似"官箴"之类的治身格言,应是秦下级官吏的杂记。它的内容,既反映了法家思想,也反映了儒家思想,有些段落与后来流传下来的儒家著作几乎一致。它说明,即使秦始皇时期,即使在官吏中,儒学也有其不可忽略的影响,后统一的关东诸国更是如此。有些著作,在论及各学派思想时,只注意其对立和矛盾,而不注意其融合和统一;在论及一些统治者的思想时,只注意其对政策、法律和人们思想的影响,而看不到它的局限,显然与历史真实存在距离。

二 云梦秦简中的法律思想

在湖北云梦发现的秦代竹简,是我国文物考古界的一项重大发现。这批竹简总计为1155支。简文为墨书秦隶,字迹颇为清晰。内容共有十种:(1)《编年纪》;(2)《语书》;(3)《秦律十八种》;(4)《效律》;(5)《秦律杂抄》;(6)《法律答问》;(7)《封诊式》;(8)《为吏之道》;(9)《日书》甲种;(10)《日书》乙种。上述十种中,《语书》、《效律》、《封诊式》和《日书》为简文原有书题,其余为云梦秦简整理小组据简的内容拟定。云梦秦简的内容主要是法律和有关法律的文书。前面"历史的回顾"一节中已经谈到,这部分法律、文书制定的年代,上限为孝公、商鞅变法,下限为秦始皇执政。它填补了秦法律史料的空白,引起国内外学者的广泛重视。它虽只是秦法律史料的一部分,但仍能从一个侧面反映当时统治者的法律思想。概括起来主要有以下几个方面。

(一)以法治理国家

"以法治国"是战国法家学派区别于儒家和其他各学派的主要思想和主张。在云梦秦简中主要表现于国家在广泛领域里运用法律手段实行管理。

刑事方面,史籍中记载的、商鞅相秦时以李悝《法经》为蓝本制定的六篇刑律(有称《秦法经》)在云梦秦简中虽无记载,但其中的《法律答问》(有称《律说》)却是官方对这部刑律有关内容的解释,不少地方引用了秦刑律原文,并对其中的罪名、法律概念、刑罚和刑罚的适用,以及诉讼程序等作了解释和补充规定。从引用的律文和作出的解释看,秦刑律的罪名可分为危害君主、王室尊严和安全罪,危害封建地主阶级统治罪,官吏渎职、贪污罪,侵犯官私财产罪,危害社会治安罪,杀人罪,伤害罪,强奸罪,危害尊卑关系罪,逃避赋税、徭戍罪,走私罪,私造货币罪,非法贸易罪以及外邦人犯罪等等。《法律答问》对刑律的解释,使刑律条文更加明确和具体,既便利官吏和百姓遵守,也使法律和律学在实践中得到了发展,使秦的刑网愈加严密。

有关国家机构和官吏职务的管理。在国家机构和官制的发展史上,从世卿世禄制到官僚制是一个重大变化。如何适应新形势加强对国家机构和官吏的管理,以完善和发展官僚制,是秦统治者面临的重要课题。见于云梦秦简的这方面的法律有:《除吏律》、《置吏律》是有关官吏任命和免职的法律;《军爵律》、《中劳律》是关于劳绩计算、军功爵授受和撤销的法律;《尉律》、《内史杂律》是关于法官、内史等官吏职务的法律;《行书律》是关于传送公文书信的法律;《传食律》是关于驿传伙食供给标准的法律。这些法律类似现代的行政法,内容之详细,规定之具体,有些完全可以与现代国家的行政法规及其实施细则相媲美。

有关经济管理方面的法律。在秦云梦秦简发现之前,有关其经济管理方面的法律规定之详尽程度是人们难以想象的。

第一,在农林牧业方面。法律在保护封建土地所有制和其他财产所有制的前提下,对农田经营管理,山林、水利保护和牲畜饲养都作了明确规定。《田律》规定,当下过及时雨后,官吏应上报雨量大小、受雨面积,已开垦而没有耕种的土地面积和庄稼的抽穗的情况;如遇旱、涝、虫灾,要报告受灾程度和受灾面积。《田律》还规定,除因死亡做棺椁需伐木材,不到规定的节令,不准砍伐山林;不到夏天不准捕幼鸟、幼兽和毒杀鱼鳖。这说明当时的统治者已开始懂得用法律来保护自己生存的环境了。云梦秦简记载的《田律》和四川青川县出土的秦《田律》,对水利设施的维护都作了具体规定。每年十月要整修渠道①,春天二月不得堵塞渠道。马、牛、羊是秦时的主要生产资料和生活资料。秦律对这几种牲畜的饲养和繁殖都有规定。每年四、七、十和正月对牛的饲养进行检查评比,成绩优异者主管啬夫受奖;成绩低劣者受罚。饲养的成年母牛和母羊,十头牛六头无子,十头羊四头无子,主管啬夫及其助手都要受罚。

第二,在手工业方面。秦统治者重农,但从法律规定看,对手工业生产发展也是重视的。云梦秦简记载的关于手工业的法律有《工律》、《均工律》、《工人程》和《司空律》中的有关内容。其中规定了手工工人的培养制度,新工人与老工人、男工与女工以及不同工程不同的劳动定额。为便于生产协作,提高劳动生产率和产品质量,《工律》规定:"为器同物者,其小大、短长、广亦必等。"这是我们现在所看到的中国古代最早的关于手工业生产标准化的规定。秦律还对手工业生产建立了严格的考核制度。产品要刻上生产者和管理者的姓名,所谓"物勒其名,以考其诚"②,并且要定期检查评比,凡评比中落后者,不仅生产者本人受惩罚,工师和上级负责人县令、丞也要受处分。当人们今天看到一批批传世的和新出土的秦文物时,无不为之达到的精细程度和先进水平而惊叹。这与当时手工业方面相当完备的法律规定有密切关系。

第三,关于赋税徭戍和物资管理方面。赋税徭戍是封建国家赖以存在的基础。秦国当时不仅要养活大批官吏,而且由于长期处于战争环境,还要供养数目巨大的军队,加上后来又进行大规模工程兴建,都要求国家大量征收赋税、徭戍,并对所征收的物资妥善保管,有序发放。云梦秦简中《田律》、《仓律》、《效律》、《藏律》、《徭律》、《戍律》和《司空律》等就有不少这

---

① 四川省博物馆、青川县文化馆:《青川县出土秦更修田律木牍——四川青川县战国墓发掘简报》,载《文物》1982年第1期。

② 《周礼·考工记》。

方面规定。从史籍记载和法律规定看,秦既有土地税,又有人口税。关于徭戍,法律规定有"傅籍"。男子十七岁为傅籍年龄①,得为国家服役。到傅籍年龄不如实向官府申报,家长、本人及里典等都要受严厉处罚。《仓律》、《效律》和《藏律》对征收的粮草和其他种类官有物资的管理规定十分具体,如粮的存放,一般为万石一积,而故都栎阳为二万石一积,国都咸阳为十万石一积。粮食和饲草入仓后要严加封存,并记账向上级报告。《仓律》规定了官吏和官奴隶的口粮标准,马匹的饲料标准,再生产的种子标准,凡用粮均按标准供给。粮食出仓有严格手续,如非入仓人员,要先将粮食总数称量后,再出仓,出仓人员不得中途更换,如不足数则由出仓者赔偿,剩余则上缴。仓中粮食或库中物品,如不按时扬晒致发霉或鼠虫咬坏,保管者、直接负责人及上级主管官吏均要受惩罚。

第四,关于金融和商业方面。史籍称秦统治者"重本抑末",应是言之有据。但不能因此而认为他们不重视商业流通领域的管理。商业是工农业交流的桥梁,是社会经济重要的组成部分。秦简所载法律中有不少关于商业和与之紧密相连的货币管理的规定。秦时,金、钱、布同时作为等价物在市场流通。其中钱只能由官府铸造,私铸钱为犯罪,人人都有权将其扭送官府治罪。为便于流通,法律规定了三者之间的比价:"钱十一当一布。其出入钱以当金、布,以律。"②这条规定的意思是说,十一钱折合一布。如出入钱来折合黄金或布,应按照法律规定。这里虽未指明钱与黄金的比价,但有比价是肯定的。布有一定规格:"布袤八尺,幅广二尺五寸。布恶,其广袤不如式者,不行。"③这就是说,布作为等价物在市场流通的话,必须是长八尺、宽二尺五寸,并符合规定质量。无论是钱或布,凡达到规定标准,官府和私人都不得挑选。有敢选择者,管理市场的列伍长和巡查市场的官吏不告发,都要定罪。《金布律》还规定,市上商品应明码实价、除小商品不到一钱者,其余均要系籤标明价格。《关市律》规定,从事手工业为官府出售商品,收到钱必须立即将钱投入缿中(一种特制的盛钱器物),并让付钱者看见其投入,违反此项法律者罚铠甲一副。由此可见出售商品手续之严格。对外邦人到秦国通商,秦律规定了验证登记制度,凡不经官府验证者,秦国人不

---

① 《睡虎地秦墓竹简·编年纪》。
② 《睡虎地秦墓竹简·金布律》。
③ 同上。

得与之通商："客未布吏而与贾、赀一甲。"①云梦秦简中抄录的商业管理方面的法律不多，但却可以看出秦统治者对商业管理是重视的。正因如此，才保证了商品交换秩序和整个经济的发展。

第五，有关婚姻家庭方面的管理。秦原居西北边地，受戎狄落后习俗影响，婚姻家庭关系比较混乱。为有利于社会安定，有利于繁衍后代和民族兴旺，孝公、商鞅变法时就进行了改革，规定禁止"父子兄弟同室内息"②；后又规定男女结婚要经官府认可；不得娶有夫之妇为妻，娶逃亡之妇为妻，即使开始不知情，婚后所生子女也要入公；夫妻离婚要向政府登记，"弃妻不书，赀二甲"。③ 妻子要受同样惩罚。秦律严惩奸淫罪，"同母异父相与奸，何论？弃市。"④凡发现有人通奸者，任何人均有权将其扭送官府。秦始皇时更加严厉，"有子而嫁，倍死不贞"，"夫为寄豭，杀之无罪"⑤，这就是说，对通奸者，不仅可以扭送官府，而且可以当场杀死。在家庭内部关系上，法律定出维护作为家长的父亲的权力。法律规定有"不孝"罪，父亲可以此种罪名将儿子送官府惩治。父亲对子女还有一定的惩戒权，只要不超出法律规定界限，子女的告诉权就受到限制："子告父母，臣妾告主，非公室告，勿听。"不仅如此，"勿听而行告，告者罪"。⑥ 所谓"公室告"，是指"贼杀伤、盗它人"⑦，对自己的子女和臣妾则不包括在内。当然，父亲对子女的惩戒权还是受限制的，法律不允许擅杀子，更不允许擅杀作为其嗣子的"后子"。"擅杀子，黥为城旦舂"，"擅杀、刑、髡其后子，谳之。"⑧在财产关系方面，法律肯定了父子、夫妻间的继承关系。继承的范围除宅园、田地，还有妻之媵、臣妾和衣器等。

以上内容说明，秦统治者在刑事、行政、经济和婚姻家庭等广泛领域制定了法律。不仅如此，某些内容还十分具体，如刑法方面某种罪的量刑，现场勘验的记录；行政法方面官吏任职的手续、到任的时间和注意事项以及出差的伙食标准；工程方面劳动力计算；农业方面每亩地种子用量，等等。这

---

① 《睡虎地秦墓竹简·法律答问》。
② 《史记·商君列传》。
③ 《睡虎地秦墓竹简·法律答问》。
④ 同上。
⑤ 《史记·秦始皇本纪》。
⑥ 《睡虎地秦墓竹简·法律答问》。
⑦ 同上。
⑧ 同上。

种具体规定乍看起来有失灵活,但对秦国大多数地区来说,按规定办事有可能提高工效和有利于生产发展。这些都充分说明,秦统治者在理论上和实践中都力图贯彻以法治国的方针。

(二)法随时代的变化不断发展

如前所述,法家学派立法上的一条根本指导思想,就是"礼法以时而定,制令各顺其宜……治世不一道,便国不法古",法律应随时代变化而发展的历史进化思想。秦统治者的立法实践和云梦秦简的内容体现了这一思想。

首先,从《法经》与秦律的关系看。《晋书·刑法志》:秦法"其文起自魏文侯师李悝,悝撰次诸国法,著《法经》……商君受之以相秦"。《唐律疏议》:"周衰刑重,战国异制,魏文侯师于李悝,集诸国刑典,造《法经》六篇:一、《盗法》;二、《贼法》;三、《囚法》;四、《捕法》;五、《杂法》;六、《具法》。商鞅传授,改法为律。"上述两段记载说明:第一,《法经》本身就是在战国"异制"的基础上,李悝总结了诸国变法改制的经验,取诸国刑典之精华而制定的。第二,商鞅将其带到秦国,"受之"、"传授",之后"改法为律"。这说明秦统治者对《法经》的内容不是简单移植,而是先学习,然后结合秦国的情况,有所创新,有所发展。《法经》只是秦律的蓝本。第三,李悝《法经》是魏国的刑典,对秦国它是"进口货"。秦国统治者并未因此将其拒之国门之外。他们基于本国的变革需要,不惧怕从外国法律中吸收有益的东西。尽管它对秦国的旧传统,旧法律造成了重大冲击,"秦民之国都言初令之不便者以千数"[①],并且还有太子和一些贵族等有权势的人竭力反对,但为了实现改革,便以国家强制力为后盾推行新法,甚至不惜拿贵族中敢于抵制的人物开刀。由此可见其态度之坚定。

其次,从云梦秦简记载的法律内容看,前后的发展变化也是明显的。尽管商鞅之法在秦国获得成功,"行之十年,秦民大说,道不拾遗,山无盗贼,家给人足,民勇于公战,怯于私斗,乡邑大治"[②],但其后的统治者并未将自己囿于商鞅所制定的法律,而是根据形势变化的需要,不断对已有的法律进行补充和修改。云梦秦简中的法律和文书真实地记载了秦律的发展。

《法律答问》:

---

① 《史记·商君列传》。
② 同上。

"公祠未闻,盗其具,当赀以下耐为隶臣。"
"内公孙无爵者当赎刑,得比公士赎耐不得?得比马。"

以上两则答问提到"公祠"、"内公孙",说明应是秦称公时制定的法律。据考,秦称王是秦孝公之子、秦惠文王四年之事。这就是说,这两则答问所解释的律文应制定于孝公在位时,或者是惠文君四年之前。

《法律答问》另外两则与之不同:

何谓"盗椒厓"?王室祠薽其具,是谓"厓"。
何谓"賷玉"?"賷玉",诸侯客即来使入秦,当以玉问王之谓也。

这两则答问提到"王室祠"、"问王",显然解释的法律是秦惠文君称王之后制定的,晚于称公。

有些法律,从条文涉及的历史事实看则是秦王政初年或亲政之后颁行的。

《秦律十八种·置吏律》:

县、都官、十二郡免除吏及佐、群官属,以十二月朔日免除,尽三月而止之。

这条法律中提到了"十二郡",说明法律颁行当时秦只有十二郡。秦有十二郡至少应在秦始皇五年以前。

又,《封诊式·亡自出》:

乡某爰书:男子甲自诣,辞曰:"士伍,居某里,以迺二月不识日去亡,无它坐,今来自出。"问之□名事定,以二月丙子将阳亡,三月中逋筑宫廿日,四年三月丁未籍一亡五月十日,无它坐,莫覆问。

这里提到"四年三月丁未"。查汪曰桢《历代长术辑要》,庄襄王在位不到四年,孝文王在位仅有一年,昭襄王四年三月无丁未日,只有秦王政四年三月有丁未日。这一爰书所记之"亡自出"事例,应发生于秦始皇四年(公元前243年)。

另,云梦秦简中的法律和文书,有些不避秦始皇讳,如《效律》"衡石不正"、"桶不正"、"斗不正"、"升不正"、"钧不正"、"斤不正"和"黄金衡累不正"等,说明这些条文颁布于秦王政即位之前;而有些则避秦始皇讳,如"里正"多处称"里典","矫正民心"写作"矫端民心"等,说明这些条文与文书应是颁布于秦王政即位之后。

秦统治者正是摆脱了"法古无过,循礼无邪"固守祖宗成法的保守思想,勇于按照形势需要不断修改、补充法律,才使法律和制度日益完备。

以士伍连坐和告奸制度为例。《史记·商君列传》:"令民为什伍,而相牧司连坐。不告奸者腰斩,告奸者与斩敌首同赏,匿奸者与降敌同罚。"当时的意图很明确,就是按军事组织控制基层和人民,建立相互监督、检举制度,实行连坐。但是很显然,如果只强调告奸、奖励告奸、不对诬告者处以严刑,社会很难避免诬告之风,尤其是这种告奸、连坐,后来发展到家庭内部的父子、兄弟和夫妻之间,官府、军队和作坊的上下级、同级之间更广泛的领域。统治者懂得,如一味鼓励告奸,而不加以制约,社会就不可能稳定。这样,秦律中就出现了一系列防止诬告、错告,实行诬告、错告反坐的规定。

《法律答问》:

> 伍人相告,且以辟罪,不审,以所辟罪罪之。
> 甲告乙盗牛若贼伤人,今乙不盗牛不伤人,问甲何论?端为,为诬人;不端,为告不审。
> 当耐司寇而以耐隶臣诬人,何论?当耐为隶臣。
> 当耐为隶臣,以司寇诬人,当耐为隶臣,又系城旦六岁。

以上仅是从云梦秦简记载的法律中挑选出的关于惩治诬告的例子。从中可以看出,秦统治者对于控告错误区分为故意与非故意。故意为诬告,非故意为告不审;告不审又区分为辟罪与未辟罪,即列举罪名和未列举罪名。一般情况下,量刑时,诬告重于告不审,列出罪名之告不审又重于未列罪名之告不审。诬告与列出罪名之告不审量刑的原则是以所告之罪名反坐控告者。惩罚是严厉的,但又是必须的。正是这样严厉的措施才保证了既要求人们告奸,又严格防止诬告、错告,防止一些人借机制造混乱,保证了社会秩序的稳定。

最后，在法的形式上不固守旧模式，有所开拓创新。秦统治者不断修改法的内容，使之日趋完备，在法的形式上也不固守成规，有所创新。商鞅改法为律后，秦法的主要部分均称"律"。据记载，除律之外，还有"令"。以律、令为主体，又创造了"程"、"式"。见于云梦秦简的有《工人程》、《封诊式》。所谓"程"，即员程；"员程谓定数之程课"。①《工人程》是关于官营手工业定额的法律规定。"式"，即程式。作为法的一种，这是目前所能见到的最早的式。《封诊式》是关于封守、侦查等具体办案的规范。其中既有审讯案犯的一般规定，也有现场勘验和法医检验的具体式例。《语书》和《法律答问》也首见于云梦秦简。《语书》是秦王政二十年一位地方官——南郡守腾发布的一篇督促所属县令、丞举劾犯罪、惩治淫泆邪僻之民的地方性法规。其后附有一篇区分良吏和恶吏的具体标准。《法律答问》是官方对秦刑律的解释，是中国古代法典疏议的雏形，具有法律效力。此外，还有"廷行事"，亦即最早的判例。汉以后的"例"就是由此演变而来。以上法的不同形式，包含的内容有所不同，均为后世封建王朝所沿袭。正是在这些不同形式的法的基础上，经过一步步演变，逐渐形成了中国古代法的体系。

(三) 立法、司法统一

立法统一，司法统一，是国家统一的保证，也是君主专制主义的象征。秦统治者为立法、司法统一采取了一系列措施。

法的制定和颁布权属国君，其他人不得任意修改。为避免随意修改法令，秦统治者曾规定："法令皆副置一副天子之殿中。为法令，为禁室，有锲钥为禁，而以封之。内藏法令一副禁室中，封以禁印，有擅发禁室印，及入禁室视禁法令，及禁剟一字以上，罪皆死不赦。"②还规定，即使不是入禁中，"有敢剟定法令、损益一字以上"，也要处以死刑不得宽赦。律令需修改者，要由国君发布命令。1979年至1980年，四川省博物馆等文物考古工作者在青川县郝家坪发现的青川木牍中记述的秦更修田律，记述了秦武王二年（公元前309年）修订的田律，开宗明义写道："二年十一月己酉朔朔日，王命丞相戊、内史匽、民愿更修为田律：田广一步，袤八，则为畛，亩二畛；一陌道。……"这段记载中的"王命丞相戊、内史匽"说明《田律》的修改是按武王的命令进行的。《商君书》关于禁止私自删改法令的规定和秦青川木牍关于更修《田律》由国王发布命令的记载，说明法令的制定权和修改权均属

---

① 杨树达：《汉书管窥》卷八。
② 《商君书·定分》。

司法官每年要核对法令。为保证法令不在传抄中失误和新修改的法令得到贯彻执行,秦统治者规定司法官每年要核对法令。《商君书·定分》:"一岁受法令以禁令。"这就是说,执法官吏每年都要到保存法令的禁室抄录或核对法律。当然,到殿中禁室核对只能是高层官员,中下层执法官吏则到御史处核对。秦《尉杂律》:"岁雠辟律于御史",就是这个意思。

规定了法律适用的原则。社会现象是复杂的,尽管秦统治者把某些法律规定得十分具体,却不可能涵盖各种社会犯罪。为了在司法中准确掌握法律条文的精神,使对各类犯罪量刑大体平衡,秦统治者规定了一系列适用法律的原则。其中主要有:

第一,区分犯罪人的身份地位。商鞅曾提出"壹刑"、"刑无等级"、并宣布"自卿相将军以至大夫、庶人、有不从王令犯国禁、乱上制者,罪死不赦"。① 秦律中贵族的法律特权的确受到限制和削弱,但并非、也不可能完全废除。为鼓励耕战,秦实行二十等军功爵,在法律上按爵位和官职高低确立了新等级。有爵位的人犯罪可依爵位高低减免,担任官职者,犯罪后量刑时也可受到一定优待,"男子赐爵一级以上,有罪以减";秦简《法律答问》:无爵位的内公孙犯罪应赎刑,可以比照公士降一等赎耐。《法律答问》还规定"将上不仁邑里者而纵之,何论?当系如其所纵,须以得;有爵作官府"。有爵位的人可以在条件较好的官府居作,当然是一种优待。由此可见,商鞅等提出的"刑无等级"是针对奴隶主贵族提出的,一旦新兴地主阶级确立了统治地位,他们就以新的等级取而代之。所以"壹刑"只是在同一等级上,同样身份人中大体一致,而不同爵位、官职和其他不同身份的人在法律上是有区别的。

第二,区分犯罪责任年龄。犯罪责任年龄,是指行为人对自己的行为应负刑事后果的年龄。秦以身高为年龄大小的标志。秦简《法律答问》:"甲小未盈六尺,有马一匹自牧之,今马为人败,食人稼一石,问当论不当?不当论及偿稼。""甲谋遣乙盗杀人,受分十钱,问乙高未盈六尺,甲何论?当磔。"第一例甲所以免于追究,一是身高未盈六尺,二是马食稼是被人惊吓;后一例甲所以被处重刑,一是由于教唆犯,二是由于教唆的对象是高未盈六尺的未成年人。秦六尺约合令1.38米,大体相当现今十二岁左右的孩子。

---

① 《商君书·赏刑》。

从以上规定看,秦律是以此作为承担犯罪后果的责任年龄界限的。

第三,区分故意与过失。区分故意与过失,《尚书》有记载,可知西周初已有规定。秦继承了这一原则。秦律称故意为"端为"(亦简称"端");过失为"不端"、"不审"。秦简《法律答问》:"论狱[何谓]'不直'?何谓'纵囚'?罪当重而端轻之,当轻而端重之,是谓'不直'。当论而端弗论,及易其狱,端令不致,论出之,是谓'纵囚'。""甲告乙盗牛若贼伤人,今乙不盗牛,不伤人,问甲何论?端为,为诬人;不端,为告不审。"从秦律规定看,"不直"、"纵囚",属故意所为,量刑重;而"不审",属于过失,量刑较轻。

第四,区分既遂与未遂。既遂是指犯罪意图已经实现或部分实现;未遂是已着手实施犯罪,但由于某种客观原因而未得逞。秦简《法律答问》:"甲谋遣乙盗,一日,乙且往盗,未到,得,皆赎黥。"这是一条共同盗窃案的未遂罪。其犯罪意图未实现,是由于中途被抓获,所以,按照法律从轻处以赎黥刑罚。另:"不盈五人,盗过六百六十钱,黥劓以为城旦;不盈六百六十钱到二百廿钱,黥为城旦;不盈二百二十以下到一钱,迁之。"这也是关于惩治共同盗窃罪的规定,按盗窃的数量量刑分为三个等级:超过六百六十钱,处以黥、劓、还加五年徒刑;超过二十百二十钱,处以黥刑加五年徒刑;超过一钱就要处迁刑。很显然,上述既遂罪之迁刑要比未遂罪之赎黥重得多。

第五,区分共同犯罪与非共同犯罪。共同犯罪是二人以上共同预谋犯罪。共同犯罪比非共同犯罪的社会危害性更加严重,历来为统治者所重视,加重予以惩罚。秦简《法律答问》:"甲乙雅不相知,甲往盗丙,才到,乙亦往盗丙,与甲言,即各盗,其赃值各四百,已去而偕得。其前谋,当并赃以论;不谋,各坐赃。"另:"夫盗三百钱,告妻,妻与共饮食之,何以论妻?非前谋也,当为收;其前谋,同罪。"以上两条说明,是否二人以上共谋是区分共同犯罪与非共同犯罪的关键。前一条,同谋则并赃以论;后一条,同谋则与之同罪。秦律对侵犯财产罪按数目大小划分为不同等级,数目愈大,惩罚愈重。秦律规定:"人户、马牛及诸货财值过六百六十钱为'大误'。"[①]前引第一条,分别计赃每人只偷盗四百钱,而合并计赃则为八百钱,远远超过了"大误"的界限,量刑就要大大加重。秦律的共同犯罪中又突出了集团犯罪。集团犯罪则要"加罪",量刑又较一般共同犯罪重。《法律答问》:"何谓加罪?五人盗,赃一钱以上,斩左趾,又黥以为城旦;不盈五人,盗过六百六十钱,黥劓为

---

① 《睡虎地秦墓竹简·法律答问》。

城旦。"秦集团犯罪的标准,很可能是五人。而五人以上犯罪,即使偷盗的数目很小,也要处以重刑。

第六,区分认罪态度好坏。秦律对犯罪人的认罪态度加以区分,自首、主动消除犯罪后果从宽发落;抗拒、继续作案加重惩罚。《法律答问》:"把其假以亡,得及自出,当为盗不当?自出、以亡论。其得、坐赃为盗:盗罪轻于亡,以亡论。"从这一规定可以看出,一般情况是,"坐赃为盗"较"以亡论"重得多。秦律中有不少犯罪后"自告"、"亡自出"减轻刑罚的规定,还有犯罪后自行消除犯罪后果免刑的规定,《法律答问》:"将司人而亡,能自捕及亲所知为捕,除无罪。"当然,有些犯罪、如丢失符券、公玺、已经判决,即使自己找回也不免罪。这大约是因为符券、公玺属官府凭证,很难保证在丢失期间不被人利用而造成社会危害。秦律对于犯罪后拒捕允许采取相应的强制措施,不过一般情况下其措施不应超过其罪行应受的处罚,如捕捉应受赀罚处分的罪犯,而故意将其杀死或刺伤,应分别处以完城旦或耐为隶臣刑。对于犯罪后连续作案者,加重刑罚。《法律答问》:"当耐为隶臣,以司寇诬人,何论?当耐为隶臣,又系城旦六岁。"又:"上造甲盗一羊,狱未断,诬人曰盗一猪,论何也?当完城旦。"前一条加刑是明显的,后一条则是将这位上造的偷盗罪和诬人罪合并论处,量刑也会大大加重。

上述原则乍看起来与商鞅等宣扬的"壹刑"不一致,实则不然。除第一项是受阶级局限,涉及统治阶级的根本利益,为维护其统治基础需要制定者外,其他诸项则是让司法官吏实施法律时,考虑犯罪的各种具体情节。这些区分是必要的,它能更准确地体现法律条文的精神,尽可能符合罚当其罪,寓情理于法。这些原则是秦统治者立法、司法的措施,也表明了他们的法律思想,特别是刑法思想。其中包含之可贵因素对后世的法律思想和制度都产生了影响。

(四)严格吏治

法是由人来执行的,有了较完备的法,必须有依法办事的官吏,法治才能变为现实。所以秦统治者很注意官吏执法和守法的情况,重视吏治。法家有个说法叫做"明主治吏不治民"。[①] 这话准确的意思应是明主通过治吏来达到治民的目的。

秦统治者强调吏治是与任官制度的变化密切相关的。从世卿世禄制到

---

① 《韩非子·外储说右下》。

官僚制是一个巨大变化。前者是以血缘关系为纽带,按血缘的远近确定封邑大小,家与国紧密结合;官僚制度下,血缘关系的重要性逐渐降低,君臣和上下级之间产生了一种新的权利与义务构成的法律关系。这在官吏的选拔、使用、考核和奖惩等方面都有规定。

第一,选任官吏的标准是贤、能。贤,当然是指忠于封建统治、忠于国君的品德。能,情况就较复杂,不过当时处于战争环境,首先要选拔能征善战、有军功者,《史记·商君列传》:"有军功者各以率受上爵。"韩非也曾说:"猛将必发于卒伍"。[1] 这是说要选拔有实际经验的人。秦律规定,军功爵不仅可以授予本人,还可授予其嗣子,云梦秦简《秦律杂抄》:"战死事不出,论其后。"按照选贤任能的标准,秦用人还实行推荐制。推荐分为两种:一是有身份的人向统治者推荐;二是自荐。被荐者可以是本国人,也可以是其他诸侯国的人。其他诸侯国的称"客"或"客卿"。景监荐商鞅于孝公;王稽荐范雎于昭王;蔡泽先自荐于范雎,范雎又将其荐于昭王;李斯先自荐于吕不韦,一篇《谏逐客书》说动秦王政,受到重用。依秦法,荐举人对被荐举人的行为负有法律责任,《史记·范雎列传》"秦之法,任人而所任不善者,各以其罪罪之"。范雎(应侯)"任郑安平,使击赵。郑安平为赵所围急以兵二万人降赵。应侯席槀请罪"。[2] 这是被荐举者有罪追究荐举人的例子。秦简《法律答问》:"任人为丞,丞已免,后为令,今初任者有罪,令当免不当免?不当免。"这一规定说明,一般情况下荐举人有罪,也连及被荐举人,只有荐举人的职务有所变动,才不受牵连。这种规定是秦连坐制度的组成部分,但目的却是为保证选贤任能的宗旨得以贯彻。

第二,任命官吏要严格遵守规定程序。在时间上,除补死亡或其他原因缺额,一般每年十二月初到次年三月底任命。在手续上,正式任命之后,才能派其到任行使职权。无正式任命手续而派往就任的,依法论处。此外,主管官员调任职务,"不得除其故官佐、史以之新官",就是说不准带原来的助手和秘书之类的人到新任职的单位。上述规定,限定任命官吏的时间,可能是为适应农业生产的需要;严格手续和不准带原来的部下去新单位,则明显是防止官吏结党营私。

第三,官吏要依法办事。秦统治者把官吏是否懂法律、能否依照法律办事看得很重。云梦秦简中的《语书》是一篇由南郡守发布的教诫各县官吏

---

[1] 《韩非子·显学》。
[2] 《史记·范雎蔡泽列传》。

的文告，属地方性法规。其后半部分是区分"良吏"和"恶吏"的标准。标准明确规定："凡良吏明法律令，事无不能也；又廉洁敦愨而好佐上，以一曹事不足独治也，故有公心；又能自端也，而恶与人辨治，是以不争书。"这段规定的意思是：凡良吏都通晓法令，没有不能办的事，廉洁、忠诚、老实而能辅佐君上，一个部门的事不专断独行，有公心，能纠正自己，善与人合作，办事时不与人争荣誉。而恶吏则与此相反："恶吏不明法律令，不知事，不廉洁，无以佐上，偷惰疾事，易口舌，不羞辱，轻恶言而易病人，无公端之心，而有冒抵之治，是以善诉事，喜争书。"这段规定的意思是：恶吏不懂法令，不通习事务，不廉洁，不能为君上效力，苟且懒惰，遇事推脱，搬弄是非，不知羞耻，轻易恶言伤人，无公正之心，有冒犯行为，因此善争辩，喜欢办事时出风头。这一标准虽见于一个地方性法规，但具有一定代表性，是秦重视官吏依法办事的明证。

第四，重视对官吏考核。为了督促检查各类官吏依法办事及其政绩，秦明确规定了检查考核制度。形式主要是派员巡察和评比两种。秦简《语书》："今且令人按行之，举劾不从令者，致以律。"所谓按行，即巡行视察。《语书》之巡察是指派员对官吏是否按规定举发犯罪进行检查。评比是对畜牧业、手工业和军事训练检查的形式。《厩苑律》："以四月、七月、十月、正月膚田牛。卒岁以正月大课之，最，赐田啬夫壶酒、束脯，为皂者除一更，赐牛长日三旬；殿者，谇田啬夫，罚冗皂者二月。以其牛田，牛减絜，笞主者寸十。又里课之，最者，赐田典日旬；殿，笞三十。"这就是说，耕牛评比是定期进行。优秀者，奖励；落后者，受罚。手工业方面，《秦律杂抄》："省殿，赀工师一甲，丞及曹长一盾，徒络组二十给。省三岁比殿，赀工师二甲，丞、曹长一甲，徒络组五十给。""县工新献，殿，赀啬夫一甲，县啬夫、丞、吏、曹长各一盾"。看来，手工业有定期评比，也有不定期评比。对军队训练的检查采取比赛方式。《除吏律》："除士吏、发弩啬夫不如律，及发弩射不中，赀二甲、免、啬夫任之。""驾马五尺八寸以上不胜任，奔絷不如令，县司马赀二甲、令、丞各一甲。"手工业和军事训练不合要求者，牵涉的官吏更广，不仅直接管理人员受惩罚，上级官员也要负连带责任，反映了官府对它的领导更加集中，督促检查更为严格。

第五，惩治违法犯罪官吏。对于违法犯罪的官吏，法律规定了更严厉的惩罚措施，政治方面：《语书》："今法令已布，闻吏民犯法为奸私者不止，私好、乡俗之心不变，自从令、丞以下知而弗举论，是即明避主之明法也，而养匿邪辟之民。如此,则为人臣亦不忠矣。"严厉告诫:"此皆大罪也。"《为吏之道》概括了官吏"五失",其中包括:"犯上弗知害","受令不偻"和"非上",而非上则"身及于死"。由此可知,对统治阶级法令的态度,对国君的态度,是检验官吏是否"忠"的标准。秦律还具体规定:"伪听命书,废弗行,耐为侯;不避席立,赀二甲,废。"①所谓"命书",就是皇帝发布的制书。经济方面:秦律严禁官吏挪用、侵吞公款和利用职权做生意谋私。《法律答问》:"府中公金钱私贷用之,与盗同法。"此处之"府中"即县"少内"、是县专门收储钱财的机构;私贷用,即挪用;与盗同法,定罪量刑是很重的。《秦律杂抄》:"吏自佐、史以上负从马、守书私卒,令市取钱焉,皆迁。"这是说,佐、史以上的官吏用驮运行李的马和看守文书的私卒经商牟利,要处以迁刑。对执法官吏,也有严格要求。《法律答问》:"有秩吏捕阑亡者,以畀乙,令诣,约分购,问吏及乙论何也?当赀各二甲,勿购。"这是对以非法手段冒领奖励者的惩罚。对出入人罪和放纵犯罪者处罚更重:"甲有罪,吏知而端重若轻之,论何也?为不直。""士伍甲盗,以得时偌赃,赃值过六百六十,吏弗值;其狱鞫乃值赃,赃值百一十,以论耐,问甲及吏何论?甲当黥为城旦,吏为失刑罪,或端为为不直。"②"不直"是秦对官吏规定的重罪的一种。秦始皇时曾"适治狱吏不直者筑长城及南越地"③,可见秦肃整吏治的决心。

(五)从云梦秦简看儒法融合的趋向

云梦秦简的法律和文书主要体现法家思想,但儒家思想也并非没有反映。

我们先看关于法的起源和作用的观念。《语书》:"古者,民各有乡俗,其所利及好恶不同,或不便于民,害于邦。是以圣王作为法度,以矫端民心,去其邪僻,除其恶俗……凡法律令者,以教导民,去其淫僻,除其恶俗,而使之之于为善也。"前已谈到,《语书》是南郡守腾于秦始皇二十年向其下属发布的一篇教戒性文告,属地方性法规。这篇文告像当时许多行文一样,为论证其拟采取的措施之必要性,首先追溯祖先圣王的做法。其中它将法的起因说成是"民各有乡俗,其所利及好恶不同"。意思是风俗习惯方面的差异。这种差异不便于民,也有害于国。因此,圣王才立法度。《语书》的这一说法,既区别于性善论,也不同于性恶说。差异固然也是一种矛盾,但远

---

① 《睡虎地秦墓竹简·秦律杂抄》。
② 《睡虎地秦墓竹简·法律答问》。
③ 《史记·秦始皇本纪》。

不似法家说的那么尖锐。关于法的作用，《语书》提到"矫端民心，去其邪僻，除其恶俗，而使之之于为善也"，并说"凡法律令者，以教导民"。这种观点与法家的强调惩治，"以刑去刑"是不同的。《语书》的后一部分是区分"良吏"和"恶吏"的标准。标准强调官吏要明法律令，但也强调了廉洁、忠诚、办事不独断专行，善与人处事，不轻易恶言伤人，不出风头。这种个人修养方面的要求，也与法家思想有所区别。《语书》虽然说的精神是强调官吏严格执法，对犯罪坚决惩治的法家路线，但所反映的儒家思想是显而易见的。

从云梦秦简中的其他法律看，儒家的忠君、孝亲和对老幼、残疾的优恤也有明显体现。中国古代，君主是封建政权的核心，儒法两家都强调忠君。前已说到，公开宣布"不忠"、"非上"为大罪，严加惩治，法律从各方面维护君主的权威。君主的诏旨要迅速传递，不得稽留，"行命书及书署急者，辄行之；不急者，日毕，勿敢留，留者以律论之"。① 官吏对于君主的命书要恭敬听从，否则要受惩罚。"伪听命书，废弗行，耐为侯；不避席立，赀二甲，废。"②秦时，无论徭役征发还是手工业生产计划的批准都很集中，有的要由朝廷发布命令。"御中发征，乏弗行，赀二甲。"③另："非岁红及毋命书，敢为它器，工师及丞赀各二甲。"④父权是君权的延续和基础，秦律为维护父亲的权力规定了"不孝"罪。对不孝之子，父亲可以将其送官惩治；免老（六十岁以上的老年男子）甚至可以请求官府以不孝罪判处人死刑，法律对子女的告诉权却加以限制，秦律将告诉分为"公室告"与"非公室告"。所谓"非公室告"，包括"主擅杀、刑、髡其子、臣妾"，并规定"子告父母、臣妾告主、非公室告，勿听……勿听而行告，告者罪"。⑤ 这就是说，父亲对子女有很大的处分权，但子女却无权上告官府，坚持上告者，还视为有罪。女人的地位较男人低下，《法律答问》："以其乘车载女子，何论？赀二甲。"又："'弃妻不书，赀二甲。'其弃妻亦当论不当？赀二甲。"前一条可能是基于迷信，显然是歧视妇女；后一条，"弃妻"主动权本来就操纵在男方之手，但仅因为未到官府登记，妻与夫受同样惩罚；显然是不公平的。至于优恤老幼、废疾，虽不似汉之后那么明显，但法律也有规定。对未成年犯的宽贷前面已经谈及，对老人

---

① 《睡虎地秦墓竹简·行书律》。
② 《睡虎地秦墓竹简·秦律杂抄》。
③ 《睡虎地秦墓竹简·徭律》。
④ 《睡虎地秦墓竹简·秦律杂抄》。
⑤ 《睡虎地秦墓竹简·法律答问》。

秦则有"免老"制度。"秦制……无爵为士伍,年六十乃免老。"他们可以不再为政府服徭役和戍役。

《为吏之道》中的儒家思想。云梦秦简《为吏之道》像是一个下级官吏的杂记。其中抄录的有字书;有的类似后世官箴;有些像是宣传材料,是以韵文书写的;最后还抄录了两条魏国安厘王制定的《户律》和《奔名律》。虽然《为吏之道》的内容大部分不是朝廷颁布的,但仍然反映当时的法律思想、特别是中下层官员的法律思想状况。一如云梦秦简的其他法律文书,《为吏之道》也主要受法家学派影响。它重视建立新的封建等级秩序,"邦之急,在体级,掇民之欲政乃立。上毋间隙,下虽善欲独何急"? 所谓"体级",即封建等级;"掇民之欲",即统治者要打消超过其统治允许的过分要求。将此作为国家的当务之急,说明其重要。在任用什么人的问题上,《为吏之道》有这样一段:"审民能,以任吏,非以官禄决助治。"如此强调"能",显然与世卿世禄制度的要求不同。它的具体标准就是《为吏之首》抄录的官吏之"五善"、"五失"。综合这些所谓"善"、"失",可以看出以下几点:

其一,官吏要忠于君主,提倡"忠信敬上",反对"贵以大"、"不安其朝"、"犯上"和"非上"等。其二,官吏要维护国家法度,提倡"审悉毋私"、"审当赏罚"、"举事审当",反对"居官善取"、"贱士而贵货具"。其三,为使官吏严格依法办事,遵守和执行法律,提倡赏罚严明,"五善毕至,必有大赏";而"五失",仅"非上"一项,就身及于死。

《为吏之道》强调法的重要性、守法,但也宣扬"仁义"、"宽惠":"施而喜之,敬而起之,惠以聚之,宽以治之"。还宣扬"克己"、"节欲":"反教其身、止欲去愿","临财见利,不敢苟富;临难见死,不取苟免"。这是由于不"节欲",就可能"过",而"过"则将走到事物的反面:"欲富太甚、贫不可得。欲贵太甚,贱不可得。"在待人处事上,《为吏之道》宣扬"慈下勿陵,敬上勿犯,听谏勿塞"。要求官吏"怒能喜,乐能哀,智能愚,壮能衰,勇能屈,刚能柔,仁能忍"。这就是要求官吏要八面玲珑,左右逢源。

如果说以上所引是儒家思想的体现,那么,《为吏之道》的有些段落则与后世儒家学者的著作在言辞上都类似,如"中不方,名不章,外不圆",如补上"祸之门"三字,就同西汉刘向所著《说苑》中的话完全一致。又如《为吏之道》:"口,关也;舌,机也。一曙失言,四马弗能追也。口者,关也;舌者符玺也。玺而不发,身亦毋辥。"《说苑》:"口者,关也;舌者,机也。出言不当,四马不能追也。口者,关也;舌者,兵也。出言不当,反自伤也。"且不说这种雷同究竟是西汉儒家学者抄袭《为吏之道》，还是《为吏之道》的抄录者和《说苑》作者刘向均抄自另外的著作，有一点却是明确的，秦官吏宣扬的处世哲学和儒家学者刘向在《说范》中宣扬的处世哲学如出一辙。这种雷同和云梦秦简法律和文书中表露的一些儒家思想绝非偶然。它反映了法家思想和儒家思想产生的共同历史文化、社会经济背景，反映了封建地主阶级统治的需要。

在一般论及儒法思想的著作中，指出两者的区别和它们在许多问题上的尖锐对立是正确的。不过，有些著述每每忽视儒家和法家的共同之处，甚至将矛盾和斗争说成在任何情况下都是"冰炭不可同器"。这就离开了历史实际。事实上，战国时的儒家和法家都是剥削阶级学派，代表剥削阶级的利益和要求。如果说早期儒家倾向奴隶主贵族，法家反映新兴地主阶级的要求，有一个阶段这两个学派较多处于对立状态，后来随着时间的推移和改革的进展，地主阶级上升为统治阶级，许多旧贵族也改变了剥削方式，借助昔日的实力保证了自己的统治地位，这是战国乃至秦儒法两派趋于融合的阶级基础。另外，儒家和法家有着共同的社会文化背景。西周以后，中国建立了以嫡长子继承为中心、血缘关系为纽带的宗法制度。宗法制度到春秋中期后虽然遭到破坏，在国家政治生活中的影响日益降低，但传统的力量是巨大的，无论在王位继承、爵位因袭或财产分割等方面，血缘亲疏仍然是重要标准。从传世的典籍和秦简法律、文书中，我们都可看到，忠君、孝亲既是儒家宣扬的教条，也是法家所维护的重要原则。既然两者有着共同的阶级基础和历史文化背景，在发展中相互交流和影响就不可避免。曾经有一阶段儒家学说在秦国影响很小，但随游说之士日益活跃，各诸侯国间人员交往日益频繁，有些儒生还担任了国家的重要官职；加上战争胜利发展，秦国的版图逐渐扩大，儒家和法家以及其他学派间的相互交流和吸收更不可避免。这种交流和吸收，首先反映在思想上，继而扩展到法律和制度上；从人员看，首先是中、下层，然后波及上层。云梦秦简《为吏之道》中的儒法思想融合较《语书》融合的程度深；《语书》的这种趋向又较法律条文表现得明显，应是上述交流和吸收次序的反映。

三 秦始皇、李斯的法律思想

秦始皇和李斯是秦后期统治者中的两位有作为的政治家。他们对全国统一、秦王朝建立和兴衰起了巨大作用。这二人是政治家,且都颇有文才。前者是君,后者是臣,从史籍中保留的一些关于他们法律思想的史料看,多是秦始皇提出主张,李斯加以阐述,秦始皇再予肯定,然后发布诏旨付诸实施;秦始皇刻石颂德,李斯为之著文,传诸后世。随着秦王朝的建立和兴衰,二人的思想都经历了一个发展变化过程,不少问题上表现了很大程度的一致。因此,这里将二人的法律思想结合论述。

秦始皇(公元前258—前210年)即嬴政,是秦王朝的建立者,也是统一全国的第一人。他十三岁继承王位,二十二岁亲政。亲政后,在李斯、尉缭等的辅佐下,利用秦国几代经营取得的政治、经济和军事优势,积极主动地进行兼并战争,第一次完成了全国统一,自称始皇帝,在中国建立了世界上最早的封建专制主义国家。他是一位雄才大略的政治家,是中国封建阶级的杰出人物。

李斯(?—前208年),楚国上蔡(今河南上蔡县)人,平民出身,曾任"郡小吏",青年时与著名法家人物韩非同事荀况。为实现自己的政治抱负,投奔秦国,先为吕不韦舍人,后由献兼并诸国计谋和《谏逐客书》被秦王政赏识并受重用,由郎(卫士)升任"长史",再迁升廷尉,最后任丞相职。李斯辅佐秦始皇胜利地进行了兼并战争,并以郡县制加强了国家统一。李斯才华有余,德行不足。他陷害其同学、法家集大成者韩非于前,与赵高共谋、背叛秦始皇旨意废公子扶苏、赐扶苏和大将蒙恬死于后,加剧了秦始皇之后的政局混乱。秦二世即位,国家政权逐渐转入赵高手中,李斯下狱被陷害致死。在狱中,他上书二世以历数自己"罪行"的方式,系统地称颂自己三十余年辅佐秦始皇兼并六国,开疆拓土,统一法律,统一度量衡,规范文字,修建驰道,建立强大秦王朝的历史功绩,基本符合实际情况。李斯也是封建地主阶级的杰出人物。

秦始皇、李斯法律思想的主要内容,有以下几个方面:

(一)任人唯贤,多方网罗人才

经过几代经营,秦始皇即位、特别是亲政后,各国间的斗争形势和力量对比于秦国是有利的。但是,如何利用这样有利形势获得战争的最后胜利,进而统一全国,统治集团内意见不一致。秦始皇力排众议,重用李斯、尉缭等,并采纳他们的计谋,终于取得了兼并战争的胜利,完成了国家统一。

秦始皇刚亲政,宗室贵族就有人借韩人郑国以修渠削弱秦军事力量减

轻对韩国的压力事件,"请一切逐客"。① 李斯立即上书秦始皇,以充满感情的言辞和无可辩驳的论据陈述了逐客之害。他写道:

> 臣闻吏议逐客,窃以为过矣。昔缪公求士,西取由余于戎,东得百里奚于宛,迎蹇叔于宋、来丕豹、公孙支于晋,此五子者不产于秦,而缪公用之,并国二十,遂霸西戎。孝文用商鞅之法,移风易俗,民以殷盛,国以富强,百姓乐用,诸侯亲服,获楚、魏之师,举地千里,至今治强。惠王用张仪之计,拔三川之地,西并巴、蜀,北收上郡,南以汉中,包九夷,制鄢、郢,东据成皋之险,割膏腴之壤,遂散六国之从,使之西面事秦,功施到今。昭王得范雎,废穰侯、逐华阳,强公室,杜私门,蚕食诸侯,使秦成帝业。此四君者,皆以客之功。由此观之,客何负于秦哉!向使四君却客而不内,疏士而不用,是使国无富利之实而秦无强大之名也。

李斯《谏逐客书》还指出:秦后宫之珠玉、宝玩、美女、音乐并不要求"必秦国之所生然后可"。"今取人则不然。不问可否,不论曲直,非秦者去,为客者逐。然则是所重者在乎色乐珠玉,而所轻者在乎人民也。此非所以跨海内制诸侯之术也。"

李斯最后说:

> 臣闻地广者粟多,国大者人众,兵强则士勇。是以泰山不让土壤,故能成其大;河海不择细流,故能就其深;王者不却众庶,故能明其德。是以地无四方,民无异国,四时充美,鬼神降福,此五帝、三王之所以无敌也。今乃弃黔首以资敌国,却宾客以业诸侯,使天下之士退而不敢西向,裹足不入秦,此所谓"藉寇兵而赍盗粮"者也。

> 夫物不产于秦,可宝者多;士不产于秦,而愿忠者众,今逐客以资敌国,损民以益雠,内自虚而外树怨于诸侯,求国无危,不可得也。

---

① 《史记·李斯列传》。

李斯的《谏逐客书》反映了他作为政治家的远见卓识,使秦始皇认识到不分青红皂白"一切逐客"是错误的,在关键时刻收回成命,未铸大错,团结了一大批有用之才,为秦的统一大业聚集了力量。

年轻的秦始皇重视广泛招揽人才,虚心采纳他们的意见和建议,哪怕是对自己出言不逊、甚至进行人身攻击的人的建议也不拒绝吸取。尉缭是一例。

尉缭,大梁(今河南开封)人,入秦向秦始皇献统一六国之策,他说:

> 以秦之强,诸侯譬如郡县之君,臣但恐诸侯合从,翕而出不意,此乃智伯、夫差、湣王之所以亡也。愿大王毋爱财物。
> 赂其豪臣,以乱其谋,不过亡三十万金,则诸侯可尽。[1]

当秦始皇会见尉缭之后,尉缭对秦始皇的印象不好,说:"秦王为人,蜂准长目,挚鸟膺、豺声,少恩而虎狼心,居约易出人下,得志亦轻食人……诚使秦王得志于天下,天下皆为虏矣。不可与久游。"尽管这番话带有人身攻击性质,但秦始皇发觉尉缭是难得的人才,立即派人挽留,并任命其为掌管全国军事的国尉。

第二次起用老将王翦又是一例。秦灭三晋之后,位于东南方的楚国是最后一个实力较强的国家。秦始皇未充分估计双方实力,未听王翦须六十万军队攻楚的意见,轻信李信的计划,结果兵败城覆,七都尉被杀。在此种情况下,为动员王翦出山,秦始皇亲自至频阳王翦家中进行检讨,答应王翦以六十万军队攻楚的条件,并默允王翦提出的战争胜利后以"美田宅园地"相报的请求。此时,秦始皇充分表现了礼贤下士的风度和政治家能伸能屈的气派。

(二)普遍推行郡县制,建立统一集中的封建国家

从西周开始的分封制,有其历史必然性,对于加强中央与各地区间的联系曾起过积极作用。但随社会经济发展和地方诸侯实力的扩张,后来发生了变化。各诸侯国名义上统一于周天子,事实上逐渐各自为政。进入东周,王室衰微;对各诸侯国更失去控制。分封制成了各国间争城夺地、驱民掠口、相互攻战、战争数百年连续不断的重要祸根。到战国中期,以新制度代

---

[1] 《史记·秦始皇本纪》。

替分封制便成为历史的日程上有待解决的课题。此时,关东一些国家基于军事上的需要首先在边境地区设县,之后一些国家出现了县隶属于郡的事例。秦国在孝公之前也曾效法三晋设县。孝公、商鞅变法率先废除分封制,但并不彻底。商鞅自己被封为商君,此后,张仪被封为武信君,蔡泽被封为刚成君,魏冉被封为穰侯,范雎被封为应侯,至秦始皇时,吕不韦还被封文信侯,缪毐被封长信侯,王离被封武成侯,王贲被封通成侯,赵亥被封建成侯。当然,这时的被封者与西周时有很大不同,他们已不再掌管封地的军队、司法大权,但封侯这一事实的存在,说明秦始皇即位时分封制仍然拖了一条长长的尾巴。

全国统一后,秦始皇和李斯正确地总结了历史经验,认为国家分裂、诸侯混战是封邦建国和法度不明造成的。秦始皇一再向臣下阐明这个道理。他与李斯一起,几次否定了一些人提出的重新实行分封制的意见。

秦始皇二十六年(公元前221年),丞相王绾等以诸侯新破,燕、齐、楚等地处边远,为加强边地、巩固统治、提出"置王"、"立诸子"。这种意见当时在统治集团中是有基础的,对于王室的某些人更具有吸引力,所以,它得到了相当一部分大臣的支持。但李斯却力排众议,说:"周文武所封子弟同姓甚众,然后属疏远,相攻击如仇雠,诸侯更相诛伐,周天子弗能禁止。今海内赖陛下神灵一统,皆为郡县,诸子功臣以公赋税重赏赐之,甚足易制。天下无异意,则安宁之术也。置诸侯不便。"秦始皇当场肯定了李斯的意见。他说道:"天下共苦战斗不休,以有侯王。赖宗庙,天下初定,又复立国,是树兵也,而求其宁息,岂不难哉,廷尉议是。"①他们的思想很明确:实行分封制,封侯、封王、是天下长期混战的根源;而郡县制则是国家统一和安宁之术;统一后重新封邦建国,是为自己树新敌人。所以,只能实行郡县制。

始皇二十八年(公元前219年),秦始皇又一次告诫大臣们说:"古之帝者,地不过千里,诸侯各守其封域,或朝或否,相侵暴乱,残伐不止;犹刻金石,以自为纪。古之五帝三王,知教不同,法度不明,假威鬼神,以欺远方,实不称名,故不久长。其身未殁,诸侯倍叛、法令不得。今皇帝并一海内,以为郡县,天下和平。昭明宗庙,体道行德、尊号大成。"②从记载看,这次随行者几乎包括了秦王朝的重要文臣武将。秦始皇选择巡视东土时主动在此问题上作如此长篇议论,不应看成是偶然抒发一下内心感慨,而应是针对一些大

---

① 《史记·秦始皇本纪》。
② 同上。

臣在分封问题上仍然存在的意见分歧再一次进行的思想动员。

尽管一再动员,实行分封制的主张仍然在一些人中酝酿。始皇三十四年(公元前213年),在一次为秦始皇祝寿的宴会上,博士淳于越又提出:"臣闻殷周之王千余岁,封弟子功臣,自为枝辅。今陛下有海内,而子弟为匹夫,卒有田常、六卿之臣,无辅拂,何以相救哉？事不师古而能长久者,非所闻也。"①他的这种言论,当即遭到了李斯的反驳。李斯指出五帝不相复,三代不相袭,各以治,非其相反,时变异也。今陛下创大业,建万世之功,固非愚儒所知,且越言乃三代之事,何足法也？异时诸侯并争,厚招游学。今天下已定,法令出一,百姓当家则力农工、士则学法令辟禁。今诸生不师今而学古,以非当世,惑乱黔首。②淳于越的意见是错误的,但动机仍是巩固秦的统治,一旦有事可相互救助。李斯的反驳是有道理的,但对主张分封已明显表现出不耐烦,称之为"惑乱黔首",具有强烈火药味。这次辩论中李斯提出的禁私学、焚《诗》、《书》的动议,被秦始皇接受。由此,主张分封制的言论,实际上已不再受法律保护。

(三)提高君主在政权中的法律地位

中国古代,君主权力大小与地位的稳固程度,直接关系政权的稳固和社会安定。尽管在西周奴隶社会宣扬君君、臣臣、父父、子子伦理道理,推崇君主的权力,但由于实行裂土分封,事实上是各自为政。尤其是春秋之后,有的君主往往是徒有其名。基于历史经验,秦始皇认为,在六国覆灭,"六王咸伏其辜,天下大定"之后③,为了建立稳固的统治,就要加强和提高自己在法律上的地位。为此,在李斯的支持下,他采取了一系列措施。

更名号,称皇帝。始皇二十六年(公元前221年),初并天下,秦始皇就召集群臣授意更改名号。他说:天下大定,"今名号不更,无以称成功,传后世,其议帝号"。丞相王绾、御史大夫冯劫和廷尉李斯等盛赞秦始皇的业绩:"昔者五帝地方千里,其外侯服夷服诸侯或朝或否,天子不能制。今陛下兴义兵,诛残贼,平定天下,海内为郡县,法令由一统,自上古以来未尝有,五帝所不及。臣等谨与博士议曰:'古有天皇,有地皇,有泰皇,泰皇最贵。'臣等昧死上尊号,王为'泰皇'。"经过一番考虑,秦始皇决定:"去'泰',著

---

① 《史记·秦始皇本纪》。
② 同上。
③ 同上。

'皇',采上古'帝'位号,号曰'皇帝'。"①他自称"始皇帝",追尊其父庄襄王为"太上皇"。还规定"后世以计数",妄图使其统治子子孙孙"二世三世至于万世,传之无穷"。② 为显示皇帝的地位至高无上,秦始皇规定了避讳制度。全国臣民对秦始皇及其祖先的名字,在言谈话语、上书、记事中,不得直接称呼,文书、法律等行文必须涉及皇帝名字的地方,以异音同义字代替。为避秦始皇嬴政嫌名讳,改"政"、"正"为"端",正月称"端月"。过去史学界对中国历史上的避讳制度究竟始之于周还是始之于秦,说法不一。新发现的云梦秦简说明即使西周时建立过这种制度,春秋战国时也已遭到了破坏,秦始皇时又重新加以规定并得到较严格执行则是无疑的。

规定皇帝的命为"制",令为"诏"。秦始皇授意李斯等上尊号,自称始皇帝的同时,还肯定了李斯等人提出的以后称皇帝发布的命为"制",令为"诏"的动议。所谓制、诏,《集解》引蔡邕曰:"制书,帝者制度之命也,其文曰'制'。诏,诏书。诏告也。"张守节曰:"诏制三代无文,秦始有之。"中国古代,国君的命令本来就有很高权威。《尚书·甘誓》:"用命赏于祖,弗用命戮于社。"《史记·商君列传》:"令行于民朞年,秦民之国都言初令之不便者以千数……令行之十年,秦民大说。"以上两个例子说明,无论是奴隶制的夏代,或是商鞅变法时的秦国,国君的命令都具有很高的法律效力,是法的一种形式。为什么秦始皇、李斯又改命、令为"制"、"诏"呢?这是当时命与令不仅国君可以发布,王公大臣和地方长官也可以发布。而改革后,发布制、诏则成了皇帝的专有权。显然这是为了将"诏"、"制"与其他官员也可以发布的命、令区别开来,提高皇帝命、令的法律效力。自秦始皇之后,"制"、"诏"便成了中国封建社会历代皇帝指挥国家机器运转的重要形式。

加强对全国官僚体系的控制和监督。全国统一后,如何建立和加强从中央到地方的官僚体系,并对各级官吏实行有效监督,是关系皇帝权威能否树立和政权能否巩固的大事。秦始皇首先建立和健全了以皇帝为中心的官僚体系。沿袭战国以来的将相制度,在朝廷,以太尉和丞相分掌军政,另设御史大夫作为御史之长,掌诏令,群臣奏章和纠察百官,总称之为"三公"。三公之下设奉常,郎中令、卫尉、太仆、廷尉、典客、宗正、治粟内史和少府,分别掌管宗庙、侍卫、车马、司法、礼宾、亲属、财政和官营手工业等,统称之为"九卿"。以"三公"、"九卿"为主,组成了中央官僚机构。在地方,全国

---

① 《史记·秦始皇本纪》。
② 同上。

分三十六郡。郡设郡守为一郡之长,下设廷尉和监御史,分管军政和监察。郡之下设县。县设县令(长)和丞,县丞为县令(长)之副。他们的属下有吏和令史。秦规定全国的官吏均由皇帝及其代理人任免。为保证遍及全国的官员、属吏效忠皇帝,秦始皇和李斯除继承发展了秦已有的对官吏的考核制度外,进一步加强了监察制度,提高了御史的地位,把他们派往全国监督各级官吏。秦始皇死后,面对日益尖锐的阶级矛盾和众叛亲离的局面,为维护摇摇欲坠的统治,李斯向秦二世提出了对臣下加强督责的意见。他说道:"夫贤主者,必且能全道而行督责之术者也。督责之,则臣不敢不竭能以徇其主矣。此臣主之分定,上下之义明,则天下贤不肖莫敢不尽力竭任以徇其君矣。是故主独制于天下而无所制也。"他还说道:"故曰王道'约而易操'也。唯明主为能行之。若此则谓督责之诚,则臣无邪,臣无邪则天下安,天下安则主严尊,主严尊则督责必,督责必则所求得,所求得则国家富,国家富则君乐丰,故督责之术设,则所欲无不得矣。"①李斯向二世献这篇《督责术》,已是与赵高争权日趋劣势、地位岌岌可危的时候,如司马迁所说,"乃阿二世意,欲求容"以自保。② 李斯这篇《督责术》,远不似秦始皇在世时他发的许多议论。他无限地夸大了督责的作用,显得片面和荒谬。原意是让"群臣救过不给"③,不敢有异己之心。其实则相反,当臣下在高压之下感到人人自危的时候,人心不涣散、统治不分崩离析是不可能的。

(四)强调以法律手段治理国家

前已谈到"以法治国"是法家的基本主张。商鞅在秦国首先将其付诸实施后,秦几代君主均沿袭未改。秦始皇也极力坚持这一主张。人说他"刚毅戾深,事皆决于法"。④ 汉代董仲舒说他"师申、商之法,行韩非之说"⑤。这些评价虽都属怀着儒家偏见的攻讦之词,但却也相当程度地反映了历史真实。秦始皇和李斯在许多刻石中,亦将此作为"功德"加以宣扬。始皇二十八年琅邪刻石:"维二十六年,皇帝作始,端平法度,万物之纪。"⑥又:"应时动事,是维皇帝,匡饬异俗,陵水经地,忧恤黔首,朝夕不懈,除疑定法,咸知所辟。"始皇二十九年之罘刻石:"大圣作治,建定法度,显著纲

---

① 《史记·李斯列传》。
② 同上。
③ 同上。
④ 《史记·秦始皇本纪》。
⑤ 《汉书·董仲舒传》。
⑥ 《史记·秦始皇本纪》。

纪……普施明法,经纬天下,永为仪则。"始皇三十七年会稽刻石:"秦圣临国,始定刑名,显陈旧章,初平法式,审别职任,以立恒常。"①据说刻石的文章出自李斯之手,但由秦始皇授意于前,审定于后,是无疑的。所以它的内容代表李斯、也代表秦始皇的思想。刻石说的"法度"、"定法"、"辟"、"明法"、"刑名"、"归章"和"法式"等,均泛指法律,法度。从整个内容看,对法的评价是很高的。行文中显然有文学色彩,难免有所夸张,但对法及其作用的认识能达到这种程度却是了不起的。

秦始皇和李斯为什么如此重视法度?刻石本身也作了一定回答。这就是要在皇帝之下建立"尊卑贵贱,不踰行次"的等级秩序,建立"职臣尊分,各知所行"的官僚秩序;建立"六亲相保,终无寇贼"的治安秩序;建立"禁止淫泆,男女洁诚"的婚姻家庭和道德秩序。总之,他们把法作为"万物之祖",并且"永为仪则"。不过这只是对臣民而言的,皇帝则是凌驾于法之上,超越法之外。他可以制定、修改和废除法。所以秦始皇和李斯宣扬的法只是实现封建君主专制的工具。

(五)废儒学仁义,行严刑酷法

与秦始皇生活在同时代的侯生、卢生说秦始皇为人"天性刚戾自用","乐以刑杀为威"。②汉代儒家学者贾谊说秦始皇"废王道,立私权,焚文书而酷刑法","暴虐为天下始"③;班固说秦始皇"毁先王之法,灭礼谊之官,专任刑罚"④,这些评价虽都带有儒者的偏见,但从一定意义上说是符合实际的。秦始皇的性格、思想、主张与他信奉的法家学说有密切关系。据说他第一次看到韩非抨击儒学、宣扬专制、提倡严刑重罚的《孤愤》、《五蠹》等著作时,激动得大声叫好,竟说:"寡人得见此人与之游,死不恨矣!"可见他与韩非的思想共通达到了何种程度。郭沫若曾说:"韩非虽然身死于秦,但他的学说实为秦国采用,李斯、姚贾、秦始皇、秦二世实际上都是他的高足弟子。"⑤从秦始皇、李斯的言论、政策、颁行的法律以及他们的其他所作所为看,这话有其道理。

秦始皇严刑酷法,从执政不久就开始了。但从发展过程看,愈到晚年愈变本加厉。秦律本规定有连坐、夷族刑,但他处理嫪毒案及紧接着处理的吕

---

① 《史记·秦始皇本纪》。
② 同上。
③ 同上。
④ 《汉书·刑法志》。
⑤ 《十批判书》,第337页。

不韦案中,进一步扩大了株连范围。《史记·秦始皇本纪》:

> 始皇九年,"长信侯毐作乱而觉,矫王御玺及太后玺以发县卒及卫卒、官骑、戎翟君公舍人、将欲攻蕲年宫为乱。王知之'令相国昌平君、昌文君发卒攻毐。战咸阳,斩首数百……毐等败走。即令国中:有生得毐,赐钱百万;杀之,五十万。尽得毐等。卫尉竭、内史肆、佐弋竭、中大夫令齐等二十人皆枭首。车裂以徇,灭其宗。及其舍人,轻者为鬼薪及夺爵迁蜀四千余家,家房陵。〔是〕月寒冻,有死者"。

对于一位刚亲政的青年国君来说,平定这样一个有太后支持、高级官员和内侍参与、发生在首都皇城内的武装叛乱,惊心动魄,你死我活。平叛后余怒未息,对主要罪犯施以枭首、车裂、灭宗等酷刑,不足为怪。但扩大株连范围,对四千余家实施迁刑,迁至边远蜀地,则大大超越了法律规定。不仅如此,由于嫪毐叛乱事连吕不韦,第二年吕不韦受追究。又过两年,吕不韦自杀,窃葬,"其舍人临者,晋人也逐出之;秦人六百石以上夺爵,迁;五百石以下不临,迁,勿夺爵。"①据《华阳国志·汉中志》:"秦始皇徙吕不韦舍人万家于房陵,以其隘地也。"秦时"迁"与"徙"本有严格界限,据《史记》、《华阳国志》记载的"徙吕不韦舍人"应为迁吕不韦舍人之误。将上万家人户迁至偏僻地区房陵,株连范围更大。秦始皇二十年,"荆轲为燕子太子丹刺秦王、后诛轲九族,其后忿恨不已,复夷轲之一里,一里皆灭。"②始皇三十六年,"有坠星下东郡,至地为石,黔首或刻其石曰:'始皇帝死地分'。始皇闻之,遣御史逐问,莫服,尽取石旁居人诛之。"③上述案件中,秦始皇将株连和夷族的范围扩大到了登峰造极的程度。

秦始皇酷刑法的另一种表现是实行文化专制。他的"老师"韩非曾说过:"明主之国,无书简之文,以法为教;无先王之语,以吏为师;无私剑之捍,以斩首为勇。是故境内之民,其言谈者必轨于法,动作者归之于功,为勇者尽之于军。"④秦始皇和李斯对韩非所宣扬的文化专制思想,十分赞赏,竭

---

① 《史记·秦始皇本纪》。
② 王充:《论衡·语增篇》。
③ 《史记·秦始皇本纪》。
④ 《韩非子·五蠹》。

力奉行。博士淳于越于始皇三十三年再次提出"分封子弟功臣"的主张,虽然是一种历史倒退,但他的基本出发点还是希望秦始皇的统治能够稳定,封建地主阶级的政权长治久安。秦始皇、李斯对他予以批驳是应该的。但他们却借题发挥,由淳于越推及诸儒生,将治国方法的意见分歧说成是故意蛊惑人心,从而扩大了打击面。李斯说:"今诸生不师今而学古,以非当世,惑乱黔首。"并说:"今皇帝并有天下,别黑白而定一尊,私学而相与非法教,人闻令下,则各以其学议之,入则心非,出则巷议,夸主以为名,异取以为高,率群下以造谤。"①他认为对这种现象如不加以制止,"则主势降乎上,党与成乎下"。最后,李斯向秦始皇提出:"臣请史官非秦记皆烧之。非博士官所职,天下有敢藏《诗》、《书》、百家语者,悉诣守、尉杂烧之。"他还进一步提出要以刑罚手段对儒学和《诗》、《书》加以禁止:"有敢偶语《诗》、《书》者弃市。以古非今者族。吏见知不举者与同罪。令下三十日不烧,黥为城旦。"②李斯的意见得到了秦始皇的赞同和批准,并立即颁布了《挟书律》。由此,在全国开始了大规模焚毁《诗》、《书》和百家语。是谓历史上的"焚书"。之后,始皇三十五年,为侯生和卢生诽谤、欺骗事,秦始皇不顾其长子扶苏的反对,制造借口诛杀了四百六十余名儒生,"皆坑之咸阳"。是谓"坑儒"。在李斯支持下秦始皇的"焚书"、"坑儒",是妄图以刑罚手段禁止儒学,禁止除法家以外的其他学派,是我国古代最早和规模最大的文字狱。它使战国开始的百家争鸣和学术文化蓬勃发展的局面遭到摧残,使思想文化专制达到了前所未有的严重程度。

还应当指出,全国统一后秦始皇下令收天下兵器聚之咸阳,销以为钟镶、金人;徙天下豪富十二万户于咸阳。这些虽名义上不是刑罚惩治,但却是以国家强制力为后盾所采取的严厉法律措施。被徙者多是六国贵族和六国统治的支柱。他们在原居住地有大量土地、园宅和奴隶,将其千里迢迢迁之咸阳,无异于籍没而倾家荡产。这一措施,大大有利于秦对这些贵族和豪富的监视和控制,大大有利于削弱地方势力和巩固中央集权,但不能不说是秦始皇酷法的一种表现。

(六)秦始皇、李斯法律思想的矛盾

像中国历史上著名的政治家的法律思想常常存在矛盾一样,秦始皇、李斯的法律思想也存在矛盾,造成这种矛盾的原因是多方面的,其中有他们前

---

① 《史记·秦始皇本纪》。
② 同上。

后所处的环境不同引起的思想变化;有其在统治集团中所处地位必须对现实复杂矛盾作出某种抉择;当然,最主要的是法家法律思想中固有矛盾在他们身上的表露和进一步发展。这一切都使他们比战国时的其他法家代表人物思想上的矛盾表现得更加明显和突出。

兼并战争胜利前,秦始皇内外都面临尖锐复杂的矛盾。虽然秦已具有较雄厚的实力,对关东诸国取得了一定优势,但在消除嫪毐、吕不韦势力之前,在内部仍可以说势单力薄。所以无论听取臣下提出的治国方略还是适用法律方面,都还是谨慎的。他及时采纳了李斯《谏逐客书》中提出的广泛招揽人才的建议;并未因尉缭对自己出言不逊而不加重用;对王翦可以说作到了异常谦恭。因此,他才能迅速消除异己,稳定内部,取得了战争胜利。但当全国统一后,尤其是秦始皇统治后期,随权力的日益膨胀,他被胜利冲昏头脑,以至对某些问题的决断达到了偏执程度。本来,秦国在他即位前已制定较完备的法律,建立了一套诉讼制度,各级官吏完全可以各司其职。但秦始皇却只相信自己,独行专断,所谓"昼断狱,夜理书"、"丞相诸大臣皆受成事","天下事无小大皆决于上"。[①] 如果说对嫪毐、吕不韦及其党羽的处理是在社稷危亡下采取的非常措施,当时带有浓重的感情色彩,那么,后来的"焚书"、尤其是"坑儒",则是偏听偏信任凭个人感情支配失去理智的行为。结果是滥杀无辜和文化浩劫。他的这种凭个人感情支配适用法律甚至达到了荒唐的刑诸鬼神的地步。《史记·秦始皇本纪》:"二十八年,始皇还……浮江,至湘山祠。逢大风,几不得渡。上问博士曰:'湘君何神'?博士对曰:'闻之,尧女,舜之妻,而葬此。'于是始皇大怒,使刑徒三千人伐湘山树,赭其山。"秦始皇是迷信的,他敢于对鬼神实行处罚。可以说明他的头脑膨胀、"乐以刑杀为威"到了何种程度。一般学者和政治家的法律思想都经历了发展过程,在一些问题上不可避免地存在矛盾,只不过秦始皇的法律思想矛盾表现得更突出罢了。

秦始皇、李斯法律思想的矛盾也是法家法律思想中固有矛盾的表露和发展,战国时期的法家代表人物从李悝、吴起、商鞅到韩非,尽管学术观点略有差异,但在主张以法治理国家和实行君主专制这两个基本问题上则是一致的。而恰恰是在"法治"和"专制"这两个问题上,他们的思想不可避免地存在矛盾。

---

① 《史记·秦始皇本纪》。

"以法治国"首先见于《管子·任法篇》。战国法家代表人物都竭力对其加以宣扬和作出解释。商鞅称"垂法而治"①,"缘法而治"②,韩非称"以法治国"③。如何"以法治国"?商鞅说:"刑无等级,自卿相、将军以至大夫、庶人,有不从王令犯国禁、乱上制者。罪死不赦。"④韩非说:"法不阿贵,绳不挠曲,法之所加,智者弗能辞,勇者弗敢争。刑过不避大臣,赏善不遗匹夫。"⑤口号是响亮的,但这只是他们的愿望和决心,将其付诸实施,不可能不受其他因素的制约和影响。

在诸因素中,一个重要的因素就是法家自己主张的极端君主专制。商鞅说:"权者,君之所独制也。人主失守则危";"权制断于君则威"。⑥ 韩非说:"能独断者,故可以为天下王。"⑦他还说:"权威不可以借人,上失其一,臣以为百"⑧,"人主失力能有国者,千无一人"⑨。他们的意思概括起来,就是君主要大权独揽,实行独裁、专制,否则就不可能有稳固的统治。为此,韩非认为,光有权还不够,还要有"术"。什么是"术"呢?按照他的说法就是"藏之于胸中,以偶众端,而潜御群臣者也"。⑩ 这里一个"藏之于",一个"潜御",把"术"的特征描绘得清清楚楚,换句话说,"术"就是君主不依据明确公布的法律而凭借内心计谋控制群臣的手段,或者叫做权术,正因为韩非把"术"看得如此重要,所以他对官吏就主张采用实用主义。他说:"有道之主,不求清洁之吏,而务必知之术。"⑪"虽有驳行,必得其利"⑫,对于其中不听使唤者,"势不足以化,则除之","赏之誉之不劝,罚之毁之不威,四者加焉不变,则其除之"。⑬ 他的意思就是说,君主对官吏的品行,可以不必作过多考虑,只要能为其所用就行。否则,可以威之以势,或者用惩罚、奖励的手段使之驯服,再不然就可以将其杀掉。

---

① 《商君书·壹言》。
② 《商君书·君臣》。
③ 《韩非子·有度》。
④ 《商君书·赏刑》。
⑤ 《韩非子·有度》。
⑥ 《商君书·修权》。
⑦ 《韩非子·外储说右上》。
⑧ 《韩子·内储说下》。
⑨ 《韩非子·人主》。
⑩ 《韩非子·难三》。
⑪ 《韩非子·八说》。
⑫ 《韩非子·外储说左下》。
⑬ 《韩非子·外储说右上》。

尽管法家代表人物当时强调君主专制是为了削弱宗室贵族权力,提倡"术"也是建立官僚制后提出的控制群臣的手段,但他们一方面强调"法治",另一方面又突出强调"专制",两者不可能不发生矛盾。梁启超曾经指出:"法家最大的缺点,在立法不能正本清源。彼宗固力言君主当'置法立仪以自正',力言人君'弃法而好行私谓之乱',然问法自何出,谁实制之?则乃曰君主而已。夫法之立与废不过一事实中的两面,立法权在何人,则废法权即在其人,此理论上当然之结果也。"①梁启超的这一席话是为其君主立宪政治主张寻找理论根据。不过,他所揭露的法家思想的这一矛盾,则是客观存在的。

如果说战国的某些法家代表人物作为思想理论家,在阐述和推理自己的理论过程中能够回避某些必须回答的问题,那么,作为实行这一理论的政治家,则必须在现实提出的问题面前亮明自己的态度。所以理论家韩非能回避的问题,政治家秦始皇、李斯则必须作出回答;在理论家韩非的著作中一些逻辑严谨、头头是道、滔滔不绝的雄辩论证,在政治家秦始皇、李斯的实践中就可能显露无法掩饰、甚至是千疮百孔的破绽。这就是秦始皇、李斯的法律思想比韩非等人的法律思想的矛盾表现得更明显、更突出的原因。

秦始皇、李斯法律思想的根本矛盾,就在于他们既强调实行"法治",又坚决实行"专制"。从史籍记载和云梦秦简提供的材料看,秦始皇执政后制定和肯定了许多法律。他们自称实现了"皆有法式"、别人也说秦始皇"事皆决于法",不少场合他们的确强调依法办事。但这是对臣下,对老百姓,而秦始皇自己则超越于法律之外,凌驾于法律之上,实行极端个人独裁和专制。尤其是全国统一后,这种情况更加明显。正如前面所说到的,他们不仅大大提高了皇帝的法律地位,建立了集立法、司法、政治、经济、军事大权于一身的封建君主专制体制,而且将自己视为现世神,置国家法律于不顾,为所欲为。

秦始皇、李斯一方面宣扬和推崇"法治",这就要求法律具有稳定性,要求有大批依法办事的官吏严格执行向老百姓公布周知、经常有效的法律,要求对执法官吏进行严格的监督;另一方面,他们的极端君主专制主义的法律思想和推行的君主专制制度,又要求言出法随,朝令夕改,要求官吏们严格按照皇帝的个人意志和临时发布的命令办事。其结果必然使"法治"成为

---

① 《先秦政治思想史·法家思想》。

泡影。后来,由于他们常常破坏自己制定的法律,使大量法律成为具文,大臣和官吏无所适从。以至出现了"天下之士,倾耳细听,重足而立,拑口不言";"忠臣不敢谏,智士不敢谋,天下已乱,奸不上闻"①的局面。这种局面一出现,秦的统治也就濒临崩溃了。

---

① 《史记·秦始皇本纪》。

从秦简《为吏之道》看秦的"治吏"思想*

《为吏之道》(以下简称《吏道》),见于1975年湖北云梦出土的《睡虎地秦墓竹简》。它记述了秦封建国家对其官吏的各种要求;宣传了封建官吏应有的统治权术与处世哲学;指出了任用和考核封建官吏的标准。因此在性质上类似后世封建统治者称颂为"可为牧令圭臬"[①]的"官箴",而不同于秦简中所记载的法律。从《吏道》的字迹上看,墨色有浓有淡,书写或工或草,文体也前后不一,其中并杂有一段《字书》和两条魏国法律。显然,《吏道》曾经被辗转抄录、流传,最后并同其他载有法律、文书的竹简一起随葬。这不仅充分说明了当时的封建统治者们对它的重视,也在一定程度上反映了秦时"以吏为师","以法为教"的政治实际。

由于《吏道》是秦时封建官僚政治的实录,真实地再现了秦社会阶级斗争的某些状况,表述了秦统治者如何通过"治吏"来加强对人民实行统治的主张,因而是研究秦政治史和思想史难得的珍贵材料。

---

* 本文经张晋藩先生修改,以刘海年、齐振翩之名发表于《吉林大学社会科学论丛》1979年第4辑。

① 《作邑自箴跋》。

一

从《吏道》中录有颁布于魏安釐王二十五年（公元前252年，秦昭王五十五年）的《魏户律》和《魏奔命律》多处犯秦始皇嬴政的讳，可以推断它产生于战国末年至秦统一六国之间。但它与书写于秦始皇统治时期的《编年纪》和发布的南郡守腾的《语书》一起随葬，说明嬴政称帝之后仍在流传。

战国是中国历史上奴隶制瓦解、封建制全面确立的社会大动荡大变革的时代。由于奴隶制向封建制过渡，是春秋中叶以来封建经济发展的必然结果。而遍及各国的奴隶革命，为新兴地主阶级走上历史舞台扫清了前进的障碍。随着封建政权的先后确立，奴隶制时代以"亲贵合一"的血缘关系为组织原则的世卿制度，被封建官僚制度所代替。奴隶制的贵族政治没落了，封建制的等级制度崭然兴起。魏国李悝实行"夺淫民之禄，以来四方之士"[1]的政策，是废除奴隶主贵族世卿制度的先声。秦国商鞅变法宣布"宗室非有军功论，不得为属籍"，"有军功者，各以率受上爵"[2]，则进一步打击了奴隶主贵族的世袭特权，促进了封建官僚制度的发展。

战国时期，在封建改革较为彻底的国家，无论中央、地方官吏或军队官吏，都由国君"因能而受官"任免。他们主要是领取俸禄，与国君的关系是一种封建雇佣关系，所谓"主卖官爵，臣卖智力"[3]。与封建的任官制度相联系，建立了符玺制度。即国君任用官吏时发给印玺，免职时收回，发兵时用符。玺、符是象征国君赋予各级文武官吏特定职权的凭证。因此，玺符制度的实行，标志着封建官僚制度的发展和专制主义中央集权的加强。与此同时，还建立了考核官吏"政绩"的上计制度。

总之，战国时期各国实行的官吏任免制度、俸禄制度、玺符制度和上计制度，是当时确立的封建官僚制度的基本内容。它服务于地主阶级统治的需要，贯穿着封建专制主义中央集权的精神。

封建官僚制度的确立，虽然破坏了奴隶制的贵族政治，然而由封建制取代奴隶制只是一种剥削形态取代另一种剥削形态。它没有也不可能消除等级特权。正如列宁所指出的："在奴隶社会和封建社会中，阶级的差别也是

---

[1] 《说苑·政理》。
[2] 《史记·商君列传》。
[3] 《韩非子·外储说右下》。

用居民的等级划分而固定下来的,同时还为每个阶级确定了在国家中的特殊法律地位。"[1]但是,封建官僚制度的普遍实行,对于扫除奴隶制世卿世禄制度的残余,巩固封建的经济基础,维护统一封建国家的政治,都起着历史的重要作用。

《吏道》就是在这样的历史条件下产生的。它不仅是新兴起的封建官僚制度的产物和表征,而且也反映了秦国统治者力求巩固新建的政权机构向全国猛烈推进的政治意图。

不仅如此,春秋战国之际的社会变动,还表现为意识形态上的百家争鸣局面的形成。新兴地主阶级在斗争中锻炼了自己的思想武器,这就是当时地主阶级所信奉的法家思想。在《吏道》中,我们也可以明显地看到法家思想的特点。

二

《吏道》与宋代以后各封建王朝编写的"官箴"不同,它没有局限于封建官吏个人的统治权术和处世哲学,而是着重从组织封建国家政权的角度提出问题。它强调了封建等级的重要性,以及适用官吏管理国家的形式和标准。

如它写道:"邦之急,在體(体)级,掇民之欲政乃立。上毋间陕(隙),下虽善欲独可(何)急?"所谓"体级",是指封建的等级制度。以确立封建等级制度作为国家当务之急,并强调"掇民之欲",即打消人们超出地主阶级利益所许可的过分要求,从而巩固其政治统治。这就鲜明地反映了《吏道》的阶级实质。这种认识与荀卿的主张是一致的。荀卿认为,要建立稳定的封建秩序,必须明分止争,建立以"礼"为图式的封建等级制度。他说:"礼者,贵贱有等,长幼有差,贫富轻重皆有称者也。"[2]礼的作用,在国是确认"君君、臣臣";在家是确认"父父、子子、兄兄、弟弟";在社会是确认"农农、士士、工工、商商"。总之,要以礼来固定和调整封建社会的等级秩序。违背"礼"就会出现"上无君师,下无父子"的混乱状态。[3] 荀子的学生,先秦法家集大成者韩非也说:"臣事君、子事父、妻事夫,三者顺则天下治;三者逆

---

[1] 《俄国社会民主党的土地纲领》。
[2] 《荀子·富国》。
[3] 《荀子·王制》。

则天下乱。此天下之常道也。"①法家的等级思想和他们所主张的"法不阿贵"是并行不悖的。地主阶级的法，一方面限制了奴隶主贵族的特权，另一方面确认了一种新的封建等级。商鞅变法，秦国设立了二十等爵位。有爵位的人，根据爵位的高低享有大小不等的特权。庶民的大多数则处于被压迫、被奴役的地位。奴隶则仍然被视为马牛。"事皆决于法"就是按照这样的等级原则行事。而在《吏道》中，这一原则正是作为国家当务之急来维护的。

秦简中的法律条款规定，"内公孙"和有公士（秦爵最低一级）爵位的人，犯罪应判"赎刑"的，可以减为"赎耐"；在官府任职的官吏和有"大夫"以上爵位的人，就可以不编为"伍人"，或虽编为"伍人"而不受"连坐"。②这种"尊卑贵贱，不逾次行"的封建"体级"③，正是当时的社会现实。

《吏道》突出强调了任用官吏对加强统治阶级政权建设、巩固阶级专政的重要性，同时还提出了封建地主阶级的任人标准。它说："操邦柄，慎度量，来者有稽莫敢忘。贤鄙溉厈，禄位有序孰瞽上。"就是说，掌握国家政权，要审慎和经常地考察官吏，分清好坏，按照他们的功过委派职务，规定俸禄，如此便没有人敢欺骗上级了。至于任用人的标准，《吏道》具体指出："审民能，以任吏，非以官禄决助治。"所谓"能"，据颜师古解释："能谓材也。能本兽名……为物坚中而强力，故人之有贤材者，皆谓之能。"④

"能"是有阶级性的，不同的阶级对于"能"这一概念有不同的标准。颜师古所谓的"有贤材"的首要含义，就是要看官吏的阶级立场和对封建制度的态度，在这样的前提下再看他们治理兵刑钱谷的能力。《吏道》把维护新兴地主阶级利益的"能"作为任用官吏的重要标准，并强调"非以官禄决助治"，是对世卿世禄制度的否定。在统一战争激烈进行过程中，秦统治者迫切需要从地主阶级中选取"贤才"，充实政权，扩大封建统治基础，加强统一中国的力量，因而把审能、任吏作为通行的吏道。地主阶级思想家们也阐述了"尚贤使能"的任官原则，荀卿说："先王明礼义以壹之，致忠信以爱之，尚贤使能以次之，爵服庆赏以申重之。"⑤"无德不贵，无能不官，无功不赏"⑥，

---

① 《韩非子·忠孝》。
② 见《睡虎地秦墓竹简·法律答问》。
③ 《史记·秦始皇本纪》。
④ 《汉书·高帝纪》注。
⑤ 《荀子·富国》。
⑥ 《荀子·王制》。

只有"论德而定次,量能而受官",才能使人"各得其所宜"。① 韩非在"上法"、"上贤"的问题上,虽更多地倾向前者,但从他提出的"明主之吏,宰相必起于州部,猛将必发于卒伍"②的原则看,无疑也是主张"量能而受官"的。他们的这种主张,在秦简的法律条款中也有所反映。如在《置吏律》、《除吏律》、《军爵律》、《效律》等单行法规和《法律答问》中,较为详细地规定了官吏的荐举、任免、考核和惩奖。凡政绩优异者受赏,恶劣或在考核中不合格者,本人要受惩处,荐举人和上级官吏也要负连带责任。秦始皇统一六国后,在全国范围内推行统一的任免官吏制度,不仅在当时有效地加强了地主阶级专政,而且对整个封建社会任官制度的发展,都产生了一定的影响。但是,在阶级社会里,无论贤或能都是有阶级性、代表着特定的阶级利益的。所谓尚贤使能,审能任吏,实际上就是从新兴地主阶级中选拔有富国强兵之术的人充当官吏,执掌国家的统治职能。战国以来,所谓"布衣卿相"的全部活动,为贤与能的真正含义作了确切的注脚。

三

在加强以封建君主为核心的中央集权,维护封建法度,巩固地主阶级专政的总原则下,《吏道》提出了一套封建官吏应遵循的行为规范:"凡为吏之道,必精洁正直,慎谨坚固,审悉毋私,微密签(纤)察,安静毋苛,审当赏罚。"并将这些原则具体概括为"五善"、"五失"。

所谓"五善":"一曰中(忠)信敬上,二曰精(清)廉毋谤,三曰举事审当,四曰喜为善行,五曰龚(恭)敬多让。"所谓"五失":"一曰夸以迣,二曰贵以大,三曰擅裚(制)割,四曰犯上弗智(知)害,五曰贱士而贵货贝。"又说:"一曰见民倨(倨)敖(傲),二曰不安其朝(朝),三曰居官善取,四曰受令不僂,五曰安家室忘官府。"又说:"一曰不察所亲,不察所亲则怨数至;二曰不智(知)所使,不智(知)所使则以权衡求利;三曰兴事不当,兴事不当则民伤指;四曰善言隋(惰)行,〔善言惰行〕则士母所比;五曰非上,〔非上则〕身及于死。"(方括号中的字是作者据上下文意与句式加的)这里列举的所谓"失",远远超出了五点,只不过把它以五点为一组分组加以概括罢了。《吏道》所谓"善"和"失",是以地主阶级的整体利益为标准,对封建官吏从

---

① 《荀子·君道》。
② 《韩非子·显学》。

正反两个方面提出的具体要求。综合这些要求的基本内容,可以看出秦官僚政治的主要表征:

第一,封建官吏要忠于地主阶级封建国家的最高统治者——君主。"五善"中所说"忠信敬上","清廉毋谤";"五失"中的"夸以迣","贵以大","不安其朝","犯上弗知害"和"非上"等,都表达了对封建国家和君主要忠敬,任职要清廉,不许独断专行、擅权分裂,更不允许犯上的要求。

无论从《吏道》的内容看,从云梦出土的秦简的其他内容看,或者是从现存史籍看,秦封建统治者都是非常重视官吏对封建国家、尤其是对它的最高代表——封建君主的效忠。在封建专制主义的国家,君权是政权的核心,是国家权力集中与统一的象征。因此,忠于君主和忠于国家是一致的。正如《吏道》所指出的:"君鬼(怀)臣忠","政之本也";"志彻官治,上明下圣,治之纪也。"至汉,董仲舒创"君为臣纲"之说,进一步固定了封建君臣之间的主从关系,并以"受之于天"的神权力量加以维系。此后,忠君之道成为封建官僚政治的法定模式和封建官僚的无上美德。从《吏道》产生的具体条件看,当时的秦国,正在进行大规模的兼并战争,内外矛盾异常复杂尖锐。被打败的旧的割据势力既不甘心自己的失败,而连年征战加给广大劳动人民的赋税徭役,又激化了国内农民阶级和地主阶级的矛盾。在这种形势下,只有使全国从中央到地方联合为一个统一的整体,才能不断加强地主阶级的统治。因此,加强皇权,是加强政权的中心环节,是当时维护统治阶级的根本利益所在。如果不在各级官吏中强调"忠信敬上",而允许"犯上"、"非上"的行动和言论存在,地主阶级政权就会被削弱,统一全国的大业就不可能实现。

第二,官吏要严格执行、坚决维护地主阶级的法度。官吏在执行职务时,要作到"审悉毋私","审当赏罚","举事审当";反对"居官善取","贱士而贵货贝"和"受令不偻"。《吏道》在这里突出地强调了"审"字。审者,慎也,确也。所谓"审悉"、"审当",就是以地主阶级的法律制度为准绳,处事慎重和准确。列宁指出,"法律是统治阶级意志的表现"[①],是政策的具体化、条文化。秦的法律作为秦地主阶级的意志,是秦封建国家的意识形态和专政工具,其主要锋芒对准农民和其他广大劳动人民,但在当时的历史条件下,也用来打击旧的割据势力和奴隶主残余势力,以维护封建统治。因此地

---

① 《列宁全集》第 15 卷,人民出版社,第 146 页。

主阶级和其代言人是强调"依法"办事的。《吏道》把"受令不偻"作为"失",就是强调执行法令,否则,要依法制裁。与《吏道》同时出土的秦律有这样一条规定:"为(伪)听命书,废弗行,耐为候,不避席立,赀二甲,废。"①"候"是刑徒的一种,凡不执行命书者,判为候并附加耐刑;不尊重命书(即"不避席立")者,罚缴二副铠甲的罚金。其所以如此,如商鞅所说:"法令者民之命也,为治之本也。"②"故有明主忠臣产于今世,而能领其国者,不可须臾忘于法。"③韩非也说:"明主之道,一法而不求智,固术而不慕信;故法不败群,官无奸诈矣。"④商鞅还提出,"为法令置官也,置吏也,为天下师"⑤,要求官吏知法、执法,并答复人民对于法律的诘问。

秦简所载秦始皇二十年由南郡守腾发布的《语书》(即文告)明确地以对待法令的态度,作为区分"良吏"和"恶吏"的一个重要标准:"凡良吏,明法律令,事无不能也;又廉洁敦愨而好佐上。"而"恶吏",则"不明法律令","不知事,不廉洁,毋以佐上,偷惰疾事。"并宣布,官吏对侵害国家利益的坏人坏事,"知而弗举论,是避明主之明法也,而养匿邪僻之民。如此,则为人臣亦不忠矣!"因而是一种"大罪",必须"致以律"。⑥ 史书记载说秦始皇"专任狱吏"⑦,"重以贪暴之吏,刑戮妄加"⑧和《吏道》所强调的重吏明法二者相合。不过,封建阶级的剥削本质,决定了他们的法律只能是钳制人民的枷锁,他们的官吏队伍只能是高踞于人民头上的特殊集团,这就是秦末农民大起义"皆刑其长吏,杀以应陈涉"⑨的原因。

第三,封建官吏必须具备一些有利于地主阶级统治的品德和作风。要着眼于本阶级的整体利益,处理好个人与国家、甚至同老百姓的某些关系,以提高封建政权的统治效率。《吏道》要求官吏"严刚毋暴、廉而毋刖,毋复期胜,毋以忿怒决"。还要求他们"宽裕忠信,和平毋怨,悔过勿重,兹下勿陵,敬上勿犯,听谏勿塞。审知民能,善度民力,劳以率之,正以矫之"。就是说,既要奉行代表地主阶级利益的原则,又不要粗暴;既要有棱角,又不要

---

① 见《睡虎地秦墓竹简·秦律杂抄》。
② 《商君书·定分》。
③ 《商君书·慎法》。
④ 《韩非子·五蠹》。
⑤ 《商君书·定分》。
⑥ 见《睡虎地秦墓竹简·语书》。
⑦ 《史记·秦始皇本纪》。
⑧ 《汉书·食货志》。
⑨ 《史记·陈涉世家》。

过于锋利,凭一时感情冲动决断问题;既要"宽厚"、"忠信"、"和平","敬上"不要凌下;又要纠之以正,实际是严刑镇压。只有这样才能有效地实现管理。《吏道》所提倡的封建官吏应具有的品德和作风,是西周刑德的"二柄"的统治术的延续和发展,其出发点绝非"慈下",而是"御下",是在冠冕堂皇的口号掩盖下,无休止地进行经济、超经济的剥削和政治压迫。

由于法家主张"明主治吏,而后治民",因此,治吏遂成为统治者关心的首要问题,通过官吏分掌兵刑钱谷,建立所需要的统治秩序。《吏道》极力宣扬:"凡治事,敢为固,谒(遏)私图,画局陈彝以为楷,肖人聂心,不敢徒语恐见恶。"还说:"凡戾人,表以身,民将望表以戾真,表若不正,民心将移乃难亲。"前一段的意思是要官吏办事坚定,敢于遏制封建法律所不容的"私图",使那些"小人"有所收敛,不敢放肆。后段话则是要官吏们在遵守封建法律方面做出榜样,以取信于民。封建统治阶级很注意提高其政权的统治效率,商鞅曾说:"十里断者国弱,九(五)里断者国强,以日治者王;以夜治者强;以宿治者削。"①这就是要求官吏们及时到发生问题的地方处理问题。秦始皇自己是做出了榜样的。史载:"天下事无小大皆决于上,上至以衡石量书,日夜有呈,不中呈不得休息。"②"昼断狱,夜理书,自呈决事,日县石之一。"服虔注:"石,百二十斤",合现在六十斤。从云梦出土的秦简看,秦的简书一般长约二尺,文字较小,阅读这样大量的简书,无论如何也不是一件容易的事。

第四,《吏道》除对官吏提出了各种要求之外,并提出以此为标准对官吏实行赏罚。它写道:"五善"毕至,"必有大赏";而"五失"中仅"非上"一失,就要身及于死。这是"法家"严刑厚赏的具体体现。商鞅曾说:"凡赏者,文也,刑者,武也;文武者,法之约也。"③他认为刑赏交互使用,严刑厚赏,就可以有效地加强地主阶级专政。从史籍记载看,他的确也是这样实践的。韩非曾评述说:"公孙鞅之治秦也,……赏厚而信,刑重而必。"④商鞅之后,秦法未败,继续实行这一政策。在秦简法律条文中,有大量对封建官吏进行考核、奖励、惩罚的规定。范围之广泛,涉及农业、手工业、军事、财政、司法和行政管理等各部门的官吏。秦始皇时,凡为地主阶级建立功勋的,均

---

① 《商君书·去强》。
② 《史记·秦始皇本纪》。
③ 《商君书·修权》。
④ 《韩非子·定法》。

赏以官爵利禄良田美宅；而违反国家法令的，则严惩不贷。《史记·秦始皇本纪》："三十四年，适治狱吏不直者，筑长城及南越地。"所谓"不直"，按秦简《法律答问》的解释，是指审判时"当重而端轻之"，或"当轻而端重之"。用现代的法律术语就是"出入人罪"。判处这么一批官吏去服修筑长城的苦役和流迁边界，充分说明了秦始皇维护封建法度和贯彻治民先治吏的决心。

渗透在《吏道》中的维护君权、厉行法治的基本精神，反映了发展中的封建生产关系的要求，以及新兴地主阶级加强中央对全国的集中统一领导巩固封建政权的愿望。这在当时的历史条件下是进步的。恩格斯曾经说过："在这种普遍的混乱状态中，王权是进步的因素……王权在混乱中代表着秩序，代表着正在形成的民族而与分裂成叛乱的各附庸国状态的对抗。"①

四

列宁说："所有一切压迫阶级，为了维持自己的统治，都需要两种社会职能：一种是刽子手的职能，一种是牧师的职能。"②信奉法家学说、在历史上以严刑苛法著称的秦政权，在暴力镇压的同时，也广泛推行政治欺骗。《吏道》便要求官吏学会交互使用镇压与欺骗的两面手法来对付广大人民。

正如上面已经说到的，《吏道》强调法的重要作用，强调守法，但并不主张一味施刑。它宣扬"仁义"、"宽惠"，说什么"施而喜之，敬而起之，惠以聚之，宽以治之"，还说"与民有期，安骀而步，毋使民惧"。《吏道》所主张的对人民"宽惠"，从荀卿的著作中可以得到清楚的注解。他说："马骇舆，则君子不安舆；庶人骇政，则君子不安位。马骇舆，则莫若静之；庶人骇政，则莫若惠之。……庶人安政，然后君子安位。传曰：'君者，舟也；庶人者，水也。水则（能）载舟，水则（能）覆舟。'此之谓也。故君人者欲安，则莫若平政爱民矣。"③由此可见，《吏道》宣扬"宽惠"也好，荀卿鼓吹"平政爱民"也好，目的都是为了缓和农民阶级与地主阶级的矛盾，更加牢靠地驾驭人民，以便按照"君怀臣忠、父慈子孝"的封建图式，建立稳固的统治秩序。

---

① 《马克思恩格斯全集》第21卷，人民出版社1965年版，第453页。
② 《列宁选集》第2卷，人民出版社1960年版，第638页。
③ 《荀子·王制》。

在思想上，《吏道》宣扬"克己"、"节欲"。说什么"反教其身，止欲去愿"，"临财见利，不取苟富；临难见死，不取苟免"。这同《礼记》宣传的"敖不可长，欲不可从，志不可满，乐不可极……临财毋苟得，临难毋苟免"①的思想是相通的，都主张纳欲于一定限度之内，以免"伤廉"、"害义"。对于"欲"，先秦儒、法、道各家的认识虽各不相同，但都认为不能无限制地放纵，要"克制"、"节欲"。这种看起来似乎与剥削阶级贪得无厌的阶级本性相矛盾的节欲思想，其实恰恰是地主阶级的整体利益所要求的。在阶级的社会里，被压迫阶级追求幸福的欲望，总是变成统治阶级无限贪欲的牺牲品。"存天理，去人欲"是中国封建社会镇压农民起义的反动的思想武器。封建国家从地主阶级总体利益和长治久安的需要出发，也对其官吏的贪婪进行必要的约束，使之不更多地超出法定权利的范围。《吏道》说的"欲富太甚，贫不可得；欲贵太甚，贱不可得"，即欲达此目的。

在待人处世上，《吏道》要求官吏们"怒能喜，乐能哀，智能愚，壮能衰，勇能屈，刚能柔，仁能忍"。总之，是要八面玲珑，左右逢源。所谓"喜"、"哀"、"愚"、"衰"、"屈"、"柔"，统统是掩盖剥削、压迫人民的伪善面具，为了适应阶级专政的需要，他们可以毫不犹豫地撕下伪装，把"柔"变成"刚"，把"仁"变与"忍"，用坚决、残酷的手段对付人民。在宣扬剥削阶级的处世哲学上，《吏道》的内容在几个地方与后来刘向辑的《说苑》相似，如《吏道》的"中不方，名不章，外不圆"（以下显然有脱漏），这里如要补上"祸之门"三字，就同说苑完全一致了。又如，《吏道》："口，关也；舌，几（机）也。一堵失言，四马弗能追也。口者，关也，舌者符玺也。玺而不发，身亦毋薛（辥）。"在《说苑》中则是："口者，关也；舌者，机也。出言不当，四马不能追也。口者，关也；舌者，兵也。出言不当，反自伤也。"②刘向是西汉的著名儒家学者，他辑录的格言能在《吏道》中找到渊源，充分说明了即使在秦时，儒家的思想影响也是很深的。封建统治者为什么要其官吏学得如此谨慎和圆滑？是由于"直而不能枉，不可与大任；方而不能圆，不可与长存"③。万变不离其宗，目的仍然是要封建官吏担当起确保地主阶级统治的"大任"以使之"长存"。

毛泽东同志在批评"人类之爱"这一虚伪口号时曾指出，世界上绝没有

---

① 《礼记·曲礼》。
② 《说苑·谈丛》。
③ 同上。

无缘无故的爱,也没有无缘无故的恨。至于所谓"人类之爱",自从分化成为阶级以后,就没有过这种统一的爱。过去一切统治阶级喜欢提倡这个东西,但无论谁都没有真正实行过,因为它在阶级社会里是不可能实行的。《吏道》关于"仁义"、"惠民"的说教,尽管不同于"专任刑罚",但只是手段上的差异,二者的本质与目的并无区别。《吏道》在侈谈对人民要"宽"、"惠"之后,接着便毫不含混地提出:"因而征之,将而兴之。"征是指征徭役赋税,兴是指发兵。封建国家正是依靠从人民中征发繁重的赋役和兵役来维护庞大的官僚机构和国家活动的。马克思说,强有力的政府和繁重的赋税是同一概念。这充分说明,封建统治者的"宽惠"是为了更严密地榨取人民和驱使他们在剥削者的权利之争中赴汤蹈火。

《吏道》宣扬的政治主张,基本上属于法家思想体系,同时又杂以许多儒家思想,这表现了剥削阶级意识形态和政策上的继承关系,是封建地主阶级统治实践的结果,是上层建筑日趋完善的表现。由于现实的社会关系和阶级斗争比起纯理性的分析复杂得多,因此秦地主阶级为了巩固封建政权,在确立法家思想为统治思想的同时,根据实际需要必然要到过去的思想武器库里寻找武器。这样,曾经为奴隶主服务的意识形态,即儒家思想,便被地主阶级逐步吸收来为封建制服务。封建制与奴隶制虽然是两种不同的社会形态,但都是以私有制为基础、少数剥削者阶级统治广大劳动人民的制度,都是以等级差别作为阶级差别的表现形式。因此,儒家学说中"经国家,定社稷,序人民,利后嗣"的"礼",只要稍作修正并重加解释,就可以为封建制服务。除此,中国奴隶社会和封建社会都存在以嫡长子为中心、以血缘关系为纽带的宗法制度,封建地主阶级不仅需要而且可以援用儒家关于君臣、父子、兄弟、夫妇关系的伦礼教条,作为束缚人民的绳索。生活于战国后期的荀卿,便适应这一需要,担当了融合儒法学说为一体的任务。荀卿所说的"礼",已经是调整封建等级制度的规范,《吏道》所表述的思想与荀卿的思想是极为相似的。

毋庸讳言,秦始皇是奉行法家主张的。但他在执政后的相当长时间里,对儒生也还是使用的。只是在聚集咸阳的一些儒生和方士对秦政权和秦始皇本人进行了敌对活动,才采取了"焚书坑儒"的镇压措施。之后,他仍允许儒生在秦政权中任职,儒家书籍也有条件地予以保留。过去人们根据汉宣帝所说的"汉家自有制度,本以王霸道杂之",①以为"王霸道杂之"始之于汉,而秦简《吏道》表述的思想说明这种论断是可以商榷的。汉初,封建地主阶级慑于农民战争的威力,为了缓和国内阶级矛盾和恢复生产,对秦地主阶级推行的政策曾作了大幅度调整,但绝不等于说秦只以"霸"行事。为了维护自己的统治,任何剥削阶级都不会放弃两手,"王霸道杂之"这种意识形态,早在秦时已经开始了形成过程。

为了强化封建统治,秦不仅在法家学说的基础上吸收了儒家思想,而且还信奉阴阳五行说,宣称自己的统治"受命于天";秦始皇则宣称秦为"水德",自己为"始皇帝",他的统治"后世以计数,二世三世至于万世,传至无穷"。② 他把封禅、祠天作为国家活动的重要内容。与《吏道》同时出土的简文有两种《日书》,《史记·日者列传》裴骃集解:"古人占候卜筮,通谓之'日者'。"《日书》类似后世的皇历,又是占卜一类书籍。汉武帝曾规定:"避诸死忌,以五行为主。"③从秦简的两种《日书》看,也是宣扬"五行"说。可见,封建阶级对劳动人民,一方面以严刑苛法镇压,同时又用宽、仁、爱、惠、父慈子孝的伦礼道德和阴阳五行这种极端迷信的思想进行欺骗迷惑。不过这一切终究都未能挽救秦封建统治者的失败。

实践证明,一切剥削阶级代表人物都是实用主义者。任何一种思想体系的观点,只要有利于居于统治地位的剥削阶级的物质利益,他们都会拿来为己所用。战国时期的"百家争鸣"中,儒法两家及其他各家相互斗争、相互影响、相互吸收的事实,已经说明了这个问题。《吏道》的内容为进一步认识这个问题提供了有说服力的新的证据。

---

① 《汉书·宣帝纪》。
② 《史记·秦始皇本纪》。
③ 《史记·日者列传》。

秦始皇的法律思想[*]

秦始皇（嬴政）是中国历史上第一个皇帝，是一位杰出的封建阶级政治家。他一生的所作所为，对中国历史尤其是对中国封建政治史和法律史，曾产生过重要影响。关于他的法律思想，在一些著作中虽然也有所触及，但专题论述则见之不多，是一个有待深入研究的课题。笔者由于工作关系接触了一些有关秦始皇法律思想的史料，形成了一些不成熟的看法，为了使此问题的研究深入下去，不揣冒昧将其提出来，以就教于研究中国古代法律思想史的专家和广大读者。

一　形成秦始皇法律思想的社会历史条件

马克思主义告诉我们，思想是第二性的。它受社会物质生产方式和阶级斗争的制约。社会发展各个历史阶段某一个人的思想的形成和发展，总的来说离不开这一原则，但所受制约的因素就更多些。关于秦始皇法律思想的形成和发展，应该着重考虑以下几点。

第一，秦始皇生长了一个社会大变革的时代。中国历史发展到战国时期，社会生产力有了进一步提高，广大奴隶和庶民为了改变自己的地位，继续同奴隶主阶级进行激烈斗争，社会发生更加剧烈变化。到战国中期，新兴

---

[*] 本文原载《法律史论丛》1983年第3辑。

的封建地主阶级在各诸侯国相继实行改革或夺取政权,基本上确立了封建地主阶级统治。地主阶级的初步胜利和封建生产关系的确立,为社会生产力发展开辟了余地。但是,裂土割据的藩篱和各国间连续不断的战争,不仅限制了各国之间人民的交往和商品的流通,而且常常给社会生产发展和人民的生命财产造成严重破坏。正是在这样的形势下,各阶级、阶层和社会集团的代表人物,从各自的利益出发,提出了不同政治主张和学术观点,形成了历史上著名的"百家争鸣"的局面。当时提出的观点和争论的问题,既反映不同阶级、阶层和社会集团的政治要求,同时又影响着人们的思想。值得注意的是,在此过程中不少人(从国君到思想家)都提出了天下统一问题。所谓"得天下"、"一天下"、"兼天下"、"吞天下"、"并诸侯"、"天下为一"和"称帝而治"等等,尽管用词不同,都是此一愿望的表达方式。事实说明,战国中期之后,天下统一已成为客观形势发展的需要和人们的普遍愿望,社会正经历着一场深刻变革。

第二,秦始皇生长于法家政治主张在秦国取得了胜利的时代。战国时期的"百家"主要是儒、墨、道、法等学派。法家反对"仁义",主张"法治";反对"兼爱",主张"严刑";反对"无为",主张"有为"。这些主张更符合当时野心勃勃的封建地主阶级的利益和要求。

公元前356年,秦孝公任用商鞅实行变法。商鞅提出"礼法以时而定,制令各顺其宜","治世不一道,便国不必法古"①的历史进化思想,在秦国大刀阔斧地进行得一系列变法改革。

秦孝公死后,虽然惠文王借口车裂了商鞅,但由于商鞅在秦国的变法改制进行得较为彻底,他制定的法令和重大改革成果得到了保留。正如韩非指出的:"及孝公、商君死,惠王即位,秦法未败也。"②从惠文王经武王、昭襄王、孝文王到庄襄王,历经五王九十余年,由于继续推行奖励耕战、严刑重罚等政策,秦国的生产进一步发展,国力日益强盛。在此期间,尽管关东诸国曾"合从缔交,相与为一","常以十倍之地,百万之众,叩关而攻秦",秦却能"开关延敌","因利乘便","无亡矢遗镞之费",而使诸侯"从散约解,争割地而奉秦"。③ 这样,商鞅为代表的法家思想,便被秦国的历史实践证明是符合客观形势发展、符合地主阶级利益的思想。

---

① 《商君书·更法》。
② 《韩非子·定法》。
③ 《史记·秦始皇本纪》。

第三，秦始皇生长在战国末期，在此之前，由于经济、文化的发展、人员的交流，以及战争胜负导致各国间疆域的变化，儒、墨、道等各家学说都先后传到了秦国并产生了一定的影响。不过，在统治阶级内部影响最大和决定统治阶级政策的仍然是法家思想。这样，作为秦王室诸公子和太子的秦始皇，便不能不从小受法家思想熏陶。他执政后不久便有步骤地清除与其政见不同的嫪毐、吕不韦和他们的党羽，起用与自己思想相通的李斯、尉缭等人。

秦始皇执政时，各国间的斗争形势和力量对比是有利于秦国的。李斯和尉缭劝秦始皇采取措施兼并六国时，可能对当时面临形势的有利方面说得多了一些，不过基本上符合实际情况。李斯说："今诸侯服秦，譬若郡县。夫以秦之强，大王之贤，由灶上骚（扫）除，足以灭诸侯，成帝业，为天下一统，此万世之一时也。"①尉缭说："以秦之强，诸侯譬如郡县之君，臣但恐诸侯合从，翕而出不意，此乃智伯、夫差、湣王之所以亡也。愿大王毋爱财物，赂其豪臣，以乱其谋，不过亡三十万金，则诸侯可尽。"②秦始皇听从了李斯、尉缭等的意见，抓紧有利时机，对关东诸国采取了"远交近攻"、分化瓦解的策略，经过激烈奋战，以十年时间兼并六国，完成了全国统一，成为历史上统一中国的第一人。这样，他就"以为自古莫及己"，志得意从，可以为所欲为了。

以上就是我们研究秦始皇法律思想形成时应当考虑的几个主要问题。如果说社会大变革时代较为普遍的统一天下要求和法家主张在秦国的胜利，促使了秦始皇法律思想的形成，那么，后来统一战争的胜利和胜利后形势的变化，则在很大程度上影响了秦始皇法律思想的发展。

二　秦始皇法律思想的主要内容

秦始皇的法律思想反映封建地主阶级的政治要求，是对商鞅、韩非等人法律思想的继承和发展。他作为秦王朝的第一代君主，是继商鞅之后法家政治主张又一个成功的实践家。秦始皇的法律思想主要内容是：

第一，在国家体制上主张废除分封制，实行郡县制，加强国家的集中统一。

---

① 《史记·李斯列传》。
② 《史记·秦始皇本纪》。

我国古代的分封制度至少从西周已开始实行了。分封制的出现和实行有其历史必然性,对于国家的组建曾起过一定的历史作用,但是它名义上统一于周天子,不久便事实上各自为政。进入东周,王室衰落,各诸侯国更不受周天子的控制。它便成了争城夺地、驱民掠口,相互兼并攻伐,战争数百年连续不断局面的重要祸根。到了战国中期,以新的制度代替分封制便成为历史日程上有待解决的问题。在此之前,关东一些国家基于军事上的需要首先在边境地区设县。之后,三晋出现了县隶属于郡的事例,秦国在孝公之前也曾效法三晋设县,商鞅变法才废除了西周以来实行的分封制,不过当时废除得并不彻底,商鞅自己被封为商君。商鞅之后,张仪被封为武信君,蔡泽被封为刚成君,魏冉被封为穰侯,范雎被封为应侯。直到秦始皇时,吕不韦还被封为文信侯,嫪毐被封为长信侯,王离被封为武成侯,王贲被封为通武侯,赵亥被封为建成侯。当然,这时的被封者与西周时的被封者有很大不同,他们已不再掌管封地的军队、司法等大权,但封侯这一事实说明,秦始皇时,分封制仍然拖了一条长长的尾巴。

　　全国统一后,秦始皇正确地总结了历史经验,认为国家分裂,诸侯混战是封邦建国和法度不明造成的。他一再向臣下阐明这个道理,几次否定了一些人提出实行分封制的错误意见。始皇二十六年,丞相王绾等以诸侯新破,燕、齐、楚地处边远地区,为巩固秦的统治,提出"置王"、"立诸子"。秦始皇当时就指出:"天下共苦战斗不休,以有侯王。赖宗庙,天下初定,又复立国,是树兵也,求其宁息,岂不难哉!"①他支持了李斯关于坚持实行郡县制,用赋税赏赐诸子和功臣的意见。始皇二十八年,他又一次对大臣说:"古之帝者,地不过千里,诸侯各守其封域,或朝或否,相侵暴乱,残伐不止,犹刻金石以自为纪,古之五帝三王,知教不同,法度不明,假威鬼神,以欺远方,实不称名,故不久长。其身未殁,诸侯倍叛,法令不行。今皇帝并一海内,以为郡县,天下和平。昭明宗庙,体道行德,尊号大成。"②从记载看,这次随行者几乎包括了秦王朝的全体文臣武将。秦始皇选择这样的时机在此问题上向大臣们作如此长篇议论,不应该看成是偶然抒发一下内心的感慨,而应是针对一些大臣在分封问题上的不同意见再一次进行的思想动员。尽管如此,实行分封制的主张仍然在一些人中酝酿。始皇三十三年,在一次为秦始皇祝寿的宴会上,博士淳于越又提出,"封子弟功臣,自为枝辅",并说,

---

① 《史记·秦始皇本纪》。

② 同上。

"事不师古而能长久者,非所闻也"。他这种意见当时遭到了李斯的反驳。李斯指出:"三代不相袭,各以治,非其相反,时变异也。"他还提出:"今天下已定,法令出一,百姓当家则力工农,士则学习法令辟禁。"①为此,他提出了禁私学,焚《诗》、《书》的动议。秦始皇采纳了李斯的建议,断然决定采取措施焚毁《诗》、《书》。由此也可以看出他对于废除分封制,实行郡县制的态度是坚决的。

第二,主张提高君主在封建政权中的法律地位。

中国古代,国君的权力大小和稳固程度,常常是政权稳定与否的表征。尽管在奴隶社会也宣扬君君臣臣父父子子的伦理道德,推崇君主的权力,但由于在国家体制上实行裂土分封,事实上是各自为政,到后来君主的地位常常只是在名义上得到尊重。春秋以来五百年的诸侯混战,不仅周天子的地位下降,各诸侯国也日益削弱。基于上述历史经验,秦始皇认为,在六国覆灭,"六王咸伏其辜,天下大定"之后②,为了巩固其统治,就要加强和提高自己的法律地位。为此,他采取了一系列相应措施。

首先,更名号,称皇帝。秦始皇认为,"名号不更,无以称成功,传后世"③。在统一后不久,他便授意丞相王绾、御史大夫冯劫和廷尉李斯等"议帝号",追尊其父庄襄王为"太上皇",自称"始皇帝",还规定"后世以计数",妄图使其统治能子子孙孙"二世三世至于万世,传之无穷"④。为了显示皇帝地位的至高无上,秦始皇规定避讳制度。就是说,全国臣民对秦始皇及其祖先的名字,在记事、上书甚至言谈话语中都要避讳,不得直呼,其他必须使用涉及皇帝姓名的字的地方,以异音同义词代替。为避秦始皇政嫌名讳,秦改"正"为"端",称"正月"为"端月"。过去史学界对于中国的避讳制度,一说始于周,一说始于秦。秦简为始于秦说提供了新的论据。即使始于周之说成立,那么春秋战国时也遭到了破坏,秦始皇时又重新加以规定。总之,不管始于周,显之于秦,或是始之于秦,秦始皇特别强调避讳制度则是无疑的。

其次,规定皇帝的命为"制",令为"诏"。秦始皇自称"始皇帝"的同时,还肯定了李斯等人提出的规定皇帝的"命为'制',令为'诏'"⑤的意见。

---

① 《史记·秦始皇本纪》。
② 同上。
③ 同上。
④ 同上。
⑤ 同上。

所谓制诏,"集解"引蔡邕曰:"制书,帝者制度之命民,其文曰'制'。诏,诏书。诏,告也。"裴骃曰:"制诏三代无文,秦始有之。"中国古代,国君的命与令本来就有很高的权威,《尚书·甘誓》:"用命赏于祖,弗用命戮于社";《史记·商君列传》:"令行于民朞年,秦国都初言令之不便者以千数……令行之十年,秦民大说"。这两个例子说明,无论是奴隶社会,或者是商鞅变法后的秦国,国君的命与令都具有法律效力,是法的一种形式。为什么又改命、令曰"制"、"诏"呢?这是因为当时命与令不仅国君可以发布,王公大臣和各级官吏都可以发布,而发布制、诏则是皇帝专有的特权。很显然,改君命曰制,改君令曰诏是为了提高皇帝命令的法律效力。事实上,自秦始皇之后,皇帝的制诏便成了指挥国家机器运转的基本形式。

最后,加强对中央、地方等全国官僚体系的控制和监督。全国统一后,如何加强对中央到地方的官僚体系的控制是关系政权能否巩固的大事。秦始皇也采取了许多措施。在中央,秦始皇沿袭战国以来的将相制度,以太尉和丞相分掌军政,另增设御史大夫执掌诏令、群臣章奏和纠察百官,总称之谓"三公"。三公之下设置奉常、郎中令、卫尉、太仆、廷尉、典客、宗正、治粟内史和少府九卿。以三公、九卿为主组成中央官僚机构。在地方,分天下为三十六郡,设置郡守、郡尉和监御史,分管各郡的军政和监察。郡之下设县,县设县令(长)和县丞。秦规定,全国官吏都由皇帝及其代理人任免,对皇帝负责。为保证按照统治阶级的需要任官吏,秦律对官吏的任免作了各种规定。《除吏律》:"任废官为吏,赀二甲。"①《置吏律》:"除吏、尉,已除之,乃令视事及遣之;所不当除而敢先见事,及相听以遣之,以律论之。"②此外还规定:"任人而所任不善者,各以其罪罪之。"③这就是说,从任官的条件,到任免的手续,以及荐举人与被荐举人之间的责任等,法律都有明确规定。不仅如此,秦还加强了对官吏的考核和监察,凡考核不合格或违法的官吏都要受到惩罚。庞大的监察机构,严格的考核、监察制度是秦始皇控制全国官僚体系的重要手段。

第三,强调用法律手段治理国家。

"以法治国"是战国时法家学派的重要观点。商鞅在秦国首先把这一主张付诸实践,并取得了成功。作为法家的后继人,秦始皇也竭力坚持这一

---

① 《睡虎地秦墓竹简·秦律杂抄》。
② 《睡虎地秦墓竹简·秦律十八种》。
③ 《史记·蔡泽列传》。

主张。人说秦始皇"刚毅戾深,事皆决于法"。这话基本上符合事实。秦始皇自己在许多刻石中也将此事作为"功德"加以宣扬。始皇二十八年琅邪刻石:"维二十六年,皇帝作始。端平法度,万物之纪。"又:"应时动事,是维皇帝。匡饬异俗,陵水经地。忧恤黔首,朝夕不懈。除疑定法,咸知所辟。"始皇二十九年之眾刻石:"大圣作治,建定法度,显著纲纪……普施明法,经纬天下,永为仪则。"始皇三十七年会稽刻石:"秦圣临国,始定刑名,显陈旧章,初平法式,审别职任,以立恒常。"①刻石中的文章不是秦始皇的手笔,而是由李斯写的,但是由秦始皇授意、代表秦始皇的思想则是无疑的。刻石中说的"法度"、"定法"、"辟"、"明法"、"刑名"、"旧章"、"法式"就是指法律。

秦始皇为什么如此重视法律?刻石中也作了一定回答,就是要在皇帝之下建立"尊卑贵贱,不逾次行"的等级秩序;建立"职臣尊分,各知所行"的官僚秩序;建立"六亲相保,终无寇贼"的社会秩序;建立"禁止淫泆,男女洁诚"的家庭秩序。总之,他是想把法律作为"万物之纪",并且"永为仪则"②,以建立封建地主阶级的统治秩序。

1975年12月在湖北云梦县睡虎地发现的秦律说明,秦统治者的确在广泛的领域里用法律来调整各种关系。从已知道的材料看,秦除商鞅沿袭李悝《法经》制定的盗、贼、囚、捕、杂、具六篇刑律之外,还制定了许多单行法规。仅秦简中出现的秦的单行法规名称就达三十种之多,而这只是当时一个下级司法官吏摘抄的秦律的一部分,仅这一部分的内容就已涉及国家行政、军事、司法、农业、手工业、商业、金融、度量衡、家庭婚姻和少数民族关系等非常广泛的领域。其内容之详细,规定之具体,在秦简发现之前是未曾料到的。有许多规定就是以现代眼光看,也不能不承认考虑是周全的。从法的形式说,除颁布了律,还有令、式、例和作为律令补充的法律答问。秦始皇在泰山刻石中说他使国家实现了"治道运行,诸产得宜,皆有法式"③。治道运行得如何,诸产是否得宜?从后来的形势看是大有疑问的,但"皆有法式"之说,并非完全虚张之词。

秦始皇不仅制定和认可了大量法律,而且很重视法律的实施。秦律中有不少关于惩治不依法办事的官吏的条款,如:"甲有罪,吏知而端重若轻之,论何也?为不直。"又如:"廷行事吏为诅伪,赀盾以上行其论,又废之。"

---

① 以上引文均见《史记·秦始皇本纪》。
② 此段引文均见《史记·秦始皇本纪》。
③ 《史记·秦始皇本纪》。

再如:"啬夫不以官为事,以奸为事,论何也? 当迁。"①在秦简中还有秦始皇二十年南郡守腾向所属县、道啬夫发布的一篇《语书》。所谓"语书",就是教戒性的文告,用现代法律分类法分类,属于地方性的法规。这篇文告的主要内容是督促所属县、道官吏依照法律规定举劾本县、道吏民的违法犯罪行为。其中写道:"知而弗敢论,是即不廉也。此皆大罪也。"并规定:"举劾不从令者,致以律,讼及令、丞。"尤其值得注意的是,《语书》的附件部分还把是否依法办事作为考核官吏的标准明文予以规定。《语书》虽然是南郡守腾发布的地方性的法规,但在封建君主专制制度下,除非按照国家法律总的精神或经由秦始皇准许是不可能发布的。所以它的内容和前面所引《法律答问》的规定,仍然能反映秦始皇执政后重视法律实施的一般情况。此外,据《史记·秦始皇本纪》记载,始皇三十四年,曾"适治狱吏不直者筑长城及南越地"。所谓"不直"就是司法官吏故意出入人罪的行为。在"狱吏得亲幸"的情况下,能如此断然惩治其中的"不直"者,可见秦始皇实施法律的态度之坚定。

第四,主张废儒学仁义,实行严刑酷法。

侯生和卢生说秦始皇为人"天性刚戾自用","乐以刑杀为威"②;贾谊说秦始皇"废王道,立私权,禁文书而酷刑法","以暴虐为天下始"③;班固说秦始皇"毁先王之法,灭礼谊之官,专任刑罚"④。秦始皇的这种性格、思想、态度与他所信奉的法家学说有密切关系。据说当他第一次看到韩非宣扬专制,抨击儒学,提倡严刑重罚的《孤愤》、《五蠹》等著作时,激动得大声叫好,竟说:"寡人得见此人与之游,死不恨矣!"⑤郭沫若曾说:"韩非虽然身死于秦,但他的学说实为秦所采用,李斯、姚贾、秦始皇、秦二世实际上都是他的高足弟子。"⑥从秦始皇的所作所为看,这话是有道理的。

秦始皇实行严刑酷法从他执政不久就开始了。秦律本规定有夷族、连坐之刑,在清除缪毐、吕不韦及其党羽的过程中和之后,又进一步扩大了株连范围。在处理嫪毐一案时,除将缪毐、卫尉竭、内史肆、左弋竭、中大夫令齐等二十人灭宗之外,又将其舍人四千余家判处徒刑和迁蜀(迁刑)。据

---

① 以上几处引文均见《睡虎地秦墓竹简·法律答问》。
② 《史记·秦始皇本纪》。
③ 同上。
④ 《汉书·刑法志》。
⑤ 《史记·韩非列传》。
⑥ 《十批判书》,第337页。

《华阳国志》记载,因受吕不韦株连而处迁刑迁蜀者竟达万余家。此外,始皇二十年,"荆轲为燕太子丹刺秦王,后诛轲九族。其后恚恨不已,复夷轲之一里,一里皆灭"①。始皇三十六年,"有坠星下东郡,至地为石,黔首或刻其石曰:'始皇帝死而地分'。始皇闻之,遣御史逐问莫服,尽取石傍居人诛之"②。在上述案件中,秦始皇把族株连坐使用到了登峰造极的程度。

秦始皇重刑酷法的另一种表现,是按照韩非等人的主张实行文化专制。韩非说:"明主之国,无书简之文,以法为教;无先王之语,以吏为师;无私剑之捍,以斩首为勇。是境内之民,其言谈者必轨于法,动作者归之于功(农),为勇者尽之于军。"③秦始皇对于韩非所宣扬的文化专制思想是竭力加以贯彻的。博士淳于越于始皇三十三年再次提出的"分封子弟功臣"的主张,虽然是一种倒退,并且有为某些人争利益的嫌疑,但其基本出发点还是希望秦始皇有所辅拂,地主阶级的统治得到长治久安。但李斯却把淳于越的意见说成是愚儒之见,并借题发挥,说儒生"不师今而学古,以非当世,惑乱黔首","入则心非,出则巷议","率群下以造谤"。他提出:"非秦记皆烧之。非博士官所职,天下敢有藏《诗》、《书》、百家语者,悉诣守、尉杂烧之。有敢偶语《诗》、《书》者弃市。以古非今者族。吏见知不举者与同罪。令下三十日不烧为城旦。所不去者,医药卜筮种树之书。若欲有学法令,以吏为师。"④李斯的提议得到了秦始皇的赞同和批准。从此,颁行《挟书律》,在全国大规模焚毁《诗》、《书》和百家语。接着,始皇三十五年,为方士侯生和卢生诽谤和欺骗事,秦始皇不顾长子扶苏的反对,制造借口株连四百六十余名儒生,"皆坑之咸阳"。秦始皇的"焚书"、"坑儒"是妄图以刑罚手段禁止儒学和法家以外的其他各学派的发展,是我国封建社会历史上最早的一次文字狱。它使战国以来学术文化蓬勃发展局面遭到了摧残。

还应当指出,秦始皇统一全国后实行的收天下兵器聚之咸阳,销以为钟镰、金人,徙天下豪富十二万户于咸阳,虽然名义上不是刑罚惩治,但却是以国家暴力为后盾的严厉的法律措施。被徙者多是六国贵族之后或六国统治的支柱。这些人都占有大量的土地和奴隶,将其千里迢迢徙之于咸阳,离开原居之地,无异于籍没而使其倾家荡产。这一措施,大大有利于秦统治者对

---

① 王充:《论衡·语增篇》。
② 《史记·秦始皇本纪》。
③ 《韩非子·五蠹》。
④ 《史记·秦始皇本纪》。

这些富豪的控制和监视,对于巩固秦的统治是需要的,但不能不说是秦酷法的一种表现。

三 秦始皇法律思想的矛盾

像中国历史上许多著名人物的政治思想和法律思想常常存在矛盾一样,秦始皇的法律思想也存在着矛盾。这是他所信奉的法家思想中固有矛盾在其身上的表露和进一步发展。所以它就比法家其他代表人物表露得更加明显和突出。

战国时期的法家代表人物,从李悝到吴起、商鞅,再到韩非、李斯,尽管他们的学术观点略有差异,但在主张以法律治理国家和实行君主专制这两个基本问题上则是一致的。而恰恰是在"法治"和"专制"这两个问题上,他们的思想常常发生矛盾。

"以法治国"是否首先由管仲提出,已无法详考,不过首先见于《管子·任法篇》则是事实。战国时法家代表人物竭力加以宣扬并作了系统阐述。商鞅称"垂法而治"①,"缘法而治"②,韩非也称"以法治国"③。关于按法律办事,坚决惩治犯罪,这是法家代表人物一贯强调的。《管子·君臣》:"为人君者倍道弃法而好行私为之乱。"商鞅说:"刑无等级,自卿相、将军以至大夫、庶人,有不从王令犯国禁、乱上制者,罪死不赦。""守法守职之吏,有不行王法者,罪死不赦,刑及三族。"④韩非说:"法不阿贵,绳不挠曲,法之所加,智者弗能辞,勇者弗敢争。刑过不避大臣,赏善不遗匹夫。"⑤但这只是他们的愿望和决心,它的实行不可能不受其他因素的制约和影响。

在这些因素中,一个重要的因素就是法家自己主张的极端君主专制。商鞅说:"权者,君之所独制也。人主失守则危","权制独断于君则威"。⑥韩非说:"能独断者,故可以为天下主。"⑦他还说:"权势不可以借人,上失其

---

① 《商君书·壹言》。
② 《商君书·君臣》。
③ 《韩非子·有度》。
④ 《商君书·赏刑》。
⑤ 《韩非子·有度》。
⑥ 《商君书·修权》。
⑦ 《韩非子·外储说右上》。

一,臣以为百。"①"人主失力而能有国者,千无一人。"②他们的意思概括起来说就是君主要大权独揽,实行独裁,否则就不可能有稳固的统治。为了实行独裁,韩非认为光有权还不够,还要有"术"。所谓术是什么呢？按照他的说法就是"藏之于胸中,以偶众端,而潜御群臣者也"③。这里一个"藏于",一个"潜御",把术的特征描绘得清清楚楚,换句话说就是君主不依据明确公布的法律而凭借内心的计谋控制群臣的手段,或者叫做权术。正因为他把术看得如此重要,对于官吏就主张采用实用主义。他说:"有道之主,不求清洁之吏,而务必知之术"④,"虽有驳行,必得其利"⑤。对于其中不听使唤的官吏,"势不足以化,则除之","赏之誉之不劝,罚之毁之不畏,四者加焉不变,则其除之"。⑥他的意思就是说,君主对官吏的品行可以不必作过多考虑,只要能为其所用就行。否则可以威之以势,或者用惩罚、奖励的手段使之驯服,再不然就可以将其杀掉。

尽管法家的代表人物当时强调君主专制是为了削弱宗室贵族的权力,结束割据状态,但一方面强调"法治",一方面又突出强调专制,二者不可能不发生矛盾。梁启超先生曾经指出:"法家最大的缺点,在立法权上不能正本清源。彼宗固力言君主当'置法立仪以自正',力言人君'弃法而好行私谓之乱',然问法自何出,谁实制之？则乃曰君主而已。夫法之立与废不过一事实中的两面;立法权在何人,则废法权即在其人,此理论上当然之结果也。"⑦当然,梁启超先生这段议论,终不免有君主立宪理论的气息,不过他所揭露的法家思想这一矛盾则是存在的。

如果说法家代表人物作为思想理论家,在阐述和推理自己论点的过程中能够回避某些必须回答的问题。那么,作为实行这一理论的政治家,则必须在现实提出的问题面前亮明自己的态度。所以,思想家韩非能回避的问题,政治家秦始皇则必须作出回答;在思想理论家韩非的著作中一些逻辑严谨、头头是道、滔滔不绝的雄辩论证,在政治家秦始皇的实践中就可能显露无法掩饰甚至是千疮百孔的破绽。这就是秦始皇法律思想的矛盾比韩非等

---

① 《韩非子·内储说下》。
② 《韩非子·人主》。
③ 《韩非子·难三》。
④ 《韩非子·八说》。
⑤ 《韩非子·外储说左下》。
⑥ 《韩非子·外储说右上》。
⑦ 《先秦政治思想史》第十六章《法家思想》。

人法律思想的矛盾表露得更明显、更突出的原因。

秦始皇法律思想的根本矛盾,也是在于他既强调实行"法治",又强调实行"专制"。从史籍记载和云梦秦简提供的材料看,秦始皇执政后的确制定和重新肯定了许多法律。他自称实现了"皆有法式",别人也说他"事皆决于法",在不少场合他也十分强调依法办事。但这只是对臣下和老百姓,而他自己则超越于法律之外,凌驾于法律之上,实行极端个人专制。尤其是全国统一之后,这种情况就更加明显。他不仅大大提高了皇帝的法律地位,建立了集立法、司法、政治、军事大权于一身的封建君主专制体制,而且把自己视为现世神,置国家法律于不顾,为所欲为。

商鞅变法后,秦国本来逐渐制定了较完备的法律,如对各种犯罪规定了具体量刑标准,规定了各种适用刑罚的原则,还建立了一套完整的司法官吏体系和诉讼制度等。在此情况下,官吏们完全可以各司其职,但秦始皇却使"丞相诸大臣皆受成事"①,自己"昼断狱,夜理书"②,"天下之事无小大皆决于上"③。他在处理案件时往往把法律规定的原则抛到一边。如果说对嫪毐、吕不韦及其党羽的处理是在非常情况下不得已而采取的重刑措施,那么,后来的"焚书",尤其是"坑儒"则主要是凭感情用事任意加重刑罚。他的这种凭感情适用法律甚至到了刑诸鬼神的地步。《史记·秦始皇本纪》:二十八年,始皇还"……浮江,至湘山祠。逢大风,几不得渡。上问博士曰:'湘君何神?'博士对曰:'闻之,尧女,舜之妻,而葬此。'于是始皇大怒,使刑徒三千人皆伐湘山树,赭其山"④。这种堂吉诃德大战风车式的可笑举动,并不表明秦始皇摇身一变成了无神论者(事实上他以后越来越迷信),恰恰表明他头脑膨胀、任意适用刑罚,"乐以刑杀为威"。

前面已经谈到,秦法的形式除了律、令、式之外,还有"廷行事"⑤。廷即官廷,行事,王念孙曰:"言已行之事,旧例成法也。"⑥"廷行事",就是国家司法机关办案的成例。既然当时司法机关办案的成例是法,那么,秦始皇本人亲自处理的案件就不言而喻了。因此,在当时就必然形成这样的局面:秦始皇制定和颁布的各种法律、命令是法,他凭自己感情而不依据法律决断的

---

① 《史记·秦始皇本纪》。
② 《汉书·刑法志》。
③ 《史记·秦始皇本纪》。
④ 同上。
⑤ 《睡虎地秦墓竹简·法律答问》。
⑥ 《读书杂志》六《汉书》第十二《行事》。

案例也是法，二者不可能不发生矛盾。在封建专制主义制度下，行政司法不分，家长制统治盛行。皇帝可以任意决断全国性的案件，郡守、县令就可以任意决断本郡、本县的案件。据《史记·张耳陈馀列传》记载，秦末，蒯通曾说范阳令："足下为范明令十年矣，杀人之父，孤人之子，断人之足，黥人之首，不可胜数。"一个县令在一县范围内给如此多的人施加重刑，从已知秦律规定的量刑幅度看，显然相当一部分是法外任意用刑。

上述事实可以看出，秦始皇一方面宣扬和推崇"法治"，要求法律具有稳定性，要求有大批依法办事的官吏执行既定的、向老百姓公布周知、经常有效的法律，要求对执法官吏进行必要的监督；另一方面，他的极端君主专制主义法律思想和奉行的专制制度，又要求朝令夕改，要求官吏们按照他个人意志和临时发布的命令办事，其结果势必使"法治"成为不可能。后来，由于他常常破坏自己制定的法律，就使大量法律成为具文，使大臣和官吏无所适从。以至于出现"天下之士，倾耳而听，重足而立，拑口而不言"；"忠臣不敢谏，智士不敢谋，天下已乱，奸不上闻"[①]的局面。而这种众叛亲离的局面一出现，统治不崩溃是不可能的。

四　秦始皇的法律思想对中国封建社会的影响

两千多年来，秦始皇的法律思想在中国封建社会的影响是很深远的。他关于建立统一的专制主义的中央集权的封建国家的思想，关于封建皇帝至高无上神圣不可侵犯的思想，关于以法律手段维护封建统治秩序的思想和重刑思想，以及在这些思想指导下建立的封建法律制度，不少方面都为秦以后的封建统治者所沿袭。就是一些在口头上曾经严厉抨击过秦始皇的封建统治者，也往往自觉或不自觉地按照秦始皇的法律思想的某些方面行事。

以继秦而起的西汉王朝为例。西汉王朝的统治者们，在秦末农民战争的基础上推翻了秦王朝之后，对秦始皇及其执行的政策抨击是很严厉的。但是，"汉承秦制"，汉代的政治法律制度几乎全部因袭秦代。如，"汉天子正号曰皇帝，自称曰朕，臣民称之曰陛下。其言曰制诏。"[②]其礼仪权威一如秦始皇。在皇帝之下，中央也设三公九卿分掌朝政。在地方，汉初虽然分封诸子和功臣，在部分地区建立了王国和侯国，但不久刘邦即着手采取措施消

---

① 《史记·秦始皇本纪》。
② 蔡邕：《独断》卷一。

灭异姓王。之后,文帝和景帝又相继采取措施削平藩国。所以,总的看西汉仍然是实行郡县制。法律方面,刘邦初入关时为收买民心曾约法三章,"蠲削烦苛"。之后不久,就因"四夷未附,兵革未息,三章之法不足以御奸,于是相国萧何捃摭秦法,取其宜于时者,作律九章"。① 所谓"九章"是指在秦的盗、贼、囚、捕、杂、具六篇之外又增加户、兴、厩三章,主要内容是刑律。除此,汉代也颁行了一系列单行法规。据程树德先生考证,这些法规仅已知道名称的就有近四十种。② 汉代的刑罚,基于秦末农民战争的威慑,总的来看有所减轻,但对于政治性犯罪的惩罚和施刑依然十分残酷。夷族、腰斩、磔、弃市和腐刑等酷刑仍然保留。法律规定:"当三族者,皆先黥、劓、斩左右趾,笞杀之,枭其首,菹其骨肉于市。其诽谤詈诅者,又先斩舌。"③文帝时曾决定废除肉刑,但贯彻得并不彻底。武帝时刑罚又进一步加重。史载,武帝令张汤、赵禹修订的法令,"凡三百五十九章,大辟四百九条,千八百八十二事,死罪决事比万三千四百七十二事"。④ 汉武帝虽然与秦始皇尊法反儒反其道而行之,实行"罢黜百家,独尊儒术"的政策,但这与秦始皇"焚书坑儒"在本质上是一致的,二者都是封建文化专制主义。

再以中国封建社会兴盛时期的唐王朝为例。基于隋炀帝暴政亡国和农民起义的教训,唐初的统治者认为应"动静必思隋氏,以为殷鉴"⑤,他们认为隋朝覆灭的原因之一就是"宪章遐弃"⑥,因此,必须加强法制,以"禁暴惩奸,弘风阐化"⑦。唐初的几个皇帝都很重视法律的编撰,李渊、李世民、李治在位期间都曾颁行法律。高宗时由长孙无忌等在《武德律》和《贞观律》的基础上编撰的《永徽律》,成为现存的中国封建社会最早、最完备的综合性法典。除律之外,还颁行了令、格、式,组成了严密的封建法网。在制定和实施这些法律时,唐初的统治者,特别是李世民说了不少要宽简和慎刑的话,也删除了隋律中某些苛法条款,但涉及维护封建君主专制统治的内容,则不作任何实质性的让步。唐律宣布,皇帝是"奉上天之宝命"的至尊和"兆庶的父母"。任何违反皇帝的意旨或侵犯其人身尊严的言论和行为,都

---

① 《汉书·刑法志》。
② 《九朝律考·汉律考》。
③ 《汉书·刑法志》。
④ 同上。
⑤ 《贞观政要》卷八。
⑥ 《隋书·刑法志》。
⑦ 《唐大诏令集》卷八二。

是"反天常,悖人理"①,要受严刑惩治。唐律宣称的"常赦不原"的"十恶"大罪,其中"谋反"、"谋大逆"、"大不敬"是直接维护皇帝人身安全和尊严的法律规定;"谋叛"、"恶逆"、"不道"、"不孝"、"不睦"、"不义"和"内乱"等,则是维护封建专制主义统治秩序的规定。将其与秦代相比较,就会发现只不过是把秦始皇实行的君主专制制度进一步法律化而已。

又以中国封建社会后期的明、清王朝为例。明朝开国皇帝朱元璋曾公开鼓吹适用重典。他认为元朝失败的原因是"威福下移","不知修法度以明军政"。② 他说:"吾治乱世,刑不得不重"③;"朕收平中国,非猛不可"④。他在位期间不仅颁行了较唐、宋、元律处刑为重的《大明律》,还颁行了《大诰》和其他加重刑罚的一系列峻令,并且还多次法外用刑。本来法律规定除"谋反"和"大逆"之外,不实行族株连坐,但洪武十五年和洪武十八年,为地方官派上计吏盖带官印的空白文册和郭桓贪污案,自六部左右侍郎到地方长吏被株连达七八万人之多。洪武十三年、二十三年和二十六年,在左丞相胡维庸和凉国公蓝玉两案中,坐奸党罪被诛杀者达四万余人。其株连范围之广泛,手段之残酷,比秦始皇处理的几个案件有过之而无不及。

明、清两朝大兴文字狱。洪武期间,浙江府学教授林元亮替海门卫作《谢增俸表》中写了"作则垂宪",杭州府学教授徐一夔的贺表中有"光天之下"⑤,被朱元璋怀疑为是骂他作过贼,当过和尚而杀头。清朝雍正年间,查嗣庭担任江西考官,因取《诗经》中"维民所止"为试题,被诬指为"维"、"止"是要砍雍正的头,被定为"大逆不道"罪下狱,死后遭到戮尸,亲属被株连。乾隆年间,曾任内阁学士的胡中藻,因其诗中写了"一把心肠论浊清",被诬为故意把"浊"加在"清"的上面,毁谤清朝;并因曾出"乾三爻不象龙"的试题,被说成是诽谤圣上,而定为"叛逆"砍头。仅乾隆三十九年至四十八年(公元1774—1783年)的十年期间,就发生文字狱近五十起,数十人遭受刑罚惩治和被诛戮。在文化专制方面,明、清两代的统治者比之于秦始皇也毫不逊色。

纵观两千多年来中国封建社会的历史,可以看到,许多封建统治者继承了秦始皇的法律思想和在这一思想指导下建立的法律制度。正因为秦始皇

---

① 《唐律疏议·名例》。
② 《明史纪事本末》卷一。
③ 刘基:《诚意伯文集·皇帝手书》。
④ 同上。
⑤ 赵翼:《二十二史札记》卷二十二。

法律思想和秦代的法律制度多方面被继承,所以后世不少封建王朝的统治者也无法避免秦始皇曾经历的实行"法治"和实行专制的矛盾。从一定意义上说,中国整个封建社会就是在这样恶性循环中发展的。

当然,秦始皇的法律思想之所以能产生如此深远的影响,主要是因为它属于地主阶级思想,反映地主阶级的利益和要求。从秦到清两千多年,虽屡经改朝换代,但封建社会的性质和地主阶级的统治地位却没有变化。这样,后世封建统治者就能够将秦始皇的法律思想略加装饰来为自己的统治服务。此外,正如我们已经谈到的,秦始皇的法律思想有一个形成过程。它一经形成,便具有相对的独立性,尤其是它曾对秦代的政治法律制度产生过强烈影响,由此便形成了世世代代左右千百万人的传统和习惯。这也是两千多年来它对中国封建社会保持影响的不可忽视的原因。

㝬匜铭文及其所反映的西周刑制[*]

1975年2月,陕西省文物考古工作者在岐山县董家村发掘的西周铜器窖穴中发现的㝬匜铭文,是近年发现的西周时的一件诉讼案件判决情况的珍贵的历史资料。郭沫若同志曾充分肯定铭文对研究中国古代史的重要意义。他指出:"说者每谓足抵《尚书》一篇,然其史料价值殆有过之而无不及。"《尚书》的不少篇章是周秦人伪托,即使可信的,"已屡经传写,屡经隶定,简篇每有夺乱,文辞复多篡改,作为史料不无疑难。而彝铭除少数伪器触目可辨者外,虽则一字一句,均古人之真迹也。是其可贵,似未可同列而论"。[①] 㝬匜铭文的史料价值很高,值得认真深入研究。

这篇铭文共一百五十七字,其释文如下:

"惟三月既死魄甲申,王在荓上宫,伯扬父逎成赞,曰:'牧牛,䖍乃可湛,汝敢以乃师讼,汝上䣈先誓。今汝既有㠯誓,尃趞嗇、觓、㝬宕,亦兹五夫亦既㠯乃誓。汝亦既从辞从誓,㐁可。我宜鞭汝千,黜馘(黵馘)汝,今我赦汝。宜鞭汝千,黜馘(黵馘)汝,今大赦汝鞭汝五百:罚汝三百锊。'伯扬父逎或使牧牛誓曰,'自今余敢扰乃小大事'。'乃师或以告汝,则致乃鞭千,黜馘(黵馘)。'牧牛则誓。厥以告吏䩽、吏曶于会。牧牛辞誓咸,罚金,㝬用作

---

[*] 本文原载《法学研究》1984年第1期。
[①] 郭沫若:《两周金文辞大系图录考释》之序文。

旅盉。"①

这篇铭文的大意是：三月甲申日，周王在芥京的上宫，伯扬父当着周王的面宣布对牧牛的判决。伯扬父说道："牧牛，过去你任职的时候，竟敢和你的长官争讼，违背自己曾经立下的誓言。今天，你必须再立信誓。现在，尃、趞、啬、觐、僟都已到庭，只有他们五人都相信你的誓言，你只有恪守自己的誓言，才能重新去任职。按照你的罪行，我本应鞭打你一千下，施以墨刑，现在我宽赦你。应该鞭打你一千下，施墨刑，现在宽赦你打你五百鞭，改罚金三百锾。"伯扬父于是又命牧牛向其长官立誓说："从今以后，我不敢再和你争讼，以各种大小事扰乱你。"伯扬父对牧牛说："你的长官如果再控告你，那就要鞭打你一千下，并加以墨刑。"牧牛于是立誓。伯扬父还把这一判决告诉名做虮和曶的两个官吏，让他们登记在记簿上。牧牛立下了誓言，缴了罚金三百锾，僟将其铸作旅盉。

对于僟匜铭文，除原发掘简报作了释文和简注之外，我国著名金文学家唐兰、李学勤同志也先后分别作了注译，这些释文、注解和译文虽小有差别，但主要方面的见解是一致的。通过僟匜铭文所记载的对于牧牛这一案件的判决经过，使我们对西周刑制的某些方面有了进一步的了解。

一　实施刑法的目的是维护奴隶主阶级的等级特权统治

僟匜铭文记述的案件的被告人牧牛是官职名。《周礼·地官·司徒》有"牧人"和"牛人"两种职务。他们的执掌范围是："牧人掌牧六牲而阜蕃其物，以供祭祀之牲牷"；"牛人掌养国之公牛，以待国之政令"。所谓"六牲"是指牛、马、羊、豕、犬、鸡；所谓"公牛"是指官府所有的牛。从其职务掌管的范围看，牧人管理的六牲是供祭祀的那一部分；而牛人掌管的官牛，据《周礼》记载：除供国家祭祀之外，还用以送礼、招待宾客、慰劳军队、办理丧事、祭奠鬼神和运送战勤物资等重大事项。其数量应是很大的。案件中的被告人牧牛应相当《周礼·地官》记载的"牛人"，地位应属于中下等奴隶主。案件的原告人僟是牧牛的上司，在判决辞中称"师"，他的职务应与牧

---

① 唐兰：《陕西省岐山县董家村新出西周重要铜器铭辞的译文和注释》，载《文物》1976年第5期《陕西省岐山县董家村西周铜器窖穴发掘简报》；李学勤：《岐山董家村训匜考释》，载《古文字研究》第1辑。

事有关。《周礼·夏官司马》有"牧师"一职,"掌牧地"。《周礼》写道:"皆有禁厉而颁之","掌其政令"。意思是说,关于"牧师"的职务,有各种法律规定,而"牧师"就要按照这些法律规定办事。傂的职务可能就是"牧师",在"牛人"之上。那么,牧牛犯的是什么罪呢?从伯扬父宣布的判决词最后认定的罪名看,是违背誓言,"敢以乃师讼",意思就是说因为他竟敢同自己的上司争讼。

同自己的长官争讼,之所以被视为犯罪并予以刑罚惩治,是与西周奴隶制国家实行奴隶主贵族等级特权统治分不开的。大家知道,西周是实行土地奴隶主国家所有制,所谓"溥天之下,莫非王土"。① 在此基础上,西周奴隶主贵族在全国建立了宗法等级分封制度。这就是,周天子为全国共主,他按宗法关系把土地和臣民分封给诸侯,诸侯在自己的封国内又按同一关系给卿大夫分封采邑,卿大夫之下是士,士是奴隶主贵族最低一级,有禄田。这种按照与周天子血缘的亲疏,自上而下分封形成的对广大奴隶和庶民实行统治的等级结构,被概括为"王臣公,公臣大夫,大夫臣士"②,或者被概括为"天子建国,诸侯立家,卿置侧室,大夫有二宗,士有隶子弟"③。为了使这样的等级制度得以建立和维持,西周统治者制定了礼与法。他们把下事上、小事大、贱事贵、臣事君说成是天经地义的、永恒的;在全国和各封国以及采邑内、君对臣、上对下、奴隶主对奴隶的权力被说成是绝对的。任何下对上、贱对贵的反抗行为,都被视为对整个统治秩序的破坏,对整个奴隶主阶级的叛逆。所以,即使像牧牛这样的奴隶主阶级的成员,仅仅是因为与其上司争讼,也严惩不贷。

这里需要指出的是,牧牛对其上司的这种反抗行为,并非个别的孤立的现象,而是当时社会上已出现的对奴隶主贵族等级特权制度反抗的一例。据我国金文学家从傂匜的器形、纹饰和文字等方面的特点,得出较为普遍的结论,傂匜应成于西周晚期偏早,具体说就是厉王或者宣王时期的铜器。④那么,铭文所记述的案件也应发生在这一时期。西周奴隶制社会在此之前

---

① 《诗·北山》。
② 《左传·昭公七年》。
③ 《左传·桓公二年》。
④ 1976年《文物》第6期,盛张所写《岐山新出傂匜若干问题探索》:"驹父盨盖为宣王十八年所作,年代明确,因此将本器(傂匜)年代定于厉、宣王之际,也很合适。"《古文字研究》第1辑;李学勤所写《岐山董家村训匜考释》:"训匜是其中之一,有盖饰窃曲纹,从器形饰文的特点看,应属西周晚期偏早。"

已跨越了它的鼎盛时期,开始走下坡路。《史记·楚世家》:"当周夷王之时,王室微,诸侯或不朝,相伐。"《礼记·郊特牲》:"觐礼,天子不下堂而见诸侯。下堂而见诸侯,天子之失礼也,由夷王以下。"郑玄注:"夷王,周康王之玄孙之子也,时衰微不敢自尊于诸侯。"孔颖达疏:"由夷王以下者,夷王下堂而见诸侯,自此以后或由然,故云以下。"这些记载都说明,到夷王时,周天子的权威、西周奴隶主等级特权制度都已开始动摇。正由于如此,周厉王之初,大夫芮良夫就曾当面对厉王说:"王室其将卑乎。"①从地下出土的铜器铭文记载看,在此前后,各诸侯国奴隶主国家土地所有制也开始发生变化,私有制因素已逐渐出现。② 正是在这种情况下,牧牛尽管知道礼、法的种种规定,但他还是同他的上司进行了争讼。由于当时西周奴隶主国家虽然已经衰微,但并未达到崩溃的程度,尤其是上层奴隶主在对待镇压下层的反抗的态度还是一致的。所以,正如判决宣布的,最后牧牛为自己的行为付出了代价,受到了惩罚。牧牛受的惩罚以及𤼈匜铭文的铸造,都是奴隶主贵族为维护其等级特权所作的努力的历史见证。

二 誓是法律的一种形式,是定罪量刑的重要依据

在𤼈匜的一百五十七字的铭文中,"誓"的地位是很突出的。"誓"字共反复出现七次:(一)"汝上邟先誓";(二)"今汝亦既有𠙹誓";(三)"亦兹五夫亦既𠙹乃誓";(四)"亦即从辞从誓";(五)"伯扬父廼或使牧牛誓曰";(六)"牧牛则誓";(七)"牧牛誓辞成"。从文义看,"誓"字第一次出现是伯扬父在判决中指责牧牛违背自己的誓言,说明这是对牧牛定罪量刑的重要原因;第二、三、四次是伯扬父告诉牧牛,只有自己当众再立信誓,恪守誓言,并使其长官和其他见证人信任,才能再去任职;第六、七次是说牧牛按照伯扬父的指示重新立了誓,按规定缴了罚金,受到了从宽处理。

在一份诉讼案件的判决中,为什么如此强调誓,誓在诉讼中具有什么性质和作用?《说文》:"誓,约束也。"《礼记·曲礼》:"约信曰誓。"孔颖达疏:

---

① 《史记·周本纪》。
② 林甘泉同志在 1976 年《文物》第 5 期发表的《对西周土地关系的几点新认识》一文中,以与𤼈匜同时出土的卫鼎甲、卫鼎乙、卫盉以及传世的䚡攸从鼎等西周铜器铭文为依据认为,周共王时奴隶主贵族之间已出现了土地出租和转让的事实,土地私有制已出现萌芽,土地私有化的历史过程已经开始。

"共相约束以为信也。"《释名》：誓，"制也，以拘制也"。很显然，誓具有约束和规范的作用。不过由于誓的种类不同，适用的范围、约束力的大小也不一样。其中由国家发布或由国家认可的那一部分是法的一种形式。《尚书》中的《甘誓》、《汤誓》、《泰誓》和《牧誓》等篇，就是夏启、成汤和武王等在会合各部族、各诸侯武装时，为统一步调、加强战斗力，代表国家发布的命誓，是我国古代最早的军事法规。此外，还有一种是按照国家规定的制度由当事人立的信誓或称"盟誓"，倗匜铭文中数次提到的就是这一种。这种誓在其他新出和传世的彝器铭文中也屡见。如与倗匜同时出土的卫鼎甲的铭文，是记载有关出租田地的协议。铭文的大意是：邦君厉因营治二川有功，受到周共王赏赐田五田，周王的几位大臣邢伯等问邦君厉："女（汝）贮（租）田不（否）？"邦君厉回答说："余审贮（租）田五田。"邢伯等几位大臣就"使厉誓"。又如传世的鬲攸从鼎铭文记载了鬲从与攸卫牧为缴田租而发生的一件争讼处理的情况，其文为：

唯卅又二年三月初吉壬辰，王在周康宫䛊大室。鬲从以攸卫牧告于王曰："女觅我田牧，弗能许鬲从。"王令眚史南以即虢旅。虢旅迺使攸卫牧誓曰："我弗具付鬲从其且（租）射（谢），分田邑，则放。"攸卫牧则誓。①

这篇铭文的大意是：三月初壬辰日，周王在周康宫。鬲从把攸卫牧上告于周王，说他背约不付给租谢。周王将此案交给虢旅处理。虢旅让攸卫牧立誓：如果再不付给鬲从租谢，愿受放逐的刑罚。攸卫牧按照要求立了誓。

上述铭文中所记载的誓，虽不像前引《尚书》中记载的《甘誓》、《汤誓》、《泰誓》、《牧誓》等由统治者发布，但仍然是按照国家规定立下的，并由国家强制力加以维护，想必有一定的格式和规定的内容。至西周，统治者对誓愈加注意。据史籍和铭文记载，西周的国家机构中已专设有"司约"、"司盟"、"司誓"等官职。《周礼·秋官·司寇》："司约掌邦国及万民之约剂"，郑玄注："剂谓券书也"；"司盟掌盟载之法，……有狱讼者，则使之盟诅。"由此可见，"司约"、"司盟"是掌管和监督实施约辞券书、盟誓的官吏。此外，扬殷铭文还记有"司誓"一职，郭沫若同志认为："此司誓，盖《周礼·秋官》司约、司盟之类。"②这些官职的设置为盟誓制度的推行提供了有力的组织保证。那些违背誓言者，是要受惩罚的。《周礼·秋官·条狼氏》："凡誓，执鞭以趋于前，且命之。誓仆右曰杀，誓驭曰车环，誓大夫曰敢不关，鞭五

---

① 郭沫若：《两周金文辞大系图录考释》（七），第127页。
② 同上书，第118页。

百,誓师曰三百。誓邦之大史曰杀,誓小史曰墨。"这是军誓,意思是说,对于违背誓言者,要按照不同人的身份和事情大小,分别处以杀、车裂、墨或鞭的刑罚。关于誓的性质与作用,《周礼》的记载与偯匜铭文的记载许多地方是契合的,都是以国家强制力为其后盾。

平王东迁之后,周奴隶主国家大大削弱了,但盟誓制度在春秋时期却继续发展,下对上、臣对君、各诸侯国之间以及各大家族内部,为了加强控制,都普遍实行了这种制度。1965年12月,我国山西文物考古工作者在山西侯马晋国遗址发掘"侯马盟书"五千余枚①,1980年3月至1982年6月,河南文物考古工作者在河南温县东周盟誓遗址发掘"东周盟书"一万余枚②,都是春秋后期统治阶级利用盟誓来调整各种关系的实证。《侯马盟书》早已整理出版,河南新发现的"东周盟书"尚在整理之中。为了全面深入地研究我国奴隶社会的法律制度,我们必须对这些新发现的盟书,对于曾盛行两周的盟誓制度予以认真研究。

三 偯匜铭文涉及的刑罚及其适用原则

在对偯匜铭文的研究中,一部分同志认为铭文涉及的刑罚是三种,即:鞭、墨、罚锾。一部分同志认为是四种,即:除上述三种之外,还有废除官职。我也同意将废除官职作为一种刑罚。

(一)鞭

伯扬父:"我宜鞭汝千……宜鞭汝千……今大赦汝鞭汝五百,罚汝三百锾。"

鞭作为一种刑罚在史籍中已有记载。《尚书·舜典》:"鞭作官刑。"传云:"以作为治官事之刑。"《国语·鲁语》:"大刑用甲兵,其次用斧钺,中刑用刀锯,其次用钻凿,薄刑用鞭扑。"《左传·昭公六年》:"周有乱政,而作九刑。"所谓"九刑",韦昭曰:"正刑五及流、赎、鞭、扑也。"金文中出现鞭刑的,除上面谈到的偯匜铭文之外,还有曶鼎铭文:"余无迨(攸)具寇,正□□不□□〔鞭〕余。"③曶鼎铭文也是记载一个诉讼案件的处理经过:匡众臣盗曶的禾十秭,曶将此案告到东宫,于是匡稽首求饶,说:"我没有盗得什么,

---

① 《侯马盟书》,《侯马盟书及其发掘与整理》,文物出版社1976年版,第11页。
② 河南文物研究所:《河南温县东周盟誓遗址发掘简报》,载《文物》1983年第3期。
③ 郭沫若:《两周金文辞大系图录考释》(七),第97页。

请不要鞭打我。"郭沫若同志认为曶鼎是孝王时的器物,也属于西周后期。史籍和金文的记载都说明,西周时鞭打已作为刑罚使用了。当然把《舜典》所说的"鞭作官刑"解释为"治官事之刑",即只适用于惩治犯了罪的官吏,这种解释是否符合原义和历史事实,尚可存疑。

鞭字即便字,从人从攴,像手持鞭鞭人的背。李学勤同志认为:"鞭和笞有异,所用刑具也不一样,不可互相混淆。"①这种看法是正确的。鞭从革,古代作为刑具的鞭是用革制成,其规格并有专门规定。《隋书·刑法志》:"其鞭,有制鞭、法鞭、常鞭,凡三等之差。制鞭生革廉成,法鞭生革去廉,常鞭熟靼不去廉,皆作鹤头。纽长一尺一寸,稍长二尺七寸,广三寸,靶长二尺五寸。"《说文》段注:"廉,棱也。"此处指鞭的棱,有棱者鞭打重,等级之差便由此而生。笞作为刑罚史籍中也早有记载,《周礼·小胥》:"巡舞列而挞其怠慢者。"郑玄注:"挞犹抶也,抶以荆扑。"所谓荆扑,就是笞。又见《战国策·燕策》:"缚其妾而笞之。"笞作为刑具,开始用荆,后来用竹。其规格汉代也曾作过法律规定:"笞者,箠长五尺,其本大一寸;其竹也,末薄半寸,皆平其节。"②鞭刑盛于西周和春秋,战国和秦汉多用笞。秦汉至明清,多数朝代是笞、杖并行,有些朝代是鞭、杖并行,也有少数朝代如魏、北齐、后周是鞭、笞、杖都同时使用。至清代,法律仍规定,犯笞者,满族人不用竹板,改为鞭责。

(二)墨

伯扬父在判决词中宣布道:"我宜鞭汝千,馘䵼(幭䵼)汝,今我赦汝。宜鞭汝千,黜䵼(黜䵼)汝……"

发掘简报的作者和现有对儻匜铭文的研究文章都认为,馘即䵼,是指墨刑。墨刑又称黥刑,施刑的方法,郑玄说:"先刻其面,以墨窒之。言刻额为疮,以墨窒疮孔,令变色也。"③韦昭的说法与其类似:"刀墨,谓以刀刻其额,而以墨窒之。"④额与颡均指发下眉上,即额部。为什么在同一篇判决中对于墨刑出现两种提法,唐兰同志指出:"此铭既有幭䵼,又有黜䵼,显然在䵼刑之中,又分两种。"他训䵼为䵢,认为䵼与幭通,幭又与幪通,幭就是《尚书大传》说的"卜刑墨幪",即犯罪人头上蒙以黑巾。也就说处以墨刑之后还

---

① 李学勤:《岐山董家村训匜考释》,载《古文字研究》第1辑。
② 《汉书·刑法志》。
③ 《周礼·秋官·司刑》注。
④ 《国语·周语》注引。

附加以蒙黑头巾,属于附加刑。唐兰同志还认为,黜当即黜字,是废逐罢免的意思,黜𩲸即废去官职处以墨刑,较处墨刑然后附加蒙黑头巾轻。唐兰同志还认为,𩲸为黥刻两颧,与古书中大都解为凿额不同。① 他的上述看法是有道理的。秦《司空律》:"城旦舂衣赤衣,冒赤氈,枸椟欙杕之。"枸椟应是木械,欙是系在囚徒颈上的黑索,杕即釱,是套在足部的脚钳,都是刑具和加之于犯罪人身上的标识。冒赤氈应是对西周蒙黑头巾的沿袭,也是一种标志。至于唐兰同志认为氈刑黥刻的部位是两颧,在新发现的秦律中也找到了根据。《法律答问》:"人奴妾笞子,子以胳死,黥颜頯,畀主。"这里所说的颜就是指额部,頯是颧部。看来黥两颧也并非始于秦。

墨刑在《尚书·吕刑》和《周礼》中均有记载,𤔲匜铭文进一步证实了西周确实已存在这种刑罚。史籍和地下出土的金文、简牍和帛书说明,这种刑罚盛行于西周、春秋、战国和秦汉。汉文帝废肉刑之后,一般不再使用,但事实上并未完全废止。尤其是自宋代对某些犯罪人实行刺配之后,辽、金、元、明、清各代法律都规定对某些罪犯可以在面部或臂部刺字,实为黥刑的延续。

(三) 罚锾

伯扬父还向牧牛宣布道:"今大赦汝鞭汝五百,罚汝三百锾。"铭文最后还记载:"牧牛辞誓成,罚金。"

前面谈到罚牧牛三百锾,后面说牧牛缴了罚金,说明罚锾即罚金。李学勤同志认为:"'今大赦汝鞭汝五百'应连作一气读,意思是免掉五百鞭,其余五百鞭和墨刑则折合罚金三百锾。《尚书·吕刑》:'墨刑疑赦,其罚百锾。'惟其与五百鞭合计,才达到罚三百锾的数额。牧牛所受的处罚,只有这项罚金,一下鞭子也没挨到。"②这种意见比那种把"今大赦汝,鞭汝五百"的读法,认为牧牛最后挨了五百鞭子,并缴了三百锾罚金的解释,更符合铭文原义。除了李学勤同志已提出了论据,还可以从铭文记载的判决执行情况得到证明:"牧牛辞誓成,罚金。"这是说牧牛只是按照伯扬父的判决立了誓,缴纳了罚金,既未被黥刻,也未受鞭打。否则绝不会无记载。

罚锾最早见于《尚书·吕刑》:"墨辟疑赦,其罚百锾,阅实有罪;劓辟疑赦,其罚惟倍,阅实其罪,荆辟疑赦,其罚倍差,阅实其罪;大辟疑赦,其罚六

---

① 以上均见唐兰《陕西省岐山县董家村新出土西周重要铜器铭辞的译文和注释》,载《文物》1976年第5期。

② 李学勤:《岐山董家村训匜考释》,载《古文学研究》第1辑。

百锾,阅实其罪。"师旅鼎铭文中也有罚金的记载:

唯三月丁卯,师旅众仆不从王征于方,雷使厥友弘告于白懋父,在荞。白懋父乃罚得夏古三百寻,今弗克厥罚。……弘以告中史书。①

此铭文中的孚即相当于《吕刑》和僚匜铭文中的锾,均系古衡制单位,一说百锾为三斤。史籍和铭文的记载充分说明,罚金这种刑罚早在西周就已经存在了。

罚金,作为刑罚的一种,为春秋战国和秦汉等王朝所沿袭。《管子·中匡》:"过,罚以金。"《国语·齐语》:"小罪谪以金分。"韦昭注:"今之罚金也。"秦律中也有罚金,可能由于提倡耕战,赀罚以甲、盾为单位,如:"衡不正,十六两以上,赀官啬夫一甲;不盈十六两到八两,赀一盾。"②又如:"伤乘舆马,决革一寸,赀一盾;二寸,赀二盾;过二寸,赀一甲。"③出现于秦律中的赀罚数有:赀一盾、二盾、一甲、二甲一盾等。此外,秦律还有赀徭、赀戍,即罚犯罪人服一定期限的徭役和戍役。这是罚金制度的延伸和发展。

(四)废黜

伯扬父:"宜鞭汝千,黜𩰳汝……"前文已经谈到,有些文章把铭文中的"黜𩰳"中的黜训为黥,认为是废去官职④,也有文章认为是"罢黜或即免除受黥刑"⑤。对于此字究竟如何理解,尚可继续研究。不过从铭文看,黜𩰳(黜𩰳)与𩰳𩰳(𩰳𩰳)不应是一件事的两种说法。训黜为黥,理解为拟废除牧牛的职务是有道理的。废黜这种刑罚用于犯罪的官吏和贵族,在秦汉法律中较为广泛。秦律规定:"伪听命书……不避席立,赀二甲,废。"⑥汉代"济东王彭离有罪,废,从上庸"⑦。按秦律,凡因犯罪被废去官职者,永不许叙用,"任废官者为吏,赀二甲。"⑧

僚匜铭文除涉及上述四种刑罚之外,还涉及西周刑罚适用的某些原则。从铭文的内容看,至少在奴隶主阶级内部,是把犯罪人态度好坏、偶犯和再犯,作为适用刑罚的重要原则。如伯扬父在判决中向牧牛宣布:"如今你只

---

① 郭沫若:《两周金文辞大系图录考释》(六),第26页。
② 《睡虎地秦墓竹简·效律》。
③ 《睡虎地秦墓竹简·秦律杂抄》。
④ 唐兰:《陕西省岐山县董家村新出西周重要铜器铭辞的译文和注释》,载《文物》1976年第5期。
⑤ 盛张:《岐山新出土僚匜若干问题探索》,载《文物》1976年第6期。
⑥ 《睡虎地秦墓竹简·秦律杂抄》。
⑦ 《汉书·诸侯王表》。
⑧ 《睡虎地秦墓竹简·秦律杂抄》。

有再立信誓,尃、趞、啬、覢、儆都已到庭,只有他们五人都相信你的誓言,你只有恪守誓言,才能再去任职。"前面已经谈到,这是告诉牧牛,只有重新立下信誓,恪守誓言,取得其同僚和上司的谅解、信任,才能减轻惩罚,重新去担任职务。伯扬父还让牧牛对其上司立誓说:"自今以后我绝不再以大小事扰乱您。"并警告牧牛:"你的长官如再控告你,那就打你一千鞭和处以墨刑。"这说明,宽宥牧牛的条件是牧牛的态度,如若悔改,以后不再犯,就可以从宽;否则,其上司若再控告上来,就严惩不贷。这里所体现的原则在关于西周的史籍中也有所记载。《尚书·康诰》:"人有小罪,非眚,乃惟终,自作不典,式尔!有厥罪小,乃不不杀。乃有大罪,非终,乃惟眚灾,适尔,既道极厥辜,时乃不可杀。"这段话的意思是说,人虽有小罪,但却是故意为之,并且一贯如此,说明他是有意不守法度,其罪虽小,乃不可不杀;人虽有大罪,但不是一贯如此,而是过失、偶犯,并且经过教育他已认识了自己的罪行,这样的人却不可杀掉。据说这段话是周公代表成王对康叔说的,时间在西周初年。儆匜铭文的记载说明,这一原则在西周的司法实践中是得到了贯彻的。

四　儆匜铭文反映的诉讼制度

儆匜铭文记载的对牧牛的判决情况,除涉及西周的某些刑罚和刑罚的适用原则之外,还反映了西周诉讼制度某些侧面。

(一) 国家设专职掌管刑狱

铭文中的伯扬父应是周奴隶主国家中专理刑狱的官员。《周礼·秋官司寇》:"体国经野,设官分职,以为民极。乃立秋官司寇,使帅其属而掌邦禁,以佐王刑邦国。"对牧牛的判决是在周王设于莽京的上宫当周王的面进行。这说明诉讼双方当事人是有身份的奴隶主,还说明案件的主管官员伯扬父的职位较高。伯扬父应是《周礼》记载的司寇,至于为什么在铭文中是记载名字——伯扬父,而没记载职务,应是当时的习惯,这从师旅鼎铭文记载的案件的主管人是白懋父,曶攸从鼎铭文记载的案件处理人是虢旅均是人名可证。

(二) 原被告双方到场

儆匜铭文:"今汝既有𠯑誓,尃、趞、啬、覢儆斎,亦兹五夫亦𠯑乃誓。"此句中的"斎",李学勤同志引证郭沫若同志《两周金文辞大系图录考释》释为

"造",并指出系"法律用语",是很有见地的。《尚书·吕刑》在述及西周审判制度时说:"两造具备,师听五辞。"传云:"两,谓囚证,造,至也,两至具备则众狱官共听其入五刑之辞。"郑玄曰:"造,至也,使讼者两至。"①在铭文中,被告人牧牛为一方;尃、趞、甸、觊为另一方,其中倞是原告人,其他为见证人,所以称为两造。为什么要"两造具备"?贾公彦曰:"以两至听之……禁民狱讼不使虚诬之事。"②意思是说是为了全面听取意见,防止诬告,以达慎刑之目的。不仅倞匜铭文记述的牧牛一案是原被告到场,金文记述的其他案件,如师旅鼎铭文、曶鼎铭文、鬲攸从鼎铭文等,均是在原被告到场的情况下处理的。

(三)重要案件的处理要国君在场或向国君报告

倞匜铭文开始就写道:"惟三月既死魄甲申,王在荥上宫,伯扬父迺成 賛。"唐兰同志认为,"荥上宫"系地名,是金文中常见的荥京,其地应在泾水之北,是周王在地方上的行宫。③"成賛",《周礼·方士》注:"成,平也。"賛,曾见于师旅鼎铭文,李学勤同志认为:"这里的賛字,是一个法律用辞,应读为讞。"④《说文》:"讞,议罪也。"又,《礼记·文王世子》:"狱成,有司讞于公。"注:"讞之言白也。"成賛,在这里可以理解为狱案议定,也可以理解为将判决在周王面前向双方当事人宣布。在周王面前对案件进行宣判,不是偶然的,应是诉讼制度的要求,是周王权力的象征。其他几篇有关诉讼案件的铭文,虽然不是在周王面前宣判的,但也都显出了周王的权力。鬲攸从鼎铭文记述的案件是周王交办的,师旅鼎铭文记述的案件是追查不从王征于方的师旅众仆的罪责。周王在司法中的这种主导地位,史籍也有记载:《周礼·秋官·掌囚》:"及刑杀,告刑于王。"《礼记·王制》:"大司寇以狱之成告于王,王命三公参听之;三公以狱之成告于王,王三宥然后制刑。"铭文和史籍的记载都说明,西周奉行的是"礼乐征伐自天子出"⑤,最高审判权集中在周王手中。

(四)开始建立司法档案

倞匜铭文在记述牧牛服从判决并立下誓言之后,又记述道:"厥以告吏

---

① 《周礼·秋官,司寇》注。
② 《周礼·秋官,司寇》疏。
③ 唐兰:《陕西省歧山县董家村新出西周重要铜器铭辞的译文和注释》,载《文物》1976年第5期。
④ 李学勤:《歧山董家村训匜考释》,载《古文学研究》第1辑。
⑤ 《论语·季氏》。

鞁、㝬曶于会。"鞁与曶是两个人的名字,他们是伯扬父的属吏;会,《周礼·天官·小宰》注:"听出入以要会。"郑司农云:"要会谓计最之簿,书月计日曰要,岁计曰会。"铭文的"于会"是记入计簿。只有把判决和立誓的情况以簿籍登记下来,才便于检查以后是否再犯。这与前面伯扬父对牧牛说的"你的官长再控告你,就打你一千鞭和处以墨刑"是相呼应的。师旅鼎铭文的"弘以告中史书",意思也应是让属吏将案件情况记录下来,存以备查。这种记录下来的材料就是中国古代最初的司法档案。当时的司法档案包括哪些内容,格式如何,怎样保存?不清楚。但史籍中有关于盟辞、载书情况的一些记载;前面已引证,《周礼·秋官·司盟》:"司盟掌盟载之法。"郑玄注:"载,盟辞也,盟者书其辞于策,杀牲取血,坎其牲,加书于上而埋之,谓之载书。"按照规定,这种载书应是一式二份,《周礼·秋官·司盟》:"既盟则贰之。"郑玄注:"贰之者,写副当以授六官。"所谓六官应是泛指。《左传·僖公二十六年》:"载在盟府。"杜预注:"载,书载也。"就是载书之一。另一份如何保存?《左传·定公十三年》:"载书在河。"杜预注:"为盟书沉之河。"从上述记载看,二份载书,一份藏于官府,另一份沉入河底或埋于地下。"侯马盟书"和"温县东周盟书"均发现埋于地下,很可能就是埋于地下的副本。盟书与判决情况的记载尽管不完全相同,但也属司法档案的一种,盟誓的方法及其保存对于我们了解西周司法档案的某些情况是有参考价值的。从地下发掘的司法档案材料目前还见之不多,但从居延汉简"候粟君所责寇恩事简册"看,汉代的司法档案已相当完备。这说明周秦以来司法档案制度已经逐步建立并不断发展,只可惜这些材料业已散失。我们期望从今后考古发掘的彝铭、简牍和帛书中能有更多的这类材料被发现。

东汉初年的一宗诉讼案卷*

  1973年至1974年夏秋季,中国文物考古工作者在甘肃省北部的额济纳河流域(中国古代泛称"居延")新发掘的居延汉简中,发现的《候粟君所责(债)寇恩事》简册①,是东汉建武三年(公元27年)的一宗诉讼案卷,也是迄今所发现的中国历史上的最早的一宗诉讼案卷。从图版看,简册系汉隶墨书,分次书写,字迹清晰,共由36支木简组成,收存时经过统一组编,保存基本完好。据参加这批简册整理的专家介绍,其内容分为"乙卯爰书"、"戊辰爰书"、"辛未文书"、"己卯文书"和卷宗标签五个部分。从内容看,这些虽非案件的全部材料,但仍能反映案件的基本情况和调查处理过程。这一诉讼案卷的发现和释文的发表,引起了国内外考古、历史和法律等学界不少人士的关注。它对我们了解西汉后期和东汉初期中国西北边疆地区的社会状况、生产发展、阶级压迫,尤其是对于了解当时的诉讼制度具有重要意义。释文发表后,一些考古和历史学者就此已发表了很有价值的见解②。本文试图在已有的基础上,就案卷反映的诉讼制度谈几点看法。

---

  * 本文原载《法律史论丛》第4辑(1990年)。
  ① 见甘肃居延考古队《居延汉代遗址的发掘和新出土简册文物》,载《文物》1978年第1期;甘肃居延考古队简册整理小组《建武三年"候粟君所责寇恩事"释文》。
  ② 肖亢达:《〈粟君所责寇恩事〉简册略考》;俞伟超:《略释汉代狱辞文例——一份治狱材料初探》,载《文物》1978年第1期。

一

案卷反映的案情梗概和案件处理经过。

以现代诉讼制度的分类标准看,《候粟君所责(债)寇恩事》简册记载的属于一宗民事案件。原告人粟君是驻守居延地区边防的一位军官,职位是"候"。据《汉书·百官公卿表》:西域校尉之下有"候五人,秩比六百石"。其职位相当于县令、长。被告人寇恩是从河南颍川郡县昆阳徙于居延县城关的客民,他们之间的纠纷与居延县廷对此的处理经过,在案卷中反映得是比较清楚的。

(一)"乙卯爰书"

这是甲渠候粟君向居延县廷控告客民寇恩欠债、借牛不还,居延县廷责令都乡啬夫传讯被告人寇恩后,都乡啬夫根据寇恩的证词向居延县廷写的一篇报告。报告一开始就说明,都乡啬夫是按照居延县廷转来的甲渠候粟君的控告,对被告人寇恩进行传讯的。寇恩被传后,都乡按照法律的有关规定,首先向他交代了不如实提供证词应负法律责任,然后进行讯问。接着,报告引用了寇恩的证词。其证词虽较冗长,但对事实的叙述还是清楚的。为了便于读者了解案情和看到这篇爰书的原貌,兹予照录:

恩辞曰:"颍川昆阳市南里,年六十六岁,姓寇氏。去年十二月中,甲渠令史华商,尉史周育,当为粟君载鱼之觻得卖。商、育不能行。商即出牛一头:黄特,齿八岁,平价值六十石,与它谷十五石,为谷七十五石;育出牛一头:黑特,齿五岁,平价值六十石,与它谷四十石。凡为谷百石;皆予粟君,以当载鱼僦值。时,粟君借恩为僦,载鱼五千头到觻得。价值:牛一头,谷二十七石,约为粟君卖鱼沽出时市行钱四十万。时,粟君以所得商牛:黄特,齿八岁,以谷二十七石予恩雇僦值。后二—三日当发,粟君谓恩曰:'黄特微庚,所得育牛黑特虽小,肥,价值俱等耳,择可用者持行。'恩即取黑牛去,留黄牛,非从粟君借犅牛。恩到觻得卖鱼尽,钱少,因卖黑牛,并以钱三十二万付粟君妻业,少八岁(万)。恩以大车半榆轴一,值万钱;羊韦一枚为橐,值三千,大笥一合,值千;一石去卢一,值六百;裤索二枚,值千;皆置业车上。与业俱来还,到第三置,恩籴大米二石付业,值六千;又到北部,为业买肉十斤,值谷一石,石三千;凡并为钱二万四千六百,皆在粟君所。恩以负粟君钱,故不从取器物。又,恩子男钦以去年十二月廿日为粟君捕鱼,尽今(年)正月、闰月、二月,积作三月十日,不得价值。时,市庸平价大男日二斗,为谷二十石。恩居觻得付业钱时,市谷决石四千。以钦作价谷十三石八斗五升,值觻得钱五万五千四,凡为钱八万,用偿所付钱毕。恩当得钦作价余谷六石一斗五十升付。恩令觻得自食为将车到居延,(积)行道二十余日,不计价值。时、商、育皆平牛值六十石与粟君,粟君因以其值予恩,已决。恩不当予粟君牛,不相当谷二十石,皆证也,如爰书。"

此爰书中的"觻得"是古县名,汉武帝元年置,属张掖郡,在今张掖县西北。"黄特,齿八岁",黄是指黄颜色,特是指公牛,齿是指牙齿,牛马等大牲畜的年岁从牙齿可辨。这里是说,黄颜色八岁的公牛。同样,文中"黑特,齿五岁",是说黑颜色五岁的公牛。"䭾",《说文》:"特牛也",也是指公牛。"僦",租赁;僦值,是指雇佣工价。这段爰书的意思是说:寇恩,原籍为颍川郡昆阳县市南里人,现年六十六岁。去年(建武二年)十二月中旬,甲渠令史华商、尉史周育应当为甲渠候粟君运鱼去觻得卖,华商、周育都不能去。华商出一头黄色、八岁口、价值六十石谷公牛,另加十五石谷,共值七十五石谷给粟君;周育出一头黑色、五岁口、价值六十石谷的给粟君。他们以此作为替粟君运鱼去觻得卖的赁金。此时,粟君就转而雇佣寇恩为其去觻得卖鱼。双方议定:粟君给寇恩一头牛、二十七石谷为工价,由寇恩运五千条鱼到觻得后交通行钱四十万给粟君。开始,粟君以华商给他的黄颜色、八岁口的公牛和二十七石谷给寇恩作工钱。临行前两三天,粟君对寇恩说:"黄颜色的公牛比较瘦,周育给的黑颜色的公牛虽然小,但却肥。两条牛的价钱是一样的。你可以从中挑选一头使用。"这样,寇恩就牵走了黑牛,留下了黄牛,谈不上是向粟君借的牛。寇恩到觻得卖完鱼,亏了钱,未达到原议定的四十万。因此,他就卖掉了黑牛,凑了三十二万给粟君的妻子业。尚欠八万。从觻得返回居延,寇恩的一个大车轴,价值万钱;熟羊皮袋子一条,价值三千;大型竹筒一个,价值千钱;容量为一石谷物的去户一个,价值六百钱;犇索二枚,价值千钱;这些器物均放在粟君妻子业的车上。寇恩与粟君的妻子业回返走到第三个驿站,寇恩籴了二石大麦交给业,价值六千;走到北部,又给业买了十斤肉,价值一石(一石三千钱);以上总计二万四千六百钱,全都在粟君那里。回到居延后,寇恩因欠粟君钱,就没把这些器物从粟君处取回。此外,寇恩的儿子钦,去年十二月二十日起为粟君捕鱼,经今年正月、闰月、二月,总计作工三个月零十天,没拿到应得的工钱,当时,市场上雇工中等价钱,十五岁以上的成年男子每天二斗谷。粟君应支付寇恩的儿子钦二十石谷。寇恩在觻得给业钱时,市场谷价每石四千,以寇恩的儿子钦应得工价谷十三石八斗五升计算价钱,共值觻得钱五万五千四,加上前述寇恩置放粟君妻子业车上的器物等的价钱二万四千六,总数已达八万。这就是说,用这些付所欠粟君的钱之后,寇恩还应得到其儿子为粟君捕鱼的工价六石一斗五升谷(二十石减去十三石八斗五升)。还有,寇恩吃自己的伙食为粟君的妻子业从觻得赶车回居延,在途中累计二十余天,没计算工钱。当初,华商、周育都以每头牛六十石谷作价给粟君,粟君也按照这样的价钱把牛给寇恩。牛归谁所有已经议定。寇恩不应当把牛给粟君,也不应当再给粟君二十石谷。全部证词如上以爰书所述。

(二)"戊辰爰书"

这是在上述"乙卯爰书"上报县廷,县廷将寇恩的证词转告粟君,粟君对寇恩的证词提出异议,又一次向太守提出控告,太守接到粟君又一次控告后指令居延县廷"更详验问",居延县廷第二次令都乡啬夫传讯寇恩,都乡啬夫根据寇恩的第二次证词,于建武三年十二月戊辰(十六日)向县廷写的第二份报告。这篇爰书的内容说明,寇恩的第二次证词与第一次证词基本一致。寇恩再次申明,他未欠粟君的工钱、牛,而是粟君将牛给他当工钱。他不仅不欠粟君钱,而君粟君扣了他的器物和他儿子钦的工钱,两下相抵则是粟君应找寇恩钱。只是寇恩为什么没拿回放在粟君妻子业的车子上的器物一事,两次证词的情节略有不同:

"乙卯爰书":"恩以负粟君钱,故不从取器物。"

"戊辰爰书":"恩与业俱来到居延后,恩欲取轴、器物去,粟君谓恩:'汝负我钱八万,欲持器物!'怒。恩不敢取器物去。"

其他还有几处不同的地方,均属同一事实文字表述差异。

总的来看,"戊辰爰书"比"乙卯爰书"文字要简练,意思要明确。这应是都乡啬夫经过两次讯问对案件的情节更加清楚的反映。

（三）"辛未文书"

这是都乡啬夫按照县廷指示，两次传讯被告人寇恩，并将寇恩的证词两次写成爰书之后，又于建武三年十二月辛未（十九日），就案件前后调查经过向县廷写的一份综合报告。全文如下：

> 建武三年十二月癸丑朔辛未，都乡啬夫宫敢言之。廷移甲渠候书曰："去年十二月中，取客民寇恩为僦，载鱼五千头到觻得，僦贾用牛一头、谷二十七石，恩愿沽出时行钱四十万，以得三十二万。又借牛一头为纲，因卖，不肯归以所得僦值牛，偿不相当二十石。"书到，验问，治决言。前言解廷邮书曰："恩辞不与候书相应"疑非实。今候奏记府，原诣乡爰书是正。府录：今明处更详验问，治决言。谨验问，恩辞：不当与粟君牛，不相当谷二十石。又以在粟君所器物值钱万五千六百；又为粟君买肉、伞三石；又子男钦为粟君作价二十石；皆〔尽〕〔偿〕〔所〕〔负〕粟君钱毕，粟君用恩器物敝败，今欲归恩，不肯受。
>
> 爰书自证。写移爰书。叩头死罪敢言之。右爰书。

此篇文书是都乡啬夫宫就候粟君控告寇恩一案前后调查的经过向居延县廷写的一份综合报告。文书中"廷移甲渠候书"，是指县廷转来的甲渠候粟君对寇恩的诉状。这篇诉状是立案的根据，尤其是它是由县廷转下的。所以，这篇综合报告一开始便指出此点。诉状的内容前面已经介绍，即：粟君控告寇恩借他一头牛不还，并欠他二十石谷。文书接着写道：当接到县廷转来的粟君的控告后，经讯问被告人寇恩，都乡作出了自己的判断。前次上报到县廷的文书中说："寇恩的证词与候粟君的控告不相符，怀疑粟君的控告不实。"之后，粟君又就此事向太守府控告，并表示他愿意到都乡作证。太守府批示，要进一步把事情调查清楚，作出正确判断。都乡又一次对寇恩进行讯问，寇恩坚持说：他不应当给粟君牛，也不应当给粟君二十石谷。文书最后简要地追述了两个爰书中寇恩所谈的部分主要事实，说明欠粟君的钱已经还清。文书结尾的"写移爰书"，是说将爰书抄录送上。由此可知，这篇文书在上报时，附有"戊辰爰书"作为附件。从这篇文书（即"辛未文书"）可以看出，都乡啬夫对当事人双方的争执的倾向性意见是明确的，即他怀疑粟君对寇恩的控告不实。

(四)"己卯文书"

这是居延县廷于建武三年十二月己卯致甲渠候官署的公文,主要内容是对案件提出的处理意见。公文中谈到,对于粟君,依照法律"须以政不直者法亟报"。不直,秦汉法律规定的罪名。《史记·秦始皇本纪》:"适治狱吏不直者,筑长城及南越地。"秦简《法律答问》:论狱"罪当重而端轻之,当轻而重端之,是谓不直"。这就是说,不直是故意出入人罪。粟君是军官,控告寇恩欠债不还,不实,是有意入人于罪,所以居延县廷认为应比照处理政事不直予以惩治。报,《汉书·张汤传》有"讯鞫论报",从报与"讯鞫论"并列看,报也应是诉讼程序的一个环节。"须以政不直者法亟报",意思应是将判决意见呈送太守府批准然后执行。居延县廷与甲渠候官署大抵是同级关系,它们之间不可能发生对粟君的判决批准问题。所以"己卯文书"应是居延县廷呈报太守府公文的一个简要抄件。关于案件的处理意见,居延县廷向太守府应还有正式详细的报告。此文书最后还有狱掾党和代理令史赏的签名,显然是以示郑重负责。

(五)案卷标签

从图版看,这支简排列至简册的最末,上书:"建武三年十二月候粟君所责(债)寇恩事。"简的形状(宽而短)和字迹都说明,它是案卷的整理和保管者在整理、收藏此卷宗时加上的。

二

《候粟君所责(债)寇恩事》简册的内容是丰富的。它反映出,在今甘肃省北部与蒙古毗邻的干燥荒漠,西汉时曾是水草繁茂、土地肥沃的富庶之地。那里尽管地处边陲,不时有异族入侵骚扰,但仍吸引着内地农民前去开发居住。当然,优美的自然环境并非意味世外桃源。驻防于当地的军官千方百计地利用封建特权进行商业活动,牟取暴利。他们不仅盘剥下级军官,而且榨取客居的农民。不过也可以看出,为了维持生产发展和边疆的社会安定,当地的政权机关尽可能将军人的这种活动限制在一定的范围之内。对于超出法律允许的活动,尽管是对职位比较高的军官,也要依法惩治。这宗诉讼案卷再现了东汉初年居延县司法机构对一宗民事案件处理的真实情况,其中反映的司法制度与特点,在当时应具有一定代表性。

(一)关于县级司法机构

"汉承秦制",基层司法机构仍然是县廷。县设县令、长和作为县令、长之副的县丞，在县令、长和县丞之下，设狱掾、令史协助其工作。

1. 县令、长，县丞

《汉书·百官公卿表》："县令、长，皆秦官，掌治其县。万户以上为令，秩千石至六百石。减万户为长，秩五百石至三百石，皆有丞、尉，秩四百石至二百石，是为长吏。"中国古代司法机构行政与司法不分，县令、长既是一县的军政长官，又主管一县的司法工作。在粟君控告寇恩一案中，县令及协助其工作的县丞是案件的主持人。他们接受候粟君对客民寇恩的控告；指示寇恩所在的乡啬夫对被告人寇恩进行传讯；乡啬夫直接向他们报告案件的调查情况；最后由他们对案件的决断提出意见。

2. 狱掾

狱掾是县令、丞之下承办诉讼案件的属吏。此职最早见于《史记·项羽本纪》："乃请蕲狱掾曹咎书抵栎阳狱掾司马欣。"又见《汉书·曹参传》："秦时为狱掾。"金少英《秦官考》认为：狱掾和狱吏"实同官异称"。在新发现的云梦秦简中有多处关于吏治狱的记载，如："甲有罪，吏智而端重若轻之，论何也？为不直。"又如："士伍甲盗，以得时值赃，赃值过六百六十，吏弗值，其狱鞠乃值赃，赃值百一十，以论耐，问甲及吏何论？甲当黥为城旦，吏为失刑罪，或端为，为不直。"①前文已引证，《史记·秦始皇本纪》也有"适治狱吏不直者，筑长城及南越地"。从治狱"失刑"、"不直"要承担法律责任看，秦汉县机构中的狱掾（吏）应是可以单独承办案件的。其地位类似现代县法院的推事或审判员。

3. 令史

《汉书·百官公卿表》有关县级机构的记载中指出："以下有斗食、佐史之秩，是为少吏。"《汉旧仪》："令史皆斗食。"由此可知，其地位不高，属于享有俸禄的低级工作人员。《睡虎地秦墓竹简·封诊式》记载有不少关于令史的活动，可以看出在秦的司法机构中，令史是处理现场勘验、拘捕被告等具体狱案事务的，兼有现代侦察员和书记员的工作，职务在狱掾（吏）之下。在粟君控告寇恩一案的记载中，狱掾与令史只出现了一次，但值得注意的是却是在居延县令、丞致甲渠候官署的公义中作为附署人出现的。这说明他们对案件的处理也负有一定责任。

从案卷可以看出，本案中较为活跃的人物是都乡啬夫宫。都乡，顾炎武

---

① 《睡虎地秦墓竹简·法律答问》，文物出版社1978年版。

《日知录》"都乡盖今之坊厢也。"也就是今县城关的乡。啬夫,《汉书·百官公卿表》:"乡有三老、有秩、啬夫、游徼。三老掌教化,啬夫职听讼,收赋税。"战国和秦汉,啬夫的称谓适用很广,裘锡圭等先生有专文考证。① 此处仅指乡啬夫。在本案中,都乡啬夫宫按照县廷的指令两次传讯被告人寇恩,两次将寇恩的证词以爰书形式报告县廷,最后还以文书形式将案件调查经过写出综合报告,提出对双方争执的看法,并被县廷所采纳。乡"啬夫职听讼"在这些活动中得到了充分证实。尽管如此,乡啬夫也只是秦汉乡级政权中分管狱讼事务的负责人。他常常按照指令协助县级司法机构处理狱讼事务,但却不能认为他是县级司法机构的成员,更不应以他"职听讼"就认为乡也是秦汉司法体系的一个审级。

(二)关于案件管辖

从《候粟君所责(债)寇恩事》一案看,汉代民事诉讼案件一律按地区由地方司法机构分级管辖。此案原告人粟君是军人,从秩禄看,职位相当于县令;被告人寇恩是平民,并且是从河南颍川迁移至居延县不久的客民。双方地位即使如此悬殊,但粟君对寇恩既不能自行采取行动,也不是把案件按军事系统提交甲渠候官的上级——都尉府处理。而只能向居延县廷提起诉讼。在处理过程中,粟君甚至表示"愿诣乡爰书是正"。在等级森严的封建社会,作出这种异乎寻常的表示,显然同法律规定的诉讼程序有直接关系。当然,县级司法机构的权力也是有限的。粟君毕竟是在边防担任候职务的军官,其地位与县令相当。县司法机构即使查明他对客民寇恩是诬告而构成犯罪,也只能写报告提出处理意见,报请太守府批准后才发生效力交付执行。这就是简册"己卯文书"中谈到的"法亟报"。由此可以得知,当时司法机构对官吏惩治实行分级管理。

(三)关于讯问被告

从《候粟君所责(债)寇恩事》简册中的"乙卯爰书"和"戊辰爰书"看,对于讯问被告问题有两点值得注意:其一,对被告人寇恩未实行拘捕。两份爰书一开始就写道:"都乡啬夫宫以廷所移甲渠候书召恩诣乡。"这当然首先是说明乡啬夫传讯寇恩的法律根据是奉县廷的指令进行的。此外也说明,不仅第一次传讯寇恩时未对他采取拘捕措施,而且在第一次传讯之后,第二次传讯之前这段期间也未拘捕寇恩。居延地处边境,为保证诉讼正常

---

① 《啬夫初探》,《云梦秦简研究》,中华书局1981年版。

进行,对被告人(即使是民事案件被告人)采取一定防范措施,不是没理由的。但从爰书看,每次传讯都是"召恩诣乡"。这说明对寇恩确实未曾拘捕。边境地区尚且如此,可以推知,在全国其他地区对民事案件的被告人很可能一般均不加拘捕。其二,讯问被告人之前,都乡啬夫宫每次都向被告人宣布,如不按实际情况提供证词应承担法律责任,即爰书所记载的:"先以'证财物故不以实,赃五百以上,辞已定,满三日不更言情者,以辞所出入罪反罪'之律辨告。"这段文字中的"故"是指故意;情,通请。《周礼·小宰》疏:"情谓情实";"辞所出入人罪反罪",意思是,证词与事实不符导致放纵犯罪或入人于罪者,反罪自身;"辨告",《汉书·高帝纪》颜师古注:"辨告者,分别义理以晓谕之。"这句话的意思是,都乡啬夫首先向寇恩宣布,证词如故意不实求是,赃值在五百钱以上,证词已定,并且三天之内不加以更正,讲清实情的,以证词导致放纵犯罪或入人于罪反罪自身的法律规定。它说明,汉代有关于被告人和证人在受到司法机构讯问时,有义务如实提供证言,否则将受到追究;它还说明,司法机构在正式讯问被告或证人之前向他们宣布这条法律,可能是必经程序。这一程序与现代一些国家的司法机构在讯问当事人和证人之前,让他们具结或宣誓颇为相似。其目的就是要对他们施加压力,以提高证言的可靠程度。

(四)关于"传爰书"制度

《候粟君所责(债)寇恩事》简册的发现,使史籍中关于"传爰书"的记载再次得到了实证。"爰书",史籍中最早的记载见于《史记》和《汉书》的《张汤传》:"传爰书,讯鞫论报。"在居延汉简和云梦秦简中,不仅有许多关于爰书的记载,而且还发现了多篇完整的爰书。为什么称爰书,《集解》引苏林曰:"爰,易也,以此书易其辞处。鞫穷也。"颜师古曰:"爰,换也,以文书代换其口辞也。"[①]由于他们对于易、换什么说得比较笼统,后来一些人只理解为易、换被告人的供辞,从新发现的材料看,爰书的内容十分广泛。它除了包括被告人的供词之外,还包括下级司法人员对上级的报告,现场勘查、法医检验报告,等等。所谓"传爰书",《索隐》引韦昭曰:"古者重刑,嫌有爱恶,故移换狱书,使他官考实之,故曰'传爰书'也。"[②]这就是说,把案件的有关情况用文字记录下来,不只直接审理案件的官吏了解情况,还请有关机构对案件的事实和初步判断进行核验,避免冤错,以作出公正判决。在此

[①] 《史记·酷吏传》、《汉书·张汤传》注。

[②] 《史记·酷吏传》。

案中,被告人的证词和案件的情节主要是以爰书形式向上级报告的。县廷后来提出的处理意见,主要是根据都乡啬夫的爰书反映的情况和意见形成的。应该说"传爰书"制度的实行是秦汉诉讼制度日趋发展的表现。

(五)关于司法档案制度

不同笔迹、分次书写的木简汇集成册,最后并附有"建武三年十二月候粟君责寇恩事"的卷宗标签。这一事实说明,尽管当时书写材料落后,书写困难,汉代基层司法机构仍注意建立司法档案,司法档案制度至西汉已有了一定发展。它是统治经验积累,也是司法制度趋于完备的重要表现。据甘肃居延考古队在《居延汉代遗址的发掘和新出土的简册文物》一文中介绍,与《候粟君所责(债)寇恩事》简册同时出土的共有七十多个完整和较完整的簿册。其中相当一部分是诏书、律令、品约、推辟书、劾状等有关法律文件。这些都说明了封建统治者当时对于运用法律治理国家的重视。

三

《候粟君所责(债)寇恩事》案卷的材料不完全,太守府最后是否批准了县司法机构对粟君提出的处理意见,不清楚。但从已有的材料看,粟君在这场官司中败诉是无疑的。应该说,在诉讼双方社会地位如此悬殊的情况下,居延县廷对案件调查如此认真细致,保持客观公正,最后并提出以"政不直"追究候粟君的法律责任,是很可贵的。这当然与当地政府官员的品行有关,也同该地区在大将军窦融治下较为有序密不可分。西汉末到东汉初,内战连年,但是在大将军窦融统属的张掖、武威、酒泉、敦煌、金城河西五郡,由于在政治、经济、军事等方面采取了一系列措施,面对匈奴的侵袭和其他地方割据势力的骚扰却能保持相对稳定。史称,融既到河西,"抚结雄杰,怀辑羌虏";又称,"窦居属国,领都尉职如故,置从事监察五郡。河西民俗质朴,而融等政亦宽和,上下相亲,晏然富殖。修兵马,习战射,明烽燧之警,羌胡犯塞,融辄自将与诸郡相救,皆如符要,每辄自破之"。① 粟君控告寇恩一案的处理经过和新发现的居延汉简中其他法律材料进一步说明,窦融等比较认真地坚持和实施封建法律,力图把官吏的封建特权限制在一定范围之内,是保持西北地区社会稳定和边防巩固的重要因素。

---

① 《后汉书·窦融列传》。

唐律的阶级实质[*]

唐（永徽）律，编撰于唐高宗永徽二年（公元651年），共分12篇、30卷、502条，是迄今我国所保留的一部最早、最完备的封建法典。在我国封建法律发展史上，它上承战国以来各代封建立法之经验，下开宋元明清立法之先河。历代封建统治者都对其推崇备至。他们说唐律集前代众律之大成，内容周详完备，定刑宽严适中，立意公平中正，节目简要，条文清晰，又以儒家的礼为准绳，能使刑杀之书寓以所谓慈祥恺恻之意。他们虽然对唐律的议论很多，但却回避了最主要、最关键的问题：都无例外地掩盖了这部法典的阶级本质。

马克思列宁主义经典作家从来就十分重视对一切剥削者国家和法律进行本质的分析，认为这是使人们摆脱旧传统影响的重要方法。他们曾无数次地揭示：法律就是提升为法律的统治阶级意志，而这个意志的内容是由统治阶级的社会物质生活条件决定的。毛泽东同志在其著作中更是为我们批判反动的国家和法律作出了范例，从而给了我们犀利的理论武器。

唐律产生的年代虽然距我们较远，但由于它在我国封建法律发展史中的重要地位及其深远影响，就使对它的研究不仅可以了解唐朝一代法律制度，而且对于了解我国整个封建法律制度和它的沿革，从而认识封建法律发展的一般规律，都具有重要意义。本文试图对这部古法典的本质和作用作

---

[*] 本文原载《历史教学》1966年第3期。

初步探索。

一 维护以土地制度为中心的封建经济制度

在封建社会的自然经济条件下,土地是主要生产资料,封建土地所有制是生产关系的核心。唐初是在土地国有制名义下实行均田制。均田分为对官吏授田和对农民授田两个方面,不仅按照法律规定授予的土地量不一样,对于土地的占有与使用关系亦迥然不同。按照均田令,皇帝是全国最大的地主,他直接控制着大量的均田农民。以下便是依爵位高低、官职大小而被分予土地的王公和官吏,他们共同组成了对直接生产者统治的联合体。

唐初的均田令对农民授田部分没有也不可能彻底实行,只不过是把国家手中控制的荒地授给了无地和少地的农民及一些国家官吏。尽管如此,它也对封建国家起了巨大作用;满足了部分农民的土地要求,使隋末战乱时期大量离开土地的农民重新回到生产上来,从而增加了封建国家直接控制的农民量;由于按照官职高低分予土地,宠赂了新兴官贵,为庶族地主力量进一步发展提供了方便。庶族地主力量兴起和参与政治的结果,扩大了李唐政权的阶级基础,促进了新建的地主政权进一步稳固。

正因为均田制度对封建统治十分重要,所以唐律就极力强制推行。唐律首先规定地方官吏要依令授收田亩:"若应受而不授,应还而不收",里正"失一事笞四十,三事加一等;县失十事笞三十,廿事加一等;州随所管县多少通计为罪"。① 为了保证地主阶级的土地所有权不受侵犯,唐律禁止过限侵占田亩,盗种和盗卖公私田。《唐律疏议》说:"王者制法,农田百亩,其官人永业准品,及老小寡妻受田各有等级,非宽闲之乡不得限外更占。"②即便是自己依法授得的田亩亦不准买卖,它写道:"礼云:田里不粥,受之于公,不得私自鬻卖。"③一般农民即是出卖自己的永业田,也附有严格条件,只有王公和官吏的赐田及五品以上高官的永业田,才具有较大的支配权。这些规定说明唐律是多么重视封建土地所有权;也说明实行均田制之后的农民,绝非完全意义上的土地私有者,而这种土地使用权的获得,不仅经过了严酷斗争,而且付出了高昂代价。

---

① 《唐律疏议·户婚》。
② 同上。
③ 同上。

李唐政权之所以"慷慨"地将土地交给农民占有,是由于对农民的榨取,特别是地租赋税关系的榨取是封建国家存在的基础。这种榨取的形式就是所谓租庸调。

租庸调是一种封建赋役形式。按照武德七年令规定:"赋役之法,每丁岁入租粟二石;调则随乡土所产绫绢绝各二丈,布加五分之一,输绫绡绝者,兼调绵三两,输布者麻三斤;凡丁岁役二旬,若不役则收其庸,每日三尺。"①唐初慑于强大的农民战争,不得不减轻赋税徭役,但比照当时生产力发展水平,这里的规定仍然是沉重的。封建国家不得不借助于法律的强制来完成租庸调。唐律规定必须按时按量完成规定之赋税徭役,违者,户主甚至地主官吏都要承担责任。"部内输课税之物违期不充者,以十分论,一分笞四十,一分加一等,户主不充者笞四十。"②这里规定只是"违期",对于那些根本无法完成赋税的农民,惩罚当然就更重了。

完成租庸调的前提是搞好生产,所以唐律规定:"部内田畴荒芜者以十分论,一分笞三十,一分加一等,罪止徒一年。户主犯者,亦计所荒芜五分论,一分笞三十,一分加一等。"③唐律这些规定的目的是将广大劳动农民进一步束缚在土地上供其压榨。

唐严禁户口尤其是劳动力的脱漏和逃亡,它规定:"脱户者,家长徒三年,无课役者减二等,女户又减三等。脱口及增减年状以免课役者,一口役一年,二口加一等,罪止徒三年。""里正不觉脱漏增减者,一口笞四十,三口加一等,过杖一百,十口加一等,罪止徒三年。若知情者,各同家长法。"④除对家长和家居所在地方官吏之外,逃亡丁口本身也要处以笞三十至徒三年惩罚,有军名者罪加一等。凡留居逃亡丁口的地方官吏同要担负刑事责任。私入道和私度人入道是农民逃避封建徭役和大封建主同国家争夺劳力的重要方式,也直接关系国家对人口的控制,所以唐律还规定:"私入道及度之者杖一百(若由家长,家长当罪)。……本贯主司及观寺三纲知情者与同罪。若犯法合出观寺,经断不还俗者,从私度法。即监临之官私辄度人者,一人杖一百,二人加一等,罪止流三千里。"⑤唐律对户口控制是严格的,但户口的逃亡是封建土地兼并的产物,非一纸法令所能限制。中唐之后,土地

---

① 《旧唐书·食货志》。
② 《唐律疏议·户婚》。
③ 同上。
④ 同上。
⑤ 同上。

兼并更为剧烈,逃亡户口亦与日俱增。这方面规定值得注意的两点是:第一对逃亡户口科刑严厉,尤其是对担负徭役的丁口,里正、县、州等地方官吏亦负有较大的连带责任;第二对逃亡户口的惩罚,"良"、"贱"科刑相同。以上两点说明:封建国家户口管理的本质是赋税徭役的榨取,农民和所谓贱民在受奴役和榨取这点上,其地位无不相同。

唐律所维护的均田制度和与之紧密相连的租庸调法以及规定之户口管理制度,虽然在唐初曾一定程度上刺激了农民生产的积极性,促进了封建经济的恢复,但从实质上看,这正是一种对农民实行劳役的封建经济剥削制度。在这种制度下,均田农民固然得到了某些改善,不过封建法律依然把他们束缚在土地上,他们远非完全意义上的自由民。

二　维护封建专制主义中央集权的政治制度

封建专制主义中央集权的政治制度是封建统治的根本制度。在我国封建社会里,皇权是中央集权的标志,加强皇权是加强中央集权的核心,也是加强地主阶级力量的关键。所以,为了维护封建统治的根本制度,唐律极为重视封建皇帝的权力。在唐律中,皇帝的地位是至高无上的,皇帝的权力是绝对的,一切侵害皇帝的行为,都是"规反天常,悖人理"[1],一律严刑镇压。

首先,在皇帝个人安全方面。"十恶大罪"之"大不敬罪"多是关于这方面的规定,如:合和御药误不如本方,封题误,造御膳犯食禁,御幸舟船误不牢固,指斥乘舆,情理切害等行为,都科以严刑并为常赦所不原。除此还设有卫禁专章对宫廷安全作了规定。在《卫禁律》中,涉及宫廷的犯罪不仅数量大,而且死、流重刑特别多,如规定:"阑入宫门徒二年,殿门徒二年半,持杖者各加二等,……至御在所者斩。……其越殿垣者绞,宫垣流三千里。""在宫内作罢而不出者,宫内徒一年,殿内徒二年,御在所者绞。"[2]一切宿卫人员对其职责都不得疏忽,它规定:宿卫人员非应值宿而自代者,入宫内流三千里,入殿内绞;宿卫人员于御在所误拔刀子者绞,左右并立之人不即执提者,流三千里。甚至辄私共宫人言语,若亲为通书传信及衣物者亦要处绞刑。唐律对皇权的维护,最主要的还表现在它全面地维护封建皇帝的军事、行政、司法等大权。

---

[1]　《唐律疏议·名例》。
[2]　《唐律疏议·卫禁》。

在官吏设置和行政权力方面,它规定了全国官员编制总数,并规定了各级官吏的权力。官员编制总数不得变更,官吏职权不得逾越。"官有员数,而署置过限及不应置而置,一人杖一百,三人加一等,十人徒二年。"①官吏应上请的事必须上请,"诸事应奏而不奏……杖八十,应言上而不言上……及不由所管而越言上,应行下而不行下,及不应行下而行下者,各杖六十。"②

军队是国家机器的重要组成部分。李唐统治者是在利用和镇压农民战争过程中起家的,他们深知军权之重要。在唐初军制改革的基础上,唐律又对军队调拨和军队建设等作了规定。据《擅兴律》,凡发兵十人以上必须勘验主管单位的铜鱼勅书,否则为擅发。而"擅发兵,十人以上徒一年,百人徒一年半,百人加一等,千人绞"。这个规定还只是在不造成对封建国家危害的前提下制定的,否则动辄加一叛逆之名列入常赦不原的十恶大罪。但是,一切以是否有效地维护封建统治的安全为准则,在紧急情况下不调拨或调拨不及时,同样要受惩罚。"其寇贼卒来,欲有攻袭,即城屯反叛,若贼有内应急需兵者,得便调发。虽非所属,比部官司亦须调发给与,并即言上,若不即调发及不即给与者,准所需人数与擅发罪同。"在军需勤务方面规定了乏军兴罪:"临军征讨有所调发兵马及应须供军器械或所需战具,各依期会,克日具充。有所稽废者名乏军兴。诸乏军兴者斩。"③即是过失所致也不得幸免。唐律上述规定进一步保证了皇帝对军队的控制,从而也就加强了中央集权。

在维护皇权的同时,唐律更是规定以严酷手段镇压对封建国家的反抗。它所首重的十恶大罪中,以谋逆处刑最重。它规定"谋反及大逆者皆斩,父子年十六以上皆绞,十五以下及母女妻妾(子妻妾亦同)祖孙兄弟姐妹若部曲,资财田宅并没官……叔伯父兄弟之子皆流三千里,不限籍之同异"。谋反罪即使"词理不能动众,威力不足率人者,亦皆斩,父子母女妻妾并流三千里"④。为了进一步加强对人民的镇压,唐律对谋反大逆实行告密制度,"知谋反及大逆者,密告随近官司,不告者绞。知谋大逆谋叛不告者,流二千里"⑤。

---

① 《唐律疏议·职制》。
② 同上。
③ 以上引文均《唐律疏议·擅兴》。
④ 《唐律疏议·贼盗》。
⑤ 《唐律疏议·斗讼》。

依靠狡猾的欺骗和强力的镇压,尤其是依靠对军队的严密控制,李唐统治者不仅统一了全国,而且发展了以封建皇帝为核心的封建专制主义中央集权制度。国家的统一和中央集权制度的建立,虽然曾经为当时封建经济发展带来了某些有利条件,但却应该清楚,这个制度建立的目的是为了加强对广大人民的镇压。

三　维护封建等级特权制度

唐初在逐步推行均田制的基础上,又重新依据财产的多少和官品的高低编制了封建等级。新划分的等级虽然很多,但基本上却仍然分为两个大的对立阶级:一是由士庶地主、各级官吏、王公贵族到封建皇帝所组成的地主阶级;二是被束缚到土地上和不同程度上为封建主所占有的农民、官户、客户、部曲和奴婢,他们是不同程度上被剥夺了人身自由依附于封建主的被统治阶级。这两大对立阶级中各个等级的法律地位是不平等的。总的说,前者属于特权阶级,他们依据自己的等级高低在法律上享有各种不同的封建特权;后者是无权阶级,他们则按照自己的"卑贱"程度被统治阶级剥夺了应有的各种权力。

我们首先看关于八议制度的规定。所谓八议,即:议亲、议故、议贤、议能、议功、议贵、议勤、议宾。上述统治阶级上层人物犯死罪,曹司不得私自决断,由皇上奏裁,若犯流罪以下减原罪一等。

除八议制度外,还有请、减、赎和官当制度。请,适用于皇太子妃大功以上亲及孙、五品以上的官吏,他们犯死罪者上请,流罪以下减一等;减,适用于七品以上官及官爵得请者之祖父母、父母、兄弟姐妹、妻、子孙,他们犯流罪以下各从减一等;赎,规定的范围是"应议请减及九品以上之官,若官品得减者之祖父母妻子孙,犯流罪以下听赎",实际上赎的适用范围要广得多,唐律在刑名条中规定了各种刑罚的赎铜数,其中包括绞斩极刑,这就是说不仅流刑,死刑亦可收赎,也不仅九品以上官吏,实际上封建地主阶级的一切成员都可以享受这种特权;官当是开脱封建官吏的特殊制度,九品以上官可以按官品抵罪,"犯私罪以官当徒者,五品以上,一官当徒二年,九品以上一官当徒一年,若犯公罪者,各加一年当"。①

---

① 《唐律疏议·名例》。

八议和请、减、赎、官当制度突出地表明了唐律是封建特权法律。封建阶级的一切成员,只要不作为阶级的叛逆从根本上危害封建统治秩序,都可以享受封建法律的庇护。以金钱赎罪制度更给了他们最后一道护身符,只要有钱,他们就可以犯罪不受惩罚,永远生活在法律约束之外。

从唐律对一般农民和所谓"贱民"的镇压来看,也表现了它的阶级实质。某些罪科刑不是依据罪行轻重,而是按照犯人或受害人的社会地位,例如"斗殴人者笞四十,伤……杖六十";但若殴击的非一般人,而是制使、本属府主或刺史县令等官吏,则要处徒刑三年,伤者流二千里,折伤者绞。即便殴打的是佐职,或者上述官吏的祖父母、父母及妻子,也要徒刑一年,重伤者加一般斗伤一等。又如:"部曲、奴婢殴良人者(官户与部曲同),加凡人一等,奴婢又加一等。"①部曲奴婢杀主者皆斩,杀主之期亲及外祖父母者绞,已伤者皆斩,即是过失也不减免。相反,因为部曲、奴婢是"贱隶",对他们的伤害处刑则要减轻,甚至杀害他们也不算重罪:"良人殴伤他人部曲者,减凡人一等,奴婢又减一等。"部曲、奴婢有"愆犯决罚致死者及过失杀者各勿论"②。即是故意杀死也仅只处杖一百到徒一年半轻刑。如果予以考察,我们就会发觉连这一点轻微刑罚,也是徒有其名近乎虚设。按照《名例律》规定,有钱人可以赎罪;又按照《斗讼律》规定,部曲奴婢告主,非谋叛者皆绞。这样,唐律就最后剥夺了这些"贱隶"的人身权利。

唐律正是按财产和官品为准,把整个社会分为权利和义务极不平等的封建等级,并借以将等级制度法典化。等级压迫只是阶级压迫的表现形式,透过这个形式就可以了解唐律所维护的正是封建阶级的阶级压迫制度。

四　维护封建家族制度

以父权为核心的封建家族制度,是由父权、夫权、族权等封建特权构成的。由于家庭具有血缘关系的特点,所以它就成为贯彻封建道德和尊卑伦理关系教条的最方便的组织形式。自秦汉以来它就受到封建国家和法律的维护。唐律也不例外,在孝亲的掩盖下规定了一整套封建家庭秩序。

正如君权之于封建国家,父权是封建家庭制度的核心。在尊卑关系上的表现是父亲在家庭中的统治地位和卑幼的被奴役地位。唐律尽管多数条

---

① 《唐律疏议·斗讼》。
② 同上。

文父母是并提的,但实际权力却只集中于作为家长的父亲。

财产权是父权的基础,唐律极为重视父亲的这项权力:"祖父母、父母在……(子孙)无自专之道,而有异财别籍,情无不孝之心,名义以之具沦,情节于兹并弃,稽之礼典,罪恶难容,二事既不相须,违者并当十恶。"①凡"祖父母、父母在,而子孙别籍异财者,徒三年,若祖父母、父母令别籍,及以子孙妄继人后者,徒二年"②。即便是父母已死,如丧服未满,子孙仍不得别籍。

父亲的另一项权力是对子女婚姻的决定权。唐律中子女的婚姻完全取决于家长的意志。唐初为了促进国家人口增殖,结婚年龄规定得很低,开始规定男十八、女十五,后来又规定女十三。这种情况下,尚未成人的子女婚姻只能听凭父母包办。按照《户婚律》规定,卑幼在外,尊长后为订婚,虽自订在先,只要未娶,仍要听从尊长,违者杖一百。父亲有权强迫守寡的女儿改嫁和已结婚的子媳离异,子女不得违抗。

父权还表现在父亲对子女的惩戒权。唐律开宗明义宣称:"刑罚不可弛于国,笞捶不得废于家。"③律文具体规定:"祖父母、父母有所教令,于事合宜,即须奉以周旋,子孙不得违犯",否则家长可以任意惩戒。因此殴打致死者,家长最多处一年半徒刑。对那些所谓不孝的子孙,家长可以请求国家代为惩处,这种送惩权充分地表明了封建国家作为其他封建权力的支柱作用,从而暴露了这个权力的阶级本质。

父母对卑幼如此,而子女对父母则必须孝顺。唐律规定詈祖父母、父母者绞,殴者斩。居父母丧应即举哀,不准嫁娶作乐。它写道:"闻亲丧,以哭答使者,尽哀而问故。"④如不举哀,或者嫁娶作乐者,即犯了不孝之罪。子孙还必须以父母之亲为亲,以其仇为仇,"祖父母、父母为人所殴击,子孙即殴击之,非折伤者勿论,折伤者减凡斗折伤三等"。⑤ 这样就使复仇成为一种合法的行为。相反同杀害祖父母、父母的人和好者,则视为犯罪,流二千里。这种带有血亲复仇性质的规定,一方面体现了"子不报仇非子也"的封建孝亲条义⑥;另则也充分地表现了封建法律的落后性。唐律还规定,即使

---

① 《唐律疏议·名例》。
② 《唐律疏议·户婚》。
③ 《唐律疏议·名例》。
④ 同上。
⑤ 《唐律疏议·斗讼》。
⑥ 《通典》卷一六六。

父母犯了罪,而非谋叛以上者子孙不得上告,"若有忘情弃礼而故告者,绞"①。不仅不得上告,在国家官吏追捕时还有相隐瞒的义务,而"隐者不坐"。这种规定并不是封建国家容忍父亲们的谋叛以下犯罪行为,是因为统治者明白,凡有犯罪者,"必不独成,将与众计之,众计之事必有他人论之"②,无须子孙卑幼上告。实际上这是它们在权衡之后,认为违反封建伦理道德,"不孝"本身就是一种最大的犯罪,如其蔓延,对统治阶级危害更大。这就是唐律在封建家庭关系上特别强调子女孝敬父母的原因所在。

在中国封建社会里,妇女的地位最低下,她们较一般男子多一层夫权压迫。即使已成为尊长的妇女,亦未必有多么高的地位。唐律虽多处标榜"妻者齐也",在条文中"夫妻"、"父母"并提,但妇女的地位无论是从妻子角度看,或是从"母亲"的角度看,都是有限制的,她们处处受丈夫的节制,在家庭中实际上处于被统治地位。

唐律明确肯定男人娶妾是合法的,它规定:"婢为主所幸,因而有子,即虽无子,经放为良者,听为妾";"妻年五十以上无子,以妾为妻"。③ 男人有妻可以纳妾,有妾可以娶妻,有妻有妾还可以再纳妾。而作为妻的妇女则无相等的权利,至于身居妻下的妾就更不用提了。

丈夫对妻妾还有任意打骂、休弃甚至杀害的权力。唐律《斗讼律》规定:"殴伤妻者减凡人二等……殴妾折伤以上减妻二等。过失杀者各勿论。"即使这种犯罪,也只是在妻妾上告的情况下才坐。与此相反,妾殴夫则徒一年,伤重者加凡斗三等,妻与媵又加一等。甚至妻匿夫丧不举哀,也被列为十恶大罪。在《斗讼律》中,还剥夺了妻对丈夫的告诉权利,"妻告夫者,虽得实徒二年"。妻尚如此,妾就不言而喻了。这个规定实际上将妻妾仅有的一点权利也剥夺了,最后肯定了丈夫对妻妾的绝对统治。上文规定杀伤妻,伤以下妻告乃坐,下面即规定妻无权告夫。这里我们看见了披着儒家礼教外衣的封建法律之虚伪,使我们认识到即是在以公开不平等为特点的封建法律中,统治阶级也不放弃玩弄欺骗手段。

族权是父权的延伸和扩大,它是关于同宗长者对卑幼关系而言的。在封建社会里,以血缘为联系的家庭集团的稳固,同样关系整个封建秩序的稳固,这样族权便具有严重意义。为了维护这种权力,封建宗法丧服系统便成

---

① 《唐律疏议·斗讼》。
② 《贞观政要·刑法》。
③ 《唐律疏议·户婚》。

了唐律处理各种犯罪和实行议请减免的依据。这部法典关于亲属间的犯罪完全以服制的亲疏和尊卑之序为准。直系亲属外,期亲尊长最亲,大功次之,小功又次之,缌麻最疏。一般情况下,卑幼对尊长的犯亲行为愈近愈重,如《斗讼律》规定:"殴缌麻兄姐杖一百,小功大功各递加一等,尊属者又各加一等。""告期亲尊长虽得实,徒二年,告大功尊长各减一等,小功缌麻减二等。"反之,尊长对卑幼的犯罪,则是愈亲处理愈轻,如尊长殴杀卑幼,"折伤者,缌麻减凡人一等,大功小功递减一等"。唐律所以加重对尊亲属间人身犯罪的惩罚,而同时减轻尊长对卑幼犯罪的处理,其目的是为了维护家族集团中尊长的尊严和权力,以便通过他们来维护封建家族秩序的稳定,从而促进整个封建秩序的巩固。

封建家庭关系是封建生产关系在家庭组织中的反映;父权是君权在家庭中的延续,也是它的最基础的支柱,封建统治者所以通过法律强调"孝亲",是他们了解"为人也孝悌,而好犯上者鲜矣"①这个道理,其目的是为了使一切人通过家庭的训练都成为封建统治者们的忠顺奴仆。透过唐律关于家庭关系的规定,我们就可以在"亲子"、"夫妻"、"长幼"等柔情绵绵的纱幕后面,看见封建阶级阴森森的阶级统治,封建阶级对人民的统治连家庭这一形式也没放过啊!

综合上述,我们可以清楚地了解,唐律是从经济到政治、从社会到家庭,全面地维护地主阶级统治、反映封建地主阶级意志的阶级压迫工具。这就是历史上封建文人极力加以掩盖的唐律的阶级本质。

---

① 《论语·学而》。

《洗冤集录》*
——中国古代第一部法医学专著①

《洗冤集录》，又称《洗冤录》，是我国历史上最早的一部比较完整的法医学专著，也是世界历史上第一部法医学专著。无论在中国或世界法医学史和法律制度史上，它都有很重要的地位。阅读这部著作，不仅对于了解中国古代法医学和法律制度史的某些方面具有重要意义，就是对于学习现代法医学和检验制度也是有益的。

一 《洗冤集录》是古代法医检验的总结

编撰于我国南宋淳祐七年（公元1247年）的《洗冤集录》，是我国古代法医检验制度的总结，也是我国古代劳动人民长期积累的病理、解剖和药理学等方面知识的总结。

据史籍和地下出土的简牍记载，利用法医检验审断案件，在我国有悠久的历史。《礼记·月令》："孟秋之月……命理瞻伤、察创、视折、审断，决狱讼，必端平。"郑玄注："理，治狱之官也"；"端，犹正也"。对这段记载，蔡邕解释说："皮曰伤，肉曰创，骨曰折，骨肉皆绝曰断。言民斗辨而不死者，当

---

* 本文原载《中国古代警察制度简论》，群众出版社1985年版。
① 本文在写作过程中得到了杨一凡同志的大力协助，并参阅了诸葛计同志的《宋慈及其〈洗冤集录〉》，饶鑫贤同志的《宋慈及其〈洗冤集录〉》等文章，特此说明并致谢。

从伤、创、折、断、深、浅、大、小正其罪之轻重。"①也就是说,进入秋季后,命令治理狱案的官员去检验轻伤重伤和肢体断折情况,以使审理和决断的案子公正端平。《吕氏春秋·孟秋纪》的记载与《礼记·月令》是一致的。这说明战国之前,统治者们在侦查决断案件时,已注意进行法医检验了。

云梦秦简的《封诊式》中有《贼死》、《经死》、《疠》和《出子》等式例,主要是有关法医检验的报告和规定。所谓"贼死",是被他人贼杀而死。从"贼死"的检验报告看,检验人记录了死者的位置,伤害的部位,伤口大小,出血的情况以及死者长相和衣着特征等。所谓"经死",是指自缢而死。从"经死"的检验报告看,检验人记录了死者吊死的位置,上吊用的绳子、绳结的状况,头脚离房椽和地面的距离,舌吐出到达的部位,是否有屎尿流出。检验人还报告了解下绳子放下尸体后,索沟在颈部留下的痕迹和痕迹的淤血情况,死者的其他部位是否有兵刃、木棒等伤害的痕迹,以及死者周围的痕迹等。所谓"出子",是指流产。检验人着重记录了对小产胎儿和对小产的妇女检验情况。所谓"疠",是指麻风病。麻风病在中国古代被认为是一种恶性传染病。秦律规定,患者要交司法部门加以认定和隔离,犯罪者要予以严厉处理。从检验报告看,疠是由一位医生检验的,医生报告说患者无眉毛,鼻梁塌陷,鼻腔溃烂,以物刺探不打喷嚏,臂肘和膝部溃烂,两脚不能行走,手上无汗毛,呼喊声嘶哑。根据这些特征,医生结论说是麻风病。

《封诊式》是秦官方颁行的关于查封、侦查方面规范性的文件,具有法律效力,是法的一种形式。从其中有关法医检验的式例看,当时的法医检验已形成制度并且达到了相当高的水平。

秦之后的法医检验不断积累经验。《折狱龟鉴》记载一个故事:三国时,吴国人张举任章县县令时曾办理过这样一个案件:"有妻杀夫,因放火烧舍,称火烧夫死。夫家疑之,诉于官,妻不服。举乃取猪二口,一杀之,一活之,而积薪烧之。活者口中有灰,杀者口中无灰。因验尸,口果无灰也,鞫之服罪。"这个故事说明,三国时一些官吏已懂得通过查看死者嘴中是否吸进烟灰判断是活活烧死,还是致死后烧尸制造假象。

唐律规定:"诸诈病及死、伤受使检验不实者,各依所欺减一等;若实病、死及伤不以实检者,以故人人罪论。"②这条规定的意思是说,有人诈称病及死、伤,前去检验的人如不认真检验和如实报告,以欺诈者应判处的刑

---

① 《玉烛宝典》卷七。
② 《唐律疏议·诈伪》。

罚减一等判处检验人；若实生病和死、伤，而不如实上报者，以故意陷人于罪判处检验人。类似这样因检验不实追究检验人的法律责任，宋代法律有更为具体规定（详见下文）。

正是在这种情况下，一些人开始搜集和整理断狱和检验方面的经验，并将其汇编成书以供官吏学习。这方面的著作较早的有五代时和凝、和㠓父子汇集的《疑狱集》。进入宋代，这类书逐渐增多。如：赵㞱的《疑狱集》、王𬀩的《续疑狱集》、元绛的《谳狱集》、郑克的《折狱龟鉴》、桂万荣的《棠阴比事》，以及无名氏的《内恕录》、《结案式》等。这些著作虽不是法医学专著，但多包括法医检验的内容。到南宋时，官府的检验要求和手续趋于严格。早在宋慈写《洗冤集录》之前，孝宗、宁宗年间，也将《检验格目》、《正背人形检验格目》等，列为官方关于法医检验的正式文件，颁布"诸路提刑司，体效施行"。① 正是在这样的背景下，宋慈才能"博采近世所传诸书，自《内恕录》以下凡数家，会而粹之，厘而正之，增以己见，总会一编"，成就了《洗冤集录》这样一部重要的法医学著作。

二 《洗冤集录》的作者宋慈其人

宋慈，字惠父，南宋建阳（今福建省建阳县）人，生于孝宗淳熙十三年（公元1186年），卒于理宗淳祐九年（公元1249年）。宋慈的父亲宋巩曾任广州节度使，兼管司法。宋慈少年受朱熹的考亭学派（又称闽学）影响。宋宁宗嘉定十年（公元1217年）中乙科进士，被任命为浙江鄞县县尉。后来，他先后任过江西信丰县主簿、福建长汀知县、邵武军通判摄郡事、南剑州通判、司农丞知赣州、提点广东刑狱、知常州军事、除直秘阁提点湖南刑狱、进宝谟阁奉使四路、拔直焕阁知广州、广东经略安抚使等官职。他一生经历了南宋孝宗、光宗、宁宗、理宗四个皇帝，为官二十余年。

作为封建官吏，宋慈一方面敌视农民反对封建剥削和压迫的斗争，参加过镇压江西南安、福建汀州、邵武、敛州等地的农民起义。同时，他也能在其管辖的地区内从封建统治的长远利益出发，采取某些缓和阶级矛盾的措施，减轻人民的痛苦。他为官比较清廉，《宋经略墓志》说他"禄万石，位方伯，家无钗泽，厩无驵（音脏）骏，鱼羹饭敝，缊袍萧然终身"②，固然是一种溢美

---

① 《宋会要辑稿·刑法六》。
② 《后村先生大全集》卷一五九。

之词,但不会完全没有根据。

宋慈的二十余年官宦生涯中,许多职务与刑狱有关系。由于他处事认真,善于观察思考,所以,积累了丰富的司法工作经验,并在某些方面提出了自己的见解。他曾说:"狱事莫重于大辟,大辟莫重于初情,初情莫重于检验。"①"大辟"就是死刑,所谓"人命关天",是历来为统治者所重视的案件。"初情"是指案件发生当时的情况,当然应该注意。怎么才能得到"初情"呢?重要的手段之一就是通过实地检验。提出通过现场检验获取第一手材料来决断案件,不仅在封建社会偏听偏信、主观臆断之风盛行的情况下是难能可贵的,就是今天也有其现实意义。正因为宋慈认为"初情"和"检验"重要,所以他指出:"于是乎决法中所以通差今佐理掾者,谨之至也。"②就是说,委派什么样的人办理这样的案子,必须十分谨慎。他反对把现场检验这样重要的事,完全交给没有经验的官员,这种官员很容易受仵作和胥吏的欺骗,得不到真实情况而误事。宋慈说他自己对处理狱案是很谨慎的:"慈四叨臬寄,他无寸长,独于狱案审之又审,不敢萌一毫慢易心。若灼然知其为期,则亟与驳正;或疑信未决,必反覆深思,惟恐率然而行,死者虚被涝漉。"③他认为不少错案"多起于发端之差,定验之误,皆原于历试之浅",因此,有必要将前人著述内有关法医检验的内容,结合自己实践经验加以整理编撰,以企传播于世,"洗冤择物",达到公正办案之目的。

宋慈主张谨慎对待狱案,指出实地检验的重要意义,并敢于揭露封建官吏的某些奸巧欺诈。人们称他听讼清明,决事刚果,抚恤良善,威临豪猾。他平反了不少冤案,为民做了很多好事,是很难能可贵的。

三 《洗冤集录》的主要内容

《洗冤集录》共分五卷五十三目,每目下分若干条。各目内容穿插交错,初读颇有繁杂混乱之感。细加分析,其内容大体可分为如下四个部分。

(一)有关法医检验的法律规定

《洗冤集录》第一卷的第一目,辑录了宋代历年颁布的关于法医检验的各种规定二十九条。从内容看,宋代法律要求检尸必须认真、及时、细致,检

---

① 宋慈:《洗冤集录序》。
② 同上。
③ 同上。

后如实申报；检验人员不得收受贿赂，徇私枉法，并实行回避制度。如法律规定：凡有尸体应检验而不检验，或受到差遣两个时辰不出发，或不亲到现场，或判断不出致死原因，或假称尸体已坏不进行检验，各按"违制"罪论处。凡检验人员因验尸受人财物的，按照"公人法"处理。居于统辖地位的主管官员受贿枉法达二十匹绢，没有俸禄的吏人受财枉法达二十五匹绢，处以绞刑。凡检验，应派同本案没有亲故嫌怨关系的人前去。出县尉、主簿、丞等监当官出城验尸的，应差手下五人跟班听差。检验人员应保守秘密，不得随意透露检验情况。法律又规定，各县检尸有互相协助的规定，凡受其他官府请派官协助检验，而以各种借口推托不应差检验的，按"违制罪"论处。即使应当发文到近县而却发到远县请求派员协助的，文到后也要派员协助，待检验完毕后再向上级提出意见。检验完毕后，应按提点刑狱司规定的表格，一式三份如实填写。一份呈报州县，一份交被害人家属，一份以急件交邮传申报提点刑狱司。法律还规定，凡人死亡时没有五服内的亲属在场的都应差官验尸。由于病死，应验尸，但同居缌麻服以上亲属，或分居大功服以上亲属到死所申请免验的，则可免验。凡亲属因病死亡，而说是其他原因致死诬告别人的，以诬告罪论处。从以上规定看，法医检验到宋代已形成了较完整的制度。

（二）法医检验总论

这一部分是谈法医检验的重要性，检验人员进行检验的一般原则和各种注意事项等。前面已谈到，关于检验的重要性集中在宋慈写的《洗冤集录序》中。他认为，办理狱案关键在于进行认真细致的检验。如要按《洗冤集录》提供的办法进行检验，就将"无发不中"，"其洗冤择物，当与起死回生同一功用矣"。此外，在第一卷的《检复总说上》、《检复总说下》、《疑难杂说上》和第二卷的《疑难杂说下》、《初检》、《复检》等篇目中，也谈了检验的重要性和法医检验的一般方法以及注意事项等。

其一，检验人员思想上要懂得"差之毫厘，失之千里"这一道理，必须重视检验，切不可鲁莽从事。

其二，不要相信一面之词，要认真细致检验，要根据事实。

其三，为防止外人干扰检验，检验人员在接受检验指示之后，不要接见出事地点附近的官员、秀才、江湖术士、和尚道士等。

其四，检验人员及发案地点参加检验的邻入伍保等，不得骚扰乡民。严禁参与检验的人员通风报信，放纵凶犯和重要关系人。检验官员住宿应避开凶手的血属亲戚。如死者血亲请求免检的,多是被凶手买通,不可随便听信,即使上级批示免验,也要慎重处理。

其五,凡检验时需带凶手的,要差遣出生本地、有家室牵累、有田产、无过错的公差看押。到达发案地点后,不要把凶手关押到县监狱,要单独看管,以免串通倒弄的弊端发生。对于行凶器物,要及时搜索,以免被藏匿倒换,增加破案困难。

其六,检验官到达现场后,要选择上风地坐定,传唤尸体所在的土地主人、诉讼双方当事人等,简要询问事情发生经过,清查关系人和邻人伍保等应在验尸单上签字者是否到齐,让吏役测量尸体所在的位置,然后进行检验。检验时,不得漏掉重要损伤处,要令仵作当凶手的面对尸体仔细察看并喝报。如凶手尚未捕获,就以邻人伍保作为公众见证。

其七,检验记录和报告应写具体,不要使用"皮破血出"之类含混概念。凡因皮破而血出的,应当写:"皮微损,有血出。"凡伤多处的,只指定一处为要害致命伤。对于聚众打死的,必须斟酌出一处为致命伤。而致命伤痕,虽小也不可稍微扩大它的分寸。定致命伤,有骨折,就说明,否则不必说明。

其八,一般居官禁戒探问外事,而检验却应广布耳目,派可信任的吏役去察访,然后听其汇报,将情况加以印证,以避免可能发生的错误。

其九,捕捉到行凶的人之后,不要马上进行审讯,吐露口供,以防吏役下人妄自生事走露消息。对他们,一律派人押解到县衙审问。一俟供出同案犯,要立即下令追捕。

其十,初检尸体完毕,就检验处将尸体放置衬垫上,再加覆盖,打上石灰印,然后交给弓手、耆长、保正副、邻人等看守,立下责任状附卷,交复验者。复验结果证明与初验无异,才能负责证明,并向上级报告。如复检发现有细小不同,可以迁就改正;如果发现有重大出入,则要审问与本案有关的人员。大家都认为可变,将与初检不一致的事实和理由,加以改定申报。复检与初检如无不一致,就可把尸体交给尸亲。无尸亲的,交地保加以掩埋,勒令看守,不得火化。如有争论,不可发还尸体,暂掘一坑加以掩埋,交看守人立下看守状,以备再检验复查。

以上应是宋慈就前人经验和自己在司法实践中获得的知识进行的总结。这些认识,就是现在也是可资借鉴的。

(三)各种尸伤的检验方法

《洗冤集录》用大量篇幅介绍了各种尸伤的特征和检验方法。如:验尸、验妇人尸、验小儿尸并胞胎、尸体的四时变动、洗罨(音掩)方法、验坟内及屋下厝(音措)柩待葬尸、验坏烂尸、验无从检验尸、验白僵瘁(音碎)死尸、验骨、验自缢死尸、验被打死和勒死伪作自缢尸、验溺死尸、验他物及手足伤死尸、验自残杀死尸、验被杀伤死尸、验尸首异处尸、验火烧死尸、验汤泼死尸、验服毒死尸、验病死尸、验针灸死尸、验受杖死尸、验跌死尸、验塌压死尸、验外物压塞口鼻死尸、验硬物瘾罅(音潭)死尸、验牛马踏死尸、验车轮辗死尸、验雷震死尸、验虎咬死尸、验蛇虫伤死尸、验酒食醉饱死尸、验醉饱后筑踏内损死尸、验男子作过死尸和验遗路死尸等。这些内容集中了丰富的实践经验，是《洗冤集录》的最重要部分。

在这一部分中，宋慈对于许多处于疑似之间、真伪难辨的伤、病及各种尸伤都列举了详细的辨认办法。

例如，关于验尸的方法。检验人应按前后左右上下顺序对尸体各重要部位进行全面检验。前面要注意：发长、顶心、颡(音信)门、发际、额、两眉、两眼、鼻、口、齿、舌、颔(音汉)颏、喉、胸、两乳、心腹、肚脐、小肚、阴茎、阴囊、阴门、两大腿、两膝、两小腿、两脚腕、两脚面、十脚指。背后要注意：脑后、乘枕、颈项、两肩胛、背、腰、两臀瓣、肛门、大腿后侧、两腿弯、两腿肚、两脚跟、两脚板。左右侧要注意：顶下、太阳穴、耳、面脸、脖颈、肩膊、肘、腕、臂、手、五指、腋窝、胁肋、胯外、膝外、外廉肋、脚踝。

检验人员要准确估计死者的年纪，如实记录死者的颜貌。检验时不可避秽臭，对于头发内、肛门内、阴门内等隐蔽处尤其应注意有无铁丁或其他东西在内。对被伤处要仔细量度长、阔、深、浅、大、小，定出致死的原因。对于女尸的检验，不应怕羞回避。

检验人员还要注意尸体在四季不同气候下的变化。一般情况下，在春季三个月中，尸体经过两三天，口、鼻、肚皮、两胁、胸前等处，肉色微青。十天后，耳、鼻内有臭水流出，尸体膨胀。夏季，尸体经过一两天，面部、肚皮、两胁、胸前肉色便发生变化。三天，口鼻内液体外流。盛热时，尸体经过一天便腐败。三四天，皮肉坏烂，生蛆，口鼻液体外流，头发逐渐脱落。秋季三月，尸体经过两三天，面部、肚皮、两胁、胸前肉色发生变化。经过四五天，口鼻内液体外流，全身膨胀发臭，口唇翻张。经六七天，毛发脱落。冬季三月，尸体经过四五天，肉色黄紧微变。半月后，面、口、鼻、两胁、胸等处开始腐败。盛寒天，尸体变化，五天相当盛热一天的情况；半月，相当盛热三四天的情况。当然，人有肥、瘦、老、少之分，气候有南北寒暖之分，要注意灵活运用。

又如,溺死的特征。若是生前溺水的尸首,在水中是男仆卧,女仰卧,头向后仰。无论男、女,两手、两脚俱向前,口合,眼闭开不定,两手拳握,肚腹鼓胀,拍着发响(失落水的则手开,眼微开,肚皮微胀;投水的则手握,眼合,腹内急胀。)两脚底皱白不胀,头髻紧,头与发际、手脚爪缝,或脚着鞋则鞋内各有泥沙,口鼻内有水沫及有些淡色血污,或有磕擦损处。如果尸首上无痕,面色发赤,是被人倒提起来用水闷死的。如果死者面色微赤,口鼻内有泥水沫,肚内有水,肚腹微胀,是真正淹死的。如果是疾病身死,然后被抛掷水里的,口鼻就没有水沫,肚内无水,不鼓胀,面色微黄,肌肉微瘦。如果是殴打杀死后推入水中的,入水深的则胀,浅的则不大胀,尸肉色带黄不白,口眼开,两手散,头发散漫,肚腹不胀,口、眼、耳、鼻没有水流出,两手不拳缩,指爪䍐(音夏)缝没有沙泥,两脚底不皱白,白虚胀。身上有要害致命伤损,伤痕色黑,尸首有的微瘦。一般自投井、被人推入井和失脚落井的尸首,大同小异,都是头目有被砖石磕擦伤痕,指甲、毛发中有泥沙,肚腹胀,使尸体侧伏卧,便有水从口内流出。初春雪寒,尸体数天才浮,和春夏秋末不同。各种溺死的人,尸体检验迟了,就会因风吹日晒,遍身起皮,或生白疱。凡因水浸日久,尸体膨胀,难以明显看出死因的,应详细说明头发脱落,头脸膨胀,口唇翻张,头脸及周身皮肉具体情况。

再如,杀伤死的特征。凡是被杀伤死的,口、眼开,头髻宽松或散乱,两手微握,要害处伤较重,皮肉多卷凸,如穿肚皮,肠脏必出。被害人见凶器袭来,必然挣扎,以手遮拦,手上一定有伤损。如行凶人在要害处一刃致命的,死者手上没伤痕,但刃伤必重。如果行凶用刃物砍脑门、脑角后发际,必然砍断头发,如同用剪刀剪的一样。如是头顶骨折,即是尖东西刺着了,要用手按捏其骨看损坏情况。如果是尖刃斧伤,上面阔长,内里必狭;大刀伤,浅必狭,深必阔。刀伤处,伤痕两头尖小,没有起手收手轻重的分别;枪刺的伤,浅则狭,深则穿透,伤痕呈圆形;或只用竹枪尖、竹扁担扎要害处位,伤口多不整齐,伤痕方圆不等。凡验被利块物伤死的,要看死者衣衫上有无破伤的地方。凡验杀伤尸体,首先看是被什么样的刀刃等物杀伤,然后再看是生前伤,还是死后伤。如是生前被刃物伤的,伤痕肉开阔、收缩参差不齐,花纹交错;如果伤痕的肉截齐,皮肉不紧缩,就是死后假造的刃伤痕。如果是生前的刃伤,即有血汁,伤口皮肉血多呈花鲜色,伤透过脉膜即死;如果是死后割出来的伤,肉色即干白,没有血。凡验刀枪刃砍挑的,要写明尸体在什么地方,穿什么衣服,上面有无血迹,伤的长阔深分寸,透肉不透肉。伤两肋、脐下、喉下、食管、气管、头面、太阳穴、脑角后发际内,如行凶人刃物大,骨损、肠出、脂膜出、脑浆出、有血污,要定作要害处致命伤。

类似以上例子,这里不能一一枚举,仅此也可以看出,书中关于辨认尸伤的方法,反映了当时具有相当高的医学和生理学水平。

(四)各种急救和消毒措施

《洗冤集录》第五十二目汇集了各种"救死方"。如:

吊死的。解救时不可截绳,慢慢抱尸体解下,放之使仰卧,把头向上拉紧,微微揉弄喉咙,摩擦其上胸,另一人按摩其臂,使腿屈伸,久之就有气从口出,等眼睁开,便不再按摩拨弄,然后给以少许官桂汤及粥吃,使润喉咙。按这种办法,没有不活的。

水淹死的。用皂角捣烂以棉絮包裹塞入肛门中,使出水即活。又:拳屈死者两腿,着人肩上,让死人背贴活人背,扛着走动,吐出水即活。

冻死的。凡四肢直,口紧闭,尚有微气的,用大锅炒灰使暖,用袋盛好熨心上,冷了就换,等眼睁开,以温酒及清粥喂。如不先温其心,便用火烤,则冷气与火相争必死。

其余还有急救中暑死在路上的,急救魇死的,急救中恶客忤暴死的,急救杀伤,急救妇女胎不安,急救惊吓死,急救五绝及堕打急死的等,都是经验证明行之有效的方法。

除此之外,在不少篇目中还记载用酒糟、醋、白梅、五倍子、葱、椒、盐、罨洗盖伤痕。这样方法可以不使外界细菌感染,减轻伤口炎症,将伤口固定起来,也有一定科学道理。

应当指出,由于《洗冤集录》编撰的年代较久,某些方面不可能不受时代和技术条件限制,有的内容仍然粗糙,也还有不科学和错误的地方。如认为人体骨节有"三百六十五节",是按"一年三百六十五日",这是受我国古代阴阳五行说影响附会出来的。又如《验骨》目说:"男子骨白,妇人骨黑",也不符合生理学。尽管存在一些不科学的地方,有的甚至属迷信、落后的东西,但总体来说,精华是主要的,糟粕是次要的,不失为一部优秀的法医学著作。

四 《洗冤集录》对后代的影响

正因为《洗冤集录》是一部优秀的法医学著作,在司法实践中具有重要实用价值,所以一问世,立即引起人们的重视。不久又奉旨颁行全国,"官司检验奉为金科玉律"①,产生了更广泛的影响。

在《洗冤集录》的影响下,后来有不少同类的著作出现。但元以前流传至今的只有《平冤录》和《无冤录》两部。《无冤录》为元代王与编撰;《平冤录》系赵逸斋编撰,其时间应在《无冤录》成书之前,亦为元代著作。明代吕坤的《实政录·人命十二款》和同书《狱政篇》也属于这一类的著作。清代法医检验的书籍更多,仅研究和补注《洗冤集录》的著作就有:《洗冤录详义》、《洗冤录辨证》、《洗冤录续辑》、《洗冤录汇编》、《洗冤录集证》、《洗冤录集注》、《洗冤录补》等二十余部。

后来的许多著作沿袭了《洗冤集录》的内容,但不少地方也有新的补充和发展。如,关于确定死亡,我国古代已以呼吸停止,脉搏停止跳动确定死亡。明代则进了一步。吕坤的《实政录·狱政篇》指出:"停息定脉尤不可凭。凡验囚尸,仵作仍须通鼻无嚏,勒指不红,两目下陷,偏身如冰者方准搭结报死。"这是法医鉴定的重要成就。又如,清初王明德在《洗冤录补》中,从骨上伤痕推定凶器。他认为:"骨上伤痕或斜而长则为木器伤;或丹而不整、尖而三角则为木器伤;或近方而长,窄而稍短,又或丹而大,或丹长不等,而骨碎,血荫皆深入骨中……则为铁器伤无疑。"这种推定凶器的方法,为《洗冤集录》所不载,有一定的正确性,是清代法医学的一个重大成就。再如,《洗冤集录》很少涉及性犯罪的问题。关于尸体是否处女的检验法,只说:"令坐婆以所剪甲指头入阴门内,有黯血出,是;无即非。"②清人文晟在《检验集证》中对这种方法提出了疑问,他指出:"人死则血寂,安得尚有黯血?洗冤所称原不甚确。维探以指头,处女窍尖,妇女窍圆较为的确。"他的这种办法已接近依处女膜确定处女的理论。清代学者还总结了关于强奸、鸡奸、堕胎等行为的各种特征。

元、明、清三代学者在继承《洗冤集录》的同时,在法医检验上的补充和发展还有很多,如关于尸斑、尸体变化、缢死、勒死、拳脚伤、辗伤、枪伤等都有新的说明,这里不能一一列举。仅此,已可以看出《洗冤集录》对后世影响之大。

宋慈的《洗冤集录》的影响也不限于中国,因为它也是世界上第一部法医学专著,比意大利人1602年编撰欧洲最早的法医学著作还早三百五十余

---

① 钱大昕:《十驾斋养新录》卷十四。
② 宋慈:《洗冤集录》卷之二。

年。所以,它在国外也有很大影响。《无冤录》是在《洗冤集录》的影响下,而且是直接增损《洗冤集录》而编撰成书的。明英宗正统三年(公元1438年)首先传入朝鲜,并编纂刊刻。1736年日本人源尚久氏又根据朝鲜刊刻本翻译出版。1779年法国学者开始在法国节译并介绍《洗冤集录》,1908年在法国正式出现单行本。1853年6月英国学者开始向英国人民介绍《洗冤集录》;1875年英译本分期在《中国评论》刊出;1924年,英国皇家医学会杂志又重刊全书,以后便出版了单行本。1863年荷兰出版了荷文版。1908年德国学者由法译本转译出版了德文版。《洗冤集录》在世界各国受到重视和广泛流传,是我们祖先对世界法医学发展的重大贡献,也是对世界文化发展的一项贡献。

中国古代的法治与社会经济发展[*]

一

在中国古代,"法治"一词的含义与现代不同,它是封建专制制度的从属物。尽管如此,只要我们认真考察历史就会发现,法治与各历史阶段社会经济发展也是密切相关的。实行法治或法治状况好,社会就稳定,经济就发展;否则,社会就紊乱,经济就停滞,甚至遭破坏。

"法治",中国古代称为"以法治国",在古文献中最早见于《管子·明法》:"威不两错,政不二门","以法治国,则举措而已",意思是说,只要君主集中权力,实行"法治",治理好国家是很容易的事。《管子》一书是战国时期一些学者假托春秋时著名政治家、思想家管仲(?—前645年)之名汇集的一部著作,后来又加入了秦汉学者的一些作品。《韩非子·五蠹》:"今境内之民皆言法,藏商、管之法者家有之。"这说明,《管子》一书及其所提出的"法治"主张,战国时业已流传并具有影响。

"法治"作为一种主张提出后,经战国一些政治家、思想家阐述和实践,战国中期之后发展成为系统的学说。当时持这一主张的政治家和思想家被后人称为"法家"。其代表人物有商鞅、慎到、申不害、韩非和秦始皇、李斯等。

---

[*] 本文原为"法治与社会经济发展国际学术讨论会"论文(1991年),中国人民大学出版社1996年12月版。

"法治"主张的提出和"法家"学派的形成是历史发展的产物。中国历史发展到春秋战国时期,旧的奴隶主贵族统治已无法维持,出现了礼乐崩坏,权力下移,诸侯异政,百家异说的局面。在这一历史大变动的时期,不同阶级、阶层利益的代表人物纷纷提出自己的主张,形成了不同的学派。影响较大的有儒家、墨家、道家和法家,战国中期以后以儒家和法家最有影响。儒家反映旧贵族的要求,主张"复礼",也就是实行"礼治"、"人治",偏于保守。法家反映新兴地主阶级的要求,他们反对"礼治"和"人治",主张"法治"。

综合法家代表人物的著作和言论,其"法治"主张的基本内容是:

(1)"法治"对于治理国家十分重要,反对"人治"。他们说:"明王之治天下也,缘法而治。"①"不法法则治,治者,天下之仪也。"②"法者,天下之程式也,万世之仪表也。"③他们还说:"法者,所以为国也,而轻之,则功不立,名不成。"④"释法术,而任心治,尧不能正一国。"⑤"君人者,舍法以身治,则诛赏与夺从君心出矣。……君舍法而以心裁轻重,则同功而殊赏,同罪而殊罚矣,怨之所由生也。"⑥

(2)法律的制定要适应历史发展,符合当时实际,反对因循守旧。商鞅提出:"是以圣人苟可以强国,不法其故,苟可以利民,不循其礼";"各当时而立法,因事而制礼。礼法以时而定,制令各顺其宜。……治世不一定,便国不法古"。⑦"法古则后于时,修今则塞于势。"⑧韩非也认为,法应随历史的发展而变化:"故治民无常,唯治为法,法与时转则治,治与世异则有功。……时移而法不移则乱。"⑨谁知"欲以先王之政,治当世之民",那就是"守株待兔"的蠢人。⑩ 立法还要遵循什么原则呢?《管子·心术上》:"故事督乎法,法出乎权,权出乎道。"这里所谓"道"就是:第一,"根天地之气,

---

① 《商君书·君臣》。
② 《管子·禁藏》。
③ 《管子·明法解》。
④ 《韩非子·安危》。
⑤ 《韩非子·用人》。
⑥ 《慎子·君人》。
⑦ 《商君书·更法》。
⑧ 《商君书·开塞》。
⑨ 《韩非子·心度》。
⑩ 《韩非子·五蠹》。

寒暑之和,水土之性,人民草木之生物。"①也就是适应自然法则。第二,在顺民情:"人主所以令则行,禁则止者,必令于民之所好而禁于民之所恶也。"②第三,量民力:"令民之所能为则令行,使民之所能为则事成。"③

(3)法令是人们言行的标准,君上和臣下都不得曲法任私。他们认为,法令必须"布之于百姓"④,使"万民皆知所避就",使"吏不敢以非法遇民,民又不敢犯法"。⑤法令不但高于一般臣民,君主本人也要"慎法制",守法,作到"言不中法者,不听也;行不中法者,不高也;事不中法者,不为也"。⑥商鞅还总结历史经验,得出了"法之不行,自上犯之"⑦的结论,提出要"壹刑"。他说:"所谓壹刑者,刑无等级,自卿相将军以至大夫庶人,有不从王令,犯国禁,乱上制者,罪死不赦。"⑧他还认为,对以往有功的人在适用法律上也不例外:"有功于前,有败于后,不为损刑;有善于前,有过于后,不为亏法。"⑨韩非也认为:"法不阿贵,绳不挠曲,法之所加,智者弗能辞,勇者弗敢争。刑过不避大臣,赏善不遗匹夫。"⑩

(4)以法为本,法、势、术结合。上述"法家"代表人物都推崇法,但侧重点有所不同。商鞅重法,慎到重势,申不害重术,作为战国法家集大成者韩非是法、势、术相互结合。这种结合的思想,《管子》一书已经提出,韩非在此基础上使之更加系统化。《管子·任法》:"有生法,有守法,有法于法。夫生法者君也,守法者臣也,法于法者民也。君臣上下贵贱皆从法,此之谓大治。"韩非说:治国要"以法为本"⑪。他还说:"明法者强,慢法者弱"⑫;"治强生于法,弱乱生于阿"⑬。为了使法得以实行,君主还要有"势",所谓"势"就是实力、权势。"君之所谓君者,势也。"⑭"势在上则臣制于君","势

---

① 《管子·七法》。
② 《管子·形势解》。
③ 同上。
④ 《韩非子·难三》。
⑤ 《商君书·定分》。
⑥ 《商君书·君臣》。
⑦ 《史记·商君列传》。
⑧ 《商君书·赏刑》。
⑨ 同上。
⑩ 《韩非子·有度》。
⑪ 《韩非子·饰邪》。
⑫ 同上。
⑬ 《韩非子·外储说右下》。
⑭ 《管子·法法》。

在下则君制于臣"。① 韩非还进而提出君主要"擅势"。他说："抱法处势则治，背法去势则乱。"②当然"势"也离不开法，有"势"无法就会是"人治"，而管理好国家"人治"远不如"法治"可靠。有"势"和"法"还必须有"术"。什么是"术"？韩非说："术者，因能而授官，循名而责实，操杀生之柄，课群臣之能者也"③；"术者，藏之胸中，以偶众端，而潜御群臣者也"④。由此可以看出，"术"，一是监督考核臣下手段，二是权术。它主要是驾驭群臣的，对他们"以前言督后事，后效当则赏之，不效则诛之"⑤。

尽管法家学派不少著作和言论逻辑严谨，头头是道，但只要注意分析，就不难发现其中存在着很大矛盾，即：一方面强调"法治"，宣扬依法办事；同时又强调君主的权力，唯君主之命是从。从根本上说它是封建君主专制制度的从属物，有很大的阶级局限性和历史局限性。不过，在新兴地主阶级处于上升时期，"法治"理论基本上符合时代要求，有些论述在以后很久，乃至于今天仍具有生命力。正因法家的"法治"主张适应时代发展，战国时凡实行法治者几乎都获得一定成功，其中，尤以商鞅变法后的秦国最为突出。

二

公元前361年秦孝公即位。为了增强国家实力，争取战争胜利，结束分裂局面，统一全国，他任用商鞅进行了大刀阔斧的变法改革。这次改革的宗旨是推行"法治"。主要措施有：废除井田制，鼓励开荒和农业生产；奖励军功，禁止私斗；迁都咸阳，推行郡县制，按人口征收军赋，统一度量衡；奖励告奸，实行连坐和改革落后的风俗等等。他规定："宗室非有军功者，不得为属籍……有功者显荣，无功者虽富无所芬华。"⑥商鞅的变法改革虽曾遭宗室贵族的强烈反抗，但由于得到秦孝公的大力支持，对包括太子犯法的行为也惩治不贷，深得民心，所以获得了很大成功。史称"行之十年，秦民大说，道不拾遗，山无盗贼，家给人足。民勇于公战，怯于私斗，乡邑大治"⑦。公

---

① 《管子·法法》。
② 《韩非子·难势》。
③ 《韩非子·定法》。
④ 《韩非子·难三》。
⑤ 同上。
⑥ 《史记·商君列传》。
⑦ 同上。

元前338年,秦孝公去世,惠文君即位。商鞅被诬陷而遭车裂。但由于变法改革已获成功,人们从中受益。所以历史并未因孝公死、商鞅被害而走回头路。韩非曾说:"及孝公、商君死,惠王即位,秦法未败也。"① 不仅惠文王时秦法未败,其后武王、昭王、庄襄王,直至秦始皇执政,均奉行"法治"。因此,秦法才能在商鞅之后不断丰富和发展;秦国才能从一个地处一隅的落后国家,成为问鼎中原的强国,并最后完成全国统一。

在中国古代法律史上,秦法是有名的,秦推行的"法治"影响巨大。但由于年代久远,史料遗失,文献记载十分笼统,所保留下来的只是残篇断条,很难据以了解多少内容。万分幸运的是,1975年12月,中国文物考古工作者在湖北云梦县睡虎地发掘的一座秦墓葬中,发现了大批秦代竹简。据考证,这批竹简的主要部分是记载商鞅变法以后的法律和文书。它虽远非秦律的全部,但却极为珍贵,使我们能看到秦"法治"的概况。事实说明,距今两千多年前的秦律,要比我们原来想象完备得多。

以下试举例说明:

(1)有关国家机构和官吏职务的法律。前已谈到,商鞅变法改革的重要内容之一就是以郡县制代替分封制,与之相应的是以官僚制代替世卿世禄制。如何在新体制下组织国家机构,选择国家官吏,并对他们实行严格监督和考核,使之依法办事,是秦统治者面临的重要课题。见于云梦秦简的《除吏律》、《置吏律》是有关官吏任免的法律;《中劳律》、《军爵律》是关于劳绩计算、军功爵予夺的法律;《尉律》、《内史杂律》是关于法官、内史等职务的法律;《行书律》是关于公文、书信传递的法律;《传食律》是关于驿传伙食供给、马匹饲养标准的法律。② 其中规定法官每年要到御史那里核对刑律;官吏调动不得带原来的随员到新的机构;不得假报劳绩;不得延误公文传递,出差要按统一规定的伙食标准供应等。这些类似现代的行政法,内容之详细,规定之具体,有些完全可与现代的行政法规媲美。

(2)有关刑事法律。云梦秦简未发现史籍中记载的、商鞅以李悝《法经》为蓝本制定的六篇秦律。但其中的《法律答问》却是对这部刑律的解释,不少地方还引用了秦律原文。从《答问》看,秦的刑事法律对罪名、刑罚、法律概念、刑罚适用以及诉讼程序等都作了明确规定。其罪名有危害君主、王室尊严和安全罪,危害封建地主阶级统治罪,官吏渎职、贪污罪,侵犯

---

① 《韩非子·定法》。
② 以上所引法律均见《睡虎地秦墓竹简》。

官、私财产罪,危害社会治安罪,杀人罪,伤害罪,强奸罪,危害尊卑关系罪,逃避赋徭罪,私造货币罪,非法贸易罪和外邦人犯罪等。其刑名有死刑、肉刑(残伤肢体)、徒刑、迁刑、侮辱刑(髡发、剃须)、笞刑、赎刑、赀罚刑等。为了便于司法,秦律还规定了一系列刑罚适用原则,如:区分犯罪人的身份地位;区分不同犯罪责任年龄;区分故意和过失;区分既遂与未遂;区分共同犯罪与非共同犯罪。法律不提倡对被告人刑讯。凡不得已而刑讯,均要在审讯记录中予以说明。对于案件现场的勘验与取证的规定,也非常详细,诸如法医学痕迹学知识已开始运用于侦查犯罪。

(3)有关民事与婚姻家庭的法律。如前所述,商鞅变法的重要内容之一就是废除井田制。《汉书·食货志》引董仲舒:商鞅"改帝王之制,除井田,民得买卖"。这表明秦由此改变单一的土地国有制。云梦秦简中的法律和后来在四川青川出土的秦《田律》都表明,自商鞅以后,秦土地是国有制和私有制并存,法律对二者均予保护,青川出土的秦《田律》为秦武王二年(公元前309年)由丞相甘茂所修订。它规定了农田、道路的规格和作为田界标识封埒的人小。云梦秦简《法律答问》所引秦刑律规定:"盗徙封,赎耐。"这说明,法律对标志土地所有制的封界是严加保护的。秦律对保护其他生产资料和生活资料私有制,诸如牛、马、羊、猪以及器物的规定更多。在债的关系方面,秦律对借贷作了规定,不得超出限额;借公家的器物,要有担保,借用者死亡,由担保人赔偿;还规定:"百姓有债,勿敢擅强质,擅强质及和受质者,皆赀二甲。"①在婚姻家庭方面,秦原居西北边地,比较混乱。为有利后代繁衍、民族兴旺和社会安定,商鞅变法时就禁"父子同室内息"②;后又规定男女结婚要经官府认可;不得娶有夫之妇和逃亡之妇为妻;夫妻离婚要向官府登记,"弃妻不书,赀二甲"③;严禁奸淫,如发现有人通奸,任何人均有权将其扭送官府,"同母异父相与奸,何论?弃市"④。秦律规定"不孝"罪,维护作为家长和父亲的权力。父亲对子女有惩戒权,而子女的告诉权利却受到限制,"子告父母,臣妾告主,非公室告,勿听","勿听而行告,告者罪"。⑤ 法律还规定了父子、夫妻间的继承关系。

(4)有关经济管理的法律。云梦秦简中有关经济管理的法律比重较

---

① 《睡虎地秦墓竹简·法律答问》。
② 《史记·商君列传》。
③ 《睡虎地秦墓竹简·法律答问》。
④ 同上。
⑤ 同上。

大，说明了秦统治者对以法律手段推动经济发展的重视。

首先看关于农村牧业管理的法律。法律在保护封建土地所有制的前提下，对农、林、牧业的管理作了明确规定。农业方面有关于种子的保管、不同作物用种量的规定；有官吏及时报告庄稼生长、受雨面积及遭虫、涝、旱灾的规定；有关于按时修整水利工程的规定。林业方面有关于不得随意砍伐山林，不得捕捉幼鸟、幼兽和鱼鳖的规定。牧业方面，对牛、马、羊的饲养和繁殖有规定指标，并规定每年四、七、十月和正月对牛的饲养检查评比，成绩优异者奖励，低劣者受罚。

其次看关于手工业管理的法律。云梦秦简涉及手工业管理的法律有《工律》、《均工律》、《工人程》和《司空律》的有关条文，此外，《秦律杂抄》中也抄录了有关条文。从规定看，秦已建立了手工业工人的培养制度；新老工人和女工的劳动定额制度；质量检查评比制度等。其中《工律》规定："为器同物者，其大小短长、广亦必等。"这是我们现在能看到的中国古代最早关于手工业生产标准化的规定。

再看关于金融和贸易方面的法律。史籍称秦统治者"重本抑末"，但据秦简，他们并非不重视对商业贸易的管理。秦时，金、钱、布同时作为等价物在市场流通。为便于交换，规定三者之间的比价为："钱十一当一布。其入钱以当金、布以律。"①意思是，十一钱折合一布。如入钱折合黄金或布，按法律规定。布有一定规格："布袤八尺，幅广二尺。布恶，其广袤不如式者，不行。"②《金布律》规定市上出售的小商品，凡一钱以上的，都要系签标明价格。《关市律》规定，如官府出售手工业产品，收到买者所付之钱，必须当面将钱投入盛钱器物。违反此项规定，罚铠甲一副；外邦人到秦国通商，必须到官府验证，"客未布列而与贾，赀一甲"。③

最后看关于赋税、徭戍和物资管理方面的法律。秦既有土地税，又有人口税。国家除征税赋，还征发徭戍。秦律规定男子十七岁为"傅籍"年龄，得为国家服徭役。到傅籍年龄不如实申报者，家长、本人及里典都要受惩罚。征发赋徭是为了创造封建国家赖以生存的物质财富。秦律对物资的保管也作了具体规定。如粮食和饲草的存放，一般为万石一积，故都栎阳为二万石一积，国都咸阳为十万石一积。粮食和饲草入仓后要严加封存，并登记

---

① 《睡虎地秦墓竹简·秦律十八种·金布律》。
② 同上。
③ 同上。

上报。粮食出仓有严格手续，非出仓人员出仓要先清查粮食总量再出仓；出仓人员不得中途更换。如不足数则由出仓者赔偿，剩余则上缴。仓中粮食或库中物品，如不按时扬晒致使发霉或鼠虫咬坏，保管者、直接负责人和上级主管官吏均要被追究。

以上所列举的虽然主要是法律条文，但却不仅只表明立法状况，法律的内容积累了宝贵的司法经验和科学认识，它向我们展示了秦的"法治"实践和封建地主阶级上升时期的社会概貌。其中有些规定不仅在2000多年前属于先进，今天看来仍然令人惊异。正是建立了这种"法治"，才使秦得到长足发展。商鞅变法前，秦国有内忧，也有外患，并颇受诸侯鄙视。商鞅变法后开始改变面貌，昭王时进一步改观。荀子去考察后说道："入境，观其风俗，其百姓朴，其声乐不流污，其服不佻，甚畏有司而顺，古之民也。及都邑官府，其百吏肃然，莫不恭俭敦敬忠信而不楛，古之吏也。入其国，观其士大夫，出于其家，入于公门，出于公门，归于其家，无有私事也；不比周，不朋党，倜然莫不明通而公也，古之士大夫也。观其朝迁，其闻听决百事不留，恬然如无治者，古之朝也。故四世有胜，非幸也，数也。是所见也。故曰：佚而治，约而详，不烦而功，治之至也。秦类之矣。"①荀子是一位严肃的学者，以敢于直言闻名。他对秦国的这番描绘应该是可信的。秦始皇执政时，国力又大大增强，与各国之间的力量对比发生根本变化。尉缭对秦始皇说："以秦之强，诸侯譬如县之君。"②李斯说："今诸侯服秦，譬若郡县，夫以秦之强，大王之贤，由灶上扫除，足以灭诸侯，成帝业，为天下一统。"③很显然，秦始皇最后能完成全国统一大业，成为"千古一帝"，固然有诸多因素，但实行"法治"，促进了社会进步，发展了经济，增强了国家实力，不能不说是最根本的原因。当然，秦统一不久即告灭亡，成为历史上的短命王朝。其原因并不是像有些人说的是实践法家"法治"理论所致。恰恰相反，秦始皇在胜利形势下，头脑膨胀，忘乎所以，置法律于不顾，乐以刑杀不威，致使"奸邪并生，赭衣塞路，囹圄成市，天下愁怨，溃而叛之"④。这说明，正是由于他破坏了商鞅以来行之有效的"法治"才造成这样的结果。

---

① 《荀子·强国》。
② 《史记·秦始皇本纪》。
③ 《史记·李斯列传》。
④ 《汉书·刑法志》。

三

代秦而起的西汉王朝的第一代统治者,目睹了秦王朝的兴衰和暴政速亡的事实,一开始便将废除秦酷法、恢复"法治"作为当务之急,所以他们很快赢得了民心,赢得了战争,开创了帝业。随着统治经验的积累,西汉中期开始,中国封建法律逐步伦理化。尽管如此,在以后的2000年里,无论王朝如何改姓,皇统如何更替,凡有作为之王朝或皇帝,无不重视封建法治。

(一)以西汉前期为例

西汉统治者恢复封建"法治"是从三个方面进行的:

其一,废除秦酷法。刘邦等刚攻占咸阳,立足未稳,就采取了此项安定民心的紧急措施。"汉元年十月,沛公兵遂先候至霸上。……召诸县父老豪杰曰:父老苦秦苛法久矣,诽谤者族,偶语者弃市。吾与诸侯约,先入关者王之,吾当王关中。与父老约,法三章耳:杀人者死,伤人及盗抵罪。余悉除去秦法。诸吏民皆案堵如故。"①这项措施达到了它预期的目的。史称"兆民大说"②。但它过于疏阔,"其后,四夷未服,兵革未息,三章之法不足以御奸"③。于是,相国萧何采撼秦法,取其宜于时者作律九章。从文献记载看,刘邦所废除的酷法应是秦始皇统治后期对秦法的附加。秦律中原有的酷法是以后陆续废除的,史称"孝惠四年,除挟书律"④。高后元年,"除三族罪,袄言令"⑤。文帝元年(《刑法志》谓二年)十二月,"除收帑诸相坐律令"⑥。文帝十三年"除肉刑"⑦。景帝至中六年,"定筆令"减轻刑罪。⑧ 景帝中二年"改磔曰弃市,勿复磔"⑨。后来,有些废除的酷法又有恢复,但总趋势是减缓的。

其二,沿袭益于时的秦法。前已谈到萧何取秦律之"宜于时者"定《九章律》,对此,《晋书·刑法志》记载的较为系统:"是时承用秦汉旧律,其文

---

① 《汉书·高祖本纪》。
② 《汉书·刑法志》。
③ 同上。
④ 《汉书·惠帝纪》。
⑤ 《汉书·刑法志》。
⑥ 《史记·文帝本纪》。
⑦ 同上。
⑧ 《汉书·刑法志》。
⑨ 《汉书·景帝纪》。

起自魏文侯师李悝,悝撰次诸国法,著《法经》。以为王者之政莫急于盗贼,故其律始于《盗》、《贼》。盗贼须劾捕,故著《网》、《捕》两篇。其轻狡、越城、博戏、假借不廉、淫侈、逾制,以为《杂》律一篇。又以《具律》具其加减,是故所著六篇而已……商君受之以相秦。汉承秦制。萧何定律,除参夷连坐之罪,增部主见知之条,益事律《兴》、《厩》、《户》三篇,合为九篇。"从云梦秦简所载秦律看,所增加的三篇也来源于秦律。秦已有《厩苑律》(又称《厩律》)。秦简中还抄录有魏《户律》和类似以后为《兴律》内容的法律条文。此外,考古工作者在湖北江陵县张家山发现的汉简,载有西汉的单行法律,其中有:《金布律》、《徭律》、《置吏律》、《效律》、《传食律》、《行书律》等。这些法律与云梦秦简的单行法律名称完全相同。还有《口市律》、《均输律》、《史律》、《告律》、《钱律》、《赐律》、《奴婢律》和《蛮夷律》等。以上律名虽未见于秦简,但据信其内容也是沿袭秦律。这并不奇怪,汉与秦社会制度相同,经济发展水平大体一致,尤其汉代前期,很长时间并不很稳定,此种情况下,沿袭秦律不仅需要,而且可能。

其二,制定新法。废除秦酷法本身就是更新。除此,汉统治者又根据需要制定了一系列新法。据《晋书·刑法志》,《九章律》制定后,"叔孙通益律所不及,《傍章》十八篇,张汤《越宫律》二十七篇,赵禹《朝律》六篇",合六十篇。《傍章》是关于维护朝廷尊严和关于朝廷礼仪制度的法律;《越宫律》是关于宫廷警卫的法律;《朝律》是关于朝拜皇帝的法律。新法中还包括名目繁多的令,如:《宫卫令》、《品令》、《秩禄令》、《任子令》、《金布令》、《田令》、《钱令》、《津关令》等等。江陵张家山汉简记载有《二年律令》的篇题。史载,文帝时,晁错就削诸侯权力事提出更定法令。至景帝时,"错所更令三十章"。[1] 目前不少中国法律史著述都论及黄老的无为而治对汉初统治者法律思想的影响。我以为,有影响是事实,但不可估计过高。事实上,汉初以至汉代前期的统治者,从高祖、吕后、文帝、景帝到武帝,无论在平定叛乱、实行"法治"或稳定边疆方面,都是很有作为的。正由于此,才迅速结束了混乱状态,稳定了局势,发展了经济。史称:"汉兴,摒秦之敝,诸侯并起,民失作业,而大饥馑。凡米石五千,人相食,死者过半。"[2]而经高祖、吕后、文帝和景帝,情况大变:"至武帝之初七十年间,国家亡事,非遇水旱,则民人给家足,都鄙廪庾尽满,而府库余财。京师之钱累百钜万,贯朽而不可校。

---

[1] 《汉书·晁错传》。
[2] 《汉书·食货志》。

太仓之粟,陈陈相因,充溢露积于外,腐败不可食,众庶街巷有马,阡陌之间成群,乘牸牝者摈而不得会聚。守闾阎者食粱肉,为吏者长子孙,居官者以为姓号。人人自爱而重犯法,先行谊而黜愧辱焉。"① 这就是史家笔下历史上著名的"文景之治"的社会状况。

(二) 以唐代初期为例

唐初隋末的形势与秦末汉初类似。隋文帝晚年和隋炀帝期间,肆意破坏他们亲手制定的法律。史称:文帝"喜怒不恒,用法益峻,不复依准科律"②,以至"盗一钱以上皆弃市"③,炀帝竟"敕天下窃盗已上,罪无轻重,不待奏闻,皆斩"④。严刑酷罚,加上穷兵黩武,致使海内骚然,民不堪命,"强者聚而为盗,弱者自卖为奴婢,……百姓废业,屯集城堡,无以自给"。⑤ 一个统一不久的王朝,在蜂拥而起的农民起义冲击下,迅速崩溃。

目睹隋王朝由兴而衰的李渊、李世民父子和唐初的其他统治者,基于隋暴政骤亡和慑于农民起义力量,自太原起兵即提出废隋苛法,攻占长安之后,又"约法为十二条,惟制杀人、劫盗、背军、叛逆者死,余并蠲除之"⑥。他们提出:"动静必思隋氏,以为殷鉴"⑦;立法"务在宽简,取便于时"⑧。在此一思想指导下,武德初,唐高祖李渊便命刘文静等"因开皇律令而损益之,尽削大业所由烦峻之法"⑨。之后裴寂等撰定律令,武德七年颁行天下。是为《武德律》。太宗李世民即位后,又一再减轻刑法,并命房玄龄等撰定新律,贞观十一年(公元637年)颁行天下。《贞观律》比隋代旧律"减大辟者九十二条,减流入徒者七十一条……凡削烦去蠹变重为轻者,不可胜纪"⑩。高宗李治即位当年,再命长孙无忌等以《贞观律》为蓝本编撰新律,于永徽二年(公元651年)颁行。《永徽律》颁行后,为使其内容更加严密,长孙无忌等又奉命撰定《律疏》;永徽四年颁行。

唐代法律形式,以律为主体,辅之令、格、式。关于它们的调整范围,

---

① 《汉书·食货志》。
② 《资治通鉴·隋纪·文帝》。
③ 《隋书·刑法志》。
④ 同上。
⑤ 《隋书·食货志》。
⑥ 《旧唐书·刑法志》。
⑦ 《贞观政要·刑法》。
⑧ 《旧唐书·刑法志》。
⑨ 同上。
⑩ 同上。

《唐六典》："令者,尊贵贱之等数,国家之制度也;格者,百官有司之所常行之事也;式者,其所常守之法也。凡邦国之政,必从事于此三者。其有所违及人之为恶,而人于罪戾者,一断以律。"据以上两说和现存的法律史料,可以看出:律是诸法合体的刑事法典,为法律的主干;令是有关国家机构和制度的法律;格是政权机构和官吏的规章以及必须遵守的法律;式是公文程式。律、令、格、式等法律形式,构成了唐代法律的基本体系。

唐初法律的一个主要内容是实行均田制和租、庸、调法。按武德七年（公元624年）均田法:亩百为顷。丁男中男给一顷;笃疾、废疾给四十亩;寡妻、妾三十亩,若为户者加二十亩。所授之田,十分之二为世业,八为口分,世业之田,身死则承户者便授之,口分田则收入官,更以给人。① 唐初之均田制后来进一步完备。与均田制相应的是新的赋役法的推行。"赋役之法,每丁岁人租粟二石。调则随乡土所产,绫绢绝各二丈,布加五分之一。输绫绢绝者,兼调棉三两,输布者麻三斤。凡丁,岁役二旬,若不役则收其庸,每日三尺。有事而加役者,旬有五日,免其调,三旬则租、调俱免。通正役并不过五十日。"②

李渊、李世民等统治者,不仅重视立法,而且重视法律的实施。第一,进一步严格死刑审批程序。贞观元年,李世民规定:"自今以后,大辟罪,皆令中书、门下四品以上及尚书九卿议之。如此,庶免冤滥。"③由此,在历史上首创了"九卿议刑"制度。贞观五年,李世民在盛怒之下错杀了大理丞张蕴古。事后,他异常追悔。为避免类似事件发生,在"三复奏"基础上他规定了"五复奏":"凡有死刑,虽令即决,皆须五覆奏。"④即处决死罪,如在京城,两天内要复奏五次。第二,要求执法不辅助权贵。贞观九年,岷州都督高某诬告李靖"谋反",据律高应处死。有人以高是李世民的老部下请求宽恕。他坚持依法办事,说:"虽是藩邸旧劳,诚不可忘,然理国守法,事须画一,今若赦之,使开侥倖之路。且国建义太原,元从及征战有功者甚众,若甄生获免,谁不觊觎,有功之人,皆须犯法。"第三,皇帝本人也要守法。贞观初,李世民下令"选举"中,如伪造资历而不自首者处死刑。后发现一伪造资历的人,大理寺少卿戴胄依律判处流刑。李世民责怪戴胄使他"示大卜

---

① 《旧唐书·食货志》。
② 同上。
③ 《贞观政要·刑法》。
④ 同上。

以不信"。戴胄给他讲了国法是大信,国法大于皇帝一时喜怒之言,并指出人君应忍小忿而存大信的道理。最后李世民听从了戴胄的意见,并称赞戴胄:"卿能正之,朕复何忧也!"他还曾说:"君不约己而禁人为非,是犹恶火之燃,添薪望期止焰,忿池之浊,挠流欲止其流,不可得也。"①

由于唐初统治者注意总结历史经验,完善立法和注意严格执法,很快扭转了隋末那种"耕稼失时,田畴多荒,百姓穷困,财力俱竭","转输不息,徭役无期,士卒填沟壑,骸骨蔽原野,黄河之北则千里无烟,江淮之间则鞠为茂草"②的社会经济凋敝局面,出现了中国封建社会历史上著名的政简刑清的太平盛世。史称"贞观之治"。当时的情况是:"官吏多自清谨。制驭王公妃主之家,大姓豪猾之伍,皆威屏迹,无敢侵欺细民。商旅野次,无复盗贼,囹圄常空。马牛布野,外户不闭。又频致丰稔,米斗三四钱。行旅自京师至于岭表,自山东至于沧海,皆不赍粮,取给于路。入山东村落,行客经过者,必厚加供待,或发时有赠遗。此皆古昔未有也。"③以上描写完善法律制度对唐初和贞观时社会发展所起的作用。它也是唐代发展到中国封建社会鼎盛时期的重要原因。

(三)以宋以后几个王朝为例

中国古代社会自宋(公元960—1127年)之后,封建君主专制制度进一步发展。类似前述秦国、汉之前期和唐代初年的封建法治状况未再出现,但是否重视以法律治理国家推动社会经济发展方面,也有许多重要经验教训。

(1)王安石变法的经验教训。北宋王朝由于长期"不抑兼"、"不立田制"政策的结果,大地主阶级已占有全国土地的百分之七十左右,而且享有免税免役的特权。广大劳动人民负担极其沉重。更由于无限地扩军和官僚机构的膨胀,以及其他开支的增加,国家财政和社会面临深刻危机。为了挽救摇摇欲坠的统治,宋神宗即位后,支持王安石实行变法。

王安石变法的目的是富国强兵,内容是以发展经济为中心。他认为,要富国强兵必须知"权时之变"④,"立善法于天下"⑤,针对当时顽固派假借"天命"、"法祖"对变法进行攻击,王安石提出了"三不足"的思想。所谓"三不足"即:"天命不足畏","祖宗不足法","人言不足恤"。这本是司马

---

① 《旧唐书·戴胄传》。
② 《资治通鉴·隋纪》。
③ 《贞观政要·论政体》。
④ 《王文公文集》卷二十八《杂著·非礼之礼》。
⑤ 《王文公文集》卷二十八《杂著·周公》。

光给王安石概括的三条罪状,不过,倒也确是事实。王安石说:"天文之变无穷,人事之变无已,上下傅会,或远或近,岂无偶合？此所以不足信也"①;"祖宗之法,示必尽善,可改则改,不足遵守"②。只要新法可行,"当于义理,何恤乎人言"③。王安石不仅提出排除干扰,制定"善法",而且还说:"理天下之财者莫于法,守天下之法者莫如吏。"④主张选择严于执法的官吏。这些都说明他是中国古代一位具有远见卓识的改革者。

在上述思想指导下,王安石从宋熙宁二年(公元1069年)推动神宗颁行了一系列新法,主要有:第一,均输法。规定每年由政府派官统一采购物资,防止富商大贾操纵,以使国用可足,民财不匮。第二,青苗法。规定政府每年在夏、秋未熟之前以二分利贷粮款给农民,收获后归还,防止豪强地主乘青黄不接对农民高利贷敲诈。第三,农田水利法。鼓励农民开垦农田、兴修水利,较大的工程由政府贷款资助。第四,免役法。规定乡村四等户以上按户收免役钱,原来不负担差役的富户也按定额半数交纳,需用差役由国家雇人,减轻农民负担。第五,市易法。规定在京师设市易务,收购市场滞销货物,当市场需要时,中小商人可以赊购,年息二分,防止富商大贾囤积居奇,以平抑物价。第六,方田均税法。规定每年九月由官府丈量土地,分等级定额纳税,以防止官僚地主隐瞒土地,增加国家赋税收入。第七,兵将法。规定裁减老弱兵士,选择精良官军,合并兵营,操练军队,以提高军队素质和战斗力。第八,保甲法。规定乡村民户十户为一保,五十户为一大保,十大保为一部保。如家有两丁以上的,要抽一个当保丁,农闲时训练,平时维护治安。

王安石变法是以不触动封建地主阶级根本利益为前提的一种改良,一段时期颇有效果,出现了"四方之民,幅奏开垦,环数十里,异为良田"⑤,"中外府军,无不充衍"⑥的局面。但由于其变法基础薄弱,又受到代表大地主、大官僚利益的守旧派的顽强抵抗,宋神宗死后,新法相继被废,变法即遭失败。此后,北宋王朝之衰落加速。

(2)朱元璋以法律稳定社会和发展经济。朱元璋(公元1328—1398

---

① 《资治通鉴长编·本序》。
② 《王临川集·本序》。
③ 《续资治通鉴长编·熙宁八年》。
④ 《王临川集》卷四十九。
⑤ 《宋会要辑稿·食货》。
⑥ 《宋史·安寿传》。

年)是明王朝开国皇帝,他出身农民,是元末农民战争的领袖之一,当其兼并其他农民军,推翻了元朝后,便成为著名的专制君主。朱元璋认为元朝灭亡的重要原因是"法度不行"①,所以,他十分重视立法。早在全国统一前的"吴元年"(公元1367年),便命丞相李善长、御史中丞刘基等草拟《大明律令》刊布天下。洪武元年(公元1368年),为制定明律作准备,朱元璋"又命儒臣四人同刑官讲唐律,日进二十条"。② 洪武六年(公元1373年)冬,他命尚书刘维谦等详定《大明律》,洪武七年(公元1374年)颁行。此律内容一遵唐旧,篇目与《唐律》完全相同。洪武二十二年(公元1389年),朱元璋命翰林院同刑部官更定《大明律》。鉴于洪武十三年废中书省,不再设宰相职,由吏、户、礼、兵、刑、工分掌中书省职权,二十二年《大明律》在《名例》之下按六部分目,为《吏》、《户》、《礼》、《兵》、《刑》、《工》,共七篇。这一变化,改革了隋唐以来沿用800年之久的旧体例,更适于对国家的管理,从法律的发展看不能不说是一大历史进步。洪武三十年(公元1397年),朱元璋又编纂了《钦定律诰》一百四十七条,附于明律正文之后,总名曰《大明律》。终明一代,除洪武三十年所附之《律诰》被删去之外,《大明律》正文一直被视为"成法"未曾变更。洪武时还加强了经济方面的立法。农村中重点在于清查欺隐田粮,增加国家赋税收入。为此,规定编造黄册和鱼鳞册。鱼鳞册详细登记每乡每户的土地亩数,黄册则详细登记各户人丁情况。它是朝廷向人民征收赋役的依据。明王朝还把全国户籍分为军户、民户、匠户和灶户。依照法令规定,军户服兵役,并为国家屯垦;民户是国家田粮差役的承担者,他们除按规定缴纳田赋,每丁每年还要服役一月;匠户按服役形式不同,分轮班、住班、存留三类,被指定在官营手工业作坊、卫所或其他工地服役。灶户是官营食盐的生产者。明律规定,军户、匠户和灶户均不得逃亡,否则要受惩罚。为适应农业、手工业和商业的发展需要,除《大明律》增加《市廛》、《田债》、《营造》等篇条外,还增订了《钞法》、《盐法》和《茶法》等法律和规定。这方面的内容要比唐、宋、元各代都更完备。

朱元璋不仅重视法律的制定,而且重视其实施。尽管他自己可以凌驾于法律之上,是一个十足的专制主义者,但却要求各级官吏严格执法和守法,尤其对于贪官污吏更是坚决严厉惩治。这使国家较快地从战乱中得以恢复,并有力地推动了社会经济的发展。

---

① 《明史·纪事本末》卷一。
② 《明史·刑法志》。

(3)法制与清"康乾盛世"的形成。清王朝(公元1644—1911年)是中国封建社会的末世。但清王朝前期的康熙、雍正、乾隆年间,却出现了社会稳定、经济发展的昌盛局面,史称"康乾盛世"。这一局面出现有多种因素,而重视封建法制是重要原因之一。

同历史上许多王朝交替时的情况类似,清统治者入关后也面临战争和灾荒所造成的严重形势。他们除政治上笼络汉族地主,军事上继续平定反抗之外,几乎同时着手制定法律,恢复和建立法制。顺治二年(公元1645年)在"详译明律参以国制"①的思想指导下,制定了《大清律集解附例》。之后几经修订,至乾隆五年(公元1740年)完成《大清律例》。《大清律例》吸取历代王朝立法之得失,总结清王朝入关前后统治之经验,内容丰富、全面,有关经济关系的调整较以前更加完备。《大清律例》制定后被视为祖宗成法,之后未再修订。事未完备或形势发展所需增加之内容,由《会典》和《则例》加以规定。《清会典》是沿袭《明会典》体裁,以官统事,以事莅官的行政法典。康熙和雍正朝《会典》是将有关则例附于各条之后。乾隆朝《会典》是将则例从中分出另立篇章。由此形成了《会典》与《则例》两种互相关联又互为补充的法律形式。清代的典、例主要是行政法,但由于是以官统事,所以也有大量民事和经济管理的内容。其中之《户部则例》和《工部则例》主要是经济管理方面的规定。

上述法律的实施,有力地推动了经济发展。在农业方面,鼓励垦荒,并规定官吏以垦田面积为考绩,使全国耕地面积大增。史称:"清初经明季之乱,逃亡未复,土地荒芜,田数仅五百万余顷,至乾隆末,遂达七百万顷。"②手工业方面,清初废除"匠户"制度,"匠户"照民一例为差③,官吏不得私役,在解除手工业工人人身束缚上迈进了一步,加上将部分官营手工业交由民营和劳动保护措施的实行,促进了手工业的发展。苏州、杭州、江宁、上海、佛山的纺织,景德镇的瓷器,北京、南京、苏州的铜器,其他如造纸、制茶、制糖、冶铁和修造等都达到了很高水平。随着农业和手工业的发展,商业也日渐繁荣。流通量大的是粮食、布匹、丝绸、棉花、食盐、油、粮和铁器等。江宁的丝织,尤受各地欢迎,"北趋京市;东北并高句骊、辽沈;西北走晋、绛,逾大河,上秦、雍、甘、凉;西抵巴蜀;西南之滇、黔;南越五岭、湖湘、

---

① 《大清律例·原序》。
② 邓之诚:《中华两千年史》卷五。
③ 参见《清世宗实录》卷十六。

豫章、两浙、七闽;逆淮、泗,道汝、洛"①。国内商业发展的同时,对外贸易也逐渐发展,全国出现了许多工商业城市和对外贸易口岸。经济发展,增加了国家收入。康熙二十四年(公元1685年)之前,清政府的田赋总收入为银2449724两,粮4331131石;到乾隆十八年(公元1753年),直省田赋收入为银29611201两,粮8406422石。② 加上当时盐课收入3843523两,关税收入4324000两,工部关税271546两以及其他杂课、杂税和实物征收,使国库充裕,国力大增,呈现出昌盛之势。

自战国尤其是秦始皇统一全国后的2000多年,在中国这块古老的土地上实行的是十足的封建君主专制统治。按理,专制与法治是绝然相矛盾的。然而本文谈的中国古代的法治,并非杜撰,也不是有意附会。正如文中所列举的,中国古代,不仅有人很早就提出了"法治"这个词,而且作了相当充分的论述,更有人为之实现献出了生命。尽管在历史上它的几次出现均是较短的,并且也不典型,但在一定时期和一定程度上还是为社会带来了勃勃生机。也许有人认为,中国古代的法治不是我们今天要讨论的法治。不错,正因如此我们才称为"中国古代的法治",谁若要求2000多年前的人提出现代意义上的法治,无异于要求揪住自己的头发离开地球那样不现实。就是现代,各国的法治标准难道就一致吗?应当说明,本文丝毫无美化中国古代法治的意思,只是想借历史事实说明,在中国古代以自然经济为基础的君主专制制度下,法律反映了经济的要求,依照法律办事也比凭某个人的个人意志更能符合社会经济发展。中国历史上的乱世和治世、衰世和盛世留下的经验难道不是十分生动地说明了这一问题吗?

历史已进入了20世纪90年代,"法治"对社会进步和经济发展的意义比以往任何时期都应更加重要。中国共产党十一届三中全会以来提出的以法治国的口号深得民心。我衷心祝愿我们的祖国在社会主义康庄大道上日新月异地向前迈进。

---

① 同治《上元江宁两县志》卷七。
② 参见谭仲方《中国历代户口・田地、田赋统计》。

中国古代经济法制之研究[*]

长期以来，每读中国通史，总感其关于古代法制的内容单薄。近十余年来，随法学教育和法学研究之发展，中国古代法律史著作逐年增多，但每读这些著作，又感其关于古代经济法制内容之不足。多数著作不设专章节阐述，设专章者，也颇为简略，远不能反映历史之概貌。此种情况，反映了中国古代经济法制研究之现状，也说明此领域研究亟待加强。

一　研究中国古代经济法制之目的

（一）中国是文明古国，中华民族在自己这块土地上生息繁衍，创造了灿烂辉煌的文化。它的法制，不仅独具风采，在广袤的中华大地上发挥作用，而且自成体系，曾对远东诸国，如朝鲜、日本和越南等产生过强烈影响。这个体系中的经济法制，内容丰富，特点突出，对中国古代经济发展、社会稳定、王朝兴衰之意义尤为重要。它是中华法系的重要组成部分，也是中华文化的重要遗产。加强中国古代经济法制之研究。是弘扬中华传统文化之需要，是治中国法律史学者之要务。

（二）今天的中国是前天和昨天的中国之继续和发展。现在大陆、台湾、香港、澳门经济发展水平不一，但都面临如何进一步发展经济的问题。

---

[*] 本文原为在台北召开之海峡两岸法学研讨会论文，曾在大会摘要宣讲，后载《中国史学》第5卷（1995年10月）。

就大陆来说,在发展和不断完善社会主义市场经济过程中,当然要借鉴西方国家和其他国家一切有益的经验,建立与之相适应的法律和制度。与此同时,我们也要不断发掘我国历史上一切好经验,诸如,农业方面以农业为基础的思想;手工业和商业方面,如何处理产量与质量、义和利的关系;在生产与赋役方面,是养鸡下蛋还是杀鸡取卵,等等。加强对中国古代经济法制之研究,也是完善现代市场经济法律体系之需要。

(三)发展法学教育是建立法治国家的重要条件。在大陆,法学教育目前呈现蓬勃发展之势。原有的法律院校扩大招生;许多综合大学增设法学院系;不少财经大学和工科大学也增设或正积极创造条件筹备增设法学院系。有些还增设了经济法专业或经济法系。虽然笔者并不以为在本科阶段设经济法系可取,但这种现象却反映了民法、经济法专业确愈来愈受到人们的重视。一般来说,法学本科教育应以完成对学生的法学基础(包括专业基础)训练为主要目标。如是,加强法理学、法史学教育势在必然。在法的历史教育方面,我们应注意古巴比伦法、罗马法和拿破仑法典,更应重视自己国家法的历史。从认识论上说,认识及其深化都是在比较中发生发展的。比较有古今中外,有纵横交叉。无论哪一种,不立足于本国,比较就失去基础,很难理解今天和昨天,很难深刻认识自己和别人。由于研究之薄弱,中国古代法律史的教材和教学,很长时间是重刑轻民,以至于不少教科书称之为中国刑法史更贴切。其内容明显不全面。为了使我国法科学生在校期间打好较坚实的基础,进而学好专业;为了在他们离开学校后有更大的适应性,进而根深叶茂,我们也要加强中国古代经济法制之研究。

二 中国古代经济法制之表现

(一)形式

与中国古代其他部门法一样,中国古代经济法的形式也是多种多样。它既表现为单行法规,又表现为综合法典,也表现为帝王的命令和诏旨,还表现为官方认可的习惯。从文献记载和出土文物中的史料看,最先是习惯和在此基础上形成的习惯法;其后便是帝王的命令、国家的单行法规和综合性法典等的制定。在漫长的历史长河中,即使在成文法出现并得到了发展的情况下,习惯仍在许多地方和领域发挥着作用。

从目前所见史料,中国古代最早的两部综合性法典都没有关于经济法制的内容。第一，李悝《法经》。《晋书·刑法志》："悝撰次诸国法，著《法经》。以为王者之政莫急于盗、贼，故其律始于《盗》、《贼》。盗贼须劾捕，故著《囚》、《捕》二篇。其轻狡、越城、博戏、借假不廉、淫侈、逾制以为杂律一篇，又以《具律》具其加减，是故所著六篇而已。然皆罪名之制也。"由此看，这是一部刑事法典。第二，《秦律》。商鞅以李悝《法经》为蓝本，"改法为律"①，继魏国之后，秦国也制定了一部综合性法典。这部被认为"秦法经"的法典，无论从《晋书·刑法志》记载的篇目看，或十几年前出土的云梦秦简中的《法律答问》记载的有关条文证实，也是一部刑事法典。

第一次把关于经济法制的内容引入综合性法典的是西汉初年的九章律。《汉书·刑法志》："三章之法不足以御奸，于是相国萧何捃摭秦法，取其宜于时者，作律九章。"《晋书·刑法志》："汉承秦制，萧何定律，除参夷连坐之罪，增部主见知之条，益事律《兴》、《厩》、《户》三篇，合为九篇。"户律、厩律篇名和条文以及兴律的内容，已见于云梦秦简。由此可知，萧何所增，只不过是将秦行之已久的单行法律"取其宜于时者"加于综合法典而已。由此，综合性法典便成为中国古代经济法制的一种表现形式。汉之后，历代相承并不断发展。魏《新律》十八篇之《毁亡》，《晋律》之《水火》、《关市》，南北朝时一些国家增加之《仓库》、《市廛》皆属。隋唐两代，中国古代法典进一步规范化，有关经济法制的规定主要见于《户婚》、《厩库》、《擅兴》和《杂律》诸篇。至明清，法典体例发生重大变化，《名例》之后按吏、户、礼、刑、兵、工分篇，有关经济法制的内容，主要见于《户》、《工》二篇，其条款细密之程度，大大超过了前代王朝。

中国古代经济法制大量的、主要的表现为各朝代颁布的单行法规和帝王的诏令。早在战国初年，李悝在魏国曾进行以尽地力之教、平籴平粜为主要内容的改革，主要通过单行法规和魏文侯的诏令推行。之后，商鞅在秦国的变法也如是。史籍记载商鞅曾颁布《垦田令》。商鞅变法改制有许多经济方面的措施，但未见有关具体的法律。不过，云梦秦简记载的从商鞅到秦始皇统治时的法律中，却都有大量涉及经济制度的规定，如：《田律》、《厩苑律》、《仓律》、《金布律》、《关市》、《工律》、《工人程》、《均工律》、《徭律》和《效律》等。此外，云梦秦简的《秦律杂抄》中之《藏律》、《傅律》、《牛羊课》和有关手工业生产、采矿和戍役的规定，也是杂抄当时通行的经济法制。②

---

① 《唐律疏议·名例》。
② 以上均见《睡虎地秦墓竹简》，文物出版社1978年11月版。

银雀山汉简的《守法守令十三篇》,据考应是西汉人抄录的战国齐国的法律。其中的《田法》,主要是赋税征收和土地管理制度的法律规定,属经济管理方面的法律。汉承秦制。从几年前发现的江陵张家山汉简记载的法律看,汉初法律的框架,甚至单行法规的篇名,均沿袭秦律。文献记载的西汉关于经济方面的单行法令有:《酎金律》、《上计律》、《钱律》、《田律》、《田租税律》、《金布令》、《水令》、《田令》、《马复令》、《缗钱令》和《租挈》等。隋唐之后,我国古代综合性法典进一步完备,涉及经济法制的内容增多,但调整经济关系的法制仍然主要是单行法规和皇帝诏旨。据信,为单行法令汇编之唐令中,就有户、田、赋役、仓库、厩牧、关市、营缮等这方面的内容。明清法律前后有所变化,用以调整各时期经济关系的,除诏令,还有条例和则例。

(二)内容与分类

中国古代经济法制内容丰富,可归纳为如下几类。

1. 农业经济管理法制。中国古代是农业占主导地位的国家。农业生产关系人民的衣食生计、社会稳定和王朝兴衰更迭。在历代帝王和统治集团中,除昏庸之辈外,相当一部分对农业是关心的,注意通过法律促使它的繁荣和发展。

农业经济法律的核心是土地所有制关系。中国历史上相当长的时间是土地公有。"溥天之下,莫非王土"[①]正是这种土地所有制形式的文学写照。事实上,土地最初归氏族所有,在氏族联盟的基础上发展成国家。国家形成后,凌驾于社会之上的国王权力增大,国王便成为全国土地的拥有者。为了维持自己的权力,获得氏族领袖的支持,国王不能不满足氏族领袖们的政治经济要求。"锡之山川土地附庸",只不过是国王对他们既得利益的肯定。其后,随国王权力巩固,情况有所变化。但国王既然依靠各路诸侯的支持,在利益分配上就不能不遵循以往的格局。土地公有制之下,是"田里不鬻"[②],具体管理是实行"井田制"。为避免各家土地肥瘦不一,失去均衡,又实行以换地和轮耕为内容的"爰田制"。前述银雀山汉简《守法守令十三篇》中的《田法》,就记载了战国爰田制的有关内容。

中国古代另一种土地所有制形式是土地私有制。据传世和新出土的西周晚期彝器铭《散盘》、《卫盉》等记载,早在土地公有制仍然很牢固时,土地

---

① 《诗·北山》。
② 《礼记·王制》。

私有制的萌芽就已经出现。那时土地已被一些贵族用来作为赐赏物和交换玉、皮币的交换物了。春秋之后，随社会变化和生产力的进一步提高，客观形势要求改变旧的所有制关系。公元前594年，鲁国"初税亩"，有条件地承认开垦的荒地归个人所有并按亩纳税。公元前359年，商鞅变法，"除井田，民得买卖"①，土地私有制得到进一步肯定。为了惩治侵犯土地所有权的行为，秦律规定："盗徙封，赎耐。"②侵犯公私土地所有权视为犯罪并施加刑罚，秦汉之后成为定例。由此，土地私有制成为土地所有制形式的主导部分。

土地私有制占主导地位后，公有制仍占相当比重。其中包括长期无人耕种的荒山、荒地，国家直接控制、位于边疆或内地的屯田，国家作为官吏俸禄的职分田、公廨田，以及用来支持教育的学田等等。应当说明，尽管私有土地主要归官僚、地主所有，但由于中国古代长期奉行君主专制制度，君主对臣民可以生杀予夺，所以土地私有权并不是绝对的。这种形式的土地私有制和国家直接、间接控制的大量公有制土地，是中国古代君主专制制度的基础。

农业生产管理的另一主要方面的立法是农田水利、牲畜饲养、农业生产的组织和监督。中国国家之形成与治水密切相关联。战国时秦国能在地处一隅的西北建立强大国家最后完成全国统一，就得益于重视水利建设。当时闻名于世，至今仍发挥效益的都江堰和稍后兴建的郑国渠、灵渠，都是很突出的实例。为保证水利设施发挥效益，要定期整理河道沟洫，以免淤塞。牲畜是古代人民重要的生产资料和生活资料，法律规定了饲养和繁衍制度，凡达不到规定标准者，饲养者及直接领导人均要受罚。对于种子选择、保管和各类作物的使用量也有法律规定。至于官吏对农业生产的监督，早在井田制之下已颇严密："春令民毕出在野，春将出民，里胥平旦坐于右塾，邻长坐于左塾，毕出然后归，夕亦如之。"③土地私有制形成后，以行政区划为单位，行政长官也要关心、管理和监督生产。秦《田律》："雨为澍，及秀粟，辄以书言澍稼、秀粟及垦田暘无稼者顷数。……近县令轻足行其书，远县令邮行之。"④这是说，官吏要及时掌握雨情及庄稼的种植、生长状况，并向县作

---

① 《汉书·食货志》。
② 《睡虎地秦墓竹简·法律答问》。
③ 《汉书·食货志》。
④ 《睡虎地秦墓竹简·秦律十八种》。

出书面报告。为检查各级行政官员对农业管理的成效和每年的收成,秦汉开始规定了上计制度,呈报不实则予以惩罚。唐代以后,地方官员对农业的管理和监督已写入法典:"诸部内有旱涝霜雹虫蝗为害之处,主司应言而不言及妄言者,杖七十。覆检不以实者,与同罪。"又:"诸部内田畴荒芜者,以十分论,一分笞三十,一分加一等,罪止徒一年。"①明清律的规定与此相似。

2. 手工业管理法制。古人云:"农不出则乏其食,工不出则乏其事。"此言手工业也是重要的。《礼记·月令》:"命工师,令百工,审五库之量,金、铁、皮、革、筋、角、齿、羽、箭、干、脂、胶、丹、漆,毋或不良。"此外,还有蚕织、盐酒之属。其范围之广,涉及衣食住行等方方面面。史称"神农耕而作陶",这说明手工业很早就出现了。最初它与农猎渔业结合,随社会生产发展和人类第二次社会分工,手工业成为独立的生产部门。开始主要是官府经营,并出现了专管手工业的"工正"和"木正"。大约从战国开始私人经营有了发展,不少民间矿山主和手工业经营者崛起成为"素封"之家,出现了诸如卓氏、孔氏等冶铁致富家僮数千人的大户。尽管如此,官府手工业仍占主要地位,特别是关键部门则由官府把持。文献中最早记载手工业管理制度的应是《周礼·考工记》。据考证,现存《考工记》出自西汉人之手,与《周礼》其他部分有别。《考工记》侧重于产品的制作方法和规格,管理制度方面的内容不多。其他文献也只有零星记载。关于我国古代最早的手工业管理的法律,主要见于云梦秦简和其他文物中的材料。

云梦秦简和其他文物所载之战国、秦简于手工业管理的法律,主要有《工律》、《工人程》、《均工律》、《效律》、《司空律》、《徭律》以及《秦律杂抄》中的部分条文。其内容涉及机构、官职设置,如工师、丞、啬夫等。这几种职务,郡、县均有。据记载,工师之上有内史、少府等。法律内容涉及产品生产指令、定额。秦律规定:"非岁功及毋命书,敢为它器,工师及丞赀各二甲。"②"新工初工事,一岁半功,其后岁赋功与故等。"内容还涉及产品质量规格,如:"为器同物者,其大小、短长、广亦必等。"③为了便于考核,器物上要刻生产者和管理者的姓名。《礼记·月令》中关于"物勒工名,以考其诚,功有不当,必行其罪,以穷其情"的记载,在秦律中得到了印证。这种严格的法律规定,促使了当时手工业的发展。

---

① 《唐律疏议·户婚》。
② 《睡虎地秦墓竹简·秦律杂抄》。
③ 《睡虎地秦墓竹简·秦律十八种》。

中国古代统治者,一方面重视组织手工业生产,注意提高其产量和质量;另一方面对于产品工艺改进则屈服于传统势力而加以限制,《礼记·月令》:"百工咸理,监工日号,毋悖于时,毋或作为淫巧,以荡上心。"《荀子·王制》:"雕琢文采,不敢专造于家。"基于此,甚至提出"奇技、奇器以疑众、杀"。这种指导思想,加上等级制度,就在实践中形成了种种限制。奇异东西很可能视为"淫巧",送皇帝是"荡上心"。而皇帝未拥有的器物,臣民不能有;皇帝未曾衣之锦帛,臣民不能衣。如此就不能不扼杀千千万万能工巧匠的聪明才智。这也是为什么中国手工业产品几千年前有些已达很高精美度,而长期不能普遍推广,以致其发展缓慢的重要原因。

秦汉之后,手工业一直是在这种矛盾状态中发展的。其变化是,随着生产规模扩大,机构与官职也随之增加。三国、两晋产铁各郡设专职管理冶铁;东晋还设织署管理纺织;唐朝廷设少府监、将作监、军器监,管理王室用具营造和军需;明清两代均在朝廷设立工部,其职责法典有专章规定。劳动力的培养、使用一直受到注意。秦已有新工人的培训制度,"新工二岁而成。能先期成学者谒上,上且有以赏之"①。唐朝也有类似的培训制。各朝除沿袭前代在手工业生产中大量使用刑徒和奴婢之外,社会上还形成了有各种技能专为国家从事手工劳动的"官户"和"杂户"。中国古代,尽管对手工业有种种限制,但劳动人民依靠自己的聪明才智,仍然不断创新,其中如造纸、天文仪、印刷术和火药等的发明,为人类文明作出了重大贡献。

3. 市场管理法制。《周书》云:"商不出则三宝绝。"此处之"三宝"为泛指,系财货。孟子亦云:"子不通工易事,以羡补不足,则农有余粟,女有余布,子如通之,则梓匠轮舆皆得食于子。"②这都说明,社会生产劳动分工,使人们各自的产品成为商品后,为满足需要,必然要以商业互通有无,从而出现了借以交换的市和与之相关的法制。

关于市,《管子·揆度》有如下记载:"百乘之国,中而立市,东西南北度五十里。……千乘之国,中而立市,东西南北度百五十余里。……万乘之国,中而立市,东西南北度五百里。"这是一种想象,不合实际,但各国国都和城市均有市则是事实。战国齐国有《市法》:"中国利市,小国恃市。市者百货之威,用之量也。中国能利市者强,小国能利市者安。市利则货行,货

---

① 《睡虎地秦墓竹简·秦律十八种》。
② 《孟子·滕文公下》。

行则民□,民□则诸侯财物至,诸侯财物至则小国富,小国富则中国……"①原简以下脱文,但仅此也可以看出当时统治者对市的重要作用和意义的认识了。秦富平南有"直市",以"物无二价"而得名。云梦秦简中多处提到"市"。秦汉之后,随着工商业发展,在城市中不仅市数量增多,而且还出现了行业专市,如劳工、盐铁、牛马、日用品和奴婢等。今北京城的珠市、灯市、花市、菜市、蒜市、骡马市等地名,考其源流,均应为古代有关行业市名称之遗留。

有市就要设管理市的官吏。《周礼·地官·司徒》之"司市"、"质人"、"廛人"、"泉府"等皆属。其中"司市掌市之治教、政刑、量度、禁令,以次序分地而经市,陈肆辨物而平市,以政令禁物靡而均市,以商贾阜货而行布,以量度成贾而征价,以质剂结信而止讼,以贾民禁伪而除诈,以刑罚禁虣而去盗,以泉府同货而敛赊"。其他官职管辖面不及司市,也各有分工。《周礼》的记载如此详尽,不可全信,但不少内容可与秦简和秦汉文献的有关记载相印证。据云梦秦简记载,秦有《关市律》。"关市"为官名,胡三省认为《周礼》之司关、司市"战国之时合为一官"。② 云梦秦简中之《关市律》当系关市职务的法律。云梦秦简还有关于"市亭"、"市南街亭"之记载。这应是维持市的治安机构。据秦《金布律》,市之商贾基层也有什伍组织,由列伍长负责,其上为吏。

历史资料证明,为了保证市场交易有序,即使在古代专制制度下,对于官吏行使职责也有法律规定。云梦秦简中记载的几条法律颇为具体。它规定了作为一般等价物的金、钱、布的规格以及相互间的比价。秦律还规定:"贾市居列者及官府之吏,毋敢择行钱、布。择行钱、布者,列伍长弗告,吏循之不谨,皆有罪。"③大约是为了稳定市场物价并便于管理,秦律还规定:"有买及卖也,各婴其价;小物不能各一钱者,勿婴。"④这就是说市场上价值一钱以上的货物,均须明码标价。最令人惊异的是,为避免买卖过程中售货人员中饱私囊,秦律还规定:"为作务及官府市,受钱必辄入其钱缿中,令市者见其人,不从令者赀一甲。"缿,受钱器也。瓦者如今扑满,皆为小孔,钱入而不可出。⑤ 后代商店之钱柜大约即由此演变而成。

---

① 《银雀山汉墓竹简·守法守令等十三篇》。
② 《资治通鉴·周纪四》。
③ 《睡虎地秦墓竹简·秦律十八种》。
④ 同上。
⑤ 《说文·通训定声》。

商业对社会经济发展是重要的。即使在中国古代农业自然经济条件下,在经济政治上也曾发挥巨大影响。有的商人甚至由此而飞黄腾达,成为交结王侯的显贵。子贡"藏贮鬻财"。"结驷连骑,束帛之币聘享诸侯,所至,国君无不分庭与之抗礼。"①郑商人弦高矫王命以却秦师,固然由于其爱国与机敏,却也说明了他在郑国的地位。尽管如此,由于儒者轻劳,法家重农,均视籴贱贩贵、逐什一之利为耻,商鞅变法时已宣布商业与手工业为"末作"。不过从史料记载看,从秦到汉,商业仍不断发展。当时的情景晁错有文:"而商贾大者,积贮倍息,小者坐列贩卖,操其奇赢,日游都市,乘上之急,所卖必倍。故其男不耕耘,女不蚕织,衣必文采,食必粱肉;亡农夫之苦,有仟伯之得。因其富厚,交通王侯,力过吏势,以利相倾;千里游敖,冠盖相望,乘坚策肥,履丝曳缟。""今法律贱商人,商人已富贵矣;尊农夫,农夫已贫贱矣!"②据桓谭上世祖陈时政疏,东汉情况仍无大变化:"今富商大贾,多放钱货,中家子弟为之保役,趋走与臣仆等,勤收税与对君比入,是以众人慕效,不耕而食至,乃多通侈靡,以淫耳目。"为了限制商业在社会上的负面影响,他引汉高祖之定制论证:"夫理国之道,举本业而抑末利,是以先帝禁人二业,锢商贾不得宦为吏,此所以抑并兼长廉耻也。"他提出的具体办法是:"可令诸商贾自相纠告,若非身力所得,皆以赃畀告者。"③两汉之后各代多是在身份、仕进和穿戴上加以限制。公元364年(哀帝兴宁二年),秦王坚下诏:"自非命士以上,不得乘车马,去京师百里内,工商皂隶,不得服金银、锦绣,犯者弃市。"④这里将工商与贱民并列。隋唐沿袭前代,继续对其加以限制。隋文帝规定,"工商不得仕进"⑤。唐高宗"禁工商不得乘马"⑥。还规定:"工商杂类不得预于仕伍。"⑦不仅工商者本人不得做官,而且其子孙也受限制:"有市籍不得官,父母大父母有市籍者,亦不得官。"⑧至明代,朱元璋仍"下令农民之家,许穿细纱绢布;商贾之家,只许穿布。农民之家但有一人为商贾者,亦不许穿细纱"。⑨ 以上可以看出,主要出于政治和社

---

① 《史记·货殖列传》。
② 《汉书·食货志》。
③ 《后汉书·桓谭传》。
④ 《资治通鉴》卷一〇一。
⑤ 《资治通鉴》卷一七八。
⑥ 《旧唐书·高宗纪》。
⑦ 《旧唐书·食货志》。
⑧ 《白孔六贴》卷八三。
⑨ 徐光启文:《农政全书》卷三。

会经济发展考虑，各代均实行抑商政策。抑商又不离商，也离不开商，整个中国古代社会商业经济就是在这种矛盾状态中发展的。

离不开商的原因，如前所述，是由于商业是沟通农业与手工业、此地与彼地联系不可缺少的重要环节。也正是由于商业关系，社会稳定，并给国家带来巨大经济利益。正是基于此，历代统治者都注意通过法律和政策影响，甚至左右市场。第一，注意平抑粮食和其他与百姓生活关系密切之商品的价格。早在战国时李悝就曾指出："籴甚贵伤民，甚贱伤农，民伤则离散，农伤则国贫，故甚贵与甚贱，其伤一也。善为国者，使民毋伤而农益。"他的措施是平籴平粜，并且取得了良好效果："故虽遇饥馑水旱，籴不贵而民不散，取有余以补不足也。"①秦汉的均输制度是国家向战事地区和饥荒地区输送粮食和急需物资的制度，也有平抑物价，限制商人囤积居奇的作用。以上属宏观调控措施，在对市场物价具体管理上，唐宋明清律典均有"市司评物价不平"予严厉惩罚的规定："诸市司评物价不平者，计所贵贱，坐赃论，入己者，以盗论。"②宋明清律的条文与此类似。第二，注意度量衡器的管理。度量衡器是否合乎标准，关系买卖公平和市场秩序。云梦秦简有一篇首尾完具的《效律》，其中重要内容就是规定度量衡必须合乎标准；"斗不正，半升以上，赀一甲；不盈半升到少半升，赀一盾。半石不正，八两以上；钧不正，四两以上；斤不正，三铢以上；半斤不正，少半升以上；参不正，六分升以上；升不正，廿分升以上；黄金衡累不正，半铢以上，赀各一盾"。③据《唐律疏议》所引《关市令》和《杂令》，唐代每年定期平校衡器和量器。法律规定："诸校斛斗秤度不平，杖七十。监校者不觉，减一等；知情与同罪。"④明清律之《户律》有"私造斛斗秤尺"专条，私造者和监管官员校勘不严，均有罪。第三，对重要物资和商品实行榷制度。所谓榷，即今之专卖。史称，齐榷山海之利，秦有盐铁之榷，汉置铁官以榷其事。战国以来，所谓盐铁等山海之利，归朝廷所代表的国家，还是归某些贵族或工商业者把持，一直存在斗争。秦汉之后，各王朝根据需要和阶级、阶层力量对比不同，榷的范围广狭有别。对盐、铁、酒、茶等，王莽六榷，金代十榷，最广；清代惟榷盐茶，最狭。榷之制不仅关系国家对重要物资和商品的控制，能带来巨大经济利益，也是稳定

---

① 《汉书·食货志》。
② 《唐律疏议·杂律》。
③ 《睡虎地秦墓竹简·效律》。
④ 《唐律疏议·杂律》。

社会秩序和巩固政治统治之需要。

4. 货币管理法制。货币是充当一般等价物的特殊商品。它是随社会分工和商品交换、发展产生的商品交换媒介物。从历史发展看,曾经充当这种相对固定的一般等价物的特殊商品,多具有较高、较普遍的使用价值,如牲畜、兽皮、贝壳、珠宝、珠玉、布帛、金、银和铜等。后来出现了刀币、铜钱、铁钱、银币等金属货币及纸币。就其用材讲,除纸币外,本身多具有较高的使用价值。《汉书·食货志》:"凡货、金钱布帛之用,夏殷以前其详靡记云。"就是说关于殷以前的货币,史书已无记载。这种说法比较科学。至于《汉书·食货志》所载:"太公为周立九府圜法,黄金方寸,而重一斤;钱圜函方,轻重以铢;布帛广二尺二寸为幅,长四丈为匹。故货宝于金,利于刀,流于泉,布于布,束于帛"等货币制度,许多应是春秋战国以后的事。从出土文物看,大约西周之前充当货币的多为珠玉、龟贝、金银和粟帛等物。

由于货币在商品交换中居于关键地位,中国古代统治者很注重对其管理。目前所看到的最早的关于货币的法律应是云梦秦简中之《金布律》。汉也有《金布律》,还有《金布令》。《汉书·萧望之传》注:"金布者,令篇名也。其上有府库金钱布帛之事,因之名篇。"秦《金布律》规定:"布袤八尺,幅广二尺五寸。布恶,其广袤不如式者,不行。"又规定:"钱十一当一布。其出入钱以当金、布,以律。"还规定:"贾市居列者及官府之吏,毋敢择行钱、布。""官府受钱者……钱善不善,杂实之。……百姓市用钱。美恶杂之,勿敢异。"这就是说,秦法定货币有金、钱、布。布有一定规格要求。金、钱、布之间有比价。只要符合法定规格,在交易过程中任何人不得有选择地使用。有敢选择者,当事人和官吏均有罪。秦不准私铸钱,私铸者有罪。秦始皇统一中国,对货币也进行了改革;"秦兼天下,币为二等;黄金以溢为名,上币;铜钱质如周钱,文曰'半两',重如其文。而珠玉龟贝,银锡之属,为器饰宝藏,不为币。"[①]对照云梦秦简所载法律,可以看出,秦始皇的货币改革只是从法律上取消了布作为一般等价物,在此之前,珠玉等在市场上已经不作为货币使用。从文献记载和地下发掘的实物看,秦始皇的半两钱是比较先进的,重轻适宜,便于携带。其后,经汉唐至宋明清,中国古代钱币屡经改革,重量、形状多有变化,但基本上还是在秦半两钱之基础上进行的。

作为货币,金使用较早,银则较晚。金银流通很长时间均以重量为单

[①] 《汉书·食货志》。

位。元代世祖从杨湜言,以库银为元宝,每银五十两,元宝名由此而始。明朝末年,西班牙银圆输入,但中国自造银圆则是清末之事。光绪年间,鉴于继西班牙之后,墨西哥银圆亦输入并在市上流行,为进行抵制,朝廷乃自设局铸造。

中国古代货币的重大发展是纸币的出现。纸币出现于宋代。有学者谓"唐之飞钱实其滥觞"①。唐之飞钱是此地之钱可依执券到彼地取之,颇似今之汇票。宋太祖因袭唐制,许民入钱京师,于诸州变换。真宗时,张咏镇蜀,以蜀人铁钱重,不便贸易,乃设楮券,三年为一届而换之,名曰交子。仁宗时于益州设交子务,发行交子。之后几经更名,曰钱引,曰关子,曰会子等等。并规定面值,纸币实由此始。纸币出现之后,为避免混乱和保证其信用,朝廷不得不颁行诏令加以干预。金代曾规定:圣旨印造逐路交钞,于某处库纳银钱换钞,更许于某处纳钞换钱。有的朝代还规定官俸军需皆以银钞兼;纸币与其他货币并流通。并规定,纸币由专门机构印制,严禁伪造。纸币自宋代出现,辽、金、元、明相继沿用,清初一度废止,专用制钱,以银辅之。至清末设立大清银行、交通银行发行新纸币,中国进入现代纸币制度之行列。

5. 赋役管理法制。赋税徭役是古代国家剥削农民和其他劳动人民的手段,也是它赖以生存的基础。自国家产生起,便出现了赋役制度。《孟子·滕文公》:"夏后五十而贡,殷人七十而助,周人百亩而彻,其实皆什一也。"此处之五十、七十与百亩均指土地面积。所谓贡、彻均为按一定的土地面积和出产向公家缴纳的实物租赋;所谓助,是籍民力助耕公田的劳役租赋,据说皆按十分之一征收。《孟子》还记载:"时有布缕之征,粟米之征,力役之征。"力役之征还应包括戍役。这种情况大体延续到春秋末年。

春秋战国时,随着土地私有制的出现和确立,赋役制度也相应变化。鲁宣公十五年(公元前594年)"初税亩",鲁成公元年(公元前590年)"作丘甲",公元前384年秦"初为赋"。以上几种制度都是按土地面积缴纳租赋。云梦秦简记载的法律中,有关于商鞅变法后秦国赋役制度转变的记载。从内容看,秦的赋役名目繁多。田地税仍占主要地位。《田律》:"入顷刍稾,以其受田之数,无垦不垦;顷入刍三石,稾二石。""禾、刍稾撤木、荐,辄上石数县廷。"②由此可以看出,按土田面积缴纳的实物既有粮食,又有饲草。此

---

① 陈顾远:《中国法制史》,第376页。
② 《睡虎地秦墓竹简·秦律十八种》。

外，秦还有户赋、口赋和更赋。户赋按户征收。正因如此，商鞅变法才规定："民有二男以上不分异者，倍其赋。"①口赋则按人口数纳税。秦律规定，匿口与匿户均为犯罪。更赋为一种徭役，秦十七岁至五十六岁男丁要定期为国家服役，逃避者受法律惩治。

秦自商鞅变法，战争频仍，赋役繁重。秦始皇统一中国后，为满足其穷奢极欲，修阿房，筑长城，横征暴敛，忘乎所以，招致王朝倾覆。汉统治总结亡秦教训，夺取全国政权后，减轻刑罚、赋役，安定民心，短短几十年，在长期战乱之后，便出现了"文景之治"。秦汉之后，各代为适应形势需要，对赋役制度均有所改革。较大的有：(1)唐朝的租庸调制。这是在唐初均田制的基础上实行的赋役制。凡受田者，岁输粟二石，谓之租；岁役二十日，谓之庸；随乡所出，岁输绫绢绝，各二丈，布加五之一，谓之调。有事加役者，二十五日，免调；三十日，租调皆免。通正役不过五十日。(2)两税法。中唐之后，没有、也不可能彻底推行的均田制又遭破坏，租庸调制出现多种弊端。唐德宗时，杨炎为相，推行两税法。所谓两税法，即并租调为一，以钱分夏、秋两次征税。夏无过六月，秋无过十一月。两税法实行后，力役仍可以钱财实物代替，但杂役仍存。两税法为宋、元和明代前期所沿用。(3)一条鞭法。明初编全国户口籍簿，详载人户、田亩、人口、物力，以为赋役之依据，继续推行两税法。神宗万历九年推行"一条鞭法"，就是将田赋、丁赋和各种杂税合并为一，以县为单位，按地亩向土地所有者征收银两。这种办法有利于简化税制、平均税额，有利于商品经济的发展，为清统治者所沿袭。

中国古代赋役中，田丁赋役居主要地位。此外，还有其他盐、铁、酒税以及商业税。某些朝代盐、铁税在整个赋税中占相当重要地位。

为了维持国家的生存，供养足够的官吏和士兵，统治者不得不重视赋税的征调。但人口的繁衍和生产的发展，又是赋役的源泉，统治者又不能不对此予以关注。轻徭薄赋是战国儒家学者宣扬的仁政之重要内容；法家也主张将老百姓的赋役负担限制在合理的范围之内。秦《戍律》规定："同居毋并行，县啬夫、尉及士吏行戍不以律，赀二甲。"②其意思是，在征发戍役时，官吏不得在一户之内同时征发两个或两个以上男丁去服戍役，否则，县官和直接负责征发的士吏均要受罚。秦律还规定："居赀赎债者归田农，种时、

---

① 《史记·商君列传》。
② 《睡虎地秦墓竹简·秦律杂抄》。

治苗时各二旬。"①这就是说,即使被判处赀罚而以劳役相抵者,在农忙播种和管理禾苗的时节,也可以回家二十天农作。秦始皇由于破坏了秦较为合理的法律招致速亡,而汉王朝正是由于总结了亡秦的教训和自身的经验得以立业四百余年。汉之后各王朝赋役改革,多是在赋役与生产、国家收入与百姓利益之间求得某种平衡。

三　中国古代经济法制之特点

中国古代经济法制的主要特点如下:

(一)经济法制建设指导思想上,重视农业,控制手工业和商业的发展,保证朝廷财政收入及统治稳定。重视农业首先是客观发展的需要,其后是经验的积累和认识的加深。大约在三代之世,农业已占主要地位。禹大规模治水,重要目的就是为了农业发展。周族以修农业兴旺,后灭殷,王居中原,建立了强大的国家。对农业重要之认识,《管子·治国》有很清楚的说明:"昔者七十九代之君,法制不一,号令不同,然俱王天下者何也?必富国而粟多也。……民事农,则田垦。田垦,则粟多。粟多,则国富。国富者兵强,兵强者战胜,战胜者地广。是以先王知众民强兵,广地富国必生于粟也。故禁末作,止奇巧,而利农事。"这种认识在制度和法律上有突出反映。主管农业的官吏在朝廷和地方机构中占重要地位。战国,李悝在魏国的改革,商鞅在秦国的变法,其重要内容均为发展农业。银雀山汉简所载战国齐国法制史料之《王法》指出:"凡欲富国垦草仞邑,必外示之以利,内为禁奸邪除害。"这里是将富国与垦草仞邑并提。而"垦草仞邑"又与"辟地生粟"发展农业紧密联系。②银雀山汉简还载齐国《田法》一篇,具体规定了管理农业和征收赋税的事项。秦律中有关农业的法律比重更大。商鞅曾发布《垦草令》,云梦秦简中之《田律》、《厩苑律》和《仓律》均属这方面的法律。汉统治者不仅重视农业立法,而且还亲自耕种,作天下之表率。《史记·孝文本纪》:"上曰,'农,天下之本,其开籍田,朕亲率耕,以给宗庙粢盛。'"其子景帝也曾下诏:"朕亲耕,后亲桑,为天下先。"③汉之后,重农已形成制度,不少帝王定期祈求天地鬼神护佑丰收。北京天坛之祈年殿即明清两代皇帝祈

---

① 《睡虎地秦墓竹简·秦律杂抄》。
② 《韩非子·外储说左下》。
③ 《史记·孝文本纪》集解。

天之所。

不少学者认为中国古代是重农抑商。这种说法并非无历史根据。应该说在战国和秦汉的一些学者著作中，工商业及其经营者往往遭到严厉抨击，有时甚至妄加罪名予以惩罚，后来制度上又予以诸多限制，称之抑商不算过分。而我认为，说是有控制的发展更能反映历史真实。事实上，中国古代多数学者和统治者对各部门经济之间的关系平衡之重要性早有认识。"农不出则乏其食，工不出则乏其事，商不出则三宝绝，虞不出则财匮少，财匮少而山泽不辟矣。"①司马迁引《周书》的这段话把各部门经济的重要性及相互关系讲得很清楚。再看《汉书·食货志》的记载："《洪范》八政，一曰食，二曰货。食谓农殖嘉谷可食之物。货谓布帛可衣及金刀龟贝，所以分财布利通有无者也。二者，生民之本，兴自神农之世。'斫木为耜，揉木为耒，耒耨之利以教天下'，而食足；'日中为市，致天下之民，聚天下之货，交易而退，各得其所'，而货通。食足货通，然后国实民富，而教化成。"又："是以圣王域民，筑城郭以居之，制庐井以均之，开市肆以通之，设庠序以教之；士农工商，四民有业。"这种认识才是全面的，从法律史料看，中国古代的许多统治者至少希望自己的天下是这种局面。

但是，由于工商业可以获取巨大的物质财富，大工商业者能够利用其财富交通王侯，甚至左右政局，历代统治者如不能直接派官吏经营，则以法律加以控制。通过历代立法和制度可以清楚地看到这一点。正是既重视农业又有控制地发展工商业，维持了各部门经济之间的大体平衡，中国古代经济法制才能以保障和促进各历史时期经济不断发展。正是比较注意经济法制，中国人民通过长期辛勤劳动，才创造了璀璨的中华文明。

（二）在具体法律和制度上，注意不断总结生产劳动和管理中的经验，以法制手段推动经济发展。这方面在战国、秦汉和后来各代的法律中都有突出反映。首先以农业为例。银雀山汉简所载《田法》："三岁而更赋田，十岁而民毕易田，令皆受地美恶□均之数也。"②此应指国家授予农民田地轮作和轮换之事。其办法如何休所言："司空谨列田之高下善恶，分为三品，上田一岁一垦，中田二岁一垦，下田三岁一垦，肥饶不得独乐，硗埆不得独苦，故三年一换土易居，财力平。"③许多文献记载证明，这条规定无论从轮

---

① 《史记·货殖列传》。
② 《银雀山汉墓竹简·守法守令十三篇》。
③ 《公羊传·宣公十五年》何休注。

作休耕角度或是换田移居角度,在当时都是较为科学的。云梦秦简中之《田律》有关于保护山林鸟兽和鱼鳖以及水利的规定:"春二月,毋敢伐材木山林及雍堤水。不夏月毋敢夜草为灰,取生荔、麛卵鷇,毋□□□□□□毒鱼鳖,到七月而纵之。"①这是迄今所见到的最早的关于生态保护的法律规定。秦律还对牛马饲养、种子保管、各种作物的用种数量等作了具体规定:《仓律》:"种:稻、麻亩用二斗大半斗,禾、麦一斗,黍、荅亩大半斗,菽亩半斗。利田畴,其有不尽此数者,可也。"②据换算,上述规定的有些作物用种量,与四十年代前西北地区的某些省份差不多。再以手工业为例。秦律规定了用工计算制度,新工培训制度,各种工人和工种的劳动定额,产品质量的检验和评比制度。其中《工律》规定:"为器同物者,其小大、短长、广亦必等。"③这是我国手工业生产的最早的关于标准化的规定。它既利于生产中分工合作,提高生产率,又利于产品销售后配件维修。秦汉法律关于商业交易中的商品价格制度,借债和合同制度,以及与外邦人贸易登记制度,也较健全。秦律规定:"客未布吏而与贾,赀一甲。"④意思是与尚未将通行凭证交官府查验之外邦人贸易者,要赀罚一甲。居延汉简中有一个东汉初年的诉讼案卷,涉及一位军官与一位客民的合同纠纷,经官府调查,判定职位为侯的(相当于县令)军官败诉。这说明合同的效力还是受法律保护的。秦汉以后,各朝代在前人的基础上,在经济法制方面又加入了不少新经验。

(三)从总体看,中国古代经济法制具有明显的专制主义特征。一般说,法律是反映经济关系的要求,而不是某个人的专横,中国古代的经济法制也不例外。但由于中国历史上长期奉行君主专制制度,就不可能不对整个法制、包括经济法制带来强烈影响。农业方面,经济法制的首要任务是维持皇帝、贵族和大官僚大地主的土地所有权。皇帝和皇室除直接控制大量耕地之外,还控制全国绝大部分山林湖泊和荒地。皇帝通过国家权力将相当数量的土地赐给官僚、贵族,并以法律维护大小地主的所有权。个体农民则一直存在,他们的土地所有权受法律保护,不过在实践中并非稳定。他们有时受官僚、地主的兼并,有时又受以皇帝为代表的国家剥夺,大量沦为贫雇农。在学界曾认为个体农民是中国古代君主专制主义长期存在的基础,

---

① 《睡虎地秦墓竹简·秦律十八种》。
② 同上。
③ 同上。
④ 《睡虎地秦墓竹简·法律答问》。

此看法有道理,但不全面。事实上,这种制度的基础也基于君主直接对土地的控制和大官僚、大地主土地所有制。

前面已谈到,中国古代生产方式的基本特征是农业自然经济。一家一户的农民为了自家的需要,既生产粮食、饲养家畜,又生产绵丝布帛,这样的家庭由宗族加以维系,不因王朝更替而发生变化,具有极大的稳定性、封闭性和保守性。尽管他们也依赖手工业,但对手工业稍具规模的发展,就自然产生排斥力量。加之君主唯恐工商业的发展危害其赖以存在的社会基础,对任何超出允许范围的发展均实行压抑,就造成了工商业发展缓慢的局面。

在对工商业的控制方面,以皇帝为代表的国家与大工商业者有时相互争夺。历朝莞榷(专卖)之广与狭是两方面斗争消涨程度的重要标志。中国古代违反经济法制,不仅要受经济和行政制裁,而且往往加以刑罚,这种严厉的手段被广泛使用,更增加了它的专制主义色彩。

四 研究中国古代经济法制应注意的问题

(一)要广泛搜集、整理有关古代经济法制的基础资料。经济法作为法学的二级学科设立,是现代法学发展的结果,在国际上也是近几十年的事。历史上的经济法制以往少有学者研究,则完全可以理解。今天提出加强对中国古代经济法制的研究,当然要吸取相关学科的已有成果,诸如经济史、政治史、文化史和法制史等。但最重要的还应该是从大量史料中搜集、整理有关经济法制的资料。一切科学的结论都源于实践和反映客观实践之历史资料的分析研究,而不应该是个人头脑中的主观臆想。以往在法学界和历史学界曾经出现的从观点出发到历史资料中选取例证的非科学方法,再也不应重演了。

中国古代经济法制史料的内容丰富,大量散见于历史文献,诸如二十四史、帝王诏旨、王朝法典、类书、实录、古人的专著、笔记等等,而历代食货志、刑法志则为我们提供了搜集资料的线索。以此为脉络,广泛地参阅正史和野史,中国古代经济法制的概貌自会显现出来。

历史文献是重要的、基本的。此外,我们还要注意历史档案。明、清两代档案尤其是清代档案,尽管历经动乱和战争,在北京、沈阳、四川等地仍有相当数量的遗存。此外,台湾地区的淡新档案也是极宝贵的资料。其中上自皇帝诏旨,下至土地、人身典卖文契,都能加深人们对此两代法制的具体认识,实属难得。

近几十年,随着建设事业的进行和考古科学的发展,地下文物中的法制史料,诸如彝器铭文中有关西周晚期经济案件及其裁决的记载;云梦、青川秦简关于战国和秦法制的记载;临沂、江陵、敦煌和居延汉简中关于战国齐国和汉代法律的记载;吐鲁番、敦煌文书关于南北朝和隋、唐法律的史料等,都极为宝贵,不少内容填补了文献记载之空白。如悉心加以整理和研究,必将使我们对中国古代法制、包括经济法制有一新的认识。

(二)要注意古代经济法制立法和司法之间的距离。目前,我们对古代经济法制占有的材料很少。本文虽费了一些笔墨,力图为读者勾画出一个轮廓,但比起浩如烟海的丰富史料,只是挂一漏万。对于文中所列举的法制史料,或已有著述中所描绘的古代经济法制之图景,均应有一个实事求是的估计。不能说它都是历代帝王欺骗人民的摆设,完全没有实行。这样的认识不符合历史实际。否则,一些王朝不可能维系数百年,中华文明也不可能发展至如此高度。一些资料显示,即使像在东汉初年那样军阀割据、战乱不安的年代,基层政权和司法机构也很注意根据法律审断案件;初唐的均田制,即使在西北偏僻地区也基本上得到了贯彻。不过,也不能由此结论说中国古代法制就像法律条文或帝王诏旨所写那样完全得到了实行。一般来说,立法与司法、法律规定与实践之间均存在一定距离。无论东方或西方,也无论古代或现代,概莫能外。中国古代君主专制制度下,帝王言出法随,生杀予夺,可以任意更改和废止法律。地方官吏也往往在权势威慑或金钱诱惑之下,使法律大打折扣甚或成为具文。

(三)要注意治世和乱世经济法制的变化和不同特点。中国数千年历史,就全国范围说,长期处于承平时期。每个朝代百年或数百年统治过程中虽每有改革,但法制、包括经济法制,大多确立于一代王朝建立之初或前期,往往是承平时期。我们所看到的法律史料大多数是这样历史时期的产物。不注意研究这些史料,就无从把握全局,了解全面情况。但同时我们也要注意一种法制建立后,随时代的发展而发生的变化。尤其是当出现混乱、割据和改朝换代时,民族矛盾、阶级矛盾、中央和地方矛盾、此地区和彼地区的矛盾,表现得尖锐、充分,这不仅便于我们了解某种制度出现的结果,也能够使我们理解出现此种制度的原因。在中国历史上我们可以看到这样一些事例,乱固然对经济发展造成破坏,但在一定条件下,它也能推动政治和经济改革。在中国这样极端君主专制的制度下,君主确可利用自己的权力对经济发展予以某种限制，在一定时期能够延缓或促进其发展的速度，但从整个历史发展看，他们最终不能不屈服于经济发展的客观要求。于是，变革就出现了。

（四）要注意经济发展的不平衡和由此而产生的各地区之间，尤其是少数民族聚居地区经济法制的不同特点。中国自秦始皇统一便形成了一个多民族的、统一的幅员辽阔的国家。此后，大部分时间由汉族统治者统治，但也有相当一部分时间，在重要地区和中央的统治者是少数民族，诸如南北朝的北朝各国和与宋大体同时的辽、金，以及其后的元、清等。少数民族入主中原、掌握中央政权后，往往既使用本族以往的法律，又大量吸取较先进的汉文化、沿袭汉族传统法律。无论是汉族统治者或少数民族统治者入主中央，其法制都有民族歧视和压迫的特点，但为了维护国家的统一和政局稳定，他们又往往对其他民族实行一定让步，允许相当一部分少数民族在内部实行颇为特殊的政策。只要服从中央管辖，保持国家统一，某些少数民族就可以实行不同的社会政治制度。这也是农奴制度，甚至更落后的奴隶制度一直延续到20世纪50年代的重要原因。乍看起来，一个国家之内存在不同经济、政治、法律制度不太好理解，其实，这是在当时情况下为维护国家统一所能采取的最佳政策。从总体上说，这种状况构成了中国古代经济法制的特点之一，也是中国古代经济法制的丰富内容。我以为，充分理解这种不平衡，便于更深入更全面了解中国古代经济法制。

中国古代法律文化的若干问题

　　按：本文是在中央国家机关部级以上领导干部历史文化讲座的讲稿。法律文化是文化的重要组成部分。过去，在述及中国古代文化时，对法律文化往往有所忽略，且对其负面论述较多。其实全面看，中国古代法律文化是中华文明的重要内容，对中华文明的发展起了重要推动和保障作用。中国古代先哲们的法律思想丰富多彩、深刻异常，完全可以与古希腊、古罗马哲学家的法律思想相媲美；中国古代法典之规模、法条之严谨，绝不逊于古巴比伦的法典；中华法系不仅是世界上最古老的法系之一，而且递相沿袭，世代承传，从未中断。在发展中形成了儒法会通，礼刑相辅，包容性大，稳定性强，争纷首先调处，力求息讼和睦，定罪讲究规格，刑罚手段严酷，行政干预司法，死刑最后由朝廷审定等特点。只要遵循"取其精华，去其糟粕"的原则，努力结合实际，开发其丰厚资源，就能使之为建设中国特色社会主义法治国家服务。

　　中国古代法律文化是中国古代文化的重要组成部分。研究中国古代法律文化，加深对法律文化在内的我国传统文化认识，从中汲取有益的经验，对于推动社会主义文化建设和法治建设都是有益的。

　　以下谈五个问题：一是法律文化的概念；二是中国古代法律文化的主要内容；三是中国古代法律文化的主要特点；四是中国古代法律文化的影响；五是关于提高法律文化自觉。

一　法律文化的概念

　　法律是一种文化。它随法律的产生而形成，与人类跨入文明社会门坎同步。对法律文化的研究很早就开始了，但将它明确作为法学的分支学科则提出较晚。在国外，美、俄、日等国大约是20世纪60—70年代，我国则是20世纪80—90年代。其中关于法律文化的概念众说纷纭。对此，有学者作了归纳并分为四类："第一类是把法律文化看作是法律现象的综合体现和产物，包括内在和外在、主观和客观、制度和观念等各个方面；第二类是把法律文化视为法律现象的主观方面，主要是法律意识形态和观念形态；第三类是把法律文化看作法律意识中非意识形态那部分内容，即体现人类智慧、知识、经验等文化结晶。"此外还有一种"方法论法律文化观"。"这种观点认为，法律文化……'是一种应用文化解释方法用于法律研究'的立场和方法"[①]。以上是从理论角度概括，给人感觉较为抽象，但却介绍了学界关于法律文化概念研究的一般情况，对我们的研究是有益的。

　　综合各家的观点，我认为所谓法律文化，简要地说就是关于法律的文化形态总和。它包括：法律观念和法律思想，不同法律形式及其运作形态，法律思想、法律制度及其运作形成的氛围与传统。这些传统既表现于法律意识之中，也表现于法律运作的技术与设施方面。法律文化是历史的积淀，也是当世的创造。它是社会经济基础的重要上层建筑，由经济基础所决定，又反作用于其赖以产生的经济基础。它受政治制度影响，又影响政治制度的稳定与发展。法律文化对于文化是属概念，与政治文化、经济文化、伦理文化、宗教文化等并列；对于宪法文化、民法文化、刑法文化、律师文化、监狱文化是种概念。由此可以看出，法律文化的含义尽管不如文化概念广泛，但仍然属于宏观法学思维。

　　事物的"概念……是我们认识事物的工具"[②]。我们之所以先介绍法律文化的概念，就是为了较准确地把握有关法律文化的内容与范围。中国古代法律文化是中国法律文化发展的一个阶段，尽管是一个很长阶段，并有自己的特点，但仍属法律文化的一部分，法律文化概念当然可以用来对其进行说明。

[①] 刘作翔：《法律文化理论》，商务印书馆1999年版，第65页。
[②] 费孝通：《乡土中国》"重版序言"，三联书店1985年版，第3页。

二　中国古代法律文化的主要内容

中国古代法律文化的主要内容大略可分为三个部分:法律理念与法律思想,历代递相沿袭形成的法律体系及其运作形态,法律思想教育和法律运作而形成的法律文化氛围及传统。

(一) 共同的法的理念,略不相同到逐步会通的法律思想

所谓理念,是人们对事物从感性认识到理性认识,对其应然状态作出的概括。法的理念是人们对法应该是什么作出的概括。中国古代关于法的理念集中体现在"法"字的形成与理解。中国字是象形文字,以其形表其义。法字古文为"灋"。此字由三部分组成:水、廌、去。据东汉许慎《说文解字》:"灋,刑也,平之如水;廌所以触不直者而去之,从去。"从水取其平,意即法平如水,从水。"廌",据《说文》:"兽也,似牛,一角,古者决讼,令触不直者。"传说古代诉讼盛行神明裁判,两造之一被廌触者为败诉。古代法官帽或袍上饰其形为标识,以示主持公平正义。这种关于法的观念在我国古代是共同的,与西方以女神手持天平和宝剑表示法的公平正义是同样意思。法律思想是人们关于法的概念、内容、本质、作用、特点及其产生、发展的认识。一般地说,法的理念是对法的认识,属于法律思想的一部分,但法律思想对法的产生与发展的认识更加系统。法律思想可分为两个部分:其一,学者和政治家个人的法律思想。他们的法律思想多表现于著述、言论。其二,统治阶级的法律思想,或称占统治地位阶级的法律思想。这种法律思想表现于统治阶级代表人物的著述、言论,但更典型的是体现于统治阶级的政策和法律之中。当然有一些学者的著述表述的也是占统治地位阶级的法律思想。

关于中国古代法律思想,夏、商、周的资料不多,从零星记载看,夏、商主要是宣扬"受命于天"的神权法思想。周实行宗法制度,主要宣扬"尊尊"、"亲亲"为核心的宗法思想。西周初年政治家周公旦总结商殷纣王残酷镇压人民导致灭亡的教训,提出"明德慎罚",对后世影响深远。

春秋战国是中国历史上大分化、大变革时期。史称:礼崩乐坏,权力下移,诸侯、大夫异政。代表不同阶级、阶层利益的政治家、学者纷纷发表政见,形成了"百家争鸣"的局面。由于留下的史料较前代为多,不少著述表述的主张较为系统,成为法律思想史的重要源头,史称"百家",其中主要是儒、墨、道、法四家。

儒家的法律思想 儒家创始人是孔丘,代表人物有孟轲和荀况。孔丘的代表作是《论语》,贯穿其中的是以"仁"为核心,以复礼为目的的思想体系。他主张"礼制"、"德治"和"人治",建立"君君、臣臣、父父、子子"[①]的伦理等级秩序。他说:"道(导)之以政,齐之以刑,民免而无耻;道(导)之以德,齐之以礼,有耻且格。"[②]他还说:"为政在人。"[③]孟轲是仅次于孔子的儒家代表人物,其代表作主要有《孟子》。其中发展了孔子的"仁"为核心的"德治"理论,明确提出"仁政"。他说"仁者无敌","以德行仁者王"[④]。统治者只能"以德服人",不能"以力服人"。他的重民思想很突出,在孔丘"爱人"思想的基础上,提出了"民为贵,社稷次之,君为轻"[⑤]。不过,他也主张"人治",在先秦思想家中首先提出"贤人政治"。他说:"贤者在位,能者在职"[⑥],"不仁而在高位,是播其恶于众也"[⑦]。荀况被列为儒家,留有《荀子》一书。但其内容与孔丘和孟轲的主张不完全相同。他主张"降礼重法",礼法结合。他说:"礼者,法之大分(本),类之纲纪也。"[⑧]意思是以礼作为立法和类推的根本原则。他以"性恶论"为出发点,论证应以刑罚惩治犯罪。他的两个学生,韩非和李斯是战国末著名的法家代表人物。荀况的学说开创了汉代礼刑(法)合一,儒法合流的先河。

墨家的法律思想 墨家创始人为墨翟,著有《墨子》。他是先秦最早对儒家学说提出不同见解的人。墨家学派认为,当时之所以"饥者不得食,寒者不得衣,劳者不得息",原因是"天下之人皆不相爱"。因此,提出人与人之间要"兼相爱,交相利"。他说:"欲天下之治,而恶其乱,当兼相爱,交相利。此圣王之法,天下之治道也,不可不务为也。"[⑨]他们的法律思想正是服务这一目的的。墨子认为治理国家必须有法,法如"百工为方以距,为圆以规","法若(顺)而然也"。至于以什么为法,他主张"以天为法",因为,

---

① 《论语·颜渊》。
② 《论语·为政》。
③ 《礼记·中庸》。
④ 《孟子·公孙丑上》。
⑤ 《孟子·尽心下》。
⑥ 《孟子·公孙丑上》。
⑦ 《孟子·离娄上》。
⑧ 《荀子·劝学》。
⑨ 《墨子·兼爱》。

"天之行广而无私,其施厚而不德"("德",《群书治要》作"息")①。墨家主张的"天",部分学者理解为"自然"。为实现其主张,他提出"壹同天下之义",即要以"兼相爱,交相利"统一思想,选天下之贤者为天子、正长。人们要服从他们,凡"受利天下者","上得赏之";"恶贼天下者","上得罚之",并要公正执法,"不党父兄,不偏富贵"。②

道家的法律思想　道家的代表人物是老聃和庄周,现存有《老子》和《庄子》。老聃诞生于春秋战国之交,庄子生于战国后期。老子的法律思想是"道法自然",他说:"人法地,地法天,天法道,道法自然。"③治理国家以自然为法,主张无为而治。道家既反对儒家的"礼",也反对法家的"法",主张无为而治。《老子》一书中说,"为无为,则无不治",所谓"我无为而民自化,我好静而民自正,我无事而民自富,我无欲而民自朴"。④ 他还说:"治大国若烹小鲜"。⑤意思是说治理大国要像烹调小鱼那样小心,不要折腾百姓。越折腾百姓,国家越难安宁。他的这种思想对汉初统治者有相当影响。

法家的法律思想　法家可以概括为主张"以法治国"的学派。春秋的管仲是其先驱。战国初的李悝、吴起,中期的商鞅、慎到、申不害,战国末期的韩非、李斯都是不同时期的代表人物。影响大的著述有《商君书》和《韩非子》。此外,还有《申子》、《慎子》等残篇佚文。现存《管子》一书情况较复杂,其中多是战国中后期甚至西汉时学者托管仲之名写的文章,不过也有很高的研究价值。法家视法为国家制定的、人人必须遵守的行为准则。"法者,国之权衡也"⑥,"尺寸也、绳墨也、规矩也、斗斛也、角量也"⑦。法的作用是"定分止争","兴功惧暴"。法律适用应是平等的,所谓"法不阿贵,绳不挠曲","刑过不避大臣,赏善不遗匹夫"⑧,一断于法。统治者若"以法治国,则举措而已"⑨。意思是说以法治国,治理国家是很容易的。法家认为"法与时转则治,法与时宜则有功","时移而法不易则乱"。⑩ 这种

---

① 《墨子·法仪》。
② 《墨子·尚贤》。
③ 《老子》第二十五章。
④ 《老子》第五十七章。
⑤ 《老子》第十六章。
⑥ 《商君书·修权》。
⑦ 《管子·七法》。
⑧ 《韩非子·有度》。
⑨ 《管子·明法》。
⑩ 《商君书·更法》。

历史观,为法的创新和发展提出了新理论。

作为中国古代法律思想之重要源头,春秋战国各家的法律思想有许多不同之处,诸如"德治"、"人治"与"法治"对立,"人治"、"法治"与"无为而治"对立,等等。但不可忽略的是各家法律思想有不少共同之处。其一,它们都是社会大变革时代为治理好国家寻觅出路,提出和阐明自己的治国方略;其二,各家所立足的社会文化背景均为农业自然经济,宗法制度影响巨大,都希望由贤人、能人进行统治,从不同角度维系宗法制度;其三,虽然反映不同阶级和阶层的利益,但实现社会安定是共同要求,安民或为民的思想在所提的治国方略中占主导或重要地位;其四,在持续"争鸣"过程中,各家思想都有所发展,并互相吸收,政治上影响大的儒法两家更是如此。荀况"隆礼重法"的主张和吕不韦《吕氏春秋》的内容就是明证;其五,如果说学者著述中的法律思想有对立又有会通,在统治者那里却能得到统一。统治者多是实用主义者,他们可能受某一派影响多一些,但从不会拒绝对实现统治有利的主张。

过去,尤其是在"阶级斗争为纲"的年代,学界和政界一些人士往往将春秋战国"百家争鸣"中的不同学派的争论,以当世之需描绘成"水火不相容"、"冰炭不同器",甚至完全否定了一些学派著述中的具有普遍价值的内容,这是不符合历史实际的。秦惠文君时诛杀商鞅、韩非入秦后被杀和秦始皇"焚书坑儒",均牵涉政治斗争或私人忌妒(如李斯对韩非),并非单纯的学术争论。否定儒家等学派著述中的普世哲理,更是对待优秀传统文化的错误态度。

(二)重视立法,在递相沿袭的基础上形成了形式多样、内容完备的法律体系

1. 历代统治者都重视立法。史称:"夏有乱政而作禹刑,商有乱政而作汤刑,周有乱政而作九刑。"[1]关于夏、商、周三代的法律史料,《尚书》、《竹书纪年》、甲骨文、金文中有所记载。周代崇尚礼制,但史籍有"罚蔽殷彝,用其义刑义杀"的记载[2],这说明周也采用了殷代法律中的适于其统治的内容,实行礼刑结合。

春秋战国之世,各国相继变法改制。鲁国"初税亩",郑国、晋国"铸刑

---

[1] 《左传·昭公六年》。
[2] 《尚书·康诰》。

鼎",魏李悝"集诸国刑典,造《法经》六篇"①,商鞅以《法经》为蓝本到秦国变法,为秦统一全国奠定基础。1975年在湖北云梦发现的秦代竹简,记载商鞅变法到秦始皇时期法律的部分内容。仅此,已可看出秦的法律内容十分丰富。秦始皇统一全国后"昼断狱,夜理书"②,可见对法律之重视。只是他称帝后,忘乎所以,"行自奋之智,不信功臣,不亲士民,废王道,立私权,禁文书而酷刑法"③,肆意破坏法律,招致迅速灭亡。

汉高祖刘邦总结秦暴政速亡的教训,在领兵入关之初,便与关中父老约法三章:"杀人者死,伤人及盗抵罪。"④以此争取民心。在打败项羽,取得楚汉战争胜利后,萧何便依《秦法经》六篇为基础,增《户》、《兴》、《厩》三章,为《九章律》。曹魏结束三国鼎立之局面,魏明帝即位三年(太和三年,公元229年)颁行魏《新律》18篇。魏《新律》首定"八议"之制,影响深远。晋律制定始于晋代魏之前司马昭辅政之时,颁行于武帝泰始三年。晋律在汉、魏基础上"蠲其苛秽,存其清约,从事中典,归益于时"⑤,共20篇。南北朝时,南朝沿袭魏、晋律,北朝的北魏、北齐立法有所建树,对后世影响较大。北齐律总结以往,首定"重罪十条",隋更名"十恶",后代一直沿用。

隋初,开皇元年(公元581年)制定新律,开皇三年更定,是为《开皇律》。隋炀帝即位,大业二年(公元606年)修订律令,三年颁行,是为《大业律》。《大业律》比《开皇律》量刑轻。但炀帝暴虐,不依律行事,不久被弃之不用。唐初,李渊起兵攻入长安,接受"炀帝昏乱,民不胜其毒"⑥,遂至于亡的教训,与民约法12条。宣布杀人、劫掠、背军叛逆者处死刑,余皆蠲除隋苛法。⑦ 武德元年(公元618年),开始定律,七年颁行天下。之后,太宗李世民修改《武德律》,颁行《贞观律》,高宗李治以《贞观律》为基础制定《永徽律》。这是现在保存下来最早最完整的一部封建法典。

宋初,战争仍在进行时,为实现统一,安定社会,便着手撰修法律。法律未制定前,先沿用五代后周的《显德刑统》。宋于太祖建隆四年(公元963年)颁行《宋刑统》,其内容沿袭《唐律》。宋代增加了编敕活动。元代,蒙古

---

① 《唐律疏议·名例》。
② 《汉书·刑法志》。
③ 《史记·秦始皇本纪》。
④ 《史记·高祖本纪》。
⑤ 《晋书·刑法志》。
⑥ 《新唐书·刑法志》。
⑦ 同上。

入主中原后,先沿用金国《泰和律》。元朝正式建立,先后颁行了《至元新格》、《凤宪宏纲》、《大元通制》、《至正条格》和《元典章》等。元无前朝那样篇目严谨的法典,各种法律间内容相混杂。

明初,朱元璋称吴王时,便着手制定法律。吴王元年撰律225条,同年12月颁行。翌年建都南京称帝。洪武七年(公元1374年)颁行《大明律》。《大明律》内容一准于唐,只是在名例之下按六部分《吏》、《户》、《礼》、《兵》、《刑》、《工》共七篇。《大明律》受《元典章》以六部划分法规体例影响分篇,开创了中国古代法典编纂的新体例。清朝满族入关前,为适应形势需要,便改变原有习惯法,制定具有法令汇编性质的《崇德法典》。入关后于顺治三年(公元1646年)沿袭《大明律》颁行《大清律集解附例》。之后,康熙、雍正、乾隆各朝一再修订,但主要条文和篇目仍依明旧。

以上所列事实说明:其一,历代统治者,尤其是开国君主无例外地都十分重视立法,重视以法律实现统治。有的是称帝之前(如刘邦、李渊、朱元璋),多数是称帝之初便颁行作为法律体系主干的法典;其二,法典篇目和内容,既沿袭前代,又结合当时需要有所创新;其三,在不断沿袭和创新的基础上,到唐代已形成了较完整的法律体系;其四,这个法律体系,后人称中华法系,无论在形式、体例和内容上都居于当时世界其他国家立法之前列。

2. 法律形式多样。中国古代法律体系,除以上内容,包括皇帝宫殿警卫、官员职责、土地等私有财产保护、赋役征收、工程兴建、商业管理、民刑诉讼等综合性法典之外,还有多种形式的单行法律,仅秦简所见就多达30余种。其中有《田律》、《厩苑律》、《仓律》、《金布律》、《关市律》、《工律》、《均工律》、《工人程》、《资律》、《徭律》、《司空律》、《置吏律》、《军爵律》、《传食律》、《行书律》、《内史杂律》、《尉杂律》、《属邦律》、《效律》、《除吏律》、《游士律》、《除弟子律》、《中劳律》、《藏律》、《公车司马猎律》、《牛羊课》、《傅律》、《屯表律》、《捕盗律》、《戍律》等。此外还有《封诊式》。这些是属朝廷颁布的法律。地方,至少郡一级,可以颁行地方性法规。秦简中的《语书》就是南郡守腾颁行的地方性法规。为了使法律便于适用,秦还有法律解释,并在审判中使用判例。秦对刑律的解释被秦简整理者概括为《法律答问》,有人称"律说",判例称"廷行事"。秦律的多种形式,大都被其后代王朝所承袭。"汉承秦制",从历史文献和江陵汉简记载的汉代法律看,许多单行法律名称,甚至内容均与秦律类似。汉代法律又是后来各代法律的渊源。唐代在综合性法典之外,还有律、令、格、式。现存唐律的"疏议",便是长孙无忌等奉旨对唐律的正式解释。"例"始于秦汉,盛行于两宋和元、明、清诸朝。内容多为司法中成功案例的规范化、条文化,较为灵活,为统治者所重视。明清两代将"例"附于律典之后,明称《大明律集解附例》,清称《大清律集解附例》、《大清律集解》。

以上均可列为成文法。中国古代,除成文法外,在基层和广大少数民族地区长期通行习惯法。习惯法是经国家认可的习惯,是由地区、乡社领导人或族长执行的行为规范。在基层,表现为乡规民约、家族法规;少数民族地区也见之于当地的语言文字记载。基层习惯法一般处理所在乡区民事纠纷和轻微刑事案件,少数民族地区,其领袖只要服从国家行政管理,按规定履行义务,在部内民事、刑事案件管辖方面,就会享有较大权力,有的甚至握有生杀予夺之权。

中国古代法律出现如此多的形式,尽管前期名称和内容显得重复,但后期却逐渐规范、明晰。其作用是显然的:其一,加强了法律适用在时间和空间上的灵活性,有利于效率提高。其二,父权、族权是君主权力在家族中的延伸,也是君权的基础和支撑。赋予一些特殊地方的家族和基层的习惯以国家强制力,有利于对基层的控制,有利于统治基础的稳定。其三,认可少数民族地区与内地不同的制度和习惯,并赋予他们的领袖以法律处分权,有利于国家的统一和安定。关于这一点,翻阅一下二十四史就会发现,自秦统一之后,历史上不少王朝对少数民族地区的管理多实行与内地不同的制度。诸如秦汉的"属邦"、"属国"制度;唐代的羁縻府州制度;明清两代对藏族地区宗教领袖的册封制度,对蒙古族地区的封王,以及对西南少数民族地区的土司制度等。这些制度的某些影响甚至延续到新中国建立之后。1997年7月香港回归时,我曾在香港的一次学术研讨会上讲"一国两制"时指出,它是"我国历史经验的积淀,是中华民族智慧的结晶",也是承传中华优秀文化解决当代问题的典范。① 这一论点正是依据上述历史事实而形成的。

3. 中国古代法律内容逐步完备。中国古代法律从战国、秦汉,经魏晋,到隋唐,内容日益完备;宋、元到明、清律,内容多因袭唐,并有所充实和发展。主要表现在以下方面:

法律竭力维护封建专制制度。等级特权是专制制度的本质特征,皇权

---

① 刘海年:《"一国两制"——从科学构想到成功实践》,香港《文汇报》1997年7月18日,《大公报》1997年7月19日。

是这个制度的核心。维护皇帝人身、宫殿安全，维护等级特权，是地主阶级根本利益所在。历代王朝所定律典都将此置于突出地位。典型的例子就是关于"八议"和"十恶"的规定。如前所述，所谓"八议"和"十恶"都是在总结前代法律基础上载入法典的。"八议"，首见于魏《新律》，其内容是：议亲、议故、议贤、议能、议功、议贵、议勤、议宾。以上八种人都是皇帝亲族和与封建国家关系密切的人物。这八种人犯罪，按《唐律》："诸八议者，犯死罪，皆条所坐及应议之状，先奏请议，议定，奏裁。流罪以下减一等。"除"八议"，还有以军功爵和官职抵罪。无官职、爵位者，有钱人可用钱财赎刑。[1]"十恶"首见于北齐律称"重罪十条"，隋更名"十恶"。其内容是：一曰反逆，二曰大逆，三曰叛，四曰恶逆，五曰不道，六曰大不敬，七曰不孝，八曰不睦，九曰不义，十曰内乱。犯"十恶"者，不管在与不在请议赎罪之限，均为常赦所不原。[2] 维护封建专制制度的法律还见于有关朝廷礼仪，国家机构运作，官吏任命、考核、升降、处分等。战国开始以官僚制代替春秋之前以血缘关系为纽带的世卿世禄制。为了加强对官吏的监管，秦大大提高了御史的地位，御史大夫位列三公，并逐级设监御史。对官吏的任命建立责任追究制，史称："秦之法，任人而所任不善者，各以其罪罪之。"[3] 任，荐举。秦律规定，不得重新起用被撤职的官员，"任废官者为吏，赀二甲"[4]。并规定官员调任新职不得带原来的属员，"啬夫及送见它官者，不得除其故宫佐、吏以之新官"[5]。唐律有惩治"荐举非其人"和禁止请托的规定，"诸有所请求，笞五十，主司许者，与同罪"，疏议解释说："凡是公事，各依正理。辄有请求，规为曲法者，笞五十。即为人请求，虽非己事，与自请同，亦笞五十。"[6] 如受人财，要加重治罪。在历代法律中，规范官员行为的规定不胜枚举，其目的都是为了将他们的行为限制于制度允许的范围之内，以利于国家的稳定。有关司法审判的内容在法典中从始至终都占有重要地位，法律强调司法公平，对徇私枉法、出入人罪者，要予以严厉惩处。

维护封建土地和私有财产制度。土地和财产私有是封建生产关系的核

---

[1] 以上见《唐律疏议·名例》。
[2] 《史记·范雎蔡泽列传》。
[3] 同上。
[4] 《睡虎地秦墓竹简·秦律杂抄》，文物出版社1978年版。
[5] 《睡虎地秦墓竹简·秦律十八种》。
[6] 《唐律疏议·职制》。

心,法律重视维护土地和财产私有权。李悝《法经》:"王者之政,莫急于盗、贼。"①这里说的"盗"是指偷盗,"贼"是指杀人和叛逆作乱的人。意思是说治理国家最紧要的是惩治偷盗财产和叛乱杀人的犯罪。所以《法经》将《盗》、《贼》列为六篇之首。后来的法律也都将其放在很重要的地位。秦律规定:"盗采人桑叶,不盈一钱……赀繇三旬。"②不到一钱罚服三十天繇役,可见惩罚之严厉。对于封建土地所有制,更是保护尤加。史称,商鞅变法,废井田,民得买卖,土地私有制得以确立。秦有惩治盗移田界标识的法律,"盗徙封,赎耐"③。所谓"封"就是当时田间的界标。"赎耐"是刑罚的一种。唐代初年,经隋末战乱,人口减少,大批农民离开土地,为了恢复工业生产,也是为了增强政权的基础,颁行《均田令》,将国内无人耕种的土地或荒地授予农民和官吏。"其官人永业田准品,及老小寡妻授田各有等级。"法律规定,授田之外不得盗种、盗卖公、私田。盗种者,一亩以下笞三十,五亩加一等。盗卖者,一亩以下笞五十,五亩加一等。在官侵夺私田者,一亩以下杖六十,三亩加一等。④ 宋、明、清律均有这方面规定。

关注农业、手工业、商业经营。商鞅变法鼓励从事农业生产,规定努力耕作"耕织致粟帛多者,复其身"⑤。秦《田律》规定地方官要及时报告庄稼生长及遭受自然灾害情况,注意种子的选择和保存。汉文帝说:"夫农,天下之本也,其开籍田,朕亲率耕,以给宗庙粢盛。"⑥汉有"上计"制度。唐以后,将地方官对农业管理和监督职责写入法典。唐律规定:"诸部内田畴荒芜者,以十分论,一分笞三十,一分加一等,罪止徒一年。"⑦明清律均定有"荒芜田地罪"。《大明律》规定:"凡里长部内已入籍纳粮当役田地,无故荒芜及应课种桑麻之类而不种者,俱以十分为率,一分笞二十,每一分加一等,罪止杖八十。"⑧除里长外,还追究人户及县官的责任。《大清律例》的规定与明律基本相同。为了发展农业和畜牧业,法律重视保护水利设施,保护自然环境。《逸周书·大聚》:"春三月,山林不登斧,以成草木之长;夏三月,

---

① 《晋书·刑法志》。
② 《睡虎地秦墓竹简·法律答问》。
③ 同上。
④ 《唐律疏议·户婚》。
⑤ 《史记·商君列传》。
⑥ 《汉书·文帝纪》。
⑦ 《唐律疏议·户婚》。
⑧ 《大明律集解附例》。

川泽不入网罟,以成鱼鳖之长。"秦律有类似的规定,但标明特例:"到七月而纵之。"并规定:"唯不幸死而伐棺椁者,是不用时。"①意思是说捉鱼鳖、鸟兽七月之后解除禁令,家中有人死亡到山林砍伐树木可以允许。有关手工业的法制,《礼记·月令》《周礼·考工记》均有记载。秦律规定更是具体,其内容涉及徒工培养、劳力考核、产品标准化等。如规定:"为器同物者,其小大、短长、广亦必等。"②就是说生产同一种产品,它的各个部件要相同。这当然是为便于生产过程中组装,日后损坏也便于修理,应该说是十分先进的法律。为了保证产品质量,秦律还规定了生产责任制,出土的不少秦汉器物均刻有生产者和监管者的姓名。这正体现了《周礼·考工记》关于"物勒工名以考其诚"。唐律《擅兴》篇有工程管理内容,明清律均有《工律》专管工程和手工业。统治阶级重农抑商,但并非不懂商业之重要,不加管理。齐国《市法》:"中国利市者强,小国利市者安。"《史记·货殖列传》:"农不出则乏其食,工不出则乏其事,商不出则三宝绝,虞不出则财匮少,财匮少而山泽不辟矣。"这说明古人对农工商之间的关系认识是清楚的。为加强对市场商贸管理,秦律规定:"有买及卖也,各婴其价;小物不能各一钱者,勿婴。"③这是说市场上值一钱以上的货物都要明码标价。秦律还规定:"为作务及官府市,受钱必辄入其钱缿中,令市者见其人,不从令者赀一甲。"④缿为一种陶制钱罐,钱能入,非碎不能出。后代商行之钱柜应是这种器物发展而成。

以上法律内容说明,封建法律主要是维护皇帝为代表的专制制度,为了维护这种制度,不能不注意经济发展。过去说封建阶级实行超经济剥削,现在看来,他们既实行超经济剥削,也重视经济剥削。包括手工业和商业赋税在内的赋税,永远是封建国家行政机构和军队赖以生存的源泉。

(三)家庭、学校与社会相结合的法制教育,形成了较好的守法习惯

1. 儒法两家和历代统治者重视法律教育。韩非对法下的一个定义是:"法者,编著之图籍,设之于官府,而布之于百姓者也。"⑤这是从形式上对法的描述,其中"布之于百姓"即为当时法家的主张。在此之前郑国叔向"铸刑鼎",晋国赵鞅"铸刑鼎",都是将法"布之于百姓"。孔子虽然曾反对晋国

---

① 《睡虎地秦墓竹简·秦律十八种》。
② 同上。
③ 同上。
④ 同上。
⑤ 《韩非子·难三》。

赵鞅"铸刑鼎",但并非不重视法制宣传教育。他曾说:"不教而杀谓之虐。"①对他的话,《十三经注疏》解释:"为政之法,当先施教于民,犹复宁申饬之教令,既治而民不从后乃诛也。若未尝教告而杀之,谓之残虐。"在历代的统治者中,朱元璋比较重视法制宣传教育。早在他称帝前还是吴王时,就曾命大理卿周祯"取所律令……凡民间所行事宜,聚类成篇,训释其义,颁行郡县,名曰《律令直解》"②。称帝后,洪武三十年(公元1397年)《大明律诰》成,朱元璋诏示群臣说明制作的目的:"法在有司,民不周知,故命刑官取大诰条目,撮其要略,附载于律……刊布中外,令天下知所遵守。"③他要求"户户有此一本","臣民熟读为戒"。④朱元璋还将《大诰》三篇颁诸学官,作为国子监学生和科举考试的内容。乡里则由塾师教授《大诰》。罪犯如持有《大诰》,还可减等处刑。他要求官员"于内外府州县及乡之里社皆立申明亭,凡境内之人民有犯者,书其过,名榜于亭上,使人有所惩戒"⑤。清康熙亲颁十六条上谕,宣传法律和道德,其中写道:"敦孝悌以重人伦……和乡党以息争讼……讲法律以警愚顽,明礼让以厚风俗,务本业以定民志,训子弟以禁非伪,息诬告以全民善,戒窝逃以免株连。"⑥

2. 法制宣传教育形式活泼,语言通俗。云梦秦简有《为吏之道》一篇。其中提出了官吏应遵循的行为规则,宣扬"忠信敬上"、"清廉毋谤"、"举事审当"、"喜为善行"、"恭敬多让";不要"见民倨傲"、"不安其朝"、"居官善取"、"受令不偻"、"安家室忘官府"。读之朗朗上口,通俗易懂。清代编之《三字经》、《弟子规》等,内容多为劝学、劝善、劝做人,并将历史上各类人物的相关事迹编入其内。即使目不识丁的文盲、家庭妇女也能背诵几段。诸如孟母三迁、司马光为救小朋友砸缸、孔融让梨,以及为学习头悬梁、锥刺股,等等。《弟子规》则系统宣扬孝、悌、信、义和泛爱众生等。这都属面向大众的读物。今天看来其内容有不少封建糟粕,但在当时它是与社会发展水平适应的。最重要的是这种由近及远的宣传形式,能使我们得到某种启发。

3. 法制宣传教育的内容做到法律与思想道德相结合。古代法律本来

---

① 《论语·尧曰》。
② 《明史·刑法志》。
③ 同上。
④ 《御制大诰·颁行大诰》。
⑤ 沈家本:《历代刑法考·律令考》。
⑥ 《清实录·圣祖实录》。

就是"寓礼于法",法律与道德结合紧密。康熙十六条上谕颁布后,立即有官员编写《上谕和律集解》,逐条阐明含义,然后指出如违反,依大清律应受何种惩罚。对于康熙后来发布的圣谕六条,除逐条讲解,附有相应律文,还编撰诗歌在民间传颂。这种法制宣传既增加了法律的亲情味,又强化了道德的规范力,将家庭、学校教育与社会教育相结合,提高了法制宣传和思想教育的效果。

由于重视法制和道德宣传教育,宣传不空讲大道理,而是由近及远阐明遵守法律和道德对于自己、家庭和宗族的利害关系,对社会和国家的意义,并"从娃娃抓起",使人能从孩童时就开始按法律和道德规范去了解自己的社会位置与义务。比如,为人子,为人父,为人弟,为人兄,为人夫,为人妻,为人徒,为人师,等等。就这样建立起君臣、父子、兄弟、夫妇等级伦理关系。这种关系对封建统治的稳定是有益的。如孔夫子所说:"为人也孝悌,而好犯上者鲜矣。不好犯上,而好作乱者,未之有也。"①总的看,中国古代遵守法律的情况,一般说治世情况较好。当然,官员中真正廉洁的和贪腐的都应该是少数,循吏是大多数。当时官员任职门槛较高,推举制下有资格推举的要求一定官位,并规定了连带责任:"任人而所任不善者,以其罪罪之。"②这里"任"就是荐举。在后来科举制下,平常时期任职官员要经秀才、举人、进士逐级考试,任职后还受严格监督。他们不能不谨慎小心。至于广大百姓,也是遵守法律的。如非帝王无道,上层腐朽,肆意破坏法制,致民不聊生、官逼民反,大家都愿安居乐业。法制与社会安定有密切关系,许多事实都可说明。1973—1974年,文物工作者在甘肃居延地区发现了一个简册,是东汉建武三年(公元27年)的一宗诉讼案卷。内容记录了当地边防军的一位相当于县令职务的军官,状告由河南移居当地的客民,说他借债不还。经乡啬夫调查,以充分证据说明客民不仅已还清了债务,而且还以实物和劳务多还了一部分。结果这位军官被县府判定"为政不直"③。"为政不直"在秦汉属于重罪。建武三年,内地刘秀与王莽的斗争刚刚结束,一些地方军阀自立为王混战的局面仍在继续,军人的地位应是很重要的。但为一个不很大的案子,判一位军官如此之重的罪,可见执法之严格。在国家局势混乱的

---

① 《论语·学而》。
② 《史记·范雎蔡泽列传》。
③ 见刘海年、杨一凡总主编《中国珍稀法律典籍集成》甲编第二册,科学出版社1994年版。

情况下,西北地区当时能保持稳定,与包括居延地区在内的该地区的官员坚持既定的法度有一定关系。

三 中国古代法律文化的主要特点

中国古代法律文化的特点,可以从不同角度概括。现择其要者谈以下几点。

(一)法律包容性大,体制稳定性强

中国是一个统一的多民族国家。中国法律文化为56个民族共同创造。在发展进程中,各民族既有主动借鉴,也有征服后实行。无论何种方式都为法律文化交流提供了条件。《尚书·吕刑》:"苗民弗用灵,制以刑,惟作五虐之刑曰法,杀戮无辜,爰始淫为劓、刵、椓、黥。"这说明古代法律中的五刑是受苗族先祖影响制定的。赵武灵王"胡服骑射",商鞅变法改变秦国父子兄弟"同室内息",也是一种法律文化方面变革。南北朝时的北魏、北齐法律各有建树。北齐"十条重罪"入律,是对秦汉以来法律相关规定的系统化。其后西夏编著法典,蒙古贵族入主中原制定的法律,虽不如前代系统,但基本内容仍是沿用唐、宋法律。《大元圣政国朝典章》(元典章)六十卷十类,设吏、户、礼、兵、刑、工等部,为明代更改法典体例提供了思路。《大明律》在《名例》之下按上述六部分篇,是古代法律体例的重大发展。清代满族贵族为统治中原,入关前就学习汉族法律文化。入关后提出"参汉酌金"的立法指导思想,在明律的基础上较快地制定了《大清律》,开始了268年的统治。

中国古代法律制度的发展历程,决定了其法律文化的包容性,使之具有很强的稳定性。它广泛吸收不同民族法律文化,能保持其包容性的基本特质。这种特质产生的凝聚力,促进了民族团结和国家稳定。当然,对它的稳定性特点不宜过分强调,当形势变化时还是应遵循"法与时转,制与世宜"的历史观,否则会像晚清以后那样,形成对吸纳外来优秀法律文化的阻力。

(二)礼刑相辅相成,儒法会通合流

礼起源于中国古代社会的宗教仪式,进入阶级社会后改造成体现等级秩序的行为规范,影响广泛。它的主要功能是"别贵贱,序尊卑"。西周初,实行礼制,礼成为国家运转的大法。"礼,经国家,定社稷,序人民,利后嗣

者也"①。"道德仁义,非礼不成;教训正俗,非礼不备;纷争辩讼,非礼不决;君臣上下,父子兄弟,非礼不定;宦官事师,非礼不亲;班朝治军,莅官行法,非礼威严不行"②。"夫礼,天之经也,地之义也,民之行也"③,"国之干也"④。礼所以被捧到如此之高的地位,是由于它的原则与内容适于维护以王权、父权为核心的等级秩序。礼,"政之兴也"。它可以"防民",也可以"整民"。《盐铁论》称:"礼周教明,不从者,然后等之以刑。刑罚中,民不怨。""安上治民,莫善于礼。"这就是说封建统治者认为,礼是刑罚的指导原则,礼的规范作用又靠刑维系。

春秋战国时,周代的礼制和世卿世禄制度虽被冲击,但由于礼的内容适于当时社会需要,汉之后随儒学地位上升,礼又被重视。董仲舒引经义断狱,儒家学者以经义注释法律,加速了儒法会通合流,礼与法的关系形成"本"与"用"的关系。所谓"德礼为政教之本,刑罚为政教之用,犹昏晓阳秋相须而成者也"⑤。礼有治国、理家、律己的功能,礼刑结合,儒法会通,是中国古代社会长治久安所需。这种法律文化不仅与西方迥异,与东方其他国家也有区别。

(三)强化伦理道德,维护宗法制度

宗法制度是中国古代以嫡长子为中心、以血缘关系为纽带的法则形成的一种制度。伦理关系是人与人之间的道德秩序关系。以血缘关系形成的宗法制度以男性为主体,嫡长子为大宗,别子为小宗;别子的长子在其世系内又为大宗,其余别子为小宗,以此相传形成宗族。在西周,宗法制度与国家制度紧密结合。周天子是大宗,掌管全国政权。其诸弟为小宗,分封为诸侯。维系这种制度的是礼制。春秋之后,礼坏乐崩,周室衰落,宗法制度被冲击,但这种宗法制度在其后的王公贵族和士大夫阶层仍有很大影响。王室贵族的封号、爵位继承、宗族祭祀,仍以宗法关系为准。在民间宗法制度的影响也很深远,婚丧嫁娶、财产分割中保留很深的印痕。由于宗法制度是以血缘关系为纽带,就使尊尊亲亲的伦理道德与之形成天然结合体,而这种结合既有利于家庭秩序、社会安宁,又有利于政权巩固,所以为中国古代法律所维护。父亲对子女有惩治权,侵犯尊长加重治罪。近亲属犯罪得相容

---

① 《左传·隐公十一年》。
② 《礼记·曲礼》。
③ 《左传·昭公二十五年》。
④ 《左传·僖公十一年》。
⑤ 《唐律疏议·名例》。

隐,以及某些犯罪依"服制"在一定的亲属间株连,均体现宗法制度和伦理道德的原则。中国古代皇帝称"天子",为黎庶父母,地方官为父母官。某些说法至今仍然流传,实为宗法制度残余的影响。

(四)皇帝总揽大权,行政干预司法

中国皇帝从秦始皇到清宣统,是古代封建统治制度的重要组成部分。其权力之大,延续时间之长,为世界仅见。王朝虽屡经变换,但皇帝集立法、行政、司法大权于一身的状况始终无变化。即使在外戚、后宫干政的情势下也如此。他们在取代皇位之前,发号施令仍不得不假借皇帝之名。这是因为皇帝作为封建阶级的总代表,其集权是国家稳定、社会经济发展的利益所在。恩格斯曾说:"在这种混乱的状态中,王权是进步的因素……王权在混乱中代表着秩序。"①以上是一般评价。在司法方面如何评价要具体分析。据《史记》,秦始皇曾"昼断狱,夜理书",说明他亲自审理案件。汉高祖刘邦规定朝廷"谳疑狱",即讨论审核疑难案件,至少说明他干预疑难案件的审理。唐太宗李世民在错杀大臣张蕴古后,规定外地命案"三覆奏",京师命案"五覆奏",由他亲自裁定。明代建立"热审"、"朝审"制度,清代有"秋审"和"朝审"。这是对各省和京师地区判斩监候和绞监候的重罪犯人由朝廷集中复审的制度,经审理判处者一律报奏。这也是皇帝控制司法的一种方式。地方官员如县令长、郡守作为帝王在当地的代表,早期审理案件为其职责,后来随着司法制度完备,已专设司法官,但他们仍干预重大疑案审理。这都使行政干预司法成为传统。

(五)刑罚手段严酷,定罪讲究规格

刑罚作为对犯罪的报复,世界各国皆然。西方有"同态复仇",中国则是"杀人者死,伤人者刑"②,或"杀人者死,伤人及盗抵罪"③。其中主导思想也是报复。中国古代刑罚残酷主要表现在,以严刑惩办对抗统治阶级的犯罪,违反伦理道德、侵害尊亲属的犯罪,以及肉刑的适用。肉刑,前期是黥、劓、剕、宫、大辟;后期是笞、杖、徒、流、死以及笞刑和杖刑。死刑种类前期较多,后期除法外用刑,主要是绞、斩等,最残酷的是凌迟。

刑罚固然残酷,死刑尽管种类繁多,但审理时比较讲究规格,适用还是慎重的。《尚书·吕刑》:"两造俱备,师听五辞",两造指诉讼双方当事人,

---

① 《马克思恩格斯全集》第21卷,人民出版社1965年版,第453页。
② 《荀子·正论》。
③ 《史记·高祖本纪》。

师听五辞是要求审判官员要认真听有关触犯五刑之辞。从金文记载看,周代宣判案件一般有上级官员在场。古代审讯人犯不提倡过度刑讯,唐律规定刑讯不得过三度,总数不得超过犯人罪行应受的惩罚。为了正确处理案件,很早就有法医检验制度。《礼记·月令》:"孟秋之月……命理瞻伤、察创、视折、审断,决狱讼,必端平。"理为治狱之官员。蔡邕曰:"皮曰伤,肉曰创,骨曰折,骨肉皆绝曰断。"云梦秦简《封诊式》记载了十几例有关作案现场的检验式例,其中有《疠》(麻风病)、《贼死》、《经死》、《穴盗》、《出子》等,说明当时已总结出不少成熟的经验,使用了痕迹检验。南宋宋慈的《洗冤集录》,是我国也是世界上最早的一部法医学著作。它编撰于淳祐七年(公元1247年),比意大利人编著之法医学专著(公元1602年)早350余年。后经朝鲜传入日本,19世纪末20世纪初英国、荷兰、法国、德国有译本。这些资料都说明,中国古代审理案件是注意弄清事实,讲究规格的。至于死刑,更是慎重。前面谈到汉高祖"谳疑狱"、唐以后历代的"三覆奏"、"五覆奏",即为死刑复核程序。唐贞观四年处死刑仅29人,当时全国人口已达5000万。史载,明初,太祖亲自"录囚","有大狱,必面讯"。清康熙曾说:"人命事关重大……情有可原,即开生路。"①雍正三年(公元1725年)上谕自称:"临御以来,钦恤刑狱,每遇司法奏谳,必再三复核,唯恐稍有未协。"②死刑慎用还表现在明清两朝的"会审"和"秋审"制度。清入关后,顺治元年(公元1644年),刑部侍郎党崇雅奏:"旧制,凡刑狱重犯,自大逆、大盗决不待时外,余俱监后处决。在京有热审、朝审之例,每至霜降后方请旨处决。在外省亦有三司秋审之例,未尝一例死刑辄弃于世。乞照例区别,以昭钦恤。"③此后,清也建立了秋审、朝审之制。

清律规定严重犯罪立即处决者为"斩立决"或"绞立决";不十分严重的可暂判"斩监候"或"绞监候",延至秋后由刑部会同三法司九卿会审复核。时间是每年秋天八月,地点在天安门外金水桥西。审后分别判定:情实(罪情属实,罪名恰当),可矜(案情虽属实,但情节不严重,可免于处死),留养承祀(情节虽较严重,但父母、祖父母年老无人奉养,可免于处死)。判定后由刑部具题奏皇帝裁定。朝审是对京师在押死囚审录。刑部在押重犯,每年一次朝审。程序是刑部堂议后,奏请特别大臣复核,然后会同九卿于秋审

---

① 《清史稿·刑法志》。
② 《大清律例通考》。
③ 《清史稿·刑法志》。

前一天在天安门外金水桥西审录,具题后奏请皇帝裁决。

(六)争纷调处解决,以求息讼和睦

中国古代系农业自然经济。人民大众多以血缘关系聚族而居,由地缘关系邻里相望,相互关系盘根错节、枝蔓相连,共同防御自然灾害和社会危险更拉近了彼此之间的距离。在此社会经济和文化传统下,和睦相处既是大众的共同需要,也是统治者所期望。相互间发生纠纷,首先通过调解平息。孔子说:"听讼,吾犹人也,必也使无讼乎!"①"吾犹人也",说明当时许多官员都如此办案。其实无论儒家、墨家、道家、法家,治国的理念都希望安定和睦,法家提出"定分止争"就很说明问题。史载,汉代吴祐任胶东相时,"民有争讼者,辄先闭合自责,然后断讼,以道譬之。或亲到闾里重相和解。自是之后,争讼省息,吏人怀而不欺。"②《隋书·刘旷传》记载,开皇初,刘旷为平乡县令,"人有争讼者,辄叮咛晓以义理,不加绳劾,各自引咎而去。所得俸禄,赈施穷乏。百姓感其德化,更相笃励,曰:'有君如此,何得为非。'在职七年,风教大洽,狱中无系囚,争讼绝息,囹圄皆生草,庭可张罗。"俗语说"一场官司,三世仇",争纷凡能自行调解,尽可能不诉诸官府。明太祖朱元璋洪武三十一年颁行之《教民榜文》称:"民间户婚、田土、斗殴相争,一切小事不准辄便告官,要经由本管里甲、老人理断。若不经由者,不问虚实,先将告人杖断六十,乃发回里甲、老人理断。"其理由是:"老人、里甲与乡里人民,居住相接,田土相邻,平日是非善恶,无不周知。凡因有陈诉者,即须令议从公部断。"清康熙更是提倡"笃宗族以昭雍睦,和乡党以息争讼"③。在官府大力支持下,普遍盛行宗族调解、相邻亲友调解、基层里保调解和县州府调解。这说明调处解决纷争,既有群众基础,也是官府需要,朝廷有圣谕,乡规民约和家族法中有申明,终成中国古代社会解决大量民事和轻微刑事案件之重要途径。

四 中国古代法律文化的影响

考察中国古代法律文化的影响应注意两点:其一,如马克思恩格斯指出

---

① 《论语·颜渊》。
② 《后汉书·吴延史卢赵列传》。
③ 《上谕十六条》。

的,除原始状态外,"到目前为止的一切社会的历史都是阶级斗争的历史"①。其二,要将特定朝代的法律文化以发展的眼光放在特定的历史条件下进行分析。任何阶级斗争都是为了夺得政权和维持政权。统治阶级为不使其王朝覆灭、统治崩溃,都会在不断总结前人成功与失败经验的基础上,建立一定的社会秩序。一般说这种秩序要适应经济发展,社会稳定,人民安居乐业的需要。中国古代法律文化是中国传统文化的重要组成部分。由于其特质,它对传统文化、对中国古代文明具有推动和保障作用。它立足于农业自然经济社会,受宗法制度影响形成的等级特权制度,很长时间适应中国古代社会发展;它将人们在生产中积累的有益经验加以条理化,赋予国家强制力,在社会相关领域加以推广,推动了农业、畜牧业、手工业和商业发展;它将人们对自然的认识加以提高,力争处理好与土地、山林、流水和鸟兽等自然界的关系,有利于人们生存繁衍;它贯穿人本精神和伦理道德,维护家庭关系,促进了邻里和睦和民族团结;它寓礼于法,将礼法密切结合,既增强德礼的规范作用,又赋予法律以亲和性,为法律贯彻排除了某些阻力。春秋战国时诸贤哲的法律思想完全可与西方古希腊哲学家的法律思想相媲美;在制度层面,早在2000年前的秦朝就已实现了"皆有法式"。而作为现存的最完备的封建法典,《唐律疏议》早于欧洲的《撒利克法典》1000多年,其文明程度远远高于《撒利克法典》。不可否认,中国古代刑罚是残酷的,不过从世界文明进程看,却是难以避免的,各民族大体都经历了如此痛苦的过程。中国刑法较早废除了凿肌肤、断肢体的肉刑。司法讲究程序,注意适用证据。死刑要经朝廷复核,甚至要由皇帝最后审批,这都应历史地予以肯定。中国古代文明发展到如此高的程度,很长时间居于世界领先地位,与包括古代法律文化在内的传统文化的作用和影响有密切关系。

中国古代法律不仅对本国有巨大作用,而且对东亚诸国也产生了深远影响。

对朝鲜,高丽王朝474年的统治,法律制度多取自《唐律》。《高丽史·刑法志》曰:"高丽一代之制,大抵皆仿于唐。至于刑法,亦采唐律,参酌时而用之。"朝鲜太祖李桂成时代的《经国大典》、《大典续录》、《续大典》中的《刑典》和《刑法大全》则援用《大明律》的主要条文。

对日本,天智天皇时制定的《近江令》,天武天皇时制定的《天武律令》,

---

① 《马克思恩格斯选集》第1卷,人民出版社1972年版,第250页。

以唐贞观前后的"令"为蓝本。至于对日本法治有划时代意义的《大宝律令》及其后的《养老律》,篇目和内容都仿《唐律疏议》。日本史学家桑原骘藏曾指出:"自奈良至平安时期,吾国王朝时代的法律,无论形式与精神上皆依据《唐律》。"①穗积陈重指出:明治三年十二月颁布的《新律纲领》,"系以中国之唐明律为蓝本"②。

对越南,李太尊时颁布的《刑书》、陈太尊时颁布的《国朝刑律》,都脱胎自唐律而成。潘辉注《历朝宪章类志·刑律志》指出:"按李陈刑法……当初校定律格,想亦尊用唐宋之制,但其宽严之间,时加斟酌"。阮世祖高皇帝时的《嘉隆皇越律例》、宪祖阮旋时的《钦定大南会典事例》等,都受《大明律》直接影响。

中国古代法律文化先进于东亚诸国。这些国家依照或借鉴中国法律制定本国法律,对其政治、经济、文化发展产生了积极影响。

五 关于法律文化自觉

所谓法律文化自觉,是指人们依据本国的实际情况,顺应历史发展的客观要求,自觉认识法律对治理国家,发展社会经济、政治、文化的重要作用。他们或通过著书立说,或通过提出治理方案,或作出科学决断,采取相应举措实现发展之目的。从上述所讲内容可以了解,中国古代不乏这样的人物。春秋战国时"百家"中的许多思想家、政治家,秦王朝统一全国后,历朝历代之明君、良臣,如秦始皇、李斯,汉高祖、萧何,唐代李渊、李世民父子和长孙无忌、魏征,明代的朱元璋,清代的顺治、康熙、雍正、乾隆等。他们在过程中可能有这样那样的失误或问题,甚至如秦始皇成为暴君留下千古骂名,但他们在古代法制建设、法律文化发展中的历史贡献是不可磨灭的。对人不能求全责备,他们无论是帝王、是臣工或学者,共同的特点是能认识法律对治理国家之重要,正确总结历史的、现实的经验教训,比较实事求是地评价本国法制的实际情况,以开放的态度借鉴别人的经验,完善自己国家的法律和制度。其中,秦王朝的速亡和一些王朝的倾覆,恰恰是由于破坏了国家法制。

---

① [日]桑原骘藏:《中国法制史论丛》,第213页。
② [日]穗积陈重:《日本新民法》,转引自杨鸿烈《中国法律对东亚诸国之影响》,中国政法大学出版社1999年版,第274页。

我们学习中国古代法律文化有关知识，一方面是为了正确认识包括法律文化在内的中国传统文化，同时也是为了从历史经验中得到某些启示，古为今用，推进我国社会主义法治建设。十七大报告中有一段话在这方面有重要指导意义："中华文化是中华民族生生不息、团结奋进的不竭动力。要全面认识祖国的传统文化，取其精华，去其糟粕，使之与当代社会相适应，与当代文明相协调，保持民族性，体现时代性。加强中华优秀文化传统教育，运用现代科技手段开发民族文化丰厚资源。加强对各民族文化的挖掘和保护，重视文物和非物质文化遗产保护，做好文化典籍整理工作。加强对外文化交流，吸收各国优秀文化成果，增强中华文化国际影响力。"

有一段时间我们在法律文化方面的自觉性是不够的。对古代法律文化否定过多，对近现代法律文化重视也不够。有些倒是国际社会的友好人士在不断提示我们。

1991年我们在加拿大会见了当年《世界人权宣言》起草者之一汉弗莱先生，他向我们讲述了一个故事。1948年，当《世界人权宣言》（下称《宣言》）起草在一些问题上发生争论、相持不下时，是中国代表张彭春提出学习中国儒家的中庸之道，学习"己所不欲，勿施于人"等儒家学说，打破了僵局，受到主持《宣言》起草的埃莲娜·罗斯福夫人的称赞，至今传为美谈。1975年我们赴瑞士考察，在日内瓦国际红十字会展览大厅，看见一块大石头上赫然以中文和英文刻着"己所不欲，勿施于人"八个大字，很引人注意和深思。

1998年在法国巴黎召开的世界诺贝尔奖获得者集会宣言写道："人类要在二十一世纪生存下去，必须要从两千五百年前孔子那里去寻找智慧。"[①]此语一说为大会主席的讲话。无论是宣言或会议主席讲话，都说明国际社会的著名学者对中国传统文化之于当今世界发展的重视。

美国哈佛大学科恩教授说："中国法律制度最引人注目的一个方面是调解在解决纠纷中的不寻常的重要地位。……'调解'等于'和解'，是指通过第三者解决纠纷，不给出有约束力的判决方法。中国的调解者发挥了这样的作用，他把互不理解的当事人联系到一起，从另一个角度来看，他不仅建立了当事人的联系，而且找到了争议点，确定了事实上的问题，尤其是提出了合理的解决方案……动用了强力的政治、经济、社会和道德上的压力，并

---

① 《孔子语录》，澳门人文科学学会2002、2003、2004年版。

施加于一方或双方当事人身上,使他们最终保留小的争议,但达成'自愿一致的意见'。"作为一个外国人,科恩的评价不见得十分确切,但他对中国调解制度的肯定是显然的。2000年11月,在英国访问时,英国国际著名民事诉讼法专家、英国民事诉讼程序改革设计者沃尔夫教授曾对我们代表团说,英国民事诉讼加大调解力度是学习中国的经验。

此外,春秋战国时孙武所著《孙子兵法》,虽系私人著述,主要论证战争哲学和攻防谋略,但其论点科学,论证充分,分析精辟,是重要的军事法学和哲学文献。它不仅对中国古代法律文化有重要影响,对现代战争有重要参考价值,而且受到外国军界、政界甚至商界广泛重视。其中的一些重要论述,成为他们走向成功之路的箴言。被称为美国军事将领摇篮的西点军校将《孙子兵法》列为必修课,该校十分注意中国对《孙子兵法》的研究。20世纪70年代,我国在山东临沂银雀山汉墓的简牍中发现了久已失传的《孙膑兵法》,当时,内容尚在研究之中,西点军校便邀请我国参加整理的专家去举办讲座。由此可见其对中国古代军事法律文化之重视。

我国现在正在深化体制改革,中央号召我们要继续解放思想。法治建设方面,在已有的基础上提高法律文化自觉是重要的。根据历史和现实经验,提高法律文化自觉要求人们对自己的国家和民族的法律文化传统,即它的产生和发展的过程有所了解。同时也要求对其他国家和民族的法律文化有所了解,对国际交往行为规则及其发展趋势有所了解,在此基础上对我国法律文化的现状作正确判断,以立足国情,结合实际确定正确发展方向。对于我国国情,应以发展的眼光,既要看过去,也要看现在;既要看国内,也要看国际。对国内既要注意人口多、底子薄、公民整体文化素质有待提高,许多问题的解决不可能一蹴而就,操之过急;也要注意改革开放30年来经济、政治、文化和社会建设方面的巨大变化,尤其是新成长起来的一代年轻人已成为国家建设事业的主力,他们对进一步改革和发展的迫切愿望。应该说,国际地位也是国情的重要方面。由于我国经济、政治、军事实力增强,国际影响日益扩大,发达国家和发展中国家从不同角度对我国承担更多国际义务寄予了希望和提出了要求。为了维护世界和平与安全,为了对我国发展营造良好的国际环境,我国在迅速步入国际社会,熟悉国际行为规则的同时,要对国际行为规则的改革和发展,为国际新秩序的构建做出更大贡献。这要求我们:

其一,要重视法治建设。"依法治国,建设社会主义法治国家"是历史经验的总结,是我国人民经长期奋斗并付出了重大代价而获得的权利,是我国的宪法原则,我们要不断加深认识它的重要性,努力贯彻落实。为此,我们要大力发掘我国法律文化的优秀内容。我国古代重视法制建设是无可辩驳的事实,历代王朝也为法律实施采取了诸多措施,其中不乏有益经验。我们要在新形势下加以梳理,使其成为中国特色社会主义法治建设的重要思想资源。

其二,为达此目的,我们在传承古代法律文化优秀内容的同时,要坚决摒弃其糟粕,尤其要汲取历史上一些王朝统治者破坏法制,贪污腐败,官逼民反,招致崩溃的教训。在实践中要有勇气直面我国法治的现状,既要看到成绩,也要看到存在的问题。千万避免以我们取得的巨大成绩而忽略或掩盖存在的严重问题。要抓住机遇,迎接挑战,推进改革,实现发展。

其三,要注意国际形势发展和当代世界的变化。要看到别国发展中存在的问题,也要肯定别人的长处,进一步解放思想,从外国法律文化发展进程中大胆汲取于我有益的经验,推进我国社会主义法治建设。

总之,对自己不可妄自菲薄,也不可妄自尊大;对别人不应盲目崇拜,也不应肆意贬低。在前进中不断总结经验,通过交流取长补短,高举旗帜,坚持科学发展观,使法治真正成为社会主义和谐社会的重要内容和可靠保障。

(原载《部级领导干部历史文化讲座》,北京图书馆出版社2007年版)

中国古代的城市演进与法制[*]

按:本文是应上海世博局和上海市法学会之邀,2009年12月6日在上海"第六届世博会法治论坛"上的专题报告。城市演进及相关法制是人类文明进程的缩影。中国古代和近代城市历史悠久,规模恢宏,许多建筑甚为精美,只因多为土木结构,饱经沧桑之后,明代之前较完整的存留不多,但遗址尚存。后代城市多是在原基础上重建,通过较为详细的文字记载,仍能清晰地窥见其发展的轨迹。本文扼要地介绍了历代王朝都城和重要城市的发展。许多城市能成为全国和地区的经济、政治、文化中心,有的甚至达到百万人的规模,成为中外交流的平台,这与在建设和管理中注意法律制度有密切关系。诸如,城市选址,城墙与护城河沟的规格,城内宫廷、官府、街坊、市场布局;手工业、商业管理,宫廷警卫及城市治安维护;城市湖泊、林木环境美化,污物排放、垃圾处理以及战争情况下城市防守等,不仅有明确法制,而且得到了遵行。现在我国正全面建设小康,逐步推进城镇化。我们应认真总结和吸纳历代以法律治理城市的有益经验。

城市出现是人类跨入文明门槛的标志。城市发展是社会经济、政治和

---

[*] 原载《东方法学》2010年第2期,《城市与法》转载,法律出版社2010年版。

文化发展的重心，许多城市还是军事基地和战争堡垒。中国古代城市在中华文明进程中曾发挥重要作用。研究它的演进及相关法制，对于深入了解中华文明和思考当代城市建设是有益的。

一 中国古代城市演进的轨迹及特点

(一)中国古代国家形成前后至战国的城市演进

从考古发掘材料看，中国古代城市最早出现于公元前3000年左右至前2000年之间，主要分布于黄河、长江中下游，四川盆地和内蒙古河套地区，现已发掘总数50余座。其面积，小者为两万平方米左右，中者为数万至十数万平方米，大者为数十万平方米，湖北天门石家河城最大，"城垣大体呈圆角长方形，南北长约1200米，东西最宽处约1100米，面积约120万平方米"[1]。城市与产生于前或与之同时存在的聚落不同，有城垣和护城河(壕、沟、池)为标志。目前发现的城市遗址，墙垣高低宽厚、护城河壕深浅广狭不一，但其防御野兽、敌人侵袭和自然灾害的目的则是显然的。城内有房屋建筑，有的房屋建于人工所筑高台之上；还有祭祀、墓葬和制陶等手工场所遗址。从居住、墓葬和手工场所遗址，可以显出不同社会分工和凌驾于社会成员之上的公共权力的雏形。过去，学界有一种意见认为，中华文明源于黄河中下游然后向外辐射。古代城市遗址发掘材料说明，黄河、长江中下游，四川盆地与河套地区的先民们几乎同时跨入文明社会的门槛，中华文明源头至少在地域上清晰地显出其多元性。

从文献记载和考古发掘的材料看，"城市"的称谓是在"城"与"市"联结后开始使用的。"市"先于"城"而出现。《易》："日中为市，致天下之民，聚天下之货，交易而退，各得其所。"[2]这里说的是神农氏时的景况，人们中午相聚，交换货物，然后各自退去，很像后来农村的集市。至于其中说"致天下之民，聚天下之货"，只是泛指，形容人众、货多，其实参加交易的范围不可能那么广大。随着社会经济发展，在一些聚落的基础上开始建城，部分市设于城中，城内出现专供交易的市，久之，"城市"的称谓便应运而生。在农业自然经济条件下，绝大部分人生活在农村，城市地位虽然重要，覆盖面毕竟有限，所以，除集中于城中的"市"以外，自古至今乡村中的集市一直存

---

[1] 任式楠：《中国史前城址考察》，《考古》1998年第1期。
[2] 《易·系辞下》。

在。当代农村说"赶集"、"赶场"、"赶圩",即是到这种集市做交易。"城"又与"池"联结使用,称"城池"。"池"是指城墙外的护城河、沟(是否包括城内的天然湖泊,如汉长安的"昆明池"、唐长安的"曲江池"、元大都的"太液池",可以研究)。北京紫禁城的护城河俗称"池",至今旁边的街区称"北池子"、"南池子",应由此而起。银雀山汉简关于战国的城、池有明确记载:"万乘之国,郭方(十)七里,城方九里……池(广)百步,围城郭……(郭)方十五里,城方五里……池广八十步"。① 战国秦制,每步约合今 1.38 米,一百步、八十步约合今 138 米和 110.4 米,护城河应该是很宽的,在北方难以达到如此标准,在南方"池"的防护作用则超越城墙。据古文献记载,唐、宋时桂林的护城河借漓江和阳江及天然湖泊,其宽度或超过 150 米,可想其防护作用之大。"城"又与"乡"相对应。城在乡聚的基础上形成,乡聚出现早于城。城出现后,功能逐步多样化,并很快成为统治者居住和行使权力的地方,城乡之间由对立进而结合,形成对立统一的关系。

　　对于我国跨入文明社会门槛的时间,学界已基本形成共识,以公元前21世纪夏禹的儿子启"私天下"为标志。夏禹是夏部落的领袖,以夏部落为主的部落联盟活动于今西起河南西部和山西南部,东至河北、山东交界的气候温暖、河网密布、土地肥沃、适于耕作的地区。夏启即位于钧台(今河南禹县),相继迁都安邑(今山西夏县)、斟鄩(今河南巩县)、阳翟、都源(今河南济源县)、老丘(今河南陈留县)、渑池和洛阳等地。夏频繁迁都反映当时牧业经济仍占相当比重的特点。夏城市遗址发现不多,只是斟鄩遗址(河南巩县、偃师附近稍柴村)较为明显。史称:"太康居斟鄩,羿亦居之,桀又居之。"②此外,在四川盆地成都平原新津、温江、郫县、都江堰等地新发现一批古城遗址。"五座城址的选点地形、筑城方法、墙根宽度以及出土的遗物等,基本面貌一致,初步认为其年代约在公元前 2600—前 1700 年范围内。"③此地区虽非夏活动、统治地域,但城址的下限却属夏代,应为同期的城市遗址。现存史料中,有夏启征讨有扈前对诸士众发布的一篇誓言,应为最早的军事法律。其中谈道:"用命赏于祖,弗用命戮于社,予则孥戮汝。"④意为汝等若奉命,赏之于祖主之前,若不奉命,则戮之于社主之前,还要杀死

---

① 《银雀山汉墓竹简·守法守令等十三篇·守法》,引文括号中之字据整理者注释所加。
② 转引自高元池《洛阳建筑志》,中州古籍出版社 2004 年版,第 3 页。
③ 任式楠:《中国史前城址考察》,《考古》1998 年第 1 期。
④ 《尚书·甘誓》。

你们的儿子。这里所说的祖主即祖先的牌位,社主即社神的牌位。有说这牌位战时携带于军旅,平时当供奉于都城。后代帝王宫殿之"左祖右社"①应由此而起。

经考古发掘,商代城市面貌较为清晰。据《史记·殷本纪》,商祖先契,佐禹治水有功,封于商,以所居地商为姓。契至成汤凡十三代,八次迁徙,居亳。是时,"夏桀为虐政淫荒,而诸侯昆吾氏为乱",汤乃兴师伐昆吾,伐桀,灭夏,建立商朝,都亳。现在发掘的商城有五座:河南偃师商城、郑州商城、安阳殷墟、湖北龙城和四川三星堆等。偃师商城遗址面积约190万平方米,郑州商城25平方公里,殷墟24平方公里。城市的功能初步分为宫殿区、居民区、墓葬区以及制铜、制陶、制骨、纺织、酿造等手工业坊区。② 汤建商朝至盘庚五次迁都。盘庚迁都于河南安阳殷地后,史称商为殷,也称殷商。从殷墟和四川三星堆出土的文物看,商代手工业产品精美,无论是铜鼎或玉雕等,工艺都达到了很高水平,非长期发展和具备雄厚的综合技术基础很难达到。它表明了当时社会经济和城市发展状况。殷墟发现的甲骨文,是我国目前发现的最早的文字,单字约4500个左右,已认识的约1700字。其中有关于五种肉刑和对奴隶、罪犯适用刑罚的记载。甲骨文所记卜辞与文献记载相印证,说明商人十分迷信。商王兴兵征战和惩罚犯罪都通过占卜向上天询问吉凶。

总结夏特别是商代暴虐灭亡的经验教训,西周统治者对治理国家的指导思想提出"明德慎罚",组织管理实行以嫡长子为中心、以血缘关系为纽带的分封制。为贯彻这一指导思想和保证组织管理举措实施,在继续重视法律的同时,还强调实行礼制。分封制与礼的规范作用一定程度上改变了国家松散状况,密切了各地区与周王室的关系。这种制度对城市建设也产生了重要影响。据《史记·周本纪》:周先人原为活动于陕西泾水、渭水流域的部落,武王发的祖父古公率众避戎狄攻战,迁于岐山,"于是古公乃贬戎狄之俗,而营筑城郭室屋,而邑别居之,作五官有司"。这应是关于西周城市最早的记载。后文王于沣河西岸建丰京,武王灭商在沣河东岸建镐京,两城有桥相连,史称丰镐(今陕西长安县)。关于丰镐遗址已难看到,《周礼·考工记》记载:"匠人营国,方九里,旁三门。国中九经九纬,经涂九轨。

---

① 《周礼·考工记》。
② 傅崇兰、白晨曦、曹文明等:《中国城市发展史》,社会科学文献出版社2009年版,第39、40页。

左祖右社,前朝后市。"《考工记》为后人依战国遗简所撰。这里所说的"国"是周王国都还是封国之都城,历来意见不一,此引文只资参考。除丰镐之外,西周营建的城市当属洛邑(今洛阳)。在洛邑建新城为周武王时的计划。成王即位,为加强对东部的统治,周公、召公将建新城计划付诸实施。新城完工后,周公又在洛水北岸建成周,迁殷人于此。公元前770年平王东迁,洛邑为都城,史称东周。从平王到悼王共有十三王居洛阳王城。晋《元康地道志》:"王城南北九里七十步,东西六里一百步。"[1]以上是两周之都城。至于邦国,依爵位高低各有制度。《考工记》贾公彦疏引郑注:"公之城盖方九里,侯伯七里,子男五里。"方指城周长。当时是否严格依此数,不清楚。不过,《左传》关于"都城过百雉,国之害也。先王之治:大都不过三国之一,中五之一,小九之一"的记载[2],是隐公元年,即公元前722年的事,说明春秋初城市按分封爵秩高低确定大小规模的制度是存在的。而前文所引1972年在山东临沂银雀山发现的汉代竹简记载告诉我们,战国时这种限制已发生了较大变化。关于西周和东周时的城市经济,传世和出土的青铜器、玉器以及其他文物表明,在商代的基础上又有了新进步。尤其值得注意的是,随着社会经济发展,民事和刑事关系的法律调整日益受到重视,不少铭文记载有我国古代最早的交换合同和刑事案件的审理及判决过程,史料弥足珍贵。[3]

春秋战国是中国古代史上思想大解放,制度大变革,社会大发展时期。随着科学技术进步,青铜器铸造技术进一步提高和铁制工具在农业和手工业领域使用,地方经济发展,实力逐渐增强。在此背景下,各国纷纷变法改制,世卿世禄被打破,经济发展与制度改革相辅相成,促进了城市空前发展。首先是各国都城不再受分封等级限制,此外,各地城市出现了成规模的铜器铸造、冶铁、制陶、煮盐、漆器、皮革等不同特色的手工业和商业。战国时著名的城市有数十座,其中如:洛阳,秦的雍城、栎阳、咸阳,齐的临淄、即墨;薛,燕的涿、蓟,赵的邯郸、离石,魏的大梁、温、轵,郑的阳翟,韩的郑、荥阳、屯留,卫的濮阳,楚的郢、寿春、宛、陈,越的吴,宋的陶邑,以及蜀地之成都等。据《盐铁论》记载:"燕之涿、蓟,赵之邯郸,魏之温、轵,韩之荥阳,齐之临淄,楚之宛、陈,郑之阳翟,三川之二周,富冠海内,皆为天下名城。"最繁

---

[1] 高元池:《洛阳建筑志》,中州古籍出版社2004年版,第3页。
[2] 《左传·隐公元年》。
[3] 刘海年:《文物中的法律史料及其研究》,《中国社会科学》1987年第5期。

华的当数齐国都城临淄和楚国都城郢。吏称："临淄之中七万户……户不下三男子,三七二十一万",如加上同数量的妇女,人口超过四十万。"临淄甚富而实,其民无不吹竽鼓瑟,弹琴、击筑,斗鸡走狗,六博蹋鞠,临淄之塗,车毂击,人肩摩,连衽成帷,举袂成幕,挥汗成雨,家殷人足,志气高扬。"①"楚之郢都,车毂击,人肩摩,市路相排突,号为朝衣鲜而暮衣弊。"②这些记述难免某种程度的夸张,但绝非无事实依据。至于当时手工业状况,可从秦墓出土的文物窥见其达到的水平。西安出土的兵马俑和铜马车,工艺之精湛,造型之完美,令世人惊叹,而湖北云梦秦墓出土、现存云梦博物馆的一件漆器,请当代高级工匠仿制,其光亮持久度仍不能达到2000多年前的水准。春秋战国城市另一特点是重视文化建设。各国养士之风盛行,古代早期的学校开始举办,"百家争鸣"热烈,出现了一批思想家。他们的不少主张成为变法改革和社会经济发展的动力;其著述成为中国思想史的重要源头,对后世有深远影响。

(二) 秦统一后中国都城的变迁

秦始皇统一全国后,经汉、魏、晋、南北朝、隋、唐、宋、元、明到清,国家统一状态下的王朝,先后建都于西安、洛阳、开封、北京、南京等地。朝代不同、地区各异,作为帝王居住地,国家政治统治的重心,都城建设既有共同规律,也有不同特点。

西安。今西安范围包括周之丰镐、秦之咸阳和汉之长安。《史记·秦本纪》:秦孝公"十二年,作为咸阳,筑冀阙,秦徙都之"。孝公十二年为公元前350年,咸阳位于渭水北岸,土地肥沃,交通方便。经多年修缮至秦统一,咸阳已形成东西12里,南北4里,宫殿多达300余个的宫城。秦始皇统一后,又在渭河南岸修上林苑,筑阿房宫,建骊山墓,征发"隐宫徒刑者七十余万人"③,可见工程及城市建设规模之庞大。为加强对全国的控制,秦始皇徙天下豪富12万户于咸阳,以每户4口计算,仅所徙移之富豪就多达48万人,加上原有居民,人口之众可想而知。当时的咸阳是"士者近宫,不士者与耕者近门,工贾近市"④,管理颇为条理。可惜,经秦末战乱,"项羽引兵西屠咸阳,杀秦降王子婴,烧秦宫室,火三月不灭,收其货宝妇女而东"⑤。就

---

① 《史记·苏秦列传》。
② 《太平御览》卷七十六引桓谭《新论》。
③ 《史记·秦始皇本纪》。
④ 《管子·大匡》。
⑤ 《史记·项羽本纪》。

这样,一座经营了一百多年的帝都在大火中变成废墟。公元前206年,刘邦战胜项羽建立西汉王朝,初都洛阳,后徙移长安。长安原为咸阳附近一乡聚,汉初建长乐宫于此,与咸阳合并,"高祖六年更名咸阳曰长安"①。七年"二月,高祖自平城过赵、洛阳,至长安。长乐宫成,丞相以下徙治长安"②。刘邦初见萧何监造之宫室十分豪华,曾责问萧何:"天下凶凶苦战数岁,成败未可知,是何治宫室过度也?"萧何回答说:"天下方未定,故可因遂就宫室。且夫天子以四海为家,非壮丽无以重威,且无令后世无以加也。"③由此可知,帝王治宫室一是为享受,二是显威严,核心是为加强其至高无上的统治地位。汉代长安是先修宫殿后筑城垣。惠帝元年(公元前194年)开始建城,先后征发29万余人,五年(公元前190年)粗具规模。西汉经惠帝、文帝,国力兴旺。武帝扩建宫室和上林苑,扩建后的长安城四面各三座城门,城内八街九陌,周长65里;上林苑广袤五百多里。苑内殿阁楼台相望,珍花奇兽汇聚。长安是当时全国的政治、经济、文化中心,也是建筑最为宏伟的城市。

继秦汉之后,全国统一的王朝在西安建都的还有隋、唐。公元581年,杨坚废北周静帝建立隋朝,改元开皇,称文帝。公元589年灭陈,统一全国。之后,便着手打击氏族地主势力,兴科举,薄赋徭,减轻刑罚,改革法制,开凿大运河,等等。这都为唐王朝的兴盛积累了经验。在都城的建设上,杨坚认为原城市"从汉凋残日久,屡为战场,久经丧乱,今日之宫室事近权宜"。新城址选在汉故都东南十三里处。其指导思想是:"建皇王之邑,合大众所聚"④,就是说,既是帝王宫室所在,又是众百姓聚居之地,一定程度上体现了亲民的意向。新城于开皇二年(公元582年)始建,其顺序也是先建宫城,炀帝大业九年才筑城郭。"京城东西十八里一百一十五步,南北十五里一百七十五步。皇城之南东西十七坊,南北九坊;皇城之东西各十二坊,两市居四坊之地,凡一百十坊。"⑤宫城之南是皇城,皇城外是郭城。因隋文帝杨坚在北周时曾被封大兴公,新城遂命名大兴城。文帝为巩固国家统一,沟通与各地区联系,于开皇四年(公元584年)"凿渠引渭水,自大兴城东至潼关

---

① 《汉仪注》。
② 《史记·高祖本纪》。
③ 同上。
④ 《隋书·高祖纪》。
⑤ 同上。

三百余里,名曰广通渠,转运便利,关内赖之"①。隋炀帝即位后,在古运河的基础上,开凿以东都洛阳为中心的运河网,大兴城便成为全国的水运中心。尽管隋王朝曾在历史上作出了重大贡献,但由于炀帝营建东都,开凿运河和对外用兵役民太重,加之荒淫腐败,激化了社会矛盾,引发农民起义,仅历二世、38年便招致灭亡,成为秦之后又一个短命王朝。继隋而起的唐王朝经武德、贞观、开元时期经营,中国封建社会发展到了鼎盛时期,都城建设也达到了空前规模。唐长安在隋大兴城基础上扩建,原宫殿、街坊、市场等设施的布局都得到了较好保护。城市规划为宫城、皇城和郭城三个部分。"城东西十八里一百五十步,南北十五里一百七十五步,皇城在西北隅。""皇城长千九百一十五步,广千二百步。官城在北,长千四百四十步,广九百六十步,周长四千八百六十步。"②宫城为皇室居住和皇帝处理政务的地方,位于城北部,北城墙为郭城的一部分。皇城又称子城,是朝廷所属机构办公之地,有东西街道7条,南北街道5条,与城门相通。外郭城为一般居民和官吏住宅区以及集市、手工业区。城内东西方向街道14条,南北方向11条,全城东西比南北长,呈长方形,有城门12座。城外北有禁苑,东南有曲江池,与城内巍峨的宫殿、规整的街区相结合,形成一座十分美丽的城市。在全国社会经济发展的大环境下,长安手工业发达,商业繁荣,教育科技水平空前提高,是国内水陆交通的中枢,也是沟通亚欧大陆的"丝绸之路"起点,从事贸易和文化交流的中外人士云集,一个时期人口超过百万,成为当时最繁华的国际都市。

洛阳。如前文所谈,洛阳城市为西周成王时由周公旦监修,公元前770年平王东迁为东周都城。秦嬴政执政后,尊重臣文信侯吕不韦,实则削减其权力,移居洛阳。吕不韦在此重修城垣。公元25年,刘秀战胜王莽称帝,号光武,以洛阳为都城,史称"东汉"。刘秀在吕不韦修建之城垣基础上有所扩建。据《玉海》引"陆机《洛阳记》:'洛阳城,周公所制,东西十里,南北十三里,城上百步有一楼,墙外有沟渠。"③据考古发掘,洛阳东城垣全长3862.7米,西城垣全长3811米,北城垣2600米,与史书记载相近。④洛阳建城使用大量刑徒,考古发掘出刻有姓名的"刑徒砖",大约仍沿袭战国以

---

① 《通鉴地理通释》卷四。
② 《新唐书·地理志》。
③ (宋)王应麟:《玉海》卷一百一十七三。
④ 傅崇兰、白晨曦、曹文明等:《中国城市发展史》,社会科学文献出版社2009年版,第39、40页。

来"物勒工名",以考核劳动态度和产品质量的制度。城内建有南、北宫,其间建闾里,纵横24条街道,主要街道一分为三,中间为御道。东汉手工业进一步发展,尚方令蔡伦改进造纸技术,对中国古代科技和文化发展起了重大推动作用。西汉武帝尊崇儒术之后,儒学在此得到了较大发展。班固在京师为官20余年,所修《汉书》是《史记》之后又一部垂范后世的名著。东汉之后,在洛阳建都的还有三国时的曹魏,以及继曹魏而起的西晋,南北朝时的北魏。东汉末年洛阳遭战争破坏,曹操长子曹丕公元220年废汉献帝改国号为魏后,征民工数万重建洛阳宫城,其气派甚至超过东汉中兴时期。公元265年晋武帝司马炎灭魏,公元280年灭吴,实现国家暂时统一。晋在曹魏都城的基础上,对洛阳加以营建,其规模与东汉时略同。值得称道的是北魏对洛阳的扩建。北魏是鲜卑族所建政权,原以平城(今山西大同)为统治中心。魏孝文帝是一位有政治抱负有作为的皇帝,为改变先辈遗留的贵族游手好闲、奢侈陈腐、不求进取的落后习俗,他率众迁都洛阳,倡导衣汉服,说汉语,改姓汉姓氏,与汉族通婚,按儒家思想为主的传统文化扩建洛阳城。扩建后的洛阳城由外城、内城和宫城组成。外城东西20里,南北15里;内城南北约9里,东西6里;在东汉南宫城址营建宫城。当时的洛阳城北靠邙山,西临洛水,内城之中有华林园和濯泉与宫城相映成趣。其规模和壮丽均达到了前所未有水平。隋唐两代,洛阳不是国都[①],但由于隋炀帝大力修筑,在与大运河连通后,漕运可以直达,成为名副其实的水路交通枢纽和经济中心。隋称东都,唐称东京,其地位仅次于都城长安。

开封。开封,春秋战国时称大梁,为魏国都城。公元907年汴州刺史、宣武军节度使朱温灭唐称帝,建立后梁,中国历史开始了五代十国时期。此期间,先后在开封建都的有后梁、后晋、后汉和后周。这些王朝虽均非全国性政权,且历时总共只有53年,但建都开封却标志秦汉以后至隋唐,国家经济、政治、文化中心历史性地由关中开始向东部转移。后周世宗柴荣为改善京城"屋宇交连,街衢湫隘,入夏有暑湿之苦,居常多烟火之忧",决定扩展都城。诏令官员先作规划立标帜,"候冬末春初务农闲时,即量近甸人夫渐次修筑,春作才动便令放散"。标帜之内街巷、军营、仓场和官府之外的地方"任百姓营造"[②]。由此,秦汉以来城市内街坊封闭的格局被打破。公元

[①] 一说"唐都洛阳共7帝45年,先后改称东都、神都、周都、东京等"。参见高元池《洛阳建筑志》,中州古籍出版社2004年版,第3页。
[②] 《五代会要》卷二十六。

960年，宋太祖赵匡胤结束五代十国的混乱局面，定都开封，称东京汴梁。宋汴梁城是在北周规划的基础上营建的。借"汴河、蔡河、金水河、五丈河穿城而过"与大运河沟通的河网湖泊优势①，汴梁城建有三层城墙、三条护城河、四条运河、33座桥梁。其中皇城居中，城周9里18步，内城20里150步，外城48里232步，规模宏大。河流与街道纵横交错，拱托宫殿，形成了极富特色的区别于前代、不同于其他城市的开放型结构。汴梁水路与大运河相接，陆路有驿路东通曹州，南连江浙，西达关中，北连真定、大名，交通十分便利。在经济恢复，尤其是五代时少受战乱的江南经济发展的总体形势下，汴梁包括活字雕版印刷、纺织、制陶业在内的手工业兴旺，加之商业不再局限于固定的市场，街面店铺林立，并有担挑、车推商贩沿街叫卖，整个城市呈现生机勃勃的繁荣景象。汴梁的城市建设和商业布局对元、明、清北京的建设产生了深刻影响。

北京。北京城前身为商代的蓟城，西周时为燕国都城。战国至南北朝名称未改。北魏郦道元所著《水经注》："昔周武王封尧后于蓟，今城内西北隅有蓟丘，因丘以名邑也。"秦始皇统一后，在蓟城附近设广阳郡，蓟成为郡治所。此后王朝更替，隋在此设涿郡，唐改涿郡为幽州，蓟城为郡、州治所的地位未变。据《太平寰宇记》引《郡国志》，幽州城"南北九里，东西七里"，呈长方形。综合考古资料，城址在今北京宣武区陶然亭、白云观一带。公元938年，辽代定北京为陪都，公元1012年改称燕京。后女真族所建金朝灭辽，打败北宋。公元1149年完颜亮夺取皇位，公元1151年下令"广燕京，建宫殿"②，"筑燕京，制度如汴"③。这就是说，扩建燕京城市宫室，依宋汴梁制度。燕京城址在原永定门火车站以北，军事博物馆以南，今北京城偏西部位。外城周长37里有余，近正方形，每面4门，共12门；皇城位于大城中部偏西，周长9里30步，有4门；宫城在皇城的北部，约占皇城面积三分之二。④ 由于皇城阻隔，城内只有4条大街贯穿全城。全城分62坊，皇城北面市场"陆海百货，萃于其中"。⑤ 公元1153年，金朝正式迁都，并更燕京名为中都。北京由此开始正式成为封建王朝都城的历史。

金朝之后，元、明、清三代除明代开国皇帝朱元璋曾短时间建都南京外，

---

① 开封市地方志编纂委员会编：《开封市志》（第一册），中州古籍出版社1996年版。
② 《金史·张浩传》。
③ 《日下旧闻考》卷三十七引《元一统志》。
④ 张仁忠：《北京史》，北京大学出版社2009年版，第18、19页。
⑤ 《日下旧闻考》卷一四六引。

均以北京为国都。公元1206年,蒙古族首领铁木真统一蒙古大草原建立蒙古国,被尊称成吉思汗,之后相继灭西辽、西夏、大理,将吐蕃并入中国版图,并建立行政机构。1271年成吉思汗孙子忽必烈依《易》"大哉乾元"之意,改国号为"大元",次年宣布营建中的燕京更名为大都,建都于此。元大都由三套城组成:外城、皇城、宫城。外城呈长方形,史称"城方六十里"。① 新中国成立后测量,南北长7600米,东西宽6700米,周长28600米,与记载大体相合。② 皇城位于大都南部偏西,其墙称萧墙,所谓"门建萧墙,周廻可二十里,俗称红门阑马墙"③。宫城位于皇城内偏东,但中心位于全城的中轴线上。宫城九里三十步,南北长约1000米,东西宽约740米。城墙为砖砌。宫城以西有太液池,以北有御苑,苑内除植林木,还有熟地八顷。为表示重视农业,皇帝每年在此举行亲耕仪式,"率近侍躬耕"。全城街道为东西南北笔直走向,呈棋盘形,体现《考工记》"国中九经九纬"之说。与街道相通有大小街巷。皇城以外大城之内是居民区,区划为坊,共50多个。坊为基层行政单位,设坊正。大都城内外有各种专门集市30余处,城内主要商业区有3处,一处位于皇城北今积水潭北,当时北大运河的终点;另两处在今北京东四、西四附近。出现了由某类商品较集中而命名的市肆,诸如米面市、柴莱市、鹅鸭市、鱼市、果市、铁器市、脂粉市、珠子市、杂货市,等等。时人形容城市之繁荣称:"论其市廛,则通衢交错,列巷纷纭,大可以并百蹄,小可以方八轮,街东之望街西,髣而见髴而闻,城南之走城北,出而晨归而昏。"④

元末纲纪废弛,国内阶级和民族矛盾加剧,农民起义军领袖朱元璋于公元1356年攻占集庆(今南京),自称吴国公,同年又称吴王。1367年命徐达为征虏大将军、常遇春为副将军,北取中原。1368年朱元璋即皇帝位,改国号大明,年号洪武。同年攻占元大都,更大都名为北平。为加强城防,徐达指令华云龙"经理元故都"⑤。这应是明初对北京的初步修缮。公元1369年,朱元璋决定分封诸王,封四子朱棣于北平。1398年朱元璋故去,燕王朱棣以"靖难"之名起兵,1402年攻陷南京即皇帝位,是为明成祖。1403年改

---

① 《元史·地理志》。
② 张仁忠:《北京史》,北京大学出版社2009年版,第36、37页。
③ (明)董洵:《故宫遗录》。
④ (元)黄文仲:《大都赋》,载《天下同文集》。
⑤ 《明太祖实录》卷三十四。

北平为北京,称"行在"。公元1416年"命群臣议营建北京"①,1417年开始营建,1420年完工,历时3年半。新一轮营建"工作之大,动以百万,终岁供役"②。经陆续营建,北京城主要有三大变化:第一,缩小外城,将元大都的北城墙南移5里,将南城墙南移2里,周长由60里缩减为40里,嘉靖三十二年又在南城加筑外城,周长约28里;第二,改土城墙为砖砌;第三,拆毁元宫殿新建宫城。宫城仍建于城中轴线上,但位置略南移。宫城挖护城筒子河,开挖的泥土在宫城北门外筑土山,称"大内之镇山",后改为"万岁山",即今景山。宫城南门两侧按"左祖右社"的规制,东建祖庙,西建社稷坛。宫城中轴线上建皇帝举办各种仪式的殿宇,东西两侧为皇帝后妃和子嗣居住的东六宫和西六宫。明初实现了国家统一安定,农业得到恢复,手工业和商业实现繁荣,江南等地经济出现资本主义萌芽。这为包括北京在内的全国城市发展提供了物质基础。发展还体现于对京城新建和前代已建的庙宇、道观修缮,以及其他文化设施的营建,诸如天坛、地坛、日坛、月坛、孔庙、国子监、广济寺、智化寺、真觉寺、万寿寺、大慧寺、觉生寺、慈寿寺、大觉寺等。北京成为名副其实的政治中心、经济中心和文化中心。

明王朝延续276年,活动于东北的女真人后裔满族于明末建立后金政权。公元1636年皇太极改国号为清,称皇帝。1644年清世祖入关,定都北京。清代北京城整体轮廓、框架和基础设施均沿袭明代,主要扩建、新建和变动有三:第一,宫城之内,将皇极殿重建更名为太和殿,将中极殿重建更名为中和殿,将建极殿重建更名为保和殿。重建宫城正门午门,重建明皇城正门承天门更名为天安门;第二,扩建皇城西北面的南、中、北海,增修亭台楼阁,在大城西北郊建圆明园、清漪园离宫两处;第三,将大城之内汉族百姓迁至南城,内城由满族王公贵族和八旗人居住。迁移南城的汉人给一定拆迁费。顺治五年规定:"凡汉官及商民人等尽徙南城居住,其原房或拆去另盖或贸卖取偿,各从其便。朕重念此迁移之苦,今特命户、工二部详察房屋间数,每间给银四两。"③由于重要商家迁至南城,加上明中叶之后兴起各省在京城和一些大城市建立会馆,北京南城很快成为万方杂处、百货云集的繁华之地。清代前期社会稳定,史称"康乾盛世",经济上资本主义萌芽进 步成长。此时的北京城,经元、明、清三代建设,达到了它建都以来的鼎盛时

---

① 《明太祖实录》卷一百八十二。
② 《明史·邹缉传》。
③ 《八旗通志》卷一百十三。

期。内城,宫殿辉煌,街道整齐,城防坚固雄伟;外城,交通便利,工商贸易繁荣,达官文士云集;城市内外山林苑囿湖泊融为一体,是当时世界著名的大都市。但清朝晚期,随统治集团腐败,国力衰微,尤其是1840年鸦片战争后中国沦为半殖民地半封建社会,北京连续遭到英法等国侵略者肆意蹂躏。1860年英法联军侵入北京,大肆抢劫金银财宝,火烧清皇家离宫圆明园、香山、万寿山、玉泉山等地建筑;1900年八国联军除抢掠毁坏故宫财物,还击毁天安门,焚烧正阳门(前门)、崇文门,把这座美丽的城市毁坏得满目疮痍。连英国军官戈登也不得不承认:"我们就这样以最野蛮的方式摧毁了世界上最宝贵的财富。"[1]德国侵略军统帅瓦德西则说:"所有中国此次所受毁坏之损失及抢劫之损失,其详数将永远不能查出,但为数必极巨大无疑。"[2]侵略者对北京建筑的破坏,后来虽有所修复,但却永远无法复原其本来面貌。

南京。南京为战国时古城。公元前473年越王勾践灭吴,命范蠡在南京所在地建城,史称越城。公元前333年楚灭越,以此地有王气,埋金以镇之,由此称金陵,置"金陵邑"。三国时孙权以金陵为都城,称建业。南北朝时东晋改称建康;五代时南唐又改称金陵,均以之为都城。元朝改名集庆。1356年,朱元璋攻占集庆,1368年即皇帝位,改集庆为应天府并定都于此。"后来考虑应天府偏于东南,准备迁都开封,于是称开封为北京,应天府为南京,南京一名由此产生。"[3]由战国范蠡建城至明初的一千多年中,一些王朝如非在此建都,也将其列为地区重镇,这使明代虽以此为都城时间不长,却能使之得到快速发展。洪武十九年(公元1386年),经前后21年,南京基本建成了由宫城、皇城、应天府城、外城构成的国都。外城周长利用自然土坡筑成,周长100多里。应天府城东依钟山,西邻石头城,南面秦淮河,北连玄武湖,城周长67里。城以石为基,以砖为墙,下宽上窄,城上可容双马并驰,共有城门13座。皇城位于应天府城东南,洪武初年建成。宫城位于皇城内偏东,城周有护城河。宫城内建有五大殿和后庭等。当时的南京城不仅依山临水十分美丽,由于紧靠长江,交通便利,周围土地肥沃,物产丰富,手工业和商业发达。洪武二十四年(公元1391年),人口已达47.3万之多,

---

[1] 转引自《中国近代史纲要》,高等教育出版社2007年版,第23页。
[2] 同上。
[3] 傅崇兰、白晨曦、曹文明等:《中国城市发展史》,社会科学文献出版社2009年版,第139页。

其中工匠45000多人,手工业以织造、印刷、造船和建筑著称。郑和下西洋所用之海船主要在此建造。南京的文化和教育两大基业在历史上留下了清晰印记:在鸡笼山下的国子监(即明代的国立大学),学生多达9000余人,其中有来自高丽、日本、暹罗、琉球等国的留学生;其二,解缙在此主持纂修《文献大成》(即《永乐大典》)。其中收编各类图书七八千种,辑成两万两千八百七十七卷,凡例、目录六十卷,是为中国最早的一部百科全书。

(三)国家分裂时期的都城及地方城市的营建

秦统一后,虽屡经改朝换代,但两千多年中,历史沿革的主流是国家统一。不过也经历了三国、南北朝、五代十国以及辽、金和南宋等政权的分裂鼎持时期。历史证明,即使在这样的时期,各政权仍视统一国家为其奋斗目标。分裂时期的政权,一部分建都于前面所介绍的城市,另一部分建于其他城市。三国时,魏建都于河南许昌,蜀建都于四川成都,吴建都于江苏南京。南北朝和五代时建都的城市主要有:辽宁辽阳、山西大同、甘肃敦煌、青海西宁、宁夏银川、浙江杭州、河北邢台和内蒙古巴林左旗等。其中最发达的是成都和杭州。成都,地处四川盆地,气候温和湿润,土地肥沃,人口众多。经战国时李冰父子修建都江堰,获灌溉之利,"水旱从人,不知饥馑,时无荒年,天下谓之天府"[①]。刘备入蜀之后,建都于成都,将其扩建为城周20里,"在簿"织户6万余家,以丝织品著称,手工业发达,商业繁荣的大城市。杭州,隋朝大臣杨素营建,隋唐两代均为州治所在,五代时是吴越国的都城,称西府。宋朝建立,吴越归顺,杭州又为州治。北宋末年汴京失守,中原沦陷,宋高宗赵构于公元1129年逃至杭州,更名临安,以为都城。其外城在西府基础上有所扩建。城周长36里90步。范围东临钱塘,南依霍山,西近西湖,北接武林门,全城有门13座,城墙外有护城河。内城位于凤凰山麓,周长9里余。宫殿建于内城之中,殿堂楼阁、亭台花囿融为一体,与周边山水相配。早在吴越西府时,杭州已称"地上天宫",此时更加美丽。所谓"山外青山楼外楼,西湖歌舞几时休。暖风熏得游人醉,直把杭州作汴州"[②],既是对南宋统治者偏安一隅,沉迷游乐的写照,也描绘了当时杭州的美景风情。杭州城市发展得益于五代以来江南少有兵祸侵扰,社会相对稳定;也得益于边境失守,中原沦陷,北方人才和资金南移,与金国的战事虽时断时续,但江南基本处于后方。这使杭州的雕版印刷、陶瓷、纺织等手工业和与之相联的

---

① 《华阳国志·蜀志》。
② 林升:《题临安邸》,载《宋诗纪事》卷三十六。

商业,以及教育文化业都能不断发展。南宋初年杭州人口50余万,而末年则达39万户,人口约124万,是当时的超大城市。

中国古代地方设立郡县始于战国。据《战国策》、《史记》和《汉书》等记载和后人考证,战国时赵、魏、韩、楚、燕、秦等国均设有郡县。秦始皇统一,划全国为36郡(实际不止此数),郡之下设县(少数民族聚居的县称"道")。"汉承秦制",疆域扩大,郡、县数增多。刘邦于公元201年冬"令天下县邑城"①,即皇后、公主所食之邑和县所在地均要建城。平帝时,全国"凡郡国一百三,县邑千三百一十四,道三十二,侯国二百四十一"②,由此可知当时城市之多。唐代划全国10个道,置315个州,州下设县;元代地方层次最多,分省、路、府、州、县五级,全国府33个,州59个,县1127个;明代地方分省、府、县三级,根据需要有时在府之上也设道,但只是监察分区。清代设省、道、府、县四级。秦汉之后地方政权分级虽有变化,但郡县体制却代代沿袭相传。在封建专制制度下,地方长官是皇帝在各地的代理,其治所则是朝廷在各地方的基础。各级行政官员按其所辖行政区划职位高低营建大小不等的城市及府第。除前述已谈及的都城之外,著名的城市达上百个。其中有辽阳、沈阳、天津、保定、济南、济宁、德州、太原、郑州、南阳、武昌、荆州、九江、南昌、衡阳、重庆、泸州、镇江、苏州、松江、扬州、嘉兴、湖州、福州、泉州、广州等。在手工业、商业不断发展,资本主义萌芽出现影响之下,得天时地利之便,一批城市突破行政等级的限制,规模扩大,其中如江苏扬州、福建泉州和广东广州等南方临江海的城市更为典型。

扬州位于长江与运河的交汇处,史称广陵,隋改称扬州,得长江、运河沟通东西南北交通以及出海港口之利,在唐代已是名扬内外的国际城市。市内有阿拉伯和波斯商人开设的店铺和侨居的宅舍,他们在此娶妻生子;朝廷派往日本和南亚的使者和商人也多由此出发。史称"扬州富庶甲天下"。③泉州是海港城市。南宋时江南社会经济发展,对外贸易活跃,为泉州进一步发展提供了条件。经扩建,城区面积达30平方华里,街坊30座,内外商业贸易发达,年收入达200万缗,为南宋王朝年收入的1/20。外国人在泉州的居住始于唐代,当时多为贡使、传教士和旅游者,人数较少。南宋时则大

---

① 《汉书·高帝纪》。
② 《汉书·地理志》。
③ 《资治通鉴》卷一百五十九。

量增加，来者有阿拉伯、印度、意大利、摩洛哥、越南、朝鲜等国人士，其中以阿拉伯人居多。外国人最多时超过万人，主要是经商。由于生活习惯和宗教信仰不同，自然形成不同的"蕃坊"，其中也杂居有中国人，相互和谐相处。该市至今仍留有外国人居住的遗址和后裔。广州唐代时已是岭南著名的港口城市，是南方竹、布、藤、革、药材的集散地，也是对外交流的基地。据记载，每年至广州的大船满载货物，有外国的官员带领。为维持交易秩序，唐制定了相应法制，"市舶使籍其名物，纳船脚，禁异珍，商有以欺诈入牢狱者"①。这是说不遵守规则者有受到惩处的。广州为宋代州治，两宋300余年间，广州经济繁荣，海内外贸易发达，先后在古城遗址上修筑东城和西城，将子城夹于中间，形成位于珠江之滨面对南海的水陆码头和海港相接的城市。元代广州为路治所在，明代改为广州府，曾两次扩建，将原"三城"合为一城。唐、宋、元、明、清各代，广州均为岭南的政治、经济、文化中心和对外交流的门户。

中国是一个统一的多民族国家。在整个历史进程中，占人口绝大多数的汉族统治者长期居于中央政权的统治地位，也有相当长时间中央政权和国家分裂时期的一些政权由少数民族的统治者所掌握，诸如元、清两代和南北朝、五代十国时北方的一些政权等。为了争得和维持其统治，各民族的统治者既注意对本民族原有的制度进行改革，也提倡吸纳其他民族的优秀文化。由此形成了以儒家文化为主体、各民族文化会通融合的中华文化。所以，各民族都对包括城市文明在内的中华文明作出了贡献。由中华文化产生的凝聚力，促进了各族人民和谐相处及城市不断发展。此外，还应指出，中国古代城市也得益于同外国的经济、文化交流。两汉与西域沟通；唐代开通陆上、海上丝绸之路，唐、宋两代与日本、越南经济文化交流；明代郑和西洋之旅等，既传播了中华文化，也开阔眼界并吸纳了其他民族文化。随中外经济、文化交流，不少外国商人、宗教人士、外交官员和旅游者相继来到中国，成为沟通与不同国家交流的桥梁。这使不同时期的西安、洛阳、开封、北京、扬州、杭州、泉州和广州等成为当时著名的国际都市。外国人在那里受到友好接待，他们寓于临时和长期的住所，与中国人民和谐相处，其后代也有一些融入中华民族。

中国古代城市从都城到省、府、县治所，分布全国各地。它们既是朝廷

---

① 《唐语林》卷八。

在各地支柱，又是该地区的政治、经济、文化中心。这些城市的营建不仅带动了当地发展，而且与其他地区水陆路相通，促进了与其他地区的交流。沿海、沿边城市更是对外交流的门户，在国防安全和对外经济、文化交流中具有重要作用。

（四）中国近代城市的发展变化

中国古代经济，自明代出现的资本主义萌芽，清代又有新生长。不少手工业和商业呈现较大规模。学界不少人认为，如非帝国主义和殖民主义侵略，也会出现新的制度变革。1840年鸦片战争后，中国沦为半殖民地半封建社会。城市也由此发生重大变化。帝国主义基于对原料掠夺和商品推销的需要，侵占中国领土，在坚船利炮威逼之下，强迫清政府签订一系列不平等条约。1842年《南京条约》把香港岛割让给英国。1860年《北京条约》，割去九龙半岛南端。之后，又"租借"九龙半岛以北"新界"。1849年，葡萄牙强占澳门半岛，1887年《中葡通商条约》允许葡萄牙"永久管理澳门"。第二次鸦片战争之后，沙俄强迫清政府订立《瑷珲条约》、《北京条约》等，割去中国东北、西北大片领土。1895年《马关条约》，日本侵占台湾、澎湖及所属岛屿。1898年德国强租胶州湾、青岛。沙俄强租辽东半岛及旅顺口和大连湾。英国强租山东的威海卫。1899年法国强租广州和广州湾及附近海域。它们在割去、强租中国上述大片土地和城市的同时，还纷纷划分势力范围，强迫清政府开广州、厦门、福州、宁波、上海、营口、烟台、台南、淡水、汕头、琼州、汉口、九江、南京、镇江、天津、伊利、喀什等为通商口岸，并在上述城市和重庆等30多个城市设立租界。帝国主义、殖民主义的入侵，加剧了中国农村和民族工商业破产，使城市畸形发展。一方面是城市工人和平民更加贫困；另一方面是外国资本急剧扩张，依附于外国资本的官僚资产阶级开始出现。当然，与此同时，在城市规划、市政建设、公用设施以及相关建筑等领域也传播了新理念。这既表现于对原有城市的改造，也表现于在江、海港口、水路交通枢纽、矿山等新型城市的建设，诸如上海、天津、青岛、宁波、福州、广州、汉口、哈尔滨、沈阳、唐山、济南、石家庄、郑州和台北等城市。

以台北为例。台北建城晚于台湾的台南、嘉义、凤山、恒春、彰化、云林、新竹、宜兰等县城。光绪元年（公元1875年），准钦差大臣沈葆桢奏，在台北建府治，"以五年正月动工，八年（公元1882年）告竣。垒石为之，周一千五百又六十丈,池略大之"。"既成,聚者渐多,其后复建巡抚衙门,遂为省会。"①1895年台湾被日本侵占,逐步按西方城市理念改造。

再以上海为例。南宋时上海属秀州,元在上海设县,地域包括今青浦、南汇、川沙,范围较大。上海是当时船只集散地。公元1277年,元政府在上海设市舶司,成为商港。明代,上海一带种棉兴盛,织布由农民的副业逐渐形成城市纺织业,其产品远销江西和湖广等地。交通和纺织业的发展,使之成为手工业商业繁荣的城市。史称:"人物之盛,财赋之伙,盖可当江北数郡,蔚然为江南名邑。"②当时上海所在的松江府,"岁赋至京师三十万,其在上海至十六万有奇"③。明代中叶,朝廷设海防道,上海建城郭,城周9里,高8尺,开门6座,城外有护城河。清代诏弛海禁,在上海设立海关,内外贸易进一步发展。雍正八年(1730年),苏松道移上海,乾隆元年(1736年),又将太仓并入,上海成为管理两府一州的道台治所。由于地位重要,其长官多由巡抚、总督、布政使官衔的人担任。随着经济发展和政治地位提高,上海成了重要贸易港口城市。嘉庆年间上海已成为"江海之通津,东南之都会"④,人口多达50余万的全国性的大城市。1840年之后,帝国主义势力入侵上海。他们与中国封建势力和后来的官僚资本主义势力相勾结,上海成为压榨、掠夺中国人民的桥头堡。为适应其需要,他们在上海扩建港口,修建工厂,划定租界,推行治外法权,按照自己国家的办公和居住模式构筑安乐窝。上海成为世界不同国家的建筑风格楼房的荟萃地,成为半殖民地半封建社会城市的典型。帝国主义、封建主义和官僚资本主义的压迫,深深教育和锻炼了汇聚在这里以及全中国的工人阶级和劳苦大众。在马克思主义指引下,工人阶级在上海最先点燃革命火种,这里成为中国共产党的诞生地。

二 中国古代有关城市管理的法律举例

鉴于法律对国家政治统治和社会稳定之重要,又鉴于城市对于国家经济、政治、文化发展的关键作用,中国历代统治者都十分重视包括城市建设、

---

① 连横:《台湾通史》,九州出版社2008年版,第286页。
② 《弘治上海县志》。
③ 王鏊:《上海志序》,载《震泽集》卷十二。
④ 《上海县志》。

手工业发展、市场管理、环境保护和治安维护等在内的法律制定与实施。

（一）中国历代统治者重视以法律治理国家管理城市

以往某些著述认为中国古代统治者不重视法律的制定和实施,是不准确的。史称:"夏有乱政而作禹刑,商有乱政而作汤刑,周有乱政而作九刑。"[1]文献中的这些记载已为越来越多新发掘的考古资料所印证。事实说明,中国国家形成之后,夏、商、周三代均注意以法律手段治理国家,维护统治秩序。春秋末,郑国、晋国相继"铸刑鼎",公布成文法,尽管曾遭非议,但却呈无法阻挡之势。战国时,适应形势发展,各国纷纷变法改革,出现较系统的法律。"李悝撰次诸国法,著《法经》。"[2]正因《法经》吸纳了各国变法的成果,所以,商鞅才能"受之以相秦",为秦变法奠定了基础。公元前221年,秦始皇统一全国,"皇帝临位,作制明法,臣下修饬……治道运行,诸产得宜,皆有法式"[3]。这话尽管有溢美之意,但秦始皇重视以法律实行统治却是无可争辩的事实。秦短命而亡,不是因为重视法制,而是由于对法制的破坏。秦亡之后,由汉至清,各代统治者莫不在前代法律基础上,于开国之初便制定作为本朝法律主干的法典,并辅之以其他形式的法律。汉、唐、明开国之君,为适应需要,在夺取政权的战争尚在进行时,已颁行某些急需的法律。元、清等少数民族统治者,在夺取全国政权之前,也开始对本民族原有的习惯法进行改革。这些历史事实说明,中国的封建皇帝虽奉行专制主义,但无不重视以法律作为国家统治的工具。

城市作为国家的重要部分,国家的多种法律均适用于城市。此外,适应城市运作的特殊需要,除在综合性的法典中专列有关城市管理的篇章,还颁行有专门或主要适用于城市管理的单行法律。在法典中有关城市管理的篇章,如:《法经》的《杂律》中关于"越城"的规定;在李悝《法经》及秦《法经》基础上,汉相萧何增《兴》、《厩》、《户》三篇制定的《九章律》中的《兴律》;魏、晋律进一步扩大篇目,魏将《兴律》改名为《兴造》,增《诈伪》;《晋律》又增《卫宫》、《水火》、《关市》等。隋唐律一改前代法典体例,结构较前代严谨,篇目更为清晰,直接关系城市管理的篇章有《卫禁》、《厩库》、《擅兴》、《诈伪》、《杂律》等。《宋刑统》篇目与唐律基本相同。《大明律》又改唐律体例,《名例》之下以朝廷所属吏、户、礼、兵、刑、工六部分目,内容依唐律,

---

[1] 《左传·昭公六年》。
[2] 《晋书·刑法志》。
[3] 《史记·秦始皇本纪》。

但有所调整,直接涉及城市管理的篇章有《户律》、《兵律》和《工律》等。《大清律》的体例和内容均依明律。

中国历代都有专门或主要适用于城市管理的单行法律,如《秦律》之《仓律》、《金布律》、《关市律》、《工律》、《工人程》、《徭律》、《司空律》、《效律》、《传食律》等①;汉律之《钱律》、《传食律》、《关市律》、《兴律》、《金布律》②及《越宫律》③和《宫卫令》、《金布令》、《缗钱令》等。从文献记载看,至少自秦之后各代法律体系都是由综合性法典、单行法律和例组成的,而一部单行法律又往往包括许多条款,上述秦的《效律》如此,汉代《越宫律》则多达二十七篇。正是这些法典和单行法律对城市管理作了具体规定。

(二)中国古代关于城建方面的法律规定

古代城与乡在形式上的重要区分是城市有城墙和护城河、沟。此外,城市是帝王宫廷所在或各级官员的治所,依身份地位和官职高低,城市分别为都城、省城、府城和县城等不同等级。城的营建一般是在所辖地区内征发民工(或使用刑徒),就地取材。明代以前城墙多用土,明之后重要城市则用砖。对于征发民工修筑城垣,秦《徭律》规定,朝廷征发徭役,如拖延或"失期",官员和被征发者要受"赀罚"惩罚;对所筑城垣要保证一年之内不倒塌,不满一年倒塌者,主持工程的官吏有罪,令原来修筑的民工重修,并不得计算服徭役的时间,修建禁苑的墙垣亦如此。县官不许擅自拆毁、改建官有的房舍衙署,需拆建必须呈报;如果拆建是使用刑徒或不征发民工,则无须呈报;县进行经常性的工程或呈报修建的工程,要准确估算用工时间和用工数量。若估算不准确,工期超过或不足两天以上,对估算者和相关官员依法论处。④ 从律文看,秦《徭律》对"失期"处赀罚刑,相对较轻。秦朝末年,法制破坏,刑罚加重,"失期,法当斩"。⑤ 正是由此,引发了陈胜、吴广领导的农民起义。赋徭是封建官僚机器赖以生存的源泉,封建统治者对于兴建城垣、宫室等所用之人力和财力,一面不断征发,同时也通过程序加以严格控制。汉之后各代都有关于工程兴造的法律规定。《唐律》规定:"诸有所兴造,应言上而不言上,应待报而不待报,各计庸,坐赃论减一等。"此处之"兴

---

① 参见《睡虎地秦墓竹简》,文物出版社1981年版。
② 参见《张家山汉墓竹简》,文物出版社2001年版。
③ 《晋书·刑法志》。
④ 《睡虎地秦墓竹简·秦律十八种》,文物出版社1981年版。
⑤ 《史记·陈涉世家》。

造"按"疏议",包括"修城郭"。① 为不妨碍农事,古代征发徭役一般在农闲时。秦律有这样规定:"居赀赎债者归田农,种时、治苗时各二旬。"②这是说,以劳役抵赀赎债务的人,农忙时回家农作,播种和管理青苗的时节各二十天。《唐律》有"非法兴造"罪,"疏议":"'非法兴造',谓法令无文;虽则有文,非时兴造亦是,若作亭池、宾馆之属。"③这里的"非时",当然主要影响农时。明、清律"擅造作"、"造作不如法"、"虚费工力采取不堪用"在《工律》篇,其内容与《唐律》之规定基本相同。

(三)中国古代关于手工业的法律规定

古代手工业关系国家经济发展和军队建设,也关系皇帝、贵族的物质享受和民众生活的改善。"工不出则乏其事",是说手工业如不发展,将难以提高与之相关的农业生产、军队建设和其他相关行业的效率。成规模的手工业主要集中于城市。为了保障手工业的发展,古代很早就注意有关手工业的法律制定与实施。秦和秦之前成规模的手工业多为国有官营,制造产品要经过批准。法律规定:"非岁功及无命书,敢为它器,工师及丞各赀二甲。"④就是说,非本年度应生产的产品,又没有朝廷的命书,擅敢制作其他器物的,工师和丞各赀二甲。对于手工业的各种原材料及半成品,平时要注意保管,使用时不得将可用的标为不可用。秦律规定,工匠如将夯墙的立木可用的而标为不可用,要受惩罚。对器物制作要按规定的方法和标准。《周礼·考工记》对于木工、铁工、皮工等各种工匠制作器物的选材、规格及程序有详细标准。秦律则规定:"为器同物者,其大小、短长、广亦必等"⑤。这是迄今能看到的古代手工生产最早的标准化规定。同一器物各个部件大小、长短和宽窄相等,既便于生产时流水作业,提高效率,又便于损坏时配件修理。为了保证产品的数量和质量,法律规定要对工人进行技术训练,对从事某一产品制作的工人,"工师善教之,故工一岁而成,新工二岁而成。能先期学成者谒上,上且有以赏之。盈期不成学者,籍书上内史"⑥。唐代法律也有关于对手工工人训练的规定。对于所生产的产品建立有严格的评比考核制度。战国和秦代出土的兵器及其他器物都发现刻有生产者、监工者

---

① 《唐律疏议·擅兴》。
② 《睡虎地秦墓竹简·秦律十八种》,文物出版社 1981 年版。
③ 《唐律疏议·擅兴》。
④ 《睡虎地秦墓竹简·秦律杂抄》。
⑤ 同上。
⑥ 《睡虎地秦墓竹简·秦律十八种》。

以及更高层负责人的姓名。这就是"物勒工名,以考其诚"①,便于对不合格的产品追究相关人员的责任。秦律对于"漆园"和"采矿"等均有评比制度,第一年评比为下等要受惩罚,连续三年被评为下等,加重惩治。正是建立了如此严格的法律规程和相关制度,中国的手工业产品才能在两千多年前以及其后的历史发展中,生产出像商、周那样精美的青铜器、玉器,生产出像秦始皇陵出土的铜车马和形象生动的兵马俑,生产出像湖南马王堆、湖北江陵汉墓出土的至今仍保持色泽鲜艳的绸缎服饰。本文前面介绍的诸多城市建筑,是建筑业与各类手工业产品的结晶,而享誉世界并对人类文明进程产生了深刻影响的造纸术、印刷术、火药、指南针等,更是古代科学技术与手工业生产的完美结合。

(四)中国古代有关市场管理的法律规定

中国古代统治者长时期重农抑商,但并非不懂得商业之重要。《考工记》言"国有六职"而商居其一,将其与"坐而论道"的王公并列。这是由于古人懂得"商通四方之珍异以资之","商不出则三宝绝"。战国齐国《市法》指出:"中国利市,小国恃巾。市者百货之威,用之量也。中国能利市者强,小国能利市者安。市利则货行,货行则民□,[民□]则诸侯财物至,诸侯财物至则小国富"②。"百货之威","威"字意为渊,是百货汇集之地。这段简文虽有缺失,但也能说明商业对于经济发展和国家实力增强之重要。为使市场交易正常进行,古代有诸多规范交易行为的法律。秦法律规定的一般等价物是金、钱、布,之后各代大体是金、银、钱。为不致造成混乱,秦律规定了法定等价物的规格和互相间的比值:"钱十一当一布。其出入钱以当金、布,以律。"而"布袤八尺,幅广二尺五寸。布恶,其广袤不如式者,不行"③。市场商人和参与交易的官吏不许选择钱或布,更不准制造假钱。对于敢于制造假钱者,各代法律均严惩不贷。秦《封诊式》有捕获"盗铸钱"的案例,盗铸钱者和协助者都要受罚。《唐律》有"私铸钱"罪:"诸私铸钱者,流三千里;作已备,未铸者,徒二年;作具未备者,杖一百。"④明、清律对此项犯罪加重惩治:"凡私铸铜钱者,绞;匠人同罪。"⑤为使市场交易公平,法律

---

① 《礼记·月令》。
② 文中□原简缺文。[ ]之内文字符号为整理者所加。参见《银雀山汉墓竹简·市法》,文物出版社1985年版。
③ 《睡虎地秦墓竹简·秦律十八种》,文物出版社1981年版。
④ 《唐律疏议·杂律》。
⑤ 《大明律·刑律》。

规定度量衡器要准确。秦律:"衡石不正,十六两以上,赀官啬夫一甲;不盈十六两到八两,赀一盾。""斗不正,半升以上赀一甲;不盈半升到少半升,赀一盾。"①明清律"私造斛斗秤尺"在户律之"市廛"。凡制造不合标准而在市场使用者,主使人和工匠"杖六十"。市司评估物价贵贱要适当,不公平者,计所增减之价,以受赃论处。法律还规定,禁止有人"把持行市"或与牙行暗中勾通,"卖物以贱为贵,买物以贵为贱";不允许代外国人收买违禁货物,也不允许以赊买骗外国人,使其久候不能按时起程。② 为了不造成欺骗,秦律要求"有买及卖也,各婴其价,小物不能各一钱者,勿婴"③。此处婴意为系,即在货物上系价钱标签。这就是说,在市场上售卖货物,凡一钱以上均要标明价钱。为防止从事手工业者到市场上为官府出卖产品的人从中作弊,在收钱时一定要将钱投入特定的钱罐中,并要让买者看见确实放入了,违反规定的受罚。据铭文记载,中国西周时交易就开始使用合同并按合同办事。秦律规定,百姓欠官府的债,或官府欠百姓的债均要偿还,如百姓移居其他县,债务未清者,应发文至所移居的县收缴或偿还。百姓借官府的器物,要按时收回,如未收回而借物人死亡者,官府负责人和主管该事的吏代为赔偿。秦代对离职官员实行会计审核,如欠债而家贫无力偿还者,对仍担任官职的,"稍减其秩、月食以偿之",即不以劳役相抵而从其俸禄、口粮中逐步扣除偿还。④ 唐律不许私放钱债超额取利:"凡私放钱债及典当财物,每月取利并不得过三分,年月虽多,不过一本一利,违者笞四十,以余利计赃。"百姓有债务者,不准擅自强行索押人质,否则索取者和同意质押者均要受罚。唐律既禁止"负债违契不偿",也不允许"负债不告官司,强牵财物",更严禁"以良人为奴婢质债"。⑤ 为使有关市场管理的法律得到实施,中国古代早就开始任命专管市场的官吏。《周礼》的"司市"是专管市场的官吏,其职责是:"掌市之治教、行政、量度、禁令",下有多名属员,其分工之细,令人诧异。当然,不能认为《周礼》所记都是周代制度,但郭沫若曾指出,它确有战国简牍为依据,所记至少可反映周秦至汉代的情况。据银雀山汉简所记,齐国有"市啬夫",据秦简所记,秦市场有"列伍长",应是什伍制度在市基层的负责人,秦市场除列伍长还有在市场巡察的官吏。唐末和宋

---

① 《睡虎地秦墓竹简·效律》。
② 《大清律例·户律》。
③ 《睡虎地秦墓竹简·金布律》,文物出版社1981年版。
④ 《睡虎地秦墓竹简·秦律十八种》,文物出版社1981年版。
⑤ 《唐律疏议·杂律》。

明清各代,市场由固定地区延伸为街道门市,监管市场的职位随之提高,人员也进一步增多。

(五)中国古代城市环境保护的法律规定

基于更好的生存,中国古代一直关注环境保护。对此,历史文献多有记载:《逸周书·大聚》:"春三月,山林不登斧,以成草木之长,夏三月,川泽不入网罟,以成鱼鳖之长。"《管子·七臣七主》:"春无杀伐,无割大陵,保大衍,伐大木,斩大山……夏无遏水,达名川,塞大谷,动土功,射鸟兽。"关于城市郊区的环境维护,《国语·周语》有如下记载:"周制有之曰:'列树以表道,立鄙食以守路,国有郊牧,疆有寓望,薮有圃草,囿有林池,所以御灾也。'"意思是说在道路两旁植树,住守护道路的人,在郊外设牧场,沼泽边有茂密的草,苑囿中有水池,都是为了防御灾害。秦则将这些认识制定成法律。《田律》:"春二月,毋敢伐林木山林及雍堤水,不夏月,毋敢夜草为灰,取生荔、麛卵鷇,毋□□□□毒鱼鳖,置穽网,到七月而纵之。唯不幸死而伐棺椁者,是不用时。"①上述文献记载和法律规定都是有关山林、道路、流水、鱼鳖、鸟兽的保护内容,按法律规定,砍伐树木只有死人做棺椁才可例外。《唐律》对于城市环境保护应更为严格:"诸弃毁官私器物,及毁伐林木、稼穑者,准盗论。"②从前述介绍的都城和诸多大城市看,无论是西安、洛阳、开封、北京、南京和杭州等都城,或其他较大的城市,地址多是选择在临山傍水或河流交汇的土地肥美之地,城墙外有护城河,有离宫,有地域广大的禁苑,城内有湖泊,官城有苑囿。有的是"半城宫墙半城树",也有是"山外青山楼外楼",还有称之为"地上天宫"。这当然与皇室和达官贵人享乐有关,但也居住着众多平民百姓,重要的是表明已形成了一种环境保护观念。为了保护城市环境,秦律规定:"邑之近皂及它禁苑者,麛时毋敢将犬以之田。百姓犬入禁苑中而不追兽及捕兽者,勿敢杀;其追兽及捕兽者,杀之。"③对于城内的环境卫生,秦时商鞅曾明令"刑弃灰于道",即有敢将废渣土倾倒于道路上者要处以刑罚。明清律禁止侵占街道及向街道倾倒污秽之物:"凡侵占街巷道路,而起盖房屋,及为园圃者,杖六十,各令复旧。穿墙而出秽污之物于巷街者,笞四十。"④

---

① 《睡虎地秦墓竹简·秦律十八种》,文物出版社1981年版。□□□□□为原简脱文。
② 《唐律疏议·杂律》。
③ 《睡虎地秦墓竹简·秦律十八种》,文物出版社1981年版。
④ 《大清律例·工律》。

（六）中国古代有关宫廷、官府警卫和城市治安及紧急状态下防守的法律规定

封建专制制度下，皇权是中央集权的标志，皇帝的安危关系政权的巩固和社会稳定。皇帝及其住所永远是法律重点保护的对象，并视为"重法地"。从法律沿革看，汉武帝时张汤首定《越官律》；晋第一次将其列入综合性法典，称《卫宫》[1]；北齐将"关禁"内容附之，更名《禁卫》；隋《开皇律》再更名为《卫禁》；《唐律》沿袭未变；明、清律将其归入《兵律》，分目称"宫卫"。名称改变，篇目分合，并不影响对皇帝和宫廷警卫的重视程度。《唐律》规定："阑入宫门，徒二年，殿门二年半，入上阁内者，绞。"[2]"上阁"即太极殿之东西阁，是皇帝处理政务的地方。明清律加重惩处，"翻越皇城者，绞"，"擅入御膳所及御所在者，绞"，"冲入仪仗者，绞"。[3] 唐律对即使登高临望宫殿者，也严加禁止，"诸登高临宫中者，徒一年；殿中，加一等"。各地方官员是皇帝在各地方的代理人，其人身和治所安危关系政权和社会稳定，所以法律对各地方省、府、县所在城市也严加保护。早在李悝制定的《法经》中惩治"越城"的规定当包括逾越地方城市。其《杂律》的内容为："轻狡、越城、博戏、假借不廉、淫侈、逾制"。所谓"越城"，即跨越城池。"越城，一人则诛，自十人以上夷其乡及族。"[4]《唐律》规定："诸越州、镇、戍城及武库垣者，徒一年；县城，杖九十。越官府廨垣，及坊市垣、篱者，杖七十。侵坏者亦如之。"[5]《大清律例》："越各府、县、镇城者，杖一百，官府公廨墙垣者，杖八十，越而未过者，各减一等。"

都城警卫由皇帝任命得力官员主管，各地方一般由当地主管官员兼管或由其副职管理。秦汉城市基层有什伍组织，后代，各坊市均有负责人。秦汉还设有专管治安的机构，称"亭"，城市称"市亭"或"街亭"，职能类似当代的公安派出所。汉高祖刘邦起义前曾任"泗水亭长"。唐人张守节说亭长的职责为："民有讼诤，吏留评辨，得成其政。"[6]这是说，亭长除拘捕盗贼还评辨排解争讼，化解社会矛盾。法律规定在城市要遵守交通和社会秩序，不得无故在城内街巷及人众中走车马，不得在众聚处所故相惊动，违者处笞

---

[1] 《晋书·刑法志》。
[2] 《唐律疏议·卫禁》。
[3] 《大清律例·兵律》。
[4] （明）董说：《七国考》，转引自桓谭《新论》。
[5] 《唐律疏议·卫禁》。
[6] 《史记·高祖本纪》"正义"。

杖刑,而致人死伤者,加重惩治。

由于城市地位重要,在战争形势下,就成为敌对双方取得全局或局部胜利的标志。中国古代法律还有在紧急状态下城市防守的规定:银雀山汉简中之《守法守令等十三篇》载有《守法》一篇,简文虽有缺失,但与《墨子》相关篇章对照,仍可看出城市防守的许多举措。主要有:战争状态下,官员要坚守岗位,"去其署者身斩,父母妻子罪";对老人、妇女和婴儿等要作出安排;"[敌]人在城下,城中行者皆止","杀鸡狗毋令有声";五步置盛水器一个,水必受百斗,置两舀水器于其中;二十步一厕所,如厕必二人同行,且衔枚,"不从令者斩";积大瓦及石于城上,砖的重量要在五斗以上,每人不得少于五十;为观察敌情变化,晚上必派侦察人员于城外;各官府室屋墙垣及家人室屋器械,可以用于城守者,尽用之,不听令者斩。① 以上举措说明战国齐国也实行什伍制度,城市防守呈全民动员之势。秦律有"誉敌以恐众心者戮"的规定②,《大事记》有秦王政十九年(公元前228年)"南郡备警"的记载③,"备警"即处于紧急状态。《唐律·卫禁》之"缘边城、戍"规定:"有外奸内入、内奸外出,而候望不觉,徒一年半;主司,徒一年。"明、清律也将防守重点放于边关城镇,规定有"私越冒渡关津"、"盘诘奸细"不严、"递送逃军妻子出城"等罪名。

三 研究中国古代城市及相关法制的几点思考

中国古代城市演进脉络清晰,相关法制内容丰富,尽管由于年代久远,材料散失,但通过收集、整理和研究,仍然能了解其发展的一般原则,并从中获得教益,提高对当代城市建设的某些认识。

(一)"以人为本"是城市建设的宗旨

城市是在社会进程中逐步演进的,古人对于城市建设经历了很长的摸索和认识过程。开始是出于人的生存本能,寻找气候温暖、土地肥沃、水草丰茂,适于生存繁衍的地域。为了防止自然灾害、野兽和敌人侵袭,在聚落的基础上,他们筑城墙、挖壕沟,逐渐形成原始城市。之后,随经验积累,由生存本能走向初步自觉。在城的选址,街道划定,里坊、市场、手工作坊分布

---

① 参见《银雀山汉墓竹简·守法守令等十三篇·守法》,文物出版社1985年版。
② 《睡虎地秦墓竹简·法律答问》,文物出版社1981年版。
③ 《睡虎地秦墓竹简·大事记》,文物出版社1981年版。

和房屋建筑等方面,开始讲究"朝向"、"风水"、"阴阳",实现"天人合一",并为祈求神灵护佑在施工中举行某种仪式。如剥去附加其上的迷信色彩,就会发现其中有利于人们生存的合理内涵。当实践经验进一步积累,由经验上升为理性认识时,人们对城市建设便开始作出科学规划。此时,就不只是考虑本城人的利害,还要顾及与之紧密相连且密不可分的乡村,乃至在时空上更广、更远的人群。纵观历史,应该承认,人类社会跨入文明门槛后,奴隶主阶级、封建地主阶级和资产阶级在上升时期代表先进生产力,他们对城市建设曾作出了不可磨灭的贡献,许多遗址和今天仍矗立于世的宏伟建筑是生动的证明。但其阶级局限性和利益驱使,决定他们所关注的只是自己,只是少数人。这使金碧辉煌的宫殿外面存在着大量贫民窟,高耸入云的摩天大楼下横卧着靠人施舍度日的无家可归者。从实质上说,社会主义才为城市建设实现"以人为本"从制度上扫清了道路。不过,事实证明,即使在社会主义制度下,真正在城市建设中将"以人为本"的方针落到实处,真正做到人是城市建设的出发点和归宿,所有人在这里生活得幸福和有尊严,还需要更新观念,不断提高认识,排除体制上仍然存在的某些阻力。

(二)发展是城市建设的基础

随着人类社会第三次大分工出现的城市,一开始就是农牧业、手工业和商业结合的产物,是社会经济发展的结果。所以,城市建设首先依赖经济发展,既依赖全国的经济发展,也与特定地区的经济发展相关联。如在历史上,战国时各国变法改制实现了经济发展,尽管当时战争频繁,但仍大大推动了城市建设。其后,各主要王朝前期,如史家所称的西汉"文景之治",唐代"贞观之治",明代洪武、永乐年间和清代"康雍乾盛世"等"治世",由于经济发展,推动了城市建设。某些朝代局部地区的经济发展,如丝绸之路与阿拉伯国家和欧洲国家的沟通,海路与日本、南洋诸国的通航,京杭大运河的开凿,催生和发展了沿河、沿江、沿海、沿途诸多城市。在农业自然经济条件下,城市建设与所在地区的农业生产和自然资源密切联系,如江南的蚕丝、茶叶、山林、竹木,对于当地城市的纺织、制茶、漆器生产都有重要影响。这些产业既带动了当地农村经济,也促进了其他地区经济以及对外贸易,使一些港口成为与外地和国外交流的都市。发展不仅指经济,还包括教育、科学技术和文化。中国很早就形成了重教的传统,孔夫子是教育的鼻祖,他办学校、周游列国,四处讲学;齐国稷下学宫应属官办民助的教育和学术交流机构,类似后世的书院;"孟母三迁"的故事,生动地说明了家长对子女教育的重视。其后，适应国家建设和科举制的发展需要，在首都和地方省、府、县城，都建立了不同层级的学校。学校成为城市的重要部分，学校教育成为承传中华传统文化的重要桥梁。通过教育与生产实践的结合，推动了古代科学技术的进步。如前面所述的造纸、雕版印刷、火药、指南针等发明，以及农业、纺织、冶铁、制陶等技术的改进，不仅推动了手工业自身发展，而且带动了整个经济。事实充分说明，城市建设成功的条件是综合的，既需要以经济为基础，同时又需要教育、科技和文化的发展。中国古代城市所以能成为中华文明的重要载体，正是由于它以发展为基础，并集中体现了经济、政治、教育、科技等文化的发展成果。

（三）和平与稳定是城市建设的重要条件

从历史进程看，中国古代城市多是在国家和平与社会稳定的环境下成功建设的。和平与稳定，各项事业才能发展，才有条件调动大量人力、物力从事城市建设和大规模工程兴修。当然，也有不顾国家所面临的严峻形势，不惜动用大量人力、物力，强行修建城市、宫殿、长城和运河等大规模工程，其结果是引发民怨，激化社会矛盾，造成王朝崩溃。历史进程中有局部地区处于相对和平稳定，城市得到成功建设的例子。如南北朝、五代十国以及南宋时的江南地区。但那是在农业自然经济条件下，各地区经济联系不很紧密，并且往往是以民族分裂为代价，在整个历史长河中属于特殊情况。与和平稳定利于城市建设相反，战争与动乱则阻碍、破坏城市发展，甚至使之毁灭。中国古代城市，如开封曾毁于黄河泛滥，甘肃、新疆沿丝绸之路的一些城市毁于沙漠侵袭等自然灾害，但大部分城市的破坏或毁灭都由于战争和动乱，即使一些毁于自然灾害的，也往往与战争和社会动乱有关系。由于中国古代城市建筑多为砖木结构，而战争的一方往往将对另一方的仇恨发泄于其曾作为统治象征的宫殿、城楼之上，所以一旦占领对方城市便将其付之一炬。秦末，项羽领兵进入咸阳，焚毁阿房宫和其他殿宇，大火三月不灭，咸阳遭到严重破坏；近代，太平天国时，战火使一座美丽的苏州城几乎遭到毁灭；而1864年湘军攻陷太平天国的都城南京后，火烧宫殿建筑7天，城市建筑和大量文物被毁殆尽。帝国主义侵略军对中国城市破坏更是令人发指。第二次鸦片战争时，英法联军攻入北京，兽性大发，破坏北京城，洗劫圆明园，之后将这座皇家离宫彻底焚毁。1900年，八国联军攻入北京，大肆抢掠皇宫、中南海、颐和园的珍贵文物以及国库中的金银财宝，还炮轰焚毁天安门、正阳门、崇文门等古代建筑，造成这座美丽古城满目疮痍。其后发生的军阀混战以及日本帝国主义侵略,使中国更大范围的城市遭到破坏。直到1949年全国解放时,武汉、广州、重庆等许多城市中心,还留有大量残垣断壁,呈现一片破败景象。新中国成立60年、尤其是改革开放30年来,我国战胜了帝国主义的挑衅和封锁,获得了来之不易的和平与社会稳定,综合国力增强,城市建设日新月异。我们应十分珍惜这难得的历史机遇,将城市建设推向快车轨道,以实现国家和平崛起和民族复兴。

(四)法治是城市建设的保障

我国考古工作者大范围对多处古代城市遗址发掘的材料说明,早在国家形成前后,人们关于城的营建已形成某些较明确意识。虽各地自然环境不同,但关于城墙与护城壕沟及城内住宅、作坊的布局等却能遵循大体类似的模式。开始可能是出于人们防护的本能,之后便由经验演变为习惯。当国家产生后,进而逐渐由习惯变成具有强制力的法律。从前述现在能看到的法律史料中选出的实例可知,有关城市的法律递相沿袭,内容不断丰富。其中既涉及城市营建,又涉及居民生活;既涉及手工业生产,又涉及集市商业贸易;既涉及环境保护,又涉及宫廷、官府警卫和社会治安以及紧急状态下城市防守。如没有这些行为规范,很难想象古代城市能在有数十万、上百万人口情况下长期有序存在。古代城市尽管许多都达到了相当规模,也具有多种功能,关系远比乡村复杂,但与当代城市相比,却不能同日而语。其人口要少得多,规模要小得多,功能与关系要简单得多。历史和现实说明,当代城市要获得理想的发展,更需要法治保障。新中国成立后,在计划经济体制下,我国注意了城市社会秩序方面的法律制定,成绩是基本的。改革开放30年来适应社会主义市场经济发展需要,相继颁行了有关城市经济、政治、文化和社会建设等方面的法律和法规,基本上保证了城市各项建设事业不断发展。但问题仍然存在,某些与城市建设相关的法律尚待制定,已制定的某些法律有待进一步完善。最重要的是存在有法不依、执法不严现象。有的官员执法为民的思想不明确,服务态度不端正,在新形势下,仍然受官本位思想支配,居高临下对待人民群众,遇事推脱或行政不作为,致使简单问题复杂化,久拖不决;还有的官员经不起物质利诱或屈服于权势的压力,执法、司法不公,个别甚至贪污腐败、徇私枉法,损害党和政府的公信力。一些城市出现了黑社会性质组织,影响了城市正常秩序与社会治安。凡此种种,只有尽快解决,才能保障城市在科学发展观指导下健康、迅速发展。

(五)提高法律文化自觉,促进城市持续发展

城市建设,历来关系整个国家发展。像上海这样在全国、乃至国际上有重要影响的城市,对国家的发展尤为重要。为了保证上海等城市健康发展,既要注意解决现存的问题,还要看预计到未来将会产生的问题。其一,在经济全球化、高新科学技术快速发展的背景下,城市的各项建设从硬件到软件,必须随之迅速变化,人们的观念与体制如何与之相适应;其二,快速变化的一个重要方面,是相当一部分城市国际化,跨国公司增多,外国人来华进行经济、政治、文化交流和旅游者增多,临时逗留和长期侨居的外国人增多,由此带来行为规则、生活习俗和婚姻家庭等一系列问题如何妥善应对;其三,为了建设中国特色社会主义,中央提出逐步推进城镇化,对此,大城市和中、小城市如何应对,新建城镇如何设置、规划,上亿、乃至数亿农民将开始转变为市民的过程,其间会产生何种问题,以及城镇化与建设社会主义新农村关系的协调,等等。对这些问题都要有所估计,认真研究,及时、妥善解决。

为了解决已经出现和将会出现的问题,加快城市建设,要提高文化自觉、特别是法律文化自觉。文化自觉是费孝通先生晚年提出的。他指出:"文化自觉是当今时代的要求,它指的是生活在一定文化中的人,对其文化要有自知之明,并对其发展历程和未来有充分认识"[1],"也就是既要认识自己的文化,又要认识其他的文化,真正达到'自知之明'"[2]。笔者聆听了他的讲话,觉得他提出的这个观念很重要。法律是一种文化,笔者在几篇文章中将费先生提出的这一观念与法律这一特殊文化现象结合起来,阐明我国在社会主义法治建设中应注意提高法律文化自觉。所谓法律文化自觉,就是要深刻理解法律对治理国家的重要性,真正认识法治是人类历史经验的总结,适应形势发展的需要,要不断完善法律和制度,并上下一体遵行。为此,我们要充分肯定包括法律在内的中华文化优秀内容,提高民族自豪感,对自己民族的法律文化,要肯定其优点,也要看到其缺点;对西方法律文化,要看其缺点,也要肯定其优点。总之,在文化问题上既不妄自菲薄,又不妄自尊大,而是立足中国实际,按照社会主义事业的需要,在传承中华优秀文化的基础上,尽可能吸纳一切于我有益的外国优秀文化。具体到城市建设上,我们应注意我国古代城市演进中诸如城址选择、城市规划、环境保护、园林建设、社区与市场配置、商业与教育、科技、文化全面发展以及治安维护等

---

[1] 费孝通:《经济全球化与中国三级两跳中的文化思考》,《光明日报》2000年11月7日。
[2] 费孝通:《二十一世纪中华文化与世界论坛的致辞》,载《文化自觉与社会发展》,商务印书馆(香港)2005年版。

有益经验,也要注意进一步吸纳西方国家城市建设的新理念。西方国家工业化较早,城市建设有比较丰富的经验,其中蕴涵有人类社会进程中的文明成果,只要将两者有机结合起来,就有利于解决我国城市发展面临的诸多问题,推进城市健康持续发展。

刘海年著述目录

独著：

《刘海年文集》，上海辞书出版社2005年出版。

《战国秦代法制管窥》，法律出版社2006年出版。

《新中国人权保障发展六十年》，中国社会科学出版社2012年出版。

《依法治国是历史的经验总结》，中国社会科学出版社2013年出版。

Sixty Years of the Protection and Development of Human Rights in China, Paths International Ltd. 2016年出版。

合著：

《云梦秦简研究》，刘海年参与本书设计、组稿和撰稿，中华书局1981年出版。

《中国古代办案百例》，中国古代办案百例选注小组编，刘海年参与设计、撰稿，中国社会科学出版社1981年出版。

《中国古代法律史知识》，刘海年、杨一凡编著，黑龙江人民出版社1984年出版。

《中国警察制度简论》，法学研究所法制研究室合著，俞鹿年、刘海年定稿，群众出版社1985年出版。

《现代中国法概论》（日文），王叔文、韩延龙、畑中和夫主编，刘海年为撰稿人之一，[日本]法律文化社1989年出版。

《中国文化史概要》，谭家健主编，刘海年为撰稿人之一，高等教育出版社1988年出版，（台湾）明文书局1989年以繁体字出版。

《中国法制史考证》，杨一凡主编，刘海年为撰稿人之一，中国社会科学出版社2002年出版。

中国古法律文献整理：

《睡虎地秦墓竹简》，参与整理、释文、注释、翻译，文物出版社出版，1977年线装大字本，1981年平装本，1990年精装本。

《沈家本未刻书集纂》，刘海年、韩延龙牵头整理，中国社会科学出版社1996年出版。

《沈家本未刻书集纂（补编）》，韩延龙、刘海年牵头整理，中国社会科学出版社2006年出版。

主编、共同主编：

《中国古代贪贿案例选注》，刘海年、韩延龙主编，法律出版社1988年出版。

《中国法律思想史·春秋战国秦代分卷》，刘新主编，刘海年、俞荣根副主编，山西人民出版社1991年出版。

《中国珍稀法律典籍集成》（共十四册），刘海年、杨一凡总主编，科学出版社1994年出版。

《依法治国建设社会主义法治国家》，王家福顾问，刘海年、李步云、李林主编，中国法制出版社1996年出版。

《依法治国与精神文明建设》，刘海年、刘瀚、李步云、李林主编，中国法制出版社1997年出版。

《中国人权百科全书》，王家福、刘海年主编，中国大百科全书出版社1998年出版。

《依法治国与廉政建设》，刘海年、李林、张广兴主编，中国法制出版社1998年出版。

《人权与宪政》，刘海年、李林、托马斯·弗莱纳主编，中国法制出版社1999年出版。

《人权与司法》，刘海年、李林、莫尔顿·克耶若姆主编，中国法制出版社1999年出版。

《经济、社会和文化权利国际公约研究》，刘海年主编，中国法制出版社2000年出月版。

《人权与21世纪》，王家福、刘海年、李林主编，中国法制出版社2000年出版。

《依法治国与法律体系建构》，刘海年、李林主编，中国法制出版社2001年出版。